U0692762

中華書局校刊

聚珍仿宋版

十三經注疏

十五

左傳注疏

中華書局

非貶。所也是解招不稱弟之意也春秋之初衛在陳上莊十六年幽之盟衛在陳下自爾以來常在陳下莊十六年注云陳國小每盟會皆在衛下齊桓始霸楚亦始彊陳侯介於二大國之間而爲三恪之客故齊桓因而進之遂班在衛上終於春秋是衛之班次常在陳下今衛乃在蔡之上必有其故也襄十年諸侯伐鄭齊世子光序在滕子之上傳曰齊崔杼使大子光先至于師故長於滕是先至有進班之理故謂此爲先至於會故也

○三月取鄆不稱將帥將卑師少書取言易也○鄆音運將子匠反下同帥所類反易以豉反

疏注不稱至易也○正義曰將卑師少例當稱人魯史不得自言魯人直書所爲之事明其有人取之也若將卑師衆則言師取某襄十三年傳例云凡書取言易也故杜以此爲易耳賈逵云楚以伐莒來討故諱伐不諱取劉炫以賈說爲是故又規杜云案傳。武子伐莒知非將卑師少也稱伐則是非易也杜何得以爲易將卑師少乎今刪定知不然者以諸稱取傳皆以易釋之此取文與彼同故以爲易也若以武子伐而取之則致力難重當以滅爲文與滅項同也案滅項被討不諱滅此亦被討何以諱滅而言取若必有所諱當傳有其事今傳云莒魯爭鄆爲日久矣魯無大罪亦何所諱也傳云武子伐莒者武子爲伐莒之主耳別遣小將而行故不書武子猶如成二年傳言楚子伐重侵衛經書楚師杜云子重不書不親兵之類是也不書伐者以兵未加鄆鄆人逆服與襄九年傳稱諸侯圍鄭經不書杜云鄭人逆服不成圍相似劉以賈氏之法而規杜氏非也

○夏秦伯之弟鍼出奔晉稱弟罪秦伯○鍼其廉反

○六月丁巳邾子華卒無傳三同盟

疏注三同盟正義曰華以襄十八年即位十九年盟于祝柯二十年于澶淵二十五年于重丘皆邾魯俱在是三同盟

○晉荀吳帥。師敗狄于大鹵大鹵大原晉陽縣○大鹵大如字徐音泰鹵音魯穀梁傳云中國曰大原夷狄曰大鹵

○秋莒去疾自齊入于莒國逆而立之曰入○去起呂反

莒展輿。出奔吳弒君賊未會諸侯故不稱爵○莒展輿出奔吳一本莒展出奔吳

疏注弒君至稱爵○正

義曰釋例云諸侯不受先君之命而篡立得與諸侯會者則以成君書之若未得接於諸侯則不稱爵傳曰會于平州以定公位又云先君若有罪則君列諸會矣此以會爲斷也是杜據彼傳之二文知此爲未會諸侯。不稱爵○叔弓帥師疆鄆田春取鄆今正其封疆○疆居良反注同○葬邾悼公無傳○冬十有一月己酉楚子麇。卒楚以瘧疾赴故不書弒○麇九倫反以瘧音虐書弒申志反或作殺音同疏注楚以至書弒○正義曰傳稱。縊而。弒之而經書卒者襄七年鄭子駟使賊夜弒僖公而以瘧疾赴于諸侯而經書爲卒知此亦以瘧疾赴故不書弒○公子比出奔晉書名罪之疏注書名罪之○正義曰齊崔氏宋司城無罪書氏書官此傳無罪狀直以不能自固其位耳出奔又無可善無可善卽是罪未必犯大罪也

傳元年春楚公子圍聘于鄭且娶於公孫段氏伍。舉爲介伍舉椒舉介副也○娶七住反介音界注同將入館就客舍鄭人惡之知楚懷詐惡烏路反○使行人子羽與之言乃館於外舍城外既聘將以衆逆以兵入逆婦子產患之使子羽辭曰以敝邑褊。小不足以容從者請墠聽命欲於城外除地爲墠行。昏禮○褊必淺反下同從才用反墠音善令尹命大宰伯州犂。對曰君辱貺寡大夫圍謂圍將使豐氏撫有而室豐氏公孫段○貺音況圍布几。筵告於莊共之廟而來莊王圍之祖共王圍之父○几本亦作机筵音延共音恭疏圍。布至而來○正義曰聘禮臣奉君命聘於鄰國猶尚。釋幣于禰乃行況。昏是嘉禮之重故圍自布几筵告父祖之廟而來。也文王世子曰五廟之孫祖廟未毀雖爲庶人冠取妻必告鄭玄云告於君也亦既告君必須告廟君尊不主臣。昏故圍自告也若

野賜之是委君貺於草莽也是寡大夫不得列於諸卿也言不得從卿禮○莽莫蕩反疏若野至卿也○正義曰言我若受野賜之禮則是委頓我君之命得貺於草莽之中則是寡大夫不得列於諸卿之位也不寧唯是又使圍蒙其先君蒙欺也告先君而來不得成禮於女氏之廟故以爲欺先君疏不寧至先君○正義曰不寧寧也言寧有唯是之事又使圍蒙其先君連讀爲義也告廟云將向豐氏之家取妻若使受之於野不至豐氏之家是欺先君也言又者既辱令君又辱先君故云又也將不得爲寡君老大臣稱老懼辱命而黜退其蔑以復矣唯大夫圖之子羽曰小國無罪恃實其罪恃大國而無備則是罪將恃大國之安靖己而無乃包藏禍心以圖之小國失恃而懲諸侯使莫不憾者距違君命而有所壅塞不行是懼言己失所恃則諸侯懲恨以距君命壅塞不行所懼唯此○懲直升反憾戶暗反壅本又作雍於勇反注及下注同不然敝邑館人之屬也館人守舍人也其敢愛豐氏之祧祧遠祖廟祧他彫反疏注祧遠祖廟○正義曰祭法云遠廟爲祧鄭玄云祧之言超也超上去意也以祧是尊遠之意故以祧言廟耳此公孫段是穆公之孫子豐之子其家唯有子豐之廟君若特賜或得立穆公之廟耳其無遠祖廟也杜言遠祖廟者順傳文且據正法言之伍舉知其有備也請垂櫜而入垂櫜示無弓○櫜古刀反弓衣也許之正月乙未入逆而出遂會於虢虢鄭地尋宋之盟也宋盟在襄二十七年祁午謂趙文子曰宋之盟楚人得志於晉得志謂先歃午祁奚子○歃所洽反今令尹之不信諸侯之所聞也子弗戒懼又如宋恐楚復得志○復扶又反下雖復同子木之信稱於

諸侯猶詐晉而駕焉駕猶陵也詐謂叓甲○駕如字又音加注及下同叓音忠況不信之尤者乎尤甚也楚重得志於晉晉之恥也子相晉國以爲盟主於今七年矣襄二十五年始爲政以春。言故云七年○重直用反相息亮反疏於今七年○正義曰襄二十五年傳云趙文子爲政至此八年也而云七年者殷周雖改正朔常以夏正爲言此春正月故爲七年年。末醫和則云八年再合諸侯襄二十五年會夷儀二十六年會澶淵疏再合諸侯○正義曰襄二十六年經書公會晉人鄭良霄宋人曹。人于澶淵晉人即趙武也時有魯公在會雖則唯公一人即是諸侯不得謂之大夫也故知再會諸侯數澶淵也三合大夫襄二十七年會于宋三十年會澶淵及今會虢也服齊狄寧東夏襄二十八年齊侯白狄朝晉○夏戶雅反平秦亂襄二十六年秦晉爲成城淳于襄二十九年城杞之淳于杞遷都○淳音純師徒不頓國家不罷民無謗讟讟誹也○罷音皮讟音獨誹芳畏反疏注讟誹也○正義曰說文云謗毀也誹謗也然則謗讟誹義同皆是非毀人古人重言之猶險阻艱難也其諸侯無怨天無大災子之力也有令名矣而終之以恥午也是懼吾子其不可以不戒文子曰武受賜矣受午言然宋之盟子木有禍人之心武有仁。人之心是楚所以駕於晉也。今武猶是心也楚又行僭僭不信○僭子念反下同非所害也。武將信以爲本循而行之譬如農夫是穮。是蔉。穮耘也壅苗爲蔉○穮彼驕反蔉古本反耘音云除草也疏注穮耘至爲蔉○正義曰漢書。殖貨志云后稷始。甽田以二耜爲耦廣尺深尺曰。甽長終一畝一畝三甽一夫三百甽而播種於甽中苗生。三葉以上稍壯耨壟草因。隤其。土以附苗根故其詩云或耘或耔黍稷薿薿耘除草也耔附根也

言苗稍壯每耨輒附其根比至盛暑壟盡平而根深能風與旱故薿薿而盛也此言穮蔉即詩之耘耔也故知穮是耨以土壅苗根為蔉也耨定本。耘雖

有饑饉必有豐年言耕鉏不以水旱息必獲豐年之收○饉其靳反鉏仕居反收手又反又如字【疏】雖有至豐年○正義曰言耕鉏不息必有豐年之收以喻禮信不愆必為諸侯之長也且吾聞之能信不為人下吾未能也自恐未能信也詩曰不僭不賊鮮不為則信也詩大雅僭不信賊害人也○鮮息淺反能為人則者不為人下矣吾不能是難楚不為患楚令尹圍請用牲讀舊書加于牲上而已舊書宋之盟書楚恐晉先歃故欲從舊書加于牲上不歃血經所以不書盟○難乃旦反下注並同晉人許之三月甲辰盟楚公子圍設服離衛設君服二人執戈陳於前以自衛離陳也【疏】注設君至陳也○正義曰穆子言似君知設服設君服也唯譏執戈不言衣服則君服即二戈是也離衛之語必為執戈發端但語略難明服虔云二人執戈在前在國居君離宮陳衛在門然則執戈在前國君行時之衛非在家守門之衛也守門之衛其兵必多非徒二戈而已縱使在國居君之離宮。明宮門之衛以為離衛其言大不。辭矣故杜以離衛即執戈是也言二人執戈陳列於前以自防衛也離之為陳雖無正訓兩人一左一右相離而行故稱離衛離亦陳之義叔孫穆子曰楚公子美矣君哉美服似君鄭子皮曰二執戈者前矣禮國君行有二執戈者在前【疏】注禮國至在前○正義曰士喪禮言君臨臣喪之禮云小臣二人執戈先二人後是知國君之行常有二執戈者在前也國君亦有二戈在後子皮唯言前有二戈者當是公子圍不設後戈故也蔡子家曰蒲宮有前不亦可乎公子圍在會特緝蒲為王殿屋屏蔽以自殊異言既造王宮而居之雖服君服無所怪也○緝七入反【疏】注公子至怪也○正義曰服虔云蒲宮楚君離宮言令尹

在國已居君之宮出有前戈不亦可乎令尹居君離宮事無所出且諸侯大夫見其在會之儀不譏在國所居伯州犂云此行也辭而假之寡君言行而借戈以衛非在國借宮以居也故杜以為公子圍在會特緝蒲為王殿屋以自殊異此亦無所案據要愜人情楚伯州犂曰此行也辭而假之寡君聞諸大夫譏之故言假以飾令尹過鄭行人揮曰假不反矣言將遂為君伯州犂曰子姑憂子晳之欲背誕也襄三十年鄭子晳殺伯有背命放誕將為國難言子且自憂此無為憂令尹不反戈○背音佩注同誕音但子羽曰當璧猶在假而不反子其無憂乎子羽行人揮當璧謂棄疾事在昭十三年言棄疾有當璧之命圍雖取國猶將有難不無憂也齊國子曰吾代二子愍矣國子國弱也二子謂王子圍及伯州犂此冬便篡位不能自終州犂亦尋為圍所殺故言可愍○篡初患反

疏注國子至可愍○正義曰服虔云愍憂也代伯州犂憂公子圍代子羽憂子晳劉炫從服言而規杜失今知不然者以圍不能自終伯州犂尋為圍所殺是皆遇凶害故云吾代二子愍矣若以二子為伯州犂子羽子羽則卒無禍害又何可愍而代之乎劉以服意而規杜過非也○小旻之卒章○正義曰小旻詩小雅刺幽王也

陳公子招曰不憂何成二子樂矣言以憂生事事成而樂○樂音洛注及下樂憂而樂同衛齊子曰苟或知之雖憂何害齊子齊惡言先知為備雖有憂難無所損害宋合左師曰大國令小國共吾知共而已共承大國命不能知其禍福○共音恭下及注同晉樂王鮒曰小旻之卒章善矣吾從之小旻詩小雅其卒章義取非唯暴虎馮河之可畏也不敬小人亦危殆王鮒從斯義故不敢譏議公子圍○鮒音附旻亡巾反馮皮冰反退會子羽謂子皮曰叔孫絞而婉絞切也譏其似君反謂之美故曰婉○絞古卯反婉紆阮反注同宋左師簡而

禮無所臧否故曰簡共事大國曰禮○否悲矣反舊方九反故樂王鮒字而敬字愛也不犯凶人所以自愛敬子與子家持。
之子子皮子家蔡公孫歸生持之言無所取與○持如字本或作特誤疏注子子至取與○正義曰持謂執持之也子皮直云二執戈者前矣雖意知不
可而辭無譏切子家云蒲宮有前不亦可乎意雖弁譏蒲宮言乃謂之爲可不如子羽之譏。評不同伯州犂之飾辭持其兩端無所取與是持之也弈棋謂不
能相害爲持意亦同於此也皆保世之主也齊衛陳大夫其不免乎國子代人憂子招樂憂
齊子雖憂弗害夫弗及而憂與可憂而樂與憂而弗害皆取憂之道也憂必及
之大誓曰民之所欲天必從之逸書三大夫兆憂。能無至乎開憂兆也言以知物其是
之謂矣物類也察言以知禍福之類八年陳招殺大子國弱齊惡當身各無患○當丁浪反○季武子伐莒取鄆兵未加莒而鄆
服故書取而不言伐莒人告於會楚告於晉曰尋盟未退尋弭兵之盟而魯伐莒瀆齊盟瀆慢也○
瀆待木反請戮其使時叔孫豹在會欲戮之○使所吏反下注其使出使下召使者同樂桓子相趙文子桓子樂王鮒相佐也
○相息亮反注同欲求貨於叔孫而爲之請使請帶焉難指求貨故以帶爲辭○而爲于僞反下注爲諸侯同弗
與梁其踁曰貨以藩身子何愛焉踁叔孫家臣○踁戶定反藩方元反叔孫曰諸侯之會衛社稷
也我以貨免魯必受師言不戮其使必伐其國疏注言不至其國○正義曰晉語趙文子謂叔孫曰子盍逃之對曰豹也受命於
君以從諸侯之盟爲社稷也若魯有罪受盟者逃魯必不免是吾出而。絕之也若爲諸侯戮魯誅盡矣必不加。請爲戮也是言不戮其使必伐其國也是

禍之也何衞之爲人之有牆以蔽惡也喻己爲國衞如牆爲人蔽牆之隙壞誰之咎也咎在牆○隙去逆反咎其九反注同衞而惡之吾又甚焉罪甚於牆雖怨季孫魯國何罪怨季孫之伐莒叔出季處有自來矣吾又誰怨。季孫守國叔孫出使所從來久今遇此戮無所怨也疏注季孫至怨也○正義曰歷檢上世以來季孫出使不少於叔孫而云叔出季處從來久者季孫世爲上卿法當上卿守國次卿出使以此爲從來久耳必須使上卿者上卿非不使也然鮒也賄弗與不已召使者裂裳帛而與之曰帶其褊矣言帶褊盡故裂裳示不相逆○賄呼罪反趙孟聞之曰臨患不忘國忠也謂言魯國何罪思難不越官信也謂言叔出季處○難乃旦反下同圖國忘死貞也謂不以貨免謀主三者義也三者忠信貞有是四者又可戮乎并義而四乃請諸楚曰魯雖有罪其執事不辟難執事叔孫畏威而敬命矣謂不辟戮子若免之以勸左右可也若子之羣吏處不辟污污勞事○污音烏注及下同疏注污勞事正義曰處國之所辟者唯有辟勞事耳故以污爲勞事也言事之勞身若穢之污物也出不逃難不苟免其何患之有患之所生污而不治難而不守所由來也。能是二者又何患焉不靖其能其誰從之安靖賢能則衆附從魯叔孫豹可謂能矣請免之以靖能者子會而赦有罪不伐魯又賞其賢赦叔孫諸侯其誰不欣焉望楚而歸之視遠如邇。疆埸之邑一彼一此何常之有言今衰世疆埸無定主○疆居良反注及下至莒之疆事同埸音亦注同王伯之令也言三王五伯有令德時疏注言三至德時○正義曰以傳言王伯故言三王下云虞有三苗則帝時亦有非獨三王也但王亦帝也故傳通言。其王耳引其封疆引正也正封界而樹之官樹立也立官以守國舉之表旗旌旗以表貴賤○旗音其

疏舉之表旗○正義曰舉立也爲立表貴賤之旌旗也故杜云旌旗以表貴賤而著之制令爲諸侯作制度法令使不得相侵犯過則有刑猶不可壹於是乎虞有三苗三苗饕餮。放三危者饕吐刀反餮吐結反夏有觀扈觀國今頓丘衛縣扈在始平。鄠縣書序曰啓與有扈戰。于甘之野○夏戶雅反觀音館舊音官扈音戶鄠音于商有姚邳二國商諸侯邳今下邳縣○姚西典反又西禮反邳皮悲反周有徐奄二國皆嬴姓書序曰成王伐淮夷遂踐奄徐即淮夷○嬴音盈自無令王諸侯逐進逐猶競也狎主齊盟其又可壹乎彊弱無常故更主盟○狎戶甲反更音更恤大舍小足以爲盟主大謂篡弑滅亡之禍又焉用之焉用治小事○焉於虔反注同封疆之削何國蔑有主齊盟者誰能辯焉辯治也

疏。注二國至淮夷○正義曰二國皆嬴姓世本文也書序曰成王伐淮夷遂踐奄淮夷與奄同時伐之此徐奄連文故以爲徐即淮夷賈逵亦然是相傳說也服虔云一曰魯公所伐徐戎也案費誓云淮夷徐戎並興孔安國云淮浦之夷徐州之戎並起爲寇則徐亦非國名此徐是國名當謂淮浦之夷其國名徐書序舉其大號此傳言其國名也僖公時楚人伐徐杜云下邳僮縣東南有大徐城彼近淮旁成王時徐蓋亦在彼地也此傳所云四代有罪之國其三苗與有扈徐奄尙書略有其事其觀與姺邳則史傳無文傳言王伯之令猶尙有此輩則此輩皆是王道盛明時諸侯也○封疆至辯焉○正義曰言封疆之相侵削何國無有此乃常事主領齊盟者誰能一一治之。吳濮有釁楚之執事豈其顧盟吳在東濮在南今建寧郡南有濮夷釁過也○濮音卜釁許靳

反

莒之疆事楚勿與知諸侯無煩不亦可乎莒魯爭鄆爲日久矣苟無大害於其社稷可無亢也亢禦○與音預亢苦浪反徐又音剛禦魚呂反去煩宥善莫不競勸子其圖之固請諸楚楚人許之乃免叔孫令尹享趙孟賦大明之首章大明詩大雅首章言文王明明照於下故能赫赫赫在上令尹意在首章故特稱首章以自光大○去起呂反宥音又 疏 去煩至競勸○正義曰不往討魯諸侯無煩是去煩也叔孫賢人今若赦之是宥善也德義如是餘人莫不競力勸慕爲善矣趙孟賦小宛之二章小宛詩小雅二章取其各敬爾儀大命一去不可復還以戒令尹○宛紆阮反復扶又反 疏 注小宛至復還○正義曰詩序云大夫刺幽王也其二章云人之齊聖飲酒溫克彼昏不知壹醉日富各敬爾儀天命不又注又復也今女君臣各敬慎威儀天命一去不復來也事畢趙孟謂叔向曰令尹自以爲王矣何如問將能成否對曰王弱令尹彊其可哉言可成雖可不終趙孟曰何故對曰彊以克弱而安之彊不義也安於勝君是彊而不義不義而彊其斃必速詩曰赫赫宗周褒姒滅之彊不義也詩小雅褒姒周幽王后幽王惑焉而行不義遂至滅亡言雖赫赫威彊不義足以滅之○姒音似滅如字詩作威音呼悅反令尹爲王必求諸侯晉少懦矣懦弱也○懦乃亂反諸侯將往若獲諸侯其虐滋甚滋益也民弗堪也將何以終夫以彊取取不以道不義而克必以爲道以不義爲道道以淫虐弗可久已矣爲十三年楚弒靈王傳 疏 道以至已矣○正義曰以不義謂之爲道而淫虐爲之民所不堪不可久矣○夏四月趙孟叔孫豹曹大

夫入于鄭會罷過鄭○過古禾反○鄭伯兼享之子皮戒趙孟戒享期禮終趙孟賦瓠葉受所戒禮畢而賦詩瓠葉詩小雅義取古人不以微薄廢禮雖瓠葉兔首猶與賓客享之○瓠戶故反客享之許丈反又普庚反子皮遂戒穆叔且告之告以趙孟賦瓠葉穆叔曰趙孟欲一獻以瓠葉詩義取薄物而獻酬知其一獻子其從之子皮曰敢乎言不敢穆叔曰夫人之所欲也又何不敢夫人趙孟○夫音扶注同及享具五獻之籩豆於幕下朝聘之制大國之卿五獻○幕武博反疏注朝聘至五獻○正義曰周禮大行人稱上公饔餼九牢饗禮九獻侯伯七獻子男五獻皆獻數各同饔餼之數也案聘禮卿聘饔餼五牢故卿皆五獻至春秋之時大國之卿乃得從卿禮若次國之卿依大國大夫之制唯三獻耳故杜此注云大國之卿五獻又昭六年傳注云大夫三獻是也趙孟辭趙孟自以今非聘鄭故辭五獻私於子產私語曰武請於冢宰矣冢宰子皮請謂賦瓠葉乃用一獻趙孟為客禮終乃宴卿會公侯享宴皆折俎不體薦○折之設反疏注卿會至體薦○正義曰傳言禮終乃宴謂之享禮既終即因而為宴不待異日也杜解享宴禮異所以得相因者以其殺俎同故也宣十六年傳云王享有體薦宴有折俎公當享卿當宴王室之禮也彼傳之意言享公當依享法有體薦也享卿當如宴法有折俎也彼王自言之故云王室禮耳其實諸侯之待公卿禮亦當然以卿會公侯享宴皆折俎不體薦享宴俎同故得因行禮也穆叔賦鵲巢鵲巢詩召南言鵲有巢而鳩居之喻晉君有國趙孟治之趙孟曰武不堪也又賦采蘩亦詩召南義取蘩菜薄物可以薦公侯享其信不求其厚○蘩音煩曰小國為蘩大國省穡而用之其何實非命穆叔言小國微薄猶蘩菜大國能省愛用之而不棄則何敢不從命穡愛也○省所景反徐所幸反注同子皮賦野

有死麕。之卒章野有死麕詩召南卒章曰舒而脫脫兮無感我帨兮無使尨也吠脫脫安徐帨佩巾義取君子徐以禮來無使我失節而使狗
驚吠喻趙孟以義撫諸侯無以非禮相加陵〇麕亦作麏九倫反脫脫吐外反帨始銳反尨武江反吠扶廢反趙孟賦常棣常棣詩小雅取其凡
今之人莫如兄弟言欲親兄弟之國〇常棣直計反且曰吾兄弟比以安尨也可使無吠。受子皮之詩〇比毗志反下注
德比同穆叔子皮及曹大夫興拜三大夫皆兄弟國興起也舉兕爵曰小國賴子知免於戾矣
兕爵所以罰不敬言小國蒙趙孟德比以安自知免此罰戮〇兕徐履反戾力計反注同飲酒樂趙孟出曰吾不復此矣不復
見此樂〇樂音洛注同復扶又反注及下不復年弁注同天王使劉定公勞趙孟於潁館於雒汭王周景王定公劉夏
潁水出陽城縣。雒汭在河南鞏縣南水曲流爲汭〇勞力報反下以勞之同潁營井反汭如銳反夏戶雅反劉子曰美哉禹功見河雒而
思禹功明德遠矣微禹吾其魚乎。吾與子弁冕。端委以治民臨諸侯禹之力也。弁冕
冠也端委禮衣言今得共服冠冕有國家者皆由禹之力〇弁冕端委本亦作弁端委【疏】。注弁冕至之力〇正義曰冠者首服之總名弁冕冠中之小別
弁冕是首服端委是身服言弁冕端委總舉冠衣而言非謂定公趙孟身所自衣也哀七年傳云大伯端委以治周禮仲雍嗣之斷髮文身以文身從彼之俗
知端委是依禮之衣杜直言端委禮衣不知是何衣也名曰端委又無所說周禮司服於士服之下云其齊服有玄端素端鄭玄云謂之端者取其正也謂士
之衣袂皆二尺二寸而屬幅是廣袤等也其袪尺二寸大夫以上侈之侈之者蓋半而益一焉半而益一則其袂三尺三寸袪尺八寸如鄭此言唯士服當端
制大夫以上不復端也服虔云禮衣端正無殺故曰端文德之衣尚褒長故曰委案論語鄉黨非帷裳必殺之鄭康成云帷裳謂朝祭之服其制正幅如帷非

帷裳者謂深衣削其幅縫齊倍要禮記深衣。制短不見膚長不被土然則朝祭之服當曳地服言是也子盍亦。遠績。禹功而大庇民乎勸趙孟使。纂禹功○子盍戶臘反何不也亦遠績禹功本或作亦遠績功庇必利反又音秘【疏】遠績禹功○正義曰績亦功也重其言耳遠績禹功者勸之為大功使遠及後世若大禹也謂勸武何。不遠。纂大禹之績而立大功以庇民也對曰老夫罪戾是懼焉能恤遠吾儕偷食朝不謀夕何其長也言欲苟免目前不能念長久○焉於虔反下焉用焉能同儕仕皆反朝如字下同【疏】吾儕偷食○正義曰。儕等也言吾等於彼卑賤苟且。飲食之人也劉子歸以語王曰諺所謂老將知而耄及之者八十曰耄耄亂也○語魚據反知音智耄莫報反其趙孟之謂乎為晉正卿以主諸侯而儕於隸人朝不謀夕言其自比於賤人而無恤民之心【疏】注言其至之心○正義曰趙孟自言吾儕偷食是自比於隸役賤人也在上位者當憂勞百姓卑賤之人勞身而已自比賤人是無憂民之心也棄神人矣民為神主不恤民故神人皆去神怒民叛何以能久趙孟不復年矣言將死不復見明年神怒不歆其祀民叛不即其事祀事不從又何以年為此冬趙孟卒起本○叔孫歸號會歸曾夭御季孫以勞之旦及日中不出恨季孫伐莒使己幾被戮曾夭謂曾阜曾阜叔孫家臣曰旦及日中吾知罪矣魯以相忍為國也忍其外不忍其內焉用之欲受楚戮是忍其外日中不出是不忍其內阜曰數月於外言叔孫勞役在外數月○數所主反注同一旦於是庸何傷賈而欲贏而惡囂乎言譬如商賈求贏利者不得惡。諠囂之聲○賈音古注同贏音盈注同惡烏路反注及下同囂許驕反徐五高反注

同諠或作譁呼端反疏。注言譬至之聲○正義曰言己伐莒求利而不得惡日中不出譬如商賈求利不得惡諠囂之聲以商賈在市市人多諠囂之聲

皐謂叔孫曰可以出矣叔孫指楹曰雖惡是其可去乎乃出見之楹柱也以諭魯有季孫猶屋有柱○楹音盈去起呂反

○鄭徐吾犯之妹美。犯鄭大夫。公孫楚聘之矣楚子南穆公孫公孫黑又使強委禽焉禽鴈也納采用鴈○強其丈反犯懼告子產子產曰是國無政非子之患也唯所欲與犯請於二子請使女擇焉皆許之子皙盛飾入布幣而出布陳贄幣子皙公孫黑○贄音至子南戎服入左右射超乘而出女自房觀之曰子皙信美矣抑子南夫也言丈夫○乘繩證反夫夫婦婦所謂順也適子南氏子皙怒既而櫜。甲以見子南。欲殺之而取其妻子南知之執戈逐之及衝擊之以戈衝交道○櫜古刀反本或作衷丁隆反衝尺容反疏。夫夫至順也正義曰夫如夫道當剛強也婦如婦節當柔弱也如是所謂順也曹大家女誡曰生男如狼猶恐其尩。生女如鼠猶懼其武。是男欲剛而女欲柔也

子皙傷而歸告大夫曰我好見之不知其有異志也故傷大夫皆謀之子產曰直鈞幼賤有罪罪在楚也先聘子南直也子南用戈子皙直也子產力未能討故鈞其事歸罪於楚○好如字一音呼報反直鈞音均絶句乃執子南而數之曰國之大節有五女皆奸之奸犯也○女音汝下皆同奸音干畏君之威聽其政尊其貴事其長養其親五者所以爲國也今君在國女用兵焉不畏威也

奸國之紀不聽政也奸國之紀謂傷人○長丁丈反下同養如字下同子皙上大夫女嬖大夫而弗下之不尊貴也幼而不忌不事長也忌畏也○嬖必計反下戶嫁反兵其從兄不養親也君曰余不女忍殺宥女以遠勉。速行乎無重而罪五月庚辰鄭放游楚於吳將行子南子產咨於大叔大叔游楚之兄子○從兄如字又才用反重直用反又直勇反大叔曰吉不能亢身焉能亢宗亢蔽也○亢苦浪反彼國政也非私難也子圖鄭國利則行之又何疑焉周公殺管叔而蔡。蔡叔蔡放也○難乃旦反而蔡蔡叔上蔡字音素葛反說文作𥺝音同字從殺下米云𢵧𥺝散之也會杜義下蔡叔如字【疏】殺管。叔至蔡叔○正義曰說文云𥺝散之也從米殺聲然則𥺝字殺下米也𥺝為放散之義故訓為放也隸書改作已失本體𥺝字不復可識寫者全類蔡字至有重為一蔡字重點以讀之者尚書蔡仲之命云周公乃致辟管叔于商因蔡叔于郭鄰以車七乘孔安國云因謂制其出入郭鄰中國之外地名是放蔡叔之事也孔唯言中國之外地不知在何方也夫豈不愛王室故也吉若獲戾子將行之何有於諸游為二年鄭殺公孫黑傳○夫音扶【疏】夫豈至故也○正義曰夫謂周公也夫此周公豈不愛管蔡乎所以𥺝放之為王室故也○秦后子有寵於桓如二君於景后子秦桓公子景公母弟鍼也其權寵如兩君其母曰弗去懼選選數也恐景公數其罪而加戮○選息轉反徐素短反注及下同數所主反注及下文數世同癸卯鍼適晉其車千乘書曰秦伯之弟鍼出奔晉罪秦伯也罪失教○乘繩證反下及注同【疏】。癸卯至伯也○正義曰釋例曰秦伯有千乘之國不能容其母弟傳曰罪秦伯則鍼罪輕也言其對兄為輕耳非無罪也公羊以爲仕諸晉謂之奔者譏秦伯有千乘之國不能容其母弟故謂之出奔也劉炫云奔者迫窘而去逃死四隣不以禮出也今鍼適晉乃與母計議緩步而出實非奔也仲尼既書爲奔傳釋云罪秦伯秦伯不豫教誡其弟不能早爲之所致奢富過度懼而去國罪其失兄之教鍼不自知度亦是其罪歸罪秦伯言兄罪耳例曰以下同也

后子享晉侯 爲晉侯設享禮○爲于僞反

造舟于河 造舟爲梁通秦晉之道○造七報反注同李巡注爾雅云比其船而度也郭云併舟爲橋

【疏】造舟于河○正義曰詩云造舟爲梁是比舟以爲橋也釋水云天子造舟李巡曰比其舟而渡曰造舟孫炎曰比舟爲梁郭璞曰比船爲橋皆不解造義蓋造爲至義言船相至而並比也

十里舍車 一舍八乘爲八反之備也

【疏】注一舍至之備○正義曰直言十里舍車不知每舍幾車以下言八反知一舍八乘爲八反之具也

自雍及絳 雍絳相去千里用車八百乘○雍於用反

歸取酬幣 備九獻之儀始禮自齎其一故續送其八酬酒幣○齎子兮反本又作賫

【疏】注備九至酒幣○正義曰僖二十二年鄭享楚子爲九獻知此備九獻之儀也每一獻酒必有幣車以隨之后子從始自齎其一以爲初獻故續送其八也飲酒之禮主人初獻於賓賓酢主人主人受賓之酢禮飲訖又飲乃酌以酬賓如是乃成爲一獻於酬之時始有幣以勸飲故以爲酬酒幣也

終事八反 每十里以八乘車各以次載幣相授而還不徑至故言八反千里用車八百乘其二百乘以自隨故言千乘傳言秦鍼之出極奢富以成禮欲盡敬於所赴○還音環徑古定反

【疏】注每十至所赴○正義曰服虔以爲每於十里置幣車一乘千里百乘以次相授車率皆日行一百六十里謂從絳向雍去而復還一享之間八度至也然則千里之路往還八反車率日行一百六十里計則一萬六千里雖追風逐日之足猶將不逮於此后子之馬一何駛乎縱令如此纔可以章馬疾未足以明車多司馬侯何以怪其車多而發問也杜以反者爲車反復其故處耳每於十里置車八乘后子初發幣則續行自齎其一以爲初獻餘則以次續至至則車反比至享終八車皆反以此謂之八反非言一反至雍也

此幣發雍計已多日故設享之初此八車之幣去絳不過一二十里耳使之相續而來每獻皆到以示己之豪富故令漸送之也如杜此言則后子預前約束

使幣早發而來非臨享始取而云歸取酬幣者后子必適晉多日然後設享非初至卽享君也為享之具酒食之屬皆在絳備之其幣亦應於絳備之乃遣還

取秦國之幣故言歸取不言設享之日始歸取也上云其車千乘下司馬侯問其車多則是見車多而發問也故杜辨其車之所在千里用車八百乘其二百

乘以自隨故言千乘也傳說此車多之事者言秦鍼之出極奢富以成禮盡敬於所赴之國故為此以示豪也司馬侯問焉曰子之車

盡於此而已乎對曰此之謂多矣若能少此吾何以得見言己坐車多故出奔○見賢遍反坐才臥

反女叔齊以告公叔齊司馬侯○女音汝且曰秦公子必歸臣聞君子能知其過必有令

圖令圖天所贊也后子見趙孟趙孟曰吾子其曷歸問何時當歸對曰鍼懼選於寡

君是以在此將待嗣君趙孟曰秦君何如對曰無道趙孟曰亡乎對曰何為一

世無道國未艾也艾絕也○艾魚廢反注同國於天地有與立焉言欲輔助之者多不數世淫弗能

斃也趙孟曰天乎對曰有焉趙孟曰其幾何對曰鍼聞之國無道而年穀和熟

天贊之也贊佐助也○幾居豈反下同鮮不五稔鮮少也少尚當歷五年多則不啻○稔而甚反啻始豉反【疏】國無至五稔○正義

曰國無道而歲又饑則君或早夭年穀和熟則天佐助之故少猶五年多或不啻也期之五年者后子之意耳襄二十七年傳云所謂不及五稔蓋古有此言

也趙孟視蔭曰朝夕不相及誰能待五蔭日景也趙孟意衰以日景自喻故言朝夕不相及誰能待五○蔭於金反本

亦作陰朝夕如字景如字又於領反【疏】趙孟至待五○正義曰趙孟自比於日景此景朝夕尚移不能相及人命流去與此相似既無常定誰能待五后子出而告人曰趙孟將死矣主民翫歲而愒日翫愒皆貪也○翫五喚反說文云習猒也字又作忨愒苦蓋反其與幾何言不能久○與如字又音預○鄭為游楚亂故游楚子南為于偽反○六月丁巳鄭伯及其大夫盟于公孫段氏罕虎公孫僑公孫段印段游吉駟帶私盟于閨門之外實薰隧閨門鄭城門薰隧門外道名實之者為明年子產數子晳罪稱薰隧盟起本○閨音圭薰許云反隧音遂數色主反又色具反公孫黑強。與於盟使大史書其名且曰七子自欲同於六卿故曰七子○強其丈反與音預子產弗討子晳強討之恐亂國○晉中行穆子敗無終及羣狄于大原即大鹵也無終山戎○大原音泰【疏】晉中至大原○正義曰釋例土地名以北戎山戎無終三名為一北平有無終縣大原即大原郡晉陽縣是也計無終在大原東北二千許里遠就大原來與晉戰不知其何故也蓋與諸戎近晉者相率而共來也襄四年無終子遣使如晉請和諸戎則無終是其大者故顯言其國名也崇卒也崇聚也○卒子忽反下及注皆同將戰魏舒曰彼徒我車所遇又阨。地險不便車○阨委又作隘於懈反便婢面反以什共車必克更增十人以當一車之用○什音十【疏】以什共車必克○正義曰周禮十人為什以一什之人共一車之地故必克也困諸阨又克車每困於阨道今去車故為必克○去起呂反下皆同請皆卒去車為步卒自我始乃毀車以為行魏舒先自毀其屬車為步陳○行戶郎反陳直覲反下文五陳未陳同五乘為三伍乘車者車三人五乘十五人今改去車更以五人為伍分為三伍○五乘繩證反注五乘同荀吳之嬖人不肯即卒斬以徇魏舒輒斬之荀吳不恨所以能立功○徇辭俊反爲五陳以相離兩於前伍於後專爲右角參爲左角偏爲前拒皆臨時處置之名○拒九甫反疏爲五至前拒○正義曰五陳者即兩伍專參偏是也相離者布置使相遠也服虔引司馬法云五十乘爲兩百二十乘爲伍八十一乘爲專二十九乘爲參二十五乘爲偏彼皆準車數多少以爲別名此傳去車用卒而有此名則此名不以車數爲別也杜云皆臨時處置之名其意不同服說則名與人數不可得知也周禮則五人爲伍二十五人爲兩無專參偏之名也以誘之翟人笑之笑其失常未陳而薄之大敗之傳言荀吳能用善謀○莒展輿立而奪羣公子秩公子召去疾于齊秋齊公子鉏納去疾齊雖納去疾莒人先召之故從國逆例書入去疾奔齊在襄三十一年展輿奔吳吳外孫叔弓帥師疆鄆田因莒亂也此春取鄆今正其疆界○疆居良反注同於是莒務婁瞀胡及公子滅明以大厖與常儀靡奔齊三子展輿黨大厖常儀靡莒二邑○務婁並如字務又音謀一音無瞀徐音茂又音謀厖武江反君子曰莒展之不立棄人也夫奪羣公子秩是棄人○夫音扶人可棄乎詩曰無競維人善矣詩周頌言惟得人則國家彊疏詩曰至善矣○正義曰周頌烈文之篇也彼注云競彊也無彊乎維得賢人也得賢人則國家彊矣故天下諸侯順其所爲也○晉侯有疾鄭伯使公孫僑如晉聘且問疾叔向問焉曰寡君之疾病卜人曰實沈臺駘爲祟史莫之知敢問此何神也子產曰昔高辛氏有二子伯曰閼伯季曰實沈高辛帝嚳○駘他才反祟息遂反閼於葛反嚳苦毒反居于曠林不相

能也曠林地闕○能如字又奴代反日尋干戈以相征討尋用也后帝不臧臧善也后帝堯也疏注后帝至堯也正義曰襄九年傳稱閼伯爲陶唐氏之火正知后帝是堯也遷閼伯于商丘主辰商丘宋地主祀辰星辰大火也商人是因故辰爲商星商人湯先相土封商丘因閼伯故國祀辰星○相息亮反疏注商人至辰星○正義曰殷本紀稱相土契孫是湯之先也襄九年傳云閼伯居商丘祀大火相土因之故商主大火辰即大火星也故商大祀辰星商謂宋也宋商後故稱商人也遷實沈于大夏主參。大夏今晉陽縣○夏戶雅反注及下同參所林反注及下同唐人是因以服事夏商唐人若劉累之等累遷魯縣此在大夏疏注唐人至大夏○正義曰謂之唐人當是陶唐之後。二十九年傳云陶唐氏既衰其後有劉累知此唐人是彼劉累之等類也言等類者謂劉累後世子孫累雖遷魯縣子孫仍在大夏故歷夏及商也劉炫云彼稱累事孔甲下云遷于魯縣此云唐人是因以服事夏商則此居於大夏子孫終商不滅非累子孫是其同族等類耳服虔以唐人即是劉累故杜顯而異之云累遷魯縣此在大夏其季世。曰唐叔虞唐人之季世其君曰叔虞疏注唐人至叔虞正義曰服虔以爲唐叔虞即下句邑姜所生者也杜以傳說唐人即云季世明季世是唐人之末世叔虞即唐人之末君矣邑姜之子叔虞乃是晉之始祖豈得以後世始封之君謂之前代之末世也故云唐人之季世其君曰叔虞帝命邑姜之子曰虞者將以唐國與之取唐君之名以爲名耳當武王邑姜方震。大叔邑姜武王后齊大公之女懷胎爲震大叔成王之弟叔虞○震本又作娠之慎反又音申懷妊也大音泰注及下同胎他來反疏注邑姜至叔虞○正義曰傳言武王邑姜繫之武王知是武王后也十二年傳稱呂。級王舅。級是齊大公之子丁公也。級爲王舅知邑姜是大公之女也說文云娠女妊身動也從女辰聲是懷胎爲震震取動義字書以是女事故今字從女耳叔虞成王母弟晉世家文也夢帝謂己。余命而子曰虞帝天取唐君之名將與之唐屬諸參而蕃育其子孫及生有文在其手曰虞遂以命之及成王滅唐而封大叔焉。故參爲晉星叔虞封唐是爲晉侯○屬之玉反蕃音煩叔虞封唐是爲晉侯案史記叔虞封唐侯叔虞之子燮父改爲晉侯疏夢帝至曰虞○正義曰晉世家云初武王之與叔虞母會時夢天謂武王曰余命。女生子名虞謂此夢爲武王之夢也若是武王之夢此傳直云武王方生大叔其文足矣何以須言邑姜方震也邑姜方震而夢明是邑姜夢矣安得以爲武王夢也薄姬之夢龍據其。心燕姞之夢蘭爲己子彼皆夢發於母此何以夢發於父是馬遷之妄言耳服解此云己武王也是習非而逐迷者也○注叔虞至晉侯○正義曰晉世家云唐叔子燮是爲晉侯杜譜亦云燮父改爲晉侯則叔虞之身不稱晉也叔虞爲晉之祖故言爲晉侯也由是觀之則實沈參神也

昔金天氏有裔子曰昧爲玄冥師生允格臺駘金天氏帝少皞裔遠也玄冥水官昧爲水官之長○裔以制反昧音妹爲玄冥師師長也爲官之長皞戶老反長丁丈反疏注金天至之長○正義曰金天氏帝少皞帝系世本文也金天代號少皞身號月令於冬云其神玄冥是玄冥爲水官也昧爲玄冥師訓長也故云昧爲水官之長二十九年傳云少皞氏有四叔脩及熙爲玄冥師昧爲金天裔子當是脩熙之後釋例曰脩及熙皆爲玄冥未知昧爲誰之子或是其子孫也臺駘能業其官纂。昧之業○纂子管反宣汾洮宣猶通也汾洮二水名疏宣汾洮○正義曰釋例曰汾水出大原故汾陽縣至河東汾陰縣入河其洮水闕不知所在當亦是晉地之水後世竭涸無其處耳障大澤陂障之以處大原大原晉陽也臺駘之所居帝用嘉之封諸汾川帝顓頊疏注帝顓頊○正義曰顓頊爲帝承金天之後臺。駘是金天裔孫爲臣宜當顓頊故以帝用嘉之爲顓頊嘉耳。昧於金天已云裔子臺駘又是昧之所生則去少皞遠矣而帝系世本皆云少皞是黃帝之子顓頊是

黃帝之孫臣世多而帝世少史籍散亡無可檢勘此事未必然也釋例云案鯀則舜之五世從祖父也而及舜共為堯臣堯則舜之三從高祖而妻其女此史記之可疑者也是皆疑不能決因舊說耳沈姒蓐黃實守其祀四國臺駘之後今晉主汾而滅之矣滅四國由是觀之則臺駘汾神也。抑此二者不及君身。山川之神則水旱癘疫之災於是乎禜之有水旱之災則禜祭山川之神若臺駘者周禮四曰禜祭為營。攢用幣以祈福祥○癘音例疫音役禜音詠徐又音營日月星辰之神則雪霜風雨之不時。於是乎禜之星辰之神若實沈者

疏山川至禜之○正義曰水旱癘疫在地之災山川帶地故祭山川之神也雪霜風雨天氣所降日月麗天故祭日月星辰之神也此因其所在分繫之耳其實水旱癘疫亦是天氣所致雪霜風雨亦是在地之災耳雨之不時而致水旱水旱與雨不甚為異而分言之者據其雨不下而霖不止是雨之不時也據其苗稼生死則為水與旱也禜是祈禱之小祭耳若大旱而雩則徧祭天地百神不復別其日月與山川者也○注有水至福祥○正義曰水旱癘疫俱祭山川杜略癘疫而不言之耳杜言山川之神若臺駘者下云星辰之神若實沈者言此駘祭祭其先世主山川主星辰者之神耳非獨祭此山川星辰之神也計日月無其主之者以與星辰俱是天神連言之耳周禮大祝掌六祈以同鬼示一曰類二曰造三曰禬四曰禜五曰攻六曰說鄭衆云禜日月星辰山川之祭也鄭玄云禜告之以時有災變也禜如日食以朱絲禜社也玄之此言取公羊為說莊二十五年公羊傳曰日食以朱絲禜社或曰脅之或曰為闇恐人犯之故營之然社有形質故可朱絲營繞日月山川非可營之物不得以此解禜也賈逵以為營攢用幣杜依用之日月山川之神其祭非有常處故臨時營其地立攢表用幣告之以祈福祥也攢聚也聚草木為祭處耳癘疫謂害氣流行歲多疾病然則君身有病亦是癘氣而云不及君身者陳思王以為癘疫之氣止害貧賤其富貴之人攝生厚者癘氣所不及其事或當然也

且子產知晉君之病不在於此故言二者不及君身以病非癘疫故不須祭臺駘等也若君身則亦出入飲食哀樂之事也山川星辰之神又何爲焉言實沈臺駘不爲君疾○樂音洛疏若君至事也○正義曰家語孔子云飲食不時逸勞過度者病共殺之此云出入即逸勞也據國君之身則朝以聽政晝以訪問是出也夕以脩令夜以安身是入也僑聞之君子有四時朝以聽政聽國政朝如字○晝以訪問問可否夕以脩令念所施夜以安身於是乎節宣其氣宣散也疏節宣其氣○正義曰以時節宣散其氣也節即四時是也凡人形神有限不可久用神久用則竭形大勞則敝不可以久勞也神不用則鈍形不用則痿不可以久逸也固當勞逸更遞以宣散其氣朝以聽政久則疲疲則易之以訪問訪問久則倦倦則易之以脩令脩令久則怠怠則易之以安身安身久則滯滯則易之以聽政以後事改前心則亦所以散其氣也勿使有所壅閉湫底以露其體湫集也底滯也露羸也壹之則血氣集滯而體羸露○壅於勇反湫子小反徐音秋又在酒反服云著也底丁禮反服云止也羸劣危反注同疏勿使至其體○正義曰壅謂障而不使行若土壅水也閉謂塞而不得出若閉門戶也湫謂氣聚底謂氣止四者皆是不散之意也氣不散則食不消食不消則食少食少則肌膚瘦肌膚瘦則骸骨露也言人之養身當須宣散其氣勿使氣有壅閉集滯以羸露其形骸也○注湫集至羸露○正義曰服虔云湫著也底止也杜云湫集也底滯也皆是以意訓耳壅閉言其不得散出故以湫底爲集滯言氣聚集而停滯也若以湫爲著則與止同義故易之以爲集其止滯亦同義也上文所云四時之事若其壹之則血氣集滯使不得宣散氣不散則骨羸露也肥則膚肉厚骨不見瘦則肌膚薄故體羸露羸露是露骨之名其義與倮相近倮露形也羸露骨也瘦必羸羸亦瘦之別名今晉侯壹之者唯謂安身親近婦人四時皆爾以恒安身不動故使氣集滯也茲心不爽而昏亂百度茲此也爽明也

百度百事之節疏茲心至百度○正義曰形之與神相隨而有形以神爲主神以形爲宅形彊則神彊形弱則神弱神。常隨形而盛衰也既露其體則神識亦弱致使此心不明照察失宜而昏亂百事之節度也今無乃壹之同四時也則生疾矣僑又聞之內官不及同姓內官嬪御嬪婢人反○其生不殖殖長也美先盡矣則相生疾同姓之相與先美矣美極則盡盡則生疾疏其生至生疾○正義曰此。僑重述不及同姓之意言內官若取同姓則夫婦所以生疾性命不得殖長何者以其同姓相與先美今既爲夫妻又相寵愛美之所至極在先盡矣乃相厭患而生疾病非直美極惡生疾病而已又美極驕寵更生妬害也故晉語云異姓則異德異德則異類異類雖近男女相及以生民也同姓則同德同德則同心同心則同志同志雖遠男女不相及畏瀆。故也瀆則生怨怨亂育災災育滅性是故取女辟同姓畏亂災也禮記大傳云百世而昬姻不通者周道然也然則周法始如此耳前代則不然也蓋以前代敬簡未設禁防周人以其慢瀆故立法以禁之劉炫云違禮而娶則人神不祐故所生不長也晉文姬出而霸諸侯同姓未必皆不殖此以禮法爲言勸勵人耳○注同姓至生疾○正義曰劉炫云人之本心自然有愛愛之所及先及近親同姓是親之近者其愛之美必深是同姓之相與先自美矣若使又爲夫妻則相愛之美尤極極則美先盡矣美盡必有惡生故美盡則生疾此以禮爲防推致此意耳晉語云云同君子是以惡之故志曰買妾不知其姓則卜之違此二者古之所慎也壹四時取同姓二者古人所愼○惡如字又爲路反取七住反疏買妾至卜之○正義曰曲禮云娶妻不取同姓故買妾不知其姓則卜之鄭玄云爲其近禽獸也妾賤或時非媵取於賤者世無本繫也男女辨姓禮之大司也辨別也○別彼列反今君內實有四姬焉同姓姬四人其無乃是也乎若由是二者弗可爲也已爲治也四姬有省猶可無則必

生疾矣據異姓去同姓故言省○省所景反徐所幸反注同去起呂反疏四姬至疾矣○正義曰子產云四姬之外若有異姓之女接御於公減省
公之寵愛於四姬之事如此猶可若無異姓之女減省公情專愛四姬則必由此故以生疾矣劉炫云子產言若於同姓不深病猶可差若於四姬有此省相
見稀接御則此病猶尚可如無稀省耽之過度則必生疾叔向曰善哉肸未之聞也此皆然矣叔向出行人
揮送之送叔向叔向問鄭故焉且問子皙對曰其與幾何言將敗不久○與如字又音預幾居豈反無
禮而好陵人怙富而卑其上弗能久矣爲明年鄭殺公孫黑傳○好呼報反怙音戶晉侯聞子產之
言曰博物君子也重賄之晉侯求醫於秦秦伯使醫和視之曰疾不可爲也是
謂近女室疾如蠱蠱惑疾○近附近之近蠱音古疏是謂至如蠱○正義曰女在房室故以室言之是謂近女室說此病之由由近女室
爲此病也又言疾如蠱言此疾似蠱疾也蠱者心志惑亂之疾若今昏狂失性其疾名之爲蠱公惑於女色失其常性如彼惑蠱之疾也蠱是惑疾公心既惑
是蠱疾而云如蠱者蠱是失志之疾名志之所失不獨爲女宣八年傳胥克有蠱疾者直是病而失性不由近女爲之此公淫而失志未全爲蠱故云如蠱○
注蠱惑疾○正義曰和言公疾如蠱下云惑以喪志知蠱是心志惑亂之疾非鬼非食惑以喪志惑女色而失志○喪息浪反疏非鬼
至喪志○正義曰此說公病之狀病有鬼爲之者有食爲之者此病非鬼非食淫於女色情性惑亂以喪失志意也良臣將死天命不祐
良臣不匡救君過故將死而不爲天所祐○祐音右公曰女不可近乎對曰節之先王之樂所以節百事
也故有五節五聲之節遲速本末以相及中聲以降五降之後不容彈矣此謂先王之樂得中

聲聲成五降而息也降罷退○降音絳下及注同或音戶江反彈徒丹反又徒旦反【疏】先王至彈矣○正義曰女之爲節不可得說故以樂譬之先王之爲此樂也所以限節百種之事故爲樂有五聲之節爲聲有遲有速從本至末緩急相及使得中和之聲其曲既了以此罷退五聲既成中和罷退之後謂爲曲已了不容更復彈作以爲煩手淫聲鄭衞之曲也劉炫云言五降而息罷退一者五聲一周聲下而息前聲罷退以待後聲非作樂息也樂曲成乃息非五聲一周得息也又傳於是至弗聽劉云此說降後不彈之意也五聲皆降則聲一成曲既未成當。從上始不以後聲。未接前聲而容手妄彈擊是爲煩手此手所擊非復正聲是爲淫聲淫聲之。慢塞人心耳乃使人忘失平和之性故君子不聽也於是有煩手淫聲慆堙心耳乃忘平和君子弗聽也五降而不息則雜聲並奏所謂鄭衞之聲○慆他刀反下同堙音因【疏】注五降至之聲○正義曰五降不息則非復正聲手煩不已則雜聲並奏記傳所謂鄭衞之聲謂此也樂記云鄭衞之音亂世之音也又曰鄭音好濫淫志衞音。趨。數煩志是言鄭衞之聲是煩手雜聲也物亦如之言百事皆如樂不可失節至於煩乃舍也已無以生疾煩不舍則生疾○舍音捨注同君子之近琴瑟以儀節也非以慆心也爲心之節儀使動不過度天有六氣謂陰陽風雨晦明也降生五味謂金味辛木味酸水味鹹火味苦土味甘皆由陰陽風雨而生【疏】注謂金至而生○正義曰尚書洪範云五行一曰水二曰火三曰木四曰金五曰土水曰潤下火曰炎上木曰曲直金曰從革土爰稼穡潤下作鹹炎上作苦曲直作酸從革作辛稼穡作甘孔安國云鹹水鹵所生也苦焦氣之味也酸木實之性也辛金之氣味也甘味生於百穀也是五味爲五行之味也以五者並行於天地之間故洛書謂之五行物皆有本本自天來故言五者皆由陰陽風雨而生也是陰陽風雨晦明合雜共生五味若先儒以爲雨爲木味風爲土味晦爲水味明爲火味陽爲金味而陰氣屬天不爲五味之主此杜所不用也洪範本文以生數爲次水火木金土太禹謨六府之次水火金木土穀月令於四時之次木火土金水杜數五味之次金木水火土以五行相循更互相代其次不以爲常隨便言耳此注所言五味五色五聲配五行者經傳多有之洪範是其本月令尤分明杜所解者皆依月令文也

發爲五色辛色白酸色青鹹色黑苦色赤甘色黃發見也見賢偏反〇徵爲五聲白聲商青聲角黑聲羽赤聲徵黃聲宮徵驗也〇聲徵張里反淫生六疾淫過也滋味聲色所以養人然過則生害

疏天有至六疾〇正義曰上既以樂譬女乃云物亦如之至煩乃舍言用之有節也此又本諸上上天言物皆不得過度也氣皆由天故言天有六氣也五味在地故云降生五味也五氣是五行之味六氣共生五行故杜解五味皆由陰陽風雨晦明而生是言六氣共生之非言一氣生一行也味則嘗而可知末有形色可視發見而爲五色也色既不同其聲亦異徵驗而爲五聲也此味聲色也皆本諸上天所以養人用之大過則生六種之疾〇注淫過至生害〇正義曰此淫生六疾承氣味色聲之下則謂四者之過皆生疾也但醫和將說晦淫惑疾故下句特舉六氣之淫其言不及味與聲色故杜解以備之言滋味聲色所以養人然過則生疾以見淫生六疾非獨六氣生疾也但晉侯不以味聲色生疾故醫和不言之耳

六氣曰陰陽風雨晦明也分爲四時序爲五節六氣之化分而序之則成四時得五行之節

疏注六氣至之節〇正義曰六氣並行無時止息但氣有溫暑涼寒分爲四時春夏秋冬也序此四時以爲五行之節計一年有三百六十五日序之爲五行每行得七十二日有餘土無定方分主四季故每季之末有十八日爲土正主日也

過則爲菑陰淫寒疾寒過則爲冷〇菑音災下同陽淫熱疾熱過則喘渴〇喘昌兖反風淫末疾末四支也風爲緩急雨淫腹疾雨濕之氣爲洩注洩息列反下如字〇晦淫惑疾晦夜也爲宴寢過節則心惑亂明淫心疾明晝也思慮煩多心勞生疾〇思息利反

疏過則至心疾〇正義曰上云淫生六疾總謂氣味聲色此云過則爲菑獨謂六氣過耳過

即淫也故歷言六氣之淫各生疾也此六者陰陽風雨有多時有少時晦明則天有常度無多少時也今言淫者謂人受用此氣有過度者也陰過則冷陽過則熱風多則四支緩急雨多則腹腸泄注此四者雖各以其氣與人爲病若其能自防護受之不多則得無此病也其晦明亦是天氣不以病人但人用晦明過度則人亦爲病晦是夜也夜當安身女以宣氣近女過度則心散亂也明是晝也晝以營務營務當用心思慮煩多則心勞倦也陰陽風雨當受之有節晦明當用之有限無節無限必爲菑害故過則爲菑也○注末四至緩急○正義曰人之身體頭爲元首四支爲末故以末爲四支謂手足也風氣入身則四支有緩急賈逵以末疾爲首疾謂風眩也

女陽物而晦時淫則生內熱惑蠱之疾女常隨男故言陽物家道當在夜故言晦時

疏女陽至之疾○正義曰男爲陽女爲陰女常隨男則女是陽。家之物也而晦夜之時用之若用之淫過則生內熱惑蠱之疾以女陽物故內熱以晦時。惑蠱也晉語云文子問醫和曰君其幾何對曰若諸侯服不過三年不服不過十年過是晉之殃也孔晁云人雖有命荒淫者必損壽無外患則并心於內故三年死諸侯不服則思外患損其內。情故十年無道之君久在民上實國之殃也

今君不節不時能無及此乎出告趙孟趙孟曰誰當良臣對曰主是謂矣主相晉國於今八年晉國無亂諸侯無闕可謂良矣和聞之國之大臣榮其寵祿任其寵。節有菑禍興而無改焉改改行以救菑○相息亮反行下孟反必受其咎今君至於淫以生疾將不能圖恤社稷禍孰大焉主不能禦吾是以云也云主將死○咎其九反禦本亦作御魚呂反趙孟曰何謂蠱對曰淫溺惑亂之所生也溺沈。沒於。嗜欲○溺乃狄反嗜時志反

疏淫溺至生也○正義曰此淫謂淫於女也沒水謂之溺沒於嗜欲與溺水相似故淫溺連言之

此論晉侯將。蠱疾故言淫溺惑亂之所生耳人自有。無故失志志性恍惚不自知者其疾名爲蠱蠱非盡由淫也以毒藥藥人令人不自知者今律謂之蠱毒

於文皿蟲爲蠱文字也皿器也器受。蠱。書者爲蠱皿命景反說文讀若猛字林音猛○穀之飛亦爲蠱穀久積則變爲飛蟲名曰蠱在周易女惑男風落山謂之蠱☶☴巽下艮上蠱巽爲長女爲風艮爲少男爲山少男而說長女非匹故惑山木得風而落○巽音遜艮古恨反長丁丈反下同少詩照反下同說音悅皆同物也物猶類也趙孟曰良醫也厚其禮而歸之贈賄之禮○楚公子圍使公子黑肱伯州犁城犨櫟郟黑肱王子圍之弟子晳也犨縣屬南陽郟縣屬襄城櫟今河南陽翟縣三邑本鄭地○犨尺州反櫟音歷徐失灼反郟古洽反鄭人懼子產曰不害令尹將行大事將謂弒君而先除二子也二子謂黑肱伯州犁禍不及鄭何患焉冬楚公子圍將聘于鄭伍。舉爲介未出竟聞王有疾而還伍舉遂聘十一月己酉公子圍至入問王疾縊而弒之縊絞也孫卿曰以冠纓絞之長曆推己酉十二月六日經傳皆言十一月月誤也○介音界竟音境縊一豉反弒申志反絞古卯反

疏。注縊絞至誤也○正義曰孫卿姓荀名。說著書一部名荀卿子漢宣帝諱詢故轉爲孫也下有十二月甲辰朔甲辰後五日得己酉故杜以長曆推己酉是十二月六日而此郟敖之卒經傳皆云十一月己酉杜謂十一月誤者止謂十一月不得有己酉以己酉爲誤十一月非誤也必知然者若以爲十二月己酉則六日己酉子干奔晉至晉猶見趙孟七日庚戌趙孟卒便是日相切迫無相見之理故知十一月爲是己酉爲誤劉炫以爲杜云誤者以十一月爲誤當云十二月而規杜氏非也劉炫規云杜言十一月誤當爲十二月案下文趙孟庚戌卒。彼是郟敖今日死趙孟明日卒則子干奔晉不得見趙孟而議其祿故謂十一月是己酉字

誤也遂殺其二子幕及平夏皆郟敖子○幕音莫夏戶雅反右尹子干出奔晉子干王子比宮廏尹子晳出奔鄭因築城而去○廏居又反殺大宰伯州犁于郟葬王于郟謂之郟敖郟敖楚子麇使赴于鄭伍舉問應爲後之辭焉問赴者對曰寡大夫圍伍舉更之曰共王之子圍爲長伍舉更赴辭使從禮○此告終稱嗣不以篡弒赴諸侯○共王音恭長丁丈反子干奔晉從車五乘叔向使與秦公子同食食祿同○從才用反乘繩證反下同皆百人之餼百人一卒也其祿足百人○餼許氣反卒子忽反疏注百人至百人○正義曰百人爲卒周禮司馬序官文也祿足百人謂與之田取稅以共食足爲百人餼也晉語稱秦后子楚公子干來仕叔向爲大傅實賦祿韓宣子問二公子之祿焉對曰大國之卿一旅之田上大夫一卒之田夫二公子者上大夫皆一卒可也趙文子曰秦公子富謂秦鍼富強秩祿不宜與子干同叔向曰底祿以德底致也底音旨○德鈞以年年同以尊公子以國不聞以富且夫以千乘去其國彊禦已甚詩曰不侮鰥寡不畏彊禦詩大雅侮陵也○夫音扶侮亡甫反鰥古頑反疏底祿至以尊○正義曰德大則官高官高則祿厚故致祿以德之小大爲差也年同以尊謂以官爲之尊卑也秦楚匹也使后子與子干齒以年齒爲高下而坐辭曰鍼懼選楚公子不獲是以皆來亦唯命不獲不得自安言俱奔事有優劣唯主人命所處謙辭且臣與羈齒無乃不可乎后子先來仕欲自同於晉臣爲主人子干後來奔以爲羈旅之客史佚有言曰非羈何忌忌敬也欲謙以自別○佚音逸別彼列反疏非羈何忌○正義曰忌敬也史佚有言云非是羈客何須敬之言子干是

客當須敬之我不敢與同是謙以自別也楚靈王即位薳罷爲令尹薳啓彊爲大宰靈王公子圍也即位易名熊虔○罷音皮彊其良反又居良反鄭游吉如楚葬郟敖且聘立君歸謂子產曰具行器矣。行器謂備楚王汰侈而自說其事必合諸侯吾往無日矣子產曰不數年未能也爲四年會申傳○汰音泰說徐音悅音始悅反數所主反十二月晉既烝烝冬祭也烝之承反○趙孟適南陽將會孟子餘孟子餘趙衰趙武之曾祖其廟在晉之南陽溫縣往會祭之○衰初危反【疏】。注孟子餘趙衰○正義曰服虔以孟爲趙盾子餘爲趙衰若其必然當先衰後盾何以先言孟也杜以孟子餘是趙衰一人蓋子餘是字孟是長幼之字也甲辰朔烝于溫趙氏烝祭甲辰十二月朔晉既烝趙孟乃烝其家廟則晉烝當作甲辰之前傳言十二月月誤【疏】注趙氏至月誤○正義曰杜以十二月晉既烝趙孟始適南陽則趙孟初行已是十二月也此句乃云甲辰朔烝于溫案文言之則是來年正月朔也服虔云甲辰朔夏十一月朔也若是夏十一月朔當於明年言之而此年說之何也杜以服言不通故爲此解云晉既烝趙孟乃烝其家廟則晉烝當在甲辰之前當言十一月傳言十二月月誤也劉炫以爲晉烝及趙孟適南陽並在十。一月之前文繫十二月者欲見烝後即行先公後私十二月之文爲下甲辰朔起本舉月遙屬下明晉烝猶在朔前十二月非誤也若必如劉言傳當云晉既烝趙孟適南陽將會孟子餘十二月甲辰朔烝于溫足明先公後私之義何須虛張十二月於上遙爲甲長朔起本傳文上下未有此例劉炫之言非也庚戌卒十二月七日終劉定公秦后子之言鄭伯如晉弔及雍乃復弔趙氏蓋趙氏辭之而還傳言大夫彊諸侯畏而弔之○及雍於用反

附釋音春秋左傳注疏卷第四十一

春秋左傳注疏卷四十一校勘記　阮元撰盧宣旬摘錄

附釋音春秋左傳注疏卷第四十一 起元年盡元年宋本春秋正義卷第二十六石經春秋經傳集解昭元第廿淳熙本纂圖本明翻岳本廿作二十釋文及下卷同淳熙本昭下有公字明翻岳本作昭公一並盡三年

〔昭公〕

昭公名稠 杜氏釋例史記十二諸侯年表漢書古今人表律曆志世本並作稠徐廣云又作袑宋本作裯魯世家同與襄公三十一年昭公廿五年傳文合閩本監本毛本改裯

〔經元年〕

元年 淳熙本元誤六

先至於魯 宋本淳熙本纂圖本明翻岳本監本毛本魯作會宋監毛正義標起訖同是也

殺世子偃師貶 宋本殺上有爲字與公羊合

非貶所也 監本毛本所作詞

按傳武子伐莒 宋本傳下有季字

晉荀吳帥師敗狄于大鹵 石經宋本淳熙本纂圖本明翻岳本閩本監本毛本師師作帥師是也

莒展輿出奔吳 釋文無輿字云一本作莒展輿案公羊穀梁皆無輿字

不稱爵 宋本不上有故字

楚子麇卒 閩本監本作麋乃麇之誤案史記楚世家作員索隱曰左傳作麏陳氏云麏與麇通

傳稱縊而弒之 毛本縊誤諡閩本監本弒作殺非

公子比出奔晉 石經宋本淳熙本纂圖本明翻岳本足利本公上有楚字是也

〔傳元年〕

伍舉爲介 石經此伍字係原刻已下伍字皆初刻作五後加人旁惠棟云孫叔敖碑作五舉案唐石經初刻亦作五後改從人非也

以敝邑褊小 石經宋本明翻岳本褊作編與釋文合

行昏禮 閩本監本毛本昏作婚疏並同

令尹命大宰伯州犂對曰 監本毛本州誤氏

圍布几筵 釋文几本亦作机案机者几之俗

圍布至而來 宋本以下正義四節在入逆而出句下

猶尙釋幣于禰乃行 閩本監本毛本脫釋字

告父祖之廟而來也　閩本監本毛本作告祖父母之廟而來也誤也

而無乃包藏禍心以圖之　李善注文選阮瑀爲曹公作書與孫權引傳包作苞案作苞是也說詳僖四年注

而有所壅塞不行是懼　諸本作壅釋文作雍云本又作壅注及下注同

子木之信　淳熙本木誤才

以春言故云七年　山井鼎云足利本後人記云言異本作立按作立者非也

於今七年　宋本以下正義十一節總入其是之謂矣注下

年末醫和則云八年　宋本年下有也字閩本監本末誤未

宋人曹于澶淵　宋本閩本監本毛本于上有人是也

武有仁人之心　諸本作仁此本誤何今訂正

今武猶是心也　顧炎武云石經今誤作令案石經此處模糊炎武所據乃謬刻

武將信以爲本　閩本監本毛本武誤我

是穮是蓘　石經穮字初刊作藨後改正案李善注文選張茂先勵志詩穮作藨引注文同然說文穮下引春秋傳則作是穮是衮衮字不从艸

漢書殖貨志　案漢書殖當作食

后稷始甽田　宋本甽作畖與漢書食貨志合

廣尺深尺曰甽　閩本監本毛本甽作畎

苗生三葉以上　段玉裁云漢書無三字

因隤其士以附苗根　閩本隤作潰監本毛本作壝宋本作隤與漢志合各本士作土是也

耨定本耘　宋本本下有作字是也

卽明宮門之衞以爲離衞　宋本明作名是也

其言大不辭矣　閩本監本毛本辭作侔

吾代二子愍矣　石經愍作慜石經凡從民字皆改從氏避太宗諱也案漢書五行志引作閔

小旻之卒章　補案此標注連正義當在晉樂王鮒節下誤置此處

子與子家持之　釋文云持本或作特按持當作恃十九年音義云本或作恃怙之恃非也

不如子羽之譏訐　監本毛本訐作評閩本作詳

三大夫兆憂能無至乎　石經宋本淳熙本纂圖本明翻岳本監本毛本重憂字是也案漢書五行志引下憂字作矣矣蓋憂之譌

注言不至其國　宋本以下正義八節總入乃免叔孫句下

是吾出而絶之也監本毛本絶作危與明道本國語合

必不加請爲戮也宋本閩本監本毛本加下有師字請閩本作靖非也

吾又誰怨纂圖本怨誤恐

出不逃難石經初刻作不出逃難後改正

所由來也諸本作由此本誤田今訂正

疆場之邑纂圖本閩本監本毛本場作埸非也注同

故傳通言其王耳宋本無其字

故三危者宋本淳熙本纂圖本明翻岳本監本毛本故作放是也

扈在始平鄠縣宋本淳熙本纂圖本明翻岳本閩本毛本鄠作鄂不誤

啓與有扈戰于甘之野諸本作于宋本作於

注二國至淮夷監本毛本此段正義在上文周有徐奄注下

誰能一一治之宋本之下有焉字

各敬爾儀大命一去宋本淳熙本纂圖本明翻岳本監本毛本儀字下有天命不又言五字大各本作天是也

注小宛至復還　宋本以下正義二節總入弗可久已矣注下

注又復也　宋本注下有云字

天命所去不復來也　閩本監本毛本所作一

令尹自以爲王矣　諸本作王此本誤去今訂正

王弱令尹彊　閩本監本彊作疆非下同

是疆而不義　宋本淳熙本纂圖本明翻岳本監本毛本疆作彊不誤

褎姒滅之　釋文云滅詩作威案說文威字注云滅也从火戌聲火死於戌陽氣至戌而盡引詩曰褎姒威之漢書谷永傳引詩同

爲十二年楚弒靈王傳　宋本明翻岳本足利本二作三是也

猶與賓客享之　諸本作客此本誤各今改正

知其一獻　宋本淳熙本纂圖本明翻岳本監本毛本其作欲足利本獻下有之禮二字

注朝聘至五獻　宋本以下正義二節總入吾不復此矣注下

皆獻數不同饔餼之數也　閩本監本毛本不作各宋本無數不二字是也

禮終乃宴　詩彤弓正義引作禮終乃燕

謂之享禮既終　宋本無之字

言享公當依享法　宋本閩本監本毛本作言此本誤三今訂正

享宴俎同　宋本閩本監本毛本作同此本誤司今訂正

不求其厚　岳本厚下有也字

子皮賦野有死麕之卒章　纂圖本監本毛本麕作麏非釋文作麏所據之本不同也

無使厖也吠　宋本明翻岳本足利本厖作尨不誤

尨也可使無吠　纂圖本閩本監本毛本尨作厖非也

雒汭在河南鞏縣南　毛本雒作洛非也下同

微禹吾其魚乎　周禮大司徒疏引作吾其爲魚乎爲字係別本所增

吾與子弁冕端委以治民臨諸侯　釋文作弁端委云本亦作弁冕端委案石經此行十一字似初刻無冕字後增入也

弁冕冠也　惠棟云說文云覍冕也故杜訓爲冕冠弁冕之冕衍文也案周禮大司徒疏引有冕字非善本也

注弁冕至之力　宋本以下正義四節總入又何以年注下

禮記深衣制　宋本衣下有之字是也

子盍亦遠績禹功北宋刻釋文無禹字云本或作亦遠績禹功案周禮大司徒疏李善注文選袁彥伯三國名臣序贊陸士衡五等論引傳無亦字疑釋文亦無亦字非無禹字也本或作亦遠績禹功石經子盍亦一行十一字似亦字亦初刻所無北宋刻釋文績作纉說詳校勘記

勸趙孟使篹禹功淳熙本亦誤作纂宋本纂圖本明翻岳本閩本監本毛本作纂是也

謂勸武何不遠慕大禹之績閩本監本毛本慕誤纂何不監毛作何以亦非

齊等也宋本閩本監本毛本齊作儕是也

言吾等於彼卑賤苟且飲食之人也宋本飲作求

不得惡諠譁之聲釋文諠作讙云或作諠按說文讙譁也从言雚聲釋文本作讙與說文合

注言譬至之聲宋本此節正義在乃出見之注下

犯鄭大夫纂圖本閩本監本毛本大夫誤作夫人

既而櫜甲以見子南毛本南誤男櫜釋文云本或作㯻案鄭司農攷工記函人注引作櫜甲而見子南賈疏同

夫夫至順也宋本自此以下正義三節總入何有於諸游注下

猶恐其𢓜閩本𢓜作迆非監本毛本作𢓨亦誤

猶懼其武案武本作虎避諱改也

五者所以爲國也 纂圖本重以字非也

宥女以遠勉速行乎 淳熙本脫勉字

周公殺管叔而蔡蔡叔 釋文云上蔡字音素葛反放也說文作𧀄音同字從殺下米案禹貢云二百里蔡鄭氏云蔡之言殺減殺其賦

古音蔡同殺張參五經文字云𧀄春秋傳多借蔡字爲之

殺管叔至蔡叔 宋本無上叔字

癸卯至伯也 宋本以下正義七節總入其與幾何注下

比舩爲橋 閩本橋誤㬰宋本舩作船下同

必有幣隨之 此本幣下空缺二字正德本閩本作車以監本毛本作帛以並誤宋本作必有幣隨之今訂正

服虔以爲每於十里置車一乘 此本車上空缺一字閩本監本毛本作幣非也

一何駛乎 閩本監本毛本駛誤駃

后子預前約束 閩本監本束誤速毛本作東亦非

故杜辨其車之所在 閩本監本毛本辨作辯車作事並非

趙孟曰天乎 石經作夭乎漢書五行志引作夭虖按錢大昕云與上文亡乎相對謂國既不亡則君當夭折也

翫歲而愒日諸本作翫葉鈔釋文云又作忨是也案說文心部忨字注云貪也从心元聲引傳作忨歲而㵴日外傳作忨日而㵴歲韋昭云忨偷也㵴遲也漢書五行志亦作忨歲

公孫黑強與於盟淳熙本強作彊注同

晉中至大原宋本以下正義三節總入大敗之注下

所遇又阨釋文云阨本又作隘

皆臨時處置之名監本毛本處誤取

公子召去疾于齊石經于作於

叔弓帥師疆鄆田石經及諸本作帥此本誤師今訂正

棄人也夫淳熙本脫夫字

詩曰無競維人善矣石經宋本淳熙本明翻岳本維作惟

居于曠林纂圖本監本毛本于作於非也

注后帝至堯也宋本無至字以下正義廿一節總入重賄之句下

故稱商人也宋本無也字

主參釋文云所林反注及下同案注文無參字

二十九年傳云　閩本監本毛本二作三非也

其季世曰唐叔虞　李善注文選曹子建與吳季重書引作季葉改世作葉避所諱

當武王邑姜方震大叔　釋文云震本又作娠案史記鄭世家漢書高帝紀應劭注呂覽重言篇高誘注引傳並作娠正義引說文云娠女妊身動也是懷胎爲震震取動義字書以是女事故今字從女耳陳樹華云邑姜方震自爲震動之字不作娠

十二年傳稱呂級王舅　監本毛本級作伋下同

夢帝謂己　石經宋本明翻岳本已作己是也

余命而子曰虞　漢書地理志引作余名案說文云名自命也史記天官書免七命索隱云謂免星凡有七名也祭法黃帝正名百物國語魯語作成命百物是名命二字古同聲同義

及成王滅唐而封大叔焉　惠棟云史記鄭世家封作國案尚書序云武王既勝殷邦諸侯又康誥序云以殷餘民邦康叔孔氏云國康叔爲衛侯此傳依史記當云邦大叔古字邦封同見書正義漢諱邦改曰國故曰國大叔也論語邦域之中今作封域是字同之驗下文封諸汾川同

余命女生子名虞　閩本監本毛本命女作命汝

薄姬之夢龍據其心　宋本閩本監本毛本心作身是也

纂昧之業 淳熙本纂作篡非

臺驗是金天裔孫 宋本閩本監本毛本驗作駘是也

昧於金天 宋本閩本監本毛本作昧此本誤味今訂正

則臺駘汾神也 案史記鄭世家作汾洮神也水經注引傳作汾洮之神也

山川之神則水旱癘疫之災於是乎禜之日月星辰之神則雪霜風雨之不時於是乎禜之 惠棟云鄭氏注周禮鬯人引傳云日月星辰之神則雪霜風雨之不時於是乎禜之山川之神則水旱癘疫之不時史記作菑於是乎禜之賈公彥云鄭君所讀春秋先日月與賈服傳不同故也彼無不時此有之者鄭氏以義增之非傳文

爲營櫕用幣 監本櫕字模糊正德本閩本作攢毛本作儹並非下同

不復別其日月與山川者也 宋本無者字

計日月無其主之者 監本毛本脫之字

掌六祈以同鬼神示 諸本作祈此本誤析今改閩本亦脫神字據宋本監本毛本補

以朱絲禜社也 閩本監本毛本禜作營下同按周禮大祝注作禜公羊傳作以朱絲營社釋文云一傾反又如字本亦作禜同營禜

皆謂規其外

以此解禜也宋本閩本監本毛本作禜此本誤榮今改正

癘氣所不及閩本監本毛本癘誤疫

久則疲宋本久上重聽政二字

勿使有所壅閉湫底石經底作厎葉鈔釋文同少下畫非是

底滯也淳熙本也誤少

以羸露其形骸也宋本骸作體是也

厎止也宋本閩本監本毛本厎作底按訓止則字當从广爾雅釋詁云底止也

則骨羸露也宋本骨作體是也

瘦必羸宋本瘦下有者字是也

神常隨形而盛衰也監本毛本常作長

此向重述不及同姓之意宋本閩本監本毛本向作嚮是也

畏瀆故也監本毛本故作敬與國語晉語合

是謂近女室疾如蠱王念孫云室乃生之誤近女爲句生疾如蠱爲句女蠱爲韻下文食志祐爲韻

是謂至如蠱　宋本以下正義十三節總入厚其禮而歸之注下

是蠱疾　宋本是上有卽字

蠱是失志之疾名　宋本疾作病

先王之樂　案漢書藝文志引樂上有作字非正義本也

當從上始　宋本當下有更字是也

不以後聲未接前聲　宋本閩本監本毛本未作來

淫聲之慢　宋本監本毛本慢作漫

衞音從速煩志　閩本監本毛本從速作趨數宋本作促速案從當作促鄭氏注樂記趨數讀爲促速

月令尤分明　分字此本空缺依宋本補閩本監本毛本作爲

天有至六疾　宋本此節正義在注五降至之聲之前

爲驗而爲五聲也　宋本爲作徵是也

注淫過至生害　宋本此節正義在謂金至而生之下

六氣並行　監本毛本並作共

爲土正主曰也 補案主當作王音旺

末四支也 毛本支字作肢正義同按說文胑體四胑也从肉只聲胑或从支

兩濕之氣爲洩注 纂圖本毛本濕作溼淳熙本洩作戍

謂風肱也 閩本監本肱作胘亦非宋本毛本作眩是也

則女是陽家之物也 監本毛本家作象

惑蠱也 宋本惑上有故字

損其內指 宋本閩本監本毛本指作情是也

任其寵節 石經宋本淳熙本纂圖本明翻岳本閩本監本毛本寵作大不誤

溺沈沒於嗜欲 纂圖本閩本監本毛本沈作沉案沉俗沈字淳熙本沒誤沿宋本嗜作耆與釋文合正義同

此論晉侯將蠱疾 宋本將下有爲字

人自有無故失志 閩本監本毛本無作欲

器受蠱書者爲蠱害也 宋本淳熙本纂圖本明翻岳本閩本監本毛本蠱書作蟲

伍舉爲介 石經伍初刻作五人旁後加

注縊絞至誤也　宋本以下正義四節總入不數年未能也注下

姓荀名說　段玉裁校本說作況是也

彼是郟敖今日死　宋本彼作便是也

郟敖楚子麇　宋本淳熙本纂圖本明翻岳本毛本麇作麏是也

此告終稱嗣　盧文弨云此字衍裴駰注史記引注無

底祿以德　石經宋本明翻岳本底作厎不誤注同

彊禦已甚　纂圖本閩本監本毛本彊作疆非是下及啓彊同

行器謂備　宋本淳熙本明翻岳本監本毛本謂作會

楚王汰侈而自說其事　石經宋本明翻岳本汰作汏不誤釋文亦作汏

注孟子餘趙衰　宋本以下正義二節總入鄭伯如晉節注下

並在十一月之前　宋本一作二不誤

附釋音春秋左傳注疏卷第四十二 昭二年盡四年

杜氏注　孔穎達疏

經二年春晉侯使韓起來聘○夏叔弓如晉叔弓叔老子○秋鄭殺其大夫公孫黑書名惡之薰隧盟子產不討遂以爲卿故書之○惡烏路反

疏書名至書之○正義曰傳稱子產數其罪是書名爲惡之也往年傳云子哲上大夫也則非卿非卿則不合書薰隧之盟子哲強與卿列子產不討卽以爲卿故書之

○冬公如晉至河乃復弔少姜也晉人辭之故還○少詩照反傳放此○季孫宿如晉致襚服也○公實以秋行冬還乃書○致襚音遂

疏注致襚至乃書○正義曰傳稱季孫宿遂致服焉知其致襚服也傳說此事文。正在。冬上而經書在冬知公實以秋行至冬還乃書卽書還時日月不復追言秋故文在冬也

傳二年春晉侯使韓宣子來聘公卽位故

疏。注公卽位故○正義曰傳言且告爲政而來見則其來非獨爲爲政故知主爲公卽位故也襄元年傳曰凡諸侯卽位小國朝之大國聘焉是也

且告爲政而來見禮也代趙武爲政雖盟主而脩好同盟故曰禮○見賢遍反好呼報反

疏注代趙武爲政○正義曰五年傳曰韓起之下有趙成中行吳魏舒范鞅知盈則六者三軍之將佐也韓起代趙武將中軍趙成繼父爲卿代韓起也

觀書於大史氏見易象與魯春秋曰周禮盡在魯矣易象上下經之象辭魯春秋史記之策書春秋遵周公之典以序事故曰周禮盡在魯矣

疏觀書至王也○正義曰大史之官職掌書籍必有藏書之處若今之祕閣也觀書於大史氏者氏猶家也就其所司之處觀其書也見易象易象魯無增改故不言魯易象其春秋用周公之法書魯國之事故言魯春秋也魯國寶文王之書。遵周公

之典故云周禮盡在魯矣文王周公能制此典因見此書而追歎周德吾乃於今日始知周公之德以周公制春秋之法故也與周之所以得王天下之由由文王有聖德能作易象故也此二書晉國亦應有之韓子舊應經見而至魯始歎之乃云今知者因味其義而善其人非爲素不見也

吾乃今知周公之德與周之所以王也易象春秋文王周公之制當此時儒道廢諸國多闕唯魯備故宣子適魯而說之○以王于況反周弘正依字讀說音悅

疏注易象至魯矣○正義曰易有六十四卦分爲上下二篇及孔子又作易傳十篇以翼成之後世謂孔子所作爲傳謂本文爲經故云上下經也易文推演爻卦象物而爲之辭故易繫辭云八卦成列象在其中又云易者象也是故謂之易象孔子述卦下總辭謂之爲彖述爻下別辭謂之爲象以其無所分別故別立二名以辨之其實卦下之語亦是象物爲辭故二者俱爲象也定四年傳稱分魯公以備物典策所言典策則史官書策之法若發凡言例皆是周公制之周衰之後諸國典策各違舊章唯魯春秋遵此周公之典以序時事故云周禮盡在魯矣○注易象春秋文王至而說之○正義曰易象文王所作春秋周公垂法故杜雙舉釋之云易象春秋文王周公之所制也易繫辭云易之興也其當殷之末世周之盛德邪當文王與紂之事邪鄭玄云據此言以易是文王所作斷可知矣且史傳讖緯皆言文王演易演謂爲其辭以演說之易經必是文王作也但易之爻辭有箕子之明夷利貞箕子明傷乃在武王之世文王不得言之又云王用亨于岐山又云東鄰殺牛不如西鄰之禴祭實受其福二者之意皆斥文王若是文王作經無容自伐其德故先代大儒鄭衆賈逵等或以爲卦下之彖辭文王所作爻下之象辭周公所作雖復紛競大久無能決當是非杜今雙舉並釋以同鄭說也然據傳先言易象後言春秋則應先云周之所以王與周公之德也今傳乃先云周公之德者易象諸國同有其春秋獨遵周公典法韓子美周禮在魯故先云周公之德

公享之季武子賦緜之卒章緜詩大雅卒章取文王有四臣故能以緜緜致興盛以晉侯比文王以韓子比四輔○四臣大顛閎夭散宜生

南宮适四輔謂先後奔走疏附禦侮【疏】注文王有四臣○正義曰緜詩云予曰有疏附予曰有先後予曰有奔奏予曰有禦侮注云率下親上曰疏附相道前後曰先後喻德宣譽曰奔奏武臣折衝曰禦侮曰韓子賦角弓角弓詩小雅取其兄弟昏姻無胥遠矣言兄弟之國宜相親季武子拜曰敢拜子之彌縫敝邑寡君有望矣彌縫猶補合也謂以兄弟之義○縫扶恭反合如字一音閤武子賦節之卒章節詩小雅卒章取式訛爾心以畜萬邦以言晉德可以畜萬邦○節才結反徐又如字訛五禾反既享宴于季氏有嘉樹焉宣子譽之譽其好也○譽音餘注同【疏】注譽其好也○正義曰服虔云譽游也宣子游其樹下夏諺曰一游一譽爲諸侯。所引夏諺孟子文也若是游於其下宣子本自無言武子何以輒對故杜以爲譽其美好也武子曰宿敢不封殖此樹以無忘角弓封厚也殖長也○長丁丈反遂賦甘棠甘棠詩召南召伯息於甘棠之下詩人思之而愛其樹武子欲封殖嘉樹如甘棠以宣子比召公○召上照反下同宣子曰起不堪也無以及召公宣子遂如齊納幣爲平公聘少姜○爲于僞反下爲之請同見子雅子雅召子旗子旗子雅之子使見宣子宣子曰非保家之主也不臣志氣亢○見賢遍反下見彊同亢苦浪反見子尾子尾見。彊彊子尾之子宣子謂之如子旗亦不臣大夫多笑之唯晏子信之曰夫子君子也夫子韓起君子有信其有以知之矣爲十年齊欒施高彊來奔張本自齊聘於衞衞侯享之北宮文子賦淇澳淇澳詩衞風美武公也言宣子有武公之德○淇音其澳於六反宣子賦木瓜木瓜亦衞風義取於欲厚報以爲好○好呼報反後文注皆同夏四月韓須如齊逆女須韓起之子逆少姜齊陳無宇送女致少姜少姜有寵於晉侯晉侯謂之少齊爲立別號所以寵異之○少詩照反疏注爲立至異之○正義曰婦人稱姓姜。其。常蓋以其齊女故以齊爲別號所以寵異之言少姜少齊蓋本字爲少也服虔云所以寵異不與齊衆女字等言齊國如此好女甚少

謂陳無宇非卿欲使齊以適夫人禮送少姜○適丁歷反執諸中都中都晉邑在西河。界休縣東南○界音介休許虯反少姜

爲之請曰送從逆班班列也疏送從逆班○正義曰昏禮諸侯以下法當親迎有故得使卿明是使上卿也桓三年傳例云凡公女嫁于敵國姊妹則上卿送之以禮於先君公子則下卿送之於大國雖公子亦上卿送之是送者與逆者俱爲上卿是送者依逆者班列若公子嫁於敵國及姊妹嫁於小國皆下卿送之是降逆者一等公子嫁於小國上大夫送之是降逆者二等也若晉以少姜爲夫人當以上卿逆齊當以上卿送是亦送逆同班少姜據多言之故云送從逆班或可晉使公族大夫逆少姜元不以夫人之禮則同妾媵之屬送者皆從。者班次不與桓三年逆夫人之禮同少姜據此而言故云送從逆班也劉炫云昏禮諸侯以下法當親迎有故得使卿明是使上卿也凡例云凡公女嫁于敵國姊妹則上卿送之公子則下卿送之是送卑於逆者一等故云送者從逆者之班次言當卑於逆者也畏大國也猶有所易是以亂作韓須公族大夫陳無宇上大夫言齊畏晉改易禮制使上大夫。送遂致此執辱之罪蓋少姜謙以示譏

○叔弓聘于晉報宣子也此春韓宣子來聘晉侯使郊勞聘禮賓至近郊君使卿勞之○勞力報反注皆同辭曰寡君使弓來繼舊好固曰女無敢爲賓徹命於執事敝邑弘矣徹達也○女音汝下及注皆同敢辱郊使請辭辭郊勞○使所吏反下同致館辭曰寡君命下臣來繼舊好好合使成臣之祿也得通君命則於己爲榮祿敢辱大館敢不敢叔向曰子

叔子知禮哉吾聞之曰忠信禮之器也卑讓禮之宗也宗猶主也辭不忘國忠信也謂稱舊好先國後己卑讓也始稱敝邑之弘先國也次稱臣之祿後己也詩曰敬慎威儀以近有德夫子近德矣詩大雅○近附近之近下同○秋鄭公孫黑將作亂欲去游氏而代其位游氏大叔之族黑爲游楚所傷故欲害其族○去起呂反傷疾作而不果前年游楚所擊創○創初良反駟氏與諸大夫欲殺之駟氏黑之族子產在鄙聞之懼弗及乘遽而至遽傳驛○遽其據反爾雅云馹遽傳也孫炎注云傳車驛馬傳中戀反驛音亦疏○注遽傳驛○正義曰釋言云馹遽傳也孫炎曰傳車驛馬也使吏數之責數其罪曰伯有之亂在襄三十年以大國之事而未爾討也務共大國之命不暇治女罪○共音恭下文注皆同爾有亂心無厭國不女堪專伐伯有而罪一也昆弟爭室而罪二也謂爭徐吾犯之妹○厭於鹽反薰隧之盟女矯君位而罪三也謂使大史書七子○矯居表反有死罪三何以堪之不速死大刑將至再拜稽首辭曰死在朝夕無助天爲虐子產曰人誰不死凶人不終命也作凶事爲凶人不助天其助凶人乎請以印爲褚師印子晳之子褚師市官○朝如字下同印一刃反褚張呂反注同疏死在至爲虐○正義曰言我創疾見作死在朝夕之間天已虐我無更助天爲虐也○注褚師市官○正義曰蓋相傳說也子產曰印也若才君將任之不才將朝夕從女女罪之不恤而又何請焉不速死司寇將至七月壬寅縊尸諸周

氏之衢衢道也○衢其于反加木焉書其罪於木以加尸上○晉少姜卒公如晉及河晉侯使士文

伯來辭。曰非伉儷也晉侯溺於所幸爲少姜行夫人之服故諸侯弔不敢以私煩諸侯故止之○伉苦浪反儷力計反疏。非伉儷也

○正義曰成十一年注云伉敵也儷耦也言少姜是妾非敵身對耦之人也少姜是妾杜言晉侯爲少姜行夫人之服者以明年傳云寡君在縗絰之中知其

爲之服也請君無辱公還季孫宿遂致服焉致少姜之襚服公以末秋行始冬。還乃書之故經在冬叔向言陳

無宇。於晉侯曰彼何罪彼無宇君使公族逆之齊使上大夫送。之猶曰不共君求

以貪國則不共逆卑於。送是晉國不共而執其使君刑已頗何以爲盟主頗不平○使所吏反頗普多反

且少姜有辭謂請無宇之辭冬十月陳無宇歸晉侯赦之○十一月鄭印段如晉弔弔少姜

經三年春王正月丁未滕子原卒襄二十。五年盟重丘○重直恭反疏注襄二至重丘○正義曰杜世族譜滕成公是

文公之子成十六年滕子卒自爾以來襄五年盟于戚九年于戲十一年于亳城。北十九年于祝柯二十年于澶淵二十五年于重丘皆魯滕俱在凡六同盟

但經傳更無明文未知皆是滕成公以否杜氏。之意疑故指重丘近者而言劉炫以爲皆是滕成公而規杜氏非也○夏叔弓如滕○五

月葬滕成公卿共小國之葬禮過厚葬襄公滕子來會故魯厚報之○共音恭傳倣此○秋小邾子來朝○八月大

雩○冬大雨雹。無傳記災○雨于付反雹蒲學反○北燕伯款出奔齊不書大夫逐之而言奔罪之也書名從告疏

注不書至從告○正義曰傳稱燕大夫比以殺公之外嬖公懼奔齊是被逐而出非自去也傳又云書曰北燕伯款出奔齊罪之是仲尼新意不書大夫逐之

而言其自奔是罪之也釋例曰諸侯奔亡皆迫逐而苟免非自出也傳稱孫林父甯殖出其君名在諸侯之策此以臣名赴告之文也仲尼之經更沒逐者主名以自奔。文責其君不能自安自固所犯非徒所逐之臣也衞赴不以名而燕赴以名各隨赴而書之義在彼不在此也傳不發於蔡朱衞衎而發於燕款者款罪輕於衞衎而重於蔡朱故舉中示例以兼通上下也晉悼感衞衎而發問師曠特其目盲因問以極言且明君不能君故臣亦不能臣罪不純在臣也杜言在彼不在此者書其出奔已是罪賤不假書名以見罪故名與不名皆從本赴不復更見義也

傳三年春王正月鄭游吉如晉送少姜之葬梁丙與張趯見之二子晉大夫○趯他歷反梁丙曰甚矣哉子之爲此來也卿共妾葬過禮甚○爲于僞反子大叔曰將得已乎言不得止昔文襄之霸也晉文公襄公疏文襄。至霸也正義曰襄是文公子能繼父業故連言之其命朝聘之。之數弔葬之使皆文公令之非襄公也其務不煩諸侯令諸侯三歲而聘五歲而朝有事而會不協而盟明王之制歲聘間朝在十三年今簡之○間間廁之間疏注明王至簡之正義曰十三年傳云明王之制使諸侯歲聘以志業間朝以講禮再朝而會以示威再會而盟以顯昭明彼謂諸侯於天子朝聘會盟之數計十二年而有八聘四朝再會一盟此說文襄之霸。令諸侯朝聘霸主大國之法也諸侯朝天子因朝而爲盟會所以同好惡獎王室霸主之合諸侯不得令其同盟以擬己故令有事而會不協而盟不復設年限之期周室既衰政在霸主霸主不可自同天子以明王舊制大煩諸侯不敢依用故設此制以簡之君薨大夫弔卿共葬事夫人士弔大夫送葬先王之制諸侯之喪士弔大夫送葬在三十年蓋時俗過制故文襄雖節之猶過於古足以昭禮命事謀闕而已朝聘以昭禮盟會以謀闕無加命矣命有常今

嬖寵之喪不敢擇位而數於守適不敢以其位卑而令禮數如守適夫人然則時適夫人之喪弔送之禮以過文襄之制○則而數所具反徐所主反適丁歷反注同本或作嫡下同令力呈反【疏】今嬖至守適正義曰今嬖寵賤妾之喪不敢計擇妾位卑賤而令禮數即同於守適夫人也言守適者夫守外職妻守內職言夫人守內官之適長故以守適言夫人也文襄之制夫人喪士弔大夫送葬今游吉卿也而云同於守適則於時適夫人喪已令卿送葬矣故杜云然則時適夫人之喪弔送之禮以過文襄之制也劉炫云不敢擇取使人於卑賤之位而禮數同於守內官之適夫人也唯懼獲戾豈敢憚煩少姜有寵而死齊必繼室繼室復薦女○復扶又反下不出者皆同今茲吾又將來賀不唯此行也張趯曰善哉吾得聞此數也然自今子其無事矣譬如火焉火心星火中寒暑乃退心以季夏昏中而暑退季冬旦中而寒退【疏】注心以至寒退○正義曰月令季夏之月日在柳昏心中旦奎中季冬之月日在婺女昏婁中旦氐後即次房心是季冬旦火中也此其極也能無退乎晉將失諸侯諸侯求煩不獲言將不能復煩諸侯二大夫退子大叔告人曰張趯有知其猶在君子之後乎譏其無隱諱○無知音智○丁未滕子原卒同盟故書名同盟於襄之世亦應從同盟之禮故傳發之【疏】注同盟至發之○正義曰文三年王子虎卒傳曰弔如同盟禮也杜云王子虎與僖公同盟于翟泉文公是同盟之子故赴以名然則與其父盟得以名赴其子於子虎之卒既已發傳而此復發者以子虎非諸侯又滕入春秋以來未嘗書滕子名故於此重發傳也○齊侯使晏嬰請繼室於晉復以女繼少姜曰寡君使嬰曰寡人願事君朝夕不倦將奉質幣以無失時則國家多難是以不

獲不得自來○朝如字質徐之一反又音如字難乃旦反不腆先君之適謂少姜○腆他典反以備內官焜燿寡人
之望則又無祿早世隕命寡人失望君若不忘先君之好惠顧齊國辱收寡人
徼福於大公丁公徼要也二公齊先君言收恤寡人則先君與之福也○焜胡本反又音昆服云明也燿羊照反服云照也隕于敏反好呼
報反徼古堯反大公音泰要一遙反【疏】焜燿寡人之望○正義曰服虔云燿照也焜明也言得備妃嬪之列照明己之意望也照臨敝邑鎮
撫其社稷則猶有先君之適適夫人之女及遺姑姊妹也遺餘【疏】及遺姑姊妹○正義曰姑姊妹亦先君之
女也上云先君之適謂適夫人所生及遺姑姊妹謂非夫人所生者也若而人言如常人不敢譽○譽音餘君若不棄敝邑而
辱使董振擇之以備嬪嬙寡人之望也董正也振整也嬪。嬙婦官○振之刃反一音真注同嬙本又作廧在良反【疏】
注。董正至婦官○正義曰董正釋詁文也振爲整理之。意言正整選擇示精審也周禮天子有九嬪嬪是婦官知嬙亦婦官哀元年傳說夫差宿有妃嬙嬪御
焉蓋周末婦官有此名。漢成帝時匈奴來朝詔以掖庭王嬙賜之是名因於古也韓宣子使叔向對曰寡君之願也寡
君不能獨任其社稷之事未有伉儷在縗。絰之中是以未敢請制夫人之服則葬訖君臣乃釋
服○任音壬縗本亦作衰七雷反絰直結反【疏】未有伉儷○正義曰少姜本非正夫人而云未有伉儷者蓋晉侯當時無正夫人其繼室者使韓起上卿
逆之鄭罕虎如晉賀之則後娶者爲夫人也君有辱命惠莫大焉若惠顧敝邑撫有晉國賜之內主
豈惟。寡君舉羣臣實受其貺其自唐叔以下實寵嘉之唐叔晉之祖○貺音況【疏】舉羣臣○正義

曰舉亦皆之義言舉朝羣臣也既成昏許昏成晏子受禮受賓享之禮叔向從之宴相與語叔向曰齊其何如問與衰晏子曰此季世也吾弗知齊其爲陳氏矣不知其他唯知齊將爲陳氏〇吾弗知絕句公棄其民而歸於陳氏棄民不恤齊舊四量豆區釜鍾。四升爲豆各自其四以登於釜四豆爲區區斗六升四區爲釜釜六斗四升登成也量音亮下及注同區烏侯反注及下皆同釜十則鍾。六斛四斗陳氏三量皆登一焉鍾。乃大矣登加也加一謂加舊量之一也以五升爲豆。五豆爲區。五區爲釜則區二斗釜八斗鍾八斛〇舊本以五升爲豆。四豆爲區。四區爲釜直加豆爲五升而區釜自大故杜云區二斗釜八斗是也本或作五豆爲區五區爲釜者爲加舊豆區爲五亦與杜注相會非於五升之豆又五五而加也【疏】鍾乃大矣〇正義曰陳氏三量各登其一則釜爲八斗陳氏亦自依釜數釜十爲鍾比於齊之舊鍾不言四而加一故云鍾乃大矣言其大於齊鍾明亦自十其釜也以家量貸而以公量收之。貸。厚。而收薄〇貸他代反山木如市弗加於山魚鹽蜃蛤弗加於海賈如在山海不加貴〇蜃食軫反蛤古荅反賈音嫁【疏】山木至於海〇正義曰如訓往也言將山木往至市也於木既云如市魚鹽蜃蛤亦如市可知蒙上文也民參其力二入於公而衣食其一言公重賦斂〇參七南反又音三斂力驗反公聚朽蠹而三老凍。餒三老謂上壽中壽下壽皆八十已上不見養遇〇聚徐在喻反一音在主反蠹丁故反三老服云工老商老農老也凍丁貢反餒奴罪反壽音授下同上時掌反【疏】注三老至養遇〇正義曰服虔云三老者工老商老農老案民有四民其老無別不宜以三種之民爲三老且士之老者亦應須恤不當獨遺士也故杜以爲上中下壽言皆八十以上則上壽百年以上中壽九十以上下壽八十以上此亦以意言之釋此文耳不

通於餘文也若秦伯謂蹇叔云中壽爾墓之木拱矣不言九十而死木已拱矣國之諸市屨賤踊貴踊刖足者屨言。刖多○屨九具反踊
音勇刖足者之屨也刖音月又五刮反民人痛疾而或燠休之燠休痛念之聲謂陳氏也○燠於喻反徐音憂又於到反一音於六
反休虛喻反徐許留反賈云燠厚也休美也【疏】注燠休至氏也○正義曰賈逵云燠厚也休美也服虔云燠休痛其痛而念之若今時小兒痛父母以口
就之曰燠休。代其痛也杜。氏。燠休痛念之聲其意如服言也此民人痛疾承踊貴之下以其傳文相連無所分別故言謂陳氏也其愛之如父
母而歸之如流水欲無獲民將焉辟之箕伯直柄虞遂伯戲四人皆舜後陳氏之先○焉於虔反
戲許宜反【疏】注四人至之先○正義曰論陳氏而言此四人知四人皆陳氏之先也八年傳云舜重之以明德寘德於遂遂世守之及胡公不淫遂在舜之
後知四人皆舜之後世數遠近不可復知也其相。胡公大姬已在齊矣胡公四人之後周始封陳之祖大姬其妃也言陳氏雖為
人臣然將有國其先祖鬼神已與胡公共在齊○相息亮反服如字大姬音泰【疏】其相至齊矣○正義曰杜不解相服虔云相隨也蓋相訓為助不為隨也
言箕伯四人其皆助胡公大姬神靈已在齊矣神之在否不可測度而晏子為此言者以陳氏必興姜姓必滅示己審見其事故言先神歸之其實神歸以否
非晏子所能知也今定本相作祖叔向曰然雖吾公室今亦季世也戎馬不駕卿無軍行言晉衰弱
不能征討救諸侯○行戶郎反公乘無人卒列無長百人為卒言人皆非其人非其長○乘繩證反卒子忽反注同長丁丈反注同庶
民罷敝而宮室滋侈滋益也○罷音皮侈尺氏反又昌氏反道殣相望餓死為殣○殣音覲說文云道中死者人所覆也毛
詩作墐傳云墐路冢也而女富溢尤女嬖寵之家民聞公命如逃寇讎欒郤胥原狐續慶伯降

在皁隸八姓晉舊臣之族也皁隸賤官○郤去逆反皁才早反隸力計反疏注八姓至賤官○正義曰此八姓之先欒郤胥原狐皆卿也續簡伯慶鄭伯宗亦見於傳先皆大夫也政在家門大夫專政民無所依君日不悛以樂慆憂慆藏也悛改也○悛七全反樂音洛又音岳慆他刀反疏以樂慆憂○正義曰劉炫云慆慢也好音樂而慢易憂禍也杜以慆爲藏當讀如弓韜之韜言以音樂樂身埋藏憂愁於樂中猶古詩云埋憂地下也公室之卑其何日之有言今至讒鼎之銘讒鼎名也○讒任咸反服云疾讒之鼎也疏注讒鼎名也○正義曰服虔云讒鼎疾讒之鼎明堂位所云崇鼎是也一云讒地名禹鑄九鼎於甘讒之地故曰讒鼎二者並無案據其名不可審知故杜直云鼎名而已曰昧旦丕顯後世猶怠昧旦早起也丕大也言夙興以務大顯後世猶解怠○昧音妹丕普悲反解佳賣反況日不悛其能久乎晏子曰子將若何問何以免此難○況日人實反難乃旦反叔向曰晉之公族盡矣肸聞之公室將卑其宗族枝葉先落則公從之肸之宗十一族同祖爲宗○肸許乙反疏肸之宗十一族○正義曰世族譜云羊舌氏晉之公族也羊舌其所食邑名唯言晉之公族不知出何公也杜云同祖爲宗謂同出一公有十一族也譜又云或曰羊舌氏姓李名果有人盜羊而遺其頭不敢不受而埋之後盜羊事發辭連李氏李氏掘羊頭示之以明己不食唯識其舌存得免號曰羊舌氏杜言或曰蓋舊有此說杜所不從記異聞耳唯羊舌氏在而已肸又無子無賢子公室無度無法度幸而得死言得以壽終爲幸豈其獲祀言必不得祀初景公欲更晏子之宅曰子之宅近市湫隘囂塵不可以居湫下隘小囂聲塵土○近附近之近下同湫子小反徐音秋又在酒反下同隘於賣反囂許驕反一音五高反請更諸爽塏

者爽明塏。燥〇塏苦代反燥素刀反疏注爽明塏。燥〇正義曰塏高。地故爲燥也以所居下濕塵埃故欲更於明燥之處晏子春秋云將更於豫章之圃豫章之圃高燥之地也辭曰君之先臣容焉先臣晏子之先人臣不足以嗣之於臣侈矣侈奢也且小人近市朝夕得所求小人之利也敢煩里旅旅衆也不敢勞衆爲己宅〇朝如字下朝夕同公笑曰子近市識貴賤乎對曰既利之敢不識乎公曰何貴何賤於是景公繁於刑繁多也有鬻踊者故對曰踊貴屨賤既已告於君故與叔向語而稱之傳護晏子令不與張趯同譏〇鬻羊六反賣也令力呈反疏注傳護晏子〇正義曰傳護晏子故爲發此傳而叔向亦言己國傳雖無說蓋亦嘗以諫君故無譏也景公爲是省於刑君子曰仁人之言其利博哉晏子一言而齊侯省刑詩曰君子如祉亂庶遄已詩小雅如行也祉福也遄疾也言君子行福則庶幾亂疾止也〇爲是于僞反省所景反下同祉音恥遄市專反其是之謂乎及晏子如晉公更其宅反則成矣既拜拜謝新宅乃毀之而爲里室皆如其舊本壞里室以大晏子之宅故復之〇壞音怪復音服下卒復爲其復欲復之同則使宅人反之還其故室〇還音環且諺曰非宅是卜唯鄰是卜卜良鄰諺音彥〇二三子先卜鄰矣二三子謂鄰人違卜不祥君子不犯非禮去儉即奢爲非禮小人不犯不祥古之制也吾敢違諸乎卒復其舊宅公弗許因陳桓子以請乃許之傳言齊晉之衰賢臣懷憂且言陳氏之興〇夏四月鄭伯如晉公孫段相甚敬而卑禮

無違者晉侯嘉焉授之以策策賜命之書○相息亮反策初革反曰子豐有勞於晉國子豐段之父

子豐至晉國○正義曰服虔云鄭僖公之爲大子也子豐與之俱適晉計從大子一朝於晉不足以爲勞也或當別有功勞事無所見故杜不解之余聞而

弗忘賜女州田州縣今屬河內郡○女音汝以胙乃舊勳伯石再拜稽首受策以出君子曰

禮其人之急也乎伯石之汰也汰驕也○胙十路反汰音泰一爲禮於晉猶荷其祿況以禮

終始乎詩曰人而無禮胡不遄死其是之謂乎初州縣欒豹之邑也豹欒盈族○荷戶可

反任也又音可及欒氏亡范宣子趙文子韓宣子皆欲之文子曰溫吾縣也州本屬溫溫趙氏邑

二宣子曰自郤稱以別三傳矣郤稱晉大夫始受州自是州與溫別至今傳三家○稱尺證反以別絕句三傳直專反注同

晉之別縣不唯州誰獲治之言縣邑既別甚多有得追而治取之無文子病之乃舍之二子曰吾

不可以正議而自與也皆舍之及文子爲政趙獲曰可以取州矣獲趙文子之子○乃舍音

赦又音捨下同文子曰退使獲退也二子之言義也二子二宣子也違義禍也余不能治余縣又焉

用州其以徼禍也君子曰弗知實難患不知禍所起○焉於虔反知而弗從禍莫大焉有言

州必死豐氏故主韓氏故猶舊也豐氏至晉以韓氏爲主人伯石之獲州也韓宣子爲之請之

爲其復取之之故後若還晉因自欲取之爲七年豐氏歸州張本○爲之于僞反下爲其復爲少姜下注爲之辟仇爲平公逆皆同○

五月叔弓如滕葬滕成公子服椒爲介及郊遇懿伯之忌敬子不入忌怨也懿伯椒之叔父敬子叔弓也叔弓禮椒爲之辟仇○介音界辟音避

疏五月至成公○正義曰經書夏叔弓如滕五月葬滕公今傳文叔弓如滕亦在五月之下杜於桓十六年注引此事以爲本事異兩書之故或言月或言時事異故文異其實叔弓亦以五月行也劉炫云叔弓以四月發魯滕以五月葬君叔弓書始行之月滕書實葬之月故書經異文也傳述遇讎之事并就葬月言耳○子服至不入○正義曰檀弓下云滕成公之喪使子叔敬叔弔進書子服惠伯爲介及郊爲懿伯之忌不入惠伯曰政也不可以叔父之私不將公事遂入敬叔即此敬子也懿伯是惠伯之叔父爲人所殺及滕郊遇懿伯之忌逢其讎也敬叔不入以禮惠伯欲使惠伯報叔父之讎殺彼人也惠伯以公義不可先入受館記文雖字有小異意與傳同而鄭玄注云敬叔有怨於懿伯難惠伯故不入又云敬叔於昭穆以懿伯爲叔父其言差錯不可顯解是鄭之謬也○注忌怨至辟仇○正義曰記云不可以叔父之私知懿伯是椒之叔父也叔弓不入者禮椒也爲椒有辟仇之恥禮之欲使殺之

惠伯曰公事有公利無私忌椒請先入乃先受館敬子從之惠伯子服椒也傳言叔弓之有禮

疏惠伯至從之○正義曰檀弓云子夏請問居昆弟之仇如之何曰仕不與共國銜君命而使雖遇之不鬭鄭玄云爲負而廢君命也叔父之與昆弟親疏同耳故有公利無私忌辟仇非恥故椒請先入也

○晉韓起如齊逆女爲平公逆公孫蠆爲少姜之有寵也以其子更公女而嫁公子更嫁公女蠆敕邁反○人謂宣子子尾欺晉晉胡受之宣子曰我欲得齊而遠其寵寵將來乎寵謂子尾遠于萬反○秋七月鄭罕虎如晉賀夫人且告曰楚人日徵敝邑以不朝立王之故楚靈王新立敝邑之往則

畏執事其謂寡君而固有外心其不往則宋之盟云云交相見進退罪也寡君使虎布之也布陳宣子使叔向對曰君若辱有寡君在楚何害脩宋盟也君苟思盟寡君乃知免於戾矣君若不有寡君雖朝夕辱於敝邑寡君猜焉猜疑也○猜七才反君實有心何辱命焉言若有事晉心至楚可不須告君其往也苟有寡君在楚猶在晉也張趯使謂大叔曰自子之歸也歸在此年春小人糞除先人之敝廬曰子其將來今子皮實來小人失望大叔曰吉賤不獲來賤非上卿○糞甫問反疏。吉賤不獲來○正義曰張趯自晉使告大叔大叔在鄭遙報趯語而云不獲來者教使者報趯作至晉時語故云不獲來今人之語猶然也畏大國尊夫人也且孟曰而將無事吉庶幾焉孟張趯也庶幾如趯言○小邾穆公來朝季武子欲卑之不欲以諸侯禮待之穆叔曰不可曹滕二邾實不忘我好。敬以逆之猶懼其貳又卑一睦焉一睦謂小邾○實不忘我好絕句一讀以好字向下好呼報反下文羣好同音疏。注一睦謂小邾○正義曰睦親也言曹滕二邾皆親魯小邾是親魯者之一國也逆羣好也其如舊而加敬焉志曰能敬無災又曰敬逆來者天所福也季孫從之○八月大雩旱也○齊侯田於莒莒齊東竟○竟音境下同盧蒲嫳見泣且請曰余髮如此種。種。余奚能爲嫳慶封之黨襄二十八年放之於竟種種短也自言衰老不能復爲害○嫳普結反又匹舌反見賢遍反種本亦作董董章勇反公曰諾吾告二子二子雅子尾子歸而告之子尾欲復之子雅不可曰彼其髮短而心甚長其或寢處我矣言不可信九月子雅放盧蒲嫳于北燕恐其復作亂疏放盧。至北燕○正義曰前已在竟今復徙之遠國也燕簡公多嬖寵欲去諸大夫而立其寵人冬燕大夫比以殺公之外嬖比相親比○嬖起呂反比毗志反注同公懼奔齊書曰北燕伯款出奔齊罪之也款罪輕於衞衎重於蔡朱故舉中示例○衎苦旦反○十月鄭伯如楚子產相楚子享之賦吉日吉日詩小雅宣王田獵之詩楚王欲與鄭伯共田故賦之○相息亮反既享子產乃具田備王以田江南之夢楚之雲夢跨江南北○夢如字徐莫公反注同○齊公孫竈卒。竈子雅司馬竈見晏子司馬竈齊大夫曰又喪子雅矣晏子曰惜也子旗不免殆哉以其不臣喪息浪反○姜族弱矣而嬀將始昌嬀陳氏○嬀九危反二惠競爽猶可子雅子尾皆齊惠公之孫也競彊也爽明也又弱一个。焉姜其危哉○个古賀反

經。四年春王正月大雨雹當雪而雹故以爲災而書之○雨于付反傳文雨雹同雹蒲學反○夏楚子蔡侯陳侯鄭伯許男徐子滕子頓子胡子沈子小邾子宋世子佐淮夷會于申楚靈王始會諸侯○沈音審○楚人執徐子稱人以執以不道於其民告○秋七月楚子蔡侯陳侯許男頓子胡子沈子淮夷伐吳因申會以伐吳不言諸侯者鄭徐滕小邾宋不在故也胡國汝。陰縣西北。有胡城疏楚子至于申○正義曰釋例班

序譜稱齊桓既沒宋楚爭盟起僖十八年盡二十七年陳與蔡凡三會在蔡上楚合諸侯蔡與陳凡六會其五在陳上莊十六年注云陳國小每盟會皆在衛下齊桓始霸楚亦始彊陳侯介於二大國之間而爲三恪之客故齊桓因而進之遂班在衛上終於春秋然則陳實小於蔡衛桓公進陳班耳楚以大小爲序不進陳班故蔡多在陳上○注因申至胡城○正義曰傳稱楚子以諸侯伐吳則因會而遂行春秋一事而再見者皆前目而後凡計此當云諸侯遂伐吳不言諸侯者以屬晉之國鄭徐滕小邾宋皆不在行不得總言諸侯故别序之也傳稱宋華費遂鄭大夫從則宋鄭在行亦不序者楚既慰遺○彼自義從楚人成己意遣不以告也

執齊慶封殺之楚子欲行霸爲齊討慶封故稱齊○爲于僞反遂滅賴○九月取鄫鄫莒邑傳例曰克邑不用師徒曰取○鄫才陵反○冬十有二月乙卯叔孫豹卒

傳四年春王正月許男如楚楚子止之欲與俱田遂止鄭伯復田江南許男與焉前年楚子已與鄭伯田江南故言復○復扶又反注同與焉音預使椒舉如晉求諸侯二君待之二君鄭許椒舉致命曰寡君使舉曰日君有惠賜盟于宋宋盟在襄二十七年曰晉楚之從交相見也以歲之不易不易言有難○易以豉反注同難乃旦反下文注同寡人願結驩於二三君欲得諸侯謀事補闕○驩喚端反使舉請閒君若苟無四方之虞虞度也○請閒徐音閑一音如字度待洛反則願假寵以請於諸侯欲借君之威寵以致諸侯晉侯欲勿許司馬侯曰不可楚王方侈天或者欲逞其心以厚其毒而降之罰未可知也其使能終亦未可知也晉楚唯天所相相助也○侈昌氏反又尺氏反逞敕景反

相息亮反注同不可與爭君其許之而脩德以待其歸若歸於德吾猶將事之況諸侯乎若適淫虐楚將棄之棄不以爲君吾又誰與爭曰。晉有三不殆其何敵之有殆危也〇殆直改反國險而多馬齊楚多難多簒弒之難〇簒初患反弒申志反有是三者何鄉。而不濟對曰恃險與馬而虞鄰國之難是三殆也四嶽東嶽岱西嶽華南嶽衡北嶽。恒〇鄉許亮反本又作嚮嶽音岳岱音代在兗州華如字又胡化反在雍州衡如字在荊州恒如字或作常在冀州案作恒者是也北嶽本名恒山漢爲文帝諱改作常耳

疏。四嶽〇正義曰釋山云河南華河東岱河北恒江南衡李巡曰華西嶽華山也岱東嶽泰山也恒北嶽恒山也衡南嶽衡山也釋例土地名云東岳泰山奉高縣泰山也南岳長沙湘南縣衡山也西岳弘農華陰縣西南華山也北岳中山曲陽縣西北恒山也郭璞注恒山名常山辟漢文帝諱耳爾雅於釋山發首言此四山明其即是四嶽故注者皆以嶽解之且諸書史傳讖緯皆以岱衡華恒爲四嶽四嶽必是此四山也釋山又云泰山爲東嶽華山爲西嶽霍山爲南岳恒山爲北嶽岱泰衡霍二文不同者此二嶽者皆一山而二名也白虎通云嶽者何嶽之爲言桷也桷功德也應劭風俗通云嶽桷也桷考功德黜陟也然則四方方有一山天子巡狩至其下桷考諸侯功德而黜陟之故謂之嶽也風俗通又云泰山山之尊者一曰岱宗岱始也宗長也萬物之始陰陽交代故爲五嶽長王者受命恒封禪之衡山一名霍山言萬物霍然大也華變也萬物成變由於西方也恒常也萬物伏北方有常也是解衡之與霍泰之與岱皆一山有二名也張揖云天柱謂之靈山漢書地理志云天柱在廬江灊縣風俗通亦云靈山廟在廬江灊縣如彼所云則霍山在江北而得與江南衡山爲一者本江南衡山一名霍山漢武帝移嶽神於天柱又名天柱爲霍山故漢魏以來衡霍別耳郭璞注爾雅云霍山今廬江灊縣灊水出焉別名天柱山漢武帝以衡山遼曠故移其神於此今其土俗

人皆呼之為南嶽。嶽本自以兩山為名非從近來也而學者多以霍山不得為南嶽又云從漢武帝來始有名即如此言為武帝在爾雅之前乎斯不然也是解衡霍二名之山也書傳多云五。岳此傳云四。嶽者中岳嵩高即大室是也下別言之故此云四。岳也三塗在河南陸渾縣南○三塗山名大行轘轅崤澠也渾戶昬反又戶困反疏三塗正義曰服虔云三塗大行轘轅崤澠也謂三塗為三處道也杜云在河南陸渾縣南則以三塗為一也釋例土地名云三塗河南陸渾縣南山名或曰三塗伊闕大谷轘轅三道也傳曰晉將伐陸渾而先有事於洛與三塗先祭山川也謂三道皆非也是杜據彼十七年傳文知三塗是山非三道也陽城在陽城縣東北疏陽城○正義曰陽城山名也土地名云河南陽城縣東北山淆水所出也大室在河南陽城縣西北○大室音泰下文大室同大室即中嶽嵩高山也在豫州疏大室○正義曰大室即嵩高也釋山云嵩高為中岳郭璞云大室山也別名外方今在河南陽城縣西北土地名云大室河南陽城縣西嵩高山中嶽也地理志云武帝置。嵩高縣以奉大室之山是為中嶽又有少室在大室之西也荊山在新城。沶鄉縣南○沶音市又音爾漢書音義音穉或一音隸則當水旁作示恐非本或作滐字誤也中。南在始平武功縣南九州之險也是不一姓雖是天下至險無德則滅亡冀之北土燕代○燕烏賢反馬之所生無與國焉恃險與馬。不可以為固也從古以然是以先王務脩德音以亨神人亨通也○亨許庚反注同疏注亨通也○正義曰易文言云亨者嘉之會也嘉會禮通謂之亨是亨為通也言治民事神使人神通說故云以亨神人也不聞其務險與馬也鄰國之難不可虞也或多難以固其國啓其疆。土或無難以喪其國失其守宇於國則四垂為宇○疆居良反喪息浪反下同疏注於國至為宇○正義曰易稱上棟下宇宇謂屋簷也於屋則簷邊為宇也於國則四垂為宇也四垂謂四竟邊垂若何虞難齊有仲孫之難而獲桓公至今賴之仲孫公孫無知事在莊九年晉有里丕之難而獲文公是以爲盟主里克丕鄭事在僖九年○丕普悲反衛邢無難敵亦喪之閔二年狄滅衛僖二十五年衛滅邢○邢音刑故人之難不可虞也恃此三者而不脩政德亡於不暇又何能濟君其許之紂作淫虐文王惠和殷是以隕周是以興夫豈爭諸侯乃許楚使使叔向對曰寡君有社稷之事是以不獲春秋時見言不得自往謙辭○紂直救反隕于敏反楚使所吏反向許丈反見賢遍反下注朝見昏見同諸侯君實有之何辱命焉椒舉遂請昏蓋楚子遣舉時兼使求昏晉侯許之

楚子問於子產曰晉其許我諸侯乎對曰許君晉君少安不在諸侯安於小小不能遠圖○少安如字其大夫多求貪也莫匡其君在宋之盟又曰如一晉楚同也【疏】莫匡其君○正義曰釋言云匡正也孝經云君子之事上也將順其美匡救其惡若不許君將焉用之焉用宋盟○焉於虔反注同王曰諸侯其來乎對曰必來從宋之盟承君之歡不畏大國大國晉也何故不來不來者其魯衞曹邾乎曹畏宋邾畏魯魯衞偪於齊而親於晉唯是不來其餘君之所及也誰敢不至言楚威力所能及○偪彼力反【疏】其餘至不至○正義曰言其餘諸侯君之威力所能及誰敢不來至楚者也王曰然則吾所求者無不可乎對曰求逞於人不可逞快也求人以快意人必違之與人同欲盡濟爲下會申傳○

大雨雹季武子問於申豐曰雹可禦乎禦止也申豐魯大夫對曰聖人在上無雹雖有不爲災古者日在北陸而藏冰陸道也謂夏十二月日在虛危冰堅而藏之疏聖人至爲災○正義曰。無雹復云雖有不爲災者言有相形之勢也聖人在上無雹言必無雖有不爲災。復見無雹之意猶論語祭肉不出三日出三日不食之矣○注陸道至藏之○正義曰釋天云北陸虛也西陸昴也孫炎云陸中也北方之宿虛爲中也西方之宿昴爲中也彼以陸爲中杜以陸爲道者陸之爲中爲道皆無正訓各以意言耳杜以西陸朝覿謂奎星朝見昴爲西方中宿則昴未得見宿是日行之道爾雅言平曰陸高平是道路之處故以陸爲道也日在北陸。爲夏之十二月也十二月日在玄枵之次小寒節大寒中漢書律曆志載劉歆三統曆云玄枵之初日在婺女八度爲小寒節在危初度爲大寒中終於危十五度是夏之十二月日在虛危也於是之時寒極冰厚故取而藏之也周禮凌人正歲十有二月令斬冰詩云二之日鑿冰。沖。沖。月令季冬冰盛水腹命取冰鄭玄云腹厚也以此知日在北陸謂夏之十二月也西陸朝覿而出之謂夏三月日在昴畢蟄蟲出而用冰春分之中奎星朝見東方疏○西陸朝覿而出之○正義曰覿見也西道之宿有。星朝見者於是而出之謂奎星晨見而出冰也○注謂夏至東方○正義曰杜以西陸爲三月日在大梁之次清明節穀雨中三統曆。云大梁之初日在胃七度爲清明節在昴八度爲穀雨中終於畢十一度是夏之三月日在昴畢於是之時蟄蟲已出有温暑臭穢宜當用冰故以。時出之也曆法星去日半次則得朝見三統曆春分日在婁四度宿分奎有十六度乃次婁則春分之日奎之初度去日已二十度矣故春分之中得早朝見東方也西方凡有七宿傳言西陸朝覿於傳之文未知何宿覿也服虔以爲二月日在婁四度春分之中奎始。朝見東方以是時出冰月令仲春天子乃獻羔啓冰是也服虔又以此言出之卽是仲春啓冰故爲此說案下句再言其藏其出覆此藏出之文言其出之也朝之祿位賓食喪祭於是乎用之卽是班冰之事非初啓也安得以出之爲啓冰也如鄭玄荅其弟子孫皓問云西陸朝覿謂四月立夏之時周禮夏班冰是也與杜說異理亦通也劉炫云春分奎星已見杜以夏三月仍云奎始朝見非其義也杜鄭及服三說鄭爲近之今知非者杜以西陸朝覿賓是春分二月故杜此注云春分之中奎星朝見東方及下獻羔啓之注云謂二月春分獻羔祭韭是也皆據初出其冰公始用之時也所以杜又注云謂夏之三月日在昴畢蟄蟲出而用冰者以此傳云西陸朝覿而出之下傳覆之云其出之也朝之祿位賓食喪祭於是乎用之既云朝之祿位賓食喪祭則是普賜羣臣故杜云謂夏三月又下注云言不獨。其公是據普班之時也故下傳又云火出而畢賦是也然冰之初出在西陸始朝覿之時冰之普出在西陸朝覿之後總而言之亦得稱西陸朝覿而出之也劉炫不細觀杜意以爲杜既言春分朝見又言謂夏三月以規杜失非也

其藏冰也深山窮谷固陰沍寒於是乎取之。沍。閉也必取積陰之冰所以道達其氣使不爲災

疏。其藏至取之○正義曰此傳再言其藏其出者上。言。取。之。用。之。之。事下言藏之出之之禮也山則遠而難窮故言深山也谷則近而易盡故言窮谷也固牢也沍閉也牢陰閉寒言其不得見日寒甚之處於是乎取之○注沍閉至爲穴○正義曰周禮凌人掌。互物鄭司農云互物謂龜鼈有甲満胡是沍爲閉也深山窮谷之冰至夏猶未釋陽氣起於下陽於冰伏積而不能出憤發或散而爲雹藏冰必取此山谷之內積陰之冰所以道達其氣使不爲災也藏冰凌室所藏不多積陰之冰不可取盡不取川池之冰以示道達陽氣耳未必陽氣皆待此而達。也

其出之也朝之祿位賓食喪祭於是乎用之言不獨共公

疏。其出至用之○正義曰此謂公家用之也朝廷之臣食祿在位大夫以上皆當賜之冰也其公家有賓客享食公家有喪有祭於是乎用之言其不獨共公身所用也周禮凌人云春始治鑑凡內外饔之膳羞鑑焉凡酒漿之酒醴亦如之祭祀共冰鑑賓客共冰大喪共夷槃冰是公家所用冰也○

其藏之也黑牡秬黍以享司寒黑牡黑牲也秬黑黍也司寒玄冥北方之神故

物皆用黑有事於冰故祭其神○牡茂后反秬音巨冥亡丁反疏注黑牡至其神○正義曰此祭玄冥之神非大神且非正祭計應不用大牲杜言黑牡黑牡當是黑牡羊也秬黑黍釋草文也啓冰唯獻羔祭韭藏冰則祭用牲黍者啓唯告而已藏則設享祭之禮祭禮大而告禮小故也月令於冬云其神玄冥故知司寒是玄冥也北方之神故物皆用黑從其方色也有事於冰故祭其寒神

其出之也桃弧棘矢以除其災

桃弓棘箭所以禳除凶邪將御至尊故○弧音胡禳如羊反邪似嗟反疏注桃弓至尊故○正義曰說文云弧木弓也謂空用木無骨飾也服虔云桃所以逃凶也棘矢者棘赤有。箴取其名也蓋出冰之時置此弓矢於凌室之戶所以禳除凶邪將御至尊故慎其事爲此禮也此傳言其出之也雖覆上文出之之文其實此出之謂二月初出之時公將用之故設弓矢也劉炫云此言出之覆上西陸朝覿知是火出時事二月已啓此方用弓矢者二月啓冰始薦宗廟此公將用之故設弓矢也

其出入也時食肉之祿冰皆與焉

食肉之祿謂在朝廷治其職事就官食者○與音預疏注食肉至食者○正義曰在官治事官皆給食大夫以上食乃有肉故魯人謂曹劌曰肉食者謀之又說子雅子尾之食云公膳日雙雞是大夫得食肉也傳言食肉之祿祿即此肉是也若依禮常所合食案玉藻云天子日食少牢諸侯日食特牲大夫特豕士特豚則士亦。食。肉但彼是在家之禮非公朝常食也杜言謂在朝廷治其職事就官食者以明在官之食有冰耳下云自命夫命婦無不受冰謂賜之冰受以歸在家用之也

大夫命婦喪浴用冰

命婦大夫妻○浴音欲疏大夫至用冰○正義曰喪服傳曰大夫弔於命婦錫衰命婦弔於大夫亦錫衰此傳與彼命婦之文皆與大夫相對故杜知是大夫妻也喪大記云君設大盤造冰焉大夫設夷盤造冰焉士併瓦盤無冰鄭玄云禮自仲春之後尸既襲既小斂先內冰盤中乃設牀於其上不施席而遷尸焉秋涼而止士喪禮君賜冰亦用夷盤是當喪之時特賜之冰浴訖乃設故云喪浴用冰

祭。寒而藏之

享司寒○祭寒而藏之本或作祭司寒者非

獻

羔而啓之謂二月春分獻羔祭韭開冰室○韭音九【疏】祭。寒至啓之○正義曰上已云其藏冰也黑牡秬黍以享司寒今復云祭寒而藏之與上一事而重其文者欲明獻羔而啓之還是獻之於寒神故更使藏之啓之文相對也○注謂二至冰室○正義曰詩云四之日其蚤獻羔祭韭四之日即夏之二月也告神而始開冰室始薦宗廟薦神之後公遂用之俱在春分之月公始用之公先用優尊火出而畢賦火星昏見東方謂三月四月中【疏】注火星至月中○正義曰十七年傳云火出於夏為三月於商為四月於周為五月此云火出而畢賦謂以火出而後賦之以火出為始也周禮云夏頒冰。為正歲之夏即四月是也故杜兼言四月自命夫命婦至於老疾無不受冰老致仕在家者山人取之縣人傳之山人虞官縣人遂屬○傳直專反【疏】注山人至遂屬○正義曰周禮山虞掌山林之政令知山人虞官也周禮五縣為遂是縣為遂之屬也輿人納之隸人藏之輿隸皆賤官○輿音餘夫冰以風壯冰因風寒而堅○壯側亮反而以風出順春風而散用其藏之也周周密也其用之也徧及老疾徧音遍○則冬無愆陽愆過也謂冬溫○愆起虔反夏無伏陰伏陰謂夏寒春無淒。風淒寒也○淒七西反秋無苦雨霖雨為人所患苦○霖音林【疏】注霖雨為人所患苦○正義曰詩云以祈甘雨此云苦雨雨水一也味無甘苦之異養物為甘害物為苦耳月令云孟夏行秋令則苦雨數來五穀不滋是霖雨為人所患謂之苦也鄭玄云申之氣乘之苦雨白露之類時物得而傷也○雷出不震震霆也○霆音亭又音挺又亭佞反【疏】注震霆也○正義曰說文云震辟。歷。震物者釋天云疾雷為霆霓郭璞云雷之急激者謂。劈。歷則霆是震之別名雷出不震言有雷而不為霹靂也下云雷不發而震言無雷而有霹靂也無菑霜雹癘疾不降癘惡氣也○菑音災下同癘音例【疏】無菑至不降○正義曰霜雹即是菑言無此菑害之霜雹也寒暑失時則民多癘疾癘疾天氣爲之故云降也民不夭札短折爲夭。夭死爲札○札側八反一音截字林作壯列反疏注短折至爲札○正義曰洪範六極一曰凶短折孔安國曰短未六十折未三十是短折爲少夭之名也周禮膳夫大札則不舉鄭玄云。夭札疫癘也謂遭疫癘而夭死也癘疾謂民病。夭札謂人死故云。夭死爲札今藏川池之冰棄而不用既不藏深山窮谷之冰又火出不畢賦有餘則棄之風不越而殺雷不發而震越散也言陰陽失序雷風爲害○殺如字又色界反徐色例反疏風不至而震○正義曰風不以理舒散而暴疾殺物雷不徐緩動發而震擊爲害雹之爲菑誰能禦之七月之卒章藏冰之道也七月詩豳風卒章曰。二之日鑿冰。冲冲。謂十二月鑿而取之三之日納于凌陰凌陰冰室也四之日其蚤獻羔祭韭謂二月春分蚤開冰室以薦宗廟○豳彼貧反鑿在洛反冲冲直忠反凌陵證反一音陵蚤音早疏注七月至宗廟○正義曰凌人十二月令斬冰月令十二月令取冰當是卽以其月納於凌室也詩言三之日納于凌陰卽是正月矣不以鑿冰之月卽納之者鄭玄云豳土晚寒。可以正月納冰言由晚寒故也上言將欲頒賦公始用之知蚤開冰室唯薦宗廟何休膏肓難此云春秋書雹以爲政之所致非由冰也若今朝廷藏冰亦不於深山窮谷何故或無雹天下郡縣皆不藏冰何故或不雹若言有之藏於古者必有驗於今此其不合於義失天下相與之意鄭玄箴之曰雨雹政失之所致是固然也國之失政君子知其大者其次知其小者藏冰之日禮凌人掌之月令載之豳詩歌之此獨非政廢故其小者耳夫深山窮谷固陰沍寒極陰之處冰凍所聚不取其冰則氣畜不泄結滯而爲伏陰凡雨水陽也雪雹陰也雨水而伏陰薄之則凝而爲雹雨雪而愆陽薄之則合而爲霰申豐見時失藏冰之禮而有雹推之陰陽知此伏陰所致亦聖人之。寓言也詳載其言者以著藏冰之禮不可廢耳炫謂鄭言是也申豐寄言於此以諫失政其雹不是盡由冰也○夏諸侯如楚魯衛曹邾不會曹邾辭以難公辭以時祭衛侯辭以疾（如子産言難乃旦反）○疏（邾不會○正義曰宋之盟邾滕爲私屬不許交相見而楚召邾滕使從會者邾滕自欲辟役不在宋盟又晉合諸侯常列於會襄二十九年城杞三十年會于澶淵邾滕皆在楚知其事故使召之此申之會滕至而邾不至）鄭伯先待于申（自楚先至會地）六月丙午楚子合諸侯于申椒舉言於楚子曰臣聞諸侯無歸禮以爲歸今君始得諸侯其愼禮矣霸之濟否在此會也夏啓有鈞臺之享（啓禹子也河南陽翟縣南有鈞臺陂蓋啓享諸侯於此○夏啓戶雅反注倣此鈞音均陂彼宜反）商湯有景亳之命（河南鞏縣西南有湯亭或言亳卽偃師○亳步各反鞏九勇反）周武有孟津之誓（將伐紂也○孟本又作盟音孟）成有岐陽之蒐（周成王歸自奄大蒐於岐山之陽岐山在扶風美陽縣西北○岐其宜反蒐所求反）康有酆宮之朝（酆在始平鄠縣東有靈臺康王於是朝諸侯○酆芳弓反）穆有塗山之會（周穆王會諸侯於塗山塗山在壽春東北）疏（夏啓至之會○正義曰此六王之事唯周武王孟津之誓尚書有其事武王伐殷作泰誓三篇是也其餘五者皆書傳無文不能知其本末○注周成至西北○正義曰書序云成王歸自奄在宗周誥庶邦作多方其經云告爾四國多方則於時諸侯大集故謂岐陽之蒐在此時也）齊桓有召陵之師（在僖四年召上照反）○晉文有踐土之盟（在僖二十八年）君其何用宋向戌鄭公孫僑在諸侯之良也君其選焉（選擇所用○向舒亮反戌音恤僑其驕反）王曰吾用齊桓（用會召陵之禮）疏（吾用齊桓○正義曰用會召陵之禮出自王意也服虔云召陵之役齊桓退舍以禮楚靈王今感其意是以用之）王使問禮於左師與子產左師曰小國習之大國用之敢不薦聞（言所聞謙示所未行）獻公合諸侯

之禮六其禮六儀也宋爵公故獻公禮疏注其禮六儀○正義曰以言禮六故言其禮六儀當是會上有此六儀不知六者何謂也子產曰小國共職敢不薦守獻伯子男會公之禮六鄭伯爵故獻伯子男會公之禮其禮同所從言之異○共音恭守手又反疏注鄭伯至之異○正義曰杜知其禮。同所從言之異者以左師獻公合諸侯之禮六子產獻伯子男會公之禮六若其各異凡十。二禮下椒舉云禮吾所未見者六焉故知其禮同也於公言之云合諸侯之禮於伯子男言之云會公之禮是所從言之異君子謂合左師善守先代子產善相小國王使椒舉侍。於後以規過規正二子之過○相息亮反卒事不規王問其故對曰禮吾。未見者有六焉又何以規左師子產所獻六禮楚皆未嘗行宋大子佐後至王田於武城久而弗見椒舉請辭焉詳王辭謝之王使往曰屬有宗祧之事於武城言爲宗廟田獵○屬章玉反適也祧他彫反爲于僞反疏武城○正義曰土地名楚之武城在南陽宛縣北也魯之武城在泰山南武城縣也有澹臺子羽冢寡君將墮。幣焉敢謝後見恨其後至故言將因諸侯會布幣乃相見經幷書宋太子佐知此言在會前○墮許規反布也服云輸也見如字又賢遍反疏將墮幣焉○正義曰杜唯云將因諸侯會布幣乃相見不解墮之義案隱六年公羊傳鄭人來輸平輸平者何輸平猶墮成也然則墮是輸之義也朝聘之禮客必致幣於主據主則爲受據客則爲輸襄三十一年傳子產論幣云其輸之則君之府實也非薦陳之不敢輸也是謂布幣爲輸幣也言將待輸幣之時乃相見見既在後故遣我來敢謝後見也服虔云墮輸也言將輸受宋之幣於宗廟案禮之享幣皆令宰受不以薦宗廟雖訓爲輸義不當也徐子吳出也以爲貳焉故執諸申言楚子以罪執諸侯楚子示諸侯侈自奢侈椒舉曰夫六王二公之事。六王啓湯武成康穆也二公齊桓晉文皆所以示諸侯禮也諸侯所由用命也夏桀爲仍之會有緡叛之仍緡皆國名○仍而承反緡亡巾反商紂爲黎之蒐東夷叛之黎東夷國名○力兮反周幽爲大室之盟戎狄叛之大室中嶽皆所以示諸侯汏也。諸侯所由弃命也今君以汏無乃不濟乎王弗聽子產見左師曰吾不患楚矣汏而愎諫愎很也○汏音泰愎皮逼反很胡懇反不過十年左師曰然不十年侈其惡不遠遠惡而後棄惡及遠方則人弃之善亦如之德遠而後興爲十三年楚弑其君傳○秋七月楚子以諸侯伐吴宋大子鄭伯先歸經所以更敘諸侯也時晉之屬國皆歸獨言二國者鄭伯久於楚宋大子不得時見故慰遣之○見賢遍反又如字宋華費遂鄭大夫從從伐吴以荅見慰○費扶味反從才用反注同使屈申圍朱方朱方吴邑齊慶封所封也屈申屈蕩之子○屈居忽反八月甲。申克之。執齊慶封而盡滅其族。慶封以襄二十八年奔吴八月無甲申日誤疏八月甲申○正義曰長曆推此年七月己未朔二十六日得甲申八月己丑朔其月無甲申而傳上有七月下有九月月不容誤故知日誤將戮慶封椒舉曰臣聞無瑕者可以戮人慶封惟逆命是以在此逆命謂性不恭順其肯從於戮乎言不肯默而從戮播於諸侯焉用之播揚也○播彼佐反徐云字或作幡敷袁反焉於虔反王弗聽負之斧鉞以徇於諸侯使言曰無或如齊慶封弑其君弱其孤以盟其大夫齊崔杼弑君慶封其黨也故以弑君罪責之○鉞音越徇似俊

反杼直呂反 疏 弱其孤○正義曰崔杼弒莊公立其弟景公孤謂景公也以其幼小輕弱之 慶封曰無或如楚共王之庶子圍弒其君兄之子麇而代之以盟諸侯王使速殺之遂以諸侯滅賴賴子面縛銜璧士袒輿櫬從之造於中軍中軍王所將○共音恭麇九倫反袒音但輿櫬所覲反棺也造七報反將子匠反下將帥同 疏 以盟諸侯○正義曰靈王即位以來經傳不見與諸侯盟事蓋楚子自與屬楚諸侯私盟不告魯而慶封知之 王問諸椒舉對曰成王克許在僖六年許僖公如是王親釋其縛受其璧焚其櫬王從之從舉言○縛如字舊扶臥反 遷賴於鄢鄢楚邑○鄢於晚反又於建反 楚子欲遷許於賴使鬭韋龜與公子弃疾城之而還為許城也章龜子文之玄孫○為于僞反 申無宇曰楚禍之首將在此矣召諸侯而來伐國而克城竟莫校謂築城於外竟諸侯無與爭○竟音境注同爭爭鬭之爭 王心不違民其居乎言將有事不得安也 民之不處其誰堪之不堪王命乃禍亂也○九月取鄫言易也莒亂著丘公立而不撫鄫鄫叛而來故曰取凡克邑不用師徒曰取著丘公去疾也不書奔者潰散而來將帥微也重發例者以通叛而自來○易以豉反著直居反徐直據反去起呂反潰戶對反帥所類反重直用反 ○鄭子產作丘賦丘十六井當出馬一匹牛三頭今子產別賦其田如魯之田賦田賦在哀十一年 疏 注丘十六至一年○正義曰丘之十六井當出馬一匹牛三頭司馬法之文也服虔以為子產作丘賦者賦此一丘之田使之出一馬三牛復古法耳丘賦之法不行久矣今子產復脩古法民以為貪故謗之案春秋之世兵革數興鄭在晉楚之間尤當其劇正當重

於古不應廢古法也若往前不脩此法豈得全無賦乎故杜以爲今子產於牛馬之外別賦其田如魯之田賦田賦在哀十一年彼注云丘賦之法因其田財通出馬一匹牛三頭今欲別其田及家財各爲一賦故言田賦然則此與彼同賦斂家資使出牛馬又別賦其田使之出粟若今輸租更出馬一疋牛三頭是一丘出兩丘之稅案周禮有夫征家征夫征謂出稅家征謂出車徒給傜役此牛馬之屬則周禮之家征也其夫征十一而稅是與家征別也國人謗之謗毀也曰其父死於路謂子國爲尉氏所殺己爲蠆尾謂子產重賦毒害百姓○蠆敕邁反以令於國國將若之何子寬以告子寬鄭大夫子產曰何害苟利社稷死生以之以用也且吾聞爲善者不改其度故能有濟也民不可逞度不可改度法也詩曰禮義不愆何恤於人言逸詩。子產自以爲權制。濟國於禮義無愆吾不遷矣遷移也渾罕曰國氏其先亡乎渾罕子寬○渾矢溫反罕徐許但反君子作法於涼其敝猶貪涼薄也○音良徐音亮作法於貪敝將若之何言不可久行姬在列者在列國也蔡及曹滕其先亡乎偪而無禮蔡偪楚曹滕偪宋鄭先衛亡偪而無法偪晉楚

疏姬在至衛亡○正義曰渾罕意譏子產將言鄭之先亡故遂博言諸國亡之年蔡復封春秋後二世十八年而楚滅蔡也哀八年宋滅曹也滕以春秋後六世而齊滅之鄭在春秋後五世九十一年韓滅鄭衛在春秋後十一世二百五十八年而秦滅衛也據蔡之前亡則渾罕之言終亦驗矣政不率法而制於心民各有心何上之有子產權時救急渾罕譏之正道○冬吳伐楚入棘櫟麻棘櫟麻皆楚東鄙邑譙國酇縣東北有棘亭汝陰新蔡縣東北有櫟亭○櫟力狄反徐又失灼

反鄭才汗反【疏】注棘櫟至櫟亭○正義曰吳來伐楚入此三邑知此三邑皆楚之東鄙故疑新蔡縣東北有櫟亭者是此櫟。亭也鄭有櫟邑者則河南陽翟縣也。以報朱方之役朱方役在此年秋楚沈尹射奔命於夏汭夏汭漢水曲入江今夏口也吳兵在東北楚戍兵在東南以絕其後○尹射食夜反又。食亦反一音夜夏戸雅反夏汭如銳反咸尹宜咎城鍾離宜咎本陳大夫襄二十四年奔楚○咸之林反咎其九反薳啓彊城巢然丹城州來然丹鄭穆公孫襄十九年奔楚薳于委反彊其良反又居良反○東國水不可以城彭生罷賴之師彭生楚大夫罷鬬韋龜城賴之師○罷皮買反徐甫綺反○初穆子去叔孫氏及庚宗成十六年辟僑如之難奔齊庚宗魯地○難乃旦反遇婦人使私爲食而宿焉問其行告之故哭而送之婦人聞而哭之適齊娶於國氏國氏齊正卿姜姓○娶七住反生孟丙仲壬。夢天壓己弗勝穆子夢也○壓於甲反又於輒反勝音升下同顧而見人黑而上僂上僂肩傴○僂力主反傴紆甫反深目而豭。喙口象猪○豭音加喙許穢反號之曰牛助余乃勝之旦而皆召其徒無之徒從者○號胡到反一音戸刀反下同從才用反且曰志之志識也○識申志反一音式及宣伯奔齊饋之宣伯僑如穆子之兄成十六年奔齊穆子饋宣伯○饋求位反餉也宣伯曰魯以先子之故先子宣伯先人將存吾宗必召女召女何如對曰願之久矣言兄始爲亂己則有今日之願蓋忿言○女音汝下同魯人召之不告而歸旣立在齊生孟丙仲壬魯召之立爲卿襄二年始見經○見賢遍反下接見同所宿庚宗之婦人獻以雉獻穆子問其姓問有子否○問其姓女生曰姓姓謂子也對曰余子長矣能奉雉而從我矣。襄二年豎牛五六歲○長丁丈反下同奉芳勇反［疏］。襄二至六歲○正義曰穆子還魯傳無歸歲襄二年始見於經疑是其年新還也成十六年傳云子叔聲伯使叔孫豹請逆于晉師於時豹猶在魯疑其因使而遂奔齊蓋自鄭過魯而去故得宿於庚宗成十六年出奔襄二年始還凡經五年故豎牛五六歲能奉雉也計豎牛至襄二年四歲也杜言五六歲者豎牛見穆子未必即以還年見之召而見之則所夢也未問其名號之曰牛曰唯皆召其徒使視之遂使爲豎豎小臣也傳言從夢未必吉○唯維癸反徐以水反唯應辭猶喏也豎上注反［疏］曰唯○正義曰曲禮云父召無諾先生召無諾唯而起鄭玄云應辭唯恭於諾有寵長使爲政爲家政公孫明知叔孫於齊也。公孫明齊大夫子明與叔孫相親知歸未逆國姜子明取之國姜孟仲母○取七住反又如字故怒其子長而後使逆之子孟丙仲壬［疏］故怒至逆之○正義曰怒者怒其妻也忿其母遂及其子其子在齊成長而後逆之歸魯非謂逆其妻也田於丘蕕。丘蕕地名○蕕音由遂遇疾焉豎牛欲亂其室而有之強與孟盟不可欲使從己孟不肯○強其丈反下同［疏］強與孟盟○正義曰孟雖適妻之子叔孫未立爲嗣○豎牛欲亂其室望己有之未應即欲爲適使孟事己強與盟者欲其與己同心使己得專恣耳叔孫爲孟鍾。曰爾未際際接也孟未與諸大夫相接見○爲于僞反又如字［疏］注際接至接見○正義曰釋詁云際接捷也郭璞曰捷謂相接續也大夫將立適子必須接見同寮季武子立紇飲大夫酒是其事也孟丙未與大夫交接故爲之作鍾因落鍾令與相見饗大夫以落之以豭猪血釁鍾曰落○釁許覲反［疏］注以豭至曰落○正義曰說文云釁血祭也雜記釁廟之禮云雍人舉羊升屋自中中屋南面封羊血流于前是釁祭之法以血澆落之知落之即是釁也雜記又曰凡宗廟之器其名者成則釁之以豭豚是知以豭豬之血也記稱宗廟之器成乃釁以豭豚此叔孫爲孟作鍾非是宗廟之器亦釁之者周禮小子職曰釁邦器及軍器鄭玄云邦器謂禮樂之器及祭器之屬此鍾是禮樂之器故釁也既具饗禮具使豎牛請日請饗日疏使豎牛○正義曰孟不自請使豎牛者內則云由命士以上父子皆異宮鄭玄云異宮者。崇敬也以其異宮故使豎牛入弗謁謁。白也出命之日詐命日及賓至聞鐘。聲牛曰孟有北婦人之客北婦人國姜也客謂公孫明怒將往。牛止之賓出使拘而殺諸外殺孟丙拘音俱○牛又強與仲盟不可仲與公御萊書觀於公萊書公。御。士名仲與之私遊觀於公宮○萊書音來人姓名觀古亂反注同又如字公與之環賜玉環使牛入示之示叔孫入不示出命佩之牛謂叔孫見仲而何而何如何○見賢遍反下及注杜泄見同叔孫曰何爲怪牛言曰不見既自見矣言仲已自往見公公與之環而佩之矣遂逐之奔齊疾急命召仲牛許而不召杜洩見告之飢。渴授之戈杜洩叔孫氏宰也牛不食叔孫叔孫欲使杜洩殺之○洩息列反食音嗣怒對曰求之而至又何去焉言求食可得無爲去豎牛蓋杜洩力不能去設辭以免○去起呂反注及下同豎牛曰夫子疾病不欲見人使寘饋于个。而退寘置也个東西廂。○寘之豉反本或作𠑽个古賀反謂廂屋廂本作箱息羊反疏牛謂至見矣○正義曰而如同是語辭故注云而何如何牛謂叔孫曰以仲見君何問何故以仲見君也叔孫怪其語故曰何爲牛曰不將仲見君乎若不將見則既自見君矣言不待父命所以怒叔孫也大夫立子爲適必自見之於君宣十四年申舟見犀而行定六年樂祁見溷而行是其事也或曰豎牛謂叔孫曰今將仲見君其事如何叔孫以己見病故怪之曰何爲以不

同○注寘置至西廂○正義曰禮置器物於地皆謂之寘是寘爲置也月令天子居左个右个是个爲東西廂也牛弗進則置虛命徹

寫器令空。示若叔孫已食命去之○令力呈反十二月癸丑叔孫不食乙卯卒三日絕糧牛立昭子而相之

昭子豹之庶子叔孫婼也○相息亮反婼敕略反公使杜洩葬叔孫豎牛賂叔仲昭子與南遺昭子叔仲帶也

南遺季氏家臣○賂音路使惡杜洩於季孫而去之憎洩不與己同志○惡烏路反杜洩將以路葬且盡卿

禮路王所賜叔孫車南遺謂季孫曰叔孫未乘路葬焉用之且冢卿無路介卿以葬不

亦左乎冢卿謂季孫介次也左不便○葬焉於虔反下將焉用同介音界左如字注同舊音佐便婢面反季孫曰然使杜洩舍

路舍置也○舍式夜反注同或音捨不可曰夫子受命於朝而聘于王在襄二十四年夫子謂叔孫王思舊

勳而賜之路感其有禮念其先人以復命而致之君豹不敢自乘君不敢逆王命而復賜之使

三官書之吾子爲司徒實書名。謂季孫也書名定位號○復扶又反夫子爲司馬與工。正書服謂叔

孫也服車服之器工正所書孟孫爲司空以書勳勳功也疏吾子至書勳○正義曰杜泄是叔孫家臣故稱己君爲夫子工正是

司馬之屬官也季孫亦有屬官共書其事但季孫身在不假言屬以叔孫已亡取屬官爲徵故兼言之所以司徒書名者周禮大司徒掌十二教十有一曰以

賢制爵十有二曰以庸制祿故司徒書名定位號也司馬與工正書服者周禮夏官司馬其屬有司士掌羣臣之政。亦以德。爵以功詔祿工正雖不屬司馬掌

作車服故與司馬書服也案周禮司勳屬夏官今司空書勳者春秋之時又是諸侯之法不可盡與禮同今死而弗以是弃君命也

書在公府而弗以是廢三官也若命服生弗敢服死又不以將焉用之乃使以

葬季孫謀去中軍豎牛曰夫子固欲去之誣叔孫以媚季孫○媚眉冀反疏注誣叔至季孫○正義曰季孫因叔孫之弱欲四分公室己取其二故謀去中軍豎牛云夫子固欲去之是誣叔孫以媚季孫

附釋音春秋左傳注疏卷第四十二

春秋左傳注疏卷四十二校勘記　阮元撰盧宣旬摘錄

附釋音春秋左傳注疏卷第四十二　昭二年盡四年

〔經二年〕

傳說此事文王在冬上　宋本無王字閩本監本毛本王作正亦衍文冬作秋非也

〔傳二年〕

注公卽位故　宋本以下正義七節總入無以及召公句下

魯國寶文王之書逸周公之典　宋本監本毛本逸作遵是也

各爲舊章　宋本監本毛本爲作違是也

○注易象春秋文王至而說之　此本脫○宋本無春秋文王而五字

周之盛德邪　監本毛本邪作耶閩本初刻作邪後改耶下同

皆斥文王　宋本斥作厈是也

以同鄭說也　宋本監本毛本以作似

故先云周公之德　宋本云作言

取文王有四臣 宋本淳熙本明翻岳本足利本取上有義字

宣子譽之 惠棟云服虔曰譽游也宣子游其下夏諺曰一游一譽爲諸侯度今孟子作豫趙岐章句曰豫亦遊也春秋傳曰魯季氏有嘉樹宣子豫焉周易序卦曰豫必有隨鄭氏注引孟子吾君不豫以爲證則知此傳譽字本作豫故服趙互引爲證孫子兵法曰人效死而上能用之雖優游暇譽令猶行也外傳作暇豫李善曰譽與豫古字通

爲諸侯所引 宋本監本毛本侯下有度字是也閩本初刻亦脫後擠刻助字非

子尾見彊 石經見下後人旁增子字

注爲立至異之 宋本以下正義二節總入是以亂作注下

婦人稱姓姜其當 宋本監本毛本姜下有是字當作常不誤

在西河界休縣東南 諸本作界郡國志引注同釋文作介

送者皆從者班次 宋本監本毛本從下有逆字閩本初刻亦脫後擠刻補入

使上大夫送 淳熙本送誤迭

注遽傳驛 宋本以下正義三節總入加木焉注下

在襄三十一年 淳熙本纂圖本明翻岳本監本毛本無一字是也

務共大國之命岳本脫之字

請以印爲褚師石經宋本明翻岳本纂圖本褚作褚與釋文合

無更助天爲爲虐也宋本爲字不重是也

晉侯使士文伯來辭曰淳熙本辭誤聘

非伉儷也宋本此節正義在如晉弔注下

始冬還乃書之淳熙本明翻岳本足利本重還字是也宋本還上空一字亦當作還字也

叔向言陳無宇於晉侯曰淳熙本宇誤咎

齊使上大夫送之顧炎武云石經送誤迎案石經此處缺炎武所據乃謬刻也

逆卑於宋宋本明翻岳本監本毛本宋作送是也

〔經三年〕

襄二十五年盟重邱足利本五誤三

十一年于亳城北諸本作北此本誤此今改正監本亳作毫非也

冬大雨雹諸本作雹此本誤雹今改正

杜氏之意宋本無之字

以自奔文宋本毛本奔下有爲字是也監本初刻亦脱後擠刻

（傳三年）

文襄至霸也宋本至作之是以下正義四節總入注文譏其無隱諱之下

其命朝聘之之數補案下之字誤重

令諸侯朝聘霸主大國之法也宋本令上有令諸侯者謂五字

獎王室毛本獎作獎此本下獎字亦作獎毛本同

以過文襄之制明翻岳本監本毛本以作已按以已古多通用

以過文襄之制也監本毛本以作已

少姜有寵而死石經宋本淳熙本姜作齊顧炎武以石經爲誤陳樹華云晉侯寵異少姜謂之少齊大叔從而尊稱曰少齊耳何得以爲誤或少齊一本作少姜故傳本有異今定作齊字按陳說是也

火中寒暑乃退石經此處缺案詩豳風正義禮記檀弓正義李善注文選閑居賦引作火星中而寒暑乃退鄭氏周禮凌人注作火星中而寒暑退或一本有星字而字也

旦氏後卽次房心宋本氏下有中氏二字是也

寡君使嬰曰寡人願事君岳本脫使嬰曰寡人五字

將奉質幣石經質字係改刊

焜燿寡人之望宋本以下正義十七節總入乃許之注下

以備嬪嬙釋文嬙作廧云本又作嬙監本誤作嬙注同也按以作廧爲近正廧卽牆之或體嬪婦敘列如牆然故謂之牆

注董正至婦官諸本作董此本誤量今訂正

振爲整理之意宋本毛本意作義

宿有妃嬙婦御焉宋本婦作嬪

蓋周末婦官有此名宋本名下有也字

在縗絰之中諸本作縗石經此處缺釋文作衰云本亦作縗

豈惟寡君石經宋本淳熙本明翻岳本惟作唯

豆區釜鍾石經宋本明翻岳本閩本監本釜作釡按釜依說文宜作釡从金父聲索靖所書急就篇章艸正如此今字乃隸省淳熙本明翻岳本鍾作鐘下同

以五升爲豆五豆爲區五區爲釜 釋文下二五字皆作四云舊本如此直加豆爲五升而區釜自大故杜云區二斗釜八斗是也本或作五豆爲區五區爲釜者爲加舊豆區爲五亦與杜注相合非於五升之豆又五五而加也

貸其而收薄 宋本淳熙本纂圖本明翻岳本閩本監本毛本其作厚不誤監毛貸字上○乃注字之誤

而三老凍餒 石經凍作涷案涷乃暴雨名石經非也

言刖多 釋文亦作刖是也足利本刖作刑

而或燠休之 釋文亦作休宋本明翻岳本休作伏非注同毛誼父六經正誤云伏皆作休誤伏从人从芝朮之朮从木者音虛尤反休息也从朮者音吁句反係廟諱嫌名案毛說非也

燠休代其痛也 宋本閩本監本毛本作代此本誤氏今改正

杜氏燠休痛念之聲 宋本氏作云是也燠字閩本空缺

其相胡公大姬已在齊矣 諸本作相正義引定本作祖案沈彤云胡公爲周始封陳之祖則相乃祖字之誤定本相作祖按定本作祖非是若作祖則文理欠順

而女富溢尤 淳熙本溢誤益

欒郤胥原孤皆卿也 諸本作狐此本誤孤宋本皆上有先字

續簡伯慶鄭伯宗〇案〇衍宋本毛本無

慆藏也悛改也明翻岳本無上也字盧文弨校本云當作悛改慆藏也

讒鼎名也足利本後人記云一本作讒鼎鼎之名也

一云讒地名諸本作云此本誤六今訂正

昧旦丕顯釋文亦作丕纂圖本閩本監本毛本作丕石經初作丕後人加末筆殆未知丕丕本無二字中一直或長或短緐體小變耳中直本無二筆也

丕大也纂圖本監本毛本丕作丕

不敢不受而埋之宋本重受字是也

幸而得死石經死字改刊初刻似誤免字

爽明塏燥宋本燥作燥正義同毛誼父正誤云燥作燥誤與國本建本皆作燥潭本釋文作燥也當作燥亦當有也字案毛說是也今釋文有也字

注爽明塏燥閩本監本毛本燥作燥下同

塏高地故爲燥也宋本高下有是字

則使宅人反之且諺曰陳樹華曰朱氏日鈔云且字文義不接或疑上有闕文又疑曰字之誤諺曰以下皆晏子使宅人反故室辭

子豐至晉國宋本此節正義在爲其復取之之故注下

鄭僖公之爲大子豐與之俱適晉監本毛本大誤太下同宋本重子字是也

伯石之汏也淳熙本纂圖本明翻岳本閩本監本毛本汏作汰注同釋文亦作汰非也石經宋本作汏

猶荷其祿惠棟云荷當作何

温吾縣也二宣子曰自郤稱以別三傳矣晉之別縣不唯州石經吾字起一行稱字起一行皆九字案自郤二字三傳二字似改刊

二子曰石經二字下後人旁增宣字

知而弗從毛本弗誤復石經此處缺顧炎武云石經復誤作弗所據乃謬刊也

敬子不入禮記檀弓鄭注引作敬叔不入

五月至成公宋本以下正義四節總入敬子從之注下

五月葬滕公宋本滕下有成字是也

吉賤不獲來宋本此節正義在畏大國尊夫人也節注下

實不忘我好宋本以好字絶句釋文云一讀以好字向下

注一睦謂小邾宋本此節正義在季孫從之之下

余髮如此種種釋文云徐本作董董賈氏羣經音辨引同云今本作種

彼其髮短而心甚長石經短上後人增雖字非也

放盧至北燕宋本至作蒲嫳于三字

以殺公之外嬖纂圖本殺誤救

齊公孫竈卒監本作鼁卒非

又弱一个焉監本个作介非

（經四年）宋本春秋正義卷第二十七石經春秋經傳集解昭二第廿一淳熙本岳本昭下增公字並盡七年

楚靈王始會諸侯宋本淳熙本纂圖本明翻岳本足利本會作合是也

胡國汝陰縣西北有胡城史記楚世家正義引陰作南無有字

楚子至于申宋本此節正義在會于申之下

○注因申至胡城宋本○作疏字是也

波自義從宋本閩本監本毛本波作彼是也

〔傳四年〕

賜盟于宋石經于字改刊

天或者欲逞其心案劉向新序引作欲盈盈逞古多通用

曰晉有三不殆也石經宋本淳熙本毛本曰上有公字監本初刻亦無後擠刊是

何鄉而不濟諸本作鄉釋文云本又作嚮新序引傳亦作嚮俗鄉字

北嶽恆釋文云恆如字本或作常在冀州案作恆者是也北岳本名恆山漢爲文帝諱改作常耳

四嶽宋本以下正義八節總入與人同欲盡濟注下

嶽本自以兩山爲名段玉裁校本嶽上有南字是也

是解衡霍二名之由也宋本閩本監本毛本由作山

書傳多云五岳宋本岳作嶽

故此云四岳也宋本監本毛本岳作嶽宋本無也字

在河南陽城縣西北宋本淳熙本岳本北作南

武帝置嵩高縣 段玉裁校本嵩作崈

在新城沶鄉縣南 釋文云沶音市又音尒漢書音義音穉或一音隸則當水旁作示恐非本或作濼字誤也

中南 案新序作終南水經注云地理志曰縣有大一山古文以爲終南杜預以爲中南也陳樹華云左傳本作終杜氏改作中也

恃險與馬不可以爲固也 顧炎武云石經馬誤焉案石經不誤陳樹華云馬字模糊亦非劉向新序引不可作不足

啓其疆土 閩本監本疆作彊非也

魯衞偪於齊而親於晉 諸本作偪石經初刊作逼後改偪

聖人至爲災 宋本以下正義二十節總入雹之爲菑節注下

正義曰無雹災也 宋本曰下有無雹謂無害物之雹雖有依時小雹不與物爲災也劉炫云既云二十五字案儀禮續通解引同

復見無雹之意 宋本復作覆

爲夏之十二月也 宋本爲作謂

二之日鑿冰冲冲 宋本冲作沖按冲俗沖字

有星朝見者 宋本星作早與儀禮經傳通解引合

三統曆在 閩本亦誤作在宋本監本毛本作云是也

故以時出之也宋本毛本時上有是字監本初刻無後擠刊

奎始溫見東方閩本監本毛本溫作朝宋本作晨

言不獨其公閩本監本毛本其作是亦非宋本作共

固陰沍寒釋文沍作沍字按說文無沍字古祇作互

沍閉也諸本作沍此本作互今改正淳熙本閉誤門

其藏至取之此本五字並模糊依宋本閩本監本毛本補

上言取之用之之處下言藏之此本言取之用之之處下八字模糊依宋本補閩本監本毛本處作事

掌元物宋本監本毛本元作互不誤下同

皆待此而達也宋本無也字

棘赤有筏宋本閩本監本毛本筏作箴是也

則士亦食肉宋本作肉食

祭寒而藏之鄭氏豳風箋引作祭司寒而藏之正義曰箋引彼文加司字者彼文上句云以享司寒下句重述其事略其司字箋以經有藏冰獻羔二事故略引下句以當之不引上句故取上句之意加司字以足之初學記引亦有司字釋文云本或作祭司寒者非是也

開冰室宋本淳熙本岳本纂圖本足利本開上有始字是也

祭寒至啓之宋本閩本監本毛本作寒此本誤寔今改正

爲正歲之夏即四月是也宋本爲作謂

春無凄風石經宋本凄作淒與釋文合注同按淒字从水者見說文从冫者俗字

震辟歷震物者宋本辟歷作霹靂下同是也

夭死爲札宋本夭作大不誤

大札則不舉閩本監本毛本大誤夭

夭札瘥癘也宋本夭作大下同

二之日鑿冰冲冲諸本作二此及閩本誤三今改正監本冰誤水宋本岳本冲作沖是也

謂二月春分閩本監本毛本分作風是也

可以正月納冰宋本可上有故字是也

亦聖人之寓言也宋本閩本監本毛本作寓此本誤寓今改正

邾不會宋本以下正義十一節總入乃禍亂也句下

夏啓有鈞臺之享石經此行十一字夏啓有鈞臺五字似重刊

啓禹子也岳本脫也字

周武有孟津之誓釋文孟作盟音孟案孟明古音同用惠棟云禹貢正義曰杜預云孟津河內河陽縣南孟津也案鈞臺景亳岐陽酆宮塗山皆有注盟津獨無自是轉寫脫卻此條應補入

時伐紂也宋本淳熙本岳本纂圖本足利本時作將不誤

周成王歸自奄岳本脫周字

杜知其禮周宋本監本毛本周作同是也

凡十三禮宋本監本毛本三作二是也

王使椒舉待於後以規過也石經宋本淳熙本岳本纂圖本監本毛本待作侍是

禮吾未見者有六焉宋本淳熙本纂圖本吾下有所字與石經合

寡君將墮幣焉諸本作墮詩小雅正月正義引傳作隳乃俗字也

六王啓湯武成康穆王宋本淳熙本岳本纂圖本監本毛本王作也不誤

皆所以示諸侯汏也淳熙本纂圖本監本毛本汏作汰非

八月甲申克之執齊慶封石經此行十一字甲申克之執五字改刊

而盡滅夷狄正石經宋本淳熙本岳本纂圖本監本毛本夷狄作其族是也今改

注郈十至一年宋本以下正義二節總入政不率法節注下

郈之十六井宋本監本毛本無之字是也

給徭役宋本徭作傜是也

是與家征别也宋本無也字

逸詩宋本淳熙本詩下有也字

子產自以爲權制濟國淳熙本濟誤齊

韓滅鄭宋本韓上有而字

棘櫟至櫟亭宋本此節正義在東國水節注下

是此櫟亭也宋本無亭字

則河南陽翟縣也宋本也上有是字

咸尹宜咎城鍾離淳熙本纂圖本毛本咸作箴亦非石經宋本岳本足利本作葴與釋文合

生孟丙仲壬諸本作壬石經初刻任後改壬

深目而豭喙釋文豭作猳按說文豭牡豕也从豕叚聲

注襄二至六歲宋本以下正義十一節總入注文誣叔孫以媚季孫之下

齊大夫子明之宋本淳熙本岳本纂圖本監本毛本之作也是也

田於丘蕕李善注文選運命論引作田於蒲邱

叔孫爲孟鍾宋本岳本鍾作鐘與石經合正義及下注同

以血澆落之宋本閩本監本毛本作血此本誤而今改正

異宮者樂敬也宋本樂作祟是也

謁日也宋本淳熙本岳本足利本日作白是也

聞鍾聲淳熙本岳本纂圖本毛本鍾作鐘

怒將往重脩監本往誤住

萊書公卿士名主宋本淳熙本岳本纂圖本足利本卿作御不誤淳熙本士誤

杜洩見釋文作泄是也賈公彥疏儀禮聘禮引作杜泄

告之飢渴纂圖本閩本監本毛本飢作饑非也

使寘饋于个而退釋文云寘本或作奠李善注文選思元賦運命論引傳个作介非

个東西廂釋文廂下有也字諸本脫又云本又作箱字按廂俗字箱正字

則置虛命徹重脩監本置誤直

示若叔孫已食淳熙本若誤君

乙卯卒監本毛本乙誤己

吾子爲司徒實書名重脩監本名誤石

夫子爲司馬與工正書服監本工誤王

亦以德爵宋本作亦以德詔爵監本毛本脫亦字

春秋左傳注疏卷四十二校勘記

附釋音春秋左傳注疏卷第四十三 昭五年盡六年

杜氏注　　孔穎達疏

經五年春王正月舍中軍襄十一年始立中軍○舍音捨傳同○楚殺其大夫屈申書名罪之○公如晉○夏莒牟夷以牟婁及防茲來奔城陽平昌縣西南有防亭姑幕縣東北有茲亭○牟亡侯反幕亡博反○秋七月公至自晉○戊辰叔弓帥師敗莒師于蚡泉蚡泉魯地蚡扶粉反○秦伯卒無傳不書名未同盟○冬楚子蔡侯陳侯許男頓子沈子徐人越人伐吳

傳五年春王正月舍中軍卑公室也罷中軍季孫稱左師孟氏稱右師叔孫氏則自以叔孫爲軍名疏○舍中軍卑公室也○正義曰襄十一年初作三軍十二分其國民三家得七公得五國民不盡屬公公室已是卑矣今舍中軍四分公室三家自取其稅減己稅以貢於公國民不復屬於公公室彌益卑矣是舍中軍者三家所以卑弱公室也作中軍卑公室之漸舍中軍卑公室之極初作云作三軍今不云舍三軍者初云作者舊有二軍今更增一軍人數不足故總皆渾破各毀其乘足成三軍故云作三軍此則唯舍中軍。之衆屬上下二軍其上下二軍依舊不動故唯云舍中軍也劉炫云四分公室制法別耳還作三軍不得言舍三軍○注罷中至軍名○正義曰魯之軍名傳無其號晉作三軍爲上中下則魯之三軍亦當然也其廢中軍之後上下二軍分爲四分哀十一年齊師伐魯傳稱孟孺子洩帥右師冉求帥左師冉求季氏宰也又言叔孫武叔退而蒐乘更無別稱知自以叔孫爲軍名也毀中軍于施氏成諸臧氏季孫不欲親其議勑二家會諸大夫發毀置之計又取其令名○臧子郎反疏注取其令名○

正義曰取其令名者季孫實欲自厚令諸大夫議論似若己之不與取其令善廉絜之名也劉炫以爲施者舍也臧者善也成諸臧氏取其令名也其二家謂叔孟非謂施臧二氏也

初作中軍三分公室而各有其一三家各有一軍家屬季氏盡征之無所入於公叔孫氏臣其子弟以父兄歸公孟氏取其半焉復以子弟之半歸公○復扶又反【疏】初作至半焉○正義曰將述其舍倒本其初初作中軍謂襄十一年也三分公室而各有其一。民皆分屬三家就中減以與公令公自稅取也季氏盡征之不減入於公令盡屬於己也叔孫氏臣其子弟明其更有父兄以一家之內有此四品叔孫氏則以父兄之稅入公子弟之稅入己總率所屬之人悉皆如此若總計父兄之數不足以子弟添父兄若子弟不足以父兄添子弟大率半屬。於己以父兄歸公者尊公室也孟氏則於子弟之中而取其半於一家之內或取其子或取其弟大率而言三分歸公一分入己也或以爲其軍分爲四分假以父兄子弟四分託之若以假託爲言何得云若子若弟直云叔孫氏兩分歸公兩分入己孟氏三分歸公一分入己於文簡略其事易知何須以父兄子弟虛爲假託故知不然也魯之三卿季彊孟弱縱使如此差之季氏猶應以一分歸公言盡征之者季氏專恣也

及其舍之也四分公室季氏擇二簡擇取二分○二分扶運反或如字【疏】及其至擇二○正義曰季氏因叔孫家禍退之二子各一皆盡征之而貢于公國人盡屬三家使同於孟孫獨取其半爲專已甚又擇取善者是專之極故傳言擇二以見之三家隨時獻公而已以書使杜洩告於殯告叔孫之柩○殯必刃反柩其又反曰子固欲毀中軍既毀之矣故告杜洩曰夫子唯不欲毀也故盟諸僖閎詛諸五父之衢皆在襄十一年○閎音宏詛側慮反衢其俱反受其書而投之投擲。也○擲直亦反帥士而哭之痛叔孫之見誣叔仲子謂季孫曰帶受命

於子叔孫曰葬鮮者自西門不以壽終爲鮮西門非魯朝正門○鮮音仙徐息淺反注同壽音授【疏】注不以至正門○正義曰叔孫餓死而帶言葬鮮知不得以壽終者名之爲鮮言年命鮮少也叔仲帶得以此言告季。孫則季孫知豎牛餓殺叔孫矣而不討者季孫利其禍而己得尊故舍之而不討也杜泄云卿喪自朝知西門非正門季孫命杜洩命使從西門杜洩曰卿喪自朝魯禮也從生存朝觀之正路【疏】注從。生至正路○正義曰服虔云言卿葬三辭於朝從朝出正門卿佐國之楨幹君之股肱必過於朝重之也案檀弓云君。爲大夫將葬弔於宮及出命引之三步則止如是。三君退是君當就家視之無造君朝之禮且杜泄不欲從西門所競道路耳假令自朝而去猶得更從西門不須言自朝也故杜以自朝爲從生存朝觀之正路蓋以西門幽辟故欲從正路而出南門吾子爲國政未改禮而又遷之遷易也羣臣懼死不敢自也自從也既葬而行善杜洩能辟禍仲至自齊聞喪而來季孫欲立之南遺曰叔孫氏厚則季氏薄彼實家亂子勿與知不亦可乎南遺使國人助豎牛以攻諸大庫之庭攻仲壬也魯城內有大庭氏之虛於其上作庫○與音預虛起居反【疏】大庫。之庭○正義曰十八年傳梓。慎登大庭氏之庫是魯城內有大庭氏之虛於其上作庫謂之大庭氏之庫此言大庫明是彼也此言之庭庭是堂前地名仲壬在此庫之庭前豎牛就攻之此庭非大庭也司宮射之中目而死豎牛取東鄙三十邑以與南遺取叔孫氏邑○射食亦反中丁仲反昭子即位朝其家衆曰豎牛禍叔孫氏使亂大從使從於亂○使亂大從如字服云使亂大和順之道也【疏】使亂大從○正義曰杜云使從於亂服虔云使亂大和順之道殺適立庶又披其邑將以赦罪披析也謂以邑與南遺昭子不知。豎。牛餓殺其父故但言其見罪○適丁歷反本又作嫡披普皮反析星歷反見賢遍反疏注披析至見罪○正義曰昭子若知豎牛餓殺其父則當顯加誅戮不應宜以殺適立庶爲大罪也若昭子知雖不殺則昭子有大罪矣仲尼不宜善其不以立己爲功勞也是昭子不知豎牛餓殺其父但言見罪仲尼又據其見言而善之

罪莫大焉必速殺之豎牛懼奔齊孟仲之子殺諸塞關之外齊魯界上關○塞悉代反投其首於寧風之棘上寧風齊地仲尼曰叔孫昭子之不勞不可能也不以立己爲功勞據其所言善之時

魯人不以餓死語昭子○語魚據反周任有言曰爲政者不賞私勞不罰私怨詩云。有覺德行四國順之詩大雅覺直也言德行直則四方順從之○任音壬行下孟反注同初穆子之生也莊叔以周易筮之莊叔穆子父得臣也遇明夷䷣離下坤上明夷○坤若門反之謙䷎艮下坤上謙明夷初九變爲謙○艮古根反疏遇明夷之謙○正義曰離下坤上爲明夷離爲日坤爲地象曰明入地中明夷夷者傷也日在地中光不外發則爲明傷也艮下坤上爲謙艮爲山象曰地中有山謙以高下下謙虛之義以示卜楚丘楚丘卜人姓名曰是將行。行出奔而歸爲子祀奉祭祀以讒人入其名曰牛卒。以餒死明夷日也離爲日夷傷也日明傷○餒奴罪反餓也日之數十甲至癸故有十時亦當十位自王已。下其二爲公其三爲卿日中當王食時當公平旦爲卿雞鳴爲士夜半爲皁人定爲輿黄昏爲隸日入爲僚晡時爲僕日。昳爲臺隅中日出。闕不在第尊王公曠其位○皁才早反輿音餘僚力彫反晡布吳反昳田結反隅遇俱反疏楚丘至餒死○正義曰此先略言卦意有此四事也是者是此子也將出奔而歸爲國卿奉子叔孫之祭祀也弃以讒人入而其名曰牛然此子終以餓死也牛在國生云以入者去時未有來而有之以讒人入其家非從外國入既已略論此意乃復具釋爻辭。云明夷于飛垂其翼君子于行三日不食有攸往主人有言此三辭之間無爲祀之意但卦名明夷故先推卦名求爲祀之義也先行後歸始得爲祀然後推演爻辭得其行去之象又論不食讒言之事爻辭之內亦無名牛故別於離卦以求牛名推演爻之三辭既訖乃復更推卦體以終爲祀之言故曰其爲。子後以總結前言也○注日中至其位○正義曰七年傳曰王有十日人有十等彼即歷言從王至臺十等之。目此傳既云十時十位位以王公卿爲三日以中食旦爲三日上其中知從中而右旋配之也晡謂食也晡時謂日西食時也日昳謂蹉跌而下也隅謂東南隅也過隅未中故爲隅中也若據時之先後則從旦至食乃至於中宜以左旋爲次今傳以配十位從中而右旋者以人之道高以下爲基貴以賤爲本欲從賤而漸至於貴也若從中左旋則位乃漸退非進長之義故右旋也

日上其中日中盛明故以當王食日爲二公位旦日爲三卿位明夷之謙明而未融其當旦乎融朗也離在坤下日在地中之象又變爲謙謙道卑退故曰明而未融日明未融故曰其當旦乎

【疏】注融朗至旦乎○正義曰明而未融則融是大明故爲朗也釋言云明朗也樊光云詩云高朗令終日月光明是朗爲大明也據卦離下坤上日在地中之象又爻變爲謙謙是卑退之意日未出而又卑。故曰明而未融日明未融故曰其當旦。也若於易之明夷據日入之後故明夷象云初登于天照四國也後入于地失則也此傳明夷據日未出前者以日未出與日已入皆日在地下其明不見故各取象爲義。

故曰爲子祀莊叔卿也卜豹爲卿故知爲子祀日之謙當鳥故曰明夷于飛離爲日爲鳥離變爲謙日光不足故當鳥鳥飛行故曰于飛

【疏】注離爲至于飛○正義曰說卦離爲日爲雉雉爲鳥也離之一卦爲日爲鳥日爲高明鳥爲微細今日之謙退不得高明下當爲細是日光不足故當鳥也

明之。未融故曰垂其翼於日爲未融於鳥爲垂翼象日之動故曰君子于行明夷初九得位有應

君子象也在明傷之世居謙下之位故將辟難而行○應應對之應謙下如字又遐嫁反難乃旦反【疏】注明夷至而行○正義曰卦有六位初三五奇數爲
陽位也二四上耦數爲陰位也初與四二與五三與上位相值爲相應陽之所求者陰陰之所求者陽陽陰相值爲有應陰還值陰陽還值陽爲無應明夷初
九陽爻在奇是得位也所應在四四爲陰爻是有應也居得位而物應之是君子象也初九在明傷之世有大難也居謙下之位宜卑退也以此知將辟難而
行也當三。在旦。故曰三日不食旦位在三又非食時故曰三日不食【疏】注旦位至不食○正義曰位當三而時在旦是三日象也
旦又未至食時非食時則無可食故曰三日不食也離火也艮山也離爲火火焚山山敗離艮合體故○敗必邁反又如
字注同於人爲言艮爲言【疏】注艮爲言○正義曰說卦云成言乎艮故艮爲言也敗言爲讒爲離所焚故言敗故曰有
攸往主人有言言必讒也離變爲艮故言有所往往而見燒故主人有言言而見敗故必讒言○攸音由純離爲牛易離
上離下離畜牝牛吉故言純離爲牛○牝頻忍反舊扶死反【疏】注易離至爲牛○正義曰純離者言上體下體皆是離也易離卦云畜牝牛吉故言純離
爲牛明夷初九無此牛象但明夷初卦下體是離故。轉於純離之卦求牛象。也世亂讒勝勝將適離故曰其名曰牛離焚
山則離勝譬世亂則讒勝山焚則離獨存故知名牛也豎牛非牝牛故不吉謙不足飛不翔謙道沖退故飛不遠翔垂不峻翼
不廣峻高也翼垂下故不能廣遠故曰其爲子後乎不遠翔故知不遠去【疏】謙不至後乎○正義曰其爻辭唯云君子于行無還
之義故復推此爻於鳥爲飛不用翼不大知其不能遠去行必當歸故曰其爲子後乎吾子亞卿也抑少不終旦日正卿之位莊叔
父子世爲亞卿位不足以終盡卦體蓋引而致之○楚子以屈伸。爲貳於吳乃殺之造生貳心以屈生爲莫

敖生屈建子使與令尹子蕩如晉逆女過鄭鄭伯勞子蕩于氾勞屈生于菟氏氾菟氏皆鄭地○過古禾反勞力報反後皆同氾徐扶嚴反菟大胡反晉侯送女于邢丘子產相鄭伯會晉侯于邢丘傳言楚彊諸侯畏敬其使○相息亮反使所吏反疏注傳言至其使○正義曰聘禮云若過邦至于竟使次介假道束帛將命于朝下大夫取以入告出許餼之以其禮上賓大牢積惟芻禾如彼禮文唯當餼之而已今鄭伯親勞是鄭畏楚也桓三年傳例云凡公女嫁于敵國公子則下卿送之於天子則諸卿皆行尚公不自送昏禮父母送女不下堂今晉侯親送女至邢丘是敬楚也此兼顧上文故云諸侯畏敬其使○公如晉卽位而往見○見賢遍反

自郊勞至于贈賄往有郊勞去有贈賄○賄呼罪反疏注往有至贈賄○正義曰聘禮賓至于近郊君使卿朝服用束帛勞及聘事皆畢乃云賓遂行舍于郊公使卿贈如覿幣聘既如此朝亦當然其朝據大行人上公三勞主國使下大夫勞于畿卿勞于遠郊主君自勞于近郊其去贈大賄無文聘尚有賄明朝亦然但禮文不具耳其文據公去言故云往有也贈據晉言故云去有也無失禮揖讓之禮晉侯謂女叔齊曰魯侯不亦善於禮乎對曰魯侯焉知禮公曰何爲自郊勞至于贈賄禮無違者何故不知對曰是儀也不可謂禮禮所以守其國行其政令無失其民者也今政令在家在大夫○女音汝焉於虔反不能取也有子家羈弗能用也羈莊公玄孫懿伯也○羈居宜反奸大國之盟陵虐小國謂伐莒取鄆○奸音干鄆音運利人之難謂往年莒亂而取鄫難乃旦反下及注並同○不知其私不自知有私難公室四分民食於他他謂三家也言魯君與民無異疏民食於他○正義曰言公如民然求食於他也其時四分

公室民皆屬三家三家稅以貢公公仰。給食自無食也思莫在公不圖其終無爲公謀終始者○思息吏反謂羣臣慮也一音如字爲于僞反疏思莫至其終○正義曰羣臣思慮無在公者不爲公圖謀其終言其終必禍敗無爲謀者爲國君難將及身不恤其所禮之本末將於此乎在在恤民與憂國而屑屑焉習儀以亟言以習儀爲急○屑屑先結反亟紀力反急也言善於禮不亦遠乎君子謂叔侯於是乎知禮○時晉侯亦失政叔齊以此諷諫諷芳鳳反本亦作風音同

○晉韓宣子如楚送女叔向爲介鄭子皮子大叔勞諸索氏河南成皋縣東有大索城○介音界大叔音泰索悉洛反大叔謂叔向曰楚王汰侈已甚子其戒之叔向曰汰侈已甚身之災也焉能及人若奉吾幣帛慎吾威儀守之以信行之以禮敬始而思終終無不復事皆可復行○焉於虔反從而不失儀從順也敬而不失威道之以訓辭奉之以舊法考之以先王以先王之禮成其好○道音導好呼報反度之以二國度晉楚之勢而行之○度待洛反注同疏。奉吾至二國○正義曰朝聘之禮享用幣帛致國之所有送女雖則。非聘亦以幣帛通意故云奉吾幣帛慎吾威儀也信當守而無失故云守之以信也禮當勉力。履行故云行之以禮也禮無不敬故以敬爲始也始敬則終亦敬終恐其惰故云思。終也思終亦思始終始無有不可復行之事行必得。禮使皆可復行也曲從則失儀從而不失儀不曲從也過敬則無威敬而不失威不妄敬也聖人教訓之辭用之以通意故言道之也聘使舊故之法奉承以致命故言奉之也用先王之禮以成其交好故言考之也量二國形勢以傳文通時事故言度之也皆準事爲文雖汰侈若我何及楚楚子朝其大夫曰晉吾

仇敵也苟得志焉無恤其他今其來者上卿上大夫也若吾以韓起爲閽刖足使守門○仇音求閽音昏刖音月又五刮反疏注刖足使守門○正義曰周禮掌戮云墨者使守門劓者使守關宮者使守內刖者使守囿髡者使守積則守門者當以墨也知不以韓起爲墨者楚子意在辱晉必將加之重罪墨是刑之輕者知其必非墨也且欲以叔向爲宮刑明起刑亦次宮也莊十九年傳稱鬻拳自刖楚人以爲大閽知此亦是刖也欲以叔向爲司宮爲奄官之長則韓起爲閽亦欲令爲門官之長刑若鬻拳故以鬻拳之刑解之以羊舌肸爲司宮加宮刑○肸許乙反足以辱晉吾亦得志矣。可乎大夫莫對薳啓彊。曰可苟有其備何故不可恥匹夫不可以無備況恥國乎是以聖王務行禮不求恥人朝聘有珪。珪以爲信疏朝聘有珪○正義曰周禮典瑞云公執桓圭侯執信圭伯執躬圭子執穀璧男執蒲璧以朝覲宗遇會同于王諸侯相見亦如之是朝有珪也又曰瑑圭璋璧琮以覜聘是聘有珪也聘用圭璧其飾雖與君同其長降君一等聘禮記曰所以朝天子圭與繅皆九寸問諸侯朱綠繅八寸問卽聘也鄭玄云九寸上公之圭也於天子曰朝於諸侯曰問記之於聘文互相備鄭云互相備者言諸侯相朝與朝天子同也遣使聘天子與諸侯同也彼典瑞及聘禮記聘圭八寸據上公爲文耳公之使既降公一等知侯伯之使當瑑圭六寸子男之使當瑑璧四寸考。工記。玉人云瑑圭璋八寸璧琮八寸以覜聘亦謂上公之聘也其實子男君臣用璧云朝聘有圭者據公侯伯言之○注珪以爲信○正義曰鄭玄典瑞注云人執以見曰瑞禮神曰器瑞符信也用珪朝聘所以爲信故執之享覜有璋享饗也覜見也既朝聘而享見也臣爲君使執璋○覜他弔反徐他彫反璋音章享饗並許丈反鄭服皆以享爲獻耳見賢遍反下同臣爲于僞反使所吏反疏享覜有璋正義曰鄭氏先儒以爲朝聘之禮使執玉以授主國之君乃行享禮獻國之所有覜見也謂行享禮以見主國之君也案小行人合六幣圭以馬璋以皮璧以帛琮以錦琥以繡璜以黼鄭玄云上公享王圭以馬享后璋以皮侯伯子男享王璧以帛享后琮以錦公侯伯於諸侯則享用璧琮子男於大國享君琥以繡於夫人璜以黼此云享覜有璋者據上公享后言之所以特舉享后者舉璋與圭相對其實享禮圭與璧琮琥璜皆有今檢杜注意義則不然謂王國設酒食以饗賓賓則執璋以行禮故云享覜有璋注云享饗也破享獻之享爲饗食之饗杜必然者以此傳下云設机而不倚爵盈而不飲宴有好貨飧有陪鼎皆論饗禮及饗宴之事故破享爲饗卽大行人三饗三食三宴之類是也但饗禮既亡執璋無文耳故杜云臣爲君使執璋則詩云奉璋峨峨尚書大保秉璋以酢之類是也

小有述職 諸侯適天子曰述職○述職述其所治國之功職也 疏 注諸侯至述職○正義曰孟子云天子適諸侯曰巡狩巡狩者巡所守也諸侯朝天子曰述職述職者述所職也其意言諸侯職在治國家事天子以時入朝述脩其所職也天子職在立諸侯撫下民以時巡狩省視其功勞也

大有巡功 天子巡守曰巡功○巡功巡所守之功績巡守手又反

設机而不倚爵盈而不飲 言務行禮○机音几倚於綺反 疏 設机至不飲○正義曰朝聘之禮有設几進爵之時朝禮雖亡而聘禮有其略也聘義曰聘射之禮至大禮也質明而始行事日幾中而後禮成非強有力者弗能行也酒清人渴而不敢飲也肉乾人飢而不敢食也是言務在行禮不敢倚机不敢飲酒也

宴有好貨 宴飲以貨爲好衣服車馬在客所無○好呼報反注及下同 疏 注宴飲至所無○正義曰謂主國宴賓以貨才爲恩好謂衣服車馬在客所無者與之也明年晉享季武子重其好貨僖二十九年介葛盧來禮之加宴好詩序云鹿鳴燕羣臣嘉賓也既飲食之又實幣帛筐篚以將其厚意是也

飧有陪鼎 熟食爲飧陪加也加鼎所以厚殷勤○飧音孫陪薄回反徐扶杯反 疏 注熟食至殷勤○正義曰聘禮賓始入館宰夫朝服設飧飪一牢在西鼎九羞鼎三鄭玄云食不備禮曰飧飪熟也其鼎實如饔餼羞鼎則陪鼎也以其實言之則曰羞以其陳言之則曰陪是飧有陪鼎鄭

以飧禮小饔餼禮大故云食不備禮曰飧言饔餼備而飧不備也杜以餼生而飧熟故云熟食爲飧聘禮又云君使卿韋弁歸饔餼五牢飪一牢鼎九設于西階前陪鼎當內廉鄭玄云陪鼎三牲臐膷膮也陪之庶羞加也服虔云陪牛羊豕鼎故云陪鼎周禮掌客云凡諸侯之禮上公飧五牢饔餼九牢侯伯飧四牢饔餼七牢子男飧三牢饔餼五牢是朝聘皆有飧也案聘禮歸饔餼五牢於賓館飪一牢鼎九設于西階前牛鼎一羊鼎一豕鼎一魚鼎一腊鼎一腸胃鼎一膚鼎一鮮魚鼎一鮮腊鼎一凡九鼎從北向南而陳又有陪鼎三其一曰膷鼎牛臛也在牛鼎之西其一曰臐鼎羊臛也在羊鼎之西其一曰膮鼎豕臛也在豕鼎之西其陪所設當西階之內廉腥二牢陳于東階之前南陳牢別七鼎無鮮魚鮮腊也幷上飪一牢所謂死牢三又餼二牢陳于門內之西是卿之饔餼五牢案鄭注掌客其子男饔餼五牢與卿同其腥鼎加鮮魚鮮腊牢別有九也其陳設如卿之禮侯伯饔餼七牢死牢四飪一牢在西腥三牢在東餼三牢在門西其陳設如子男之禮上公饔餼九牢死五牢飪七牢在西腥四牢在東餼四牢陳于門西其陳皆如侯伯之禮也大行人注云爵卿也則飧二牢饔餼五牢爵大夫也則飧大牢饔餼二牢入有郊勞賓至逆勞之於郊出有贈賄去則贈之以貨賄禮之至也國家之敗失之道也則禍亂興失朝聘宴好之道城濮之役在僖二十八年○濮音卜晉無楚備以敗於邲在宣十二年言兵禍始於城濮○邲皮必反邲之役楚無晉備以敗於鄢○在成十六年○鄢於晚反【疏】以敗於鄢○正義曰以上文類之當注云言兵禍始於邲而不注者從可知也自鄢以來晉不失備而加之以禮重之以睦君臣和也○重直用反是以楚弗能報而求親焉既獲姻親又欲恥之以召寇讎備之若何言何以爲備○姻音因誰其重此言怨重若有其人恥之可也謂有賢人以敵晉則可恥之若其未有君亦

圖之晉之事君臣曰可矣求諸侯而麇。至麇羣也○麇音隕反又其鄖反注同求昏而薦女薦進也
君親送之上卿及上大夫致之猶欲耻之君其亦有備矣不然柰何韓起之下
趙成中行吳魏舒范鞅知盈五卿位在韓起之下皆三軍之將佐也成趙武之子吳荀偃之子○行戶郎反鞅於丈反知音智將
子匠反羊舌肸之下祁午張趯籍談女齊梁丙張骼輔躒苗賁皇皆諸侯之選也
言非凡人○趯他歷反骼古百反或音各躒力狄反又力各反本又作櫟同賁扶云反選息戀反韓襄爲公族大夫韓須受命
而使矣襄韓無忌子也爲公族大夫須起之門子年雖幼已任出使○使所吏反注及下注同任音壬【疏】韓須受命而使○正義曰三年傳云韓須
如齊逆少姜是受命出使之事箕襄邢帶二人韓氏族叔禽叔椒子羽皆韓起庶子【疏】注皆韓起庶子○正義曰賈逵云然○
杜依用之杜以上箕襄邢帶食邑於箕邢故爲韓氏之族叔禽叔椒皆連叔爲文羽又稱子事似兄弟故云皆韓起庶子劉炫以爲叔禽等亦是韓起之族既
無明證而妄規杜氏非也皆大家也韓賦七邑皆成縣也成縣賦百乘也○韓賦七邑韓襄起之兄子箕襄邢帶二人韓氏族
韓須叔禽叔椒子羽四人皆韓起子凡七人人一邑乘繩證反下皆同羊舌四族皆彊。家也四族銅鞮伯華叔向叔魚叔虎兄弟四人
○鞮丁兮反【疏】注四族至四人○正義曰家語孔子曰銅鞮伯華不死天下其定矣其人名赤字伯華食邑於銅鞮叔魚名鮒見於十三年傳叔虎見於
襄二十一。一年傳於時虎已死今得數叔虎者雖身死其族猶在故傳不言羊舌四人而云四族明指其族也據傳文叔向兄弟四人有叔虎案世本叔向兄
弟有季夙疑季夙即是虎也故服氏數伯華叔向叔魚季夙劉炫以爲叔虎於時已死別有季夙而規杜氏非也晉人若喪韓起楊肸。

五卿八大夫五卿趙成以下八大夫祁午以下○稷息溴反楊肸叔向本羊舌氏食采於楊故又號楊肸也輔韓須楊石石叔向子食我也○食音嗣因其十家九縣韓氏七羊舌氏四而言十家舉大數也羊舌四家共二縣故但言彊家疏○注韓氏至彊家○正義曰杜以家縣爲一故并韓賦七邑與羊舌四族乃爲十一而言十家舉大數也羊舌四族族有一縣則又大多故以爲四家共二縣也劉炫以爲韓須是起之門子不別更稱家去韓須之外韓氏唯有六家并羊舌四族故爲十家也今知不然者以傳歷序韓襄爲公族大夫韓須受命而使卽云箕襄以下皆大家故知韓須在其內也又韓賦七邑則韓須有邑既有其邑自然稱家哀二年傳曰上大夫受縣論語云百乘之家家卽縣也劉以爲韓須不得爲家家不得稱縣以爲韓氏六家羊舌四家爲十家而規杜氏非也長轂九百長轂戎車也縣百乘○轂古木反疏長轂○正義曰考工記車人云兵車乘車輪崇六尺六寸田車輪崇六尺三寸兵車轂長三尺三寸又云大車半柯長尺半是短也其餘四十縣遺守四千計遺守國者尚有四千乘○遺唯季反奮其武怒以報其大恥伯華謀之伯華叔向兄中行伯魏舒帥之伯仲行吳其蔑不濟矣君將以親易怨失婚之親姻實無禮以速寇而未有其備使羣臣往遺之禽以逞君心何不可之有王曰不穀之過也大夫無辱謝遣啓彊疏何不可之有○正義曰啓彊發首言可此云何不可之有言其可也紹上可之言服虔云何不可之有如是大不識文勢厚爲韓子禮王欲敖叔向以其所不知而不能言叔向之多知○敖五報反叔向以其所不知絕句多知如字一音智疏王欲至不能○正義曰王欲謂叔向以爲敖樂以其所不知不解之處試之而竟不能王之所爲叔向悉解故杜云叔向之多知亦厚其禮韓起反鄭伯勞諸圉圉鄭地名辭

不敢見禮也奉使君命未反故○見賢遍反○鄭罕虎如齊娶於子尾氏自爲逆也○娶七住反爲于僞反晏子驟見之陳桓子問其故對曰能用善人民之主也謂授子產政○驟仕救反○夏莒牟夷以牟婁及防茲來奔牟夷非卿而書尊地也尊重也重地故書以名其人終爲不義莒人愬于晉愬魯受牟夷○愬悉路反晉侯欲止公范獻子曰不可人朝而執之誘也討不以師而誘以成之惰也爲盟主而犯此二者無乃不可乎請歸之間而以師討焉間暇也○誘音酉惰徒臥反間音閑注同又如字乃歸公秋七月公至自晉莒人來討討受牟夷不設備戊辰叔弓敗諸蚡泉莒未陳也嫌君臣異故重發例○陳直覲反重直用反○冬十月楚子以諸侯及東夷伐吳以報棘櫟麻之役役在四年薳射以繁揚之師會於夏汭會楚子○射食夜反又食亦反越大夫常壽過帥師會楚子于瑣瑣楚地○過古禾反瑣素果反聞吳師出薳啓彊帥師從之從吳師也遽不設備吳人敗諸鵲岸廬江舒縣有鵲尾渚遽其據反岸五旦反○楚子以馹至於羅汭馹傳也羅水名○馹人實反傳中戀反吳子使其弟蹶由犒師犒勞○蹶居衛反犒苦報反楚人執之將以釁鼓王使問焉曰女卜來吉乎對曰吉寡君聞君將治兵於敝邑卜之以守龜曰余亟使人犒師請行以觀王怒之疾徐而爲之備尚克知之言吳令龜如此○釁許覲反女音汝守手又反下同亟紀力反

龜兆告吉曰克可知也君若驩焉好逆使臣滋敝邑休殆。休解也○好呼報反使所吏反下並同解佳賣反而忘其死亡無日矣今君奮焉震電馮怒馮盛也○馮皮冰反徐敷求反注同虐執使臣將以釁鼓則吳知所備矣敝邑雖羸若早脩完完器備○羸力危反完音丸疏○今君至釁鼓○正義曰言今君奮起威嚴如天震電威爲瞋怒虐執云云是也其可以息師息楚之師難易有備可謂吉矣且吳社稷是卜豈爲一人使臣獲釁軍鼓而敝邑知備以禦不虞其爲吉孰大焉國之守龜其何事不卜言常卜○易以豉反豈爲于僞反禦魚呂反疏難易有備○正義曰言知楚爲患難則吳易有防備也○且吳社稷是卜○正義曰恐楚王言女既云吉何故今欲被殺故言此以塞之○國之守龜○正義曰又恐王言龜既言吉而使人被殺則是龜不信故又言此以荅之一臧一否其誰能常之城濮之兆其報在邲城濮戰楚卜吉其効乃在邲○否悲矣反舊方有反今此行也其庸有報志言吳有報楚意乃弗殺楚師濟於羅汭沈尹赤會楚子次於萊山薳射帥繁揚。之師先入南懷楚師從之及汝清南懷汝清皆楚界○萊音來吳不可入有備楚子遂觀兵於坻箕之山觀示也○觀舊音官讀爾雅者皆官喚反注同坻直夷反是行也吳早設備楚無功而還以蹶由歸楚子懼吳使沈尹射待命于巢薳啓彊待命于雩婁禮也善有備○雩音于徐況于反如淳同韋昭音虛婁力侯反徐力俱反如淳音樓○秦后子復歸於秦元年奔晉景公卒故也終五稔之言○稔而甚反經六年春王正月杞伯益姑卒再同盟【疏】注再同盟○正義曰益姑以襄二十四年即位二十五年盟于重丘魯杞俱在二十九年又杞子來盟是再同盟○葬秦景公○夏季孫宿如晉葬杞文公無傳○宋華合比出奔衛合比事君不以道自取奔亡書名罪之○華戶化反比如字又毗志反【疏】合比至罪之○正義曰寺人柳有寵大子佐惡之合比請殺之求媚於大子而欲殺君之寵臣是事君不以道也以此而自取奔亡故書名以罪之○秋九月大雩○楚薳罷帥師伐吳罷○音皮○冬叔弓如楚○齊侯伐北燕

傳六年春王正月杞文公卒弔如同盟禮也魯怨杞因晉取其田而今不廢喪紀故禮之大夫如秦葬景公禮也合先王士弔大夫送葬之禮【疏】注合先至之禮○正義曰先王之制士弔大夫送葬三十年傳文也釋例曰先王之制諸侯之喪士弔大夫送葬及其失也禮過於重文襄之伯因而抑之諸侯之喪大夫弔卿共喪事夫人之喪士弔大夫送葬猶過古制故公子遂如晉葬襄公傳不言禮葬秦景公傳曰大夫如秦葬景公特稱禮也一以示古制二以示書他國之葬必須魯會三以示率使非卿則不書於經此皆丘明之微文也○三月鄭人鑄刑書鑄刑書於鼎以為國之常法○鑄之樹反【疏】注鑄刑書於鼎○正義曰傳直言鑄刑書知鑄之於鼎者二十九年傳云晉趙鞅荀寅賦晉國一鼓鐵以鑄刑鼎著范宣子所為刑書焉彼是鑄之於鼎知此亦是鼎也叔向使詒子產書詒遺也○詒以之反遺唯季反曰始吾有虞於子虞度也言準度子產以為己法○度待洛反下同今則已矣已止也昔先王議事以制不為刑辟懼民之有爭心也臨事制刑不豫設法也法豫設則民知爭端○辟婢亦反下皆同爭爭鬭之爭注及下注

同疏注臨事至爭端○正義曰尚書伊訓云先王肇修人紀制官刑儆于有位又穆王命呂侯訓夏贖刑作呂刑之篇其經云墨罰之屬千劓罰之屬千剕罰之屬五百宮罰之屬三百大辟之屬二百五刑之屬三千周禮司刑掌五刑之法以麗萬民之罪墨罪五百劓罪五百宮罪五百剕罪五百殺罪五百據此二文雖王者相變條數不同皆是豫制刑矣而云臨事制刑不豫設法者聖王雖制刑法舉其大綱但共犯一法情有淺深或輕而難原或重而可恕臨其時事議其重輕雖依準舊條而斷有出入不豫設定法告示下民令不測其淺深常畏威而懼罪也法之所以不可豫定者於小罪之間或情有大惡盡皆致之極刑則本非應重之罪悉令從其輕比又不足以創小人也於大罪之間或情有可恕盡加大辟則枉害良善輕致其罰則脫漏重辜以此之故不得不臨時議之準狀加罪。今鄭鑄之於鼎以章示下民亦既示民即為定法民有所犯依法而斷設令情有可恕不敢曲法以矜之罪實難原不得違制以入之法既豫定民皆先知於是倚公法以展私情附輕刑而犯大惡是無所忌而起爭端也漢魏以來班律於民懼其如此制為比例入罪者舉輕以明重出罪者舉重以明輕因小事而別有大罪者則云所為重以重論皆不可一定故也猶不可禁禦是故閑之以義。閑防也糾之以政糾舉也行之以禮守之以信奉之以仁奉養也制為祿位以勸其從勸從教嚴斷刑罰以威其淫淫放也疏閑之至其淫○正義曰義者宜也合於事宜閑謂防衛也閑之以義。曰衛之使合於事宜。者也政者正也齊正在下糾謂舉治也糾之以政舉治之使從於齊正也禮當勉力履行故行之以禮也信當守而勿失故守之以信也仁心所以養物故奉之以仁也位以序德祿以酬勤有德能勤則居官食祿制為祿位以勸其從順教令也其有犯罪則制之刑罰故嚴斷刑罰以威其驕淫放佚也嚴斷言其不放舍也對文則加罪為刑收贖為罰散則刑罰通也閑之以下皆言在上位者行此事治民也懼其未也故誨之以忠。聳之以行聳懼也○聳息勇反

行下孟反教之以務時所急使之以和說以使民○說音悅臨之以敬涖。之以彊。施之於事爲涖○涖音利又音類斷之以剛義斷恩

【疏】懼其至以剛○正義曰此上言行事此又言用心言雖行上事懼其未從教也故復勞心以撫之於文中心爲忠如心爲恕謂如其己心也事親事君遠及諸物宜恕以待之不得虛詐忠是萬事之本故陳忠恕之事以訓誨之行善得善行惡得惡舉善惡之行以恐懼之時之所急民或不知故教示之以當時之務居上位者失於以威迫人故使之以和當和說以使之臨涖一也臨謂位居其上俯臨其下涖謂有所施爲臨撫其事臨謂平常之時涖謂當事之時居上位者失於驕慢臨之以敬言當共敬以臨之其監於行事者失於懈倦涖之以彊言當彊力以臨之柔而少決爲政之病故斷之以剛彊○此云斷之以剛卽上嚴斷之義嚴謂威可畏剛謂情無私此皆論心故重言之○注聳懼也○正義曰釋詁文也彼作竦音義同○注施之於事爲涖○正義曰涖亦臨也而與臨別文故解之周禮肆師稱涖卜曲禮云涖官春秋書涖盟皆謂當其事而臨之故云施之於事爲涖則臨謂平常涖謂當事以此爲異故別文也若散而言之涖亦臨也故論語云不莊以涖之則民不敬是也○注義斷恩○正義曰喪服四制。云門內之治恩揜義門外之治義斷恩尚書胤征云威克厥愛允濟愛克厥威允罔功是斷獄者皆當義斷恩

猶求聖哲之上明察之官上。公。王也官卿大夫也忠信之長慈惠之師民於是乎可任使也而不生禍亂民知有辟則不忌於上權移於法故民不畏上○長丁丈反

【疏】猶求至使也○正義曰以剛以上雖率意教人猶爲未善更求聖哲王公之上制明察大夫之官法忠誠信著之長則慈愛溫惠之師教用此四法以教民民於是乎可任使也○注權移至畏上○正義曰刑不可知威不可測則民畏上也今制法以定之。勒鼎以示之民知在上不敢越法以罪己又不能曲法以施恩則權柄移於法故民皆不畏上

並有爭心以徵於書而徼。幸。以成之因危

文以生爭緣徼。幸以成其巧僞〇徼本又作邀古堯反巧如字又苦孝反疏注因危至巧僞〇正義曰法之設文有限民之犯罪無窮〇爲法立文不能網羅諸罪民之所犯不必正與法同自然有危疑之理因此危文以生與上爭罪之心緣徼幸以成其巧僞將有實罪而獲免者也

弗可爲矣爲治也

夏有亂政而作禹刑商有亂政而作湯刑夏商之亂著禹湯之法言不能議事以制〇夏戶雅反疏注夏商至以制〇正義曰夏商之有亂政在位多非賢哲察獄或失其實斷罪不得其中至有以私亂公以貨枉法其事不可復治乃遠取創業聖王當時所斷之獄因其故事制爲定法亦如鄭鼎所鑄遵施行言不能臨時議事以制刑罪也

周有亂政而作九刑周之衰亦。爲刑書謂之九刑疏注周之至九刑〇正義曰準夏商所作當爲文武周公之制不以聖王名刑而謂之九刑者蓋周公別爲此名故稱之耳

三辟之興皆叔世也言刑書不起於始盛之世疏注言刑至之世〇正義曰三辟謂禹刑湯刑九刑也辟罪也三者言斷罪之書故爲刑書皆是叔世所爲言刑書不起於始盛之世。議事制罪叔世不復能然采取上世決事之比作書以爲後法其事是始盛之世作書於衰亂之時。服虔云政衰爲叔世叔世踰於季世季世不能作辟也

今吾子相鄭國作封洫在襄三十年〇相息亮反洫況域反立謗政〇作丘賦在四年謗布浪反制參辟鑄刑書制參辟謂用三代之末法〇參七南反一音三疏注制參至末法〇正義曰制參辟鑄刑書是一事也爲其文是制參辟。勒於鼎是鑄刑書也三代之辟皆取前世故事制以爲法子產亦取上世故事故謂之制參辟言其所。制用三代之末法非謂子產所作還寫三代之書也子產蓋亦采取上世所聞見斷獄善者以爲書也

將以靖民不亦難乎詩曰儀式刑文王之德日靖四方詩頌言文王以德爲儀式故能日有安靖四方之功刑法也疏詩曰至四方〇正義曰周頌我將之篇祀文王之樂歌也杜言文王以德爲儀式刑法也則儀式刑三者皆爲

法也言以德為儀式法者是文王之德也由其以德為法故能日日有安靖四方之功也服虔云儀善式用刑法靖謀也言善用法文王之德日日謀安四方此解於文便於杜也又曰儀刑文王萬邦作孚詩大雅言文王作儀法為天下所信。疏又曰至作孚○正義曰大雅文王之篇也服虔云儀善也刑法也善用法者文王也言文王善用其法故能為萬國所信也亦便於杜如是何辟之有言詩唯以德與信不以刑也

民知爭端矣將棄禮而徵於書以刑書為徵疏民知至於書○正義曰端謂本也今鑄鼎示民則民知爭罪之本在於刑書矣制禮以為民則作書以防民罪違禮之愆非刑書所禁故民將棄禮而取徵驗於書也刑書無違禮之罪民必棄禮而不用矣錐刀之末將盡爭之錐刀末喻小事亂獄滋豐賄賂並行終子之世鄭其敗乎肸聞之國將亡必多制數改法疏終子至敗乎○正義曰子產鑄刑書而叔向責之趙鞅鑄刑鼎而仲尼譏之如此傳文則刑之輕重不可使民知也而李悝作法蕭何造律須於天下懸示兆民秦漢以來莫之能革以今觀之不可一日而無律也為當吏不及古民偽於昔為是聖人作法不能經遠古今之政何以異乎斯有旨矣古者分地建國作邑命家諸侯則奕世相承大夫亦子孫不絕皆知國為我土衆實我民自有愛吝之心不生殘賊之意故得設法以待刑臨事而議罪不須豫以告民自令常懷怖懼故仲尼叔向所以譏其鑄刑書也秦漢以來天下為一長吏以時遷代其民非復。己有懦弱則為殿負彊猛則為稱職且疆域闊遠戸口滋多大郡竟餘千里上縣數以萬計豪横者陵蹈邦邑桀健者雄張閭里故漢世酷吏專任刑誅或乃肆情好殺成其不橈之威違衆用。己以表難測之知至有積骸滿穽流血丹野郅都被蒼鷹之號延年受屠伯之名若復信其殺伐任其縱舍必將喜怒變常愛憎改。竟不得不作法以齊之宣衆以令之所犯當條則斷之以律疑不能決則讞之上府故得萬民以察天下以治聖人制法非不善也古不可施於今今人所作非能聖也足以周於用所。觀民設教遭

時制宜謂此道也其此之謂乎。復書曰。若吾子之言。復報也疏若吾子之言○正義曰若如也誠如吾子之言也僑不才。不能及子孫。吾以救世也。既不承命。敢忘大惠。以見箴戒爲惠疏吾以救世也○正義曰當時鄭國大夫邑長蓋有斷獄不平輕重失中故作此書以令之所以救當世。士文伯曰。火見。鄭其火乎。火心星也周五月昏見火未出而作。火以鑄刑器。刑器鼎也藏爭辟焉。火如象之。不火何爲。象類也同氣相求火未出而用火相感而致災疏注象類至致災○正義曰作刑書以示民教民使爭罪故謂之爭辟火出而象之象類也謂以類相感而致災也同氣相求易文言文也周禮司爟云季春出火民咸從之季秋內火民亦如之鄭玄云火所以用陶冶民隨國而爲之是火星未出不得用火今鄭火未出而用火以鑄鼎及火星出則相感以致災服虔云鑄鼎藏爭辟故今出火與五行之火爭明故爲災在器故稱藏也夏季孫宿如晉。拜莒田也。謝前年受牟夷邑不見討晉侯享之有加籩。籩豆之數多於常禮武子退。使行人告曰。小國之事大國也。苟免於討。不敢求貺。貺賜也得貺不過三獻。周禮大夫三獻疏注周禮大夫三獻○正義曰周禮卿五獻大夫三獻故鄭注掌客爵卿也饔餼五牢爵大夫也饔餼三牢獻視饔餼之數故言大夫三獻也若依古禮大小國之卿皆五獻大夫三獻故聘禮侯伯之卿出聘饔餼五牢獻同饔餼之數至春秋之時唯大國得從古禮故昭元年鄭人享趙孟注云朝聘之制大國之卿五獻其次國以下卿則從大夫之禮故今武子云得貺不過三獻周禮無此文大行人云上公九獻侯伯七獻子男五獻獻各如其命數典命云公侯伯之卿皆三命知其當三獻也大夫卿之總名故注云三獻也今豆有加。下臣弗堪。無乃戾也。懼以不堪爲罪疏今豆有加○正義曰上言加籩此言豆者籩豆並加互舉其一也韓宣子曰寡君以爲驩。也以加禮致驩。對曰寡君猶未敢未敢當此加也疏寡君猶未敢○正義曰魯侯爵禮當七獻上文唯言享有加籩。止知加於常禮不知幾獻籩豆未必過七獻也言寡君猶未敢當此者謙耳况下臣君之隸也敢聞加貺固請徹加而後卒事晉人以爲知禮重其好貨宴好之貨○宋寺人柳有寵有寵於平公○寺本又作侍柳良九反寺人名大子佐惡之華合比曰我殺之欲以求媚。大子○惡烏路反柳聞之乃坎用牲埋書詐爲盟處○處昌慮反下同而告公曰合比將納亡人之族亡人華臣也襄十七年奔。衛既盟于北郭矣公使視之有焉遂逐華合比合比奔衛於是華亥欲代右師亥合比弟欲得合比處乃與寺人柳比從爲之徵曰聞之久矣聞合比欲納華臣○柳比毗志反公使代之代合比爲右師見於左師左師向戌○見賢遍反又如字左師曰女夫也必亡夫謂華亥○女音汝下并注同夫方于反注同女喪而宗室於人何有人亦於女何有言人亦不能愛女○喪息浪反詩曰宗子維。城毋俾城壞毋獨斯畏詩大雅言宗子之固若城俾使。也○俾必爾反疏詩曰至斯畏○正義曰大雅板之篇凡伯刺厲王之詩也言宗子之固惟若城也卽謂宗子爲城言宗人當固之毋使此城傾壞傾壞則女獨矣女既獨此必有所畏懼也女其畏哉爲二十年華亥出奔傳○六月丙戌鄭災終士文伯之言○楚公子棄疾如晉報韓子也報前年送女過鄭鄭罕虎公孫僑游吉從鄭伯以勞諸相辭不敢見不敢當國。君之勞相鄭地○過地臥反又古禾反從才用反或如字勞力報反注及下同相側加反見賢遍反下見王注見鄭伯如見楚王私見鄭伯同固請見之見如見王是鄭伯如見楚王言棄疾共而有禮疏。注共而有禮○正義曰見如見王是共也解不敢見是禮也以其乘馬八匹私面私見鄭伯○乘繩證反見子皮如上卿如見楚卿以馬六匹見子產以馬四匹見子大叔以馬二匹降殺以兩○殺所界反禁芻牧採樵。不入田不犯田種○芻初俱反樵似遙反下同不樵樹不采蓺。蓺。種也疏不樵樹不采蓺○正義曰不樵樹不伐樹以爲樵不采蓺不采所種之菜果不抽屋不強匄誓曰有犯命者君子廢小人降君子則廢黜不得居位小人則退給下劇也○抽居留反強其丈反又其良反匄本或作丐音蓋乞也說文作匄逸安說亡人爲匄黜敕律反疏不抽屋不強匄○正義曰服虔云抽裂也言不毀裂所舍之屋也匄乞也不就人強乞也舍不爲暴主不慁賓慁患也○慁戶困反往來如是鄭三卿皆知其將爲王也三卿罕虎公孫僑。游吉韓宣子之適楚也楚人弗逆公子棄疾及晉竟晉侯將亦弗逆叔向曰楚辟。我衷。辟邪也衷正也○竟音境下注同辟匹亦反注及下同衷音忠邪似嗟反若何效辟詩曰爾之教矣民胥效矣詩小雅言上教下效○效戶孝反下同從我而已焉用效人之辟書曰聖作則逸書則法也○焉於虔反無寧以善人爲則無寧寧也而則人之辟。乎匹夫爲善民猶則之況國君乎晉侯說乃逆之傳言叔向知禮○說音悅○秋九月大雩旱也○徐儀。楚聘于楚儀楚徐大夫楚子執之逃歸懼其叛也使薳洩伐徐。薳洩楚大夫○洩息列反吳人救之令尹子蕩帥師伐吳

師于豫章而次于乾谿乾谿在譙國城父縣南楚東竟○谿苦兮反父音甫吳人敗其師於房鍾房鍾吳地獲

宮廄尹棄疾鬬韋龜之父○廄九又反子蕩歸罪於薳洩而殺之歸罪於薳洩不以敗告故不書○冬叔弓

如楚聘且弔敗也弔爲吳所敗疏且弔敗也○正義曰如上注不以敗告故不書而得弔敗者本自爲聘聞敗因弔之故言且也○

十一月齊侯如晉請伐北燕也告盟主士匄相士鞅逆諸河禮也士匄晉大夫相爲介得敬逆來者之禮○匄古害反本或作丐相息亮反注同士鞅於丈反今傳本皆作士匄相士鞅古本士匄或作王正董遇王肅本同學者皆以士匄是范宣子卽士鞅之父不應取其父同姓名人以爲介今傳本誤也依王正爲是王元規云古人質口不言之耳何妨爲介也案士文伯是士鞅之族亦名匄無妨今相范鞅卽文伯也然士文伯名古本或有作正者解見前卷襄三十一年介音界疏士匄相士鞅○正義曰世族譜以王正爲雜人諸本及王肅董遇注皆作王正俗本或誤爲士匄此人不當與士鞅之父同姓名而爲之介也晉侯許之十二月齊侯遂伐北燕將納簡公簡公北燕伯三年出奔齊晏子曰不入燕有君矣民不貳吾君賄左右諂諛作大事不以信未嘗可也爲明年暨齊平傳○諂敕檢反諛羊朱反

附釋音春秋左傳注疏卷第四十三

春秋左傳注疏卷四十三校勘記　阮元撰盧宣旬摘錄

附釋音春秋左傳注疏卷第四十三昭五年盡六年

〔經五年〕

蔡侯淳熙本蔡誤祭

〔傳五年〕

舍中軍卑公室也宋本以下正義二十節總入吾子亞卿也節注下

此則唯舍中軍之衆宋本之上有分中軍三字

傳稱孟子孺泄帥右師宋本子孺作孺子是也

季孫不欲親其議纂圖本毛本欲誤用

勑二家會諸大夫宋本毛本勑作敕

孟氏取其半焉及其舍之也四分公室石經氏字起一行計十一字

民皆分屬三家毛本民字空缺

大率半屬於公半屬於己閩本監本毛本亦脫於公半屬四字據宋本補

以書使杜洩告於殯纂圖本毛本於改于

投擲也宋本淳熙本足利本也作地與釋文合

得以此言告季叔補各本叔作孫案叔字誤今訂正

從生至正路宋本閩本監本毛本作生此本誤主今改正

君爲大夫宋本爲作於

如是三宋本三上有者字是也

大庫之庭閩本監本庫下有至字

梓損登大庭氏之庫補各本損作慎案損字誤今訂正

昭子不知豎牛餓殺其父諸本作牛此本誤半今改正淳熙本豎作賢非也

詩云諸本作云石經初刻作曰後改正

曰是將行石經行下後人旁增乎字非也

卒以餒死毛本卒誤足

離爲明宋本淳熙本岳本纂圖本明作日是也

自王已下毛本已作以

日昳爲臺補釋文校勘記昳由結反北宋本葉抄本昳作跌由作田按皆是也古書日昳字皆作跌田結反後人始造昳字以改古書

闕不在第諸本作闕此本誤闢今改正

乃復具釋爻辭云宋本重爻辭二字

故曰其爲○後宋本○作子不誤閩本監本毛本脫子字

從王至臺十等之目閩本監本目誤日

日未出而又卑宋本卑下有退字是也

故曰其當旦也浦鏜正誤也作乎

故各取象爲義宋本義下有也字

明之未融宋本淳熙本岳本纂圖本足利本之作而與石經合

當三在旦石經初刻三在誤倒後改正

故轉於純離之卦求牛象也閩本監本毛本轉作傳非宋本無也字

楚子以屈伸爲貳於吳石經宋本淳熙本岳本足利本伸作申

鄭伯勞子蕩于汜勞屈生于菟氏淳熙本子誤于石經宋本汜作汜岳本閩本作汜是也毛本二于字並改於

子產相鄭伯淳熙本產誤陸

注往有至贈賄宋本以下正義三節總入言善於禮節注下

及聘事皆畢乃云監本毛本云作去

主國使下大夫勞于畿閩本監本毛本于作王非也

晉侯謂女叔齊曰諸本作晉纂圖本毛本誤齊

有子家羈公羊穀梁羈作駒漢書五行志同

謂往年莒亂而取鄫閩本監本毛本鄫誤鄫淳熙本作贈尤非

不知其私宋本其誤莒

公仰給食宋本仰下有他字

奉吾至二國宋本以下正義十七節總入辭不敢見節注之下

送女雖則弗聘宋本弗作非是也

禮當勉力復行宋本復作履是也

故云思故也宋本閩本監本毛本故作終是也

行必得理閩本監本毛本理作禮是也

吾亦得志矣毛本亦誤以

蘧啓彊曰纂圖本閩本監本毛本彊作疆非也

朝聘有珪惠棟云說文珪古文圭

考功記玉人云浦鏜正誤功作工是也重脩監本玉誤王

所以時舉享后者宋本監本毛本時作特是也

卽大行人三饗三食三宴之類是也宋本閩本監本毛本作三饗此本誤作二饗今改正

天子巡守曰巡功諸本作守宋本作狩

設机而不倚閩本監本机作機誤案賈氏儀禮燕禮疏引作几

曰幾中而後禮成宋本監本毛本曰作日是也

以貨財爲恩好宋本閩本監本毛本作財此本誤才今改正

性膗脚膔膮也宋本作牲膗脚膔膮也閩本同監本毛本膗作臛考文作膗與鄭注合下同

其一曰腳鼎牢臛也宋本監本毛本牢作牛是也腳閩本誤腳

在羊鼎之西毛本鼎作臛非也

其一曰曉鼎宋本監本毛本曉作膮不誤

上公饔餼九牢監本牢誤牛

飪一牢監本毛本一作七是也

大行人注云浦鏜云注見掌客云大行人誤是也

去則贈之以貨賄毛本賄誤財

求諸侯而麇至李善注文選顏延年應詔讌曲水詩注引作麕至引杜注同

晉彊家也石經此處缺諸本作彊閩本監本作疆非也

見于襄二十一年傳補兩一字誤重

楊肸石經此處刓缺宋本淳熙本楊作楊段玉裁云羊舌肸食采於楊故亦稱楊肸楊肸其子食我亦稱楊石漢書地理志河東郡楊縣應仲遠謂即楊侯國

案宋本淳熙本作揚非是

韓氏七賈公彥周禮縣師疏引注七下有邑字

故以爲四家共二縣也諸本作家此本誤冢今改正

不別更稼家宋本監本毛本稼作稱是也宋本毛本別誤必

考工記宋本毛本工誤功

伯仲行吳宋本淳熙本岳本纂圖本監本毛本仲作中案作中者是

失婚姻之親宋本婚作昏

娶於子尾氏顧炎武云石經娶誤作聚案石經娶字不誤

會於夏汭石經此處缺纂圖本監本毛本於作于非也

越大夫常壽過帥師會楚子于瑣諸本作于釋文作於

廬江舒縣有鵲尾渚纂圖本閩本監本毛本廬誤盧

君若驩焉顧炎武云石經若誤苦案石經不誤

滋敝邑休殆石經宋本淳熙本岳本纂圖本監本毛本殆作怠

今君至釁鼓宋本以下正義四節總入注文旹有備之下

薳射帥繁揚之師淳熙本揚作楊石經作陽與襄四年傳合

〔經六年〕

〔傳六年〕

則不書於經 閩本監本毛本脫則字

鑄刑書於鼎 宋本以下正義二十一節總入藏爭辟焉節注下

趙歎 宋本閩本監本毛本歎作鞅不誤○今訂正

語遺也 宋本淳熙本岳本纂圖本監本毛本語作詒不誤○今正

掌五刑之法 宋本閩本監本毛本作五此本誤王今改正

則罪五百 閩本監本毛本則作剕宋本作刖與周禮合

令鄭鑄之於鼎 宋本監本毛本令誤今

是故閑之以義 漢書刑法志引作以誼案誼義古今字

曰衞之使合於事宜者也 宋本曰作防無者字

聳之以行 諸本作聳漢書刑法志引作愯晉灼曰古竦字

涖之以彊 閩本監本毛本彊作疆漢書刑法志引涖作莅與釋文同

喪服四制云諸本作云此本誤三今訂正

上公王也惠棟云公王當作公侯正義曰更求聖哲王公之上制然則公王乃王公之誤倒

勤鼎以示之宋本監本毛本勤作勒是也

而徼幸以成之釋文徼作儌云本又作邀監本幸作幸非也

因危文以生爭諸本作文此本誤乂今改正

緣徼倖以成其巧僞淳熙本岳本纂圖本閩本監本倖作幸

周之衰亦爲刑書監本爲誤謂毛本謂下增之字尤非

議事制罪宋本議上重始威之世四字是也

作書於衰亂之時宋本時下有也字

勤於鼎宋本監本毛本勤作勒不誤

言其所制閩本監本毛本脫制字

爲天下所信宋本淳熙本岳本監本毛本信下有孚信也三字纂圖本孚上衍釋字

賄賂並行漢書刑法志引作貨賂並行

其民非復已有宋本已作己下用己同

愛憎改竟宋本閩本監本毛本竟作意

所觀民設教宋本所下有謂字是也

若吾子之言足利本脫吾字

以見箴戒爲惠諸本作箴釋文作鍼

所以救當世宋本世下有也字

火心星也岳本脫也字

火未出而作火案禮記郊特牲正義引作用火

火如象之漢書五行志引作火而象之古如而字通用

注周禮大夫三獻宋本以下正義三節總入況下臣節注下

則從大夫之禮宋本從下有大國二字

故今武子云諸本作今此本誤令今改正

獻各如其命數閩本監本毛本脫獻字

故注云三獻也毛本獻作卿非也

寡君以爲驩也惠棟云左傳懽字皆作驩此古文之異者高誘注戰國策云懽猶合也

以加禮致驩宋本淳熙本岳本纂圖本足利本驩下有心字

亡知加於常禮閩本監本毛本亡作已宋本作止是也

欲以求媚大子淳熙本求誤東監本毛本大作太非也

襄十七年奔衞宋本淳熙本岳本纂圖本閩本監本毛本作衞陳樹華校作陳是也

宗子維城石經此處缺宋本維作惟

俾使此宋本淳熙本岳本纂圖本閩本監本毛本此作也是也

詩曰至斯畏宋本此節正義在女其畏也之下

不敢當國君之勞淳熙本脫君字

共而有禮宋本以下正義三節總入而則人之辟乎節注下

禁芻牧採樵不入田宋本採作采與釋文合

不采蓺宋本淳熙本岳本蓺作藝注同石經作蓺

遊吉宋本淳熙本岳本纂圖本閩本監本毛本遊作游

楚辟我衷釋文辟作僻注及下效辟亦皆作僻

而則人之辟乎石經辟字改刊

徐儀楚聘于楚案說文作徐鄦楚云鄦臨淮徐地

使薳洩伐徐諸本作洩釋文作泄是也

士匄相士鞅逆諸河釋文云今傳本皆作士匄古本或作王正董遇王肅本亦作王正陸德明孔穎達皆以王正爲是穎達以釋例作王正爲證然則杜注當本是王正晉大夫也

士匄相士鞅宋本此節正義在未嘗可也句注下

此人不當與士鞅之父同姓名而爲之介也監本毛本與誤取

左右諂諛石經此處缺宋本纂圖本監本毛本諂作謟是也釋文同

附釋音春秋左傳注疏卷第四十四 昭七年盡八年

杜氏注　孔穎達疏

經七年春王正月暨齊平暨與也燕與齊平前年冬齊伐燕閒無異事故不重言燕從可知○暨其器反傳同重直用反 疏暨與至可知○正義曰暨與釋詁文也此直言暨齊平不知誰與齊平穀梁傳云以外及內曰暨謂此爲魯與齊平賈逵何休亦以爲魯與齊平許惠卿以爲燕與齊平服虔云襄二十四年仲孫羯侵齊二十五年崔杼伐我自爾以來齊魯不相侵伐且齊是大國無爲求與魯平此六年冬齊侯伐北燕將納簡公齊侯貪賄而與之平故傳言齊求之也齊次于虢燕人行成其文相比許君近之案經例郎燕與齊平當書燕魯與諸侯平皆言暨下三月公如楚叔孫婼如齊涖盟公不在國故齊無來者據經言之賈君爲得杜則從許說也故兩載其說意從賈解其所疑云前年冬齊伐燕文接此春閒無異事故不云燕省文也又此年稱齊暨燕平之月傳所舉經文知此是燕與齊平也釋例曰昭六年冬齊侯伐北燕七年春而平冬春相接閒無異事省文故不重言燕猶桓五年冬州公如曹六年春因書寔來也傳以其不分明故起見齊燕平之月以正之也○三月公如楚○叔孫婼如齊涖盟無傳公將遠適楚故叔孫如齊尋舊好○婼敕略反徐又音釋好呼報反○疏注公將至舊好○正義曰魯與齊鄰公遠適楚慮其或來侵伐遣使與之盟尋舊好也案經婼之如齊在公如楚下杜言將適楚者叔孫婼非公命則不得書經明是公未發時命之公發後始去杜言將見此意夏四月甲辰朔日有食之○秋八月戊辰衛侯惡卒元年大夫盟于虢 疏衛侯惡卒○正義曰穀梁傳曰鄉曰衛齊惡今曰衛侯惡此何爲君臣同名也君子不奪人名不奪人親之所名重其所以來也王父名子也注云不奪人名明臣雖欲改君不當聽也君不聽臣易名者欲使人重父命也父

受名于王父王父卒則稱王父之命名之曲禮云卒哭乃諱鄭玄云敬鬼神之名也生者不相辟名衛侯名惡大夫有石惡君臣同名春秋不非謂此事也然則此君卒哭之後臣當辟其諱曲禮云君子已孤不更名當舍名而稱字○注元年大夫盟于號○正義曰號會不盟而言盟者令尹圍請讀舊書加于牲上雖不爲載書亦以名告神與盟同也

○九月公至自楚○冬十有一月癸未季孫宿卒○十有二月癸亥葬衛襄公

傳七年春王正月暨齊平齊求之也齊伐燕燕人賂之反從求平如晏子言【疏】。齊求之也○正義曰傳云齊求之自言其平之意下云盟于濡上是其平之事也下言齊侯次于號燕人行成則是燕先發意而言齊求之者齊若志在伐燕不當在竟久次久次而不行卽是求之之狀也燕必知其。音意乃。成耳

癸巳齊侯次于號號燕竟○號瓜百反竟音境燕人行成曰敝邑知罪敢不聽命先君之敝器請以謝罪敝器瑤罋玉櫝之屬○瑤音遙罋烏送反徐於容反櫝徒木反公孫晳曰受服而退俟釁而動可也晳齊大夫○晳星歷反徐思益反釁許覲反

二月戊午盟于濡上濡水出高陽縣東北至河間。鄭縣入易水○濡徐音須說文女于反一音而又反又而于反鄭音莫本又作莫【疏】注濡水至易水○正義曰今案高陽無此水也水源皆出於山其出平地皆是山中平地燕趙之界無泉出者未知杜言何所案據

燕人歸燕姬嫁女與齊侯賂以瑤罋。玉櫝斝耳不克而還瑤玉也櫝匱也斝耳玉爵○斝古雅反一音嫁禮記夏曰醆殷曰斝周曰爵說文斝從斗匱其位反【疏】注瑤玉至玉爵○正義曰孔安國尚書傳云瑤美石此云瑤罋玉櫝與玉別文亦似非玉杜以瑤爲玉者詩毛傳云瓊瑤美玉則瑤之爲物在玉石之間與玉小別故或以爲石或以爲玉瓊是玉之美

名詩以瓊瑤爲玉故毛言美玉耳周禮醢人王舉則共醢六十罋以齊醢菹醬實之則罋是小器當以瓦爲之以瑤爲罋故爲寶也論語云龜玉毀於櫝中是櫝爲盛物之匱也明堂位云爵夏后氏以琖殷以斝周以爵鄭玄云斝畫禾稼也斝是爵名文承玉櫝之下明亦以玉爲之言耳者蓋此器旁有耳若今之杯故名耳

楚子之爲令尹也爲王旌以田析羽爲旌王旌游至於軫○旌音旌析星歷反游音留軫之忍反疏注析羽至於軫○正義曰析羽爲旌周禮司常文也鄭玄云析羽皆五采繫之於旞旌之上所謂注旄於干首也凡九旗之帛皆用絳然則干首有羽羽爲旌名遂以旌爲旗稱其垂至軫者謂游至軫非羽至軫也禮緯稽命徵云禮天子旗九刃曳地諸侯七刃齊軫大夫五刃齊較士三刃齊首周禮節服氏衮冕六人維王之大常鄭玄云王旌十二旒兩兩以縷綴連旁三人持之禮天子旌曳地杜以楚雖僭號稱王未必即如天子不應建大常旌曳地故以諸侯解之言王旌游至於軫謂楚王旌也蓋建交龍之旗而游至軫耳然諸侯之旌短於王旌二刃大夫之旌亦短於諸侯之旌二刃案周禮軫去地四尺較去軫並五尺五寸而禮緯云諸侯齊軫大夫齊較於事爲疑不可知也

芋尹無宇斷之曰一國兩君其誰堪之及即位爲章華之宮納亡人以實之章華南郡華容縣○芋于付反斷音短疏芋尹○正義曰芋是草名哀十七年陳有芋尹蓋皆以草名官

不知其故無宇之閽入焉有罪亡入章華宮無宇執之有司弗與王有司也曰執人於王宮其罪大矣執而謁諸王執無宇也王將飲酒遇其歡也無宇辭曰天子經略經營天下略有四海故曰經略諸侯正封封疆有定分○疆居良反下同分扶問反疏天子至正封○正義曰莊二十一年注云略界也則此略亦爲界也經營天下以四海爲界界內皆爲己有故言略有四海謂有四海之內也天子界內天子自經營之故言經略也諸侯封內受之天子非己自營故言正封謂不侵人不與人正之使有

定分古之制也封略之內何非君土食土之毛誰非君臣毛草也故詩曰普。天之下

莫非王土率土之濱莫非王臣詩小雅濱涯也○普本或作溥音同毛傳云大也濱音賓涯五佳反疏詩曰至王臣○正義曰北山大夫刺幽王也役使不均云溥天之下云云鄭箋云此言王之土地廣矣王之臣又衆矣何求而不得何使而不行率土之濱者地之形勢水多於土民居水畔故云循土之涯也天有十日甲至癸人有十等王至臺下所以事上上所以共神也故

王臣。公公臣大夫大夫臣士士臣皁皁臣輿輿臣隸隸臣僚僚臣僕僕臣臺馬

有圉牛有牧養馬曰圉養牛曰牧○共音恭圉魚呂反疏王臣至臣臺○正義曰文十八年傳云舜臣堯者謂舜爲臣以事堯也此云王臣公者謂上以下爲臣文同而意異也公者五等諸侯之總名環齊要略云自營爲厶八厶爲公言。正無私也大夫者。之言扶也大能扶成人也士者事也言能理庶事也服虔云皁造也造成事也輿衆也佐皁舉衆事也隸隸屬於吏也僚勞也共勞事也僕僕豎主藏者也臺給臺下微名也此皆以意言之循名求義不必得本故杜皆略而不說以待百事今有司曰女胡執人於王宮將焉執之周文王之法曰

有亡荒閱荒大也閱蒐也有亡人當大蒐其衆女音汝焉於虔反閱音悅蒐所由反○所以得天下也吾先君文王

楚文王作僕區之法僕區刑書名○僕區烏侯反徐如字服云僕隱也區匿也爲隱匿亡人之法也疏注僕區刑書名○正義曰引其言戒刑法知是刑書名也名曰僕區。未知其義服虔云僕隱也區匿也爲隱。亡人之法也曰盜所隱器隱盜所得器與盜同罪所以

封汝也。行善法故能啓疆北至汝水疏注行善至汝水○正義曰文王之法所以得天下言行善法所以得爲天子也僕區之法所以封汝言去

盜賊所以大啓封疆也哀十七年傳曰彭仲爽申俘也文王以爲令尹實縣申息朝陳蔡封畛於汝是文王啓疆至汝水若從有司是無所

執逃臣也逃而舍之是無陪臺也言皆將逃王事無乃闕乎昔武王數紂之罪以告

諸侯曰紂爲天下逋逃主萃淵藪萃集也天下逋逃悉以紂爲淵藪澤而歸之○數色具反又色主反逋布吳反萃在醉反數素口反

疏昔武至淵藪○正義曰此在尙書武成篇也武王旣克殷歸至于豐乃陳伐紂之事告於諸侯言將伐之時以商之罪告于皇天后土所過名山大川曰今商王受無道暴殄天物害虐烝民爲天下逋逃主萃淵藪是言天下罪人逋逃者以紂爲主集而歸之如魚入深淵獸奔藪澤也

故夫致死焉人欲致死討紂○夫音扶又方于反君王始求諸侯而則紂無乃不可乎若以二文之法取

之盜有所在矣言王亦爲盜王曰取。而臣以往。往去之盜有寵未可得也盜有寵王自謂爲葬靈王張本

遂赦之赦無字○楚子成章華之臺願以諸侯落之宮室始成祭之爲落。臺今在華容城內

疏注宮室至城內○正義曰雜記云成廟則釁之路寢成則考之而不釁釁屋者交神明之道也鄭玄云言。露寢生人所居不釁者不神之也考之者設盛食以落之爾檀弓曰晉獻文子成室諸大夫發焉是也然則不釁似無祭而杜言宮室始成祭之爲落者以其言落必是以酒澆落之雖不如廟以血塗其。上當祭中霤之神以安之

大宰薳啓彊。曰臣能得魯侯薳啓彊。來召公辭曰昔先君成公命我先

大夫嬰齊曰吾不忘先君之好將使衡父照臨楚國鎮撫其社稷以輯寧爾民

嬰齊受命于蜀蜀盟在成二年衡父公衡○好呼報反輯音集又七入反奉承以來弗敢失隕而致諸宗祧

言奉成公此語以告宗廟。○隕于敏反祧他彫反日我先君共王引領北望日月以冀。冀魯朝○共音恭疏日我至北望○正義曰日謂往日也嬰齊與魯盟于蜀事在成二年共王之初共王即望魯朝故言往日我先君共王引領北望也董遇注無日字謚法既過能改曰共傳序相授於今四王矣四王共康郟敖及靈王○傳直專反郟古洽反嘉惠未至唯襄公之辱臨我喪襄公二十八年如楚臨康王喪孤與其二三臣悼心失圖在哀喪故社稷之不皇況能懷思君德皇暇也言有大喪多不暇今君若步玉趾辱見寡君趾足也寵靈楚國以信蜀之役致君之嘉惠是寡君既受貺矣何蜀之敢望。言但欲使君來不敢望如蜀復有質子○復扶又反質音致又如字疏寵靈至貺矣○正義曰言開其恩寵賜以威靈以及楚國以明受命于蜀之事不虛致令君之嘉惠於楚即是寡君受貺矣其先君鬼神實嘉賴之豈唯寡君君若不來。使臣請問行期問魯見伐之期○使所吏反寡君將承質幣而見于蜀以請先君之貺請問也○質音致徐之二反又如字見賢遍反公將往夢襄公祖祖祭道神疏注祖祭道神○正義曰詩云韓侯出祖仲山甫出祖是出行必爲祖也曾子問曰諸侯適天子與諸侯相見皆云道而出是祖與道爲一知祖是祭道神也周禮大馭掌馭玉路以祀及犯軷王自左馭馭下祝登受轡犯軷遂驅之鄭玄云行山曰軷犯之者封土爲山象以菩芻棘柏爲神主。既。祭以車。轢之而去喻無險難也又聘禮記云出祖釋軷祭酒脯乃飲酒于其側鄭玄云祖始也行出國門止陳車騎釋酒脯之奠於軷爲行始也詩傳曰軷道祭也謂祭道路之神春秋傳曰軷涉山川然則軷山行之名也道路以險阻爲難是以委土爲山或伏牲其上使者爲軷祭酒脯祈告也卿大夫處者於是餞之飲酒於其側禮畢乘車轢之而遂行是說祖軷之事也詩云取羝以軷謂諸侯也天子則以犬故犬人云伏瘞亦如之鄭司農云伏謂伏犬以王車轢之是也大夫用酒脯梓慎曰君不果行襄公之適楚也夢周公祖而行今襄公實祖君其不行子服惠伯曰行先君未嘗適楚故周公祖以道之襄公適楚矣而祖以道君不行何之三月公如楚鄭伯勞于師之梁鄭城門○道之音導下同勞力報反下同孟僖子爲介不能相儀僖子仲孫貜○介音界相息亮反貜俱縛反又俱碧反及楚不能荅郊勞爲下僖子病不能相禮張本○夏四月甲辰朔日有食之晉侯問於士文伯曰誰將當日食對曰魯衞惡之受其凶惡○惡之如字或爲路反非也衞大魯小公曰何故對曰去衞地如魯地衞地豕韋也魯地降婁也日食於豕韋之末及降婁之始乃息故禍在衞大在魯小也周四月今二月故曰在降婁○降戶江反下同

疏注衞地至降婁○正義曰周禮保章氏以星土辨九州之地所封封域皆有分星是在地封域必當天星之分但古書亡失鄭注保章氏引堪輿云寅析木燕也卯大火宋也辰壽星鄭也巳鶉尾楚也午鶉火周也未鶉首秦也申實沈晉也酉大梁趙也戌降婁魯也亥娵訾衞也子玄枵齊也丑星紀吳越也秦漢以來地分天次娵訾衞也降婁魯也娵訾之次一名豕韋故云衞地豕韋也三統曆娵訾初日在危十六度立春節在營室十四度雨水中終於奎四度也降婁初日在奎五度驚蟄節在婁四度春分中終於胃六度也此時周四月今二月故日在降婁但閏有前却不知日在何度而食也言去衞地如魯地蓋始入降婁之初耳

於是有災魯實受之災發於衞而魯受其餘禍其大咎其衞君乎魯將上卿八月衞侯卒十一月季孫宿卒○咎其九反公曰詩所謂彼日而食于何不臧者何也

感日食而問詩【疏】詩所至不臧○正義曰十月之交大夫刺幽王也十月之交朔月辛卯日有食之亦孔之醜注云日爲君辰爲臣辛金也卯木也又以卯侵辛故甚惡也又云彼月而食則爲其常此日而食于何不臧詩作此此云彼者師讀不同也

對曰不善政之謂也國無政不用善則自取讁于日月之災讁譴也○讁直革反譴遣戰反【疏】對曰至之災○正義曰士文伯緣公之問設勸戒之辭言人君爲政不善可以感動上天則自取譴責於日月之災以日食之災由君行之所致也昏義云天子聽男教后聽女順天子治陽道后治陰德是故男教不修陽事不得適見於天日爲之食婦順不脩陰教不得適見於天月爲之食此傳彼記皆是勸戒辭耳日月之會自有常數每於一百七十三日有餘則日月之道一交交則日月必食雖千歲之日食豫筭而盡知寧復由教不脩而政不善也此時周室微弱王政不行非復能動天也設有天變當與天下爲災何獨衞君魯卿當其名也若日食在其分次其國即當有咎則每於日食必有君死豈日食之歲常有一君死乎足明士文伯言衞君魯卿之死不由日食而知矣人君者位貴居尊志移心溢或淫恣情慾壞亂天下聖人假之神靈作爲鑒戒夫以昭昭大明照臨下土忽爾殲亡俾晝作夜其爲怪異莫斯之甚故鳴之以鼓柝射之以弓矢庶人奔走以相從嗇夫馳騁以告衆降物辟寢以哀之祝幣史辭以禮之立貶食去樂之數制入門廢朝之典示之以罪己之宜教之脩德之法所以重天變警人君也天道深遠有時而驗或亦人之禍釁偶與相逢故聖人得因其變常假爲勸戒知達之士識先聖之幽情中下之主信妖祥以自懼但神道可以助教不可專以爲教神之則惑衆去之則害宜故其言若有若無其事若信若不信期於大通而已世之學者宜知其趣焉

故政不可不慎也務三而已一曰擇人擇賢人二曰因民因民所利而利之三曰從時順四時之所務○

晉人來治杞田前汝叔侯不盡歸今公適楚晉人恨故復來治杞田○復扶又反下復伐同【疏】注前汝至杞田○正義曰下云君之在楚於晉

罪也知晉人以此故復來治杞田也宋之盟云晉楚之從交相見今復恨者於時不免楚意爲此盟耳私心不欲諸侯向楚又無辭可以禁之故內懷恨而治其田季孫將以成與之成孟氏邑本杞。田謝息爲孟孫守不可謝息僖子家臣○爲于僞反注及下爲杞同守手又反下守臣同曰人有言曰雖有挈缾之知守不假器禮也挈缾汲者喻小知爲人守器猶知不以借人○挈若結反缾蒲丁反之知音智注小知同汲音急借子夜反夫子從君而守臣喪邑夫子謂孟僖子從公如楚○喪息浪反雖吾子亦有猜焉言季孫亦將疑我不忠○猜七才反季孫曰君之在楚於晉罪也言晉罪君之至楚又不聽晉魯罪重矣晉師必至吾。無以待之不如與之間晉而取諸杞晉侯間隙可復伐杞取之○間如字注同吾與子桃魯國。卞縣東南有桃虛○虛起居反成反誰敢有之是得二成也魯無憂而孟孫益邑子何病焉辭以無山與之萊柞萊柞二山○萊音來柞子洛反又音昨乃遷于桃謝息遷也晉人爲杞取成不書非公命

○楚子享公于新臺章華臺也使長鬣者相。鬣鬚也欲。光夸魯侯○鬣力輒反相息亮反鬚音須夸苦華反疏。使長鬣者相○正義曰吳楚之人少鬚故選長鬣者相禮也好以大屈宴好之賜大屈弓名○好呼報反注同屈居勿反大屈弓名服同又云大曲也賈云寶金可以爲劍出大屈也疏注大屈弓名○正義曰賈逵云大屈寶金可以爲劍大屈金所生地名服虔云一曰大屈弓名魯連書曰楚子享魯侯於章華之臺與大曲之弓既而悔之。薳啓。彊見魯侯魯侯歸之大屈卽大曲也既而悔之薳啓彊。聞之見公公語之拜賀公曰何賀對曰齊與晉越欲此久矣寡君無適與也而傳諸

君君其備禦三鄰（言齊晉越將伐魯。而取之○見賢遍反語魚據反適丁歷反傳直專反）慎守寶矣敢不賀乎公懼乃反之（傳言楚靈不信所以不終）

○鄭子產聘于晉晉侯疾韓宣子逆客私焉（私語）曰寡君寢疾於今三月矣並走。羣望（晉所望祀山川皆走往祈禱○禱丁老反又丁報反）有加而無瘳今夢黃熊。入于。寢門其何厲鬼也對曰以君之明子為大政其何厲之有昔堯殛鯀于羽山（羽山在東海祝其縣西南○瘳救留反黃熊音雄獸名亦作能如字一音奴來反三足鼈也解者云獸非入水之物故是鼈也一曰既為神何妨是獸案說文及字林皆云能熊屬足似鹿然則能既熊屬又為鼈類今本作能者勝也東海人祭禹廟不用熊白及鼈為膳斯豈鯀化為二物乎殛紀力反誅也本又作極音義同鯀古本反下注同）【疏】今夢至寢門○正義曰諸本皆作能字賈逵云能熊獸也說文云熊獸似豕山居冬蟄釋獸云羆如熊黃白文孫炎曰書云如熊如羆則能。似。羆似豕之獸郎今之所謂熊是也釋獸又云熊虎醜其子狗李巡曰能虎之類其子名狗則能獸似虎非熊也又釋魚云鼈三足能樊光曰鼈皆四足今三足故記之彼是鼈之異狀張衡東京賦云能鼈三趾梁王云鮌之所化是能鼈也若是熊獸何以能入羽淵但以神之所化不可以常而言之若是能鼈何以得入寢門先儒既以為獸今亦以為熊獸是也汲冢書瑣語云晉平公夢見赤熊闚屏惡之而有疾使問子產言闚屏牆必是獸也張。叔。皮論云賓爵下。革田鼠上騰牛哀虎變鮌化為熊久血為燐積灰生蠅傳玄潛通賦云鼙伯忌瓊瑰而弗占兮晝言諸而暮終嬴正沈璧以祈福兮鬼告凶而命窮黃母化而黿兮鯀殛變而成熊二者所韻不同或疑張叔為能著作郎王劭云古人讀雄與熊者皆于陵反張叔用舊音傳玄用新音張叔亦作熊也案詩無羊與正月及襄十年衞卜禦寇之繇皆以雄韻陵劭言是也

其神化為黃熊以入于羽淵實為夏郊三代祀

之鯀禹父夏家郊祭之歷殷周二代又通在羣神之數幷見祀〇夏戸雅反注夏下同【疏】注鯀禹至見祀〇正義曰祭法云夏后氏禘黃帝而郊鯀言郊祭天而以鯀配是夏家郊祭之也殷周二代自以其祖配天雖復不以鯀配郊鯀有治水之功又通在羣神之數幷亦見祀通夏世爲三代祀之也祭法又曰夫聖王之制祀也能禦大菑則祀之能捍大患則祀之鯀鄣鴻水而殛死禹能脩鯀之功非此族也不在祀典是言鯀有大功而歷代祀之也祭法又云有虞氏禘黃帝而郊嚳祖顓頊而宗堯夏后氏亦禘黃帝而郊鯀祖顓頊而宗禹殷人禘嚳而郊冥祖契而宗湯周人禘嚳而郊稷祖文王而宗武王家語子羔問曰周人祖文王而宗武王虞夏祖宗異代者孔子曰殷周祖宗其廟可以不毀則其他所祖宗者功德不殊雖在異代亦可以無疑矣周人愛召公猶敬其樹況祖宗其功德而可以不尊奉其廟哉

晉爲盟主其或者未之祀也乎言周衰晉爲盟主得佐天子祀羣神【疏】注言周至羣神〇正義曰祭法曰有天下者祭百神諸侯在其地則祭之亡其地則不祭然則鯀非晉地之神晉人不合祭之也但周室既衰晉爲盟主得佐助天子祭祀羣神故不祀鯀而鯀爲祟也晉語說此事云昔者鯀違帝命殛之于羽山化爲黃熊以入于羽淵實爲夏郊三代舉之夫鬼神之所及非其族類則紹其同位今周室少卑晉實繼之其或者未舉夏郊邪宣子以告祀夏郊董伯爲尸五日晉侯疾間是言晉當繼周得佐天子祀羣神也僖三十一年傳云相之不享於此久矣非衞之罪也杞鄫何事然則杞是夏後自當祀相衞不祀相而晉韓祀鯀者相無功唯子孫當祀鯀則列在祀典天子祀之故晉繼周祀鯀也

子祀夏郊祀鯀【疏】祀夏郊〇正義曰言祀夏家所郊者故注云祀鯀

晉侯有間間差也〇差初賣反賜子產莒之二方鼎方鼎莒所貢【疏】方鼎〇正義曰服虔云鼎三足則圓四足則方

子產爲豐施歸州田於韓宣子豐施鄭公孫段之子三年晉以州田賜段〇爲于僞反下爲初言同曰日君以夫公孫段爲能任其事而賜之州田今無

祿早世不獲久享君德其子弗敢有不敢以聞於君私致諸子 此年正月公孫段卒○夫音扶 宣子辭子產曰古人有言曰其父析薪其子弗克負荷 荷擔也以微薄喻貴重○析星歷反荷本亦作何河可反又音荷擔丁甘反 施將懼不能任其先人之祿其況能任大國之賜縱吾子為政而可後之人若屬有疆埸之言敝邑獲戾 恐後代宣子者將以鄭取晉邑罪鄭○若屬音燭疆居良反埸音亦 而豐氏受其大討吾子取州是免敝邑於戾而建置豐氏也敢以為請。 傳言子產貞而不諒 疏。注傳言至不諒○正義曰。貞而不諒論語文也貞正也諒信也段受晉邑卒而歸之正也知宣子欲之而言畏懼後禍是不信也 宣子受之以告晉侯晉侯以與宣子宣子為初言病有之 初言謂與趙文子爭州田 以易原縣於樂大心 樂大心宋大夫原晉邑以賜樂大心也 ○鄭人相驚以伯有曰伯有至矣則皆走不知所往 襄三十年鄭人殺伯有言其鬼至 鑄刑書之歲二月 在前年 或夢伯有介而行 介甲也介音界 曰壬子余將殺帶也 駟帶助子晳殺伯有壬子六年三月三日 明年壬寅余又將殺段也 公孫段豐氏黨壬寅此年正月二十八日 疏。注公孫段豐氏黨○正義曰劉炫云段即豐氏當言駟氏黨字之誤以規杜氏今知非者段為豐氏傳有明文杜既注傳無容不委蓋後人轉寫之誤劉君雖規未必是杜之失 及壬子駟帶卒國人益懼齊燕平之月 此年正月 壬寅公孫段卒國人愈懼其明月子產立公孫洩及良止以撫之乃止 公孫洩子孔之子也襄十九年鄭殺子孔良止伯有子也立以爲大夫使有宗廟○洩息列反子大叔問其故子產曰鬼有所歸乃不爲厲吾爲之歸也大叔曰公孫洩何爲子孔不爲厲問何爲復立洩○復扶又反子產曰說也爲身無義而圖說伯有無義以妖鬼故立之恐惑民并立洩使若自以大義存誅絕之後者以解說民心○說如字下及注同徐始銳反

疏子產至圖說○正義曰言立公孫洩者所以解說民心也伯有作亂而死不應立其後祀今立良止民必怪之爲伯有之身無義立後而圖謀自解說於民也解說者以子孔良霄俱被誅殺今并立二人言若國家自以大義存誅絕之後不爲妖鬼立良止也以此解說民心

從政有所反之以取媚也民不可使知之故治政或當反道以求媚於民○治直吏反

疏從政至媚也○正義曰反之謂反正道也媚愛也從其政事治國家者有所反於正道以取民愛也反正道者子孔誅絕於道理不合立公孫洩今既立良止恐民以鬼神爲惑故反違正道兼立公孫洩以取媚於民令民不惑也段與帶之卒自當命盡而終耳未必良霄所能殺也但良霄爲厲因此恐民民心不安義須止遏故立祀止厲所以安下民也何休膏肓難此言孔子不語怪力亂神以鬼神爲政必惑衆故不言也今左氏以此令後世信其然廢仁義而祈福於鬼神此大亂之道也子產雖立良止以託繼絕此以鬼賞罰要不免於惑衆豈當述之以示季末鄭玄荅之曰伯有惡人也其死爲厲鬼厲者陰陽之氣相乘不和之名尚書五行傳六厲是也人死體魄則降知氣在上有尚德者附和氣而興利孟夏之月令雩祀百辟卿士有益于民者由此也爲厲者因害氣而施災故謂之厲鬼月令民多厲疾五行傳有禦六厲之禮禮天子立七祀有大厲諸侯立五祀有國厲欲以安鬼神弭其害也子產立良止使祀伯有以弭害乃禮與洪範之事也子所不語怪力亂神謂虛陳靈象於今無驗也伯有爲厲鬼著明若此而何不語乎子產固爲衆愚將惑故并立公孫洩云從政有所反之以取媚也孔子曰民可使由之不可使知之子產達於此也

不媚不信說而後信之○說音悅○不

信民不從也及子產適晉趙景子問焉景子晉中軍佐趙成曰伯有猶能爲鬼乎子產曰人生始化曰魄魄形也○魄普白反既生魄陽曰魂。陽神氣也

疏人生至曰魂○正義曰人稟五常以生感陰陽以靈有身體之質名之曰形有噓吸之動謂之爲氣形氣合而爲用知力以此而彊故得成爲人也此將說淫厲故遠本其初人之生也始變化爲形形之靈者名之曰魄也既生魄矣魄內自有陽氣氣之神者名之曰魂也魂魄神靈之名本從形氣而有形氣既殊魂魄亦異附形之靈爲魄附氣之神爲魂也附形之靈者謂初生之時耳目心識手足運動啼呼爲聲此則魄之靈也附氣之神者謂精神性識漸有所知此則附氣之神也是魄在於前而魂在於後故云既生魄陽曰魂魂魄雖俱是性靈但魄識少而魂識多孝經說曰魄白也魂芸也白明白也芸芸動也形有體質取明白爲名氣唯噓吸取芸動爲義鄭玄祭義注云氣謂噓吸出入者也耳目之聰明爲魄是言魄附形而魂附氣也人之生也魄盛魂。強及其死也形消氣滅郊特牲曰魂氣歸于天形魄歸于地以魂本附氣氣必上浮故言魂氣歸于天魄本歸形形既入。土故言形魄歸于地聖王緣生事死制其祭祀存亡既異別爲作名改生之魂曰神改生之魄曰鬼祭義曰氣也者神之盛也魄也者鬼之盛也合鬼與神教之至也死必歸土此之謂鬼其氣發揚于上神之著也是故魂魄之名爲鬼神也檀弓記延陵季子之哭其子云骨肉歸復于土命也若魂氣則無不之也爾雅釋訓云鬼之爲言歸也易繫辭曰陰陽不測之謂神以骨肉必歸于土故以歸言之魂氣無所不通故以不測名之其實鬼神之本則魂魄是也劉炫云人之受生形必有氣氣形相合義無先後而此云始化曰魄陽曰魂是則先形而後氣先魄而後魂魂魄之生有先後者以形有質而氣無質尋形以知氣故先魄而後魂其實並生無先後也○注陽神氣也○正義曰以形有質故爲陰魂無形故爲陽既以化表形故以陽見氣氣爲陽知形爲陰互相見也

用物精多則魂魄強。物權勢

疏用物至魄強○正義曰魂既附氣氣又附形形彊則氣彊形弱

則氣弱魂以氣彊魄以形強若其居高官而任權勢奉養厚則魂氣強故用物精而多則魂魄。強也○注物權勢○正義曰物非權勢之名而以物爲權勢者言有權勢則物。備物謂奉養之物衣食所資之摠名也是以有精爽至於神明也爽明疏是以至神明○正義曰此言從微而至著。耳精亦神也爽亦明也精是神之未著爽是明之未昭言權勢重用物多養此精爽至於神明也匹夫匹婦強死其魂魄猶能馮依於人以爲淫厲強死不病也人謂匹夫匹婦賤身○強其丈反況良霄我先君穆公之冑子良之孫子耳之子敝邑之卿從政三世矣鄭雖無腆腆厚也○冑直又反從政三世矣子良公子去疾生子耳公孫輒輒生伯有良霄三世爲鄭卿腆他典反疏從政三世○正義曰子良子耳良霄三世皆爲卿抑諺曰蕞爾國蕞小貌○蕞在最反而三世執其政柄其用物也弘矣其取精也多矣其族又大所馮厚矣良霄魂魄所馮者貴重○柄彼命反而強死能爲鬼不亦宜乎傳言子產之博敏○子皮之族飲酒無度相尙以奢相困以酒疏。注相尙至以酒○正義曰相尙以奢食無度也相困以酒飲無度也故馬師氏與子皮氏有惡馬師氏公孫鉏之子罕朔也襄三十年馬師頡出奔公孫鉏代之爲馬師與子皮俱同一族○鉏仕居反頡戶結反齊師還自燕之月在此年二月罕朔殺罕魋魋子皮弟○魋徒回反疏罕朔殺罕魋○正義曰公孫鉏子展之弟展生子皮鉏生罕朔朔是子罕之孫禮謂之從父昆弟罕朔奔晉韓宣子問其位於子產問朔可使在何位子產曰君之羈臣苟得容以逃死何位之敢擇卿違從大夫之位謂以禮去者降位一等罪人以其罪降。罪重則降多古之制也朔於敝邑亞大夫也其官馬師也大夫位馬師職獲戾而逃唯執政所寘之得免其死爲惠大矣又敢求位宣子爲子產之敏也使從嬖大夫爲子產故使降等不以罪降爲子于僞反注同嬖必計反○

疏使從嬖大夫○正義曰子產數游楚云子皙上大夫女嬖大夫不尊貴也則晉之嬖大夫亦是下大夫子產云朔亞大夫也今晉侯使朔爲下大夫故杜云爲子產故使降一等不以罪降

○秋八月衛襄公卒晉大夫言於范獻子曰衛事晉爲睦睦和也晉不禮焉庇其賊人而取其地賊人孫林父其地戚也○庇必利反又音祕故諸侯貳詩曰鶺鴒在原兄弟急難詩小雅鶺鴒渠也飛則鳴行則搖喻兄弟相救於急難不可自舍○鶺本又作卽精亦反鴒本又作令力丁反難如字又乃旦反注同搖音遥又以照反

疏詩曰至急難○正義曰小雅常棣之篇也以鶺鴒之在原喻兄弟之急難也鶺鴒水鳥也今而在原失其常處飛則鳴行則搖不能自舍也喻人當居平安之世今有兄弟在急難相救之情亦不能自舍也但鳥有飛行可言人之不能自舍無狀可言耳○注鶺鴒鶺渠○正義曰釋鳥文郭璞曰雀屬

又曰死喪之威兄弟孔懷威長也言有死喪則兄弟宜相懷思兄弟之不睦於是乎不弔不相弔恤況遠人誰敢歸之今又不禮於衛之嗣嗣新君也衛必叛我是絕諸侯也獻子以告韓宣子宣子說使獻子如衛弔且反戚田傳言戚田所由還衛○說音悅還音環衛齊惡告喪于周且請命王使臣簡公如衛弔簡公王卿士也且追命襄公曰叔父陟恪在我先王之左右以佐事上帝陟登也恪敬也帝天也叔父謂襄公命如今之哀策○恪苦各反

疏注陟登至哀策○正義曰陟登

恪敬釋詁文也周禮所云上帝皆是天也如今之哀策者。漢魏以來賢臣既卒或贈以本官印綬近世或更贈以高官褒德敘哀載之於策將葬賜其家以告柩如今之哀策謂此也余敢忘高圉亞圉二圉周之先也爲殷諸侯亦受殷王追命者〇圉魚呂反疏注二圉至命者正義曰案周本紀高圉是公劉玄孫之孫高圉生亞圉亞圉大王亶父之祖也並爲殷之諸侯今王追命襄公而云不忘二圉知其亦是受殷王追命此杜以意言耳二圉之受追命無文也〇九月公至自楚孟僖子病不能相禮。不能相儀荅郊勞以此爲己病〇病不能相禮本或作病不能禮相息亮反注相儀同勞力報反乃講學之講習也苟能禮者從之及其將死也二十四年孟僖子卒傳終言之召其大夫僖子屬大夫曰禮人之幹也無禮無以立吾聞將有達者曰孔丘僖子卒時孔丘年三十五。疏注孔丘年三十五〇正義曰當言三十四而云五蓋相傳誤耳聖人之後也聖人殷湯而滅於宋孔子六代祖孔父嘉爲宋督所殺其子奔魯疏注孔子六代祖〇正義曰家。語本姓篇云宋泯。公熙生弗父何何生宋父周周生世子勝勝生正考父考父生孔父嘉其後以孔爲氏也孔父生木金父金父生。皐夷父夷父生防叔防叔辟華氏之偪而奔魯生伯夏伯夏。郎生梁紇梁紇郎生孔子。其祖弗父何以有宋而授。厲公弗父何孔父嘉之高祖宋閔公之子厲公之兄何適嗣當立以讓厲公〇適丁歷反及正考父弗父何之曾孫佐戴武宣三人皆宋君三命茲。益共。三命上卿也言位高益共故其鼎銘云考父廟之鼎一命而僂再命而傴三命而俯俯共於傴傴共於僂僂力主反傴紆甫反〇循牆而走言不敢安行亦莫余敢侮。其共如是亦不敢侮慢之〇侮亡甫反饘於是鬻於是以餬余口於是鼎中爲饘鬻饘鬻餬屬言至儉〇饘之然反爾雅餬饘也鬻之六反孫炎云淖糜也餬音胡【疏】饘於至余口○正義曰釋言云餬饘也郭璞云糜也又云鬻糜也孫炎曰淖糜也然則餬饘鬻糜相類之物稠者曰糜淖者曰鬻餬饘是其別名將糜向口故曰以餬余口猶今人以粥向帛黏使相著謂之餬帛其共也如是臧孫紇有言紇武仲也曰聖人有明德者若不當世其後必有達人聖人之後有明德而不當大位謂正考父【疏】注聖人至考父○正義曰聖人謂殷湯也不當世謂不得在位爲國君也上文具言考父之德知此聖人之後有明德而不得在世當大位者止謂正考父也既是聖人之後而又有明德身無貴位必慶隆子孫故言其後必有達人謂知能通達之人於夫子身爲大夫乃稱夫子此時仲尼未仕不得稱爲夫子以未仕之時爲仕後之語是丘明竟尊之而失事實陳恆未死言謚亦此類也今其將在孔丘乎我若獲沒得以壽終必屬說與何忌於夫子使事之說南宮敬叔何忌孟懿子皆僖子之子○屬音燭說音悅而學禮焉以定其位知禮則位安【疏】注南宮。至敬叔○正義曰說南宮氏也敬諡也叔字也又字容也字括也名說一名縚故孟懿子與南宮敬叔師事仲尼仲尼曰能補過者君子也詩曰君子是則是效詩小雅孟僖子可則效已矣○單獻公棄親用羈。獻公周卿士單靖公之子頃公之孫羈寄客也○單音善○冬十月辛酉襄頃之族殺獻公而立成公襄公頃公之父成公獻公弟○頃音傾十一月季武子卒晉侯謂伯瑕伯瑕文伯士曰吾所問日食從矣可常乎衞侯武子皆卒故對曰不可六物不同各異時民心不壹政教殊事序不類有變易官職不則治官居職非一法。則同始異。終胡可常也詩曰或燕燕居。息或憔悴事。國詩小雅言不同○憔在遙反詩作盡瘁在醉反【疏】。詩曰至事國○正義曰小雅北山大夫刺幽王也役使不均已勞於從事而不得養其父母焉或燕燕居息燕燕安息貌或盡瘁事國盡力勞病以從國事此作憔悴蓋師讀不同其異終也如是公曰何謂六物對曰歲時日月星辰是謂也公曰多語寡人辰而莫同何謂辰對曰日月之會是謂辰一歲日月十二會所會謂之辰○語魚據反【疏】歲時日月星辰○正義曰釋天云載歲也夏曰歲周曰年李巡曰載一歲莫不覆載也孫炎曰四時一終曰歲取歲星行一次也年取年穀一熟是言歲即年也時謂四時春夏秋冬也日謂十日從甲至癸也月從正月至十二月也星二十八宿也辰謂日月所會一歲十二會從子至亥也周禮馮相氏掌十有二歲十有二月十有二辰十日二十有八星之位謂此六物也大歲所在十二年始。帀故爲十二歲○辰而莫同○正義曰東南隅有辰也大火謂之辰也又有日月之會辰也又北方有辰星也日月會謂之辰者辰時也言日月聚會有時也故以配日謂以子丑配甲乙【疏】故以配日○正義曰言辰無常所分在十二以十幹配之明非一所也○衛襄公夫人姜氏無子姜氏宣姜嬖人婤姶。生孟縶孔成子夢康叔謂己立元。成子衞卿孔達之孫烝鉏也元孟縶弟夢時元未生○婤音周又直周反徐救周反姶烏荅反縶張立反烝之承反【疏】。注夢時。元未生○正義曰知者傳曰婤姶生孟縶即云成子夢若己生訖當云婤姶生孟縶及元然云孔成子夢且說夢。已下乃云晉韓宣子聘歲生元明未生也余使羈之孫圉與史苟相之羈烝鉏子苟史朝子○羈居宜反相息亮反下同朝如字史朝亦夢康叔謂己余將命而子苟與孔烝鉏之曾孫圉相元史朝見成子告之夢夢協協合也晉韓宣子爲政聘于諸侯之歲在二年婤姶生子名之曰元孟縶之足不良能行跛也○跛波我反【疏】之足不良正義曰當斷不良為句能行向下讀之知孔者案二十年杜注云縶足不良故以官邑還豹是也成子以周易筮之曰元尚享衛國主其社稷。令蓍辭遇屯䷂震下坎上屯○屯張倫反又曰余尚立縶尚克嘉之嘉善也遇屯䷂之比䷇坤下坎上比屯初九爻變○比毗志反注同【疏】之比○正義曰所以上屯無變者皆遇少爻故也以示史朝史朝曰元亨又何疑焉周易曰屯元亨○亨許庚反注元亨皆同成子曰非長之謂乎言屯之元亨謂年長非謂名元○長丁丈反注同對曰康叔名之可謂長矣善之長也○名如字徐武政反孟非人也將不列於宗不可謂長足跛非全人不可列為宗主且其繇曰利建侯繇卦辭○繇直又反嗣吉何。建建非嗣也嗣子有常位故無所卜又無所建今以位不定卜嗣得。吉則當從。吉而建之也○言何建本或作可建二卦皆云謂再得屯卦皆有建侯之文【疏】二卦皆云○正義曰謂前卜元之二卦非謂後卜縶之卦也子其建之康叔命之二卦告之筮襲於夢武王所用也弗從何為外傳云。大誓曰朕夢協朕卜襲。於休祥戎商必克此武王辭【疏】注外傳云○正義曰外傳云者國語引大誓也古文尚書大誓具有此文此傳之意取大誓也杜不見古文故引外傳解之弱足者居跛則偏弱居其家不能行侯主社稷臨祭祀奉民人事鬼神從會朝又焉得居各以所利不亦可乎孟跛利居元吉利建○焉於虔反故孔成子立靈公十二月癸亥葬衞襄公靈公元也

經。八年春陳侯之弟招殺陳世子偃師以首惡從殺例故稱弟又稱世子○招常遙反【疏】注以首至世子○正義曰

招與公子過。共殺偃師而立公子留及楚殺徵師留出奔鄭招乃歸罪於過而使陳人殺之及楚師來討。又推過爲首得免重責不死而放之於越是以招爲從罪也若其從招之詐如楚之意則宜書過殺偃師由是仲尼知其實狀以招爲首傳言書曰陳侯之弟招殺陳世子偃師罪在招也是仲尼新意以招爲。首。惡也從殺例者從兩下相殺之例也釋例曰大臣相殺死者無罪則兩稱名氏以示殺者之罪王札子殺召伯毛伯是也若死者有罪則不稱殺者名氏晉殺其大夫陽處父是也然則世子雖是副主猶是人臣從此人臣相殺之例故稱弟以見殺者之罪也又稱世子以見世子亦人臣也鄭段去弟陳招不去弟者釋例云陳招殺兄之子然不推刃於其兄故以首惡稱弟稱名從兩下相殺也是言招罪輕於害兄故存弟也

夏四月辛丑陳侯溺卒襄二十七年大夫盟于宋○溺乃歷反

疏注襄二至于宋○正義曰溺以襄五年即位爾來陳常從楚唯有襄二十七年大夫與魯同盟于宋劉炫云往年衞侯惡卒杜云元年大夫盟于虢此不數虢以杜爲上下自相反今知不然者以盟于宋經有明文故指之虢盟文不見經故不數也其衞侯惡更無盟處唯有虢盟故數之劉不尋杜意而規其過非也

○叔弓如晉○楚人執陳行人干徵師殺之稱行人明非行人罪○干古丹反

陳公子留出奔鄭留爲招所立未成君而出奔

○秋蒐于紅革車千乘不言大者經文闕也紅魯地沛國蕭縣西有紅亭遠疑○蒐所求反紅戶東反乘繩證反沛音貝

疏注革車至闕也○正義曰傳稱革車千乘是大蒐也十二年大蒐于比蒲三十二年大蒐于昌間定十三年十四年大蒐于比蒲皆云大蒐此不云大知經闕文也釋例云紅之蒐傳言革車千乘所以示大蒐也而經不書大諸事同而文異傳不曲言經義者直是時史之闕略仲尼略而從之春秋不可錯綜經文此之類也劉賈。潁云蒐于紅不言大者言公大失權在三家也十一年蒐于比蒲經書大蒐復云書大者言大衆盡在三家隨文造意以非例爲例不復知其自違也

○陳人殺其大夫公子過與招共殺偃師書名罪之○過

古禾反〇大雩無傳不旱而秋雩過也〇冬十月壬午楚師滅陳不稱將帥不以告壬午月十八日〇將子匠反執陳公子招放之于越無傳復稱公子兄已卒〇復扶又反殺陳孔奐無傳招之黨楚殺之〇奐呼亂反疏注招之黨楚殺之〇正義曰孔奐之爲招黨傳無其文正以殺稱名氏是有罪之文知其是招黨也文七年宋人殺其大夫傳曰不稱名衆也且言非其罪也無罪不稱名知稱名爲有罪矣若使孔奐無罪仲尼必當變文但此非常例先無定制不知其將何所稱也執招殺奐皆是楚人爲之承上楚師滅陳之下是楚可知不復每文書楚杜以注文隔故言楚殺以明之不言殺陳大夫者殺他國之臣例不書爵宣十一年楚人殺陳夏徵舒是其類也此執招殺奐皆滅陳乃爲之故依次而書書在滅陳之下〇葬陳哀公嬖人袁克葬之魯往會故書〇嬖必計反疏。注嬖人至故書〇正義曰賈服以葬哀公之文在殺孔奐之下以爲楚葬哀公故杜辯之哀克葬之案傳克欲殺馬毀玉楚人將欲殺克不得爲楚葬之若是楚葬宜云楚人葬陳哀公當如齊侯葬紀伯姬不得直言葬也且諸言葬某公者皆是魯往會葬之文大夫不得書名言其所爲之事而已故云魯往會故書也案傳哀克之葬乃是私竊葬之而魯得會者諸侯之卒告卒不告葬但葬有常期知卒即往會之未必得以禮從赴也

傳八年春石言于晉魏榆魏榆晉地〇魏榆服云魏邑也榆州里名疏。注魏榆晉地〇正義曰服虔云魏邑榆州里名襄二十三年叔孫豹次于雍榆雍榆地名知魏榆亦地名。也晉侯問於師曠曰石何故言對曰石不能言或馮焉謂有精神馮依石而言〇馮皮冰反注同不然民聽濫也濫失也〇濫力暫反下注同疏民聽濫〇正義曰或民聽濫失實無言而妄稱有言也抑臣又聞之抑疑辭曰作事不時怨讟動于民則有非言之物而言今宮室

崇侈民力彫盡彫傷也○讟徒木反侈昌氏反又尺氏反怨讟並作莫保其性。性命也民不敢自保其性命石言不亦宜乎於是晉侯方築虒祁之宮虒祁地名在絳西四十里臨汾水○虒音斯本又作㢊同祁巨之反又音臣之反汾扶云反叔向曰子野之言君子哉子野師曠字君子之言信而有徵故怨遠於其身怨咎遠其身也○遠于萬反注同咎其九反下文同小人之言僭而無徵故怨咎及之詩曰哀哉不能言匪舌是出唯躬是瘁詩小雅也不能言謂不知言理以僭言見退者其言非不從舌出以僭而無信自取瘁病故哀之○僭子念反注同不信也出如字又尺遂反瘁在醉反哿矣能言巧言如流。俾躬處休其是之謂乎哿嘉也巧言如流謂非正言而順敘以聽言見荅者言其可嘉以信而有徵自取安逸師曠此言緣問流轉終歸于諫故以比巧言如流也當叔向時詩義如此故與今說詩者小異○哿古可反毛詩傳云可也俾必耳反本又作卑休許虯反美也【疏】詩曰至謂乎○正義曰小雅雨無正之篇也可哀愍哉彼不能言之人其所言者非不從舌是出但其言僭而無徵惟於己身是病以不能言而自病其身是可哀也可嘉美矣彼能言者巧爲言語如水之轉流然其言信而有徵自使其身處休美之地以。言能而自處其美地故可嘉也此能言處休者其是子野之謂乎○注哿嘉至小異○正義曰詩毛傳云哿可也哿無正訓以其字從加從可故各以意訓耳此詩上文云聽言則荅譖言則退然後次此哀哉故杜以哀哉不能言覆上僭言見退謂言而不見信被黜退者也哿矣能言覆上聽言則荅謂言可聽用見應荅者也以其言可嘉言信而有徵故自取安逸處休美也師曠因公之問其言流轉終歸于諫其言寶巧故以比巧言如流也據今毛鄭解詩哀哉不能言者賢人不能言也不能以其正道曲從君心故身見困病哿矣能言乃指時世所謂能言者巧言從俗如轉流矣阿諛順旨不依正法得使身居休美與此所引意異故言當叔向時詩義如此與今說詩者小異隱元年注云詩人之作各以情言君子論之不以文害意故春秋傳引詩不皆與今說詩者同他皆放此然則引詩斷章取義得異於本而云叔向時詩義如此者但叔向此言在孔子刪詩之前與刪詩之後其義或異故云叔向時詩義如此隱元年論詩者君子之言君子卽丘明也其言。則刪詩之後乃與詩說不同故云引詩斷章此杜大略而言其實未脩之前有引詩亦有斷章者是宮也成諸侯必叛君必有咎夫子知之矣爲十年晉侯彪卒傳○陳哀公元妃鄭姬生悼大子偃師元。妃夫人也二妃生公子留下妃生公子勝二妃嬖留有寵屬諸徒招。與公子過招及過皆哀公弟也哀公有廢。疾廢甫肺反三月甲申公子招公子過殺悼大子偃師而立公子留○夏四月辛亥哀公縊憂恚自殺經書辛丑從赴○縊一豉反恚一睡反疏注經書辛丑從赴○正義曰經云辛丑傳言辛亥經傳異者多是傳實經虛故言從赴長曆四月戊戌朔四日辛丑十四日辛亥一月之內有此二日故不云日誤干徵師赴于楚干徵師陳大夫且告有立君公子勝愬之于楚以招過殺偃師告愬也楚人執而。殺之殺干徵師公子留奔鄭書曰陳侯之弟招殺陳世子偃師罪在招也楚人。執陳行人干徵師殺之罪不在行人也疑爲招赴楚當同罪故重。發之○爲于僞反下爲子良立宰爲之立宰同重直用反疏注疑爲至發之○正義曰襄十一年楚人執鄭行人良霄傳稱書曰行人言使人也此復發傳故言重發之也釋例曰行人有六而。發。傳。有三者因良霄以顯其稱行人。因干徵師以示其非罪因魯叔孫婼以同外內大夫則餘三人皆隨例而爲義也○叔弓如晉賀虒祁也賀宮成游吉相鄭伯以如晉亦賀

虒祁。也史趙見子大叔曰甚哉其相蒙也蒙欺也○相息亮反下而相吾室同可弔也而又賀之
子大叔曰若何弔也其非唯我賀將天下實賀言諸侯畏晉非獨鄭○若何弔也本或作若何弔也○秋
大蒐于紅自根牟至于商衛革車千乘。大蒐數軍實簡車馬也根牟魯東界琅邪陽都縣有牟鄉商宋地魯西竟接宋
衛也言千乘明大蒐且見魯衆之大數也○乘繩證反注同數色主反竟音境見賢遍反○七月甲戌齊子尾卒子旗欲治
其室子旗欒施也欲并治子尾之家政丁丑殺梁嬰梁嬰子尾家宰八月庚戌逐子成子工子車三子齊大
夫子尾之屬子成頃公子固也子工成之弟鑄也子車頃公之孫捷也○頃音傾下文並同鑄之樹反捷在接反皆來奔不書非卿而立子
良氏之宰子良子尾之子高彊也子旗爲子良立宰其臣曰孺子長矣孺子謂子良○孺而樹反本亦作孺長丁丈反而相
吾室欲兼我也兼并也授甲將攻之陳桓子善於子尾亦授。甲將助之或告子旗
子旗不信則數人告將往又數人告於。道遂如陳氏桓子將出矣聞之而還聞子
旗至○數色主反下同疏。將往至陳氏○正義曰將往子良之家也又數人告不復敢向子良之家遂如陳氏服虔云將往者欲往到陳氏問助子良攻
我意謬甚也游服而逆之去戎備著常游戲之服○去起呂反著張略反請命問桓子所至對曰聞彊。氏授甲將
攻子子聞諸曰弗聞子盍亦授甲無宇請從無宇桓子名○盍胡臘反下同從才用反子旗曰子胡
然彼孺子也吾誨之猶懼其不濟吾又寵秩之謂爲之立宰其若先人何子盍謂之

謂之使无攻我周書曰惠不惠茂。不茂。周書康誥也言當施惠於不惠者勸勉於不勉者茂勉也康叔所以服弘大
也。服行也桓子稽顙曰頃靈福子頃公靈公欒氏所事之君○稽音啓顙素黨反疏注周書至勉也○正義曰周公戒康叔當
施惠於不肯施惠者勸勉其不能勉力者今子良不能勉力爲善欲令桓子勸勉之故引此書也茂勉也釋詁文○頃○正義曰諡法祇動追懼曰頃吾
猶有望望子旗惠及己遂和之如初和欒高二家陳公子招歸罪於公子過而殺之言招所以不死
而得放九月楚公子弃疾帥師奉孫吳圍陳。孫吳悼大子偃師之子惠公宋戴惡會之戴惡宋大夫
冬十一月壬午滅陳壬午十月十八日傳言十一月誤疏注壬午至月誤○正義曰杜以長曆校之十月乙丑朔十八日得壬午也
十一月無壬午經書十月曆與經。合知傳言十一月者誤也輿嬖袁克殺馬毀玉以葬輿衆也袁克嬖人之貴者欲以非禮厚葬
哀公疏注輿衆至哀公○正義曰就衆嬖之內特舉袁克之名知克是嬖人之貴者也葬無殺馬毀玉之法知欲以非禮厚葬哀公也服虔云一曰馬陳侯
所乘馬玉陳侯所佩玉故殺馬毀玉不欲使楚得之事亦有似知不然者楚既滅陳則爲己有克不能私藏馬玉欲殘毀之故不從楚人將殺之
請寘之置馬玉○寘之豉反既又請私私盡君臣恩私於幄加絰於顙而逃幄帳也逃不欲爲楚臣○幄於角反
絰直結反使穿封戌爲陳公戌楚之大夫滅陳爲縣使戌爲縣公○穿音川戌音恤曰城麇之役不諂成麇役在襄二
十六年戌與靈王爭皇頡○麇九倫反注同諂勑檢反頡戸結反侍飲酒於王王曰城麇之役女知寡人之及
此女其辟寡人乎及此謂爲王○女音汝下同○對曰若知君之及此臣必致死禮以息楚。息寧

靜也晉侯問於史趙曰陳其遂亡乎對曰未也公曰何故對曰陳顓頊之族也陳祖
舜舜出顓頊○顓音專頊許玉反歲在鶉火是以卒滅陳將如之顓頊氏以歲在鶉火而滅火盛而水滅○鶉市春反疏
對曰至楚。國○正義曰致死禮者欲爲郟敖致死殺靈王也穿封戌既臣事靈王而爲此悖言追恨不殺君者以明在君爲君之義見己忠直若如今日有人
欲謀靈王己必致死殺之此對是謟非悖也○注顓頊至水滅○正義曰顓頊崩年歲星在鶉火之次於時猶有書。專言之故史趙得而知也歲星天之貴神
所在必昌鶉火得歲而火益盛火盛而水滅顓頊水德故以此年終也陳是顓頊之族故知滅將如之亦當歲在鶉火陳乃滅也史趙別有以知假此而爲言
耳不可一準此言以驗國之興滅今在析木之津猶將復由箕斗之間有天漢故謂之析木。之津由用也○析星歷反復扶又反
一音服疏注箕斗至用也○正義曰析木之津於十二次爲位在寅也釋天云析木之津箕斗之間漢津也孫炎曰析別水木以箕斗之間是天漢之津
也劉炫謂是天漢即天河也天河在箕斗二星之間箕在東方木位斗在北方水位分析水木以箕星爲隔隔河須津梁以渡故謂此次爲析木之津也不言
析水而言析木者此次自南而盡北故依此次而名析木也襄三十年傳稱歲星在娵訾之口其明年乃及降婁歲星歲行一次降婁距此九年故此年歲在
析木之津也由用釋詁文言將用是而更興且陳氏得政于齊而後陳卒亡物莫能兩盛自幕至于瞽瞍
無違命幕舜之先瞽瞍舜父從幕至瞽瞍閒無違天命廢絕者○幕音莫瞽音古瞍素口反疏注幕舜至絕者○正義曰魯語云幕能。帥顓頊者也
有虞氏報焉孔晁云幕能修道功不及祖德不及宗故每於歲之大烝而祭焉謂之報言虞舜祭幕明幕是舜先不知去舜遠近也帝系云顓頊生窮。蟬窮。蟬
生敬康敬康生句芒句芒生蟜牛蟜牛生瞽。瞍亦不知幕於蟜牛以前是誰名字之異也從幕至瞽叟無違天命廢絕言其不絕世繼嗣相傳以至舜也觀傳

此文瞽叟以前似有國土而尚書序云虞舜側微孔安國云爲庶人故微賤經云有鰥在下曰虞舜明是下賤矣蓋至瞽叟始失國耳此久遠之事不可知也

舜重之以明德寘德於遂遂舜後蓋殷之興存舜之後而封遂言舜德乃至於遂○重直用反疏注遂舜至於遂○正義曰三年傳云箕伯直柄虞遂伯戲則遂在直柄之後故云蓋殷興存舜之後而封之也言舜有明聖之德其德流及於遂故言寘德於遂寘置也置此德於遂身令使遂有德也遂世守之及胡公不淫故周賜之姓使祀虞帝胡公滿遂之後也事周武王賜姓曰嬀封諸陳紹舜後○嬀九危反疏注胡公至舜後正義曰胡公封陳之由襄二十五年傳已具之矣世本舜姓姚氏哀元年傳稱夏后少康奔虞虞思妻之以二姚虞思猶姓姚也至胡公周乃賜姓爲嬀耳因昔虞舜居嬀水故周賜以嬀爲姓也陳世家言舜居嬀汭其後因姓嬀氏謂胡公之前已姓嬀矣是馬遷之妄也

臣聞盛德必百世祀虞之世數未也繼守將在齊其兆既存矣言陳氏興盛於齊形兆已見○見賢遍反疏其兆既存矣○正義曰陳氏世世益賢而位漸高有恩德而得民意其有國之徵兆既存在矣言可知也

附釋音春秋左傳注疏卷第四十四

春秋左傳注疏卷四十四校勘記　阮元撰盧宣旬摘錄

附釋音春秋左傳注疏卷第四十四　昭七年盡八年

〔經七年〕

卽燕與齊平　監本毛本卽誤既

傳以其不分明　閩本監本毛本不誤下

杜言將適楚者　重脩監本杜誤持

鄉曰衞齊惡　監本毛本鄉作卿非也

不奪親之所名　浦鏜正誤奪下有人字據穀梁增也

〔傳七年〕

齊求之也　宋本以下正義三節總入注文畢耳玉爵之下

燕必知其音意乃成耳　正德本閩本音作旨宋本監本毛本無音字乃下有行字

至河閒鄚縣入易水　釋文云鄚本又作莫宋本誤鄭

賂以瑤罋　石經初刻罋從瓦後改從缶

注析羽至於軫宋本以下正義八節總入遂赦之注下

繫之於旞閩本監本毛本旞作旞非也

所以注旌於干首也宋本監本毛本以作謂是也諸本作旌宋本作旄閩本干誤于

亦短於諸侯之旌二刃此本旌字下空闕二字

執無字也諸本作字此本誤字今改正

普天之下釋文普作溥云今之左氏傳本或作普陳樹華云毛詩作溥孟子引詩亦作普據釋文則左傳舊作溥也

故王臣公石經臣字改刊案後漢書濟南安王傳注袁紹傳注引此句下有公臣卿句下皁臣輿誤作皁臣隸脫輿臣隸句

言正無私也宋本言下有公字

之言扶也宋本閩本監本毛本之上有夫字是也

末知其義宋本閩本監本毛本末作未是也

爲隱亡人之法也案釋文引服注亡上有匿字

行善法故能啓疆諸本作疆淳熙本作彊

以紂爲上宋本監本毛本上作主是也

取而臣以往　淳熙本取誤敢

往去之　宋本淳熙本纂圖本監本毛本之作也

今在華容城內　淳熙本城誤戎

注宮室至城內　宋本以下正義四節總入及楚不能荅郊勞注下

言露寢生人所居　浦鏜正誤露作路按鄭注作路

以血塗其十　監本十作卜宋本毛本作上是也

太宰薳啓彊　纂圖本閩本監本毛本彊作疆是也下同

奉承以來　毛本奉承誤倒

日我先君共王　淳熙本纂圖本日作曰案正義云日謂往日也董遇注無日字毛誼父六經正誤以作日月之日爲誤非也岳本此處缺

日月以兾　補各本兾作冀注同

何蜀之敢望　石經此處刓缺纂圖本監本毛本敢作告非也

君若不求　石經此處缺宋本淳熙本纂圖本監本毛本求作來是也

既祭以車轢之　考文既祭二字誤作前監本毛本轢作櫟非監本下轢字不誤

孟僖子爲介　諸本作介石經初刻誤个後改正

誰將當日食　石經宋本淳熙本岳本纂圖本監本毛本目作日是也

故禍在衞大在魯小也　岳本脫也字

注衞地至降婁　宋本以下正義三節總入三日從時注下

是在地封域　宋本無是字

引堪餘云　監本毛本餘作輿是也

戌降婁魯也　宋本閩本監本毛本作戍此本誤成今改正

詩所謂彼日而食于何不臧者　案陳樹華云詩作此日而食漢書五行志引亦作此日引傳無者字

朔月辛卯　案今本毛詩月誤日

豫筭而盡知　宋本豫上有皆字筭作算是也毛本同

當其各也　閩本各作名亦誤宋本監本毛本作咎

照臨下上　閩本上作士亦非宋本監本毛本作土是也

故鳴之以鼓折　閩本折作拆亦非宋本監本毛本作柝不誤

教之脩德之去　宋本毛本之下有以字監本初刻亦脫後擠刊

晉人來治杞田　淳熙本來誤作求石經宋本岳本纂圖本閩本監本毛本杞作杞是也

前汝叔侯不盡歸　宋本岳本汝作女正義同

前女至杞田　宋本此節正義在注文不書非公命之下

成孟氏邑本杞田　淳熙本田誤山

言季孫亦將疑我不忠　淳熙本我誤戎

吳無以待之　石經宋本岳本纂圖本監本毛本吳作吾是也

魯國汴縣東南有桃虛　宋本岳本纂圖本監本毛本汴作卞是也

使長鬣者相　案說文引傳作儠是儠爲正字鬣爲假借字

欲先夸魯侯　宋本淳熙本先作光是也葉鈔釋文亦作光

使長鬣者相　宋本以下正義二節總入慎守寶矣節注下

薳啓彊見魯侯　宋本薳作薳閩本監本毛本彊作疆

薳啓彊聞之　纂圖本閩本監本毛本彊作疆

言齊晉越將伐魯而取之　淳熙本脫而字

並走羣望　臧琳云當作並趣羣望字之壞也詩棫樸左右趣之傳趣趨也箋云文王臨祭祀其容濟濟然故左右之諸臣皆促疾於事謂相助積薪望祀山川雖不積薪然諸臣之促疾祀事則同也古趣字多有誤作走者如玉篇趣下引詩來朝趣馬今詩作走馬是趣譌走之一證也

今夢黃熊入于寢門　石經此處刓缺宋本岳本于作於正義曰諸本皆作熊釋文作能又云今本作能者勝案陸說是也

昔堯殛鯀于羽山　釋文云殛本又作極段玉裁云極窮也孟子言極之於所往是也凡作殛者皆極字之假借也

今夢至寢門　宋本以下正義五節總入賜子產莒之二方鼎注下

孫炎曰書云　宋本曰作引是也

則熊似羆似豕之獸　宋本無似羆二字

張叔皮論云　案錢大昕云李善注文選卷六卷四十三引張升反論卷三十一卷四十引張叔及論卷五十五引張升反論語與春秋疏所引本是一篇而篇名或云反論或云反論語或云及論或云皮論其人名或云叔或云升考後漢書文苑傳有張升字彥真陳留尉氏人著賦誄頌碑書凡六十篇梁七錄有外黃令張升集二卷反論殆升所撰之一篇如解嘲釋譏之類曰皮曰及皆字形相涉而譌叔與升亦字形相涉也

賓爵下革　宋本閩本監本毛本革誤華據潛研堂文集所引改正

故晉繼周祀鯀也　宋本無也周下有當字

子產爲豐施歸州田於韓宣子 毛本於改于

豐施 淳熙本施字空缺

荷擔也以微薄喻貴重 釋文亦作擔宋本作檐毛詛父六經正誤云擔作檐誤當作擔案毛詛父云誤非也依說文當作儋古書多假檐爲之擔俗字貴重宋本誤倒作重貴

若屬有疆場之言 纂圖本毛本場誤埸

而豐氏受其大討 毛本受誤愛

傳信子產 宋本淳熙本岳本纂圖本監本毛本信作言是也

注傳言至不諒 宋本此節正義在以易原縣於樂大心注下

貞而不諒 重脩監本貞誤眞

以賜樂大心也 岳本脫也字

鄭人殺伯有 岳本脫人字

注公孫段豐氏黨 宋本以下正義九節總入不亦宜乎注下

何休膏肓 宋本肓作育是也

子產雖立艮止宋本閩本監本毛本艮作㫖不誤下同

令雩祀百辛卽士有益于民者宋本閩本監本毛本辛卽作辟卿是也

既生魄陽曰魂纂圖本毛本魂作魄非也

惑陰陽以靈宋本閩本監本毛本惑作感不誤

魄感魂強宋本強作彊

形既入士宋本監本毛本士作土是也

則魂魄強宋本淳熙本纂圖本毛本強作彊與石經合

用物至魄強宋本毛本強作彊下魄強同

則物備宋本物下有能字

此言從微而至著耳耳字依宋本改此本誤斗閩本監本毛本作蓋亦非

注相尙至以酒宋本以下正義三節總入使從嬖大夫注下

君之羈臣石經此處缺淳化本羈作羇

以其罪降補監本毛本降作降注同

詩曰至急難　宋本以下正義四節總入余敢忘高圉歷圉注下

喻人當居平守之世　宋本監本毛本守作安是也

漢魏以來　毛本漢字實缺

孟僖子病不能相禮　諸本有相字論語季氏篇疏引傳文同釋文無相字云本或作病不能相禮惠棟云今本禮上有相字下云苟能禮者從之則相字衍蓋襲上文相儀之誤當從釋文

孔某年三十五　諸本作孔某此本作孔立形相近而誤毛本作子非正義曰當言三十四而云五蓋相傳誤耳

孔某年三十五　宋本以下正義五節總入孟僖子可則效已矣之下

家吾本姓篇云　宋本監本毛本吾作語是也

宋低公熙　毛本低作泯是也泯與杜注閔同今本家語作襄公大誤

金父生皐夷父　浦鏜正誤皐作睪

伯夏即生梁紇　宋本無即字是也

即生孔子　宋本子下有也字

其祖弗父何以有宋而授厲公　毛本授誤受

三命茲益共　後漢書馬援傳注引作三命滋益恭

亦不敢侮慢之　宋本岳本纂圖本監本毛本亦上有人字岳監毛三本脫慢字

注南宮至敬叔　宋本監本毛本無至字是也

單獻公弃親用羈　宋本岳本羈作羇與石經合

治官居職非一法則　宋本淳熙本纂圖本岳本監本毛本無則字是也

同始異終　淳熙本異誤易

或燕燕居息或憔悴事國　石經居字事字上旁並有以字後人所妄加也

詩曰至事國　宋本以下正義四節總入故以配日注下

十二年始市　閩本市作布亦非宋本監本毛本作巿是也

嬖人婤姶生孟縶　閩本姶誤始正義及下同纂圖本下婤姶生子亦誤始

孔成子夢康叔謂己立元　毛本元誤兀

夢時元未生　監本元作至非也宋本以下正義五節總入故孔成子節注下

且說夢已下　宋本已作以

孟縶之足不良能行石經此處缺監本毛本能作弱按不良能行猶言不善於能行也正義欲於不良斷句非也

能行向下讀之監本作弱行向下讀之毛本作弱向下行誤

今著辭宋本岳本監本今作令是也

嗣吉何建釋文云何本或作可建陳樹華云可乃古何字

得吉則當從吉而建之也諸本作吉淳熙本誤言

大誓曰纂圖本大作泰非也

襲於休祥淳熙本襲作聚

〔經八年〕宋本春秋正義卷第二十八石經春秋經傳集解昭三第廿二岳本昭下有公字並盡十二年

招與公子過共殺偃師重脩監本共作其非也

又推過爲首宋本又上有招字是也

以招爲首惡也監本毛本首惡誤倒

楚人執陳行人干徵師殺之宋殘本干誤于

劉賈穎曰宋本穎作頴是也

注嬖人至故書　閩本監本毛本脫注字

（傳八年）

注魏榆晉地　宋本以下正義四節總入是宮也節注下

知魏榆亦地名也　宋本無也字

石不能言或馮焉　案漢書五行志言下有神字蓋後人依杜注增之耳不可信也

怨讟動于民　石經此處缺宋本宋殘本淳熙本足利本于作於

莫保其性　石經此處缺宋本宋殘本保作信案漢書五行志引同師古曰信猶保也一說信讀爲申

俾躬處休　石經此處缺釋文俾作卑云本又作俾

以言能而自處其美地　宋本言能作能言是也

與刪詩之後　毛本與誤則

元配夫人也　宋本宋殘本淳熙本岳本纂圖本監本毛本配下有嫡字是也釋文作適云本又作嫡

屬諸徒招　石經宋本宋殘本淳熙本岳本纂圖本閩本監本毛本諸下有司字是也案史記管蔡世家索隱曰招或作苕或作昭

哀公有癈疾　北宋刻釋文亦作癈纂圖本閩本監本毛本誤作廢案說文云癈固疾也在疒部毛詒父六經正誤云與國本作廢非也

注經書辛丑從赴宋本以下正義二節總入公子留奔鄭節注下

楚人執而殺之諸本作而此本誤弓今改正

楚人執陳行人干徵師殺之纂圖本監本毛本作楚子誤

故重發之諸本作發此本誤廢今改正

而發傳有三者案襄十一年正義作而傳發其三者

因艮霄以顯其稱行人案襄十一年正義人下有之事二字

賀虒郊也石經宋本宋殘本淳熙本岳本纂圖本監本毛本郊作祁是也

自根牟至于商衛宋殘本商作商非也

瑯邪陽都縣有牟鄉淳熙本纂圖本監本毛本邪作琊字案宋殘本以下缺五葉

子成頃公子固也毛本頃誤逐

亦授甲將助之毛本授誤受

又數人告於道石經宋本纂圖本毛本於作于

將往至陳氏宋本以下正義三節總入遂和之如初注下

聞彊氏授甲將攻子 監本彊誤疆

茂不茂 陳樹華云茂書作懋案茂懋字異而音義並同也

服行也 監本服上脫注字

謚法祗動追懼曰頃 監本毛本謚作諡祗作祇非毛本曰誤民

奉孫吳圍陳 纂圖本圍誤圉

注壬午至月誤 宋本以下正義九節總入臣聞盛德節注下

曆與經合 此本合字實缺據宋本閩本監本毛本補

戍楚之大夫 宋本淳熙本岳本纂圖本監本毛本足利本無之字是也

臣必致死禮以息楚 宋本淳熙本毛本足利本楚下有國字監本初刻亦脫後擠增案石經此處缺以字數計之當有國字

陳顓頊之族也 宋本族作後

對曰至楚國 監本毛本楚國作息楚非是

於時猶有書專言之 宋本監本毛本專作傳

析木之津 浦鏜正誤木下補謂字按謂字不當有爾雅邢昺疏可證也

幕能師顓頊者也　宋本師作帥與外傳合

顓頊生窮蟬　閩本監本蟬誤𤣱下同

蟜牛生瞽叟　閩本監本毛本叟作瞍下同

虞之世數未也　毛本數作文誤也

春秋左傳注疏卷四十四校勘記

附釋音春秋左傳注疏卷第四十五 昭九年盡十二年

杜氏注　孔穎達疏

經九年春叔弓會楚子于陳以事往非行會禮疏注以事。會禮○正義曰此與宣十五年公孫歸父會楚子于宋其事同也楚子在彼魯敬大國自往會之非楚子召使會自以小國事大國之禮往○許遷于夷許畏鄭欲遷故以自遷爲文疏注許畏至爲文正義曰許自楚莊王以來世屬於楚常與鄭爲仇敵今畏鄭欲遷都近楚楚從其意而遷之故以許自遷爲文若許不欲遷而楚強遷之則當云楚人遷許如宋人遷宿齊人遷陽○夏四月陳災天火曰災陳既已滅降爲楚縣而書陳。災者猶晉之梁山沙鹿崩不書晉災。言繫於所災所害故以所在爲名疏注天火至爲名○正義曰天火曰災宣十六年傳例也公羊穀梁經皆作陳火公羊傳曰陳已滅矣其言陳火何存陳也穀梁傳曰國曰災邑曰火火不志此何以志閔陳而存之也賈服取彼爲說言愍陳不與楚故存陳而書之言陳尚爲國也杜以左氏無此義故辯而異之云陳既已滅降爲楚縣不言楚陳災而直書陳災者猶如晉之梁山沙鹿崩不書也。以彼不繫晉知法自不當繫楚非是存陳如舊國也凡災害所及繫於所災所害之處故以所在爲名不復繫其本國大都以名通例不繫國陳是楚之大都無緣當繫於楚二傳妄說故杜不從所災所害者所災謂陳災是也所害謂梁山沙鹿崩是也然災害繫於所災所害而宣十六年不直云宣榭火而以宣榭繫成周者以宣榭其名不顯若不繫成周不知何處宣榭與此別也○秋仲孫玃如齊○玃俱縛反○冬築郎囿○囿音又苑也於郎地築苑

傳九年春叔弓宋華亥鄭游吉衛趙黶會楚子于陳楚子在陳故四國大夫往非盟主所召不行會禮故

不總書○屬於滅反【疏】注楚子至總書正義曰往年楚公子弃疾帥師圍陳楚子不親行也既滅陳以為縣楚子自往巡行鎮撫之魯宋鄭衛聞其在陳畏威加敬各遣大夫往彼會之非是盟主所召至亦不行會禮故魯史獨書己使不復總書諸國也傳因叔弓所見故歷序四國大夫以見諸國皆行非獨魯也十年叔孫婼如晉葬晉平公傳因歷序諸國大夫此意與彼同也服虔以為此會宋鄭衛之大夫不書叔弓後也服見文七年公會諸侯晉大夫盟于扈傳為歷序諸國乃云公後至故不書所會凡會諸侯不書所會後也後至不書其國辟不敏也服意準彼為義故云叔弓後耳彼為盟主所召故諱後期此則楚非盟主何以當諱春秋之意豈欲魯棄晉而從楚乃為之諱其會楚遲也且彼不書所會乃總書諸侯此若是會經何以不總書叔弓會諸侯之大夫傳何以不言叔弓會楚子宋華亥鄭游吉衛趙黶于陳也今傳以四國大夫共會楚子義非扈類足以可明且叔弓若後傳當言之傳不言後而服以為後是欲代丘明為傳非解之也故杜顯而異之言不行會禮故不總書見此意

○二月庚申楚公子弃疾遷許于夷實城父

此時改城父為夷故傳實之城父縣屬譙郡【疏】注此時至譙郡○正義曰杜以地名經傳不同而傳言實者則以為名有改易也傳不言實則以為二名並存也所言實者皆舉舊以實新此地舊名城父此時新改為夷然言城父是舊名故傳以實明之凡有二義經書未改之名傳以所改實明之凡有二義經書未改之名傳以所改實之則昭十八年許遷于白羽傳云許遷于析實白羽定十年公會齊侯于夾谷傳云會于祝其實夾谷是也若經書已改之名則傳亦舉其已改實其未改之號即此許遷于夷傳云遷許于夷實城父定十三年齊侯衛侯次于垂葭傳云次于垂葭實郥氏是也此四者或經書未改或經書已改傳皆上句舉其已改之名下句實其未改之號凡一地前後二名者非謂經時為未改之名傳時為已改之名乃於經傳以前上世之時已有所改前後之名夫子集史記而為經丘明采簡牘而作傳史記或書其舊名者即白羽夾谷是也或史記書其後名者即夷與垂葭是也丘明據簡牘為傳以所改後名而實

之故僖二十五年秦取析矣襄二十六年聲子云。析。公之亂皆舉白羽改爲析之後但簡牘稱析故杜云於傳時白羽改爲析止謂簡牘之時非丘明作傳時也若其不然孔子脩經丘明作傳事相連接時日不遠豈可脩經時爲白羽作傳卽改爲析故杜云此四者皆爲所在之地舊名絕於當時史記有遺者也劉炫不審思杜意怪僖公襄公之世已有析名而規杜氏非也

取州來淮北之田以益之益許田

疏取州至益之正義曰釋例云州來淮南下蔡縣汝水之南。也淮北之田淮水北田則州來邑在淮南邑民有田在淮北也許國盡遷于夷夷田少故取以益之

伍舉授許男田然丹遷城父人於。陳以夷濮西田益之以夷田在濮水西者與城父人〇濮音卜遷方城外人於。許成十五年許遷於葉因謂之許今許遷於夷故以方城外人實其處傳言靈王使民不安〇葉始涉反處昌慮反〇周甘人與晉閻嘉爭閻田甘人甘大夫襄也閻嘉晉閻縣大夫〇閻以廉反

疏。注甘人至大夫〇正義曰孔子父叔梁紇爲鄹邑之長論語謂孔子爲鄹人之子是典邑大夫法當以邑名冠之而稱人知此甘人卽是下文甘大夫襄也甘人是甘縣大夫知閻嘉是晉之閻縣大夫名嘉也甘閻接竟田或相侵故共爭之

晉梁丙張趯率陰戎伐潁。陰戎陸渾之戎潁周邑〇趯他歷反王使詹桓伯辭於晉。辭責讓之桓伯周大夫〇詹之廉反曰我自夏以后稷魏駘。芮岐畢吾西土也在夏世以后稷功受此五國爲西土之長駘在始平武功縣所治盩城岐在扶風美陽縣西北〇夏戶雅反注同駘他來反依字應作部芮如銳反岐其宜反長丁丈反下師長同治直吏反盩本又作斄他來反又音來一音力之反

疏注在夏至西北〇正義曰周語云昔我先世后稷以服事虞夏及夏之衰也棄稷弗務我先王不窋用失其官案本紀不窋是后稷之子繼其父業世爲大國故受此五國爲西土之長也釋例土地名云魏河東河北縣也芮馮翊臨晉縣芮鄉是也畢在京兆長安縣西北駘在武功岐在美陽今

案其地芮在魏之西南。百餘里耳岐在駘之西北無百里也詩稱后稷封邰與岐畢相近爲之長可矣計魏在邰東六百餘里而令邰國與魏爲長道路太遠公劉居豳又在岐西北四百餘里此極言遠竟而辭不及豳並不知其故傳及武王克商蒲姑商奄吾東土也樂安博昌縣北有蒲姑城○蒲如字又音薄奄於檢反○樂音洛疏及武至東土正義曰武王克商光有天下外薄四海皆爲周地上文既言西土故以下唯說三方其實西方所至過於上文自岐以西猶是周竟但不復重言之耳服虔云蒲姑商奄濱東海者也蒲姑齊也商奄魯也二十年傳曰蒲姑氏因之定四年傳曰因商奄之民命以伯禽巴濮楚鄧吾南土也肅慎燕亳吾北土也肅慎北夷在玄菟北三千餘里○巴必加反燕於賢反亳步各反疏巴濮至北土○正義曰土地名云巴巴郡江州縣也楚南郡江陵縣也鄧義陽鄧縣也建寧郡南有濮夷地然則巴楚鄧中夏之國唯濮爲遠夷耳土地名又云燕國薊縣也亳是小國闕不知所在蓋與燕相近亦是中國也唯肅慎爲遠夷○注肅慎至餘里○正義曰書序云成王既伐東夷肅慎來賀魯語云武王克商肅慎氏貢楛矢韋昭云肅慎東北夷之國去扶餘千里晉之玄菟郡在遼東。北杜言玄菟北三千里是北夷之近東者故杜言北夷韋言東北夷吾何邇封之有邇近也疏吾何邇封之有○正義曰言我之封疆何近之有邇近也文武成康之建母弟以蕃屏周亦其廢隊。是爲爲後世廢隊兄弟之國當救濟之○蕃方元反屏必井反隊直類反注同爲于僞反注同疏文武至是爲○正義曰傳稱虢仲虢叔王季之穆是文王母弟也管蔡郕霍魯衞毛聃史記以爲武王之母弟也唐叔成王之母弟也其康王之母弟則書傳無文文王周之始王故言文王文王未得封諸侯也弟以同母爲親故言母弟耳所封非同母者亦多矣建爲國君所以爲藩籬屏蔽周室使與天子蔽郭患難亦其慮後世子孫或有廢隊王命望諸侯共救濟之是爲此也豈如弁髦而因以敝之童子垂髦始冠必三加冠成禮而弃其始冠故言弁髦因以敝之。○弁皮彥反本又作卞髦音毛始冠古亂反【疏】豈如至敝之○正義曰豈如弁髦因以敝之者弁謂緇布冠○髦謂童子垂髦凡加冠之禮先用緇布之冠斂括垂髦三加之後去緇布之冠不復更用故云因以敝之今王自比豈得將王室如緇布冠加髦之後不須復用因以敝之猶言以我王家封建晉國之後因即弃而不事之也○注童子至冠也○正義曰案禮未髻之時必垂髦故云童子垂髦也士冠禮始冠緇布冠次加皮弁次加爵弁是始冠必三加冠也其記冠義云始冠緇布之冠冠而敝之可也玉藻亦云始冠緇布冠自諸侯下達冠而敝之。可也鄭玄云本大古耳非時王之法服也是言本古而暫冠既加而即弃是禮成而弃其始冠故云弁髦而因以敝之也弁有爵弁皮弁嫌緇布之冠不得名弁故云弁亦冠也周禮弁師掌冕是弁爲大名也劉炫以爲弁髦二物以童子垂髦爲髳。彼兩髦又云因以敝之者謂親沒不髦案禮加冠以後親沒以前身既成人猶自垂髦何得云童子垂髦髦既親沒乃弃杜注何以不言親沒也若三加之後弃弁不弃髦杜注何得云弃其始冠故言弁髦因以敝之既連髦而言明非親沒之髦也髦之形像鄭注士喪禮云未聞

先王居檮杌于四裔以禦螭魅

言檮杌略舉四凶之一下言四裔則三苗在其中○檮徒刀反杌五忽反裔以制反禦魚呂反螭勑知反魅本又作鬽武冀反【疏】注言檮至其中○正義曰文十八年傳稱舜臣堯流四凶族渾敦窮奇檮杌饕餮投諸四裔以禦螭魅先儒皆以爲渾敦讙兜也窮奇共工也檮杌鯀也饕餮三苗也此傳以晉率陰戎伐潁。止須言饕餮耳而。云檮杌者略舉四凶之一耳下言四裔則三苗在其中可知也若直說鯀當言居檮杌于羽山不須言四裔也

故允姓之姦居于瓜州

允姓陰戎之祖與三苗俱放三危者瓜州今敦煌○姦古顏反瓜古華反敦都門反煌音皇【疏】注允姓至敦煌正義曰此言主責陰戎知允姓陰戎之祖也言允姓之姦者謂其姦邪之人惡言之也尚書云竄三苗于三危此言允姓居于瓜州時同而人別知與三苗俱放於三危也

伯父惠公歸自秦而誘以來

僖十。十五年晉惠公自秦歸二十。二年秦

晉遷陸渾之戎於伊川使偪我諸姬入我郊甸則戎焉取之邑外爲郊郊外爲甸言戎取周郊甸之地○偪彼力反甸

徒遍反焉於虔反又如字【疏】則戎焉取之○正義曰焉猶何也若不由晉則戎何得取周之地也○注邑外至之地○正義曰釋地云邑外謂之郊周禮載

師掌任土之法具敘王畿之內遠近之次自國中以外有近郊遠郊次甸次稍次縣次都是郊外爲甸也陸渾之戎居伊洛之間是取周郊甸之地戎有

中國誰之咎也咎在晉○咎其九反后稷封殖天下今戎制之不亦難乎后稷修封疆殖五穀今戎得之

唯以畜牧○殖時力反疆居良反畜許又反一音許六反牧音目又音茂伯父圖之我在伯父猶衣服之有冠冕木

水之有本原民人之有謀主也民人謀主宗族之師長【疏】我在至主也○正義曰言我周存在於伯父有益如衣服云云

伯父若裂冠毀冕拔本塞原專棄謀主雖戎狄其何有余一人伯父猶然則雖戎狄無所可責

晉率陰戎伐周邑故云然【疏】雖戎至一人○正義曰言伯父我親猶自如此則雖戎狄其何有恩義於我一人既無恩親侵我亦無可責叔向謂

宣子曰文之伯也豈能改物言文公雖霸未能改正朔易服色○伯如字又音霸翼戴天子而加之以共

翼佐也自文以來世有衰德而暴滅宗周宗周天子以宣示其侈諸侯之貳不亦宜乎

且王辭直子其圖之宣子說王有姻喪外親之喪○說音悅【疏】王有姻喪○正義曰隱元年傳云士踰月外姻至姻

是外親故杜云外親之喪也服虔云婦之父曰姻王之后喪父於王亦有服義故往弔案妻父爲姻雖有此稱王之納后必取諸侯之女后之父母不得身在

京師往弔可耳何以得致襚也以致襚言之知是外親之喪耳不知外親喪是誰死使趙成如周弔且致閻田與襚襚送死衣

○襚音遂贈死衣服反頳俘王亦使賓滑執甘大夫襄以說於晉晉人禮而歸之賓滑周大夫○俘方夫反滑乎八反又于八反說如字又音悅○夏四月陳災鄭裨竈曰五年陳將復封封五十二年而遂亡子產問其故對曰陳水屬也陳顓頊之後故為水屬○復扶又反下注復封皆同【疏】陳水屬○正義曰陳顓頊之後顓頊以水德王天下故為水屬也陳是舜後舜為土德不近言土屬而遠繫顓頊為水屬者蓋裨竈知陳將欲復興須取水為占驗假此以為言耳未必帝王子孫承與所承同德楚之先世嘗為火官即以火為楚象豈復五行之官後世皆依其行乎此皆賢哲有以知之非吾徒所測火水妃也火畏水故為之妃○妃方非反一音配注同【疏】注火畏至之妃○正義曰陰陽之書有五行妃合之說甲乙木也丙丁火也戊己土也庚辛金也壬癸水也木克土土克水水克火火克金金克木木畏金以乙為庚妃也金畏火以辛為丙妃也火畏水以丁為壬妃也水畏土以癸為戊妃也土畏木以己為甲妃也杜用此說故云火畏水故為之妃也服虔云火離也水坎也易卦離為中女坎為中男故火為水妃而楚所相也相治也楚之先祝融為高辛氏火正主治火事○相息亮反注同【疏】注相治至火事正義曰相訓助也主火而助君為治故以為治也二十九年傳曰火正曰祝融顓頊氏有子曰犂為祝融楚世家云高陽生稱稱生卷章卷章生犂犂為高辛氏火正甚有功能光融天下帝嚳命曰祝融共工作亂帝使黎誅之而不盡帝誅黎而以其弟吳回為後復居火正為祝融回生陸終陸終生子六人六曰季連楚其後也是楚之先為火正治火事今火出而火陳火心星也火出於周為五月而以四月出者以長曆推前年誤置閏【疏】注火心至置閏○正義曰襄九年傳曰心為大火十七年傳曰火出於周為五月今經書四月陳災傳言火出而火陳火得以四月出者長曆云閏當在此年五月後而在前年故火以四月出也長曆以為前年閏八月則此年四月五日得中氣二十日得五月節故四

月得火見**逐楚而建陳也**水得妃而興陳興則楚衰故曰逐楚而建陳【疏】注水得至建陳○正義曰杜以陳爲楚邑楚人在陳陳與則楚衰故曰逐楚而建陳當謂逐去楚人之在陳者若穿封戌爲陳公者也但毆逐楚國之人於義甚通劉炫乃改逐爲人遁言火逃遁去楚而建立陳國而規杜非也**妃以五成故曰五年**妃合也五行各相妃合得五而成故五歲而陳復封爲十三年陳侯吳歸于陳傳○妃音配注妃並同【疏】注妃合至陳傳○正義曰妃合釋詁文也易繫辭云天一地二天三地四天五地六天七地八天九地十天數五地數五五位相得而各有合鄭玄云天地之氣各有五五行之次一曰水天數也二曰火地數也三曰木天數也四曰金地數也五曰土天數也此五者陰無匹陽無耦故又合之地六爲天一匹也天七爲地二耦也地八爲天三匹也天九爲地四耦也地十爲天五匹也二五陰陽各有合然後氣相得施化行也是言五行各相妃合生數以上皆得五而成故云五歲而陳將復封**歲五及鶉火而後陳卒亡楚克有之天之道也故曰五十二年**是歲歲在星紀五歲及大梁而陳復封自大梁四歲而及鶉火後四周四十八歲凡五及鶉火五十二年天數以五爲紀故五及鶉火火盛水衰【疏】注是歲至水衰○正義曰如杜所注歲星每年而行一次至昭三十二年則歲星在寅未至於丑其傳云越得歲而吳伐之故服氏以爲有事于武宮之歲龍度天門謂十五年歲星從申越未而至午曆家以周天十二次次別爲百四十四分歲星每年行一百四十五分是歲星行一次外剩行一分積一百四十四年乃剩行一次故昭十五年得超一辰今杜氏既無此義而三十二年歲星在丑者但歲星之行天之常數超辰之義不言自顯故杜不注若然楚卒滅陳在哀十七年則歲星當踰鶉火至鶉尾而云五及鶉火者以顓頊歲在鶉火而滅故禆竈舉大略而言云五及鶉火不復細言殘數雖至鶉尾亦經由鶉火天有五星又大微宮中有五帝坐又四方中央亦有五是天數以五爲紀故五及鶉火也歲星天之實神所在之國必昌歲在鶉火火得歲星之助火既盛而水則衰○晉

荀盈如齊逆女自爲逆○爲于僞反還六月卒于戲陽魏郡內黃縣北有戲陽城○戲許宜反殯于絳未葬

晉侯飲酒樂。膳宰。屠蒯。趨入請佐公使尊公之使人執尊酌酒請爲之佐○樂音洛屠音徒禮記作杜蒯苦怪反○使尊如字亦所吏反許之公許之而遂酌以飲工工樂師師。曠也○飲於鴆反下又飲同【疏】○注工樂師師曠也○正義曰禮記檀弓說此事云知悼子卒未葬平公飲酒師曠李調侍知工即師曠也外嬖叔即李調也曰女爲君耳將司。聰也樂所以聰耳○女音汝下皆同【疏】注樂所以聰耳○正義曰樂以和心聲從耳入故樂者所以聰耳大師掌樂務使君聽故爲君耳將司聰也辰在子卯謂之疾日疾惡也紂以甲子喪桀以乙卯亡故國君以爲忌日○喪息浪反【疏】注疾惡至忌日○正義曰訓疾爲惡言王者惡此日不以舉吉事也尚書武成篇云時甲子昧爽受率其旅若林會于牧野罔有敵于我師前徒倒戈攻于後以北血流漂杵是紂以甲子喪也詩云韋顧既伐昆吾夏桀言昆吾與桀同時死也十八年傳二月乙卯周毛得殺毛伯過而代之萇弘曰毛得必亡是昆吾稔之日也昆吾之死與桀同日知桀以乙卯亡也以此二王之亡爲天誅之日故國君以爲忌日惡此日也檀弓云君子有終身之憂故忌日不樂鄭玄云謂死日也彼謂親亡之日至此日而念親故。此日不用舉吉事非是惡此日也此與忌日名同意異君徹宴樂學人舍業爲疾故也君之卿佐是謂。股肱股肱或虧何痛如之言痛疾過於忌日○舍音捨爲于僞反下爲是同女弗聞而樂是不聽也不聞是義而作樂又飲外嬖嬖叔外都大夫之嬖者【疏】注外都至嬖者○正義曰此言外嬖嬖叔即李調是也禮記云調也君之褻臣也既云褻臣而謂之外嬖知是外都大夫之嬖者猶晉獻公時有外嬖梁伍東關嬖伍曰女爲君目將司明也職。在外故主視服以旌禮旌表也禮以行事事政令事有其物物類也物有其容容貌也今君之容非其物也有卿佐之喪而作樂歡會故曰非其物而女不見是不明也亦自飲也曰味以行氣氣以實志氣和則志充疏服以至不明○正義曰吉有弁冕凶有衰麻禮有吉凶之異作衣服以表之如此之類是服以旌禮也周禮司服六冕以祭祀皮弁以視朝韋弁以即戎冠弁以田獵如此之類是禮以行事也傳稱哀有哭泣樂有歌舞如此之類是事有其物言行事各有其物類也記稱衰麻則有哀色端冕則有敬色介冑則有不可犯之色周禮保氏教國子六儀一曰祭祀之容二曰賓客之容三曰朝廷之容四曰喪紀之容五曰軍旅之容六曰車馬之容少儀曰言語之美穆穆皇皇朝廷之美濟濟翔翔祭祀之美齊齊皇皇車馬之美騑騑翼翼鸞和之美肅肅雍雍如此之類是物有其容也君有卿佐之喪宜有悲哀之貌而與羣臣飲酒作樂今君之容貌非其類也而女不見是不明也志以定言在心為志發口為言言以出令臣實司味二御失官而君弗命臣之罪也工與嬖叔侍御君者失官不聽明疏味以至罪也○正義曰調和飲食之味以養人所以行人氣也氣得和順所以充人志也志意充滿慮之於心所以定言語也詳審言語宣之於口所以出號令也臣實主掌食味今工師不聽叔也不明二侍御者並失其官而君不出令以罪之必是食味失宜是臣之罪也公說徹酒初公欲廢知氏而立其外嬖為是悛而止○說音悅知音智下同悛七全反疏公說至而止○正義曰公心欲廢知氏故輕悼子之喪不廢飲酒得蒯以禮責之乃知君臣義重其禮不可。輒廢為是悛而止悛改也改革前意也禮記記此事飲酒事同而其言盡別記是傳聞故與此異二者必有一謬當傳實而記虛也秋八月使荀躒。佐下軍以說焉躒荀盈之子知文子也佐下軍代父也說自解說○躒本又作櫟力狄反徐音洛○孟僖子如齊殷聘禮也自叔老聘齊至今二十年禮意久曠今脩盛聘以無忘舊好故曰禮○今好呼報反 疏 注自叔至曰禮○正義曰襄二十年叔老聘齊至今二十年更不遺聘是邦交禮意久曠絕也殷訓盛也今脩盛聘以無忘舊好故禮之也聘禮云小聘曰問不享有獻不及夫人主人不延几不郊勞然則聘禮經之所言是大聘也王制云諸侯之於天子也比年一小聘三年一大聘鄭玄云小聘使大夫大聘使卿聘禮既是大聘使卿矣殷聘又當盛於大聘不知以何為盛或當享禮之物多矣○冬築郎囿書時也季平子欲其速成也叔孫昭子曰詩曰經始勿亟庶民子來詩大雅言文王始經營靈臺非急疾之衆民自以子義來勸樂爲之○亟紀力反樂如字又五教反一音洛 疏 詩曰至子來○正義曰大雅靈臺之篇也言文王經始靈臺之基趾其意勿使急成之但其衆民自以子成父事而來勸樂而早成之耳子成父事不待督帥故云子來以示民樂之意焉用速成其以勦民也勦勞也○焉於虔反勦初交反又子小反無囿猶可無民其可乎

經十年春王正月○夏齊欒施來奔者酒好內以取敗亡故書名○者市志反傳同好呼報反○秋七月季孫意如叔弓仲孫貜帥師伐莒三大夫皆卿故書之季孫爲主二子從之 疏 注三大至從之正義曰成二年鞌之戰魯四卿並書此三卿皆書重兵詳內故備書之其他國行兵唯書元帥而已略外也傳云平子伐莒取郠平丘又獨見執明是季孫爲伐莒之主二子從之○戊子晉侯彪卒五同盟○彪彼虯反○九月叔孫婼如晉○葬晉平公三月而葬速○十有二月甲子宋公成卒十一同盟也無冬史闕文○成音城何休音恤 疏 注五同盟正義曰彪以襄十六年即位其年盟于溴梁十九年于祝柯二十年于澶淵二十五年于重丘二十七年于宋不數元年號會是五同盟○注十一同盟○正義曰成以成十六年即位十七年盟于柯陵十八年于虛朾襄

三年于雞澤五年于戚九年于戲十一年于亳城北十五年及向戌盟于劉十六年于。溴梁十九年于祝柯二十年于澶淵二十五年于重丘二十七年于宋元年于虢皆魯宋俱在凡十三同盟杜意盟數多者不數特盟襄十五年向戌盟于劉及虢盟不數故十一劉炫幷數以規杜過非也如此數盟不同者或由轉寫誤

傳十年春王正月有星出于婺女客星也不書非孛婺武付反孛蒲對反〇鄭裨竈言於子產曰七月戊子晉君將死今茲歲在顓頊之虛歲歲星也顓頊之虛謂玄枵〇裨婢支反虛起魚反注同枵許驕反疏。注歲歲至玄枵〇正義曰釋天云玄枵虛也顓頊之虛虛也郭璞曰虛在正北顓頊水德位在北方當以北方三次以玄枵爲中玄枵次有三宿又虛在其中以水位在北顓頊居之故謂玄枵虛星爲顓頊之虛也姜氏任氏實守其地。姜齊姓任薛姓齊薛二國守居玄枵之地〇任音壬注同其維首而有妖星焉告邑姜也客星居。玄枵之維首邑姜齊大公女晉唐叔之母星占婺女爲既嫁之女織女。爲處女邑姜齊之既嫁女妖星在婺女齊得歲故知禍歸邑姜〇大音泰疏居其至姜也〇正義曰維者綱也玄枵次有三宿女爲其初女是次之綱維也居其維首謂星居之也其玄枵維首而有妖異之星焉以將死之妖告邑姜也邑姜齊女告邑姜言其子孫當死也邑姜晉之妣也天以七紀二十八宿面七〇妣必履反宿音秀疏邑姜晉之妣也正義曰曲禮云生曰母死曰妣鄭玄云妣之言媲也媲於考也邑姜唐叔之母故爲晉之妣也邑姜亦是成王之母而於周無災任姜共守其地而不告薛女此則裨竈自知非吾徒所能測戊子逢公以登星斯於是乎出逢公殷諸侯居齊地者逢公將死妖星出婺女時非歲星所在故齊自當禍而以戊子日卒疏戊子至乎出〇正義曰昔戊子之日逢公死其神以此日登天於時

有星是此星也於是婺女乎出爾時妖星出於婺女而戊子逢公死今此星亦出婺女知戊子晉君當死也逢公死日星出婺女當時猶有書記故禆竈得而知之○注逢公至日卒○正義曰二十年晏子說齊地云有逢伯陵因之則陵是逢君之始祖也周語說玄枵之次云我皇妣大姜之姪伯陵之後逢公之所馮神也孔晁云大姜大王之妃王季之母也女子謂昆弟之子曰姪伯陵大姜之祖逢公大姜之姪伯陵之後逢公殷諸侯也然則伯陵之後世爲逢君皆是逢公未知戊子卒者。何。名號也逢公死時妖星亦出婺女於時歲星不在齊分故齊地之君自當其禍此時歲在齊分故外孫當之吾是以譏之爲晉侯彪卒傳○齊惠欒高氏皆。耆酒欒高二族皆出惠公信內多怨說婦人言故多怨○說音悅彊於陳鮑氏而惡之惡陳鮑○惡爲路反注同夏有告陳桓子曰子旗子良將攻陳鮑亦告鮑氏桓子授甲而如鮑氏遭子良醉而騁欲及子良醉故。騁告鮑文子○騁勑領反遂見文子文子鮑國則亦授甲矣使視二子二子子旗子良則皆從。飲酒桓子曰彼雖不信彼傳言者傳直專反○聞我授甲則必逐我及其飲酒也先伐諸陳鮑方睦遂伐欒高氏子良曰先得公陳鮑焉往欲以公自輔。助○先伐諸一本無伐字焉於虔反下焉歸同遂伐虎門欲入公不聽故伐公門【疏】。齊惠欒高氏○正義曰齊惠公生。子欒公子高高生子尾尾生子良欒生子雅雅生子旗旗。生是欒孫良是高孫孫以王父字。王。父字爲氏皆出惠公故曰惠欒高氏也○遂伐虎門○正義曰周禮師氏掌以美詔王居虎門之左司王朝鄭玄云虎門路寢門也王日視朝於路寢門外畫虎焉以明勇猛於守宜也司猶察也察王之視朝若有善道可行者則當前以詔王彼。師氏察王得失明其近王故以虎門爲路寢門此亦當然或以虎門非路寢門當是宮之外門不與周禮同晏。平仲端委立于虎門之外端委朝服疏注端委。朝服○正義曰元年傳劉定公謂趙文子云吾與子弁冕端委哀七年傳曰大伯端委以治周禮則端委是在公之服故云朝服鄭玄云諸侯與其臣皮弁以視朔朝服以視朝其朝服玄冠緇布衣素積以爲裳也四族召之無所往四族欒高陳鮑其徒曰助陳鮑乎曰何善焉言無善義可助助欒高乎曰庸愈乎罪惡不差於陳鮑○差初賣反然則歸乎曰君伐焉歸公召之而後入公卜使王。黑以靈姑銔率吉請斷三尺焉而用之王黑齊。大夫靈姑銔公旗名。斷。三尺。不敢與君同○銔扶眉反又音丕率所律反徐所類反斷丁管反注同疏公卜至用之○正義曰公卜卜與欒高戰也靈姑銔者齊侯旗之名卜使王黑以此靈姑銔之旗率人以戰得吉也禮諸侯當建交龍之旂此靈姑銔蓋是交龍之旂當時爲之名其義不可知也知是旗者以請斷三尺而用之故知是旗五月庚辰戰于稷稷祀后稷之處○稷地名六國時齊有稷下館處昌慮反欒高敗。又敗諸莊莊六軌之道疏注莊六軌之道正義曰釋宮云六達謂之莊舊說皆云六道旁出杜皆以一達爲一軌國人追之又敗諸鹿門鹿門齊城門欒施高彊。來奔高彊不書非卿陳鮑分其室晏子謂桓子必致諸公讓德之主也。謂懿德凡有血氣皆有爭心故利不可強不可強取○爭爭鬭之爭強其丈反注同思義爲愈義利之本也蘊。利生孽。姑使無蘊乎蘊。畜也孽。妖害也○蘊紆粉反孽魚列反畜勑六反可以滋長桓子盡致諸公而請老于莒莒齊邑○長丁丈反桓子召子山子山子。商子周襄三十一年子尾所逐羣公子私具幄幕器用從者之衣屨私具不告公○幄於角反幕音莫從才用反屨九具反而反棘焉棘子山故邑齊

國西安縣東有戲里亭子商亦如之而反其邑子周亦如之而與之夫于子周本無邑故更與之濟南於
陵縣西北有于亭反子城子公公孫捷三子八年子旗所逐而皆益其祿凡公子公孫之無祿者
私分之邑桓子以己邑分之國之貧約孤寡者私與之粟曰詩云陳錫載。周能施也詩大
雅言文王能布陳大利以賜天下行之周偏○載如字詩作哉毛云哉載也鄭云始也施始豉反下注同偏音遍桓公是以霸齊桓公亦能施
以致霸疏曰詩云至。桓。公是以霸○正義曰曰者桓子辭也既私施與又言己施之意大雅文王之篇錫賜載行周偏也言文王能布陳大利以賜天下
行之周偏此言文王之能施也桓公亦用此能。霸諸侯焉得不務施乎言己多施為此也公與桓子莒之旁邑辭讓不受穆孟
姬為之請高唐陳氏始大穆孟姬景公母傳言陳氏所以興○為于偽反○秋七月平子伐莒取郠。郠莒
邑取郠不書公見討平丘魯諱之○郠古杏反獻俘始用人於亳社以人祭殷社○俘芳夫反亳步洛反臧武仲在齊聞
之曰周公其不饗魯祭乎周公饗義魯無義。詩曰德音孔昭視。民不佻詩小雅佻偷也
言明德君子必愛民○視如字詩作示佻他彫反佻之謂甚矣而壹用之將誰福哉壹同也同人於畜牲○畜許又反
疏詩曰至福哉○正義曰小雅鹿鳴之篇也孔甚昭明佻偷也言君子之人為賓客德音甚明其視下民不偷薄苟且也偷之已謂甚矣而一同畜牲用之
將誰肯福祐之哉佻偷釋言文李巡曰佻偷薄之偷也孫炎曰偷苟且也○戊子晉平公卒如禆竈之言鄭伯如晉及河
晉人辭之游吉遂如晉禮諸侯不相弔故辭九月叔孫婼齊國弱宋華定衛北宮喜鄭罕

虎許人曹人莒人邾人薛人杞人小邾人如晉葬平公也經不書諸侯大夫者非盟會鄭子皮將以幣行見新君之贄○見賢遍反下文因見同贄音至子產曰喪焉用幣用幣必百兩載幣用車百乘○焉於虔反乘繩證反疏○百兩○正義曰尚書武王戎車三百兩孔安國云兵車稱兩百兩必千人千人至將不行行用也不行必盡用之不得見新君將自費用盡○費芳味反下同幾千人而國不亡言千人之費不可數○幾居豈反數所角反子皮固請以行既葬諸侯之大夫欲因見新君叔孫昭子曰非禮也弗聽叔向辭之曰大夫之事畢矣送葬禮畢而又命孤孤斬焉在衰絰之中既葬未卒哭故猶服斬衰○衰七雷反絰直結反其以嘉服見則喪禮未畢其以喪服見是重受弔也大夫將若之何皆無辭以見子皮盡用其幣歸謂子羽曰非知之實難將在行之言不患不知患不能行○嘉服見如字又賢遍反下同重直用反以見賢遍反下同夫子知之矣我則不足言己由子產之戒既知其不可而遂行之是我之不足疏非知至不足○正義曰尚書說命云非知之艱行之惟艱此言出彼意也非知之實為難將在行之為難也言子產語己己既知之知而不行所以自悔夫子子產知之矣知喪不用幣也我則知不足矣書曰欲敗度縱敗禮逸書○敗必邁反下同疏書曰至敗禮正義曰尚書太甲篇也孔傳云言己放縱情欲毀敗禮儀法度我之謂矣夫子知度與禮矣我實縱欲而不能自克也欲因喪以慶新君故縱而行之不能自勝○勝音升昭子至自晉大夫皆見高彊。而見退高彊子良昭子語諸大夫曰為人子不可不慎也哉昔慶封亡子尾多受邑而稍致諸君君以為忠而甚寵之將死疾于公宮在公宮被疾○語魚據反輦而歸君親推之推其車而送之○推如字又他回反注同其子不能任是以在此忠為令德其子弗能任罪猶及之難不慎也喪夫人之力弃德曠宗以及其身不害乎夫人謂子尾曠空也○任音壬下同喪息浪反夫音扶注同

疏難不慎○正義曰言人居身難可不謹慎

詩曰不自我先不自我後其是之謂乎詩小雅言禍亂不在他正當己身以喻高彊身自取此禍○冬十二月宋平公卒初元公惡寺人柳欲殺之元公平公大子佐也○惡烏路反寺又作侍

疏詩曰至我後○正義曰正月大夫刺幽王也云父母生我胡俾我瘉不自我先不自我後注云父母謂文武也天使父母生我何故不長遂我而使我遭此暴虐之政而病此何不出我之前居我之後窮苦之情苟欲免身平○正義曰謚法內外賓服曰平○元正義曰謚法好建國都曰元

○及喪柳熾炭于位以溫地○熾尺志反炭吐旦反將至則去之使公坐其處○去起呂反惡烏路反比葬又有寵言元公好惡無常○比必利反好呼報反惡烏路反

經十有一年春王二月叔弓如宋○葬宋平公○夏四月丁巳楚子虔誘蔡侯般殺之于申蔡侯雖弒父而立楚子誘而殺之刑其羣士蔡大夫深怨故以楚子名告○虔其連反般音班弒申志反傳放此

疏注蔡侯至名告○正義曰蔡侯雖弒父而立實宜受討但立為君於蔡已十三年楚子誘而殺之又刑其羣士不以弒父之罪討之蔡大夫深怨楚子故以楚子名赴告

禮諸侯不生名書名是罪絕之事以其名告欲使諸國之史書名以罪絕之楚也若是楚告不當自罪其君知是蔡人告也公子圍殺君取國改名曰虔

公子弃疾帥師圍蔡○五月甲申夫人歸氏薨昭公母胡女歸姓○大蒐于比蒲○仲孫貜會邾子盟于祲祥祲祥地闕○比音毗徐扶夷反祲子鴆反徐又七林反○秋季孫意如會晉韓起齊國弱宋華亥衛北宮佗鄭罕虎曹人杞人于厥憖。厥憖地闕○佗徒何反憖魚靳反徐五巾反一音五轄反○九月己亥葬我小君齊歸齊謚○齊如字○冬十有一月丁酉楚師滅蔡執蔡世子有以歸用之用之殺以祭山

疏蔡世子○正義曰父既死矣猶稱世子者君死而國被圍未暇以禮即位故國以世子告

傳十一年春王二月叔弓如宋葬平公也嫌以聘事行故傳具之○景王問於萇弘曰今茲諸侯何實吉何實凶○萇弘周大夫○萇直良反對曰蔡凶此蔡侯般弒其君之歲也歲在豕韋襄三十年蔡世子般弒其君歲在豕韋至今十三歲歲復在豕韋般即靈侯也○復扶又反下歲復在同弗過此矣言蔡凶不過此年楚將有之然壅也蔡近楚故知楚將有之楚無德而享大利所以壅積其惡○壅於勇反注及後同近附近之近下同歲及大梁蔡復楚凶天之道也楚靈王弒立之歲歲在大梁到昭十三年歲復在大。梁美惡周必復故知楚凶楚子在申召蔡靈侯靈侯將往蔡大夫曰王貪而無信唯蔡於感。蔡近楚之大國故楚常恨其不服順○於感戶暗反今幣重而言甘誘我也不如無往蔡侯不可。五月丙申楚子伏甲而饗蔡侯於申醉

而執之夏四月丁巳殺之刑其士七十人公子弃疾帥師圍蔡傳言楚子無道〇重直用反

韓宣子問於叔向曰楚其克乎對曰克哉蔡侯獲罪於其君謂弒父而立而不能其

民不能施德天將假手於楚以斃之借楚手以討蔡〇斃婢世反何故不克然肸聞之不信以幸

不可。再也楚王奉孫吳以討於陳曰將定而國陳人聽命而遂縣之事在八年今又

誘蔡而殺其君以圍其國雖幸而克必受其咎弗能久矣。桀克有緡以喪其國

紂克東夷而隕其身紂爲黎之蒐東夷叛之桀爲仍之會有緡叛之故伐而克之〇緡武巾反喪息浪反下且喪君同隕于敏反疏。桀克至其身〇正義曰桀身奔南巢故云喪國也紂首縣白旗故云隕身也楚小位下而亟暴於二王能無咎乎天

之假助不善非祚之也。厚其凶惡而降之罰也且譬之如天其有五材而將用

之力盡而敝之是以無拯不可沒振金木水火土五者爲物用久則必有敝盡盡則弃捐故言無拯拯猶救助也不可沒振猶沒不可。復振〇亟欺冀反數也咎其又反下同祚本又作酢在路反拯拯濟之拯注同振之慎反捐以專反救本亦作捄音救不可復振扶又反本或作沒振疏楚小至咎乎正義曰亟數也比於桀紂則楚小位下而數行暴虐甚於桀紂二王能無咎惡乎〇是以至沒振〇正義曰拯音丞之上聲也方言云出溺爲拯拯是救助之義天之用楚如人用五材力盡而敝敝則棄之是以無救助之者拯是救溺之名遂以救溺爲喻也不可沈沒之後復振救之振亦救也言楚如沒水不可救也〇。注。金。至弃捐〇正義曰金木水火土五者之材皆爲物用用久則必敝盡敝盡則弃捐之捐亦弃也言天之用楚亦如此也〇

五月齊歸薨大蒐于比蒲非禮也蒐非存亡之由故臨喪不宜為之盟會以安社稷故喪盟謂之禮○好呼報反○孟僖子會邾莊公盟于祲祥脩好禮也泉丘人有女夢以其帷幕孟氏之廟泉丘魯邑○夢以其帷位悲反一本作夢以帷幕音莫遂奔僖子其僚從之鄰女為僚友者隨而奔僖子○僚力彫反盟于清丘之社曰有子無相弃也二女自共盟僖子使助薳氏之簉。簉副倅也薳氏之女為僖子副妾別居在外故僖子納泉丘人女令副助之○薳為彼反本又作蔿簉本又作造初又反說文簉從廿倅七對反令力呈反疏注簉副至助之○正義曰禮有副車倅車皆謂副貳之車也簉亦副倅之意妻為正適妾為副貳薳氏之女先為副貳別居在外故使泉丘人女與之聚居令副助而為對偶之反自祲祥宿于薳氏生懿子及南宮敬叔於泉丘人其僚無子使字敬叔字養也。似雙生○生如字或一音所敬反疏於泉丘人○正義曰以傳直云宿於薳氏即連言生懿子及南宮敬叔氏薳氏所生故傳顯云生懿子及南宮敬叔於泉丘人於泉丘人宜上讀為句

○楚師在蔡向四月之師○向本又作鄉亦作向同許亮反晉荀吳謂韓宣子曰不能救陳又不能救蔡物以無親物事也疏物以無親○正義曰物事也事事如此以是故無人肯親我晉國晉之不能亦可知也已。為盟主而不恤亡國將焉用之○將焉於虔反○秋會于厥慭謀救蔡也不書救蔡不果救。蔡鄭子皮將行子產曰行不遠不能救蔡也蔡小而不順楚大而不德天將弃蔡以壅楚盈而罰之盈楚惡蔡必亡矣且喪君而能守者鮮矣三年王。其有咎乎美惡

周必復王惡周矣元年楚子弑君而立歲。在大梁後三年十三歲歲星周復於大梁○鮮息淺反復扶反一本又作復在晉人使狐父請蔡于楚弗許狐父晉大夫○狐音胡○單子會韓宣子于戚單子成公單視下言徐叔向曰單子其將。死乎。朝有著定著定朝內列位常處謂之表著○著張慮反徐治居反注及下同處昌慮反疏。注著定至表著○正義曰著定謂佇立定處故謂朝內列位常處也周禮司士正朝儀之位辨其貴賤之等王南鄉三公北面東上孤東面北上卿大夫西面北上王族故士虎士在路門之右南面東上大僕大右大僕從者在路門之左南面西上鄭玄云此王日視朝事於路門外之位此是朝上之位貴賤有定處也會有表亦是位之定處但著下言定則表亦是定故直言會有表耳俗本表下有旗謬也野會設表爲位亦當有物記處如今之位版也謂之表著者杜意當以下文表著之位謂此也劉炫謂下文有著有表二文不同以著定爲朝有著不得謂之表著而規杜氏今知非者杜意當以下文會朝之言必聞。於表著故於朝有著之文幷探下文會有表以配著故云謂之表著所以覆結下文非謂著之一字卽名表著也劉炫不達杜旨而爲規過非也會有表。野會設表以爲位疏注野會至爲位○正義曰禮諸侯建旂設旂以爲表也周禮司儀云將合諸侯則令爲壇三成宮旁一門覲禮云諸侯覲于天子爲宮方三百步四門壇十有二尋深四尺上介皆奉其君之旂置于宮尚左公侯伯子男皆就其旂而立鄭玄云置于宮者建之豫爲其君見王之位也諸公中階之前北面東上諸侯東階之東西面北上諸伯西階之西東面北上諸子門東北面東上諸男門西北面東上尚左者建旂公東上侯先。伯伯先子子先男而位皆上東方也諸侯入壝門或左或右各就其旂而立王降階南鄉見之是天子於野會諸侯設表以爲位也周禮大司馬中冬教大閱門立四表是。以設表爲位也盟主之會諸侯必亦。旂表位大夫聚會亦應有以表位但無文以言耳衣有禬。帶有結禬領會結帶結也○禬古會外反說文云帶所結也朝之言必聞于表著之位所以昭事序也視不過結襘之中所以道容貌也言以命之容貌以明之失則有闕今單子爲王官伯而命事於會視不登帶言不過步貌不道容而言不昭矣不道不共不昭不從貌正曰共言順曰從○道音導下同疏言不過步○正義曰言聲所聞不過一步○注貌正曰從○正義曰洪範五事貌曰恭言曰從其意云容貌當恭恪言是則可從是貌正曰共言順曰從無守氣矣爲此年冬單子卒起本疏無守氣○正義曰言無守身之氣將必死○九月葬齊歸公不感晉士之送葬者歸以語史趙史趙曰必爲魯郊言昭公必出在郊野不能有國○語魚據反疏晉士至魯郊○正義曰傳稱文襄之制夫人喪士弔大夫送葬此言晉士送葬者蓋大夫來而士爲介若必士獨行也此士侍以公不感語史趙故特言士耳必爲魯郊言昭公必爲魯人所逐而出在郊侍者曰何故曰歸姓也不思親祖不歸也姓生也言不思親則不爲祖考所歸祐○祐音又叔向曰魯公室其卑乎君有大喪國不廢蒐謂蒐比蒲有三年之喪而無一日之感國不恤喪不忌君也忌畏也君無感容不顧親也國不忌君君不顧親能無卑乎殆其失國爲二十五年公孫於齊傳○冬十一月楚子滅蔡用隱大子于岡山蔡靈公之太子蔡侯廬之父○岡音剛廬力吳反疏用隱大子于岡山○正義曰此時楚以畜牲用之無人爲之作謚必是蔡侯廬歸國乃追謚其父爲隱耳釋例土地名岡山闕不知其處經言以歸用之必是楚地山也申無宇曰不祥五牲不相爲用況用諸侯乎五牲牛羊豕犬雞○爲于僞反或如字疏況用

侯諸○正義曰世子雖未即位以其父既死則當君處故以諸侯言之甚之也○注五牲至犬雞○正義曰爾雅以此五者弁馬爲六畜周禮謂之六牲但馬非常祭所用故去馬而以此五者當之王必悔之悔爲暴虐○十二月單成公卒終叔向之言○楚子城陳蔡不羹。襄城縣東南有不羹城定陵西北有不羹亭○羹舊音郎漢書地理志作更字疏。不羹○正義曰古者羹臛之字音亦爲郎故魯頌閟宮楚辭招魂與史游急就篇羹與房漿糠爲韻但近世以來獨以此地音爲郎耳使弃疾爲蔡公王問於申無宇曰弃疾在蔡何如對曰擇子莫如父擇臣莫如君鄭莊公城櫟而寘子元焉使昭公不立子元鄭公子莊公寘子元於櫟桓十五年厲公因之以殺櫟大夫檀伯遂居櫟卒使昭公不安位而見殺○櫟力狄反疏注子元至見殺○正義曰杜以子元爲鄭公子曼伯與檀伯爲一人莊公城櫟而置子元又使檀伯爲櫟邑大夫故厲公得因子元而殺檀伯。劉炫以爲傳言城櫟以置子元當謂賜元以櫟則以元爲櫟邑之長若其別有大夫子元寄居於櫟便是城櫟以置檀伯何言置子元也若厲公因子元以殺檀伯則子元是櫟邑之一夫耳豈是莊公城櫟之咎乎且桓十五年傳云鄭伯因櫟人殺檀伯不言因子元也子元鄭之公子不得爲櫟人也鄭衆云子元即檀伯也厲公殺檀伯居櫟因櫟之衆偪弱昭公使至殺死案桓五年傳云子元請爲左拒即云曼伯爲右拒則曼伯子元近是爲一以規杜氏今知劉說非者案晉封桓叔于曲沃而以欒賓傳之鄭使許叔居許而以公孫獲爲佐楚使大子建居城父而以奮揚助之並是一邑之內而有二人則莊。城櫟而置子元別有檀伯居櫟何爲不可子元共櫟邑之人而納厲公但此因棄疾在蔡故特指子元桓十五年直明厲公之入故總言櫟人辭有彼此不可爲。怪劉。子元爲曼伯案隱五年傳云曼伯與子元潛軍軍其後又下。云鄭二公子敗燕師于北制是子元非曼伯也劉妄規杜非也齊桓公城穀而寘管仲焉至于今賴之城穀在莊三十二年臣聞五大不在邊五細不在庭上古金木水火土謂之五官玄鳥氏丹鳥氏亦有五又以五鳩鳩民五雉爲五工正蓋立官之本也末世隨事施職是以官無常數今無宇稱習古言故云五大也言五官之長專盛過節則不可居邊細弱不勝任亦不可居朝。廷

疏注上古至朝廷○正義曰二十九年傳曰有五行之官是謂五官木正曰句芒火正曰祝融金正曰蓐收水正曰玄冥土正曰后土是上古金木水火土謂之五官也十七年傳云少皞氏紀於鳥爲鳥師而鳥名鳳鳥氏曆正也玄鳥氏司分者也伯趙氏司至者也青鳥氏司啓者也丹鳥氏司閉者也是玄鳥丹鳥亦有五也彼傳又云五鳩鳩民者也五雉爲五工正數皆有五蓋古立官之本以五爲常末世隨事施職是以官無常數不復以五耳今無宇稱習古言故云三大也言五官之長其人大大專盛過節則不可居邊城或將據邊城以陵本國也五官之長大細弱則不勝其任不能使威行於下將爲人所陵亦不可居朝廷也賈逵云五大謂大子母弟貴寵公子公孫累世正卿也鄭衆云大子晉申生居曲沃是也母弟鄭共叔段居京是也貴寵公子若弃疾在蔡是也貴寵公孫若無知食渠丘是也累世正卿衞甯殖居蒲孫氏居戚是也五細賤妨貴少陵長遠間親新間舊小加大也不在庭不當使居朝廷爲政也此五細大五細無宇唯言五耳不知五者何謂故先儒各自以意言之雖杜之言亦無明證正以彼不必通故改之耳親不在外羈。不在內今弃疾在外鄭丹在內襄十九年丹奔楚君其少戒王曰國有大城。何如對曰鄭京櫟實殺曼伯曼伯檀伯也厲公得櫟又幷京○曼音萬

疏注又幷京○正義曰厲公幷京傳無其事正以京櫟連言故云又幷京

宋蕭亳實殺子游在莊十二年齊渠丘實殺無知在莊九年渠丘今齊國西安縣也齊大夫雍廩邑

疏注在莊至廩邑○正義曰渠丘爲雍廩之邑傳無其文以彼傳言雍廩殺無知此云齊渠丘實殺無知以此知渠丘是雍廩邑也鄭衆以渠丘爲無知之邑無知不坐邑死何以言渠丘殺無知蕭亳非

子游之邑渠丘不得爲無知邑衛蒲戚實出獻公蒲甯殖邑戚孫林父邑出獻公在襄。十四年○出如字徐音黜若由是觀之

則害於國末大必折折其本尾大不掉君所知也爲十三年陳蔡作亂傳○掉徒弔反疏則害至不掉○正義曰宋殺子游齊殺無知乃是賴得大邑以討簒賊而謂之害於國者以其能專廢置則是國害天子之建諸侯欲令蕃屏王室諸侯之有城邑欲令指揮從己不得使下邑制國都故大城爲國害也末大必折以樹木喻也尾大不掉以畜獸喻也楚語說此事云制城邑若體。牲焉自首領股肱至於拇指毛脈大能掉小故變而不。勤夫邊境者國之尾也譬之如牛馬處暑之既至寅。蠭之既多而不能掉其尾臣。懼之

經十有二年春齊高偃帥師納北燕伯于陽三年燕伯出奔齊高偃高傒玄孫齊大夫陽即唐燕別邑中山有唐縣不言于燕未得國都○傒音奚疏注三年至國都○正義曰劉炫云杜譜以偃與鄰爲一亦云高傒玄孫案襄二十九年傳云敬仲曾孫鄰非玄孫也今知非者案世本敬仲生莊子莊子生傾子傾子之孫鄰是偃爲敬仲玄孫也經言于陽傳言于唐知陽即唐也不言于燕未得國都與哀二年納蒯聵于戚同○三月壬申鄭伯嘉卒五同盟疏注五同盟○正義曰嘉以襄九年即位其年盟于戲十一年于亳城北十六年于湨梁二十年于澶淵二十五年于重丘二十七年于宋元年于虢皆魯鄭俱在凡七云五者杜以其盟既多故皆據君在盟會而言之襄二十七年是大夫之盟元年號會讀舊書二者不數故爲五也或。可。轉寫錯誤夏宋公使華定來聘華定華椒孫○公如晉至河乃復晉人以莒故辭公○五月葬鄭簡公三月而葬速楚殺其大夫成熊傳在葬簡公上經從赴○熊音雄○秋七月

○冬十月公子憖出奔齊書名謀亂故也○憖魚覲反一讀爲整工領反○楚子伐徐不書圍以乾谿。師告疏注不

書至師告○正義曰傳稱使蕩侯潘子司馬督囂尹午陵尹喜帥師圍徐以懼吳楚子次于乾谿以爲之援如傳文則實圍徐也不書圍者不以所圍之師告以乾谿援師告也

○晉伐鮮虞不書將帥史闕文○將子匠反帥所類反○【疏】注不書至闕文○正義曰十五年荀吳帥師伐鮮虞定四年晉士鞅衞孔圉帥師伐鮮虞二者皆書將帥此獨不書將帥知是史闕或是告辭略史闕不得書亦得言史闕文也穀梁曰其曰晉狄之也不正其與夷狄交伐中國故狄稱之也賈服取以爲說左氏無貶中國從夷狄之法傳曰亡者侮之亂者取之又曰間攜貳覆昏亂霸王之器也鮮虞夷狄也近居中山不式王命不共諸夏不事盟主伐而取之唯恐知力不足焉有以夏討夷反狄中國從此以後用師多矣何以不常狄晉更復書其將也杜以其言不通故顯而異之

傳十二年春齊高偃納北燕伯款于唐因其衆也。言因唐衆欲納之故得先入唐○三月鄭簡公卒將爲葬除除葬道爲于僞反○及游氏之廟游氏子大叔族將毀焉子大叔使其除徒執用以立而無庸毀用毀廟具【疏】執用至庸毀○正義曰用謂毀廟之具若今鍪钁之類也庸亦用也教其除道之徒執所用作具以佇立而無用卽毀廟也曰子產過女而問何故不毀乃曰不忍廟也諾將毀矣教毀廟者之辭○女音汝旣如是子產乃使辟之司墓之室有當道者簡公別營葬地不在鄭先公舊墓故道有臨。時。迂直也司墓之室鄭之掌公墓大夫徒屬之家○迂音于一音於【疏】司墓之室○正義曰周禮墓大夫下大夫二人中士八人掌凡邦墓之地域爲之圖令國民族葬鄭之司墓亦當如彼此是掌公墓大夫也言之室有當道者則非司墓自家之室故注以爲徒屬之家猶尙書注云玄孫之親言之以見高祖曾祖之弟皆親親相似毀之則朝而塴。塴下棺○朝如字塴北鄧反徐甫贈反禮家作窆徐驗反義同【疏】注塴下棺○正義曰周禮作窆禮記作封此作塴皆是葬時下楯於壙之事而其字不同是聲相近經篆隸而字轉易耳弗毀則日中而堋。子大叔請毀之曰無若諸侯之賓何不欲久留賓子產曰諸侯之賓能來會吾喪豈憚日中無損於賓而民不害何故不爲遂弗毀日中而葬君子謂子產於是乎知禮禮無毀人以自成也○憚待旦反

○夏宋華定來聘通嗣君也宋元公新即位享。之爲賦蓼蕭弗知又不荅賦蓼蕭詩小雅義取燕笑語兮是以有譽處兮樂與華定燕語也又曰既見君子爲龍爲光欲以寵光賓也又曰宜兄宜弟令德壽凱言。賓有令德可以壽樂也又曰和鸞雍雍萬福攸同言欲與賓同福祿也○爲于僞反蓼音六樂音洛疏。爲賦蓼蕭○正義曰享燕之禮自有常樂今特云爲賦蓼蕭者文四年衞甯武子來聘公與之宴爲賦湛露及彤弓注云非禮之常公特命樂人以示意則知此亦特命樂人所以嘗試華定昭子曰必亡宴語之不懷懷思也寵光之不宣也宣揚令德之不知同福之不受將何以在爲二十年華定出奔傳○疏昭子至不受○正義曰不懷不宣不知不受皆據華定爲文也詩云燕笑語兮言定當思此笑語與主相對也詩云爲龍爲光定當應此寵光宣揚之也詩云令德。受凱定當知己有德與否須辭謝之也詩云萬福攸同定當受。同福荷君恩也各準事而爲之文

○齊侯衞侯鄭伯如晉朝嗣君也晉昭公新立

○公如晉亦欲朝嗣君○至河乃復取郠之役在十年莒人愬于晉晉有平公之喪未之治也故辭公公子憖遂如晉憖魯大夫如晉不書還不復會而奔故史不書於策疏。注憖魯至於策○正義曰此經書公子憖出奔齊名見於經則憖是卿也出奔既書於策如晉亦應書之今不書者杜以宣十八年書公孫歸父如晉歸父還自晉至笙遂奔齊傳

稱歸父還至笙聞公薨乃壇帷復命於介然後出奔書曰歸父還自晉善之也彼善之故書其去又書其還此慭知己謀泄逃介而先不復命於君而還出奔故史不書於策言其爲此故不書其如晉也劉炫云杜以慭還不復命於介而奔止可不書其還何故如晉亦不書也此蓋謂君使臣聘必當告廟告廟乃得書於策公歸告復不告使慭故不書如晉今删定以爲慭初欲謀亂魯國而往聘晉魯人責其謀亂不復命故賤而不錄其聘也出奔書者榮其罪人斯得故顯而書之也劉以爲出聘不告廟故不書而規杜氏案不復命而奔傳有其事公子慭不告廟傳無其文以無文之事妄規杜氏非也○

晉侯享諸侯子產相鄭伯辭於享請免喪而後聽命簡公未葬○相息亮反下同【疏】子產至於享○正義曰僖九年宋桓公卒未葬襄公會諸侯故曰子是先君未葬有從會之禮也鄭偪於楚以固事晉故父雖未葬朝晉嗣君不得已而行於情可許也諸侯相享享必有樂未葬不可以從吉故辭享爲得禮

晉人許之禮也善晉不奪孝子之情

晉侯以齊侯晏中行穆子相穆子荀吳投壺晉侯先穆子曰有酒如淮有肉如坻淮水名坻山名○淮舊如字四瀆水也學者皆以淮坻之韻不切云淮當爲潍潍齊地水名下稱澠亦是齊國水也案澠是齊水齊侯稱之荀吳既非齊人不應遠舉維水古韻緩作淮足得無勞改也坻直疑反徐直夷反詩云宛在水中曰坻坻水中高地也【疏】投壺正義曰禮記有投壺之禮其文無相者兕辭此中行穆子與齊侯皆有言辭者投之中否似若有神故設爲此語或可投時皆有言語禮自不載之耳伯瑕責穆子唯言壺何爲焉其以中爲儁責其失辭不云法不言是投壺皆有言也凡宴不射郎爲投壺投壺之禮中壺去席二矢半司射執八筭東面投壺如射三而止其矢室中五扶堂上七扶庭中九扶鋪四指曰扶扶四寸也筭長尺二寸壺頸脩七寸腹脩五寸口徑二寸半容斗五升壺中實小豆焉爲其矢之躍而出也小豆取滑且堅矢以柘若棘毋去其皮取其堅且重也舊說矢大七分○注淮水名坻山名○正義曰杜以淮爲水名當謂

四瀆之淮也劉炫以爲淮坻非韻淮當作濰又以坻爲水中之地以規杜氏今知不然者以古之爲韻不甚要切故詩云汎彼柏舟在彼中河髧彼兩髦實維我儀又云爲絺爲綌服之無斁儀河斁綌尚得爲韻淮坻相韻何故不可此若齊侯之語容可舉齊地濰水此是穆子在晉何意舉齊地水乎又酒肉相對多少相似案爾雅小洲曰陼小陼曰沚小沚曰坻何得以坻之小地對淮之大水故杜以坻爲山名劉炫又以山無名坻者案楚子觀兵於坻箕之山坻非山乎劉以此規杜失非也寡君中此爲諸侯師中之齊侯舉矢曰有酒如澠有肉如陵澠水出齊國臨淄縣北入時水陵大阜也○中丁仲反下及注同澠音繩時如字本或作澠音同疏注澠水至阜也○正義曰釋例云澠水出齊國臨淄縣北經樂安博昌縣南界西入時水釋地云大阜曰陵寡人中此與君代興代更也○更音庚亦中之伯瑕謂穆子伯瑕士文伯曰子失辭吾固師諸侯矣壺何爲焉其以中儁也言投壺中不足爲儁異齊君弱吾君歸弗來矣欲與晉君代興是弱之○齊君弱吾君輕吾君以爲弱也穆子曰吾軍帥彊禦卒乘競勸今猶古也齊將何事言晉德不衰於古齊不事晉將無所事○帥所類反禦魚呂反卒子忽反乘繩證反○公孫傁趨進曰日旰君勤可以出矣以齊侯出傁齊大夫傳言晉之衰○傁素口反徐又所流反旰古旦反○楚子謂成虎若敖之餘也遂殺之成虎令尹子玉之孫與鬬氏同出於若敖宣四年鬬椒作亂今楚子信譖而討若敖之餘疏成虎○正義曰經書熊傳言虎者此人名熊字虎傳言其字經書其名名字相覆猶伯魚名鯉或譖成虎於楚子成虎知之而不能行書曰楚殺其大夫成虎懷寵也解經所以書名○六月葬鄭簡公傳終子產辭享明既葬則爲免喪經書五月誤○晉

荀吳僞會齊師者假道於鮮虞遂入昔陽鮮虞白狄別種在中山新市縣昔陽肥國都樂平沾縣東有昔陽城○種章勇反沾張廉反韋昭音拈字林他廉反

【疏】○注鮮虞至陽城○正義曰宣十五年晉師滅赤狄潞氏十六年晉人滅赤狄甲氏及留吁成三年晉郤克衛孫良夫伐廧咎如傳曰討赤狄之餘焉是赤狄已滅盡矣知鮮虞與肥皆白狄之別種也杜以昔陽為肥國之都樂平沾縣東有昔陽城疑此為都也下注云鉅鹿下曲陽縣西南有肥累城復疑肥國取彼肥為名也劉炫以為齊在晉東僞會齊師當自晉而東行也假道鮮虞遂入昔陽則昔陽當在鮮虞之東也今案樂平沾縣在中山新市西南五百餘里何當假道於東北之鮮虞而反入西南之昔陽也既入昔陽而別言滅肥則肥與昔陽不得為一安得以昔陽為肥國之都也昔陽即是肥都何以復言鉅鹿下曲陽有肥累之城疑是肥名取於彼也肥為小國竟不必遠豈肥名取鉅鹿之城建都於樂平之縣也十五年荀吳伐鮮虞圍鼓杜云鼓白狄之別鉅鹿下曲陽縣有鼓聚炫謂肥鼓並在鉅鹿昔陽即是鼓都在鮮虞之東南也二十二年傳云晉荀吳使師僞糴者負甲以息於昔陽之門外遂襲鼓滅之則昔陽之為鼓都斷可知矣今杜以昔陽為肥國都是者以傳云遂入昔陽卽云壬午滅肥是因入而滅之故云昔陽肥國都也昔陽既在樂平沾縣而杜又云鉅鹿下曲陽縣西南有肥累城相去遠者以肥是本封之名後遷於昔陽猶若杞國本都陳留後遷緣陵鄫本都京兆後遷號鄫與此何異且昔陽今屬廉州去下曲陽道路非遠在中山南二百許里劉炫自云肥之與鼓俱在曲陽足知肥累城與昔陽不甚懸絕劉意欲破杜乃云樂平沾縣在中山新市西南五百餘里又自云昔陽鼓國都與肥相近在中山東南是自相矛楯也然鮮虞在北昔陽在南所以得假道鮮虞遂入昔陽者荀吳意欲滅肥恐肥國防備故從晉之北竟僞欲東南而行往會齊師故先迴路假道鮮虞南入昔陽如湯之伐桀迂路從陑出其不意故也且杜君土地例稱有者皆疑辭故杜云樂平沾縣東有昔陽是疑而不定又且都縣移動古今不一則晉時樂平沾縣何知不是今之昔陽但肥都昔陽與鼓相近晉既滅得肥國

故二十二年息昔陽之門外遂襲鼓而取之昔陽非鼓都也劉意好異闕妄規杜過非也秋八月壬午滅肥以肥子緜皋歸肥白狄也緜皋其君名鉅鹿下曲陽縣西。有肥累城爲下晉伐鮮虞起○皋古刀反累劣彼反又力輒反○周原伯絞虐其輿臣使曹逃原伯絞周大夫原公也輿衆也曹羣也○絞古卯反疏。注原伯絞周大夫○正義曰杜以原伯絞爲周大夫甘簡公爲周卿士此無明據以意言耳

冬十月壬申朔原輿人逐絞而立公子跪尋跪尋絞弟○跪求委反又音詭絞奔郊郊周地○甘簡公無子立其弟過甘簡公周卿士○過古禾反下之子過反過將去成景。之族成公景公皆過之先君○去起呂反成景之族賂劉獻公欲使殺過劉獻公亦周卿士劉定公子○丙申殺甘悼公悼公卽過而立成公之孫鰌鰌平公鰌音秋○丁酉殺獻太子之傅庚皮之子過過劉獻公太子之傅殺瑕辛于市及宮嬖綽王孫沒劉州鳩陰忌老陽子六子周大夫及庚過皆甘悼公之黨傳言周衰原甘二族所以遂微○季平子立而不禮於南蒯蒯南遺之子季氏費邑宰○蒯苦怪反費音秘南蒯謂子仲子仲公子慭吾出季氏而歸其室於公室季氏家財子更其位更代也○更音庚注同我以費爲公臣子仲許之南蒯語叔仲穆子且告之故穆子叔仲帶之子叔仲小也語以欲出季氏以不見禮故○語魚據反注同季悼子之卒也叔孫昭子以再命爲卿悼子季武子之子平子父也傳言叔孫之見命乃在平子爲卿之前及平子伐莒克之更受三命十年平子伐莒以功加三命昭子不伐莒亦以例加爲三命疏。季悼至爲卿○正義曰悼子之卒不書於經則是未爲卿也其卒當在武子之前平

子以孫繼祖武子卒後卽平子立也傳言悼子卒者欲見昭子爲卿遠在平子之先○注十年至三命○正義曰十年平子伐莒名書於經卽平子於時已爲卿矣釋例曰魯之叔孫父兄再命而書於經晉司空亞旅一命而經不書推此知諸侯之卿大夫再命以上皆書於經自一命以下大夫及士經皆稱人名氏不得見也劉賈云春秋之序三命以上乃書於經穎氏以爲再命稱人傳云叔孫昭子三命踰父兄昭公十年昭子始加三命先此叔孫皆自見經知所書皆再命也是杜檢傳文知再命書名平子伐莒書名知其已再命矣平子伐莒克之昭子不伐莒也昭子無功而更受三命知平子以功加三命昭子以例加爲三命也

叔仲子欲構二家欲構使相憎謂平子曰三命踰父兄非禮也言昭子受三命自踰其先人

疏注言昭至先人○正義曰禮記文王世子云其朝于公內朝庶子治之雖有三命不踰父兄鄭玄云治之治公族之禮也唯於內朝則然其餘會聚之事則與庶姓同一命齒于鄉里再命齒于父族三命不齒不齒者不在父兄行列中也彼言三命不踰父兄者自謂在公內朝位在父兄下耳非謂不得受三命踰父兄也叔仲子欲構二家因禮有三命不踰父兄之法遂言昭子受三命自踰其先人以此爲非禮也平子初得其言不甚曉解故使昭子令自貶黜見昭子不服乃自知其非故懼而歸罪於叔仲子也昭子無兄叔仲子引禮法連言之耳

平子曰然故使昭子使昭子自貶黜昭子曰叔孫氏有家禍殺適立庶故婼也及此禍在四年○適丁歷反○若因禍以斃之則聞命矣言因亂討己不敢辭若不廢君命則固有著矣著位次昭子朝而命吏曰婼將與季氏訟書辭無頗頗偏也○頗普何反季孫懼而歸罪於叔仲子故叔仲小南蒯公子憖謀季氏憖告公而遂從公如晉憖子仲南蒯懼不克以費叛如齊子仲還及衞聞亂逃介而

先介副使也○介音界使所吏反及郊聞費叛遂奔齊言及郊解經所以書出疏注言及至書出○正義曰凡言出奔皆自內而出文七年晉先蔑奔秦先在秦地因即奔秦故不言出也歸父還自晉至笙遂奔齊笙在魯之竟外故不言出也此言及郊已入魯竟傳言及郊解經所以書出

南蒯之將叛也其鄉人或知之過之而歎鄉人過蒯而歎且言曰恤恤乎湫乎攸乎恤恤憂患湫愁隘攸懸危之貌○湫子小反徐又在酒反一音秋攸如字徐以帚反隘於賣反懸音玄本又作縣疏注恤恤至之貌○正義曰釋詁云恤憂也故以恤恤爲憂患之意也湫是湫隘故以湫爲愁隘之意也詩云攸攸旆旌故以攸攸爲懸之貌也言南蒯之心若此深思而淺謀邇身而遠志家臣而君圖家臣而圖人君之事故言思深而謀淺身近而志遠○思息嗣反注同疏深思至君圖○正義曰深思而淺謀思慮深而知計淺言其知小而謀大也邇身而遠志身卑近而志高遠言其越分以求通也家臣而君圖爲家臣而謀君事言其非己所當爲也上二句言其心下一句指其事爲下句而發上一句故注倒言之有人矣哉言今有此人微以戒之南蒯枚筮之不指其事汎卜吉凶○枚武回反汎芳劍反疏南蒯枚筮之○正義曰禮有銜枚所銜之木大如箸也今人數物云一枚兩枚是籌之名也尚書大禹謨舜禪禹禹讓不受請帝枚卜功臣惟吉之從孔安國云枚謂歷卜之而從其吉彼謂人下一籌使歷卜之也此則不告筮者以所筮之事空下一籌而使之筮故杜云不指其事汎卜吉凶也或以爲杜云汎卜吉凶謂枚雷總卜曲禮云無雷同是總衆之辭也今俗諺云枚雷則其義理或然也遇坤䷁坤上坤下○坤苦門反之比䷇坤下坎上比坤六五爻變○比毗志反注同曰黃裳元吉坤六五爻辭以爲大吉也示子服惠伯曰卽欲有事何如惠伯曰吾嘗學此矣忠信之事則可不然必敗外彊內溫忠

也坎險故彊坤順故溫彊而能溫所以爲忠【疏】以爲大吉○正義曰筮遇此爻而辭云黃裳元吉南蒯自以爲所謀之事必大吉○注坎險至爲忠○正
義曰坎象云習坎重險是坎爲險也說卦云坤順也六五爻變則上體爲坎坎有險難故爲剛彊也坤道和順故爲溫柔也剛彊以禦難柔順以事主故外彊
而能內溫所以爲忠也和以率貞信也水和而土安正和正信之本也故曰黃裳元吉黃中之色也裳下
之飾也元善之長也中不忠不得其色言非黃○長丁丈反【疏】注水和至本也○正義曰坎爲水水性和柔坤爲土
土性安正率循也貞正也用和柔之性以循安正道既和且正。信之本故爲信也○故曰黃裳元吉○正義曰天下之事雖則萬端總之諸法大歸忠信而已
能忠能信無施不可以有忠信故曰黃裳元吉解此爻辭之意。下不共不得其飾不爲裳事不善不得其極失中德
【疏】注失中德○正義曰極訓爲中不得其忠言其失中德也此文以上二句類之當云善不極不得爲長文不然者惠伯之語雖反覆相疊不可字字相對
隨便而言故與上不類外內倡和爲忠不相違也○倡昌亮反和戶臥反率事以信爲共率猶行也【疏】注率猶行也○
正義曰率訓循循。而行故率猶行也供養三德爲善三德謂正直剛克柔克也○供九用反養餘亮反【疏】注三德至克也○正義曰洪範
三德一曰正直二曰剛克三曰柔克孔安國云正直者能正人之曲直剛克者剛能立事柔克者和柔能治三者皆人之性也剛則失之於彊柔則失之於弱
故貴其能剛能柔謂剛不苛酷柔不滯溺也供養三德爲善者剛則抑之柔則進之以志意供給長養之使合於中道各成其德乃爲善也董遇注本爲共養
解云盡共所以養成三德也○非此三者弗當非忠信善不當此卦○當如字注同或下浪反【疏】。黃中至弗當○正義曰既言爻爲此辭之
意又解此辭所言之義也五方則爲五色黃是中央之色也衣裳所以飾身裳是在下之飾也元者始也首也於物爲初始於人爲頭首元是諸善之長也五

方之中猶人之心心中心中不忠則不得其黃之色也身體之下猶名位之下爲下不共則不得其裳之飾也舉事不善則不得其善之中言爲事不中則非善之長也更覆言忠共善三者之義外內倡和爲忠言君在內臣在外君倡臣和不相乖違是名爲忠也行事以信無有虛詐是名爲共也人之爲德有正直剛柔供養此三者之德使其德無愆乃名爲善也非此三者忠也共也善也則於此卦不當也不當此卦雖吉不可○

且夫易不可以占險將何事也且可飾乎夫易猶此易謂黃裳元吉之卦問其何事欲令從下之飾○夫音扶注同令力呈反

疏且夫至未也○正義曰且夫易謂此黃裳元吉之易也唯可以占忠信之事不可以占危險之事也問南蒯今將欲爲何事也且可飾乎言此易所占唯且可爲在下之飾乎不可爲餘事也中美能黃忠則黃也上美爲元善則元也下美則裳共則裳也忠善共三者皆成可。如此筮之言吉也三者猶有所闕筮雖吉未可用也○注夫易至之飾○正義曰惠伯指論此卦而言夫易非是漫言易故知夫易猶言此易謂此黃裳元吉之易卦也險謂危險言此卦不可以占危險之事心疑南蒯事險故問將何事也且可爲下之飾也欲令南蒯從下之飾爲共

中美能黃上美爲元下美則裳參成可筮參美盡備吉可如筮○參七南反又音三猶有闕也筮雖吉未也有闕謂不參成將適費飲鄉人酒南蒯自其家還。適費○飲於鴆反鄉人或歌之曰我有圃生之杞乎言南蒯在費欲爲亂如杞生於園圃非宜也杞世所謂。枸杞也○圃布古反杞音紀枸音苟本又作狗○從我者子乎子男子之。通稱言從己可不失今之尊○稱尺證反去我者鄙乎倍其鄰者恥乎鄰猶親也○倍音佩已乎已乎非吾黨之士乎已乎已乎言自遂不改

疏鄉人至士乎○正義曰鄉人以南蒯季氏家臣而欲反害季氏故爲歌以感切之也圃者所以殖菜蔬也杞非可食之物我有圃生之杞以喻南蒯在費欲爲亂也若能從我之言不爲亂者是爲子也子者男子

之美稱不失尊貴得爲子也去我而背叛者鄙賤之行也倍其隣近者恥惡之事也若已乎已乎自遂其心不肯改者則不復是吾黨之士乎釋木云杞枸檵舍人曰枸杞也○注已乎至不改○正義曰杜此解原南蒯之意蒯君云此事已乎已乎自遂其心如不肯改則此南蒯非復是吾黨之士也服虔云已乎決絕之辭則謂歌者自言己意可已乎已乎此南蒯今已非是吾黨之士

平子欲使昭子逐叔仲小欲以自解說小聞之不敢朝昭子命吏謂小待政於朝曰吾不爲怨府言不能爲季氏逐小生怨禍之聚爲明年叔弓圍費傳○爲季于僞反下同

○楚子狩于州來狩冬獵也○狩本亦作守同手又反注同次于潁尾潁水之尾在下蔡使蕩侯潘子司馬督囂尹午陵尹喜帥師圍徐以懼吳五子楚大夫徐吳與國故圍之以偪吳○潘普干反督音篤本亦作嚻囂五刀反徐許驕反楚子次于乾谿在譙國城父縣南以爲之援雨雪王皮冠秦復陶秦所遺羽衣也○援于眷反雨于付反王皮冠一本作楚子皮冠復音服一音福陶徒刀反遺唯季反疏○注秦所遺羽衣○正義曰文在冠下舃上知是衣也目之以秦明是秦所遺也冒雪服之知是毛羽之衣可以禦雨雪也翠被以翠羽飾被○被普義反注及下同豹舃以豹皮爲履○舃音昔執鞭以出執鞭以教令○鞭必緜反注或革旁作更者五孟反非也僕析父從楚大夫○析星歷反從才用反疏翠被○正義曰釋鳥云翠鷸樊光云青出交州李巡曰其羽可以飾物郭璞曰似燕紺色生鬱林鄭子臧好鷸冠以此鳥之羽飾冠○僕析父從○正義曰劉炫以爲僕析父從右尹子革夕見於王爲下與革語張本以規杜今知不然者若僕析父共子革二人同時見王王與之語則二人並在子革獨對傳應云子革對曰不得直云對故杜以爲右尹子革將夕故下卽云對事理分明劉妄規杜過非也右尹子革夕子革鄭丹夕莫見莫音暮見賢遍反○王見之去冠被

舍鞭敬大臣○去起呂反舍音捨與之語曰昔我先王熊繹楚始封君○繹音亦疏注楚始封君○正義曰此與呂級王孫牟燮父禽父杜所注者皆是世家文也燮父禽父亦王孫傳於牟言王孫燮禽亦蒙之與呂級。齊太公之子丁公○級音急本亦作伋王孫牟衛康叔子康伯燮父晉唐叔之子○燮素協反父音甫下同禽父周公子伯禽並事康王康王成王子四國皆有分我獨無有四國齊晉魯衛分珍寶之器○分扶問反下及注皆同疏注四國至之器○正義曰書序云武王既勝殷邦諸侯班宗彝作分器旅獒云明王慎德四夷咸賓無有遠邇畢獻方物惟服食器用王乃昭德之致于異姓之邦無替厥服分寶玉于伯叔之國時庸展親魯語云古者分同姓以珍玉展親也分異姓以遠方之職貢使無忘服也是言諸侯皆得天子之分器也定四年傳稱分魯公以夏后氏之璜封父之繁弱分康叔以大呂之鍾分唐叔以密須之鼓闕鞏之甲沽洗之。鍾其齊之所得則無以言之今吾使人於周求鼎以爲分王其與我乎對曰與君王哉昔我先王熊繹辟在荊山在新城沶鄉縣南○辟匹亦反沶音市又音示篳。路藍縷。以處草莽跋涉山林以事。天子唯是桃弧棘矢以共禦王事桃弧棘矢以禦不祥言楚在山林少所出有○篳音必藍力甘反縷力主反莽武黨反跋蒲末反共音恭禦魚呂反齊王舅也成王母齊大公女晉及魯衛王母弟也楚是以無分而彼皆有今周與四國服事君王將唯命是從豈其愛鼎王曰昔我皇祖伯父昆吾舊許是宅。陸終氏生六子長曰昆吾少曰季連季連楚之祖故謂昆吾爲伯父昆吾嘗居許地故曰舊許是宅○長丁丈反少詩照反嘗一本作曾才能反疏注陸終至是宅○正義曰楚世家云陸終生子六人坼剖而產焉。一曰昆吾二曰參胡三曰彭祖四曰會人五曰曹姓六曰季連季連芊姓楚其後也昆吾是楚之遠祖之兄也舊許是宅昆吾嘗居許地許既南遷故云舊許是宅其地此時屬鄭故云鄭人貪賴其田而不我與哀十七年傳衛侯夢見人登昆吾之觀北面而譟曰登此昆吾之。虛杜云今在濮陽城中蓋昆吾居此二處未知孰為先後也

今鄭人貪賴其田而不我與我若求之其與我乎對曰與君王哉周不愛鼎鄭敢愛田王曰昔諸侯遠我而畏晉今我大城陳蔡不羹賦皆千乘子與有勞焉諸侯其畏我乎對曰畏君王哉是四國者專足畏也四國陳蔡二不羹○遠于萬反羹音郎乘繩證反與音預

【疏】注四國至不羹○正義曰劉炫以為楚語云靈王城陳蔡不羹使僕夫子晳問於范無宇曰今吾城三國賦皆千乘亦當晉矣諸侯其來乎對曰是三城者豈不使諸侯之。惕焉彼再言三城無四國也縱使不羹有二或當前後遷焉非是並有二也炫謂古四字積畫四當為三以規杜過今知不然者以三之與四古雖積畫錯否難知但。今諸儒所注春秋傳本並云四國無作三者國語是不傳之書何可執以為真而攻左氏劉雖有所規未可從也

又加之以楚敢不畏君王哉工。尹路請曰君王命剝圭以為鏚柲。鏚斧也柲柄也破圭玉以飾斧柄○剝邦角反鏚音戚柲音祕

【疏】破圭玉以飾斧柄○正義曰斧。柯長三尺和氏之玉長一尺二寸圭玉非為斧柄之物故知破之為飾

敢請命請制度之命王入視之析。父謂子革。吾子楚國之望也今與王言如響國其若之何譏其順王心如響應聲○響許丈反應應對之應子革曰摩厲以須王出吾刃將斬矣。以己喻鋒刃欲自摩厲以王斬王之淫慝○慝他得反

出復語左史倚相趨過倚相楚史名○復扶又反倚於綺反徐其綺反相息亮反王曰是良史也子善視之

是能讀三墳五典八索九丘皆古書名○墳扶云反索所白反本又作素疏注皆古書名○正義曰孔安國尚書序云伏犧神農黃帝之書謂之三墳言大道也少昊顓頊高辛唐虞之書謂之五典言常道也八卦之說謂之八索求其義也九州之志謂之九丘丘聚也言九州所有土地所生風氣所宜皆聚此書也楚左史倚相能讀三墳五典八索九丘卽謂上世帝王遺書也周禮外史掌三皇五帝之書鄭玄云楚靈王所謂三墳五典是也賈逵云三墳三王之書五典五帝之典八索八王之法九丘九州亡國之戒延篤言張平子說三墳三禮禮爲大防爾雅曰墳大防也書曰誰能典朕三禮三禮天地人之禮也五典五帝之常道也八索周禮八議之刑索空空設之九丘周禮之九刑丘空也亦空設之馬融說三墳三氣陰陽始生天地人之氣也五典五行也八索八卦九丘九州之數也此諸家者各以意言無正驗杜所不信故云皆古書名對曰臣嘗問焉昔穆王欲肆其心周穆王肆極也周行天下將皆必有車轍馬跡焉祭公謀父作祈招之詩以止王心謀父周卿士祈父周司馬世掌甲兵之職招其名祭公方諫遊行故指司馬官而言此詩逸○周行如字又下孟反轍直列反祭側界反招常遙反又音昭父音甫疏注謀父至詩逸○正義曰尚書酒誥云若疇圻父是祈父爲官名也詩小雅有祈父之篇其詩云祈父予王之爪牙胡轉予于恤毛傳云祈父司馬也職掌封圻之甲兵鄭箋云此司馬也時人以其職號之故曰祈父杜用彼說故云祈父司馬世掌甲兵之職也祈既是官故以招爲其名謂穆王之時有司馬之官其名曰招也祭公方諫遊行故指司馬官而爲言也賈逵云祈求也昭明也言求明德也馬融以圻爲王圻千里王者遊戲不過圻內昭明也言千里之內足明德王是以獲沒於祗宮獲沒不見篡弑○祗音支又音祁篡初患反弑申志反疏祗宮○正義曰馬融云圻內遊觀之宮也杜不解蓋以爲王離宮之名也臣問其詩而不知也若問遠焉其焉能知之王曰子能乎

對曰能其詩曰祈招之愔愔式昭德音愔愔安和貌式用也昭明也○焉能於虔反愔愔一心反徐於林反思我王度式如玉式如金金玉取其堅重形。民之力而無醉飽之心言國之用民當隨其力任如金冶之器隨器而制形故言形民之力去其醉飽過。盈之心○冶音也去起呂反疏其詩至之心○正義曰穆王之時有祈父官名招卽是司馬官也職掌兵甲。常從王行祭公諫王遊行設言以戒司馬也言祈招之愔愔美其志性安和愔愔然也女當用此職掌以明我王之德音也思使我王之德度用如玉然用如金然使之堅而且重可寶愛也若用民力當隨其所能而制其形模依此。形模用民之力而無有醉飽盈溢之心也以王之遊行必勞損民力故令依法用之○注言國至之心○正義曰言國之用民當隨其力任量其力之所堪而任用之不使勞役過其所堪也如金冶之器隨器而制形者鑄冶之家將作器而制其模謂之爲形。今代猶名焉用民之力依模用之故言形民之力也食充其腹謂之飽酒卒其量謂之醉醉飽者是酒食饜足過度之名也穆王用民之力不知饜足故令去其醉飽過盈之心王揖而入饋不食寢不寐數日深感子革之言○饋其位反數所主反不能自克以及於難克勝也○難乃旦反勝升證反又音升仲尼曰古也有志克己復禮仁也信善哉楚靈王若能如是豈其辱於乾谿○晉伐鮮虞因肥之役也肥役在此年疏克己復禮仁也○正義曰劉炫云克訓勝也己謂身也。有嗜慾當以禮義齊之嗜慾與禮義交戰使禮義勝其嗜慾身得歸復於禮如是乃爲仁也復反也言情爲嗜慾所逼己離禮而更歸復之今。刊定云克訓勝也己謂身也謂身能勝去嗜慾反復於禮也

附釋音春秋左傳注疏卷第四十五

春秋左傳注疏卷四十五校勘記　阮元撰盧宣旬摘錄

附釋音春秋左傳注疏卷第四十五　昭九年盡十二年

〔經九年〕

注以事會禮　宋本監本毛本事下有至字

則當云楚人遷許　宋本云作爲

而書陳災者　淳熙本災誤少

災言繫於所災所害　宋本岳本監本毛本言作害是也

不書也　宋本書下有晉字是也

〔傳九年〕

楚公子弃疾遷許于夷　石經于字缺

此時至譙郡　宋本以下正義二節揔入注文使民不安之下

故傳以實明之　閩本監本毛本明作名

傳以所改實之　監本實下有名字毛本作明字並衍文

凡有二義經書未改之名傳以所改實之 補案此十六字誤衍上文

傳云許遷於析 毛本於改于

次于垂葭實鄍氏是也 閩本監本毛本鄍作郥非

已有所改前後之名 毛本已作亦

夫子集史記而爲經 毛本夫誤父段玉裁校本作孔

析公之亂 臧禮堂云案傳云子儀之亂析公奔晉此作析公之亂蓋孔沖遠誤憶耳

汝水之南也 宋本也作地

然丹遷城父人於陳 纂圖本毛本於作于下於許同並非

許遷於葉 釋文亦作於纂圖本毛本作于非

甘人至大夫 宋本以下正義十六節總入注文賓滑周大夫之下

晉梁丙張趯率陰戎伐穎 石經初刻誤穎後改正下歸穎俘穎同

桓伯周大夫 淳熙本桓作相

駘 釋文云依字應作邰顧炎武云詩作邰

百餘里耳監本百字實缺

肅愼北夷淳熙本北誤伯

在元菟北三千餘里諸本作北此本誤此今改正

卽在遼東北宋本重東字此本誤脫

亦其廢隊是爲石經隊初刊作墜後磨去土字是也

故言弁髦因以敝之宋本淳熙本岳本纂圖本足利本之字下有弁亦冠也四字與正義合

冠而敝可也宋本可上有之字是也

爲髦彼兩髦閩本監本毛本彼作被非也

止須言饕餮耳閩本監本毛本止誤正

而云檮杌者毛本云改言

僖十十五年補案十字誤重

二十二年纂圖本下二字作三非也

邑外謂之郊宋本毛本謂誤爲

后稷脩封疆岳本前後並作脩此處作修

木水之有本原纂圖本原改源

雖戎狄其何有余一人淳熙本戎誤戒

而暴滅宗周石經宋本滅作蔑

陳水屬宋本以下正義七節總入故曰五十二年句注下

火水妃也陸粲附注云下注妃合音配則此亦同音大玄注引傳作火水嬰也嬰古妃字

土畏木以己爲甲妃也宋本監本毛本木作水非也

故火爲水妃毛本妃作也非也

卷章生犂宋本犂作黎

帝使黎誅之監本毛本黎作犂下同

當謂逐去楚人之在陳者閩本監本毛本謂作爲非也

故昭十五年得超一辰宋本閩本監本毛本作超此本誤招今訂正

若然楚卒滅陳此本滅字模糊依宋本補正閩本監本毛本作城非也

則歲星當偷鶉火至鶉尾閩本監本毛本偷作逾亦非宋本作踰〇今從宋本

卒于戲陽案後漢書光武紀作羛陽注引左傳文云戲與羛同又按說文我部云巍郡有羛陽縣

膳宰屠蒯趨入纂圖本監本毛本膳作饍案饍俗膳字諸本作屠蒯禮記作杜蕢鄭注云杜蕢或作屠蒯

工樂師師曠也閩本監本曠作矌非也正義同毛本正義亦誤矌

工樂師師曠也宋本以下正義七節總入公說徹酒節注下

將司聽也纂圖本毛本司作師非毛本正義亦誤

故此日不用舉吉事宋本故下有忌字是也

是謂股肱石經此處殘缺纂圖本閩本監本毛本謂作為非也

職在外故主視監本毛本在誤為

其禮不可輒廢毛本輒作徹非也

使荀躒佐下軍以說焉釋文云躒本又作櫟軍字監本空缺

主人不延几浦鏜正誤延作筵與聘禮合

詩曰至子來宋本此節正義在無囿猶可節下

無圍猶可 顧炎武云石經圍誤宥案石經不誤炎武非也

〔經十年〕

耆酒好內 淳熙本纂圖本閩本監本毛本耆作嗜閩本內誤肉

三月而葬速 淳熙本月誤日

宋公成卒 釋文云成音城何休音恤案公羊作戌釋文云宋戌讀左傳者音城何云向恤與君同名則宜音恤

注五同盟 宋本此節正義在九月節注下注十一同盟節正義在十有二月節注下

十八年于虛朾 監本朾誤村

十六年于臭梁 閩本監本毛本臭作溴亦非宋本作湨是也〇今從宋本

〔傳十年〕

注歲歲至玄枵 宋本以下正義五節總入吾是以譏之注下

實守其地 韋昭周語注引作其祀

客星居玄枵之維首 宋本玄作女非也

織女爲處女 纂圖本毛本爲作謂非是

則陵是逢君之始祖也 宋本則下有伯字是也

未知戊子卒者何名號也 宋本閩本監本毛本同何下宋本有所字

齊惠欒高氏皆耆酒 宋本脫皆字石經此處殘缺

故騁告鮑文子 淳熙本岳本纂圖本騁作驅

則皆從飲酒 石經宋本淳熙本岳本纂圖本監本毛本從作將是也

欲以公自輔助 淳熙本纂圖本足利本助作佐

齊惠欒高氏 宋本以下正義六節總入穆孟姬節注下

齊惠公生子欒 毛本齊誤晉宋本生下有公字是也

旗生是欒孫 宋本無生字是也

孫以王父字王父字爲氏 宋本王父字不重是也

彼師氏察王得失 毛本師誤司

晏平仲端委立于虎門之外 宋殘本此句起

端委朝服 案九年注作端委禮服

公卜使王黑以靈姑銔率宋殘本王字模糊

王黑齊大夫宋殘本大字模糊

斷三尺不敢與君同宋殘本斷三不三字模糊

欒高敗宋殘本敗作師

欒施高彊來奔纂圖本毛本彊作強非也

謂懿德宋本淳熙本岳本纂圖本閩本監本毛本謂上有讓之二字是也石經讓字殘缺

蘊利生孽石經宋本宋殘本淳熙本岳本足利本蘊作薀下及注同與北宋刻釋文合說文薀字注引春秋傳亦作薀利生孽案薀俗蘊字岳本孽作孼釋文作蘖說文無蘖字

蘊畜也孽妖害也淳熙本妖誤疾宋殘本淳熙本岳本纂圖本注文七字在姑使無薀乎句下與此本同

子山子商宋殘本商誤啇

陳錫載周諸本作載周語國語引詩同釋文云詩作哉毛傳云哉載也

曰詩云至桓公是以霸監本毛本無桓公二字宋本作曰詩至以霸

桓公亦用此能霸諸侯宋本能下有施是以三字

郰莒邑重脩監本郰誤鄭

魯無義石經義字下後人旁增矣字

視民不佻釋文云詩作示案詩亦作視

邾人辥人石經宋本宋殘本淳熙本岳本纂圖本足利本邾人下有滕人二字

百兩宋本以下正義三節總入而不能自克也注下

孤斬焉在衰絰之中釋文云衰本又作縗字石經此處正作衰字足以正前此改刊之不誤

大夫將若之何毛本若作知非也

我則知不足矣宋本無矣字

高彊見而退閩本監本彊作疆非也

昭子語諸大夫曰案石經夫字以下一行十一字自爲字起皆改刊初刻似多一字改從定本故次行僅九字也

其子弗能任罪猶及之難不慎也石經子字起愼字止此行計十一字自之字以下刓缺

不害乎也石經宋本淳熙本宋殘本岳本纂圖本閩本監本毛本不下有亦字是

難不慎宋本以下正義二節總入詩曰不自我先節注下

言人居身難此本身字模糊據宋本補閩本監本作之毛本作其皆非也

詩曰至我後宋本閩本監本毛本正義在冬十二月節之前

〇平〇正義曰此節正義閩本毛本監本在注文平公大子佐也之下與此本同宋本在注文言元公好惡無常之下

內外賓服曰平氏誤梁玉繩云逸書謚法解平謚有三而內外賓服乃正也孔

好建國都曰元案逸周書謚法解好作始

〔經十一年〕

春王二月石經此處殘缺傳文亦作二月公羊作正月

但立爲君於蔡毛本於作于

仲孫纂圖本仲誤季

厥憖釋文憖徐五巾反惠棟云案公羊作屈銀是憖讀爲銀徐音是也說文云憖从心猌聲又犬部云猌從犬來聲讀又若銀是古音皆以憖爲銀

〔傳十一年〕

歲復在大梁毛本梁誤楚

唯蔡於感諸本作感釋文云戸暗反石經亦不加小旁此古字之僅存者

五月丙申 石經宋本宋殘本淳熙本岳本纂圖本足利本五作三是也

不可再也 淳熙本可作阿毛本再作討並誤

桀克有緡以喪其國 自桀字以下宋殘本缺一葉

桀克至其身 宋本以下正義四節總入注文猶沒不可復振之下

非祚之也 釋文祚作胙云本又作祚陳樹華云當作胙爲正

猶沒不可復振 釋文云本亦無復字

○水木至弃捐 宋本水作注金二字是也

僖子使助薳氏之簉 釋文云薳本又作蔿簉本又作⿱艹造說文簉從卄案五經文字卄部⿱艹造字注云又又反倅也春秋傳從竹

簉副至助之 宋本以下正義二節總入注文似雙生之下

似雙生 纂圖本似誤以

物以無親 宋本此節正義在注文狐父晉大夫之下

亦可知也已爲盟主而不恤亡國將焉用之 岳本已作己石經此處刓缺此行也字起將字止計十一字案陳樹華云宋本及明刻諸本並作已止之已岳本作人己之己惜釋文無音石經又缺以文義論之當作已止之已又案惠棟讀本以已字屬上是作已不作己也

○秋會于厥慭宋本無○

不果救蔡宋本淳熙本岳本纂圖本足利本無蔡字是也

三年王其有咎乎宋殘本自王字以下起

歲在大梁監本毛本在誤爲釋文云本或作於

單子其將死乎臧琳云漢書五行志無將字乎作虖虖古乎字

注著定至表著宋本以下正義五節總入無守氣矣注下

必聞於表著宋本於作于

會有表正義云俗本表下有旗謬也

侯先伯毛本伯誤西

是以設表爲位也宋本是下有亦字

必亦旌表位宋本亦下有以字

衣有襘釋文亦作襘閩本誤襘監本誤繪下結襘並同按說文衣部有襘字帶所結也禮記作袷注云交領也此傳云視不過結襘之中卽曲禮天子視不上於袷不下於帶也然則杜釋襘爲領會可正許氏之誤

注貌正曰從宋本正下有至字

其意云監本毛本云作曰

晉士至魯郊宋本此節正義在君無感容節注下

則不爲祖考所歸祐岳本祐作佑此本所誤听閩本遂作聽今據諸本改正

忌畏也宋殘本此處模糊纂圖本閩本監本毛本忌畏誤倒

蔡侯廬之父釋文亦作廬纂圖本作盧非

用隱大子于山岡宋本以下正義三節揔入王必悔之注下山岡字誤倒

楚子城陳蔡不羹諸本作羮釋文云漢書地理志作更字

不羹宋本以下正義六節總入尾大不掉節注下

與檀伯爲一人補案一當作二諸本並誤今改正

則莊城櫟而置子元宋本莊下有公字

不可爲恠閩本恠作悴尤非宋本監本毛本作怪是也

劉子元爲曼伯補宋本毛本劉下有又以二字監本初刻無後擠補閩本亦脫又字

又下云閩本監本毛本云作文非

亦不可居朝廷閩本監本廷作庭非

羈不在內石經宋本宋殘本岳本羈作羇

國有大臣石經宋本宋殘本淳熙本岳本纂圖本閩本監本毛本臣作城是也○今訂正

在襄生四年閩本監本生作公亦誤宋本宋殘本淳熙本岳本纂圖本毛本生作十是也○今訂正

欲令蕃屏王室毛本蕃作藩按說文蕃艸茂也从艸番聲藩屏也从艸潘聲毛本是

若體牲焉案國語楚語牲作性

故變而不勤閩本監本毛本勤作勳

蚩蠻之既多案國語楚語蠻作蠻當攷

臣懼之宋本臣下有亦字與楚語合

（經十二年）

或可轉寫錯誤閩本監本毛本轉作傳○案可當作由

以乾谿師告淳熙本師誤帥

何以不常狄晉而復之其人也閩本監本毛本之作舉宋本作書而作更人作將是也○今從宋本

（傳十二年）

言因唐衆欲納之毛本言因誤倒

執用至庸毀宋本以下正義三節總入以自成也之下

故道有臨時迂直也釋文亦作迂宋本宋殘本作透毛本時誤在

則朝而塴石經此處缺釋文云塴禮家作窆正義曰周禮作窆禮記作封此作窆其字不同是聲相近經篆隸而字轉易耳案說文作堋字注引春秋傳曰朝而堋

享之岳本享上增公字非也

言賓有令德宋本賓作寶

爲賦蓼蕭宋本以下正義二節總入注文華定出奔傳下

令德受凱補案受當作壽毛本亦誤

定當受同福宋本受下有此字

注懋魯至於策宋本以下正義五節總入以齊侯出句注下

宛在水中曰坻補案曰字誤衍

或可投時皆有言語閩本監本毛本可作作非

卽爲投壺閩本監本毛本卽作是非

服之无斁宋本无作無

吾軍帥彊禦纂圖本毛本帥誤師釋文彊作強

日旰君勤石經君字下缺說文旰字注引春秋傳曰日旰君勞

成虎宋本此節正義在注文解經所以書名之下

注鮮虞至陽城宋本此節正義在注文爲下晉伐鮮虞起之下

晉郤克衛孫良夫伐墻咎如宋本墻作廧

杜以昔陽爲肥國之都正德本閩本監本昔作晉非毛本作者尤誤

昔陽卽是肥都宋本昔上有若字

後遷鼓鄗此本鼓字模糊據宋本補閩本毛本作號監本作虢並非

與此何異且宋本異耳作異且且字屬下讀是也○補案此本且作川不成字今改從宋本

去下曲陽道路非遠 毛本遠作遠非是

在中山南二百許里 閩本監本毛本許作餘

如湯之伐桀 監本毛本伐作放按書序作伐桀史記殷本紀亦云湯伐桀

鉅鹿下曲陽縣西有肥累城 宋本宋殘本淳熙本岳本足利本西下有南字案郡國志引注亦作西南

原伯絞周大夫 宋本此節正義在注文郊周地之下

過將去成景之族 閩本監本景下衍公字是也

以功加三命 毛本功誤至

季悼子至命爲卿 宋本以下正義十九節總入小聞之節注下

著位次 宋本宋殘本淳熙本岳本纂圖本閩本監本毛本作著此本誤者今改正宋殘本位作仁非也

故以攸爲懸之貌也 宋本之上有危字是也

邇身而遠志 宋殘本遠作速非也

微以感之 閩本監本感誤戒

汎卜吉凶 淳熙本卜吉二字誤作旨纂圖本作下亦非

是籌之名也宋本是上有則枚二字是也

今俗該云閩本監本毛本該作語亦非宋本作諺是也〇今從宋本

坤上坤下坤宋本宋殘本淳熙本岳本纂圖本足利本作坤下坤上坤不誤

外彊內温忠也纂圖本閩本監本毛本彊作強注及正義並同

筮遇比爻閩本監本毛本比作此

既和且正信之本毛本信作性非

解此爻辭之意閩本監本毛本意下衍也字

循而行宋本循下有道字是也

供養三德爲善正義引董遇注本爲共養解云盡共所以養成三德也案惠棟云古供字作共董季直本是也訓爲盡共恐未然三德謂黃裳玄也注亦誤

黃中至弗當宋本此節在失中德正義之前

可如此筮之言吉也閩本監本如作知

南蒯自其家遷適費宋本宋殘本淳熙本岳本足利本遷作還不誤

杞世所謂狗杞也此本狗字模糊據宋本補淳熙本岳本纂圖本閩本監本毛本作枸

子男子之通稱沈彤云通當作美

言從己可不失今之尊宋本宋殘本岳本已作己不誤

杞枸檵閩本監本檵誤[illegible]

蒯君云宋本監本毛本君誤若

服虔云已乎閩本監本乎誤矣宋本已乎重與傳文合

潁水之尾在下蔡宋本宋殘本淳熙本岳本纂圖本蔡下有西字

司馬督宋殘本淳熙本督作督石經督字下半殘缺釋文作裻云本亦作督案五經文字云裻音督則石經必作督不作裻也惠棟云裻與督通說文云裻背縫莊子養生主云緣督以爲經亦謂背縫也方言云繞緍謂之襹裺郭氏云衣督脊也

注秦所遺羽衣宋本以下正義十四節總入仲尼曰節之下

冒雪服之閩本監本毛本冒作冐非服閩本誤復監本誤腹毛本誤羽

執鞭以出諸本作鞭釋文云或革旁作更者五孟反非也

青出交州宋本青下有羽字是也

似燕紺色宋本燕作鷰字按唐人作燕鳥字多如此

子華鄭丹監本華誤草

王見之去冠被按襄十四年正義引作去皮冠以意增字耳

與呂級釋文云級本又作汲岳本足利本作伋案六經正誤云呂級與國本作汲尚書作伋姑兩存之

姑洗之鐘宋本閩本監本毛本鐘作鍾

篳路藍縷纂圖本毛本足利本藍作籃案史記作蓽露藍蔞徐廣曰案服虔云蓽露柴車素大路也藍蔞言衣敝壞其蔞藍藍然也是徐廣所見服氏本亦作藍山井鼎云作藍恐非誤也

以事天子宋殘本事字以下全缺

一曰昆吾宋本閩本監本毛本有一字此本空缺今據補

登此昆吾之虛閩本監本毛本虛作墟

使僕夫子晳問於范無宇曰閩本晳誤晢諸本作問此本誤門今訂正

豈不使諸侯之惕焉案國語楚語之下有心惕二字

但古今諸儒古字據宋本補閩本監本毛本亦脫

工尹路請曰石經初刊有工字後磨去故此行九字

君王命剝圭以爲鏚柲釋文亦作柲閩本監本毛本誤秘閩監本注同毛本注作柄尤非又按鏚者戚之俗字戚者戉也戉者大斧也

斧柯長三尺毛本柯誤何

析父謂子革石經析字磨改革字以下一行計九字

以靳王之淫慝足利本靳作斲與釋文合

三墳三王之書宋本王作皇

各以意言無正驗宋本言下有皆字

故云皆古書名監本毛本名下衍耳字

昔穆王欲肆其心案家語作昔周穆王李善注褚白馬賦引無昔字有周字陳樹華云疑作昔周穆王蓋楚亦有穆王子革對楚子言故加周字此非引書者以意增改也

祭公謀父作祈招之詩正義曰賈逵云祈求也昭明也馬融以圻爲王圻千里據此則賈逵本作祈昭馬融本作圻昭也

王是以獲沒於祇宮釋文沒作歿祇宮家語作支宮祇宮在南鄭見竹書紀年顧炎武惠棟並引之也按祇與支音同古音之十六部今音之五支也傳作祇家語作支正是一字

形民之力家語形作刑惠棟云古刑字皆作形段玉裁云形同型型法也謂爲之程法以用民之力而不太過也杜注得之型古通作刑亦作形正義云作器而制其模謂之爲形正謂形卽型也

去其醉飽過盈之心正義亦作盈毛本誤淫

常從王行毛本常誤當

依此形模監本毛本此作其

謂之爲形今代猶名焉此本形今誤飛今據宋本閩本監本毛本訂正

有嗜慾當以禮義齊之宋本有上有身字嗜作耆下同

今刊定云閩本監本毛本刊誤劉

春秋左傳注疏卷四十五校勘記

附釋音春秋左傳注疏卷第四十六 昭十三年

杜氏注　　孔穎達疏

經十有三年春叔弓帥師圍費不書南蒯以費叛不以告廟○費音秘疏注不書至告廟○正義曰定八年傳云陽虎入于讙陽關以叛注云叛不書略家臣則此亦爲略家臣故不告廟也以不告廟故史不得書二注互相備○夏四月楚公子比自晉歸于楚弒其君虔于乾谿比去晉而不送書歸者依陳蔡以入言陳蔡猶列國也比歸而靈王死故書弒其君靈王無道而弒稱臣比非首謀而反書弒比雖脅立猶以罪加也靈王死在五月又不在乾谿楚人生失靈王故本其始禍以赴之○谿苦兮反疏注比去至赴之○正義曰傳稱依陳蔡人以國許復其國而藉其力故書爲歸言是陳蔡納之釋例曰韓魏有耦國之疆陳蔡有復國之端故晉趙鞅楚公子比皆稱歸從諸侯納之例言非晉楚之所能制是其義也計靈王無道於國其弒不應稱臣又比爲觀從所誑迫脅而立非是弒君首謀而反書比弒君者比歸而王死故書比弒其君比雖被脅而立靈王爲比而死雖非比弒猶以弒君之罪加比哀六年注云楚比劫立陳乞流涕子家憚老皆疑於免罪故春秋明而書之以爲弒主釋例曰若鄭之歸生齊之陳乞楚公子比雖本無其心春秋之義亦同大罪是以君子愼所以立也其意以爲弒君之惡惡之大者雖則本無其心君實由之而死若舍而不責則下無所忌故書其名成其罪所以示來世勵後人爲教之遠防也靈王見弒實由無道但欲見比罪故稱臣名非言靈王爲有道猶如宣二年晉趙盾弒其君夷皐釋例曰傳言靈公不君又以明於例此弒宜稱君也弒非趙盾而經不變文者以示良史之意深責執政之臣彼爲章盾之罪稱臣名此亦爲章比之罪稱臣名非言靈王不合弒稱君也又傳稱五月王縊于芋尹申亥氏他年申亥以王柩告則靈王死在五月其死又不在乾谿而經書四月比弒

其君虔于乾谿者楚人生失靈王告時未知死否但以乾谿之地失王以為王必死矣本其始禍故以四月弒君赴也劉炫云比以四月歸既歸而王死故以云云同

楚公子棄疾殺公子比比雖為君而未列於諸侯故不稱爵殺不稱人罪棄疾

疏注比雖至棄疾○正義曰釋例曰諸侯不受先君之命而簒立得與諸侯會者則以成君書之齊商人蔡侯般之屬是也若未得接於諸侯則不稱爵楚公子棄疾殺公子比蔡人殺陳佗齊人殺無知衛人殺州吁公子瑕之屬是也諸侯簒立雖以會諸侯為正此列國之制也至於國內策名委質即君臣之分已定故簒立雖不稱君亦與成君同義也傳曰會。于。州以定公位又云若有罪則君列諸會矣此以會為斷也衛州吁齊無知皆弒君自立其死稱人以殺此比亦弒君而立不稱人以殺而云棄疾殺者棄疾利比之位而殺之其意不得為討賊不稱人所以罪棄疾也釋例云比既得國國人驚亂棄疾從而扇之比懼自殺皆棄疾之由故書公子棄疾殺公子比是言不稱弒其君又說罪棄疾之意也

○秋公會劉子晉侯齊侯宋公衛侯鄭伯曹伯莒子邾子滕子薛伯杞伯小邾子于平丘平丘在陳留長垣縣西南○垣音袁

八月甲戌同盟于平丘書同齊服故

公不與盟魯不堪晉求讒慝弘多公不與盟非國惡故不諱○與音預注同慝他得反

疏注魯不至不諱○正義曰宣七年公會晉侯云云于黑壤傳曰晉侯之立也公不朝焉又不使大夫聘晉人止公于會盟于黃父公不與盟以賂免故黑壤之盟不書諱之也彼公不與盟諱而不書此書之者彼不相朝聘公實有罪諱國之惡故不書其盟此時公實無罪非是國惡故書而不諱襄三十二年傳曰晉公室卑政在侈家韓宣子為政不能圖諸侯魯不堪晉求讒慝弘多是以有平丘之會此年傳云邾人莒人愬于晉曰魯朝夕伐我幾亡矣注云自昭公即位邾魯同好又不朝夕伐莒無故怨愬晉人信之所謂讒慝弘多是言晉受讒言公無罪非國惡故不諱也

晉人執季孫意如以歸

公至自會無傳

○蔡侯廬歸

于蔡○盧音盧又力居反陳侯吳歸于陳陳蔡皆受封于楚故稱爵諸侯納之曰歸疏注陳蔡至曰歸○正義曰公羊傳曰此皆滅國也其言歸何不與諸侯專封也其意言諸侯不得專封不與楚封陳蔡。使。若。陳蔡。之君自有國而歸之然以是故稱爵言歸若言各自有爵非由楚也杜以傳言平王封陳蔡又二君之歸再言禮也則與滅繼絕是爲得禮無有不與楚封之事也二者皆是舊國立君紹其先祀襲其封爵爵是先世之爵非楚今始立之故。言陳蔡皆受封于楚已立爲侯故稱爵以歸國非入國始爲君也禮諸侯不生名二君皆書名者稱爵以其受封于楚書名以其未成爲君稱名稱爵兩見之也諸侯納之曰歸成十八年傳例○冬十月葬蔡靈公蔡復而後以君禮葬之○公如晉至河乃復晉人辭公○吳滅州來州來楚邑用大師焉曰滅疏注州來至曰滅○正義曰州來楚邑不繫楚者大都以名通者例皆不繫國用大師焉曰滅襄十三年傳例

傳十三年春叔弓圍費弗克敗焉爲費人所敗不書諱之平子怒令見費人執之以爲囚俘冶區夫曰非也區夫魯大夫○俘芳夫反冶音也區烏侯反一音丘于反疏。非也○正義曰非三代服叛之道也若見費人寒者衣之飢。者食之爲之令主而共其乏困費來如歸南氏亡矣民將叛之誰與居邑若憚之以威懼之以怒民疾而叛爲之聚也若諸侯皆然費人無。歸不親南氏將焉入矣平。子從之費人叛南氏費叛南氏在明年傳善區夫之謀終言其效○衣於既反食音嗣共音恭憚待旦反爲之聚也于僞反焉于虔反效戶孝反疏民疾至聚也○正義曰季氏既執費人人皆憎疾季氏而叛之爲南氏之積聚也○楚子

之爲令尹也殺大司馬薳掩而取其室在襄三十年○薳于委反掩於檢反及即位奪薳居田居掩之族言薳氏所以怨遷許而質許圍遷許在九年圍許大夫○質音致蔡洧有寵於王王之滅蔡也其父死焉楚滅蔡在十一年洧仕楚其父在國故死○洧于軌反王使與於守而行使洧守國王行至乾谿○與音預守手又反【疏】楚子至而行○正義曰易稱善不積不足以成名惡不積不足以滅身小人以小善爲無益而弗爲以小惡爲無傷而弗去也故惡積而不可揜罪大而不可解至於滅身也申之會越大夫戮焉申會在四年【疏】申之至戮焉正義曰王肅云越大夫常壽過也申之會經書淮夷而不書越者以常壽過有罪不得列會故不書越也戮者陳其罪惡以徇諸軍言將殺之終亦不殺過至今在楚故怨而作亂王奪鬬韋龜中犨韋龜令尹子文玄孫中犨邑名○犨尺州反又奪成然邑而使爲郊尹成然韋龜子郊尹治郊竟大夫○竟音境蔓成然故事蔡公蔡公棄疾也故猶舊也韋龜以棄疾有當璧之命故使成然事之○蔓音萬故薳氏之族及薳居許圍蔡洧蔓成然皆王所不禮也因羣喪職之族啓越大夫常壽過作亂常壽過申會所戮者○喪息浪反過古禾反【疏】故薳至成然○正義曰言族者以掩既被殺唯有族存故言族也韋龜成然皆被奪邑所以不數韋龜而獨數成然者以是時韋龜已死故不言之上言奪邑者積王之惡見成然怨恨之深猶父子被奪故也圍固城克息舟城而居之息舟楚邑城之堅固者【疏】圍固至居之○正義曰圍固城城之固者克息舟息舟即是其一也以圍時有所毀故更城而居之觀起之死也其子從在蔡事朝吳觀起死在襄二十二年朝吳故蔡大夫聲子之子○從如字朝如字【疏】注故蔡大夫聲子之子○正義曰言故蔡大夫者此時蔡滅見爲楚縣吳

今在蔡其父先爲蔡國大夫故云故蔡大夫聲子之子也曰今不封蔡蔡不封矣我請試之觀從以父死怨楚故欲試作亂以蔡公之命召子干子晳。二子皆靈王弟元年子干奔晉子晳奔鄭○晳星曆反及郊而告之情告以蔡公不知謀強與之盟入襲蔡蔡公將食見之而逃不知其故驚起辟之○強其丈反疏強與之盟○正義曰二子聞。非蔡公之命欲還故觀從強與之盟遂入襲蔡觀從使子干食坎用牲加書而速行使子干居蔡公之牒食蔡公之食並僞與蔡公盟之徵。驗以示衆己徇於蔡己觀從也○己音紀徇似俊反曰蔡公召二子將納之與之盟而遣之矣將師而從之詐言蔡公將以師助二子蔡人聚將執之執觀從辭曰失賊成軍而殺余何益乃釋之賊謂子干子晳也言蔡公已成軍殺己不解罪朝吳曰二三子若能死亡則如違之以待所濟言若能爲靈王死亡則可違蔡公之命以待成敗。所。在○爲于僞反若求安定則如與之以濟所欲言與蔡公則可得安定且違上何適而可言不可違上也上謂蔡公衆曰與之乃奉蔡公召二子而盟于鄧潁川召陵縣西南有鄧城二子子干子晳依陳蔡人以國國陳蔡而依之疏依陳蔡人以國○正義曰。二子更無。兵衆唯依倚陳蔡人耳以國者許爲復其國以此招慰之楚公子比子干公子黑肱子晳○肱古弘反公子棄疾蔡公蔓成然蔡朝吳帥陳蔡不羹許葉之師因四族之徒四族。薳氏許圍蔡洧蔓成然○羹音郎葉始涉反以入楚及郊陳蔡欲爲名故請爲武軍欲築。壘。壁以示後人爲復讎之名○壘力軌反壁本亦作辟音璧蔡公知之曰欲速且役病矣請藩而已乃藩爲軍藩。籬也○藩方元反注同離也依字應作籬今作離假借也力知反疏蔡公至而已○正義曰蔡公知之知陳蔡人之情也蔡公楚之公子猶尙吝惜本國恥有報讎之名築壘以示後世故請藩而已蔡公使須務牟與史猈先入因正僕人殺大子祿及公子罷敵須務牟史猈楚大夫蔡公之黨也正僕大子之近官○牟亡侯反猈皮皆反徐扶蟹反又扶移反或扶瞻反本或作篺音同罷音皮徐甫綺反一音蒲買反疏正僕人○正義曰大僕也周禮下大夫二人公子比爲王公子黑肱爲令尹次于魚陂竟陵縣城西北有甘魚陂○陂彼宜反公子弃疾爲司馬先除王宮使觀從從師于乾谿而遂告之從乾谿之師告使叛靈王且曰先歸復所後者劓劓截鼻○劓魚器反截鼻之刑師及訾梁而潰靈王還至訾梁而衆散○訾子斯反注同潰戶內反王聞羣公子之死也自投于車下曰人之愛其子也亦如余乎侍者曰甚焉小人老而無子知擠于溝壑矣擠隊也○擠子細反說文云排也一音子禮反壑許各反隊直類反王曰余殺人子多矣能無及此乎右尹子革曰請待于郊以聽國人聽國人之所與王曰衆怒不可犯也曰若入於大都而乞師於諸侯王曰皆叛矣曰若亡於諸侯以聽大國之圖君也王曰大福不再祇取辱焉然丹乃歸于楚然丹子革弃王。而歸。楚○祇音支王沿夏將欲入鄢夏漢別名順流爲沿順漢水南至鄢○沿以全反夏戶雅反漢水也鄢徐於建反一音於晚反入本又作至芋尹無宇之子申亥曰吾父再奸王命謂斷王旌執人於章華宮○芋于付反徐又音羽奸音干斷丁管反王弗誅惠孰大焉君不可忍惠不可弃吾其從王乃求王遇諸棘闈。以歸棘里名闈門也○棘闈音韋孔晁云棘楚邑闈巷門疏注棘里名闈門也○正義曰吳語云昔楚靈王不君其臣箴諫不入其民不忍飢勞之殃三軍叛王於乾谿王獨行屏營彷徨於山林之中三日乃見其涓人疇王呼之曰余不食三日矣疇趨而進王枕其股以寢於地王寐疇枕王以塊而去之王覺而無見也乃匍匐將入於棘闈棘闈不納乃入芋尹申亥氏焉孔晁曰棘楚邑闈門也案襄二十六年傳言吳伐楚克棘四年傳言吳伐楚入棘以棘為邑或是也夏五月癸亥王縊于芋尹申亥氏癸亥五月二十六日。皆在乙卯丙辰後傳終言之經書四月誤○縊於豉反疏注癸亥至月誤○正義曰此癸亥之日實在乙卯丙辰之後傳先言之者因申亥求王遂言王縊是傳終言之也既以五月統癸亥之日而乙卯丙辰亦是五月之日雖則言有顛倒即令蒙此五月之文也劉炫云杜此注經書四月誤案上經注云靈王實以五月死楚人生失靈王本其始禍以赴兩注不同以為杜非今知不然者以其生失靈王不知死在五月遂以四月始禍言靈王之死是其錯誤之事於文似異義實一也劉以為二。注文異而規杜氏非也申亥以其二女殉而葬之觀從謂子干曰。○殉似俊反謂子干本或作謂子干曰不殺弃疾雖得國猶受禍也子干曰余不忍也子玉曰人將忍子子玉觀從吾不忍俟也乃行國每夜駭曰王入矣相恐以靈王也○駭戶揩反恐丘勇反下同乙卯夜弃疾使周走而呼曰王至矣周偏也乙卯十八日○呼好故反下同偏音遍國人大驚使蔓成然走告子干子皙曰王至矣國人殺君司馬將來矣司馬謂弃疾也言司馬見殺以恐子干君若早自圖也可以無辱衆怒如水火焉不可爲謀又有呼而走至者曰衆至矣二子皆自殺不書弒君位未定也○弒申志反丙辰弃疾卽位名曰熊居葬子干于訾實訾敖不成君無號謚者楚皆謂之敖○熊音雄疏注不成至之敖正義曰郟敖與此訾敖皆不成君無號謚也元年傳云葬王于郟謂之郟敖此云葬子于于訾實訾敖並以地名冠敖未知其故又世家楚之先君有若敖宵敖皆在位多年亦稱爲敖不知敖是何義殺囚衣之王服而流諸漢乃取而葬之以靖國人使子旗爲令尹子旗蔓成然○衣於既反旗音其楚師還自徐前年圍徐之師疏○楚師還自徐○正義曰上云師及訾梁而潰此又云楚師還自徐者上所云者是乾谿援師此謂蕩侯等五子伐徐師故杜云前年圍徐之師吳人敗諸豫章獲其五帥定二年楚人伐吳師于豫章吳人見舟于豫章而潛師于巢以軍楚師於豫章又柏舉之役吳人舍舟于淮汭而自豫章與楚夾漢此皆當在江北淮水南蓋後徙在江南豫章○五帥所類反謂蕩侯潘子司馬督囂尹午陵尹喜五人見賢遍反汭如銳反平王封陳蔡復遷邑復九年所遷邑疏○注復九年所遷邑○正義曰成十五年許遷于葉九年傳云遷城父人於陳遷方城外人於許今復遷邑則許還復葉方城外與城父人各復其本致羣賂始舉事時所貸賂○賂音路施舍寬民宥罪舉職舉職脩廢官○宥音又召觀從王曰唯爾所欲觀從教子干殺弃疾○今召用之明在君爲君之義○爲于僞反對曰臣之先佐開卜佐卜人開龜兆乃使爲卜尹使枝如子躬聘于鄭且致犨櫟之田犨櫟本鄭邑楚中取之平王新立故還以賂鄭○櫟力狄反事畢弗致○知鄭自說服不復須賂故○說音悅復扶又反下將復使同鄭人請曰聞諸道路將命寡君以犨櫟敢請命對曰臣未聞命既復王

問犨櫟降服而對。降服如今解冠也謝違命曰臣過失命未之致也王執其手曰子毋。勤姑

歸不穀有事其告子也王善其有權有事將復使之○毋音無疏臣過至致也○正義曰言臣罪過漏失君命遺忘之未之致與

也○子毋勤○正義曰言子毋以見使為勤勞他年芊尹申亥以王柩告乃改葬之初靈王卜曰余尚

得天下尚庶幾○柩其久反疏。尚得天下○正義曰謂得為天子也不吉投龜詬天而呼曰是區區者而不

余畀區區小天下○詬本又作詢呼豆反徐許后反呼火故反畀必利反徐甫至反與也余必自取之民患王之無厭也

故從亂如歸初共王無冢適冢大也○厭於鹽反共音恭適丁歷反下無適音同有寵子五人無適立焉

乃大有事于羣望羣望星辰山川疏注羣望星辰山川○正義曰楚語云天子偏祀羣神諸侯祀天地三辰及其土之山川孔晁云三辰日月星也祀天地謂二王後也非二王後祭分野山川而已又元年傳云辰為商星參為晉星是諸侯得祭分野之星知此羣望是星辰山川也於十二次鶉尾為楚當祀翼軫之星及其國內山川哀六年傳曰江漢雎漳楚之望也其山蓋荊山衡山之類而祈曰請神擇於五人者使

主社稷乃偏以璧見於羣望曰當璧而拜者神所立也誰敢違之既乃與巴姬

密埋璧於大室之庭巴姬共王妾大室祖廟○偏音遍見賢遍反下注微見同巴必加反埋亡皆反大室音泰疏偏以璧○正義曰謂以一璧偏見諸神。若神各一璧。乃多明無不當其上○注巴姬共王妾○正義曰知者襄十二年傳云楚司馬子庚聘于秦為夫人寧禮也彼秦女是夫人明巴姬是妾使五人齊。而長入拜從長幼以次拜○齊側皆反本又作齋長丁丈反注及下同康王跨之過其上也○跨苦化

反靈王肘加焉子干子晳皆遠之平王弱抱而入再拜皆厭紐微見璧紐以爲審識○肘中九
反遠于萬反厭於甲反徐又於輒反紐女九反識申志反又如字鬭韋龜屬成然焉知其將立故託其子○屬音燭且曰弃禮
違。命楚其危哉弃立長之禮違當璧之命終致靈王之亂子干歸韓宣子問於叔向曰子干其濟乎
對曰難宣子曰同惡相求如市賈焉何難宣子謂弃疾親恃子干共同好惡故言如市賈同利以相求○賈音古好
惡並如字又上呼報反下烏路反下皆倣此對曰無與同好誰與同惡言弃疾本不與子干同好則亦不得同惡取國有
五難有寵而無人一也寵須賢人而固有人而無主二也雖有賢人當須內主爲應○應應對之應有主而
無謀三也謀策謀也有謀而無民四也民衆有民而無德五也四者既備當以德成子干在晉十
三年矣晉楚之從不聞達者可謂無人晉楚之士從子干游皆非達人族盡親叛可謂無主無親
族在楚無釁而動可謂無謀召子干時楚未有大釁○釁許靳反爲羈終世可謂無民終身羈客在晉是無民
亡無愛徵可謂無德楚人無愛念之者疏。亡無愛徵○正義曰子干之亡楚人無愛念之徵驗也王虐而不忌靈王
暴虐無所畏忌將自亡楚君子干涉五難以弒舊君誰能濟之言楚借君子干以弒靈王終無能成有楚國
者其弃疾乎君。陳蔡城外屬焉城方城也時穿封戌既死弃疾幷領陳事苛慝不作盜賊伏隱私欲
不違不以私欲違民。事○苛音何本或作荷音同下同慝他得反民無怨心先神命之先神謂羣望疏○先神命之○正義曰

楚國既封卽有三望三望起於先代故曰先神國民信之芉。姓有亂必季實立楚之常也獲神一也當璧拜○芉彌爾反有民二也民信之令德三也無苛慝寵貴四也貴妃子居常五也弃疾季有五利以去五難誰能害之子干之官則右尹也數其貴寵則庶子也以神所命則又遠之其貴亡矣位不尊○去起呂反數所主反遠于萬反亡矣音無又如字其寵弃矣父既沒故【疏】其貴至棄矣○正義曰亡無也其貴位則無矣其寵愛之者又棄矣然則父死棄疾寵亦棄獨言子干者以子干母賤唯恃父寵寵又棄矣則無恃託故專屬子干。民無懷焉非令德國無與焉無內主將何以立宣子曰齊桓晉文不亦是乎皆庶賤對曰齊桓衛姬之子也有寵於僖。衛姬齊僖公妾有鮑叔牙賓須無隰朋以爲輔佐有莒衛以爲外主齊桓出奔莒衛有舅氏之助有國高以爲內主國氏高氏齊上卿【疏】注國氏高氏○正義曰僖十二年傳管仲云有天子之二守國高在是也從善如流言其疾也下善齊肅齊嚴也肅敬也○下遐嫁反齊側皆反注同不藏賄清也○賄呼罪反不從欲儉也○從子用反施舍不倦施舍猶言布恩德求善不厭是以有國不亦宜乎我先君文公狐季姬之子也有寵於獻好學而不貳言篤志○厭於豔反好呼報反生十七年有士五人狐偃趙衰顛頡魏武子司空季子五士從出○衰初危反頡戶結反從才用反有先大夫子餘子犯以爲腹心子餘趙衰子犯狐偃有魏犫賈佗以爲股肱魏犫魏武子也稱五人而說四。士賈佗又不在本數蓋叔向所賢○佗徒何反【疏】注魏犫至所賢○正義曰上言五人直舉其數下說四士獨據有賢也五人內不數賈佗者佗以公族從文公不在五人之數也蓋叔向言之意所將爲賢卽言之有齊宋秦楚以爲外主齊妻以女宋贈以馬楚王享之秦伯納之○妻七計反有欒郤狐先以爲內主謂欒枝郤轂狐突先軫也○欒魯官反郤夫逆反轂戶木反亡十九年守志彌篤惠懷弃民惠公懷公不恤民也民從而與之獻無異親民無異望獻公之子九人唯文公在天方相晉將何以代文此二君者異於子干。共有寵子國有奧主謂弃疾也○相息亮反下同共音恭奧烏報反【疏】國有奧主○正義曰室內西南隅謂之奧奧是內之義奧主國內之主故謂弃疾也無施於民無援於外去晉而不送歸楚而不逆何以冀國傳言子。干所以蒙弒君之名弃疾所以得國○施式豉反○晉成虒祁虒祁在八年虒音斯○諸侯朝而歸者皆有貳心賤其奢也爲取郠故取郠在十年○爲于僞反郠亡杏反晉將以諸侯來討叔向曰諸侯不可以不示威知晉德薄欲以威服之乃並徵會告于吳秋晉侯會吳子于良下邳有良。城縣○下邳皮悲反水道不可吳子辭乃還辭不會【疏】水道不可○正義曰吳地水行故謂水道不可謂水路不通吳子既辭晉侯乃還向平丘之會七月丙寅治兵于邾南甲車四千乘三十萬人○乘繩證反下及注皆同羊舌鮒攝司馬鮒叔向弟也攝兼官。○鮒音附遂合諸侯于平丘子產子大叔相鄭伯以會子產以幄幕九張行幄幕軍旅之帳○幄於角反幕音莫四合象宮室曰幄在上曰幕【疏】幄幕九張○正義曰周禮幕人掌帷幕幄帟綬之事鄭玄云王出宮則有是事在旁曰帷在上曰幕皆以布爲之四合象宮室曰幄王所

珍倣宋版印

居之帳也𥦗。王在幕若幄中坐上承塵幄𥦗皆以繒爲之凡四物者以綬連繫焉然則幕與幄異幕大而幄小幄在幕下張之幄幕九張蓋九幄九幕也子大叔以四十既而悔之每舍損焉及會亦如之亦九張也傳言子產之適宜大叔之從善次于衛地叔鮒求貨於衛淫芻蕘者欲使衛患之而致貨○芻初俱反說文云刈草也蕘如遙反飼牲曰芻草薪曰蕘【疏】芻蕘○正義曰周禮充人掌繫祭祀之牲牷祀五帝則繫。于牢芻之三月說文云蕘薪也從艸然則芻者飼牛馬之草也蕘者共燃火之草也衛人使屠伯饋叔向羹與一篋錦屠伯衛大夫○屠音徒饋其位反篋苦協反曰諸侯事晉未敢攜貳況衛在君之宇下屋宇之下喻近也而敢有異志芻蕘者異於他日敢請之請止之叔向受羹反錦受羹示不逆其意且非貨曰晉有羊舌鮒者瀆貨無厭瀆數也○瀆徒木反厭於鹽反數音朔亦將及矣將及禍爲此役也役事也○爲如字或于僞反【疏】爲此役○正義曰言叔鮒爲此淫芻蕘之事也子若以君命賜之其已客從之未退而禁之禁芻蕘者晉人將尋盟齊人不可有貳心故晉侯使叔向告劉獻公獻公王卿士劉子曰抑齊人不盟若之何對曰盟以厎信厎致也○厎音旨君苟有信諸侯不貳何患焉告之以文辭董之以武師雖齊不許君庸多矣董督也庸功也討之有辭故功多也【疏】董督至多也○正義曰釋詁云董督正也是董爲督也又云庸勞勞亦功也討之有辭則前敵易克故功多也天子之老請帥王賦元戎十乘以先啓行天子大夫稱老元戎戎車在前者啓開也行道也【疏】天子之老○正義曰上注云獻公王卿士此注云天子大夫稱老老者是大夫。之總名詩云方叔元老毛傳云方叔卿士命而爲將是卿士稱老也曲禮云五官之長曰伯自稱於諸侯曰天子之老彼謂三公也如彼文則三公乃得稱天子之老卿亦得稱老者彼說三公之事言三公之自稱耳不言卿之自稱不得同三公也曲禮又云諸侯使人於諸侯使者曰寡君之老諸侯之使尙得稱老明知天子之卿得稱天子之老也○元戎至啓行○正義曰詩小雅六月之篇也元大也大戎戎車之大在軍前者也啓開行道常訓耳遲速唯君欲佐晉討齊叔向告于齊曰諸侯求盟已在此矣今君弗利寡君以爲請對曰諸侯討貳則有尋盟若皆用命何盟之尋託用命以拒晉叔向曰國家之敗有事而無業事則不經業貢賦之業有業而無禮經則不序須禮而有次序有禮而無威序則不共禮須威嚴而後共有威而不昭共則不明威須昭告神明而後信義著不明弃共百事不終所由傾覆也信義不明則弃威不威則弃禮無禮無經無經無業故百事不成○弃覆芳服反是故明王之制使諸侯歲聘以志業志識也歲聘以脩其職業間朝以講禮三年而一朝正班爵之義率長幼之序○間間廁之間長丁丈反再朝而會以示威六年而一會以訓上下之則制財用之節再會而盟以顯昭明十二年而一盟所以昭信義也凡。八聘四朝再會王一巡守盟于。方嶽之下○守手又反嶽音岳志業於好聘也○好呼報反下注同好同講禮於等朝也示威於衆會也昭明於神盟也自古以來未之。或失也存亡之道恆由是興晉禮主盟依先王先公舊禮主諸侯盟懼有不治奉承齊犧齊盟之犧牲○治直吏反舊如字犧許宜反而布諸君求終事也終竟也君曰余必廢之何

齊之有唯君圖之寡君聞命矣齊人懼對曰小國言之大國制之敢不聽從既聞命矣敬共以往遲速唯君叔向曰諸侯有閒矣閒隙也

疏叔向至命矣○正義曰叔向此言論聘朝會盟四事意在言盟并說會朝聘爲次序耳國家之所以敗也有交好之事而無貢賦之業交好之事不得常矣有貢賦之常而無上下之禮事雖有常則不次序矣有上下之禮而無可畏之威雖有次序則不共敬矣有可畏之威而不昭告神明雖爲共敬則不明著矣信義不明棄共敬也承事不共敬棄次序也不班位不序棄常度也徵命不常棄事宜也事既棄矣則百事不終國家所由傾覆只爲此也聖人知其不可是故明王之制使諸侯每歲令大夫一聘天子以志識貢賦之業閒一歲諸侯親自入朝以講習上下之禮天子於諸侯再朝而一大會以示可畏之。威再會而一爲盟誓以顯諸侯之昭明者也志識貢賦之業在於交好故使聘也講習上下之禮在於等差故使朝也示可畏之威在於衆聚故爲會也昭明德之信在於告神故爲盟也自古以來遵行此法未之有失也國家存亡之道恆由是興爲之則存廢之則亡存亡起於此也今晉以先王之禮主諸侯亡之盟懼諸侯之事有不治理者奉承齊盟所用之犧牲以來至此而布諸齊君求終竟盟約之事也君言曰今余必廢之何齊盟之有必如此語唯君自圖謀之寡君聞君之命矣言晉知齊必背盟即欲與之戰○注業貢賦之業○正義曰下句覆述此事云歲聘以志業每年聘者所以共貢賦耳知此業者是貢賦之業也下。又云志業於好說聘事而謂之好則好謂交好諸侯天子雖尊卑不同亦是交好然則有事者謂有交好之事也不經者經訓常也謂交好不常也或聘不以時或貢賦不充是謂不有常也○注威須至義著○正義曰昭亦明也昭爲昭告神。祇明謂信義明著言會雖示威威猶未著必須昭告神明以要束其心而後天子信義始得明著於天下矣○注信義至不成○正義曰杜以信義不明威無可畏則是棄威也不畏威則禮不行是棄禮也無禮則無經無經則無業故百事所以不成劉炫以此傳四文皆緣上事而致下事其上則事業禮威所致則經序共明傳既言不明棄共自然當云不共棄序不序棄經不經棄事今杜云不明則棄威不威棄禮無禮無經無經無業以杜違背傳文而規杜失今知劉義非者杜以不明棄共不共棄序不序棄經不經棄事自是傳文分明但傳云百事不終明知非徒棄共共棄序其威禮亦棄也杜與傳共爲表裏非是違傳劉不解杜意妄爲規過謬矣○注志識至職業○正義曰志是記識故爲識也歲歲使於天子所以獻其貢賦令諸國各自記其職貢是脩其職業也○注三年至之序○正義曰間朝一者據聘爲言也既云歲聘因從聘歲爲始更間一年乃朝故知間朝是三年而一朝也朝以正班爵之義率長幼之序與下注會以訓上下之則制財用之節皆莊二十三年傳文也○注十二至之下○正義曰顯昭明三字皆爲明也十二年而爲一盟者大明黜陟之法諸侯之有明德者表顯升進之於此盟以光顯諸侯有昭明之德者告誓神明所以昭明王之信義以示黜陟必有信也計此十二年間凡八聘四朝再會一盟方嶽之下也尚書周官曰六年五服一朝又六年王乃時巡考制度于四岳諸侯各朝于方岳大明黜陟如彼文六年五服諸侯一時朝王即此再朝而會是也此傳之文與尚書正合杜言巡守盟于方嶽闇與彼義符同明此是周典之舊法也而周禮之文不載此法大行人云侯服歲壹見其貢祀物甸服二歲壹見其貢嬪物男服三歲壹見其貢器物采服四歲壹見其貢服物衞服五歲壹見其貢材物要服六歲壹見其貢貨物先儒說周禮者皆以彼爲六服諸侯各以服數來朝與此傳文無由得合先達通儒未有解者古書亡滅不可備知然則尚書周官是成王號令之辭尚書之言定是正法左氏復與彼合言必不虛周禮又是明文。不得不信蓋周公成王之時即自有此二法也又周禮每歲壹見唯言貢物何必見者即是親朝各計道路。短。長或當遣使貢耳先儒謂彼爲朝未有明據大行人又云十有二歲王巡守殷國巡守之歲周禮同於尚書六年一朝尚書何以違禮又大宗伯云時見曰會殷見曰同鄭玄以爲時見無常期也諸侯有不順服者王將有征討之事合諸侯而命事焉十二歲王如不巡守則六服盡朝謂之殷見鄭以時見無常期者出自鄭之意耳非有明文可據也殷見是此再會而盟時見當此再朝而會未必卽如鄭說時見爲無常期也蓋此傳及尚書是正禮也大行人歲壹見者是遣使貢物非親朝也今此上聘朝會雖以爲諸侯於天子之禮然諸侯相朝亦當然也故云志業於好講禮於等示威於衆其昭明於神雖天子於諸侯之禮然王官之伯及霸主亦得。與諸侯爲盟故晉爲盟主以此告齊令齊受盟也必知此朝聘文兼諸侯者以釋例引明王之制入聘四朝云文襄之制因而簡之三歲而聘五歲而朝以諸侯爲文明歲聘間朝兼諸侯相朝也知盟年朝會俱行者以傳云再朝而會云云故知盟年朝會不廢也又云歲聘以志業不言再聘以行朝故知朝年不行聘禮但以朝聘君臣不等盟會敵。禮相當故朝年不行聘盟年得有朝會知有盟者傳云同盟至故也○小國言之○正義曰申上不用尋盟之意也其意是小國言之可不可則大國制之也大國謂其須盟言己不敢違也

不可以不示衆八月辛未治兵習戰建而不旆

建立旌旗不曳其旆旆游也○旆步貝反 疏 注建立至游也○正義曰釋天云緇廣充幅長尋曰旐繼旐曰旆郭璞曰帛續旐。末爲燕尾者然則旐謂旆身旆謂旒尾旆綴於旐本是相連之物非別體也而不曳其旆當纏。繼於干頭蓋如禮記所云德車結旌也釋天又云練旒九周禮所請九游七游游即是旆故云旆游也然郭氏既云旆繼於旐今之燕尾即旆是旐末然天子十有二游弁屬於一幅之廣於理不可蓋游數多者旁綴於縿如今之旗是也其軍前之旆如郭璞之說

壬申復旆之諸侯畏之

軍將戰則旆故曳旆以恐之○復扶又反恐丘勇反下並同 疏 注軍將至恐之○正義曰本作旆者爲舒而曳之以爲容飾結之爲非常曳之爲得常復旆之者曳之爲復常也軍法戰則舒旆晉人舒旆似其將戰故曳旆以恐之諸侯見其曳旆而皆畏之

邾人莒人愬于晉曰魯朝夕伐我幾亡矣

自昭公卽位邾魯同好又不朝夕伐莒無故怨愬晉人信之所謂讒慝弘多○愬音素朝夕如字注同幾音祈 疏 注自昭至伐莒○正義曰三年傳穆子云曹滕二邾寶不忘我好又無相伐之事是昭公卽位邾魯同好

也不朝夕伐莒者案元年十年再伐莒耳是不朝夕伐也我之不共魯故之以不共晉貢以魯故也○共音恭注及下注同晉侯不見公使叔向來辭曰諸侯將以甲戌盟寡君知不得事。君矣請君無勤託謙辭以絕魯子服惠伯對曰君信蠻夷之訴蠻夷謂邾莒以絕兄弟之國弃周公之後亦惟君寡君聞命矣叔向曰寡君有甲車四千乘在雖以無道行之必可畏也況其率道其何敵之有牛雖瘠僨於豚上其畏不死僨仆也○瘠在亦反僨方問反仆音付一音蒲北反疏注僨仆也○正義曰前覆曰仆言牛倒豚上豚必死也言牛雖瘠者謂魯以晉爲無德輕之故以瘦牛自喻南蒯子仲之憂其庸可弃乎弃猶忘也若奉晉之衆用諸侯之師因邾莒杞鄫之怒四國近魯數以小事相忿鄫已滅其民猶。存故。并以恐魯○鄫才陵反近附近之近數音朔以討魯罪間其二憂因南蒯子仲二憂爲間隙何求而弗克魯人懼聽命不敢與盟○與音預下文不與同甲戌同盟于平丘齊服也經所以稱同。令諸侯日中造于除除地爲壇盟會處○造七報反壇本亦作墠音善處昌慮反癸酉退朝先盟朝晉○朝先悉薦反子產命外僕。速張於除張帷幕子大叔止之使待明日及夕子產聞其未張也使速往乃無所張矣地已滿也傳言子產每事敏於大叔及盟子產爭承承貢賦之次疏注承貢賦之次○正義曰承者奉上之語後承前下承上故以承爲次爭貢賦之次言所出貢賦多少之次當承何國之下故言爭承也鄭衆云爭所。爲。承。次貢賦之輕。曰昔天子班貢輕重以列列位也列尊貢重周之制也公侯地廣故所貢者多疏注公侯至者多○正義曰周禮大司徒云公地方五百里其食者半侯地方四百里伯地方三百里其食者。參之一子地方二百里男地方百里其食者四之一鄭康成注云食者必足其國禮俗喪紀祭祀之用乃貢其餘上公之地以一易侯伯之地以再易子男之地以三易是上公優饒其半以爲荒萊之地侯伯優饒其三分之二子男優饒其四分之三是大國優饒少而出貢多小國優饒多而出貢少假令大國小國其地美惡一種則地多者貢多地少者貢少故杜云公侯地廣所貢者多是也

卑而貢重者甸服也甸服謂天子畿內共職貢者疏注甸服至貢者○正義曰禹貢云五百里甸服孔安國云規方千里之內謂之甸服爲天子服治田去王城面五百里王制云千里之內曰甸鄭玄云服治田出穀稅是甸服謂天子畿內也畿內於京師路近令其共。正職貢故貢重也言卑而貢重者畿內有公卿大夫之采邑公八命卿六命大夫四命其列位卑於畿外公侯伯子男也周禮小司徒鄭注云井田之法備於一同。今止於都者采地食者皆四之一其制三等百里之國凡四都一都之田稅入於王五十里之國凡四縣一縣之田稅入於王二十五里之國凡四甸一甸之田稅入於王食。采者卑與尊同故云卑而貢重也畿外之國則卑者貢輕尊者貢重

鄭伯男。也而使從公侯之貢言鄭國在甸服外爵列伯子男不應出公侯之貢疏注言鄭至之貢○正義曰鄭伯男也舊。有多說鄭衆服虔云鄭伯爵在男服也周禮男服在三距王城千五百里鄭去京師不容此數賈逵云男當作南謂南面之君也子產爭國小貢重輒言鄭伯爲南面之君復何所益南面君者豈貢得輕乎鄭志云男謂子男也周之舊俗雖爲侯伯皆食子男之地鄭之此言不知所出鄭食子男之地不知復在何時武公既遷東鄭幷十邑爲國不得食子男之地若西鄭之時食子男之地則今爲大國自當貢重子產不得遠言上世國小以距今之貢重晉之朝士焉。肯受屈而自日中以爭至于昏乎原此諸說悉皆不通周語云鄭伯。男也王而卑之是不尊貴也王肅。注此與彼皆云鄭伯爵而連男言之猶言曰公侯足句辭也杜

用王說言鄭國在甸服之外其爵列於伯子男言已爵卑國小不應出公侯之貢也今使從公侯之貢懼弗給也諸侯地有五等命有三等伯居五等之中與侯同受七命據地小大分爲三等則侯同於公伯同子男僖九年在喪之例云公侯曰子言不及伯是不得同於侯也僖二十九年大夫會國君之例云在禮卿不會公侯會伯子男可也是伯國下同子男也子產自言其君爵卑下引子男爲例故云鄭伯。男也懼弗給也敢以爲請諸侯靖兵好以爲事靖息也○好呼報反行理之命。行理使人通聘問者○使所吏反無月不至貢之無藝藝法制疏行理至不至○正義曰言晉國使人來責貢賦之命無月不至於鄭每月皆來也○注藝法制○正義曰服虔云藝極也一曰常也二者並非正訓杜以藝爲經藝故爲法制也貢有法制定數徵求無限則不可共也小國有闕所以得罪也諸侯脩盟存小國也貢獻無極亡可待也存亡之制將在今矣自日中以爭至于昏晉人許之既盟子大叔咎之曰諸侯若討其可瀆乎瀆易也○咎其九反易以豉反疏貢獻無極○正義曰極謂限極無極謂無已時○諸侯至瀆乎○正義曰言諸侯若來討鄭其可不由子輕易晉乎子產曰晉政多門。政不出一家貳偷之不暇何暇討貳不壹偷苟且疏貳偷至暇討○正義曰政出多門則其情不一情既不一則各懷苟且各自苟且免於目前無人爲國遠慮也爲此二心爲此苟且不有閑暇何暇來討鄭乎國不競亦陵何國之爲不競爭則爲人所侵陵不成爲國○爭爭鬬之爭下爭競同公不與盟信邾莒之訴欲討魯故晉人執季孫意如以幕蒙之蒙裹也裹音果○使狄人守之司鐸射魯大夫○鐸待洛反射食亦反又食夜反疏使狄人守之○正義曰有北狄之人從晉師來會故使狄人守之因猶如長岸之戰楚使隨人守舟懷錦奉壺飲冰以蒲伏。焉守者御之乃與之錦而入蒲伏竊往飲季孫冰箭箙蓋可以取飲○奉芳勇反蒲本又作匍同步都反又音扶本亦作扶伏本又作匐同蒲北反又音服守手又反又如字御魚呂反飲於鴆反箙音童又音勇 疏 注蒲伏至取飲○正義曰蒲伏卽匍匐也說文。匍手行也匐伏地也詩陳后稷之初生云誕實匍匐今司鐸射竊往飲季孫之所似小兒伏地而手行。冰是箭箙之蓋相傳爲然本作此器以蓋箭箙脫而用之可以取飲此以壺盛飲用此冰以飲之 晉人以平子歸子服湫。從湫子服惠伯從至晉○湫子小反徐音椒又子鳥反案子服湫又作子服椒止一人耳從才用反注同 子產歸未至聞子皮卒哭且曰吾已已猶決竟無爲爲善矣 唯夫子知我言子皮知己之善 疏 無爲爲善矣○正義曰子產言我此日行善唯子皮知之今子皮既卒無人知我之善故云無爲更須爲善矣 仲尼謂子產於是行也足以爲國基矣詩曰。樂只。君子邦家之基詩小雅言樂。與君子爲治乃國家之基本。○治直吏反 子產君子之求樂者也且曰合諸侯藝貢事禮也嫌爭競不順故以禮明之 疏 詩。曰至禮也○正義曰此詩小雅南山有臺之篇詩云樂只君子以其能爲邦家之基也今子產是君子之人所求樂者也仲尼且復言曰盟主會合諸侯限藝貢賦之事使貢賦有常是爲禮也盟主制定貢賦是爲得禮則子產爭之不爲有失嫌爭競無禮故以禮明之 ○鮮虞人聞晉師之悉起也五年傳曰遺守四千今甲車四千乘故爲悉起 而不警邊且不脩備言夷狄無謀○警音景 晉荀吳自著雍以上軍侵鮮虞及中人驅衝競中山望都縣西北有中人城驅衝車與狄爭逐 疏 晉荀至鮮虞○正義曰上云悉起得有上軍在者晉侯從平丘會還行至著雍聞鮮虞不警遂使荀吳侵之非從本國而去故云自著雍以上軍侵鮮虞也 大獲而歸爲十五年晉伐鮮虞起○楚之滅蔡也靈王遷許胡沈道房申於荆焉平王即位既封陳蔡而皆復之禮也滅蔡在十一年許胡沈小國也道房申皆故諸侯楚滅以爲邑荆荆山也傳言平王得安民之禮汝南有吳防縣即防國疏注得安民之禮○正義曰此乃遷動而云安者以狐死首丘人生戀舊往彼靈王偪徙元情悉眷故居平王今復從其所欲民心獲安故云得安民之禮也隱大子之子廬歸于蔡禮也隱大子大子有也廬蔡平侯悼大子之子吳歸于陳禮也悼大子偃師也吳陳惠公○冬十月葬蔡靈公禮也國復成禮以葬也此陳蔡事傳皆言禮嫌楚所封不得比諸侯故明之○公如晉荀吳謂韓宣子曰諸侯相朝講舊好也執其卿而朝其君有不好焉不如辭之乃使士景伯辭公于河景伯士文伯之子彌牟也○舊好呼報反○吳滅州來令尹子期請伐吳王弗許曰吾未撫民人未事鬼神未脩守備未定國家而用民力敗不可悔州來在吳猶在楚也子姑待之傳言平王所以能有國○守手又反○季孫猶在晉子服惠伯私於中行穆子私與之語曰魯事晉何以不如夷之小國魯兄弟也土地猶大所命能具若爲夷弃之使事齊楚其何瘳於晉瘳差也○爲于僞反下爲夷將爲同瘳勑留反差初賣反親親與大賞共罰否所以爲盟主也子其圖之諺曰臣一主二言一臣必有二主道不合得去事他國○諺音彥吾豈無大國言非獨晉可事穆子告韓宣子且曰楚滅陳蔡不能救而爲夷執親將焉用

之乃歸季孫惠伯曰寡君未知其罪合諸侯而執其老老尊。卿稱○焉於虔反稱尺證反若猶

有罪死命可也死晉命也若曰無罪而惠免之諸侯不聞是逃命也何免之爲請從

君惠於會欲得盟會見遣不欲私去宣子患之謂叔向曰子能歸季孫乎對曰不能鮒也能

鮒叔魚乃使叔魚叔魚見季孫曰昔鮒也得罪於晉君自歸於魯君蓋襄二十一年坐叔虎與

欒氏黨幷得罪○坐才臥反微武子之賜不至於今武子季平子祖父雖獲歸骨於晉猶子則肉之

敢不盡情歸子而不歸鮒也聞諸吏將爲子除館於西河西使近河○近附近之近其若之

何且泣泣以信其言平子懼先歸惠伯待禮待見遣之禮

附釋音春秋左傳注疏卷第四十六

春秋左傳注疏卷四十六校勘記

阮元撰盧宣旬摘錄

附釋音春秋左傳注疏卷第四十六　昭十三年宋本春秋正義卷第二十九石經春秋經傳集解昭四第廿三淳熙本纂圖本岳本昭下有公字並盡十七年

〔經十三年〕

比去晉而不送　諸本作去此本誤云今改正宋本岳本纂圖本監本毛本亦作送淳熙本誤选閩本作還

韓魏有耦國之彊　監本彊作疆

猶如宣二年　閩本監本毛本脫如字

會于州以定公位　諸本州上有平字此本脫閩本監本毛本脫于字

使若陳蔡之君　宋本脫使若陳蔡四字

故言陳蔡　毛本言誤其

〔傳十三年〕

非也　宋本以下正義二節總入注文終言其效之下

飢者食之　纂圖本監本毛本飢作饑非也

贊人無歸毛本無誤南

平子從之自平字以上宋殘本缺

王行至乾谿宋本宋殘本淳熙本岳本纂圖本監本毛本作王此本及閩本作三今改正

楚子至而行宋本以下正義十二節總入使子旗爲令尹注下

故惡積而不可揜毛本揜作掩按說文作掩又云自關以東謂取曰揜一曰覆也从手弇聲

韋龜以棄疾有當璧之命淳熙本璧誤壁宋殘本作辱謬

猶父子被奪故也監本毛本猶作由

息舟楚邑城之堅固者纂圖本毛本舟作州

即是其○也閩本監本毛本○作邑亦非宋本作一是也○今從宋本

注故蔡大夫聲子之子毛本大夫聲子四字改作至字

子晳石經宋本宋殘本晳作晢釋文同

二子聞非蔡公之命宋本聞作閒

並僞與蔡公盟之徵驗以示衆毛本徵作懲非也

以待成敗所在 岳本纂圖本閩本監本毛本所在作如何非是

二子更無兵衆 閩本監本毛本兵作賓非宋本二誤三

蘧氏 淳熙本蘧誤還

欲築壘壁 釋文壁本辟云本亦作壁宋本壘誤懸

藩籬也 釋文籬作離云依字應作籬今作離假借也案說文無籬字當作離後人據陸氏加竹非也

須務牟 諸本作牟石經作牟

次于魚陂 毛本于誤干

靈王還至訾梁而衆散 淳熙本還誤遠

知擠于溝壑矣 諸本作擠書微子篇正義引傳作隮按說文擠排也躋登也躋亦作隮訓登亦訓墜義之相反而相成者也此傳宜依尚書正義作隮

祇取辱焉 宋殘本淳熙本祇作柢石經作祗是也

弃王而歸楚 宋本宋殘本淳熙本岳本無而楚二字是也足利本楚字亦無

王沿夏 諸本作㳂案說文沿字注引傳作沿

謂斷王旌足利本王作其非也

遇諸棘圍以歸石經宋殘本宋本岳本圍作闈是也釋文同

其民不忍飢勞之殃監本飢作饑非也

皆在乙卯丙辰後淳熙本纂圖本皆作歲非也

劉以爲二注文異注字據宋本補此本空缺閩本監本毛本亦脫

觀從謂子干曰石經曰字後人旁增釋文云謂子干本或作謂子干曰

有若敖𥚃敖宋本𥚃作宵按世家作霄○今從宋本

楚師還自徐宋本此節正義在獲其五帥注下

注復九年所遷邑宋本以下正義三節入乃改葬之句下

今召用之宋本宋殘本岳本足利本今上重𤻲疾二字是也

知鄭自說服纂圖本知誤如

降服如今解冠也纂圖本毛本服誤復宋殘本冠作疑亦非

未之致也淳熙本未作末非也

子毋勤淳熙本纂圖本閩本監本毛本毋作母釋文亦作毋音無宋本正義同案正義本當作毋釋文本當作母故云音無釋文必不爲毋字作音也

尙得天下宋本以下正義四節入楚其危哉注下

三辰日月星辰也毛本作三星誤也

若神各一璧乃多監本若誤君宋本乃上有其璧二字

使五人齊而長入拜釋文云齊本又作齋案史記作召五公子齋而入

且曰弃禮違命毛本違作韋非也

民衆陳樹華云史記正義引杜注有也字

當以德成淳熙本作土入德戎誤史記正義引注成下有之字亦以意增也

終身羇客在晉淳熙本纂圖本毛本羇作羈非

亡無愛徵宋本以下正義六節總入何以冀國注下

君陳蔡李善注文選阮嗣宗爲鄭沖勸晉王牋引作君居陳蔡非也

苛慝不作案惠棟云古苛字本作荷檀弓泰山婦人曰無苛政釋文曰苛本亦作荷毛詩序云哀刑政之荷今本作苛漢張表碑亦以荷爲苛陳樹華云師古注漢書酈食其傳亦云荷與苛同

不以私欲違民事 纂圖本事誤命

芊姓有亂 淳熙本芊誤芋

故專屬子干 諸本作干此本誤二今訂正

衞姬齊僖公妾 毛本僖誤桓

稱五人而說四士 淳熙本士誤土

異於子干 宋殘本干誤于

傳言子干 監本干誤于

下邳有良城縣 纂圖本城作成

水道不可 宋本以下正義四節總入未退而禁之注下

攝兼官也 宋本宋殘本淳熙本岳本纂圖本足利本無也字此本此句下有鮒音附三字乃釋文而誤入注者○今訂正

帟王在幕 浦鏜正誤王作主乃依今俗本注疏改之非也

則繫于牢 毛本于作干非也

獻公主卿士劉子 宋本宋殘本淳熙本岳本纂圖本閩本監本毛本主作王是也○今訂正

盟以底信石經宋本宋殘本淳熙本岳本底作厎是也說詳宣三年○今訂正

董督至多也宋本上有注字自此以下正義至詩云至禮也止總入注文故以禮明之句下

是大夫之總名宋本夫下有公卿二字

凡八聘四朝再會重脩監本八誤入

盟于方嶽之下此本方字空缺據宋本岳本閩本監本毛本補

未之或失也毛本之誤知

以示可畏之威重脩監本威誤成

下又云宋本毛本又作文

昭爲昭告神祇閩本監本祇作祗非

是脩其職業也毛本是作自非

左氏復與彼合毛本氏作傳

不得不信監本上不字誤來

各計道路短長閩本監本毛本短長誤倒

未必卽如鄭說監本毛本卽誤既

亦得與諸侯爲盟監本毛本與誤於

盟會敵禮相當盧文弨校本禮作體

帛續旐末爲燕尾者閩本毛本末誤未下旐末此本亦誤旐未

當纏繼於干頭段玉裁校本繼作結

寡君知不得事君矣淳熙本事下衍見字

亦惟君石經宋本宋殘本淳熙本岳本足利本惟作唯

鄭已滅其民猶存宋本存作在案在卽存也

故弁以恐魯淳熙本弁誤卉

經所以稱同山井鼎云宋板足利本同下後人補足盟字恐非

子產命外僕速張於除監本僕速二字誤倒

傳言子產每事敏於大叔諸本作每宋殘本誤毋

子產爭承諸本作承陳華樹曰禮記經解正義引作丞

爭所爲承次貢賦之輕宋本作爭所當奉承貢賦之輕重

其食者參之一毛本參作三

令其共正職貢宋本正作王

今止於都者諸本作今此本誤令今改正

食采者卑與尊同諸本作采此本誤宋今訂正

鄭伯男也正義引賈逵云男當作南謂南面之君也又周語曰鄭伯南也

舊有多說閩本監本毛本有作自非

焉肯受屈監本毛本肯作有非也

周語云鄭伯男也按今周語男作南王肅注伯男猶言公侯亦見家語注

王肅注毛本注誤至

故云鄭伯男也宋本閩本監本毛本作男也此本男字上有〇今刪正

行理使人通聘問者淳熙本者誤行

政不出一家監本一誤二

不競爭則爲人所侵陵淳熙本所誤川

故使狄人守因閩本監本毛本因作之亦誤宋本作囚是也○今從宋本

以蒲伏焉釋文云蒲伏本又作匍匐案正義曰蒲伏卽匍匐也

說文匍手行也宋本文下有云字

以小兒伏地而手行宋本行下有也字

子服湫從釋文云湫徐音椒又作子服椒止一人耳案惠棟云湫本與椒同音說文湫从水秋聲荀子引詩曰鳳皇秋秋其翼若干其聲若簫秋與簫協韻明秋亦有椒音惠伯名椒獨此作湫者聲之誤也晉以來唯徐仙民識古音諸儒皆不及也按惠說誤古音椒如揫簫如修

詩曰樂只君子宋殘本宋本曰作云石經此處殘缺宋本岳本只作旨案王氏詩攷引亦作旨淳熙本亦作旨

言樂與君子爲治纂圖本閩本監本毛本與誤只

乃國家之基本監本毛本本字誤入音義

詩曰至禮也宋本曰作云

晉荀至鮮虞宋本此節正義在大獲而歸注下

汝南有吳防縣卽防國段玉裁校本云前後漢志及晉志皆作吳房案防與房古通用宜防亦作宜房其明徵也

得安民之禮宋本此節正義在冬十月注下

隱大子之子廬歸于蔡禮也顧炎武云石經廬誤盧案石經廬字完善炎武非也

悼大子之吳歸于陳禮也石經宋殘本宋本淳熙本岳本纂圖本閩本監本毛本之下有子字是也○今據補正

令尹子期請伐吳石經宋本宋殘本淳熙本岳本足利本期作旗淳熙本伐誤我

老尊卿稱纂圖本閩本監本毛本卿作鄉誤也

春秋左傳注疏卷四十六校勘記

珍倣宋版印

附釋音春秋左傳注疏卷第四十七 昭十四年盡十六年

杜氏注　　孔穎達疏

經十有四年春意如至自晉書至者喜得免○三月曹伯滕卒無傳四同盟疏注四同盟○正義曰曹伯負芻以襄十。八年冬十月卒則武公立十九年盟于祝柯二十年于澶淵二十五年于重丘二十七年于宋皆魯曹俱在是四同盟也○夏四月無傳○秋葬曹武公無傳○八月莒子去疾卒未同盟○去起呂反○冬莒殺其公子意恢以禍亂告不必繫於爲卿故雖公子亦書意恢與亂君爲黨故書名惡之○恢苦回反惡烏路反疏注以禍至惡之○正義曰莒是小國其卿多不備禮唯莊僖之世有莒慶見經爾來唯牟夷以竊地故書此外更無見者今意恢非卿亦書故解其意云云釋例曰福莫大於享國有家禍莫甚於骨肉相殘故公子取國及爲亂見殺者亦皆書之不必繫於爲卿故公子糾意恢以公子見書於經是解非卿而書之意也諸公子大夫被殺而書名皆是惡之之文意恢與亂君爲黨故書名惡之

傳十四年春意如至自晉尊晉罪己也以舍族爲尊晉罪己○舍音捨疏。傳注以舍至罪己○正義曰一命大夫經書爲人以卿之貴得備名氏若有罪過宜貶黜者他國之卿則稱某人魯卿不得自稱魯人有罪則貶去其族族去則非卿此舍意如之族是爲罪己也季孫本實伐莒晉人討而執之放令歸魯荷晉恩德罪己亦以尊晉故云尊晉罪己也文二年晉人宋人陳人鄭人伐秦。稱晉先且居宋公子成陳。袁選鄭公子歸生伐秦卿不書爲穆公故尊秦也謂之崇德注云秦穆悔過終用孟明故貶四國大夫以尊秦也此貶意如以尊晉其事與彼同也此意如至自晉傳言尊晉

罪己二十四年婼至自晉傳直云尊晉不言罪己俱是去族傳文不同者釋例曰意如至自晉傳言尊晉罪己婼至自晉傳復重發但言尊晉者意如以罪見執宜在罪己婼本使人不應見執故尊晉而已內大夫行還皆不書至異於公也今此二人執而見釋更以書至見義也若然季孫見執爲魯有罪矣而往年公不與盟注云非國惡故不諱者魯實伐莒取鄆若以伐莒責魯魯則無辭而兼受邾人之訴妄稱朝夕伐我爲此不與公盟故言非國之惡其執季孫不是無罪也子服惠伯云寡君未知其罪而執其老者拒晉之怨辭耳

尊晉罪己禮也禮修己而不責人○南蒯之將叛也盟費人司徒老祁慮癸二人南蒯家臣○祁巨夷反字林音上尺反疏注二人南蒯家臣○正義曰世族譜司徒老祁爲一人慮癸爲一人服虔云司徒姓也老祁字也慮癸亦姓字也二子季氏家臣也杜以下句請於南蒯曰臣願受盟知是南蒯家臣僞廢疾使請於南蒯曰臣願受盟而疾興若以君靈不死請待間而盟間差也○差音初賣反許之二子因民之欲叛也請朝衆而盟欲因合衆以作亂遂劫南蒯曰羣臣不忘其君君謂季氏○劫居業反疏注君謂季氏○正義曰費是季氏之邑南蒯已是季氏家臣此南蒯之下羣臣還欲歸邑季氏知君謂季氏畏子以及今三年聽命矣子若弗圖費人不忍其君將不能畏子矣不能復畏子○畏子以及今絶句復扶又反子何所不逞欲請送子送使出奔請期五日南蒯請期冀有變遂奔齊侍飲酒於景公公曰叛夫戲之對曰臣欲張公室也張強也子韓晳齊大夫○晳音星歷反曰家臣而欲張公室罪莫大焉言越職司徒老祁慮癸來歸費歸魯齊侯使鮑文子致之南蒯雖叛費人不從未專屬齊二子逐蒯而復

其舊故經不書。歸費齊使文子致邑欲以假好非事實也○好呼報反疏。注南蒯至。非。事實也○正義曰經書叔弓圍費則歸費亦應書經經不書歸故解其意也南蒯雖以費叛降齊費人不從未專屬齊叔弓圍費齊人不救是。其未專屬齊也二子逐蒯而費復其舊使是本未去魯故經不書歸費是二子自以費歸非齊人來歸也齊人因其自歸而使文子致邑施恩於魯欲以假好非事實也

○夏楚子使然丹簡上國之兵於宗丘。且撫其民上國在。國。都之西西方居流故謂之上國宗丘楚地上分貧振窮分與也振救也○分如字徐甫問反長孤幼養老疾收介特介特單身民也收。聚不使流散○長丁丈反收介音界又古賀反注同單音丹救災患宥孤寡寬其賦稅○宥音又稅始銳反赦罪戾詰姦慝詰責問也○戾力計反詰起吉反慝他得反舉淹滯淹滯有才德而未敘者禮新敘舊新。羈旅也祿勳合親勳功也親九族任良物官物事也

疏。夏楚子至物官○正義曰周禮司兵掌五兵鄭衆云五兵者戈殳戟酋矛夷矛鄭玄云步卒之五兵則無夷矛而有弓矢然則兵者戰器之名戰必令人執兵因即名人為兵也此簡上國之兵謂料簡人丁之彊弱於宗丘之地集而簡之且即慰撫其民也大體貧窮相類細言窮困於貧貧者家少貨財窮謂全無生業分財貨以與貧者授生業以救窮者孤弱幼少無父母有賜與以長成之老疾。乏於藥膳有饋餼以養育之孤介特獨者收斂之不使流散有水火。災寇盜之患者救助之孤子寡妻寬其賦稅雖有罪戾原情可恕者赦放之姦邪慝惡為民害者詰治之賢才淹滯未蒙任用者舉用之外人新來者禮待之舊人未用者進敘之施祿於功勳使有功必得祿也和合其親戚使宗族皆相親也任賢良以職事使野無遺賢準事能以任官皆令才職相當不使違方易務此皆撫民之事也○注上國至楚地○正義曰下云簡東國之兵亦如之知此是簡西國之兵也西國東國皆是楚人在國之東西者以水皆東流西方居上流。故謂之上國西為上則東為下下言東則此是西西互相見也○注分與

也振救也○正義曰分減富者之財以與貧者則分爲施與之名故分爲與也窮者全無生業或授之田宅賜之器物以救濟之○注介特至流散○正義曰傳稱一介行李逢澤有介麋焉則介亦特之義也介特謂單身特立無兄弟妻子者無所附著或將轉移收聚之令有附依不使流散○注寬其賦稅○正義曰服虔以宥爲寬赦其罪杜以下云赦罪戾則此宥非寬罪故以爲寬其賦稅也王制云少而無父謂之孤老而無子謂之獨老而無妻謂之矜老而無夫謂之寡此四者天民之窮而無告者也皆有常餼然則孤寡常有餼賜本無賦稅而云寬賦稅者正以不責賦稅即是寬之也孤寡之貧者有餼賜能自給者免賦稅文雖不言鰥獨宥與孤寡必同○注物事也○正義曰任良謂選賢而任之也物官謂量事而官之也賈逵云物官量能授官也鄭衆云物官相其才之所宜而官之是也使屈罷簡東國之兵於召陵兵在國都之東者罷音皮召上照反○亦如之如然丹好於邊疆結好四鄰○好呼報反注同疆居良反息民五年而後用師禮也○秋八月莒著丘公卒郊公不感郊公著丘公子○著直居反徐直據反疏息民五年正義曰謂從此餽兵之後息民不征既滿五年而後用師征伐是爲禮也即十九年城州來以挑吳是也案十七年與吳戰于長岸未滿五年而云息民五年者平王之意息民五年長岸之戰吳來伐楚被伐不可不戰雖戰非王本心也國人弗順欲立著丘公之弟庚與庚與莒共公○與音餘本亦作與下同共音恭蒲餘侯惡公子意恢而善於庚與蒲餘侯莒大夫茲夫也意恢莒羣公子○惡烏路反下同郊公惡公子鐸而善於意恢鐸亦羣公子○鐸待洛反公子鐸因蒲餘侯而與之謀曰爾殺意恢我出君而納庚與許之爲下冬殺意恢傳○楚令尹子旗有德於王不知度有佐立之德與養氏比而求無厭養氏子旗之黨養由基之後○

比毗志反厭於鹽反本又作饜下注同王患之九月甲午楚子殺鬬成然而滅養氏之族使鬬辛

居鄖以無忘舊勳辛子旗之子鄖公辛○鄖音云○冬十二月蒲餘侯茲夫殺莒公子意恢郊

公奔齊公子鐸逆庚與。於齊齊隰黨公子鉏送之有賂田莒賂齊以田○鉏仕居反○晉邢

侯與雍子爭鄐田邢侯楚申公巫臣之子也雍子亦故楚人○鄐許六反又超六反疏。注邢侯至楚人正義曰巫。人雍子皆故楚人也

襄二十六年傳稱巫臣奔晉晉人與之邢。雍。奔晉晉人與之鄐則鄐是雍子久之田也邢侯巫臣之子而得與之爭鄐者孔晁注晉語云邢與鄐比爭疆界

而無成士景伯如楚士景伯晉理官叔魚攝理攝代景伯疏叔魚攝理○正義曰晉語云士景伯如楚叔魚爲贊理孔晁云

景伯晉理官叔魚佐之景伯聘楚叔魚專斷韓宣子命斷舊獄罪在雍子雍子納其女於叔魚叔魚

蔽罪邢侯蔽。斷也○命斷丁亂反注同蔽必世反注同○徐甫世反士補弟反疏注蔽斷也○正義曰周禮大司寇云凡庶民之獄訟以邦成蔽

之鄭衆云蔽之斷其獄訟也尚書康誥云服念五六日至于旬時丕蔽要囚孔安國云服膺思念五六日至於十日至于三月乃大斷之皆以蔽爲斷是相傳

爲說邢侯怒殺叔魚與雍子於朝宣子問其罪於叔向叔向曰三人同罪施生戮

死可也施行罪也雍子自知其罪而賂以買直鮒也鬻獄邢侯專殺其罪一也己惡

而掠美爲昏掠取也昏亂也○鬻羊六反賣也掠音亮貪以敗官爲墨墨不絜之稱○敗必邁反又如字稱尺證反殺人

不忌爲賊忌畏也夏書曰昏墨賊殺逸書三者皆死刑皋陶之刑也請從之乃施邢侯而

尸雍子與叔魚於市仲尼曰叔向古之遺直也言叔向之直有古人遺風○陶音遙乃施如字服云施罪於邢侯也孔晁注國語云廢也尸氏反【疏】乃施至於市○正義曰晉語說此事云叔向既對宣子邢侯聞之而逃遂施邢侯氏孔晁云廢其族也則國語讀為弛訓之為廢家語說此事亦為弛王肅注云弛宜為施施行也服虔云施罪於邢侯施猶劾也邢侯亡故劾之杜無注當從施也成十七年晉殺三郤皆尸於朝此尸於市者以其賤故也治國制刑不隱於親謂國之大問己所荅當也至於他事則宜有隱○當丁浪反三數叔魚之惡不為末減末薄也減輕也。以正言之○數色主反又色具反下同為于偽反末武葛反【疏】三數至末減○正義曰三度數叔魚之惡不為薄輕言皆重厚極言之也三者即下。云數其賄也稱其詐也言其貪也是也服虔讀減為咸下屬為句不為末者不為末殺隱蔽之也咸曰義也言人皆曰叔向是義妄也曰。義也夫可謂直矣於義未安直則有之○夫舊音扶一讀芳于反下同平丘之會數其賄也謂言賣貨無厭以寬衛國晉不為暴歸魯季孫稱其詐也謂言鮒也能以寬魯國晉不為虐邢侯之獄言其貪也以正刑書晉不為頗三言而除三惡加三利三惡暴虐頗也三惡除則三利加○頗普何反【疏】注三惡暴虐頗○正義曰尚書武王數紂之罪泰誓云敢行暴虐牧誓云俾暴虐于百姓武成云暴殄天物害虐烝民然則暴是亂下之稱虐是殺害之名大同而小異殺親益榮榮名益己猶義也夫。三罪唯荅宣子問不可以不正其餘則以直傷義故重疑之○不重直用反【疏】注三罪至疑之○正義曰杜讀此文言猶義也夫言不是義也故言以直傷義謂叔向非是義也劉炫云直則是義而規杜氏今知不然者義者於事合宜所為得理直者唯無阿曲未能圓通故書云直而溫若直而無溫則非德非義是義之與直二者不同故上傳云義也夫此傳云猶義也夫於義之下

並云夫夫是疑怪之辭故杜以爲非義裁可謂之直矣故仲尼云叔向古之遺直不云遺義是直與義別劉以直義爲一而規杜氏非也

經十有五年春王正月吳子夷末卒無傳未同盟○二月癸酉有事于武宮籥入叔弓卒去樂卒事略書有事爲叔弓卒起也武宮魯武公廟成六年復立之○籥羊略反去起呂反爲于僞反復扶又反

疏有事至卒事○正義曰有事謂有祭事于武公之宮廟也祭必有樂樂有文舞武舞文執羽籥武執干鍼其入廟也必先文而後武當籥始入叔弓暴卒故於是去樂不用而終卒祭事也叔弓之卒當籥入之時故舉籥入也及其去之則諸樂皆去故云去樂鐘鼓管磬悉皆去之非獨去籥舞也祭禮鼎俎既陳籩豆既設然後舞樂始入緣先祖之心以大臣之卒必聞樂不樂又孝子之心不忍徹已設之饌故去樂卒事○注略書至立之○正義曰閔二年吉禘于莊公僖八年禘于大廟彼皆書禘此傳言禘于武公則亦是禘不書爲禘而言有事者此經所書不論禘祭是非略書有祭事者本爲叔弓卒起也止爲叔弓之卒須道當祭之時所書不爲禘也釋例曰三年之禘自國之常常事不書故唯書此數事凡祭雖得常亦記仲遂叔弓之非常也是言叔弓之卒非常故書之也釋例亦云三年喪畢然後禘於是遂以三年爲節當仍計除喪即吉之月卜日而後行事無復常月也是以經書禘及大事傳唯見莊公之速他無非時之譏也即如例言三年一禘若計襄公之薨則禘當在二年五年八年十一年十四年此年非禘年也若計齊歸之薨則禘當在十三年十六年此年亦非禘年也而云祭雖得常者釋例曰禘于大廟禮之常也各于其宮時之爲也雖非三年大祭而書禘用禘禮也昭二十五年傳曰將禘於襄公亦其義也是言于武宮者時之所爲實非禘年用禘禮此實非常但經之所書唯譏莊公之速其餘不復譏耳既不以爲譏即是得常故云祭雖得常叔弓爲非常也武宮者魯武公廟毀已久矣成六年復立之遂即不毀明堂位云魯公之廟文世室也武公之廟武世室也鄭玄云此二廟象周有文武之廟也世室者不毀之名是魯以武公爲不毀之廟故

禘于其宮不于大廟亦非常也○夏蔡朝吳出奔鄭朝吳不遠讒人所以見逐而書名○遠于萬反○六月丁巳朔日有食之無傳○秋晉荀吳帥師伐鮮虞○冬公如晉

傳十五年春將禘于武公戒百官。齊戒○禘大計反齊側皆反疏戒百官○正義曰周禮大宰祀五帝前期十日帥執事而卜日遂戒享先王亦如之鄭玄云前期前所諏之日也十日容散齊七日致齊三日也執事宗伯大卜之屬既卜又戒百官以始齊此戒百官亦謂戒之令齊故杜云齊戒言是齊之戒也祭統云及時將祭君子乃齊齊之爲言齊也齊不齊以致齊也是故君子之齊也專致其精明之德也故散齊七日以定之致齊三日以齊之定之之謂齊齊者精明之至也是將祭必齊祭前豫戒之也梓慎曰禘之日。其有咎乎吾見赤黑之祲非祭祥也喪氛也祲妖氛也蓋見於宗廟故以爲非祭祥也氛惡氣也○咎其九反祲子鴆反氛芳云反徐侯云反蓋見賢遍反疏注祲妖至氣也○正義曰周禮有眡祲之官鄭玄云祲陰陽氣相侵漸成祥者其職掌十煇之法一曰祲二曰象鄭衆云煇爲日光氣也然則祲是陰陽之氣相。侵之名日光之氣有名爲祲祲之所見非獨見於日光故直云祲妖氛也梓慎唯言見祲不言祲之所在爲祭而言故疑云蓋見於宗廟故以爲非祭祥也月令云氛霧冥冥則氛亦氣也以言喪氛故以氛爲惡氣也見赤黑之祲以其爲喪氛則赤黑是喪象梓慎有以知之服虔云水黑火赤水火相遇云云在涖事乎涖臨也○涖音利疏其在涖事乎○正義曰既見喪氛又言喪之所在其在涖事之人乎意疑涖事者當其咎也二月癸酉禘叔弓涖事籥入而卒去樂卒事禮也大臣卒故爲之去樂○去起呂反注及下同爲于僞反○楚費無極。害朝吳之在蔡也朝吳蔡大夫有功於楚平王故無極恐其有寵疾害之○費扶味反欲去之乃謂之曰王唯信子故處子於蔡子亦長矣而在下位辱必求之吾助子請請求上位○長丁丈反【疏】在下位辱○正義曰言在下位可恥辱也服虔以辱從下讀訓之爲欲欲必求之吾助子請妄也又謂其上之人蔡人在上位者曰王

唯信吳故處諸蔡二三子莫之如也而在其上不亦難乎弗圖必及於難夏蔡人逐朝吳朝吳出奔鄭王怒曰余唯信吳故寘諸蔡且微吳吾不及此女何故去之無極對曰臣豈不欲吳非不欲善吳○於難乃旦反寘之豉反女音汝【疏】二三子莫之如也○正義曰言二三子無如吳之見信然而前知其爲人之異也言其多權謀【疏】然而至異也○正義曰然此朝吳於事必豫前知其爲人之有異於餘人也吳在蔡蔡必速飛去吳所以翦其翼也以鳥喻也言吳在蔡必能使蔡速強而背楚○背音佩○六月

乙丑王大子壽卒周景王子○秋八月戊寅王穆后崩大子壽之母也傳爲晉荀躒如周葬穆后起○晉荀吳帥師伐鮮虞圍鼓鼓白狄之別鉅鹿下曲陽縣有鼓聚○聚才喻反鼓人或請以城叛穆子弗許左右曰師徒不勤而可以獲城何故不爲穆子曰吾聞諸叔向曰好惡不愆民知所適事無不濟愆過也適歸也○好呼報反惡烏路反或並依字讀下及注皆同愆起虔反【疏】好惡至所適○正義曰所好必善所惡必惡在上者所好所惡不有愆過則下民知所適歸言皆知歸於善也或以吾城叛吾所甚惡也人以城來吾獨何好焉賞所甚惡若所好何無以復加所好○復扶又反若其弗賞是失信也何以庇民力

能則進否則退量力而行吾不可以欲城而邇姦所喪滋多使鼓人殺叛人而繕守備圍鼓三月鼓人或請降使其民見曰猶有食色姑脩而城軍吏曰獲城而弗取勤民而頓兵何以事君穆子曰吾以事君也獲一邑而教民怠將焉用邑邑以賈怠不如完舊完猶保守○庇必利反又音秘喪息浪反繕市戰反守手又反降戶江反見賢遍反焉於虔反賈音古下同

疏獲一邑而教民怠○正義曰若不受其降民皆一心事其本國不敢怠惰以叛其主今若受其降人便是許其叛主則是教我國人令其外叛是雖獲一邑而教民怠惰不守死事君是所得少所失多

賈怠無卒卒終也弃舊不祥鼓人能事其君我亦能事吾君率義不爽爽差也

疏鼓人至吾君○正義曰言今不聽降叛使鼓人能事其君也教民不怠是我亦能事吾君也

好惡不愆城可獲而民知義所知義所在也荀吳必其能獲故因以示義

疏注知義至示義○正義曰知義所在在於事君不怠惰不苟求生也十七年荀吳詐祭于雒以滅陸渾二十二年負甲僞羅以入昔陽而此時獨得降而不納者此時荀吳自度己力必其能獲故因以示義

有死命而無二心不亦可乎鼓人告食竭力盡而後取之克鼓而反不戮一人以鼓子䳒鞮歸䳒鞮鼓君名○䳒本又作鳶悅全反鞮丁兮反○冬公如晉平丘之會故也平丘會公不與盟季孫見執今既得免故往謝之○與音預○十二月晉荀躒如周葬穆后籍談爲介既葬除喪以文伯宴樽以魯壺文伯荀躒也魯壺魯所獻壺樽○躒力狄反本又作櫟同介音界樽本或作尊又作罇並同

疏注魯壺魯所獻壺樽○正義曰周禮司尊彝云

秋嘗冬烝其饋獻用兩壺罇鄭玄云壺者以壺爲尊燕禮云司宮尊于東楹之西兩方壺左玄酒是禮法有以壺爲樽王曰伯氏諸侯皆有以鎭撫王室晉獨無有何也感魯壺而言也鎭撫王室謂貢獻之物文伯揖籍談文伯無辭揖籍談使對對曰諸侯之封也皆受明器於王室謂明德之分器○分扶問反年內同以鎭撫其社稷故能薦彝器於王薦獻也彝常也謂可常寶之器若魯壺之屬○彝以之反晉居深山戎狄之與鄰而遠於王室王靈不及拜戎不暇言王寵靈不見及故數爲戎所加陵○遠于萬反又如字數音朔疏拜戎不暇○正義曰數爲戎所侵陵拜謝戎師不有閑暇其何以獻器王曰叔氏而忘諸乎叔籍談字叔父唐叔成王之母弟也其反無分乎密須之鼓與其大路文所以大蒐也密須姞姓國也在安定陰密縣文王伐之得其鼓路以蒐○蒐所求反姞其吉反又其乙反闕鞏之甲武所以克商也闕鞏國所出鎧○鞏九勇反鎧開代反唐叔受之以處參虛匡有戎狄參虛實沈之次晉之分野○參所金反注同疏注參虛至分野○正義曰實沈之次晉之分野上繫參之虛域故云參虛其後襄之二路周襄王所賜晉文公大路戎路鏚鉞秬鬯鏚斧也鉞金鉞秬黑黍鬯香酒○鏚音戚鉞音越秬音巨鬯音暢疏注鏚斧至香酒○正義曰廣雅云鏚鉞斧也俱是斧也蓋鉞大而斧小大公六韜云大柯斧重八斤一名天鉞是鉞大於斧也尚書牧誓云武王左杖黃鉞孔安國云以黃金飾斧是鉞以金飾也秬黑黍釋草文也周禮有鬯人之官鄭玄云鬯釀秬爲酒芬香條暢於上下也是鬯爲香酒也賜之鏚鉞者使之專殺戮也賜之秬鬯者使之祭先祖也王制云諸侯賜弓矢然後征賜鈇鉞然後殺賜圭瓚然後爲鬯詩陳宣王賜召穆公云秬鬯一卣告于文人是也彤弓虎賁

文公受之以有南陽之田事在僖二十八年彤徒冬反賁音奔○撫征東夏非分而何夫有勳而不廢加重賞○夏戶雅反【疏】撫征東夏○正義曰服者撫之叛者征之晉於諸夏國差近西故令主東夏有績而載書功於策奉之以土田有南陽撫之以彝器弓鉞之屬旌之以車服襄之二路明之以文章旌旗子孫不忘所謂福也福祚之不登叔父焉在言福祚不在叔父當在誰邪○福祚之不登叔父絕句焉於虔反下將焉用之同【疏】福祚至焉在○正義曰言福祚之不在叔父此福祚更焉所在乎言其不在他也登陟即是在之義也且昔而高祖孫伯黶司晉之典籍以為大政故曰籍氏孫伯黶晉正卿籍談九世祖○黶以斬反【疏】注孫伯至世祖○正義曰孫伯黶為晉之正卿世掌典籍有功故曰籍氏是籍談九世祖也其九世之次世本云黶生司空頡頡生南里叔子子子生叔正官伯伯生司徒公公生曲沃正少襄襄生司功大伯伯生候季子子子生籍游游生談談生秦是也九世之祖稱高祖者言是高遠之祖也鄭子以少皞為高祖意與此同及辛有之二子董之晉於是乎有董史辛有周人也其二子適晉為大史籍黶與之共董督晉典因為董氏董狐其後【疏】注辛有至其後○正義曰僖二十二年傳曰平王之東遷也辛有適伊川則辛有平王時人也此王因籍說董言晉國唯有籍董二族世掌典籍女司典之後也何故忘之籍談不能對賓出王曰籍父其無後乎數典而忘其祖忘祖業○女音汝數色主反【疏】籍父其無後乎○正義曰定十四年晉人敗范中行氏之師於潞獲籍秦秦即談之子是無後籍談歸以告叔向叔向曰王其不終乎吾聞之所樂必卒焉今王樂憂若卒以憂不可謂終王一歲而有三年之喪二

焉天子絶期唯服三年故后雖期通謂之三年喪○樂音洛下文注皆同期居其反下同 疏 王其至謂終○正義曰言王其不得以壽終乎言將夭命而橫死也吾聞之心之所樂必卒於此焉今王在憂而樂是爲樂憂也亦既樂憂必以憂卒若性命之卒以憂而死不可謂之終也言以憂死是不終其天年也○注天子至年喪○正義曰喪服斬衰三年章內有父爲長子傳曰何以三年也正體於上又乃將所傳重也齊衰杖期章內有夫爲妻傳曰爲妻何以期也妻至親也服問曰君所主夫人妻大子適婦鄭玄云言妻見大夫以下亦爲此三人爲喪主記言君者主謂諸侯而天子亦與妻爲喪主也然則妻服齊衰期耳而傳以后崩大子卒爲三年之喪二者喪服杖期章內有父在爲母傳曰何以期屈也至尊在不敢申其私親也父必三年然後娶達子之志也父以其子有三年之戚爲之三年不娶則夫之於妻有三年之義故可通謂之三年之喪

於是乎以喪賓宴。又求彝器樂憂甚矣且非禮也。彝器之來。嘉功之由非由喪也三年之喪雖貴遂服禮也天子諸侯除喪當在卒哭今王既葬而除故譏其不遂王雖弗遂宴。樂以早亦非禮也言今雖不能遂服猶當靜嘿而便宴樂又失禮也○嘿亡北反本或作默同 疏 於是至喪也○正義曰弔喪送葬之賓不合與之宴樂王於是乎以喪賓共宴樂又求常寶之器在憂而爲此樂其爲樂憂甚矣且求器又非禮也諸侯有常器之來獻王者乃爲嘉功之由諸侯自有善功乃作常器以獻其功獻非由喪也旹王不可責喪賓獻器也○三年至非禮○正義曰遂由申也竟也其意言三年之喪雖貴爲天子由當申遂其服使終日月乃是禮也除喪大速是非禮也王雖不能遂竟其服猶當靜嘿而已不宜宴樂而宴樂以早亦非禮也○注天子至不遂○正義曰禮葬日爲虞既虞之後乃爲卒哭之祭喪服傳稱成服之後晝夜哭無時既虞之後朝夕各一哭而已卒哭者謂卒此無時之哭故鄭玄士喪禮注云卒哭虞後祭名始者朝夕之閒哀至卽哭至此祭止唯朝夕哭而已傳稱既葬除喪譏王不遂其服知天子諸侯除喪當在卒哭今王既葬而除故譏其不遂也杜云卒止也止哭與鄭不同若如此言除喪當在卒哭而上下杜注多云既葬除喪者以葬日郎虞虞郎卒哭卒哭去葬相去不遠共在一月葬是大禮事書於經故成君以否皆舉葬言之○注言今至禮也○正義曰王不能遂服乃與喪賓宴又失禮也以其喪服將終早除猶可宴事必不可也襄十六年葬晉悼公平公郎位會于湨梁與諸侯宴于温又九年八月葬我小君穆姜其年十二月晉侯以公宴于河上傳皆無譏則卒哭之後得宴樂禮王之大經也一動而失二禮無大經矣失二禮謂既不遂服又設宴樂疏禮王之大經○正義曰經者綱紀之言也傳稱經國家經德義詩序云經夫婦中庸云凡為天下國家有九經言禮是王之大經紀也服虔曰經常也常所當行也言以考典考成也典以志經忘經而多言舉典將焉用之為二十二年王室亂傳疏言以至用之○正義曰人之出言所以成典法也典法所以記禮經也王一動而失二禮忘己大經矣而多為言語舉先王分器之典將焉用之

經十有六年春齊侯伐徐○楚子誘戎蠻子殺之○誘音酉疏楚子至殺之○正義曰四夷之名在西曰戎春秋之時錯居中國杜言河南新城縣東南有蠻城則是內地之戎在楚北也戎是種號蠻是國名子爵也十一年楚子虔誘蔡侯般殺之彼書楚子之名此不書楚子名者彼注云蔡大夫深怨故以楚子名告此非蠻人所告蓋楚人不以其君名告故不得書其名也公羊傳曰楚子何以不名夷狄相誘君子不疾也曷為不疾若不疾乃疾之也言其不足疾更是深責之也賈逵云楚子不名以立其子二說異於杜也蔡侯般書名蠻子不名者釋例曰諸見執者已在罪賤之地書名與否非例所加或名不名從所赴之文○夏公至自晉○秋八月己亥晉侯夷卒未同盟○九月大雩○雩音于○季孫意如如晉○冬十月葬晉昭公三月而葬速

傳十六年春王正月公在晉晉人止公不書諱之也猶以取鄆故也公爲晉人所執止故諱不書

疏公在至之也○正義曰禮君不在國則守國之臣每月告廟云公在某處釋不得親自朝廟之意若於歲首不在則或史書之於策襄二十九年春王正月公在楚傳曰釋不朝正於廟是也此年正月公在晉計亦應告廟書策但爲晉人執止公不以被執告廟故史不書諱之

○齊侯伐徐楚子聞蠻氏之亂也與蠻子之無質也質信也○質之實反或音致使然丹誘戎蠻子嘉殺之遂取蠻氏既而復立其子焉禮也詐之非也立其子禮也河南新城縣東南有蠻城○復扶又反

疏齊侯伐徐○正義曰虛舉經文者經在楚誘戎蠻上傳依經文故先舉之下有徐人行成之事非虛舉但行成在誘蠻後故先依次舉經於上爲下徐人行成起本也不下此經文就徐人者出自史意○楚子至禮也○正義曰蠻子雖與楚舊交元無誠信故云與蠻子之無信也誘而殺之誠爲不可楚能復立其子大勝遂滅其國嫌其殺父立子猶爲非禮故禮之也大舜之刑也鯀殛而禹興周公之誅也放蔡叔而立蔡仲是立子爲得禮

二月丙申齊師至于蒲隧蒲隧徐地下邳取慮縣東有蒲如陂○隧音遂邳普悲反取慮上音秋下力居反如淳取音陬訾之陬慮音郲婁之婁如陂彼皮反徐人行成徐子及郯人莒人會齊侯盟于蒲隧賂以甲父之鼎甲父古國名高平昌邑縣東南有甲父亭徐人得甲父鼎以賂齊○郯音談父音甫叔孫昭子曰諸侯之無伯害哉爲小國害齊君之無道也興師而伐遠方會之有成而還莫之亢也無亢禦○亢苦浪反無伯也夫詩曰宗周既滅靡所止戾正大夫離居莫知我肄詩小雅戾定也肄勞也言周舊爲天下宗今乃衰滅亂無息定執政大夫離居異心無有念民勞者○也夫音扶肄以

制反徐又以自反下同其是之謂乎傳言晉之衰疏詩曰至謂乎○正義曰詩小雅雨無正之篇也周家舊爲天下所宗今既衰滅矣其
亂無所止定也執政大夫離散其居處人各異心無有知我民之勞苦者其是此事之謂乎言今晉衰微不能止亂晉之諸卿異心不憂民之勞苦如詩人之
所云○二月晉韓起聘于鄭鄭伯享之子產戒曰苟有位於朝無有不共恪孔張
後至立於客間孔張子孔之孫○恪苦各反執政禦之執政掌位列者禦止也○禦魚呂反注及下同適客後又禦
之適縣間縣樂肆○縣音玄注同疏孔張至縣間○正義曰諸侯享賓之禮亡唯有公食大夫禮存耳其禮云大夫納賓賓入門左鄭玄云左
西方賓位也又云及廟門公揖入賓入三揖至于階三讓公升二等賓升大夫立于東夾南面北上士立于門東北面西上鄭玄云自卿大夫至此不先即位
從君而入者明助君饗食賓自無事也饗食事俱在廟鄭玄饗食並言則享位亦當然也孔張後至蓋賓入廟門乃始來至當從大夫適東夾之南西面位也
張乃立於客間賓入未升階立于西方孔張入客行間也執政禦之適客後張乃移立于客之西也又禦之適縣間適鐘磬樂肆之間也大射禮者亦諸侯之
禮也樂人宿縣于阼階東笙磬西面其南笙鐘其南鑮皆南陳西階之西頌磬東面其南鐘其南鑮皆南陳張初立客間已在西方被禦適客後又益西也又
被禦適縣間蓋又復益西入於頌磬鐘鑮之間也客從而笑之事畢富子諫富子鄭大夫諫子產也曰夫大國之
人不可不慎也幾爲之笑而不陵我言數見笑則心陵侮我○幾居豈反服音機近也數音朔侮亡甫反疏幾爲至陵
我○正義曰幾度之爲笑而不於我加陵言數被笑必陵侮我也服虔云幾近也孔張失位近爲所笑近者未至之辭客已笑訖何言近也我皆有
禮夫猶鄙我鄙賤也○夫音扶國而無禮何以求榮孔張失位吾子之恥也子產怒曰

發命之不衷衷當也○衷丁仲反又音忠當丁浪反或如字出令之不信刑之頗類。緣事類以成偏頗○頗普多反類如字一音力對反徐又力猥反【疏】注緣事至偏頗○正義曰事有相類真僞難明緣此事類以致偏頗雖非故心亦爲罪也服虔讀類爲纇解云頗偏也纇不平也

獄之放紛放縱也紛亂也○紛音芳云反縱音予用反會朝之不敬謂。國無禮敬。之心【疏】會朝之不敬○正義曰此孔張失位則是於朝不敬而子產不以爲恥者此謂出外會朝大國非謂在本國故注云謂無禮敬大國之心使命之不聽下不從上命【疏】使命之不聽○正義曰謂若伯有使子晳如楚不肯行是也

取陵於大國罷民而無功罪及而弗知僑之恥也孔張君之昆孫子孔之後也昆兄也子孔鄭襄公兄孔張之祖父○罷音皮執政之嗣也子孔嘗執鄭國之政【疏】注子孔。嘗。執。鄭。國之政○正義曰襄十年盜殺鄭公子騑公子發公孫輒傳曰子孔當國至十九年鄭殺子孔爲嗣大夫承命以使

周於諸侯國人所尊諸侯所知立於。朝。而祀於家卿得自立廟於家○使音所吏反下以使同【疏】注卿得。自。立。廟於家○正義曰士以上皆得立廟則孔張雖是大夫亦得立廟而云卿得立廟者以子孔是卿故以卿言之服虔云祀其所自出之君於家以爲大祖案禮記郊特牲曰諸侯不敢祖天子大夫不敢祖諸侯而公廟之設於私家非禮也安得祀所出之君爲大祖。乎有祿於國受祿邑有賦於軍軍出卿賦百乘○乘繩證反喪祭有職有所主受脤歸脤受脤謂君祭以肉賜大夫歸脤謂大夫祭歸肉於公皆社之戎祭也○脤市軫反【疏】注受。脤。謂。君。祭。以。肉。賜。大。夫。至祭也○正義曰周禮掌蜃云祭祀共蜃器之蜃鄭玄云蜃大蛤飾祭器之屬也蜃之器以蜃飾因名焉鄭衆云蜃可以白器令色白是蜃爲器名祭肉盛之脤器以獻遺人因名祭肉爲脤孔張是大夫也而云受脤歸。故知受脤爲君祭以肉賜大夫歸脤謂大

夫祭以肉歸於公也故周禮祭僕凡祭祀致福者展而受之是在下之祭有歸脤之義又傳有成子受脤于社前代諸儒皆以脤爲祭社之肉故云皆社之戎
祭也劉炫故違傳證以破先儒以爲脤亦祭廟之肉以規杜氏文無所出其義非也然大夫不得私自出軍自祭私社而得歸脤於公者謂大夫奉君命以戎
事攝祭於社故社直言祭歸肉於公亦不謂家祭也 其祭在廟已。有著位在位數世世守其業而忘其所
僑焉得恥之 其祭在廟謂助君祭○數色主反焉於虔反下焉用同 疏注其祭至君祭○正義曰謂鄭伯其祭在先君之廟孔張有助祭著
位在廟中以有事爲業言其所掌有常也服虔以爲其祭在廟謂孔張先祖配廟食案周禮司勳云凡有功者銘書於王之大常祭於大烝司勳詔之則配廟
食者皆是有功之臣子孔作亂而死公孫。泄因妖鬼而立不得有配食在廟 辟邪之人而皆及執政是先王無刑罰
也 言爲過謬者自應用刑罰○辟匹亦反邪似嗟反 子寧以他規我也 規正 宣子有環其一在鄭商 玉環同工
共。朴自共爲雙○朴普角反 疏注玉環至爲雙○正義曰下云韓子奉命以使而求玉焉知環是玉環也釋器云肉倍好謂之瑗肉好若一謂之環李巡
云好孔也肉邊也肉大其孔小也好倍肉其孔大邊肉小也肉好若一其孔及邊肉大小適等曰環環是環亦璧之類也言其一在鄭商則其一在韓子知其
同工共朴相與爲雙故韓子欲得而雙之 宣子謁諸鄭伯 謁請也 子產弗與曰非官府之守器也寡君
不知子大叔子羽謂子產曰韓子亦無幾求 言所求少○守手又反幾居豈反 晉國亦未可以
貳晉國韓子不可偷也 偷薄也○偷他侯反 若屬有讒人交鬭其間鬼神而助之以興其
凶怒悔之何及吾子何愛於一環其以取憎於大國也盍求而與之子產曰吾

非偷晉而有二心將終事之是以弗與忠信故也僑聞君子非無賄之難立而無令名之患僑聞爲國非不能事大字小之難無禮以定其位之患夫大國之人令於小國而皆獲其求將何以給之一共一否爲罪滋大滋益也○屬音燭盍戶臘反難乃旦反下同又如字共音恭下而共無藝同

【疏】僑聞至之患○正義曰僑聞君子非無賄之難家貧無賄不爲難立於職位而無善名是爲身之大患言韓子當患無令名不宜患家無賄也僑聞爲國家者非不能事大字小之難事大國愛小國不爲難也無禮以定其位是國之大患言鄭當患位不定不宜患事晉之難也下句自大國之人至則失位矣此覆無禮定位也自若韓子至獨非罪乎此覆無令名也此辭一爲韓子一爲鄭國故再言僑聞服虔斷字小之難以下爲義解云字養也言事大國易養小國難然則鄭人豈憂養小國乎尙未能離經辨句復何須注述大典且字爲愛不爲養也

大國之求無禮以斥之何饜之有吾且爲鄙邑則失位矣不復成國○饜於鹽反復扶又反下不敢復幷注同

【疏】吾且至位矣○正義曰若晉之大夫求無不得則鄭國乃爲晉之邊鄙之邑不復成國謂失國君之位矣

若韓子奉命以使而求玉焉貪淫甚矣獨非罪乎出一玉以起二罪吾又失位韓子成貪將焉用之且吾以玉賈罪不亦銳乎銳細小也○賈音古下無強賈同銳悅歲反

【疏】出一玉以起二罪○正義曰一共一否爲鄭國之罪也貪淫爲韓子之罪也○注銳細小○正義曰銳是鋒芒不得爲折

韓子買諸賈人旣成賈矣商人曰必告君大夫韓子請諸子產曰日起請夫環執政弗義弗敢復也復重求也○成賈音嫁本或作價請夫音扶重直用反今買

諸商人商人曰必以聞敢以爲請子產對曰昔我先君桓公與商人皆出自周鄭本在周畿內桓公東遷幷與商人俱【疏】買諸至商人○正義曰買人卽商人也行曰商坐曰賈對文雖別散則不殊故商賈並言之○注鄭本至人俱○正義曰世本云鄭桓公封棫林卽漢之京兆鄭縣是也本在周之西都畿內也鄭語稱史伯爲桓公謀使桓公寄帑與賄於虢鄶之國桓公從之其子武公遂滅虢鄶而國之當桓公東遷帑賄之時幷與商人俱來也庸次比耦庸用也用次更相從耦耕○比毗志反更音庚以艾殺此地斬之蓬蒿藜藋而共處之世有盟誓以相信也曰爾無我叛我無強賈無強市其物○市艾魚廢反蓬蒲東反蒿呼高反藜力兮反藋徒弔反強其丈反下強奪同又其良反注放此毋或匄奪爾有利市寶賄我勿與知恃此質誓故能相保以至于今今吾子以好來辱而謂敝邑強奪商人是教敝邑背盟誓也毋乃不可乎吾子得玉而失諸侯必不爲也若大國令而共無藝藝法也○毋音無下同匄古害反又姑末反乞也賄呼罪反或作貨與音預好呼報反下及注並同背音佩【疏】毋或匄奪○正義曰六年傳稱楚公子棄疾之過鄭也不強匄則匄是乞也乞則可也唯不得強耳此言毋或匄奪亦謂不得強匄乞奪取也乞之與乞一字也取則入聲與則去聲也此匄亦有取與此傳言匄謂取也詔書稱租調匄民謂與民○強奪商人○正義曰上云買諸賈人則是和買而子產謂之強奪者韓子以威偪之其買必賤故商人欲得告君大夫子產知其非和買故云然也鄭鄙邑也亦弗爲也不欲爲鄙邑之事僑若獻玉不知所成敢私布之也布陳韓子辭玉曰起不敏敢求玉以徼二罪敢辭之傳言子產知禮宣子能改過○徼古

墝反[疏]徼二罪○正義曰謂晉失諸侯鄭爲邊邑○夏四月鄭六卿餞宣子於郊餞送行飲酒○餞賤淺反字林子扇反

[疏]注餞送行飲酒○正義曰詩云飲餞于禰毛傳云祖而舍軷飲酒於其側曰餞宣子曰二三君子請皆賦起亦以知

鄭志詩言志也子齹。賦野有蔓草子齹子皮之子嬰齊也野有蔓草詩鄭風取其邂逅相遇適我願兮○齹才何反字林才可反又士

知反說文作鹺云齒差跌也在河千多二反蔓音萬邂戶賣反逅戶豆反[疏]野有蔓草○正義曰野有蔓草思遇時也君之澤不下流民窮於兵革男女失

時思不期而會焉其詩云野有蔓草零露。漙兮有美一人清揚婉兮邂逅相遇適我願兮注云青揚眉目之閒婉然美好邂逅不期而會適其時願宣子

曰孺子善哉吾有望矣君子相顧己所望也○孺如住反子產賦鄭之羔裘言鄭別於唐羔裘也取其彼己之子

舍命不渝邦之彥兮以美韓子○別彼列反己音記舍音赦又音捨渝羊朱反[疏]注言鄭至韓子○正義曰羔裘刺朝也言古之君子以風其朝焉釋訓云

之子者是子也斥韓子也鄭玄云已語辭也舍猶處也渝變也處命不變謂守死善道見危授命之類也釋訓云美士爲彥言一邦之美士以美韓子也宣

子曰起不堪也不堪國之司直子大叔賦褰裳褰裳詩曰子惠思我褰裳涉溱子不我思豈無他人言宣子思己將有褰裳之

志如不我思亦豈無他人○褰起虔反溱側巾反[疏]褰裳至他人○正義曰褰裳思見正也狂童恣行國人思大國之正己也其詩云子惠思我褰裳涉

溱注云子者斥大國之正卿子若愛而思我我國有突篡國之事而可征而正之我則揭衣涉溱水往告難也又云子不思我豈無他人注云言他人者先鄉

齊晉宋衛後。之荊楚宣子曰起在此敢勤子至於他人乎言己今崇好在此不復令子適他人○復扶又反令力呈反下

同子大叔拜謝宣子之有鄭宣子曰善哉子之言是是褰裳[疏]注是褰裳○正義曰是猶此也子之言此褰裳之詩

也不有是告他人事其能終相善乎之不有是事其能終乎韓起不欲令鄭求他人子大叔拜以荅之所以晉鄭終善子游賦風雨子游駟帶之子駟偃也風雨詩取其既見君子云胡不夷疏風雨○正義曰風雨思君子也亂世則思君子不改其度焉其詩云風雨淒淒雞鳴喈喈注云風且雨。淒淒然。雞猶守時而鳴喈喈然喻君子雖居亂世不變改其節度又云既見君子云胡不夷注云胡何也夷說也思而見之云何而心不說子旗賦有女同車子旗公孫段之子豐施也有女同車取其。洵美且都愛樂宣子之志○樂音洛又五孝反疏注洵美且都○正義曰詢信也都。閑也言信美好且閑習於威儀是愛樂宣子之志子柳賦。蘀兮子柳印段之子印癸也蘀兮詩取其倡予和女言宣子倡己將和從之○蘀他洛反印一刃反倡昌亮反本或作唱同和戶臥反下注同女音汝疏蘀兮○正義曰蘀兮刺忽也君弱臣強不倡而和也其詩云蘀兮蘀兮風其吹女注云蘀槁也槁謂木葉也木葉槁待風乃落喻君有政教臣乃行之言此者刺今不然又云叔兮伯兮倡予和女注云叔伯言羣臣長幼也羣臣無其君而行自以強弱相服女倡矣我則將和之言此者刺其自專也宣子喜曰鄭其庶乎。庶幾於興盛二三君子以君命貺起賦不出鄭志六詩皆鄭風故曰不出鄭志○貺音況皆昵燕好也昵親也賦不出其國以示親好○昵女乙反二三君子數世之主也可以無懼矣宣子皆獻馬焉而賦我將我將詩頌取其日靖四方我其夙夜畏天之威言志在靖亂畏懼天威○數色主反疏我將○正義曰我將祀文王於明堂也云儀式刑文王之典日靖四方我其夙夜畏天之威于時保之注云。早夜敬天於是得安文王之道子產拜使五卿皆拜曰吾子靖亂敢不拜德宣子私覲於子產以玉與馬曰子命起舍夫玉是賜我玉而免吾死也敢藉手以拜以玉。藉。手拜謝。子。產

○覬其靳反舍音捨夫音扶藉在夜反注同○公至自晉晉人聽公得歸子服昭伯語季平子昭伯惠伯之子子服回也

隨公從晉還○語魚據反曰晉之公室其將遂卑矣君幼弱六卿彊而奢傲將因是以習習

實爲常能無卑乎平子曰爾幼惡識國昭伯尚少平子不信其言○傲五報反惡烏路反少詩照反【疏】將因至卑

乎○正義曰言將因是君幼弱以習奢傲之事既習奢傲實以爲常常行輕君之禮能無卑乎○秋八月晉昭公卒爲下平子如晉葬起

○九月大雩旱也鄭大旱使屠擊祝款豎柎有事於桑山三子鄭大夫有事祭也○屠音徒柎音附

又方于反斬其木不雨子產曰有事於山蓺山林也蓺養護令繁殖○蓺音藝令力呈反而斬其木其

罪大矣奪之官邑○冬十月季平子如晉葬昭公平子曰子服回之言猶信自往見之乃信回言子服氏有子哉有賢子也

附釋音春秋左傳注疏卷第四十七

春秋左傳注疏卷四十七校勘記　　阮元撰盧宣旬摘錄

附釋音春秋左傳注疏卷第四十七 昭十四年盡十六年

〔經十四年〕

以襄十八年冬十月卒 監本八誤人

〔傳十四年〕

注以舍至罪己 宋本此節正義在注文禮脩己而不責人下

稱晉先且居宋公子成陳袁選鄭公子歸生伐秦 監本袁作轅與文二年傳合宋本稱上有傳字是也

注二人南蒯家臣 宋本以下正義三節總入齊侯使鮑文子致之注下

僞廢疾 宋本宋殘本淳熙本岳本廢作癈與石經合

遂劫南蒯曰 淳熙本劫改刼非

張強也 纂圖本閩本監本毛本強作彊

子韓晳曰 石經宋本岳本晳作皙與釋文合

言越職淳熙本職誤反

司徒老祁慮癸來歸費閩本監本祁作祁非也

歸魯淳熙本歸作在非也

故經不書歸費淳熙本歸誤以

注南蒯至非事實也閩本注字空闕宋本無非事二字

是其未專屬齊也閩本監本毛本其作費

夏楚子使然丹簡上國之兵於宗丘宋本宋殘本岳本簡作簡與石經合石經宗誤宋

上國在國都之西淳熙本國誤同纂圖本都誤郡

收聚不使流散岳本聚作藂非也

新羈旅也宋本宋殘本岳本羈作覊不誤淳熙本作敘非也

夏楚子至物官宋本以下正義七節總入息民五年節下

老疾乏於藥膳閩本監本毛本乏誤之

有水火災宋本毛本火下有之字監本初刻亦脫後擠刊

故謂之上國　閩本監本故作皆非

老而無妻謂之矜　監本毛本矜作鰥

息民五年　閩本監本毛本此節正義在息民五年節之下宋本在注物事也正義之後

雖戰非王本心也　重脩監本心作尢非也

欲立著丘公之弟庚與　宋本宋殘本淳熙本纂圖本閩本監本足利本與作輿下及注同石經此處殘缺下文皆作輿北宋刻釋文同云本亦作與此本作與乃釋文亦作之字案漢書古今人表正作輿是也

與養氏比　諸本作比此本誤北今改正

養氏子旗之黨　監本脫養氏子三字

公子鐸逆庚與於齊　石經初刻與誤餘後改正

注邢侯至楚人　毛本邢誤刑宋本以下正義七節總入猶義也夫注下

巫人雍子　宋本作巫臣山井鼎亦云巫人當作巫臣

雍奔晉　正德本閩本雍誤襄宋本雍下有子字是也

蔽斷也　淳熙本斷作乱非

乃施邢侯 纂圖本毛本邢誤刑

以正言之 宋本宋殘本淳熙本岳本足利本以上有皆字是也

卽下云數其賄也 閩本監本毛本云作文

曰義也夫也 王引之云曰當爲由字之脫誤下文猶義也夫猶讀爲由字之假借

其餘則以直傷義 宋殘本餘作除非也

〔經十五年〕

武執干鍼 宋本監本毛本作干此本誤于閩本同今改正監本鍼字模糊閩本誤鍼毛本誤鉞

鐘鼓管磬 監本鐘作鍾

釋例亦云 宋本亦作又是也

〔傳十五年〕

齊戒 足利本齊作齋

戒百官 宋本以下正義三節總入二月癸酉注下

禘之日其有咎乎 宋殘本日誤月

相侵之名 宋本侵作授非

費無極 史記楚世家極作忌索隱曰左傳作無極極忌聲相近伍子胥傳同

故處子於蔡子亦長矣而在下位辱必求之吾助子請 請求上位 又謂其上之人 蔡人

在上位者 上曰王唯信吳故處諸蔡二三子莫之如也 淳熙本此處誤倒作故處子請求上位又謂其上之人蔡人在上位者曰王唯信吳故處諸於蔡子亦長矣而在下位辱必求之吾助子請蔡二三子莫之如也

在下位辱 宋本以下正義二節總入吳在蔡節注下

周禮有啚人之官 閩本監本毛本官誤宮

故令主東夏 閩本監本令作今非也

有南陽 淳熙本南誤倘

襄生司功大伯 宋本功作次

伯生候季子 閩本監本毛本候作侯

忘祖業 宋殘本忘誤亡

於是乎以喪賓宴 漢書五行志引宴作燕下宴樂同

彝器之來石經宋本淳熙本岳本纂圖本毛本彝作彞是也宋殘本來誤求○案彝俗彞字今訂正

（經十六年）

春齊侯伐徐監本齊作晉非也

（傳十六年）

猶以取鄭故也宋本淳熙本岳本纂圖本閩本監本毛本鄭作鄍不誤宋殘本作鄍亦非○今訂正

齊侯伐徐閩本監本毛本此節正義在齊侯伐徐句下

下邳取慮縣東有蒲如陂監本閩本蒲作滿非也諸本作蒲如釋文亦作如劉昭續漢書郡國志作蒲姑注引杜說同

爲小國害纂圖本小誤人

無有念民勞者也宋本宋殘本足利本無也字

孔張至縣閒下宋本自此節以下正義至我將節止總入敢不藉手以拜注

面北上宋本面上有西字

適鐘磬樂肆之閒也閩本監本鐘作鍾下同

則心陵侮我纂圖本閩本監本毛本心誤必

幾度之爲笑　宋本之爲作爲之是也

刑之頗類　顧炎武云類當作纇案正義引服虔讀爲纇解云頗偏也纇不平也是經假類爲纇也

謂國無禮敬之心　正義作謂無禮敬大國之心

注子孔嘗執鄭國之政　宋本嘗執鄭國作至字

立於朝而祀於家　諸本作立於此本誤立于今改正山井鼎云足利本後人記云朝異本作廟非也

注卿得自立廟於家　宋本自立廟作至字

安得祀所出之君爲大祖乎　宋本乎作也

注受脤謂君祭以肉賜大夫至祭也　宋本作受脤至祭也

而云受脤歸　宋本歸下有脤字是也

已有著位　諸本作已宋本作己爲長

公孫泄因妖鬼而立　閩本監本毛本泄作洩

玉環也工共朴　宋本宋殘本淳熙本岳本纂圖本監本毛本也作同是也按朴當作樸俗作璞

肉倍好謂之瑗　宋本毛本謂之下有璧好倍肉謂之六字監本初刻亦脫後擠刊

好倍肉其孔大邊肉小也監本下肉字誤內

尙未能離經辨句閩本監本毛本辨作辯

吾有至位矣毛本作有吾亦非宋本作吾且不誤

求無不得宋本得作獲

正義曰銳是鋒芒諸本作銳此本誤說今改正宋本正義曰下有說文云銳芒也鋒芒尖故爲細小言得利小也服虔云銳折也

共廿四字今各本脫

謀使桓公寄帑與賄於虢鄶之國毛本鄶作鄫非也下同

乞之與乞一字也毛本下乞字作匄甚誤

子𧭈諸本作𧭈案說文𧭈字下云春秋傳曰鄭有子𧭈

零露溥兮閩本監本毛本溥誤溥

後之荆楚監本毛本之誤至

云胡不夷岳本胡作乎非也

風且雨淒淒然監本毛本淒作凄非也下同

雞猶守時而鳴 監本雞作鷄

取其洵美且都 宋本宋殘本淳熙本足利本洵作詢正義同

都閑也 毛本閑作閒字按當爲嫺

予柳賦蘀兮 淳熙本賦誤則

不倡而和也 閩本監本毛本倡作唱下倡予同

叔兮伯兮 毛本伯亦作叔非也

庶幾於興盛 足利本庶上有言鄭二字以意改也

早夜敬天 閩本監本毛本早作蚤

敢藉手以拜 石經宋本宋殘本淳熙本岳本纂圖本毛本敢下有不字是也監本初刻亦脫後擠刊

以玉藉手拜謝子產也 宋本宋殘本淳熙本岳本纂圖本毛本玉下有馬字是監本初刻亦脫後擠刊手字模糊淳熙本手誤作乎

宋殘本藉誤籍岳本脫子產二字

晉人聽公得歸 岳本脫人字得字

六卿彊而奢傲 監本彊作疆非也

昭伯尚少閩本監本毛本少作幼

豎柎石經宋本宋殘本岳本豎作豎釋文亦作豎是也

蓺山林也宋本岳本蓺作藝釋文同石經初刻作藝後刊去云字

自往見之宋本自作身

春秋左傳注疏卷四十七校勘記

附釋音春秋左傳注疏卷第四十八 昭十七年盡十九年

杜氏注　孔穎達疏

經十有七年春小邾子來朝○夏六月甲戌朔日有食之○秋郯子來朝○八月晉荀吳帥師滅陸渾之戎○渾戸門反○冬有星孛于大辰大辰房心尾也妖變非常故書○孛音佩一音勃

疏注大辰至故書○正義曰釋天云大辰房心尾也大火謂之大辰李巡云大辰蒼龍宿之體最爲明故曰房心尾也大火蒼龍宿心以候四時故曰辰孫炎曰龍星明者以爲時候故曰大辰大火。也。心在中最明故時候主爲公羊傳曰孛者何彗星也彗爲箒也言其狀似掃箒光芒孛孛然妖變之星非常所有故書之傳稱孛于大辰西經直書于大辰者雖在其星之西仍在大辰分度之內故直云于大辰

○楚人及吳戰于長岸吳。楚兩敗莫肯告負故但書戰而不書敗也長岸楚地○岸五旦反

疏注吳楚至楚地○正義曰傳稱大敗吳師又云大敗楚師是兩皆大敗也縱使兩皆來告無肯自云負敗者故但書戰而不書敗也傳稱令尹陽匄則是楚之貴臣而云楚人者楚人恥其敗以賤者告也

傳十七年春小邾穆公來朝公與之燕季平子賦采叔采叔詩小雅取其君子來朝何錫與之以穆公喻君子

疏。采叔○正義曰采叔刺幽王慢諸侯也云采叔采叔筐之筥之君子來朝何錫予之雖無予之路車乘馬注云賜諸侯以車馬言雖無子之尙以爲薄

穆公賦菁菁者莪菁菁者莪亦詩小雅取其既見君子樂且有儀以荅采叔○菁子丁反莪五河反樂音洛

疏菁菁者莪○正義曰菁菁者莪云既見君子樂且有儀既見君子者官爵之而得見也見則心既喜樂又以禮儀見接

昭子曰不有以國其能久

平嘉其能荅賦言其賢故能久有國疏不有至久乎○正義曰言不有學問之人以治其國能長久乎○夏六月甲戌朔日有食之祝史請所用幣禮○正陽之月日食當用幣於社故請之疏注禮正至請之○正義曰陰陽之氣運行於天一消一息周而復始十一月建子爲陽始五月建午爲陰始以易爻卦言之從建子之後每月一陽息一陰消至四月建巳六陰消盡六陽並盛是爲純乾之卦正陽之月也從建午之後每月一陰息一陽消至十月建亥六陽消盡六陰並盛是爲純坤之卦正陰之月也此年六月日食是夏之四月正陽之月也禮正陽之月日食諸侯當用幣於社故魯之祝史依禮法請所用之幣昭子曰日有食之天子不舉不舉盛饌○饌仕眷反伐鼓於社責羣陰諸侯用幣於社。請上公伐鼓於朝退自責禮也平子禦之禦禁也○禦之魚呂反注同曰止也唯正月朔慝未作日有食之於是乎有伐鼓用幣禮也其餘則否。大史曰在此月也正月謂建巳正陽之月也於周爲六月於夏爲四月慝陰氣也四月純陽用事陰氣未動而侵陽災重故有伐鼓用幣之禮也平子以爲六月非正月故大史荅言在此月也○正音政慝他得反夏戶雅反下文當夏注當夏並同疏昭子至禮也○正義曰昭子雖不言正月而云日食之禮明此月即是正月也文十五年傳與此昭子之言正同是正法有此禮也殺牲盛饌曰舉故天子不舉謂去盛饌也郊特牲云社所以神地之道也祭土而主陰氣也則社是羣陰所聚論語云鳴鼓而攻之伐鼓者是攻責之事故爲責羣陰亦以責上公也二十九年傳曰封爲上公祀爲貴神社稷五祀是尊是奉是社爲上公之神尊於諸侯故諸侯用幣於社請上公亦所以請羣陰請令勿侵陽也然伐鼓於社云責羣陰用幣於社云請上公社文是一二注不同者以天子之尊無所不責故云責羣陰也諸侯南面之君於諸侯之內唯請上公故云請上公也○平子至則否○正義曰平子聞有此禮而不知正月是周之六月故止其請幣仍說正禮慝惡也人。情愛陽而惡陰故謂陰爲慝五月陰始生故四月陰未作也平子亦不識慝爲陰義故語雖得禮而心不肯從平子蓋以正月爲歲首之月故云其餘則否○大史曰在此月也○正義曰大史以平子不識正月故爲辨之所言慝未作所以行伐鼓用幣之禮○正當在此月也因爲說日食之禮引夏書以證之日過分而未至過春分而未夏至三辰有災三辰日月星也日月相侵又犯是宿故三辰皆爲災○宿音秀於是乎百官降物降物素服疏注降物素服○正義曰降物謂減其物采也昏義曰日食則天子素服○知百官降物亦素服也古之素服禮無明文蓋象朝服而用素爲之如今之單衣也近世儀注日食則擊鼓於大社天子單衣介幘辟正殿坐東西堂百官白服坐本司大常率官屬繞大廟過時乃罷君不舉辟移時辟正寢過日食時樂奏鼓伐鼓疏樂奏鼓○正義曰樂奏鼓與下瞽奏鼓一也樂謂作樂之人即瞽矇也奏訓進也孔安國尚書傳云瞽樂官樂官進鼓則伐之故杜云伐鼓也其日食王或有至社親伐鼓之時故周禮大僕云凡軍旅田役贊王鼓救日月食亦如之鄭玄云王通鼓佐擊其餘面則日食王有親鼓之時也祝用幣用幣於社史用辭用辭以自責故夏書曰辰不集于房逸書也集安也房舍也日月不安其舍則食瞽奏鼓瞽樂師○瞽音古嗇夫馳庶人走車馬曰馳步曰走爲救日食備也○嗇音色疏注故夏至人走○正義曰此尚書胤征文也彼云乃季秋月朔辰弗集于房彼季秋日食亦以此禮救之傳言唯正月朔日食乃有伐鼓用幣餘月則否引夏書而與夏書違者蓋先代尚質凡有日食皆用鼓幣周禮極文周家禮法見事有差降唯正陽之月特用鼓幣餘月則否○注逸書至則食○正義曰杜以爲止謂之集故訓集爲安也○孔安國云房所舍之次集合也不合則日食可知與杜少異○注車馬至備也○正義曰杜以馳是馬疾行故云車馬曰馳步曰走孔安國云嗇夫主幣之官馳取幣禮天神嗇夫於周禮無文鄭注覲禮云嗇夫蓋司空之屬也則官屬司空庶人在官若胥徒之屬使之取幣而

禮天神也衆人走共救日食之百役也嗇夫取幣未必馳車蓋馳走相對變其文耳言禮天神者謂天子。禮傳無天子禮天神之事文不具

此月朔之謂也當夏四月是謂孟夏言此六月當夏家之四月平子弗從昭子退曰夫子將有異志不君君矣安君之災故曰有異志【疏】不君君矣○正義曰日食陰侵陽臣侵君之象救日食所以助君抑臣也平子不肯救日食乃是不君事其事也劉炫云乃是不復以君爲君矣

○秋郯子來朝公與之宴昭子問焉曰少皞氏鳥名官何故也少皞金天氏黃帝之子已姓之祖也問何故以鳥名官○少詩照反皞胡老反已音紀又音祀【疏】注少皞至名官○正義曰帝系云黃帝生玄囂也史記云黃帝正妃生二子其後皆有天下其一曰玄囂是爲青陽降居江水言降居江水謂不爲帝也此傳言其以鳥名官則一是爲帝明矣故世本及春秋緯皆言青陽卽是少皞黃帝之子代黃帝而有天下號曰金天氏少皞氏身號金天氏代號也晉語稱青陽與黃帝同德故爲姬姓黃帝之子十四人爲十二姓其十二有姬有已青陽既爲姬姓則已姓非青陽之後而世本已姓出自少皞非青陽也事遠書亡不可委悉耳

郯子曰吾祖也我知之昔者黃帝氏以雲紀故爲雲師而雲名黃帝軒轅氏姬姓之祖也黃帝受命有雲瑞故以雲紀事百官師長皆以雲爲名號縉雲氏蓋其一官也○長丁丈反縉音進【疏】注黃帝至官也○正義曰史記云黃帝者少典之子名曰軒轅爲天子代神農氏是爲黃帝晉語云黃帝以姬水成爲姬姓是姬姓之祖也以少皞。之立有鳳鳥之瑞而以鳥紀事黃帝以雲紀事明其初受天命有雲瑞也雲之爲瑞未能審也史記天官書曰若煙非煙若雲非雲郁郁紛紛蕭索輪囷是謂卿雲或作慶雲或作景雲孝經援神契曰德至山陵則景雲出服虔云黃帝受命得景雲之瑞故以雲紀事黃帝雲瑞或當是景雲也百官師長皆以雲爲名號卽是以雲紀綱諸事也雲爲官名更無所出唯文十八年傳云縉雲氏有不才子疑是黃帝時官故云縉雲

氏蓋其一官也炎帝氏以火紀故爲火師而火名炎帝神農氏姜姓之祖也亦有火瑞以火紀事名百官疏注炎帝至百官○正義曰帝系世本皆爲炎帝卽神農氏炎帝身號神農代號也譙周考古史以爲炎帝與神農各爲一人非杜義晉語云炎帝以姜水成爲姜姓是爲姜姓之祖也火之爲瑞亦未審也共工氏以水紀故爲水師而水名共工以諸侯霸有九州者在神農前大皞後亦受水瑞以水名官○共音恭大音泰下大皞同疏注共工至名官○正義曰共工氏霸有九州祭法文也此傳從黃帝向上逆陳之知共工在神農前大皞後也水之爲瑞亦未審也大皞氏以龍紀故爲龍師而龍名大皞伏犧氏風姓之祖也有龍瑞故以龍命官疏注大皞至命官○正義曰月令孟春云其帝大皞易下繫云包犧氏之王天下也卽大皞身號伏犧代號也僖二十一年傳云任宿須句風姓也實司大皞知大皞是風姓之祖也龍之爲瑞亦未審也此黃帝以上四代用雲火水龍紀事其官之名必用雲火水龍爲之但書典散亡更無文紀其名不可復知故杜不須委說唯有縉雲見傳疑是黃帝官耳服虔云黃帝以雲名官蓋春官爲青雲氏夏官爲縉雲氏秋官爲白雲氏冬官爲黑雲氏中官爲黃雲氏炎帝以火名官春官爲大火夏官爲鶉火秋官爲西火冬官爲北火中官爲中火共工以水名官春官爲東水夏官爲南水秋官爲西水冬官爲北水中官爲中水大皞以龍名官春官爲青龍氏夏官爲赤龍氏秋官爲白龍氏冬官爲黑龍氏中官爲黃龍氏此皆事無所見苟出肺腸少皞鳥紀不以五方名官焉知彼四代者皆以四時五方名官乎以縉爲赤色則云夏官爲縉雲焉知餘方不更爲之目而直指青黃爲名也以天文有大火鶉火卽云春爲大火夏爲鶉火其餘何故直以西北名火也此皆虛而不經故不可采用我高祖少皞摯之立也鳳鳥適至故紀於鳥爲鳥師而鳥名鳳鳥氏曆正也鳳鳥知天時故以名曆正之官○摯音至疏注鳳鳥至之官○正義曰釋鳥云鶠鳳其雌皇則此鳥雄曰鳳雌曰皇說文云鳳神

鳥也山海經云丹穴之山有鳥焉其狀如鶴五采而文名曰鳳皇見則天下大安寧運斗樞云天樞德見則鳳皇翔中候握河紀云堯卽政七十年鳳皇止庭伯禹拜曰昔帝軒提象鳳巢阿閣白虎通云黃帝時鳳皇蔽日而至止於東園終身不去諸書皆言君有聖德鳳皇乃來是鳳皇知天時也曆正主治曆數正天時之官故名其官爲鳳鳥氏也當時名官直爲鳥名而已其所職掌與後代名官所司事同所言曆正以下及司徒司寇工農之屬皆以後代之官所掌之事託言之言爾時鳥名如今之此官也

玄鳥氏司分者也

玄鳥燕也以春分來秋分去○燕於見反

疏○注玄鳥至分去正義曰說文云燕玄鳥也釋鳥云燕燕鳦郭璞曰詩云燕燕于飛一名玄鳥齊人呼鳦詩云天命玄鳥月令云玄鳥至之日是一名玄鳥也或單呼爲燕或重名燕燕異方語也此鳥以春分來秋分去故以名官使之主二分

伯趙氏司至者也

伯趙伯勞也以夏至鳴冬至止

疏○注伯趙至至止正義曰釋鳥云鶪伯勞也樊光曰春秋云伯趙氏司至伯趙鶪也以夏至來冬至去郭璞曰似鶷鶡而大此鳥以夏至來冬至止去故以名官使之主二至也月令仲夏之月鶪始鳴蔡邕云鶪伯勞也一曰伯趙應時而鳴爲陰候也詩云七月鳴鶪者鄭玄云豳地晚寒鳥物之候從其氣焉王肅云七當爲五古文五字似七故誤

青鳥氏司啓者也

青鳥鶬鴳也以立春鳴立夏止○鶬音倉鴳亦作鷃於諍反

疏注青鳥至夏止○正義曰青鳥鶬鷃爾雅無文先儒相說耳立春立夏謂之啓此鳥以立春鳴立夏止故以名官使之主立春立夏

丹鳥氏司閉者也

丹鳥鷩雉也以立秋來立冬去入大水爲蜃上四鳥皆曆正之屬官○鷩必滅反蜃市軫反

疏注丹鳥至屬官○正義曰釋鳥雉之類有鷩雉樊光曰丹雉也少皞氏以鳥名官丹鳥氏司閉以立秋來立冬去入水爲蜃周禮王享先公服鷩冕郭璞曰似山雞而小冠背毛黃腹下赤項綠色鮮明是解丹鳥爲鷩雉也立秋立冬謂之閉此鳥以秋來冬去故以名官使之主立秋立冬也分至啓閉立四官使主之鳳皇氏爲之長故云四鳥皆曆正之屬官也

祝鳩氏司徒也

祝鳩鵻鳩也鵻鳩孝

故爲司徒主教民○鷦音焦本又作焦本或作鷦子遙反又子堯反疏注祝鳩至教民○正義曰釋鳥云隹其鳺鴀舍人云隹一名夫不今楚鳩也樊光曰春秋云祝鳩氏司徒祝鳩即隹其夫不孝故爲司徒郭璞曰今鵓鳩也詩云翩翩者隹毛傳云鵻夫不也一宿之鳥鄭玄云一宿者一意於其所宿之木又云夫不爲之慤謹者人皆愛之則此是謹慤孝順之鳥故名司徒之官教人使之孝也

鴡鳩氏司馬也

鴡鳩王鴡也鷙而有別故爲司馬主法制○鴡本又作雎七徐反鷙音至本亦作摯下同別彼列反疏注鴡鳩至法制○正義曰釋鳥云鴡鳩王鴡李巡云王鴡一名鴡鳩郭璞云鵰類今江東呼之爲鶚好在江渚山邊食魚毛詩傳曰鳥鷙而有別則鴡鳩是鷙擊之鳥又能雄雌有別也司馬主兵又主法制擊伐又當法制分明故以此鳥名官使主司馬之職

鳲鳩氏司空也

鳲鳩鴶鵴也鳲鳩平均故爲司空平水土○鴶本亦作秸餰八反又音吉鵴本亦作鞠居六反疏注鳲鳩至水土正義曰釋鳥云鳲鳩鴶鵴樊光曰春秋云鳲鳩氏司空心平均故爲司空郭璞曰今之布穀也孫炎曰方言云鳲鳩自關而東謂之戴勝陸機毛詩義疏云今梁宋之間謂布穀爲鴶鵴則布穀是鳲鳩明矣而楊雄云鳲鳩是戴勝也今戴勝自生穴中不巢生雄言非也詩云鳲鳩在桑其子七兮毛傳云鳲鳩之養其子朝從上下莫從下上平均如一是鳲鳩平均故爲司空尚書舜典云伯禹作司空帝曰禹汝平水土惟時懋哉是司空主平水土也

爽鳩氏司寇也

爽鳩鷹也鷙故爲司寇主盜賊○爽所丈反疏注爽鳩至盜賊○正義曰釋鳥云鷹鶆鳩樊光曰來鳩爽爽鳩也春秋曰爽鳩氏司寇鷹鷙故爲司寇郭璞曰鶆當爲爽字之誤耳左傳作爽鳩是也鷹是鷙擊之鳥司寇主擊盜賊故爲司寇

鶻鳩氏司事也

鶻鳩鶻鵰也春來冬去故爲司事○鶻陟交反又陟留反又音彫疏注鶻鳩至司事○正義曰釋鳥云鶌鳩鶻鵃舍人曰鶌鳩一名鶻鵃今之班鳩也樊光曰春秋云鶻鳩氏司事春來冬去孫炎曰鶻鳩一名鳴鳩月令云鳴鳩拂其羽郭璞云今江東亦呼爲鶻鵃似山鵲而小短尾青黑色多聲即是此也舊說及廣雅皆云班鳩非也所論班鳩鳴

鳩雖有異同其言春來冬去舊有此說國家營事繕治器物一年之間無時暫止故以此鳥名司事之官也司事謂營造之事於六官皆屬司空此司空司事各爲一官者古今代異猶如舜典司空與共工各爲一官也

五鳩鳩民者也

鳩聚也治民上聚故以鳩爲名疏注鳩聚至爲民○正義曰鳩聚釋詁文也治民尙其集聚惡其流散故以鳩爲官名欲其聚斂民也

五雉爲五工正

五雉雉有五種西方曰鷷雉東方曰鶅雉南方曰翟雉北方曰鵗雉伊洛之南曰翬雉○種章勇反下同鷷音存又音遵本或作鷷鶅側其反翟音狄又音濁鵗本又作希如字一音丁里反翬許韋反疏注五雉至翬雉○正義曰釋鳥雉之屬十有四其說四方之雉西方曰鷷東方曰鶅南方曰翟北方曰鵗舍人曰釋四方之雉名也杜言四方之雉唯南方不同也釋鳥又云鸐山雉樊光曰其羽可持而舞詩云右手秉翟郭璞云長尾者爾雅之文翟與鸐別而賈逵亦云南方曰翟雉則先儒相傳爲說杜從之也釋鳥又云伊洛而南素質五采皆備成章曰翬李巡曰素質五采備具文章鮮明曰翬孫炎曰翬雉白質五采爲文也傳言五雉必取五方伊洛土之中區明其取翬雉與四方之雉爲五也賈逵云西方曰鷷雉攻木之工也東方曰鶅雉摶埴之工也南方曰翬雉攻金之工也北方曰鵗雉攻皮之工也伊洛而南曰翬雉設五色之工也樊光注爾雅四方之雉配工亦與賈同唯翬雉不配工耳案賈樊所言之工出於考工記耳而考工記更有刮摩之工凡有六工非唯五也且記是後世之書少皞時工未必如記所說又以工配雉無所馮據不可采用故杜不言

利器用正度量夷民者也

夷平也○量音亮疏利器至民者○正義曰雉聲近夷雉訓夷夷爲平故以雉名工正之官使其利便民之器用正丈尺之度斗斛之量所以平均下民也樊光服虔云雉者夷也夷平也使度量器用平也

九扈爲九農正

扈有九種也春扈鳻鶞夏扈竊玄秋扈竊藍冬扈竊黃棘扈竊丹行扈唶唶宵扈嘖嘖桑扈竊脂老扈鷃鷃以九扈爲九農之號各隨其宜以教民事○扈音戶鳻扶云反又如字鶞勑倫反唶側百反又子夜反又助額反嘖音責又音賾疏注扈有至

民事○正義曰釋鳥自春。鳸鳻鶞至。宵。鳸嘖嘖凡七。鳸其文相次與此注正同李巡總釋之云諸鳸别春夏秋冬四時之名唶唶嘖嘖鳥聲貌也郭璞曰諸鳸皆因其毛色音聲以爲名竊藍青色釋鳥又云鴳鳸老鳸鷃一名竊脂注爾雅者舍人李巡孫炎郭璞皆斷老上屬鳸下屬解云鴳一名鷃老鷃一名鳸雀也唯樊光斷鴳鷃爲句以老下屬注云春秋云九鳸爲九農正九鳸者春鳸夏鳸秋鳸冬鳸棘鳸行鳸宵鳸桑鳸老鳸是以老爲下屬唯鴳不重耳李巡云竊脂一名桑鳸郭璞曰俗謂之青雀觜。曲食肉好盗脂膏因名云鄭玄詩箋云竊脂肉食陸。機毛詩義疏云竊脂青雀也好竊人脯肉及筩中膏故以名竊脂也諸儒説竊脂皆謂盗人脂膏也即如此言竊玄竊黄者豈復盗竊玄黄乎。爾雅釋獸云虎竊毛謂之虦猫貓如小熊竊毛而黄竊毛皆謂淺毛竊即古之淺字但此鳥其色不純竊玄淺黑也竊藍淺青也竊黄淺黄也竊丹淺赤也四色皆具則竊脂爲淺白也其唶唶嘖嘖則聲音爲之名矣其春鳸鳻鶞樊光云鳻鶞言分循也春鳸分循五土之宜乃以人事名鳥其義未必然也爾雅老鳸鴳字不重賈服皆云鳻鶞鳻鶞亦聲音爲名也賈逵云春鳸分循相五土之宜趣民耕種者也夏鳸竊玄趣民耘苗者也秋鳸竊藍趣民收斂者也冬鳸竊黄趣民蓋藏者也棘鳸竊。爲果驅鳥者也行鳸唶唶。晝爲民驅鳥者也宵鳸嘖嘖夜爲農驅獸者也桑鳸竊脂爲蠶驅雀者也老鳸鷃鷃趣民收麥令不得晏起者也舍人樊光注爾雅其言亦與賈同其意皆謂以鳸爲官還令依此諸鳸而動作也然則趣民耕耘及收斂蓋藏其事可得召民使聚而總號令之其爲果驅鳥爲蠶驅雀豈得多置官方使之就果樹入蠶室爲民驅之哉又晝驅鳥夜驅獸不可竟日通宵常在田野溥天之下何以可周且其言不經難可據信也杜云以九鳸爲九農之號各隨其宜以教民事以舊説不可采用又不能知其職掌故末言之

鳸民無淫者也鳸止也止民使不淫放

自顓頊以來不能紀遠乃紀於近爲民師而命以民事則不能故也顓頊氏代少皞者德不能致遠瑞而以民事命官○顓音專頊許玉反

疏自顓至故也○正義曰傳言少皞摯

之立也鳳鳥適至則鳳鳥以初立時至也因其初立而有此瑞鳥遂即以為紀事雲火水龍亦以初立而有此瑞用之以紀庶事自顓頊以來初立之時既無遠瑞不能紀於遠而乃紀於近天瑞遠民事近為民之師長而命其官以民事則為不能致遠瑞故仲尼聞之見於郯子而學之於是仲尼年二十八疏注年二十八〇正義曰沈文何云襄三十一年注云仲尼年十歲計至此年二十七今云二十八誤既而告人曰吾聞之天子失官學在四夷猶信失官官不脩其職也傳言聖人無常師疏失官學在四夷〇正義曰王肅云郯中國也故吳伐郯季文子歎曰中國不振旅蠻夷入伐吾亡無日矣孔子稱學在四夷疾時學廢也郯少皞之後以其後則遠以其國則小矣魯周公之後以其世則近以其國則大矣然其禮不如郯故孔子發此言也失官為所居之官不脩其職也仲尼學樂於萇弘問官於郯子是聖人無常師〇晉侯使屠蒯如周請有事於雒與三塗屠蒯晉侯之膳宰也以忠諫見進雒雒水也三塗山名在陸渾南〇蒯苦怪反雒音洛萇弘謂劉子曰客容猛非祭也其伐戎乎陸渾氏甚睦於楚必是故也君其備之乃警戎備。警戒以備戎也欲因晉以合勢〇警音景九月丁卯晉荀吳帥師涉自棘津河岸名使祭史先用牲于雒陸渾人弗知師從之庚午遂滅陸渾數之以其貳於楚也陸渾子奔楚其衆奔甘鹿甘鹿周地周大獲先警戒備故獲宣子夢文公攜荀吳而授之陸渾故使穆子帥師獻俘于文宮。欲以應夢〇俘芳夫反應應對之應〇冬有星孛于大辰西及漢夏之八月辰星見在天漢西今孛星出辰西光芒東及天漢〇夏戶雅反下文同見賢遍反疏注夏之至天漢〇正義曰星孛文在冬下經傳皆無其月但冬以十月為初故以夏之八月解之也月令仲秋之月日在角昏牽牛中大辰是房心尾也其星處於東方之時在角星之北故以八月之昏角星與日俱沒大辰見於西方也天漢在箕斗之間於是時天漢西南東北。邪列於天大辰之星見在天漢之西也今孛星又出於大辰之西而尾東指光芒歷辰星而東及天漢也申須曰彗所以除舊布新也申須魯大夫○彗似銳反又音息遂反【疏】彗所至新也○正義曰彗埽箒也其形似彗故名焉箒所以。埽去塵彗星象之故所以除舊布新也言此星見必有除舊之事天事恆象天道恆以象類告示人今除於火火出必布焉諸侯其有火災乎今火向伏故知當須火出乃布散爲災○向許亮反又作嚮梓慎曰往年吾見之是其徵也徵始有形象而徵也火出而見前年火出時○見賢遍反下及注並同今茲火出而章必火。入而伏隨火沒也【疏】今茲至而伏○正義曰梓慎云往年吾見之是其徵也當時火出之時而彗星已見是隨火而行也今年火星之出而彗星章明是彗漸益長未即消滅必當火入之時與火俱伏也服虔注本火出而章必火火入而伏重火別句孫毓云賈氏舊文無重火字其居火也久矣歷二年其與不然乎言必然也○與如字又音預火出於夏爲三月謂昏見於商爲四月於周爲五月夏數得天得天正【疏】注得天正○正義曰斗柄所指一歲十二月分爲四時夏以建寅爲正則斗柄東指爲春南指爲夏是爲得天四時之正也若殷周之正則不得正若火作其四國當之在。宋衛陳鄭。乎宋大辰之虛也大辰大火宋分野○虛起居反下同分扶問反【疏】宋大辰之虛○正義曰虛者舊居之處也陳爲大皞之虛鄭爲祝融之虛衛爲顓頊之虛皆先王先公嘗居此地謂之虛可矣大辰星名非人居也而亦謂之虛者以天之十二次地之十二域大辰爲大火之次是宋之區域故謂宋爲大辰之虛猶謂晉地爲參虛陳大皞之虛也大皞

居陳。木火所自出鄭祝融之虛也祝融高辛氏之火正居鄭皆火房也房舍也星孛天漢。漢水祥也天漢

水也衞顓頊之虛也故為帝丘衞今濮陽縣昔帝顓頊居之其城內有顓頊冢○濮音卜其星為大水衞星營室營室

水也水火之牡也牡雄也○牡茂后反疏水火之牡○正義曰獸曰牝牡牡是雄也陰陽之書有五行嫁娶之法火畏水故以丁為壬妃是水

為火之雄其以丙子若壬午作乎水火所以合也丙午火壬子水水火合而相薄水少而火多故水不勝火○薄本又

作搏音博疏注丙午至勝火○正義曰丙是火日午是火位壬是水日子是水位故丙午為火壬子為水水火合而相薄則是夫妻合而相親親則將行其

意或水從火或火從水但彗在大辰為多及漢為少水少而火多故水不勝火火行其意水必助之故此丙子壬午之日當有火災若火入而伏

必以壬午尚。未知今。孛星當復隨火星俱伏。不故言若○復扶又反疏若火至壬午○正義曰劉炫云丙子壬午雖俱是水火合日但二字之內

先言。彊若火入而伏則連秋至春歷大陰水用事雖同其欲水當先火故疑不火入而伏則必以壬午也劉炫雖為此釋杜既無注其壬午之事理則未詳

過其見之月火見周之五月鄭裨竈言於子產曰宋衞陳鄭將同日火若我用瓘斝玉

瓚鄭必不火瓘珪也斝玉爵也瓚勺也欲以禳火○裨婢支反瓘古亂反斝古雅反瓚才旦反勺上若反禳本亦作攘如羊反下同○疏注瓘

珪至禳火○正義曰瓘是玉名此傳所云皆是成就之器故知瓘是珪也斝是爵名玉字在斝瓚之間知斝亦以玉為之故云斝玉爵也周禮典瑞云。祼圭有

瓚鄭司農云於圭頭為器可以挹鬯祼祭謂之瓚國語謂之鬯瓚鄭玄云漢禮瓚槃大五升口徑八寸下有槃口徑一尺考工記玉人云祼圭尺有二寸有瓚

以祀廟鄭玄云瓚如槃其柄用圭有流前注鄭玄詩箋云圭瓚之狀以圭為柄黃金為勺青金為外朱中央是瓚為勺共祭祀之器也裨竈欲用此三物以禳

火子產弗與以爲天災流行非禳所息故也爲明年宋衛陳鄭災傳○吳伐楚陽匄爲令尹卜戰不吉陽匄穆王曾孫令尹子瑕○匄古害反【疏】注卜戰不吉○正義曰陽匄心不決死戰必殺將將死是不吉也司馬子魚志在必死不以將死爲凶故卜之得吉敗吳之後吳人敗之終是不吉○注穆王曾孫○正義曰依世本穆王生王子揚揚生尹尹生令尹匄司馬子魚曰我得上流何故不吉子魚公子魴也順江而下易用勝敵○魴音房易以豉反且楚故司馬令龜我請改卜令曰魴也以其屬死之楚師繼之尚大克之吉得吉兆戰于長岸子魚先死楚師繼之大敗吳師獲其乘舟餘皇。餘皇舟名○乘如字又繩證反下同使隨人與後至者守之環而塹之及泉環周也○環如字又音患塹七豔反盈其隧炭陳以待命隧出入道○隧音遂下同炭叶旦反【疏】注隧出入道○正義曰守舟者雖環而塹之塹猶不合有出入之路故滿路置火以防吳人也吳公子光光諸樊子闔廬○闔戶臘反廬力居反請於其衆曰喪先王之乘舟豈唯光之罪衆亦有焉請藉取之以救死藉衆之力以取舟○喪息浪反衆許之使長鬣者三人長鬣多髭鬚與吳人異形狀詐爲楚人○鬣力輒反髭子斯反鬚音須潛伏於舟側曰我呼皇則對師夜從之師吳師也○呼呼路反又如字下同三呼皆迭對迭更也○迭待結反又音弟更音庚楚人從而殺之楚師亂吳人大敗之取餘皇以歸傳言吳光有謀

經。十有八年春王三月。曹伯須卒未同盟而赴以名○夏五月壬午宋衛陳鄭災來告故書

天火曰災疏注來告至曰災正義曰傳稱皆來告火知是來告故書也春秋書他國之災皆是來告而書公羊傳曰宋衛陳鄭災何以書記異也何異爾異其同日而俱災外異不書此何以書為天下記異也穀梁亦云其志以同日也杜因此傳有來告之文故顯而異之天火曰災宣十六年傳例也

○六月邾人入鄅鄅國今琅邪開陽縣○鄅音禹許慎郭璞皆音矩國名琅音郎本或作郎○秋葬曹平公○冬許遷于白羽自葉遷也畏鄭而樂遷故以自遷為文○葉始涉反疏注自葉至為文○正義曰成十五年許遷于葉自是以後許常以葉為都九年許遷于夷是自葉遷于夷也十三年傳曰楚之滅蔡也靈王遷許胡沈道房申於荆焉平王即位既封陳蔡而皆復之禮也注云荆荆山也滅蔡在十一年許又從夷遷於荆山平王復之復其本國許又歸於葉也故知此年遷于白羽是其自葉遷也且傳云葉在楚之方城外之蔽明其欲遷之時許在葉也案傳王子勝言於楚子使之遷許則是楚人遷許非許自遷楚雖發意遷許亦畏鄭樂遷故以自遷為文若許不樂遷楚強遷之當云楚人遷許如宋人遷宿齊人遷陽之類不得云許遷于白羽。以。其。自遷為文知許人自樂遷也

傳十八年春王二月乙卯周毛得殺毛伯過毛伯過周大夫得過之族○過古禾反而代之代居其位疏注代居其位○正義曰毛氏世有采地為畿內之國於時天子微弱故自殺自代不能禁之萇弘曰毛得必亡是昆吾稔之日也侈故之以昆吾夏伯也稔熟也侈惡積熟以乙卯日與桀同誅萇直良反稔而審反侈昌氏反又尸氏反夏戶雅反○而毛得以濟侈於王都不亡何待為二十六年毛伯奔楚傳疏是昆至何待○正義曰是乙卯者昆吾之君惡熟之日也由其侈故以此日死也而毛得以此日成其侈惡於王都不亡何待○注昆吾至同誅○正義曰鄭語云黎為高辛氏火正命之曰祝融其後八姓昆吾為夏伯楚世家

珍倣宋版印

云顓頊生稱稱生卷章卷章生黎黎爲高辛氏火正共工氏作亂帝使黎誅之而不盡帝誅黎使其弟吳回居火正爲祝融回生陸終終生子六人。坼剖而產
焉其長曰昆吾虞翻曰昆吾爲己姓封昆吾世本云昆吾者衛是也然則昆吾國名言昆吾夏伯者以表昆吾國君其上世嘗爲夏伯其惡熟誅者非此爲伯
之身當是後世之孫以詩云韋顧既伐昆吾夏桀共桀同文又傳云乙卯亡知以乙卯日與桀同時誅○三月曹平公卒爲。下會葬見原
伯起本○夏五月火始昏見火心星見賢遍反○丙子風梓慎曰是謂融風火之始也東北曰融
風融風木也木火母故曰火之始疏。注東北至之始○正義曰東北曰融風易緯作調風俱是東北風一風有二名東北木之始故融風爲木也木是火
之母火得風而盛故融爲火之始七日其火作乎從丙子至壬午七日壬午水火合之日故知當。火作戊寅風甚壬午大。
甚疏戊寅至大甚○正義曰甚者益盛之言也丙子初風連日不息至戊寅而風益。甚至壬午而風又大。甚初言融風是東北風也蓋自丙子至壬午風
不迴而稍益盛傳雖主言魯國之風彼四國亦當然也宋衛陳鄭皆火梓慎登大庭。氏。之庫以望之大庭氏古
國名在魯城內魯於其處作庫高顯故登以望氣參近占以審前年之言○大甚本或作火甚處昌慮反下祭處同故登以望氣本或作以望氛氣疏注大
庭至之言○正義曰大庭氏古天子之國名也先儒舊說皆云炎帝號神農氏一曰大庭氏服虔云在黃帝前鄭玄詩譜云大庭在軒轅之前亦以大庭爲炎
帝也對文則藏馬曰廄藏車曰庫曲禮云在府言府在庫言庫鄭玄云府謂寶藏貨賄之處庫謂車馬兵甲之處又大學云未有府庫財非其財者則庫亦藏
財貨非獨車馬甲兵也古之大庭嘗都於魯其處在魯城內魯於其處作庫而其地高顯故梓慎登之以望氣梓慎往年言其將火今更望氣參驗近占以審
己前年之言信也梓慎所望望天氣耳非能望見火也而何休難云宋衛陳鄭去魯皆數千里爲登。高以見其火豈實事哉劉炫云案左傳不言望火何以言

見其火玄卿以爲孔子登泰山見吳門之白馬離婁覩千里之毫末梓慎既非常人何知不見數百里之。煙火孔子在陳知桓僖災者豈復望見之乎若見火知災則人皆知之矣何所貴乎梓慎左氏傳而編記之哉且四國去魯纔數百里而何休云數千里雖意欲其遠亦虛妄之極梓慎所望自當有以知之不知見何氣知其災也服虔云四國次有火氣也梓慎不言夜望安知望次陳獨無次何所望哉今以爲服解義或然也曰宋衛陳鄭也數日皆來告火言經所以書○數所主反禆竈曰不用吾言鄭又將火前年禆竈欲用瓘斝禳火子產不聽今復。請用之○禳如羊反復扶又反下同鄭人請用之信竈言子產不可子大叔曰寶以保民也若有火國幾亡可以救亡子何愛焉子產曰天道遠人道邇非所及也何以知之竈焉知天道是亦多言矣豈不或信多言者或時有中○幾音祈又音機下同竈焉於虔反中丁仲反遂不與亦不復火傳言天道難明雖禆竈猶不足以盡知之鄭之未災也里析告子產曰將有大祥里析鄭大夫祥變異之氣○析星歷反大祥或作火祥非也疏將有大祥○正義曰祥者善惡之。徵中庸云國家將興必有禎祥祥則吉祥也國家將亡必有妖孽孽則凶祥也則祥是善事而里析以民動國亡爲大祥者彼對文言耳書序云亳有祥桑穀共生于朝五行傳云時有青眚青祥白眚白祥之類皆以惡徵爲祥是祥有善有惡故杜云祥變異之氣民震動國幾亡吾身泯。焉弗良及也言將先災死○泯而忍反先悉薦反疏弗良及也○正義曰良是語辭史傳多云良所未悟良有以也是古今共有此語也而服虔云弗良及。者不能及也良能也能非良之訓妄言耳國遷其可乎子產曰雖可吾不足以定遷矣子產天災不可逃非遷所免故託以知不足○知音智及火里析死矣未葬子產使輿三十人遷其柩以其常與己言故輿音餘柩其又反○火作子產辭晉公子公孫于東門晉人新來未入故辭不使前也疏注晉人至前也○正義曰下云出新客禁舊客勿出於宮此辭於東門明是晉人新來未入故辭之不使前也此新來蓋聘使也晉人往因麗姬之難詛無畜羣公子故文襄之世公子皆出在他國自成公更立公族國內始有公子故使之來聘也自晉適鄭當入西門而辭之東門者鄭城西臨洧水其西無門蓋從東門入為便故辭于東門使司寇出新客新來聘者禁舊客勿出於宮為其知國情不欲令去○為于僞反令力呈反使子寬子上巡羣屏攝至于大宮二子鄭大夫屏攝祭祀之位大宮鄭祖廟巡行宗廟不得使火及之○行下孟反下文行火下注履行同疏注二子至之位○正義曰子寬游吉之子世族譜子寬與游速渾罕為一人駟帶字子上六年死矣此別有子上非駟帶也世族譜雜人內有子上無子寬明子寬與渾罕為一人也楚語說事神之禮云使名姓之後能知犧牲之物彝器之量屏攝之位壇場之所而心率舊典者為之宗知屏攝是祭祀之位也鄭衆云攝攝束茅以為屏蔽其事或當然使公孫登徙大龜登開卜大夫使祝史徙主祏於周廟告於先君祏廟主石函周廟厲王廟也有火災故合羣主於祖廟易救護○祏音石函音咸易以豉反疏注祏廟至救護正義曰每廟木主皆以石函盛之當祭則出之事畢則納於函藏於廟之北壁之內所以辟火災也文二年傳云鄭祖厲王故知鄭之周廟是厲王廟也既有火災皆須防守故合羣主就於祖王廟易救護也衛次仲云右主八寸左主七寸廣厚三寸穿中央達四方也范甯云天子主長尺二寸諸侯主長一尺也白虎通云納之西壁使府人庫人各儆其事儆備火也○儆音景疏使府人庫人各儆其事○正義曰曲禮云在府言府在庫言庫皆是藏財賄之處故使其人各自儆守以防火也周官有大府內府外府天府玉府泉府而無掌庫之官蓋府庫通言庫亦謂之府也諸侯國異政

殊故府庫並言也。商成公儆司宮商成公鄭大夫司宮巷伯寺人之宮出舊宮人寘諸火所不及舊宮人先公宮女○寘之豉反司馬司寇列居火道備非常也行火所焮。焮炙也○焮許靳反城下之人伍列登城為部伍登城備姦也

疏行火至登城○正義曰此承司馬司寇之下亦是二官使之行火所炙欲令人救之也言城下之人為部伍行列以登城亦是司馬司寇之人備姦寇也

明日使野司寇各保其徵野司寇縣士也火之明日四方乃聞災故戒保所徵役之人

疏注野司至之人○正義曰傳言野司寇則司寇之官在野周禮司寇屬官有縣士掌野。知野司寇是縣士也鄭玄縣士注云地距王城二百里以外至三百里曰野三百里以外至四百里曰縣四百里以外至五百里曰都都縣野之地其邑非王子弟公卿大夫之采地則皆公邑也謂之縣縣士掌其獄焉言掌野者郊外曰野大總言之也獄居近野之縣獄在二百里上縣之。獄在三百里上都之縣獄在四百里上如鄭此言采邑之民有獄則采地之官長各自斷之若公邑之民有獄則縣士斷之縣士司寇屬官所掌在野故此傳謂之野司寇也縣士職曰各掌其縣之民數而聽其獄訟若邦有大役聚衆庶則各掌其縣之禁令則諸侯縣士亦當然也縣士分在四方不聞火火之明日四方乃聞有災故戒使各保其所應受徵役之人皆令。具備以待上命慮有所須當徵之

郊人助祝史除於國北為祭處於國北者就大陰禳火

疏郊人至國北○正義曰周禮鄉在郊內遂在郊外諸侯亦當然郊人當謂郊內鄉之人也祝史掌祭祀之官也使此鄉人助祝史除地在城之北作壇場為祭處也就國北者南為陽北為陰就大陰禳火也

禳火于玄冥回祿玄冥水神回祿火神○冥亡丁反

疏注玄冥至火神○正義曰月令冬云其神玄冥知玄冥水神也周語云夏之亡也回祿信於。黔隧先儒注左傳及國語者皆云回祿火神或當有所見也二十九年傳脩及熙為玄冥則玄冥祭脩熙不知回祿祭何人楚之先吳回為祝融或云回祿即吳回也祭水神欲令水抑火祭火神欲

令火自止禳其餘災慮更火也祈于四鄘鄘城也城積土陰氣所聚故祈祭之以禳火之餘災○鄘音容書焚室而寬其征與之材征賦稅也稅始銳反○三日哭國不市示憂戚不會市使行人告於諸侯宋衛皆如是陳不救火許不弔災君子是以知陳許之先亡也不義所以亡疏陳許之先亡也○正義曰哀十七年楚滅陳也定六年鄭游速帥師滅許其後復立許悼公之孫成是爲元公其子結元年獲麟之歲也當戰國首爲楚所滅○六月鄅人藉稻鄅妘姓國也其君自出藉稻蓋履行之○妘音云疏注鄅妘至行之○正義曰鄅爲妘姓世本文也周之六月夏之四月種稻之時其君自出觀行之藉猶藉蹈藉踐履之義故爲履行之服虔云藉耕種於藉田也邾人襲鄅鄅人將閉門邾人羊羅攝其首焉斬得閉門者頭疏攝其首焉正義曰攝訓爲持也斬得閉門者首而持其頭遂入之盡俘以歸鄅子曰余無歸矣從帑於邾邾莊公反鄅夫人。而舍其女爲明年宋伐邾起○俘芳夫反帑音奴○疏而舍其女○正義曰言止舍其女而留之○秋葬曹平公往者見周原伯魯焉原伯魯周大夫與之語不說學歸以語閔子馬閔子馬。曰周其亂乎夫必多有是說而後及其大人國亂俗壞言者適多漸以及大人大人在位者○說學音悅以語魚據反大人患失而惑又曰可以無學無學不害患有學而失道者以惑其意不害而不學則苟而可以爲無害遂不學則皆懷苟且於是乎下陵上替能無亂乎夫學殖也不學將落原氏其亡乎。殖生長也言學之進德如農之殖苗日新日益○替他計反殖特力反長丁丈反疏周其至亡乎○正義曰周室其將亂乎夫其國內之人必多有是不說學問之說也國內多有此言而後流傳及其在位之大人大人謂公卿大夫也大人患其國內有多學而失其道者而疑惑於此言謂此言有道理也大人於是又爲言曰其實可以無學無學不爲害也以爲無害而遂不學則苟且而可也一國之人皆懷苟且不識上下之序不知尊卑之義於是在下者陵侮其上在上者替廢其位上下失分能無亂乎夫學如殖草木也令人日長日進猶草木之生枝葉也不學則才知日退將如草木之隊落枝葉也原氏其亡滅乎

〇七月鄭子產爲火故大爲社爲治也〇爲火故于僞反下將爲蒐同祓禳於四方振除火災禮也振弃也〇祓芳佛反徐音廢【疏】。大爲至禮也〇正義曰祭社有常而云大爲社者此非常祭之月而爲火特祭蓋君臣肅共禮物備具大於常祭故稱大也周禮女巫掌祓除釁浴祓禳皆除凶之祭徧於四方之神如尙書咸秩無文苟可祭者悉皆祭之所以振訊除去火災禮也嫌多祭非禮故禮之乃簡兵大蒐將爲蒐除治兵於廟城內地迫故除廣之子大叔之廟在道南其寢在道北其庭小庭蒐場也〇場直長反【疏】子大至道北〇正義曰鄭簡公之卒將爲葬除亦欲毀游氏之廟則游吉〇吉宅近大路故數將徹毀也其廟當在宅內以其居處狹隘故廟在道南寢在道北也寢卽游吉所居宅也過期三。日處小不得一時畢〇處昌慮反【疏】過期三日〇正義曰此量其庭之大小而豫計之以庭小之故當過期三日欲除道使闊望及期得了亦不知本期當幾日也使除徒陳於道南廟北曰子產過女而命速除乃毀於而鄉。而女也毀女所鄉〇女音汝注同鄉許亮反本又作向注同子產朝朝君過而怒之怒毀不除者南毀子產及衝使從者止之曰毀於北方言子產仁不忍毀人廟〇衝昌容反從才用反火之作也子產授兵登陴子大叔曰晉無乃討乎辭晉公子公孫而授兵似若叛晉〇陴婢支反子產曰吾聞之小國忘守則危。況有災乎。國之不可小，有備故也。既晉之邊吏讓鄭曰：

鄭國有災，晉君大夫不敢寧居，卜筮走望，不愛牲玉。鄭之有災，寡君之憂也。今

執事撊然授兵登陴。撊然，勁忿貌。○守，手又反，一音如字。撊，遐板反。勁，吉政反。疏卜筮至牲玉○正義曰：言爲鄭卜筮，何故有災，宜禱何神。奔走而望祭之，祭山川，故爲望也。莊二十五年傳云，天災有幣無牲。而云不愛牲玉者，天之見異，非求人飲食，隨時告請，則有幣無牲。若祭求弭災者，則當有牲。雲漢之詩美宣王爲旱禱神云：靡愛斯牲，圭璧既卒。亦是用牲玉也。○注撊然勁忿貌○正義曰：服虔云：撊然，猛貌也。方言云：撊，猛也。晉魏之間曰撊。杜言勁忿貌，亦是猛也，但述晉人責鄭之意，故以勁忿解之。

將以誰罪。邊人恐懼不敢不告。子產對曰：若吾子之言，敝邑之災，君之憂也。敝邑失政，天降之災，又懼讒慝之間謀之，以啓貪人，荐爲敝邑不利。荐，重也。○恐，丘勇反。慝，他得反。間，間廁之間。荐，在遍反。重，直用反。下文同。疏將以誰罪○正義曰：將以誰爲罪，而欲授兵，疑其畏晉襲之，欲禦晉擊之。

以重君之憂。幸而不亡，猶可說也。說，解也。不幸而亡，君雖憂之，亦無及也。鄭有他竟，望走在晉。言鄭雖與他國爲竟，每瞻望晉，歸赴之。○竟音境。疏望走在晉○正義曰：其所瞻望奔走而歸之者，唯在晉耳。既事晉矣，其敢有二心。傳言子產有備。疏注傳言子產有備○正義曰：國有火災，懼被人襲，登陴遷守，是有備也。

○楚左尹王子勝言於楚子曰：許於鄭，仇敵也，而居楚地，以不禮於鄭。十三年，平王復遷邑，許自夷遷居葉，恃楚而不事鄭。疏而居楚地○正義曰：當時許都於葉。釋例土地名，葉在楚界。許本偪於鄭，請遷近楚，楚以葉與之，故爲居楚地。○十

三至居葉○正義曰案十三年云楚師之滅蔡也靈王遷許胡沈道房申於荊則許從夷遷向荊也平王復之當從荊却向夷自夷向葉注不言自荊還葉者蓋以許遷於夷見經故據以爲言其實自荊遷也晉鄭方睦鄭若伐許而晉助之楚喪地矣君盍遷許許不專於楚○自以舊國不專心事楚喪息浪反盍戶臘反疏注自以至事楚○正義曰劉炫云當時許之於楚更無異望非敢恃舊國不事楚當以畏鄭之故外設備禦不得專心事楚耳今杜必以爲舊國不專心事楚者以此傳許謂鄭人云余舊國許畏於鄭尚以舊國不肯事鄭明以舊國亦不專心事楚劉以爲畏鄭不專心事楚苟背傳文而規杜氏非也鄭方有令政許曰余舊國也許先鄭封先悉薦反○鄭曰余俘邑也。隱十一年鄭滅許而復存之故曰我俘邑○復扶又反葉在楚國方城外之蔽也爲方城外之蔽障○障章亮反土不可易易輕也○易以豉反國不可小謂鄭許不可俘讎不可啓。君其圖之楚子說○說音悅冬楚子使王子勝遷許於析。實白羽於傳時白羽改爲析○析星歷反

經十有九年春宋公伐邾爲鄭○爲于僞反○夏五月戊辰許世子止弒其君買加弒者責止不舍藥物○弒音試舍音捨疏注加弒至藥物○正義曰案傳許君飲止之藥而卒耳實非止弒也言書曰弒其君則仲尼新意書弒也實非弒而加弒者責止事父不舍其藥物言藥當信醫不須己自爲也釋例曰醫非三世不服其藥古之慎戒也人子之孝當盡心嘗禱而己藥物之齊非所習也許止身爲國嗣國非無醫而輕果進藥故罪同於弒雖原其本心而春秋不赦其罪蓋爲教之遠防也○己卯地震傳無○秋齊高發帥師伐莒○冬葬許悼公傳無

傳十九年春楚工尹赤遷陰于下陰陰縣今屬南鄉郡令尹子瑕城郟叔孫昭子曰楚不在諸侯矣其僅自完也以持其世而已遷陰城郟皆欲以自完守○郟古洽反僅音覲持如字本或作恃怙之字非也○楚子之在蔡也蓋爲大夫時往聘蔡【疏】注蓋爲至聘蔡○正義曰賈逵云楚子在蔡爲蔡公時也杜以楚子十一年爲蔡公十三年而卽位若在蔡生子唯一二歲耳未堪立師傅也至今七年未得云建可室矣故疑爲大夫時聘蔡也郹陽封人之女奔之生大子建郹陽蔡邑○郹古闃反○及卽位使伍奢爲之師伍奢伍擧之子伍員之父○員音云費無極爲少師無寵焉欲譖諸王曰建可室矣室妻也○少詩照反○王爲之聘於秦無極與逆勸王取之正月楚夫人嬴氏至自秦王自取之故稱夫人至爲下拜夫人起○王爲于僞反同與音預嬴音盈○鄅夫人宋向戌之女也故向寧請師寧向戌子也請於宋公伐邾○向傷亮反戌音恤二月宋公伐邾圍蟲三月取之以告蟲邾邑不書圍取不以告○蟲直中反【疏】注蟲邾至以告○正義曰隱四年莒人伐杞取牟婁僖二十三年齊侯伐宋圍緡伐國而圍邑取邑皆書於經知此不書圍取不以告也乃盡歸鄅俘○夏許悼公瘧五月戊辰飲大子止之藥卒止獨進藥不由醫○瘧魚略反病也【疏】注止獨至由醫○正義曰言飲大子止之藥事以止爲藥主是止獨進藥不由醫也大子奔晉書曰弒其君君子曰盡心力以事君舍藥物可也藥物有毒當由醫非凡人所知譏止不舍藥物所以加弒君之名○舍音捨下注舍子同【疏】注君子至可也○正義曰此君子論止之罪也言爲人臣子盡心盡力以事君父如禮記文王世子之爲卽自足矣如此則舍去藥物已不干知

於禮可也此許世子不舍藥物致令君死是違人子之道故春秋書其弒君解經書弒君之意也○邾人郳人徐人會宋公乙亥同盟于蟲終宋公伐邾事○郳五兮反楚子為舟師以伐濮濮南夷也○濮音卜疏○楚子至伐濮○正義曰費無極因此生意令王收南方使大子居城父舉此為發端費無極言於楚子曰晉之伯也邇於諸夏而楚辟陋故弗能與爭若大城城父而寘大子焉城父今襄城城父縣○伯音霸又如字夏戶雅反辟匹亦反父音甫寘之豉反以通北方王收南方是得天下也王說從之故太子建居于城父令尹子瑕聘于秦拜夫人也為明年譖大子張本○故以為夫人遣謝秦○說音悅○秋齊高發帥師伐莒莒不事齊故莒子奔紀鄣紀鄣莒邑也東海贛榆縣東北有紀城○鄣音章贛古弄反如淳音耿弇榆音俞○使孫書伐之孫書陳無宇之子子占也初莒有婦人莒子殺其夫已為嫠婦寡婦為嫠○嫠力之反本又作釐及老託於紀鄣紡焉以度而去之因紡纑連所紡以度城而藏之以待外攻者欲報讎○紡芳往反度待洛反注同去起呂反裴松之注魏志云古人謂藏為去案今關中猶有此音纑力吳反麻縷也疏○及老至去之○正義曰紡謂紡麻作纑也此婦人以麻纑度城高下令長與城等而去藏之去即藏也字書去作弆羌莒反謂掌物也今關西仍呼為弆東人輕言為去音莒劉炫云紡謂紡麻作纑為布作纑之法有小繩紀其升縷纑既為布繩無所用婦人不肯棄之積而留之以此小繩度城而去之○注因紡至報讎○正義曰連所紡者謂連所紡之纑以為繩故下云投繩城外或解以連紀纑之繩然紀纑之繩其物細小而短何可以度城婦人意欲報讎故藏纑以為繩故杜云連所紡所紡即纑也及師至則投諸外投繩城外隨之而出疏○注投繩至而出○正義曰傳言

投諸外者當是繫繩城上而投其所乖於外婦人則隨之而出劉炫云唯投繩城外婦人不出今知不然者婦人既託於。紀。鄣則是愛惜身命若投繩不去身則交死若唯繫繩城上則身不離城何得言獻諸子占明知將此婦人而獻之子占師則因繩在城而夜縋登焉劉以爲唯投。城外而規杜氏非也或獻諸子占子占使師夜縋而登縋緣繩登城縋直僞反○登者六十人縋絕師鼓譟城。上之人亦譟莒共公懼啓西門而出七月丙子齊師入紀傳言怨不在大○譟素報反城上之人亦譟一本作上之人亦譟共音恭疏入紀○正義曰此紀即上紀鄣也釋例土地名於莒地有紀鄣紀二名東海贛榆縣東北有紀城○是歲也鄭駟偃卒子游娶於晉大夫生絲弱子游駟偃也弱幼少○少詩照反其父兄立子瑕子瑕子游叔父駟乞疏注。子瑕子游叔父○正義曰案世本子游子瑕並公孫夏之子杜云叔父未詳子產憎其爲人也憎子瑕且以爲不順舍子立叔不順禮也弗許亦弗止許之爲違禮止之爲違衆故中立駟氏聳。聳懼也○聳息勇反疏注聳懼也○正義曰釋詁云竦懼也竦與聳音義同他日絲以告其舅冬晉人使以幣如鄭問駟乞之立故駟氏懼駟乞欲逃子產弗遣請龜以卜亦弗予大夫謀對子產不待而對客曰鄭國不天不獲天福寡君之二三臣札瘥夭昏。大死曰札小疫曰瘥短折曰夭未名曰昏○札側八反一音截字林作殅壯列反云夭死也瘥才何反字林作瘥夭於表反昏如字疫音役疏注大死至曰昏○正義曰此皆賈逵言也周禮大司樂云大札令弛縣鄭玄云札疫癘也是札大疫死也爾雅云瘥病也以此說死事而與札相對故解爲小疫也成二年傳說鄭靈公早死云夭子蠻是夭爲少死也尚書六極一曰凶短折孔安國云短未六十折未三十是短折爲早死之名故爲夭也子生三月父名之未名之曰昏謂未三月而死也未名不得爲臣總說諸死連言之耳今又喪我先大夫偃其子幼弱其一二父兄懼隊宗主私族於謀而立長親於私族之謀宜立親之長者○喪息浪反隊直類反長丁丈反注同【疏】注懼隊宗主○正義曰大夫繼世爲一宗之主恐隊失之也服虔云祏主藏於宗廟故曰宗主少牢饋食大夫禮也大夫無主何所隊乎寡君與其二三老曰抑天實剝亂是吾何知焉言天自欲亂駟氏非國所知○剝邦角反【疏】注二三老○正義曰二三老者鄭之卿大夫也服虔云二三老駟偃家臣上言私族於謀而立長親豈得家臣不知也諺曰無過亂門民有亂兵猶憚過之而況敢知天之所亂今大夫將問其故抑寡君實不敢知其誰實知之平丘之會在十三年○諺音彥過古禾反下同一音古臥反憚待旦反君尋舊盟曰無或失職若寡君之二三臣其即世者晉大夫而專制其位是晉之縣鄙也何國之爲辭客幣而報其使晉人舍之遣人報晉使○使所吏反注同○楚人城州來沈尹戌曰楚人必敗十三年吳縣州來今就城而取之戌莊王曾孫葉公諸梁父也○戌音恤葉始涉反昔吳滅州來在十三年子旗請伐之王曰吾未撫吾民今亦如之而城州來以挑吳能無敗乎侍者曰王施舍不倦息民五年可謂撫之矣戌曰吾聞撫民者節用於內而樹德於外民樂其性而無寇讎今宮室無量民人日駭勞罷死轉轉遷徙也○旗音其挑徒了反樂音洛罷音皮本或作疲【疏】息民五年○正義曰平王以十三年五月始即

位其年兵亂未息今歲又役民城州來其間唯有五年。則民樂其性。正義曰性生也兵革並起則民不樂生國家和平。則樂生忘寢與食非撫之也傳言平王所以不能霸○鄭大水龍鬬于時門之外洧淵時門鄭城門也洧水出滎陽密縣東南至潁川長平入潁○洧于軌反國人請爲禜焉子產弗許曰我鬬龍不我覿也覿見也○禜爲命反覿大歷反見賢遍反疏禜焉○正義曰禜祭名元年傳曰山川之神則水旱癘疫之不時於是乎禜之龍鬬我獨何覿焉禳之則彼其室也淵龍之室吾無求於龍龍亦無求於我乃止也傳言子產之知○知音智疏禳之至止也○正義曰言禳之則彼淵是其室也其室既近禳之不難但吾無求於龍龍亦無求於我乃止也言其不復祭○令尹子瑕言蹶由於楚子蹶由吳王弟五年靈王執以歸○蹶九衞反曰彼何罪諺所謂室於怒市於色者楚之謂矣言靈王怒吳子而執其弟猶人忿於室家而作色於市人疏室於怒市於色○正義曰室內於自家相瞋怒市於他人作色忿舍前之忿可也乃歸蹶由言楚子能用善言○舍音捨又音赦

附釋音春秋左傳注疏卷第四十八

春秋左傳注疏卷四十八校勘記　阮元撰盧宣旬摘錄

附釋音春秋左傳注疏卷第四十八昭十七年盡十九年

（經十七年）

故曰大辰大火也心在中最明　段玉裁據爾雅校本也心作心也

吳楚兩敗　此本楚字模糊據宋本宋殘本淳熙本岳本纂圖本補閩本作人非也

（傳十七年）

采叔　宋本以下正義三節總入昭子曰節注下

能長久乎　宋本能上重其國二字是也

禮正陽之月日食　纂圖本禮下衍也字

注禮正至請之　宋本以下正義十節總入平子弗從節注下

請上公　宋本請誤謂淳熙本作責亦非

太史曰　石經宋本宋殘本岳本太作大是也○今訂正

人情愛陽而惡陰　諸本作情此本誤清今改正

謂天子禮 宋本子下有之字是也

不君君矣 淳熙本作不君矣非也

注少皞至名官 宋本以下正義廿二節總入既而告人曰節注下

以少皞之立 宋本皞下有氏字是也

大皞伏犧氏 宋本宋殘本犧作羲案賈公彥周禮正義序引注亦作羲

用雲火水龍紀事 監本毛本雲火誤倒

其狀而鶴 宋本作如鶴監本毛本作如雞非也○今從宋本

見則天下大安寧 監本見字模糊重脩監本作皃誤也

故名其官爲鳳鳥氏也 毛本氏誤是

此鳥以夏至來 宋本來下有鳴字是也

冬至止去 浦鏜云止疑衍字

青鳥鶬鴳也 釋文亦作鴳云本亦作鷃宋本宋殘本淳熙本纂圖本作鷃正義同

先儒相說耳 閩本監本毛本相作傳宋本作相傳說耳是也

祝鳩鷦鳩也北宋刻釋文鷦作鶬本又作隹本或作鶬宋本宋殘本淳熙本作鶬說文鵻字注云祝鳩也从鳥隹聲按當作鵻鷦乃桃蟲非作鳩也

隹其鳺鴀閩本監本毛本隹誤佳宋本監本毛本鴀作鴀是也○今訂正

鶬夫不也宋本亦作鶬監本毛本作鷦非

鶻鳩王鶻也纂圖本閩本監本毛本王鶻作王鳩非也

鷙而有別釋文鷙本亦作摯古字同

陸璣毛詩義疏云錢大昕云璣當作機說見前○今訂正

而揚雄云閩本監本揚作楊不誤段玉裁有辨詳尙書撰異○今訂正

鳲鳩是戴勝宋本鳲作鳴下引孫炎曰同

鶻鳩鶻鵃爾雅釋鳥疏引鶻作鷂岳本下有也字

鶻鳩一名鳴鳩重脩監本鶻誤鶻

治民尙其集聚監本毛本尙作上非也

南方曰翟宋本翟作鸐

宵扈嘖嘖纂圖本毛本宵誤霄監本作宵

至宵扈嘖嘖監本霄作宵毛本誤霄下同宋本扈作鳸上下文並同

觜白食肉宋本白作曲是也○今從宋本

陸璣毛詩義疏云監本毛本璣作機是也

爾雅釋獸云宋本爾上有案字

棘扈竊宋本監本毛本竊下有丹字是也

晝爲民驅鳥者也宋本閩本監本毛本作晝山井鼎云晝作畫非也

不可竟日通宵監本毛本可作免

乃警戒備毛本警誤驚

獻俘于文宮纂圖本監本毛本宮作公非也

注夏之至天漢宋本以下正義九節總入鄭必不火注下

邪列於天監本毛本邪作斜

箒所以埽去塵毛本埽作掃非

必火入而伏正義曰服虔注本火出而章必火火入而伏重火別句孫毓云賈氏舊本無重火字臧琳云當從服氏本有重火字爲是梓慎以火彗之隱顯占諸侯之有災下云其居火也久矣其與不然乎言彗星隨火行已二年矣諸侯之有火災必然而無疑也若作必火入而伏爲火星入而彗伏則下文其與不然何所指乎賈景伯不重火字與漢志同

在宋衛陳鄭乎淳熙本鄭誤定石經在字上旁增六物之占四字案惠棟云當是晁公武據蜀石經增入御覽所引亦有此四字蜀時賈服左氏猶存此蓋據賈服本也按范成大石經始末記有此一條然則惠云據蜀石經者是也

木火所自出淳熙本木誤禾閩本誤大

星孛天漢石經宋本宋殘本淳熙本岳本纂圖本足利本天作及是也

尚未知今孛星當復隨火星俱伏不淳熙本未誤禾監本孛誤字閩本不作下亦非

先言彊監本彊誤疆宋本言下有者字

祼圭有瓚監本毛本祼誤裸

卜戰不吉宋本以下正義三節總入楚人從節注下

旦楚故司馬令龜石經馬字以下一行計九字

魴也以其屬死之諸本作魴鄭氏周禮大卜注引作鮒周禮音義云鮒左傳作魴

獲其乘舟餘皇李善注文選江賦引傳文及注並作艅艎用俗字

長鬣多髭鬚宋本宋殘本髭作頾鬚作須是也

我呼皇則對諸本皇上有餘字此本誤脫

〔經十八年〕宋本春秋正義卷三十石經春秋經傳集解昭五第廿四岳本昭下有公字並盡廿二年

春王三月監本毛本三誤正

以其自還爲文閩本監本毛本以其作其以非也自毛本誤目

〔傳十八年〕

注代居其位宋本以下正義三節總入注文毛伯奔楚傳之下

故自殺自代毛本代誤伐

坼剖而產焉閩本毛本坼作圻非也

爲下會葬見原伯起本毛本下誤不

注東北至之始宋本以下正義十四節總入注文不義所以亡之下

故知當火作毛本火誤大監本作人亦非

壬午大甚閩本大甚作火甚從釋文或作之字非也陳樹華云漢書五行志引作大甚師古曰大甚者又更甚也

至戊寅而風益盛宋本盛作甚是也

至壬午而風又大盛宋本盛作甚

梓愼登大庭氏之庫以望之纂圖本監本毛本庭作廷非宋殘本脫氏字

爲登高以見其火閩本高字實缺

何知不見數百里之煙火毛本煙作烟盧文弨校本同

今復請用之淳熙本請誤謂

祥者善惡之徵重脩監本徵誤徵

吾身泯焉石經初刻亦作泯後改泯避諱也

弗良及者宋本者作也是

以其常與己言故宋本宋殘本岳本足利本常作嘗

是厲王廟也監本毛本王下衍之字

既洊火災監本毛本脫火字

使府人庫人各儆其事宋本作使府至其事

周官有十府宋本監本毛本十作大是也

故府庫並言也宋本無也字

行火所焮石經焮字重刊

知野司寇宋本脫知字

縣之獄宋本之下有縣字與周禮注合

皆令具備監本毛本具作俱非

回祿信於黔隧盧文弨校本云國語作於聆

注鄅妘至行之宋本以下正義三節總入注文爲明年宋伐邾起下

邾莊公反鄅夫人而舍其女淳熙本夫誤走

閔子馬曰諸本作馬今本後漢書袁紹傳注引作騫乃轉寫之誤

日新日益纂圖本閩本監本毛本下日字誤月

大爲至禮也宋本以下正義八節總入既事晉矣注文之下

過期三日石經此處缺監本毛本三作二非也毛本正義亦誤

乃毀於而鄉石經宋本宋殘本小字宋本淳熙本纂圖本足利本鄉作向注同釋文云本亦作向案向俗字鄉古向字

小國忘守則危周禮宮正鄭衆注引作必危賈公彥曰彼爲則先鄭云必讀字不同也

今執事撊然授兵登陴錢大昕云撊當爲僩字之譌說文僩武貌荀子榮辱篇陋者俄且僩楊倞注僩與撊同猛也方言晉魏之間謂猛爲僩今本方言亦从手旁

對曰若吾子之言敝邑之災宋殘本曰若吾子之言敝七字空缺

荐爲敝邑不利釋文亦作荐毛本作薦注同非也

十五年平王復還邑宋殘本宋本小字宋本淳熙本足利本五作三不誤諸本作十此本誤上今改正

而居楚地宋本以下正義三節總入許不可節注下

十五至居葉毛本五至作五年非宋本作三至是也

案十三年云監本三字模糊

楚之滅蔡也此本楚下空缺閩本監本毛本作師亦衍文宋本無是也

鄭曰余俘邑也淳熙本邑誤色

君其圖之淳熙本君誤居

冬楚子使王子勝遷許於析諸本作析案水經注丹水篇引作於淅

〔經十九年〕

〔傳十九年〕

以持其世而已釋文亦作持云本或作恃怙之恃非也

蓋爲大夫時往聘蔡此本初刻爲誤亦

注蓋爲至聘蔡宋本此節正義在至自秦注下

唯一二歲耳監本一字模糊毛本一誤十

郥陽封人之女奔之石經宋本宋殘本岳本郥作郥與釋文合是也注同說文从邑貝聲○今訂正

注蟲郲至以告宋本此節正義在乃盡歸郲俘之下

注止獨至由醫宋本以下正義二節總入注文所以加弒君之名句下

楚子至伐濮宋本此節正義在故大子建居于城父句下

城父今襄城城父縣宋本宋殘本淳熙本岳本纂圖本閩本監本毛本並作城父縣段玉裁校本作父城縣云元和郡縣志引左傳

大城父城使太子建居之是李吉甫所據左傳文作父城也惟左氏本作父城故漢地理志有潁川父城縣淺人但知有城父不知有父城則將史記漢書說文之父城字皆倒之是當正者也

故以爲夫人遺謝秦 宋本宋殘本淳熙本岳本足利本故作改改者改子婦爲己夫人也

莒子奔紀障 石經宋本宋殘本淳熙本岳本障作鄣是也與石經合注同案說文鄣紀邑也〇今改正

孫書陳無宇之子子占也 諸本作宇此本誤字今改正

已爲嫠婦 石經宋本宋殘本小字宋本岳本已作己不誤釋文嫠作釐云依字作嫠案李善注文選張景陽七命引作釐引注亦同

欲報讎 宋本宋殘本淳熙本岳本欲下有以字

及老至去之 宋本以下正義四節總入注文傳言怨不在大之下

字書去作弃羌莒反 諸本作去此本誤云今改正羌莒反三字宋本作雙行閩本羌作羌繆監本作羌體誤

東人輕言爲去音莒 宋本音莒二字作雙行

或解以連紀纑之繩 宋本以下有爲字

婦人既託於縋登 宋本縋登作紀鄣是也

劉以爲唯投城外 宋本城上有繩字是也

城上之人亦譟釋文無城字云一本作城上之人亦譟與水經注淮水篇引傳文同

注子瑕子游叔父宋本以下正義五節總入注文遣人報晉使之下

駟氏聳諸本作聳說文愯字注引傳作愯張載注魏都賦引同段玉裁云作聳後人所易也

大死曰札岳本大作天非也

懼隊宗主石經作墜俗隊字

民有亂兵宋本宋殘本淳熙本岳本纂圖本監本毛本亂兵作兵亂石經此處殘缺

勞罷死轉諸本作罷釋文云本或作疲

息民五年宋本以下正義二節總入忘寢與食節注下

則民樂其性毛本則作○性字下亦有○監本此句改刊作則亦非

國家和平則樂生宋本則作乃

禜焉宋本以下正義二節總入乃止也句注下

諺所謂室於怒市於色者石經初刻作怒於室而色於市者後改刊案戰國策云語云怒於室者色於市與石經初刻同杜注云猶人忿于室家而作色於市人按室於怒市於色乃左傳原文倒之者作注之體若國策之文則不必與左同

春秋左傳注疏卷四十八校勘記

附釋音春秋左傳注疏卷第四十九 昭公二十年

杜氏注　　孔穎達疏

經二十年春王正月○夏曹公孫會自鄸出奔宋無傳嘗有玉帛之使來告故書鄸曹邑○鄸莫公反一音亡增反字林音夢案夢字字林亡忠反使所吏反

[疏]注嘗有至曹邑○正義曰宣十年傳例曰凡諸侯之大夫違告於諸侯曰某氏之守臣某失守宗廟敢告所有玉帛之使者則告不然則否注云玉帛之使謂聘恩好不接故不告如杜之意此爲奔者之身嘗有玉帛之使於彼國已經相接則告若奔者未嘗往聘恩好不接則不告唯告奔者嘗聘之國餘不告也曹會會來聘魯故云嘗有玉帛之使來告故書也此與二十二年宋華亥向寧華定自宋南里出奔楚其文正同彼華亥等入南里以叛又從南里出奔則此亦應然賈逵云前此以鄸叛也叛便從鄸而出叛不告故不書是言既以鄸叛又從鄸而出也南里繫宋此鄸不繫曹者鄸是大都得以名通南里是宋都之里非別邑故繫於宋此鄸及定十一年蕭皆是別邑故不繫國也曹是小國其臣書名者少此會書名蓋備於禮成爲卿也釋例曰小國之卿或命而禮儀不備或未加命數故不書之邾卑我之等其奔亡亦多所書唯數人而已知其合制者少也杜言數人謂此公孫會與邾快邾卑我也是杜意以會備禮成卿故書名也劉炫云春秋未嘗書曹人來聘非徒會不見經炫謂玉帛之使謂國家所有交好皆告之非奔者之身嘗聘也今賈又云所以華亥向寧射姑等不見有玉帛來聘者以其時未爲卿也

○秋盜殺衛侯之兄縶齊豹作而不義故書曰盜所謂求名而不得○縶張立反

[疏]注齊豹至不得○正義曰襄十年鄭尉止司臣等殺子駟子國書曰盜殺鄭公子騑公子發尉止之徒皆士書之爲盜釋例曰士殺大夫則書曰盜則此書盜貶之使同於士也三十一年傳說春秋褒貶之義云或求名而不得或欲蓋而名章懲不義也齊豹爲衛司寇守嗣

大夫作而不義其書爲盜又曰春秋書齊豹曰盜懲不義也宣十七年傳例曰凡稱弟皆母弟公羊傳曰母兄稱兄此縶與衛侯同母故稱兄〇冬十

月宋華亥向寧華定出奔陳與君爭而出皆書名惡之〇華戶化反爭爭鬬之爭惡烏路反〇十有一月辛卯

蔡侯盧。卒無傳未同盟而赴以名〇盧力爲反本又作廬力於反

傳二十年春王二月己丑日南至是歲朔旦冬至之歲也當言正月己丑朔日南至時史失閏閏更在二月後故經因史而

書正月傳更具於二月記南至日以正曆也〇疏。注是歲至曆也〇正義曰曆法十九年爲一章章首之歲必周之正月朔旦冬至僖五年正月辛亥朔日

南至是章首之歲年也計僖五年至往年合一百三十三年是爲七章今年復爲章首故云是歲朔旦冬至之歲也朔旦冬至謂正月之朔當言正月己丑朔

日南至今傳乃云二月己丑日南至是錯名正月爲二月也曆之正法往年十二月後宜置閏月即此年正月當是往年閏月此年二月乃是曆正月故朔日己

丑日南至也時史失閏往年錯不置閏閏更在二月之後傳於八月之下乃云閏月戊辰殺宣姜是閏在二月後也不言閏更在八月後而云在二月後者以正月

之前當置閏二月之後即不可故據二月言之時史謂閏月爲正月故經因史而書正月從其誤而書之傳以經之正月實非正月更具於二月記南至之日

以正曆之失也日南至者謂冬至也冬至者周之正月之中氣曆法閏月無中氣中氣必在前月之內時史誤以閏月爲正月而置冬至於二月之朔既不曉

曆數故閏月之與冬至悉皆錯也杜下注云時魯侯不行登臺之禮使梓慎望氣是杜意以爲。時魯之君臣知此己丑是冬至之日但不知其不合在二月耳

服虔云梓慎知失閏二月冬至故獨以二月望氣則服意以爲當時魯人置冬至於正月之內獨梓慎知二月己丑是真冬至耳其義或當然也梓慎

望氛氛氣也時魯侯不行登臺之禮使梓慎望。氣〇氛芳云反曰今茲宋有亂國幾亡三年而後弭蔡有大

喪爲宋華向出奔蔡侯卒傳幾音祈又音機弭彌爾反○叔孫昭子曰然則戴桓也戴族華氏桓族向氏汏侈無禮

已甚亂所在也傳言妖由人興○汏音泰○費無極言於楚子曰建與伍奢將以方城之外

叛自以爲猶宋鄭也齊晉又交輔之將以害楚其事集矣王信之問伍奢伍奢

對曰君一過多矣一過納建妻何信於讒王執伍奢忿奢切言使城父司馬奮揚殺大子

未至而使遣之知大子寃故遣令去○奮方問反寃於元反令力呈反三月大子建奔宋王召奮揚奮揚

使城父人執己以至疏○城父人○正義曰服虔云城父人城父大夫也王曰言出於余口入於爾耳誰

告建也對曰臣告之君王命臣曰事建如事余臣不佞佞才也不能苟貳奉初以

還奉初命以周旋不忍後命故遣之既而悔之亦無及已王曰而敢來何也對曰使而

失命召而不來是再奸也奸犯也○使而所吏反又如字奸音干逃無所入王曰歸從政如他日

善其言○舍使還還音環下還豹同○無極曰奢之子材若在吳必憂楚國盍以免其父召之彼仁

必來不然將爲患王使召之曰來吾免而父棠君尚謂其弟員棠君奢之長子尚也爲棠邑大

夫員尚弟子胥○盍戶臘反棠君尚君或作尹員音云長丁丈反曰爾適吳我將歸死吾知不逮自以知不及員○知音智

注及下知也同一音如字逮音代一音大計反我能死爾能報聞免父之命不可以莫之奔也親戚爲

戮不可以莫之報也奔死免父孝也度功而行仁也仁者貴成功○度待洛反擇任而往知也員任報讎○任音壬注同知死不辟勇也尚為勇父不可棄俱去為棄父名不可廢俱死為廢名爾其勉之相從為愈愈差也○差初賣反疏爾其至為愈○正義曰勉謂努力爾其勉之今勉力報讎比於相從俱死為愈也病差謂之愈言其勝共死也服虔云相從愈於共死則服意相從使員從其言也語法兩人交互乃得稱相獨使員從己語不得為相從也伍尚歸奢聞員不來曰楚君大夫其旰食乎將有吳憂不得早食○旰古旦反楚人皆殺之員如吳言伐楚之利於州于州于吳子僚○僚力彫反公子光曰是宗為戮而欲反其讎不可從也光吳公子闔盧也反復也員曰彼將有他志光欲弒僚不利員用事故破其議而員亦知之余姑為之求士而鄙以待之計未得用故進勇士以求入於光退邊鄙○姑為于僞反居乃見鱄設諸焉鱄諸勇士○見賢遍反鱄音專疏乃見鱄設諸焉○正義曰見謂為之紹介使之見光下文齊豹見宗魯於公孟亦然猶論語云門人見之也而耕於鄙為二十七年吳弒僚傳○弒申志反○宋元公無信多私而惡華向華定華亥與向寧謀曰亡愈於死先諸恐元公殺己欲先作亂○惡音惡路反華亥僞有疾以誘羣公子公子問之則執之夏六月丙申殺公子寅公子御戎公子朱公子固公孫援公孫丁拘向勝向行於其廩八子皆公黨○御魚呂反又如字援于眷反拘九于反廩力甚反公如華氏請焉弗許遂劫之劫公疏公如華氏請焉○正義曰公未知諸人已死故猶往請之癸卯取大

子欒與母弟辰公子地以爲質欒景公也辰及地皆元公。弟○欒力官反質音致下同辰及地皆元公弟案公子辰是景公之
母弟地是辰兄皆當爲元公之子今注皆作元公弟誤耳疏注欒景至公弟○正義曰定十年經書宋公之弟辰。當景公之世辰及弟不得爲元公弟也世
族譜辰地皆云元公子此諸本皆云元公弟當時。轉寫誤耳公亦取華亥之子無感向寧之子羅華定之子
啓與華氏盟以爲質爲此冬華向出奔傳○感千歷反○衛公孟縶狎齊豹公。孟靈公兄也齊豹齊惡之子爲衛
司寇狎輕也○狎戶甲反奪之司寇與鄄鄄豹邑○鄄音絹有役則反之無則取之縶足不良故有役則以官邑還
豹使行公孟惡北宮喜褚師圃欲去之喜貞子○惡烏路反褚中呂反圃布五反去起呂反公子朝通于襄
夫人宣姜宣姜靈公嫡母○朝如字嫡丁歷反本又作適懼而欲以作亂故齊豹北宮喜褚師圃公子
朝作亂初齊豹見宗魯於公孟薦達也○見賢遍反爲驂乘焉爲公孟驂乘○驂七南反乘繩證反注及下驂乘與
乘一乘駟乘就公乘皆同將作亂而謂之。曰公孟之不善子所知也勿與乘吾將殺之對曰
吾由子事公孟子假吾名焉故不吾遠也言子借我以善名故公孟親近我○與音預又如字遠于萬反借子夜反
近附近之近雖其不善吾亦知之抑以利故不能去是吾過也今聞難而逃是僭子
也使子言不信也○難乃旦反僭子念反子行事乎吾將死之以周事子周猶終竟也疏。注周猶終竟也正義曰杜
意終不泄子言是終事子卽謂殺公孟之言而歸死於公孟其可也丙辰衛侯在平壽平壽衛下邑公孟

有事於蓋獲之門外（有事祭也蓋獲衛郭門）齊子氏帷於門外而伏甲焉（齊豹之家）使祝鼃寘戈於車薪以當門（要其前也○鼃烏媧反寘之豉反要一遙反）使一乘從公孟以出（亦如前車寘戈於薪尋其後○從如字又才用反）使華齊御公孟宗魯驂乘及閎中（閎曲門中○華戶化反下同閎音宏）疏（使華齊御公孟○正義曰諸本皆華上有使。字計華齊是公孟之臣自爲公孟之御非齊氏所當使必不得有使字學者以上文有使祝鼃使一乘下有使華寅乘貳車使華寅執蓋以此妄加使字今定本有使非也）齊氏用戈擊公孟宗魯以背蔽之斷肱以中公孟之肩皆殺之

公聞亂乘驅自閱門入慶比御公公南楚驂乘使華寅乘貳車（公副車○斷丁管反肱古弘反中丁仲反下中南楚同乘驅如字又繩證反閱音悅比如字又毗志反）疏（乘驅自閱門○正義曰乘驅者乘車而疾驅也閱門者衛城門蓋偏側之門其路遠）齊氏及公宮鴻駵魋駟乘于公（鴻駵。復就公乘一車四人○駵音留魋徒回反復扶又反）公載寶以出褚師子申遇公于馬路之衢遂從（從公出○衢其俱反從才用反注及下注同）過齊氏使華寅肉袒執蓋以當其闕（肉袒示不敢與齊氏爭執蓋蔽公而去闕空也以蓋當侍從空闕之處○袒徒旱反爭爭鬭之爭處昌慮反）齊氏射公中南楚之背公遂出寅閉郭門（不欲令追者出○射食亦反令力呈反）踰而從公（踰郭出○從才用反又如字下從公同）公如死鳥（死鳥衛地）析朱鉏宵從竇出徒行從公（朱鉏成。子黑背孫○析星歷反鉏仕居反竇音豆）齊侯使公孫青聘于衛（青頃公之孫○頃音傾）既出聞衛亂使請所聘公曰猶在竟內則衛君

也乃將事焉將事行聘事○竟音境遂從諸死鳥請將事辭曰亡人不佞失守社稷越在
草莽吾子無所辱君命賓曰寡君命下臣於朝曰阿下執事阿比也命己使比衛臣下○莽莫蕩
反臣不敢貳。二違命也主人曰君若惠顧先君之好昭。臨敝邑鎮撫其社稷則有宗
祧在言受聘當在宗廟也○好呼報反祧他彫反乃止止不行聘事衛侯固請見之欲以相見青不獲命以其
良馬見以爲相見之禮○馬見賢遍反下注客禮見同爲未致使故也未致使故不敢以客禮見○爲于僞反使所吏反注同疏
注未致至禮見○正義曰客禮見者若己致君命則享有庭實復有私覿私面之禮今爲未致使故但以良馬見也衛侯以爲乘馬喜其敬己
故賁其物○乘繩證反又如字賓將掫。掫行夜○掫側九反又祖侯反行下孟反疏注掫行夜○正義曰下。云終夕與於燎故知掫是行夜也說文
云掫夜戒有所擊也從手取聲主人辭曰亡人之憂不可以及吾子草。莽之中不足以辱從者
敢辭賓曰寡君之下臣君之牧圉也若不獲扞外役是不有寡君也有相親有○從才用
反圉魚呂反扞戶旦反臣懼不免於戾請以除死親執鐸終夕與於燎。設。火燎以備守○鐸待洛反與音預
下不與聞謀與於青之賞同燎九召反又力弔反一本作終夕與於燎齊氏之宰渠子召北宮子北宮喜也北宮氏之
宰不與聞謀殺渠子遂伐齊氏滅之丁巳晦公入與北宮喜盟于彭水之上喜本
與齊氏同謀故公先與喜盟。疏丁巳晦○正義曰丙辰丁巳乃是頻日。其事既多不應二日之中并爲此事今杜不云日誤者以誤在可知故杜不言且

宣二年壬申朝于武宮注云壬申十月五日既有日而無月冬又在壬申下明傳文無較例又注哀十二年傳云此事經在十二月螽上今倒在下更具列其月以爲別者丘明本不以爲義例故不皆齊同如杜此言或傳因簡牘之辭不復具顯其日月劉炫以爲日誤而規杜氏非也秋七月戊午朔遂盟國人八月辛亥公子朝褚師圃子玉霄子高魴出奔晉皆齊氏黨閏月戊辰殺宣姜與公子朝通謀故衛侯賜北宮喜謚曰貞子滅齊氏故【疏】貞子○正義曰謚法外內用情曰貞賜析朱鉏謚曰成子。霄從公故而以齊氏之墓予之皆未死。而賜謚及墓田傳終而言之衛侯告寧于齊且言子石子石公孫青言其有禮【疏】注子石公孫青○正義曰案世本頃公生子夏勝勝生子石青是也齊侯將飲酒徧賜大夫曰二三子之教也喜青敬衛侯○徧音遍苑何忌辭曰與於青之賞必及于其罰何忌齊大夫言青若有罪亦當并受其罰○苑於元反在康誥曰父子兄弟罪不相及尚書康誥【疏】在康至相及○正義曰此非康誥之全文引其意而言之其本文云子弗祇服厥父事大傷厥考心于父不能字厥子乃疾厥子于弟弗念天顯乃弗克恭厥兄兄亦不念鞠子哀大不友于弟惟弔茲不。于我政人得罪孔安國云至此不孝不慈弗友不恭不於我執政之人得罪乎。道教不至所致又曰文王作罰刑茲無赦言刑此不孝不慈之人無赦也刑不慈者不可刑其父又刑其子刑不孝者不可刑其子又刑其父是爲父子兄弟罪不相及況在羣臣臣敢貪君賜以干先。王言受賜則犯康誥之義琴張聞宗魯死琴張孔子弟子字子開名牢○牢力刀反【疏】注琴張至名牢○正義曰家語云孔子弟子琴張與宗魯友七十子篇云琴牢衛人字子開一字。張則以字配姓爲琴張卽牢曰子云是也賈逵鄭衆皆以爲子張卽顓孫師服虔云案七十子傳云子張少孔子四十餘歲孔子是時四十未有子張鄭賈之說不知所出。一將往弔之仲尼曰齊豹之盜而孟縶之賊女何弔焉言齊豹所以爲盜孟縶所以見賊皆由宗魯○女音汝君子不食姦如公孟不善而受其祿是食姦也不受亂許豹行事是受亂也不爲利疚於回○疚病回邪也以利故不能去是病身於邪爲于僞反疚居又反邪似嗟反下同不以回待人知難不告是以邪待人○難乃旦反下同不蓋不義以周事豹是蓋不義不犯非禮以二心事縶是非禮○宋華向之亂公子城平公子公孫忌樂舍舍樂喜孫司馬彊向宜向鄭宜鄭皆向戌子楚建楚平王之亡大子郳甲。小邾穆公子○郳五兮反出奔鄭八子宋大夫皆公黨辟難。出其徒與華氏戰于鬼閻。八子之徒衆也潁川長平縣西北有閻亭○閻似廉反又似冉反敗子城子城適晉子城爲華氏所敗別走至晉爲明年子城以晉師至起本疏。子城適晉○正義曰上云八子奔鄭而此又云適晉者子城本意與七子同心奔鄭故上云奔鄭及其敗後遂率意適晉以請師華亥與其妻必盥而食所質公子者而後食公與夫人每日必適華氏食公子而後歸華亥患之欲歸公子向寧曰唯不信故質其子若又歸之死無日矣公請於華費遂將攻華氏費遂大司馬華氏族○盥古緩反而食音嗣下食公子同質音致下同費扶味反對曰臣不敢愛死無乃求去憂而滋長乎恐殺大子憂益長○去起呂反長丁丈反注及下同臣是以懼敢不聽命公曰子死亡有命余不忍其詢。詢恥也○詢許候反本或作詬同疏子死至其詢○正義曰言我子死亡自有天命天命欲盡非人所免我不忍其恥欲喪子以伐之冬十月公殺華向之質而攻之戊辰華向奔陳華登奔吳登費遂之子黨。華向者向寧欲殺大子華亥曰干君而出又殺其子其誰納我且歸之有庸可以爲功善使少司寇牼以歸以三公子歸公也牼華亥庶兄○少詩照反下注少皞同牼苦耕反曰子之齒長矣不能事人以三公子爲質必免質信也送公子歸可以自明不叛之信○質如字注同【疏】不能事人○正義曰言年齒既長不能他國事人爲臣公子既入華牼將自門行從公門去公遽見之執其手曰余知而無罪也入復而所而女也所所居官○遽其據反女音汝○齊侯疥。遂痁痁瘧疾○疥舊音戒梁元帝音該依字則當作痎說文云兩日一發之瘧也痎音皆後學之徒僉以疥字爲誤案傳例因事曰遂若痎已是瘧疾何爲復言遂痁乎痁失廉反【疏】齊侯疥遂痁○正義曰後魏之世嘗使李繪聘梁梁人袁狎與繪言及春秋說此事云疥當爲痎痎是小瘧痁是大瘧疥患積久以小致大非疥也狎之所言梁王之說也案說文疥搔也瘧熱寒。休作痁有熱瘧痎二日一發瘧今人瘧有二日一發亦有頻日發者俗人仍呼二日一發久不差者爲痎瘧則梁王之言信而有徵也是齊侯之瘧初二日一發後遂頻日熱發故曰疥遂痁以此久不差故諸侯之賓問疾者多在齊也若其不然疥搔小患與瘧不類何云疥遂痁乎徐仙民音作疥是先儒舊說皆爲疥疥遂痁初疥後瘧耳。今。定本亦作疥期而不瘳諸侯之賓問疾者多在多在齊○期音基瘳勑留反【疏】期而○正義曰期三百有六旬又六日法天數三百六十五度四分度之一帝言閏從全數故言三百六十又六日合三百六十五日又四分度之一分欠三分不成六日大月却還天。朞十度小月不盡置閏梁丘據與裔欵二子齊嬖大夫○裔以制反嬖必計反言於公曰吾事鬼神豐於先君有加矣今君疾病爲諸侯憂是祝史之罪也諸侯不知其謂我不敬君盍誅於祝固史嚚以辭賓欲殺嚚固以辭謝來問疾之賓○盍戸臘反嚚魚巾反疏注欲殺嚚固○正義曰服虔云祝固齊大祝史嚚大史也。謂祝史之固陋嚚闇不能盡禮薦美至於鬼神怒也其意以爲請誅祝史之嚚闇固陋者嚚固非人名也案莊三十二年神降於莘虢公使祝應宗區史嚚享焉彼是人名則此亦名也世族譜齊雜人內有祝固史嚚此云欲殺嚚固是杜必以爲人名也公說告。晏子晏子曰日宋之盟日往日也宋盟在襄二十七年○說音悅屈建問范會之德於趙武趙武曰夫子之家事治言於晉國竭情無私其祝史祭祀陳信不愧其家事無猜其祝史不祈家無猜疑之事故祝史無求於鬼神○屈居勿反治直吏反愧九位反本又作媿猜七才反疏晏子曰至不祈○正義曰彼傳趙武對曰夫子之家事治言於晉國無隱情其祝史陳信於鬼神無愧辭此晏子言之其辭微多於彼其意亦不異也建以語康王楚王○語魚據反康王曰神人無怨宜夫子之光輔五君以爲諸侯主也五君文襄靈成景疏光輔五君○正義曰文公爲戎右襄靈爲大夫成公爲卿景公爲大傅公曰據與欵謂寡人能事鬼神故欲誅于祝史子稱是語何故對曰若有德之君外內不廢無廢事上下無怨動無違事其祝史薦信無愧心矣君有功德祝史陳說之無所愧疏上下無怨○正義曰此猶如孝經上下無怨也言人臣及民上下無相怨耳服虔云上下謂人神無怨即如服言下云上下怨疾復是人與神相怨疾也是以鬼神用饗國受其福祝史與焉與受國福○與焉音預注同下祝史與焉亦同其所以蕃祉老壽者爲信君使也其言忠信於鬼神其適遇淫君外內頗邪上下怨疾動作辟違從欲厭私使私情厭足○蓄音煩祉音恥爲于僞反又如字下爲暴君使同頗普何反邪似嗟反辟匹亦反從子用反下淫從同或音如字厭於豔反注同高臺深池撞鍾。舞女斬刈民力輸掠其聚掠奪取也○撞直江反刈本又作艾魚廢反掠音亮聚才住反又如字【疏】輸掠其聚○正義曰輸墮也故爲墮毀奪其所聚之物以成其違不恤後人暴虐淫從肆行非度無所還忌還猶顧也【疏】肆行非度○正義曰肆縱恣也恣意行非法度之事也不思。謗讟不憚鬼神神怒民痛無悛於心其祝史薦信是言罪也以實白神是爲言君之罪○讟徒木反悛七全反【疏】不思謗讟○正義曰其俗本作畏定本作思其蓋失數美是矯誣也蓋掩也○數所主反矯居表反【疏】其蓋至誣也○正義曰掩蓋愆失妄數美善是矯詐誣罔也進退無辭則虛以求媚作虛辭以求媚神○媚眉記反於是以鬼神不饗其國以禍之祝史與焉所以夭昏孤疾者爲暴君使也其言僭嫚於鬼神言非誅祝史所能治○僭子念反下僭令同嫚武諫反公曰然則若之何對曰不可爲也山林之木衡鹿守之澤之萑蒲舟鮫守之藪之薪蒸虞候守之海之鹽蜃祈望守之衡鹿舟鮫虞候祈望皆官名也言公專守山澤之利不與民共○萑音丸鮫音交藪素口反蒸之丞反麤曰薪細曰蒸蜃市軫反【疏】注衡鹿至民共○正義曰周禮司徒之屬有林衡之官掌巡林麓之禁鄭玄云衡平也平林麓之大小及所生者竹木生平地曰林山足曰麓此置衡鹿之官守山林之木是其宜也舟是行水之器鮫是大魚之名澤中有水有魚故以舟鮫爲官名也周禮山澤之官皆名爲虞每大澤大藪中士四人鄭玄云虞度也度知山之大小及所生者澤水所鍾也水希曰藪則藪是少水之澤立官使之候望故以虞候爲名也海是水之大神有時祈望祭之因以祈望爲主海之官也此皆齊自立名故與周禮不同山澤之利當與民共之言公立此官使之守掌專山澤之利不與民共故鬼神怒而加病也

縣鄙之人入從其政偪介之關暴征。其私 介隔也迫近國都之關言邊鄙既入服政役又爲近關所征稅相暴奪其私物○其政如字一音征偪彼力反介音界近附近之近 疏 注介隔至私物○正義曰聘禮及竟謁關人鄭玄云古者竟上爲關又周禮司關注云關界上之門然則禮之正法國之竟界之上乃有關耳自竟至國更無關也齊於竟內更復置關不與常禮同以隔外內故注介爲隔也迫近國都爲關以隔邊鄙之人縣鄙之人入從國之政役近關又征稅奪其私物而使民困也

承嗣大夫強易其賄 承嗣大夫世位者○強其丈反賄呼罪反 布常無藝 藝法制也言布政無法制 疏 布常無藝正義曰布其尋常之政無準藝 徵斂無度宮室日更淫樂不違 違去也

內寵之妾肆奪於市 肆放也 外寵之臣僭令於鄙 詐爲教令於邊鄙 私欲養求不給則應 養長也所求不給則應之以罪○應應對之應注同長丁丈反 疏 私欲至則應○正義曰言此嬖寵之臣私有所欲長養其情求物共之民不共給則應之以罪

民人苦病夫婦皆詛祝有益也詛亦有損聊攝以東。 聊攝齊西界也平原聊城縣東北有攝城○詛莊慮反祝之又反下詛祝同 姑尤以西 姑尤齊東界也姑水尤水皆在城陽郡東南入海 疏 聊攝至以西○正義曰聊攝姑尤皆是邑也管仲奪楚言其竟界所至故遠舉河海也晏子言其人多故唯舉屬邑言之也 其爲人也多矣雖其詛祝豈能勝億兆人之詛 萬萬曰億萬億曰兆○億於力反 君若欲誅於祝史脩德而後可公說使有司寬政

毀關去禁薄斂已責除逋責○說音悅去起呂反下以去其否同斂力驗反責本又作債同逋布胡反○十二月齊侯田于沛言疾愈行獵沛澤名○沛音貝招虞人以弓不進虞人掌山澤之官公使執之辭曰昔我先君之田也旃以招大夫弓以招士皮冠以招虞人臣不見皮冠故不敢進乃舍之仲尼曰守道不如守官君招當往道之常也非物不進官之制也○旃之然反疏旃以至虞人○正義曰周禮孤卿建旃大夫尊故○麾旃以招之也逸詩翹翹車乘招我以弓古者聘士以弓故弓以招士也諸侯服皮冠以田虞人掌田獵故皮冠以招虞人也君子韙之韙是也○韙于鬼反齊侯至自田晏子侍于遄臺子猶馳而造焉子猶梁丘據○田本亦作佃音同遄市專反造七報反公曰唯據與我和夫晏子對曰據亦同也焉得爲和公曰和與同異乎對曰異和如羹焉水火醯醢鹽梅以烹魚肉燀之以薪燀炊也○夫音扶焉於虔反羹音庚舊音衡醯呼兮反醢音海烹普庚反煑也燀章善反燃也炊昌垂反疏醯醢鹽梅○正義曰醯酢也醢肉醬也梅果實似杏而醋禮記內則炮豚之法云調之以醯醢尚書說命云若作和羹爾惟鹽梅是古人調鼎用梅醢也此說和羹而不言豉古人未有豉也禮記內則楚辭招魂備論飲食而言不及豉○史游急就篇乃有蕪荑鹽豉蓋秦漢以來始爲之耳宰夫和之齊之以味濟其不及以洩其過齊益也洩減也○齊才細反又如字洩息列反疏齊之至其過○正義曰齊之者使酸鹹適中濟益其味不足者泄減其味大過者君子食之以平其心君臣亦然如羹君所謂可而有否焉否不可也臣獻其否以成其可獻君之否以成君可君所謂否而有可

焉臣獻其可以去其否是以政平而不干。民無爭心故詩曰亦有和羹既戒既平詩頌殷中宗。言中宗能與賢者和齊可否其政如羹敬戒且平和羹備五味異於大羹○爭爭鬭之爭和齊並如字一讀上戶臥反下才細反鬷嘏無言時靡有爭鬷總也嘏大也言總大政能使上下皆如和羹○鬷子工反嘏古雅反總音摠【疏】詩曰至有爭○正義曰詩言殷王中宗非徒身自賢明亦有和羹之臣臣與其君可否相濟如宰夫之和齊羹也此臣既敬戒其事矣既志性和平矣中宗總齊大政自上及下無怨恨之言時民無有相爭鬭訟者也言其上下悉如和羹○注詩頌至大羹○正義曰詩商頌烈祖之篇祀中宗之詩也中宗殷王大戊湯之玄孫也有桑穀之異懼而脩德殷道復興故表顯之號爲中宗殷人祭其廟述其德而歌此詩也言亦有者臣能諫君君能改悔亦者兩相須之意也言中宗能與臣之賢者和齊可否其爲政教如宰夫和齊羹之味也敬戒且平言此賢臣之性行也樂記云大羹不和鄭玄云大羹肉湆不調以鹽菜桓二年傳云大羹不致注云大羹肉汁不致五味和羹備五味異於大羹也○注鬷總至和羹○正義曰鬷總嘏大詩毛傳文也言中宗爲天子總大大政能使上下皆如和羹焉傳引此詩證民無爭心則以時靡有爭謂時無有爭也先王之濟五味濟成也和五聲也以平其心成其政也聲亦如味一氣須氣以動○一氣杜解以爲人氣也服云歌氣也【疏】一氣○正義曰服虔云歌氣也杜言須氣以動則一氣不。主爲歌吹人以氣生動皆由氣彈絲擊石莫不用氣氣是作樂之主故先言之人作諸樂皆須氣以動則與服。不異二體舞者有文武【疏】二體○正義曰樂之動身體者唯有舞耳文舞執羽籥武舞執干戚舞者有文武之二體三類風雅頌【疏】三類○正義曰樂以歌詩爲主詩有風雅頌其類各別知三類是風雅頌也一國之事諸侯之詩爲風天下之事天子之詩爲雅成功告神爲頌是三者類別各不同四物雜用四方之物以成器【疏】四物○正義曰樂之所用八音之器金石

絲竹匏土革木其物非一處能備故雜用四方之物以成器

五聲

宮商角徵羽○五聲宮爲君商爲臣角爲民徵爲事羽爲物徵張里反

疏五聲○正義曰漢書律曆志云五聲者宮商角徵羽也所以作樂者諧八音蕩滌人之邪。志。令其正性移風易俗也五聲和八音諧而樂成商之爲言章也物成熟可章度也角觸也物觸地而出戴芒角也宮中也居中央暢四方唱。始。生爲四聲綱也徵祉也物盛大而蕃祉也羽宇也物聚宇而覆之也夫聲者中於宮觸於角祉於徵章於商宇於羽故四聲爲宮紀也是五聲之名義也聲之清濁凡有五品自然之理也聖人配於五方宮居其中商角徵羽分配四方四時之物春生夏長秋成冬聚取其事而爲之名也志又云五聲之本生黃。鍾之律九寸爲宮或損或益以定商角徵羽九六相生陰陽之應也樂記云宮爲君商爲臣角爲民徵爲事羽爲物月令春其音角夏其音徵中央土其音宮秋其音商冬其音羽鄭玄云聲始於宮宮數八十一屬土以其最濁君之象也三分宮去一以生徵徵數五十四屬火以其徵清事之象也三分徵益一以生商商數七十二屬金以其濁次宮臣之象也三分商去一以生羽羽數四十八屬水以爲最清物之象也三分羽益一以生角角數六十四屬木以其清濁中民之象也志言或損或益者下生三分損一上生三分益一九六相生者以九生六是三損一也以六生九是三益一也損益之數清濁之差無可以相準況以黃鍾九寸自乘爲九九八十一定之爲宮數因宮而損益以定商角徵羽之差言其相校如此數也唯相準況耳非言實有此數可用之也

六律

黃。鍾大。蔟姑洗蕤賓夷則無射也陽聲爲律陰聲爲呂此十二月氣○大音泰蔟七豆反蕤人誰反射音亦

疏六律○正義曰周禮大師掌六律六呂以合陰陽之聲陽聲黃鍾大蔟姑洗蕤賓夷則無射陰聲大呂應鍾南呂林鍾小呂夾鍾月令以小呂爲仲呂律曆志云律有十二陽六爲律陰六爲呂黃帝之所作也黃帝使伶倫自大夏之西崑崙之陰取竹之竅厚均者斷兩節間而吹之以爲黃鍾之宮制十二筩以聽鳳。皇之鳴其雄鳴爲六雌鳴亦六以比黃鍾之宮是爲律本黃鍾黃者中之色也鍾者種也天之中數五五爲聲聲上宮五聲莫大焉地之

中數六六爲律律有形有色色上黃五色莫盛焉故陽氣施種於黃泉孳萌萬物爲六氣元也以黃色名元氣律者著宮聲也始於子在十一月大呂呂旅也言陰大旅助黃鍾宣氣而。牙物也位於丑在十二月大蔟蔟奏也言陽氣大奏地而達物也位於寅在正月夾鍾言陰氣夾助大蔟宣四方之氣而出種物也位於卯在二月姑洗洗。絜也言陽氣洗物辜絜之也彼注云辜必也位於辰在三月仲呂言微陰始起未成著於其中旅助姑洗宣氣齊物也位於巳在四月甤賓甤繼也賓道也言陽氣始道陰氣使繼養物也位於午在五月林鍾林君也言陰氣受任助甤賓君主種物使長大茂盛也位於未在六月夷則則法也言陽氣正法度而使陰氣夷當傷之位也位於申在七月南呂南任也言陰氣旅助夷則任成萬物也位於酉在八月無射射厭也言陽氣究物而使陰氣畢剝落之終而復始無厭已也位於戌在九月應鍾言陰氣應無射該藏萬物而雜陽閡種也彼注云外閉曰閡位於亥在十月是解六律六呂之名義也如志之言初爲律者以竹爲之吹其聲也其後則用銅爲之以候氣後漢書章帝時零陵。大學奚景於泠道舜祠下得白玉管是古人或以玉爲管也續漢書云候氣之法爲土室三重戶閉塗釁必周密布緹縵於室中以木爲案每律各一內。痺外高從其方位加律其上以葭莩灰實其端案曆而候之其月氣至則灰飛而管通蓋音聲之道與天地之氣通故取律以候氣月令正月律中大蔟鄭玄云律者候氣之管以竹爲之中猶應也正月氣至則大蔟之律應應謂吹灰也是其舊說然也其律呂相生鄭注周禮大師職云黃鍾之初九下生林鍾之初六林鍾又上生大蔟之九二大蔟又下生南呂之六二南呂又上生姑洗之九三姑洗又下生應鍾之六三應鍾又上生甤賓之九四甤賓又上生大呂之六四大呂又下生夷則之九五夷則又上生夾鍾之六五夾鍾又下生無射之上九無射又上生中呂之上六同位者象夫妻異位者象子母所謂律取妻而呂生子也子。午。以東爲上生子午以西爲下生五下六上乃一終矣鄭玄云同位象夫妻者黃鍾初九林鍾初六及大蔟九二南呂六二之類同在初二之位故象夫妻異位象子母者謂林鍾初六生大蔟九二初之與二其數不同故爲異位象子母律生於呂是爲同位故云律取妻呂生於律則爲異位故云呂生子言五下者謂夷則林鍾南呂無射應鍾皆是子午以東之管下而生之故云下生六上者謂大呂大蔟夾鍾姑洗仲呂蕤賓皆是子午以西之管上而生之故云上生黃鍾爲律之首不是餘管所生不入其數上生者三分益一下生者三分減一皆左旋隔八而相生**七音**周武王伐紂自午及子凡七日王因此以數合之以聲昭之故以七同其數以律和其聲謂之七音○七音宮商角徵羽變宮變徵也【疏】七音○正義曰聲之清濁數不過五而得有七音者終五以外更變爲之也賈逵注周語云周有七音。謂七律謂七器。音也黃鍾爲宮太蔟爲商姑洗爲角林鍾爲徵南呂爲羽應鍾爲變宮蕤賓爲變徵是五聲以外更加變宮變徵爲七音也周語云景王將鑄無射問律於伶州鳩對曰律所以立均出度也古之神瞽考中聲而量之以制度律均鍾百官軌儀故先王貴之王曰七律者何對曰昔武王伐殷歲在鶉火月在天駟日在析木之津辰在斗柄星在天黿星。與辰之位皆在北維我姬氏出自天黿則我皇妣大姜之姪逢公之所馮神也歲之所在則我周之分野也月之所在辰。馬農祥我大祖后稷之所經緯也王欲合是五位三所而用之自鶉及駟七列也南北之揆七同也凡神人以數合之以聲昭之數合聲和然後可同也故以七同其數而以律和其聲於是乎有七律也是言周樂有七音之意也五位者歲月日辰星之位也三所者星與日辰之位是一所也歲之所在是二所也月之所在武王以殷之十二月二十八日戊午發師其年歲星在鶉火之次也其日月合宿於房五度房即天駟之星也日在箕七度箕於次分在析木之津也日月之會謂之辰斗柄斗前也戊午後三日得周二月辛酉朔日月合宿於箕十度在斗前一度是爲辰在斗柄也星在天黿者星於五星爲水星辰星是也天黿即玄枵次之別名也於是辰星在婺女之宿其分在天黿之宿次也鶉是張星也駟是房星也天宿以右旋爲次張翼軫角亢氐房凡七宿是自鶉火至駟爲七列宿有七也鶉火在午天黿在子斗柄所建月移一次是自午至子爲南北之揆七同也揆度也度量星之有七同也武王既見天時如此因此以數比合之其數有七也以聲昭明之聲亦宜有七也故以七同其數五聲之外加以變宮變徵也此二變者舊樂無之聲或不會而以律和其聲調和其聲使與五音諧會謂之七音由此也武王始加二變周樂有七音耳以前未有七杜言武王伐紂自午及子凡七日者尚書泰誓云戊午王次于河朔又牧誓云時甲子昧爽王朝至于商郊牧野乃誓又武成云戊午師逾孟津癸亥陳于商郊甲子受率其旅若林前徒倒。戈攻于後以北血流漂杵一戎衣天下大定是自戊午至甲子七日也劉炫云杜既取國語之文以七同其數以律和其聲何爲又云自午及子凡七日乎是杜意以武王爲七日之故而作樂用七音也違國語之文是杜說謬今知不然者以尚書國語俱有七義事得兩通故杜兼而取之劉以爲杜背國語之文而規杜過非也八風八方之風○八風易緯通卦驗云東北曰條風東方曰明庶風東南曰清明風南方曰景風西南曰涼風西方曰閶闔風西北曰不周風北方曰廣莫風條風又名融風景風一名凱風疏八風○正義曰易緯通卦驗云立春調風至春分明庶風至立夏清明風至夏至景風至立秋涼風至秋分閶闔風至立冬不周風至冬至廣莫風至調風一名融風十八年傳云是謂融風是調融同也此八方之風以八節而至但八方風氣寒暑不同樂能調陰陽和節氣隱五年傳曰舞所以節八音而行八風故樂以八風相成也八節之風亦與八卦八音相配賈逵云兌爲金爲閶闔風也乾爲石爲不周風也坎爲革爲廣莫風也艮爲匏爲融風也震爲竹爲明庶風也巽爲木爲清明風也離爲絲爲景風也坤爲土爲涼風也是先儒依易緯配八風也九歌九功之德皆可歌也六府三事謂之九功○六府水火金木土穀三事正德利用厚生也疏九歌○正義曰九歌之。事尚書大禹謨與文七年傳具有其文以相成也言此九者合然後相成爲和樂清濁大小短長疾徐哀樂剛柔遲速高下出入周疏。以相濟也周密也○哀樂音洛下及注皆同周疏傳本皆作流然此五句皆相對不應獨作周流古本有作疏者案注訓周爲密則與疏相對宜爲疏耳疏清濁。小。大。長短至。出。入周疏○正義曰周疏以上凡十事皆兩字相對其義相反乃言樂聲如此相反以成音曲猶虀之水火相反人之和而不同也杜訓周為密則疏為希亦相反也俗本疏作流易繫辭云周流六虛仲尼燕居云周流無不偏也涉彼文而誤耳杜既以周為密則流當為疏今定本作流非也君子聽之以平其心心平德和故詩曰德音不瑕詩豳風也義取心平則德音無瑕闕○豳彼貧反疏詩曰德音不瑕○正義曰詩豳風狼跋美周公攝政遠則四國流言近則成王不知周大夫美其不失其聖也云公孫碩膚德音不瑕鄭玄云不瑕言不可疵瑕也今據不然君所謂可據亦曰可君所謂否據亦曰否若以水濟水誰能食之若琴瑟之專壹誰能聽之同之不可也如是飲酒樂公曰古而無死其樂若何晏子對曰古而無死則古之樂也君何得焉昔爽鳩氏始居此地爽鳩氏。少皞氏之司寇也○專如字蘁遇本作摶音同季萴因之季萴虞夏諸侯代爽鳩氏者○萴仕側反夏戶雅反○疏注季萴至氏者○正義曰此相傳說也以逢伯是殷之諸侯此在逢伯之前故以為虞夏時也爽鳩在少皞之世至虞夏歷代多矣未必其間更無他姓據晏。之言云代爽鳩氏。有逢伯陵因之逢伯陵殷諸侯姜姓蒲姑氏因之蒲姑氏殷周之間代逢公者而後大公因之古者。無死爽鳩氏之樂非君所願也齊侯甘於所樂志於不死晏子稱古以節其情願○大音泰疏古者至願也○正義曰自古者其無死爽鳩至爽鳩氏之樂一本作樂之今猶存則此齊地是爽鳩氏得而樂也君不得為齊君不死之事此樂爽鳩氏之有非君所願樂也晏子以爽鳩氏為始故言爽鳩之樂計爽鳩以前處齊地者猶應。代有人矣○鄭子產有疾謂子大叔曰我死子必為政唯有德者能以寬服民其次莫如猛夫火烈民

望而畏之故鮮死焉水懦弱民狎而翫之狎輕也○鮮息淺反懦乃亂乃臥二反一音儒狎戶甲反翫五亂反則
多死焉故寬難難以治○治直吏反疾數月而卒大叔爲政不忍猛而寬鄭國多盜取人
於萑苻之澤萑苻澤名於澤中劫人○數所主反萑音丸苻音蒲又如字大叔悔之曰吾早從夫子不及此
興徒兵以攻萑苻之盜盡殺之盜少止仲尼曰善哉政寬則民慢慢則糾之以
猛糾猶攝也○盡殺之本或作盡之殺衍字糾居黝反疏盡殺之盜少止○正義曰既言盡殺之復云盜少止者蓋謂盡萑苻之內盜也少止謂鄭國餘
處之盜由此少止猛則民殘殘則施之以寬寬以濟猛猛以濟寬政是以和詩曰民亦
勞止汔可小康惠此中國以綏四方施之以寬也詩大雅汔其也康綏皆安也周厲王暴虐民勞於苛政故
詩人刺之欲其施之以寬○汔許乙反苛音何毋從詭隨詭人隨人無正心不可從○毋本又作無從子又反注同詭九委反以謹無良
謹敕慎也式遏寇虐慘不畏明糾之以猛也式用也遏止也慘曾也言爲寇虐曾不畏明法者亦當用猛政糾治之○遏於
葛反慘七感反柔遠能邇以定我王平之以和也柔安也邇近也遠者懷附近者各以能進則王室定疏詩曰至和也○
正義曰此詩大雅民勞之篇刺厲王之詩也其下十句詩之文也仲尼分爲三段每以一句釋之汔其也康綏皆安也止辭也於是厲王以苛政勞民故言當
今之民亦大疲勞止其可以小息之中國京師也四方諸夏也施惠於此京師中國以綏彼諸夏之民此四句者欲其施之以寬也詭隨謂詭人爲善隨人小
惡此雖惡之小者其事不可舍從也毋得從此詭隨之人以謹敕彼無善之人無善之惡大於詭隨詭隨不從則無善息止是謹敕之也寇虐之惡人又大於

無善式用也遏止也憯曾也王當嚴爲刑威用止臣民之間有爲寇盜苛虐曾不畏明白之刑者此四句者欲其糾之以猛也柔安也邇近也能謂才能也王者當以寬政安慰遠人使之懷附則各以才能自進者是近人也遠者懷而歸近者以能自進用此以定我爲王之功此二句者言平之以和也○注詩大雅云○云○正義曰釋詁云汔幾也杜以幾其同聲故以汔爲其也康綏皆安及下注遏止皆釋詁文也式用憯曾釋言文也

又曰不競不絿不剛不柔詩殷頌言湯政得中和競強也絿急也○絿音求布政優優百祿是遒優優和也遒聚也○和遒在由反又子由反之至也及子產卒仲尼聞之出涕曰古之遺愛也子產見愛有古人之遺風

疏又曰至至也○正義曰詩商頌長發之篇述成湯之德也湯之爲政不大強不大急不大剛不大柔布行政教優優然和綏百種福祿於是聚而歸之言其和之至也競強釋言文也絿急遒聚毛傳文也○及子至聞之○正義曰案上子大叔悔後已云仲尼曰善哉今方言及子產卒聞之者上所云先美子大叔之善法政用子產生時法也此出涕重美子產身之賢故傳云及子產卒欲顯仲尼美之之意也

附釋音春秋左傳注疏卷第四十九

春秋左傳注疏卷四十九校勘記

阮元撰盧宣旬摘錄

附釋音春秋左傳注疏卷第四十九 昭公二十年

〔經二十年〕

或欲蓋而名章　監本毛本章作彰

蔡侯盧卒　釋文亦作盧云本又作廬宋本宋殘本小字宋本淳熙本岳本足利本作廬與石經合

〔傳二十年〕

是歲至曆也　宋本此節正義在注文傳言妖由人興句下

時魯之君臣　宋本時上有當字是也

使梓慎望氛　宋本宋殘本小字宋本岳本氛作氣是也

伍奢　陳樹華云此伍字及下伍尚伍員字形微小疑初刻作五重磨刻伍案碑不似重刻五奢廣韻引作五奢呂覽孟冬紀伍員作五員是也

城父人　宋本以下正義三節總入而耕於鄙注下

善其言舍使還　閩本監本舍作令非也

棠君尚　釋文君或作尹惠棟云風俗通作堂案堂與棠古多通用如魯峻碑嚴訢碑皆以棠爲堂字案廣韻引風俗通堂楚邑大夫五尚爲之其後氏

焉又於棠下引左傳齊大夫棠無咎是堂與棠之別也

州于吳子僚 釋文僚下有也字諸本脫

乃見鱄設諸焉 諸本作鱄陳樹華云史記索隱云左傳作鱄設諸是也公羊史記吳越春秋竇子作專諸索隱又云專或作剸漢書文選司馬相如子虛賦並作剸諸

門人見之也 浦鏜云門人當作從者

公如華氏請焉 宋本以下正義二節總入公亦取節注下

辰及地皆元公弟 釋文云案公子辰是景公之母弟地是辰兄皆當為元公之子今注皆作元公弟誤耳案正義引世族譜云辰地皆云元公子此及諸本云元公弟當是轉寫誤耳

當景公之世 宋本當上有時字

當時轉寫誤耳 段玉裁校作當是閩本監本毛本轉作傳非

公孟靈公兄也 足利本孟誤子

而謂之曰 石經之字以下計九字

注周猶終竟也 宋本以下正義十節總入不犯非禮節注下

使華齊御公孟 正義云諸本皆華上有使字計華齊是公孟之臣自爲公孟之御非齊氏所當使必不得有使字今定本有使非也

諸本皆華上有使子 宋本監本毛本子作字不誤

宗魯以背蔽之 諸本作背此本誤皆今改正

乘驅自閱門入 石經初刊閱誤閼後改正

鴻騮魋駟乘于公 石經宋本岳本騮作駵注同與釋文合段玉裁校本云駟當作四

鴻騮復就公乘 宋本宋殘本淳熙本岳本足利本騮下有魋字是也

使華寅肉袒執蓋以當其闕 宋殘本淳熙本袒誤祖

析朱鉏宵從竇出 宋殘本宵作霄說詳下

朱鉏成子黑背孫 淳熙本子誤于

二違命也 宋本宋殘本淳熙本岳本纂圖本監本毛本二作貳不誤

昭臨敝邑 石經亦作昭宋本淳熙本岳本昭作照案毛誼父六經正誤云照作昭誤注疏及與國本皆作照

賓將掫 說文手部掫字注引同案周禮掌固杜子春注引作趣鎛師注引作趨周禮音義云趨左傳作掫段玉裁云古音同在尤侯類也惠棟云子春受學于劉歆歆傳左氏春秋以趣爲掫必有依據

下云終夕與於燎閩本監本毛本云作文

草莽之中毛本草作艸

終夕與於燎釋文無於字云一本作終夕與於燎惠棟云古本無於字杜子春注周禮可據也按見夏官掌固

設火燎以備守淳熙本火誤大

故公先與喜盟淳熙本盟下衍也字

其事既多監本毛本其誤共

今倒在下宋本倒作例

霄從公故宋本小字宋本淳熙本岳本纂圖本閩本監本毛本並作霄岳氏九經三傳沿革例云詳考傳文本末時齊豹殺衛侯之兄縶衛侯出如死鳥析朱鉏宵從竇出徒行從公公入而賜之謚注云宵從公故蓋以其宵自竇出徒行從公而賜謚宵夜也其字當作宵則注與傳上文合今諸本於注皆作宵誤也案岳氏知霄字之誤而未得誤之所由宋殘本宵從竇出作宵從竇出宋刻書籍多從唐碑如張猛龍碑宵作宵蓋字形之譌俗宋殘本亦遂作宵後又因霄而譌爲霄也

皆未死而賜謚及墓田傳終而言之宋本宋殘本足利本無未字而字不誤案困學紀聞云衛侯賜北宮喜謚曰貞子賜析朱鉏謚曰成子是人臣生而謚也王氏亦沿襲誤刻而有此論後人往往承之何焯所謂不全宋槧本即此殘本也段玉裁曰杜云終言之則其

上文爲死而賜謚無可疑者或添未字則下不得云終言之矣

菀何忌辭曰 案廣韻二十阮菀字注云左傳齊大夫菀何忌賈氏羣經音辨云菀姓也於阮反春秋傳有菀何忌

不干我政人得罪 宋本監本毛本干作于是也

道教不至所致 監本毛本道作導

臣敢貪君賜以干先王 毛本干誤于

琴張聞宗魯死 宋殘本聞作開非也

子開一字張 浦鏜正誤字下有子字

孔子是時四十之 正德本閩本亦誤之監本毛本改作知宋本作一按據公羊穀梁傳並云孔子生于襄公二十一年宋本是也

郳申 石經宋本宋殘本淳熙本岳本足利本申作甲不誤釋文同

辟難出 閩本監本出誤去

潁川長平縣 纂圖本閩本監本毛本川作州非也

子城適晉 宋本以下正義三節總入公遂見之節注下

公與夫人 纂圖本夫人誤大夫

余不忍其詢釋文云詢本或作詬同李善注文選報任少卿書引傳作詬顧炎武云石經誤詢案石經不誤說文作詬云詬謑詬恥也从言后聲或从句

黨殺向者宋本宋殘本淳熙本岳本纂圖本監本毛本殺作華不誤

齊侯疥遂痁顏氏家訓書證篇引作齊侯痎遂痁又云世閒傳本多以痎為疥杜征南亦無解釋徐仙民音介俗儒就為通云病疥令人惡寒變而成痁此臆說也正義引袁狎云疥當為痎釋文云疥舊音戒梁元帝音該依字則當作痎說文云兩日一發之瘧也痎又音皆後學之徒僉以疥字為誤案傳例因事曰遂若痎已是瘧疾何為復言遂痁乎諸本及定本作疥是也說文引傳亦作疥段玉裁曰仙民之音孔沖遠之說是也凡改疥為痎者皆所謂無事而自擾

齊侯疥遂痁宋本以下正義十五節總入注文除適責之下

瘧熱寒休作監本毛本休作幷非

今定本亦作疥閩本今定二字竇缺

大月卻還天朞十度閩本朞字竇缺

謂祝史之固陋閩本史字竇缺段玉裁云謂字上當有一曰二字

公說告晏子足利本告下多於字

撞鐘舞女石經宋本宋殘本岳本鐘作鍾

不思謗讟諸本作思定本同正義云俗本作畏

澤之萑蒲舟鮫守之案陳樹華云風俗通義引作莞蒲莊述祖云鮫當作魰魰即衘字說文引澤之自衘自乃舟之誤或以自衘為萑蒲之異文誤也

入從其政山井鼎云足利本入下補國字不足據

暴征其私足利本後人記云征異本作刑非也

平原聊城縣郡國志聊作蓼誤

旃以至虞人宋本以下正義十九節總入而後大公因之節注下

故麾旃以招之也宋本麾作摩非若依說文則當作麾

以烹魚肉石經宋本烹作亨與釋文合石經亨字下四灬係補刊其跡顯然必王堯惠輩所為也

史游急就篇宋本史誤半

齊益也宋本宋殘本淳熙本岳本足利本齊作濟不誤

是以政平而不干淳熙本干誤乎

言中宗能與賢者宋殘本言作君非也

敬戒且平宋本且作既按詩烈祖作既戒既平

則一氣不主爲歌吹監本毛本主作止非

則與服不異監本毛本不作少非也

蕩滌人之邪志令其正性浦鏜正誤云今漢書律曆志志作意令作全

唱姓生宋本監本毛本姓作始浦鏜云案漢志生上有施字

生黃鍾之律宋本鍾作鐘下同

黃鐘宋殘本淳熙本小字宋本岳本纂圖本閩本監本毛本鐘作鍾正義同

大蔟釋文亦作蔟是也宋本閩本監本作簇非

以聽鳳皇之鳴宋本閩本監本毛本皇作凰俗字

而牙物也監本毛本牙作芽案漢書律曆志作牙牙芽古今字

洗絜也閩本監本毛本絜改潔

內痹外高宋本監本毛本作內庳

子午以東爲上生諸本作午此本誤年今改正案周禮注以作已

周有七音謂七律謂七器音也段玉裁校本無上謂字器音作音器

星與辰之位案國語周語星下有日字

辰馬農祥宋本監本毛本馬作爲非也

月之所在宋本在字下有是三所也劉歆三統之術筭此五位所在十六字

前徒倒戈諸本作戈此本誤戊今改正

九歌之事閩本監本毛本事作書非也

出入周疏以相濟也定本疏作流釋文云傳本皆作流正義所謂俗本是也陸氏又云古本有作疏者陳樹華云案注訓周爲密則與疏相對宜爲疏耳

清濁小大長短至出入周疏宋本作清濁至周疏

若琴瑟之專壹諸本作專釋文引董遇本作摶音同案盧文弨鍾山札記云史記秦始皇本紀摶心揖志索隱云摶古專字引傳如琴瑟之摶壹以證之正用董遇本也惠棟云史記樂書管子內業篇皆以摶爲專

少皡氏之司寇也 淳熙本少作之非也

據晏之言云代爽鳩氏 宋本晏下有子字氏下有耳字是也

古者無死 石經宋本宋殘本淳熙本小字宋本岳本者作若是也宋本正義不誤

猶應大有人矣 監本大作代是也毛本誤伐

取人於萑苻之澤 石經初刻作萑蒲後改作萑苻惠棟云韓非子內儲說引此事作萑澤詩小弁曰萑葦淠淠韓詩外傳作萑古字通也顧炎武云石經苻誤符非也

於澤中劫人 淳熙本纂圖本毛本劫改刧

盡殺之 釋文無殺字云本或作盡殺之殺衍字案臧琳云正義曰既言盡殺之復云盜少止者盡謂盡萑苻之內盜也少止謂鄭國餘處之盜由此少止知孔本亦作盡之無殺字與陸本同既言盡殺之當作既言盡之標起止盡殺之盜少止當作盡之盜少止此二殺字皆後人所增

盡殺之盜少止 宋本以下正義五節總入和之至也節注下

盡謂盡萑苻之內盜也 宋本作蓋謂是也

少止 宋本少上有盜字

汔其也 諸本作其正義亦是其字詩大雅民勞正義爾雅釋詁幾汔也疏引並作期

毋從詭隨釋文毋作無云本又作毋按今本詩作無

又大於無害毛本大作九非也

遠者懷而歸宋本懷下有德字

詩大雅云云宋本云云作至以寬

故以汔爲其也監本其作幾非也

競強也宋殘本強作彊

春秋左傳注疏卷四十九校勘記

杜氏注　孔穎達疏

經二十有一年春王三月葬蔡平公○夏晉侯使士鞅來聘晉頃公即位通嗣君○頃音傾○宋華亥向寧華定自陳入于宋南里以叛自外至故曰入披其邑故曰叛南里宋城內里名○披普彼反【疏】注自外至里名○正義曰賈逵云書入華貙兄弟作亂召而逆之是賈以此入從國逆之例也釋例曰春秋稱入其例有二施於師旅則曰弗地在於復歸則曰國逆國逆又以立爲例逆而不立則非例所及諸在例外稱入直自外入內記事常辭義無所取而賈氏皆以爲例如此甚多是杜意以賈氏逆之爲非故云自外至故曰入以顯異之也五年傳叔孫昭子數豎牛之罪云又披其邑將以赦罪彼注云披析也此分析君邑以自屬己故曰叛也傳稱華氏居盧門以南里叛宋城舊墉及桑林之門守之知此南里是宋城之內里名○秋七月壬午朔日有食之○八月乙亥叔輒卒叔弓之子伯張○冬蔡侯朱出奔楚朱爲大子則失位遂微弱爲國人所逐故以自出爲文○公如晉至河乃復晉人辭公故還

傳二十一年春天王將鑄無射周景王也無射鐘名律中無射○鑄之樹反射音亦注同中丁仲反【疏】注周景至無射○正義曰周語云景王二十一年鑄大錢二十三年將鑄無射單穆公曰不可作重幣以絕民資又鑄大鐘以鮮其繼三年之中而有離民之器二焉國其危哉王不聽問之伶州鳩州鳩對王又弗聽卒鑄大鐘二十四年鐘成二十五年王崩孔晁於二十四年注云昭二十一年如彼文則此年鑄鐘成之年而傳云將鑄

無射者此爲州鳩之言張本州鳩以末成之時爲此言故此年發傳而言將也州鳩此下之言與周語州鳩之言全不同者彼是對王之問此是自言其事異時别言故不同也周語及此皆論鍾事故云無射鍾名其聲於律應無射之管故以律名名鍾襄十九年季武子作林鍾亦是鍾聲應林鍾之律也此無射之鍾在王城鑄之敬王居洛陽蓋移就之也秦滅周其鍾徙於長安歷漢魏晉常在長安及劉裕滅姚泓又移於江東歷宋齊梁陳○時鍾猶在東魏使魏收聘梁收作聘遊賦云珍是淫器無射○高縣是也及開皇九年平陳又遷於西京置大常寺時人悉共見之至十五年勑毀之

泠。州。鳩曰王其以心疾死乎伶樂官州鳩其名也○伶力丁反字或作泠非也夫樂天子之職也職所主也夫音樂之輿也樂因音而行而鍾。音之器也音由器以發天子省風以作樂省風俗作樂以移之

【疏】注省風至移之○正義曰漢書地理志曰凡民函五常之性而有剛柔緩急音聲不同繫水土之風氣故謂之風好惡取舍動靜無常隨君上之情欲故謂之俗是解風俗之名但風俗盛衰隨時隆替國之將滅風○散俗煩天子新受命者省此風俗之敝乃作樂以移之孝經曰移風易俗莫善於樂孔安國云風化也俗常也移大平之化易衰敝之常也地理志以風爲本俗爲末言聖王在上統理人倫必移其本而易其末此混同天下一之乎中和然後王教成是說作樂移風之事也

器以鍾。之鍾。聚也以器聚音也輿以行之樂須音而行

【疏】器以至行之○正義曰爲上言鍾音之器也故此云器以鍾之言器以鍾聚其音又上言音樂之輿也故此云輿以行之承上語不○倫者亦猶易繫辭云天尊地卑乾坤定矣卑高以陳貴賤位矣隨文便而言耳

小者不窕○窕細不滿窕他彫反大者不槬。槬橫大不入○槬戶化反

【疏】小者至不槬○正義曰言小不至窕則窕是細之意也大不至槬則槬是大之義也說文云窕深肆極也由細故能極於深是窕爲細不滿謂不能充滿心也槬聲近橫故爲橫大心所不容故不入心也下窕則不咸咸如字本或作感。戶。暗。反

則和於

物物和則嘉成嘉樂成也故和聲入於耳而藏於心心億則樂億安也○億於力反樂音洛窕則不咸不充滿人心○咸如字本或作感戶暗反槬則不容心不堪容心是以感感實生疾今鐘槬矣王心弗堪其能久乎爲明年天王崩傳○三月葬蔡平公蔡大子朱失位位在卑不在適子位以長幼齒○適丁歷反長丁丈反

疏注不在至幼齒○正義曰喪大記記國君初死之禮云既正尸子坐于東方卿大夫父兄子姓立于東方有司庶士哭于堂下北面鄭玄云正尸者謂遷尸牖下南首也子姓謂衆子孫也姓之言生也其男子立於主人後彼言子坐東方謂大子即鄭所謂主人也彼初死之時即別適庶況其至葬君道成矣大子失其位明其不在適子位也位在卑是以長幼爲齒蓋處其庶兄之下

大夫送葬者歸見昭子昭子問蔡故以告昭子歎曰蔡其亡乎若不亡是君也必不終詩曰不解于位民之攸塈詩大雅塈息也○解佳賣反塈許器反今蔡侯始即位而適卑身將從之爲蔡侯朱出奔傳○夏晉士鞅來聘叔孫爲政叔孫昭子以三命爲國政季孫欲惡諸晉憎叔孫在己上位欲使得罪於晉○惡烏路反使有司以齊鮑國歸費之禮爲士鞅鮑國歸費在十四年牢禮各如其命數魯人失禮故爲鮑國七牢○費音祕故爲于僞反

疏注鮑國至七牢○正義曰十四年傳曰司徒老祁慮癸來歸費齊侯使鮑文子致之是鮑國歸費之事也杜以周禮掌客云上公饔餼九牢侯伯七牢子男五牢以諸侯牢禮各以其命數卿大夫來者亦當牢禮如其命數計鮑國齊卿不過三命於法當三牢而魯人失禮爲鮑國七牢也下云加四爲十一知本七也劉炫云案聘禮使卿主國待之饔餼五牢則臣之牢禮不依命數鮑國禮當五牢加二牢耳今知非者杜以掌客諸侯牢禮各依命數以卿大夫无文故杜據

諸侯言之不謂卿大夫以下亦依命數而劉以鄭注掌客爵卿五牢爵大夫三牢爵士大牢而規杜非也士鞅怒疏士鞅怒○正義曰七牢於禮厚矣而鞅怒者但陳設爲鞅鞅必不怒其時魯人報云鮑國之禮鞅遂怒其輕己曰鮑國之位下其國小而使鞅從其牢禮是卑敝邑也將復諸寡君魯人恐加四牢焉爲十一牢言魯不能以禮事大國且爲哀七年吳徵百牢起○恐丘勇反下注同○宋華費遂生華貙華多僚華登貙爲少司馬多僚爲御士公御士○貙勑俱反少詩照反與貙相惡乃譖諸公曰貙將納亡人亡人華亥等○惡如字又烏路反亟言之公曰司馬以吾故亡其良子司馬謂費遂爲大司馬良子謂華登○亟欺冀反疏亟言之○正義曰服虔云亟疾也疾言之欲使信則服虔讀爲亟也或當爲亟亟數也數言之死亡有命吾不可以再亡之對曰君若愛司馬則如亡言若愛大司馬則當亡走失國死如可逃何遠之有言亡可以逃死勿慮其遠以恐動公公懼使侍人召司馬之侍人宜僚飲之酒而使告司馬告司馬使逐貙飲於鴆反下同○司馬歎曰必多僚也吾有讒子而弗能殺吾又不死抑君有命可若何乃與公謀逐華貙將使田孟諸而遣之疏抑君有命可若何○正義曰抑語助若如也言吾有讒子謂多僚也雖知其讒既不能殺多僚華貙雖杜爲君有逐貙之命可如何言無如之何遂謀逐之公飲之酒厚酬之酬酒幣賜及從者司馬亦如之亦如公賜從才用反○張匄尤之張匄華貙臣尤怪賜之厚匄古害反本亦作丐○曰必有故使子皮承宜僚以劍而訊之子皮華貙訊問也○訊音信

宜僚盡以告告欲因田以遣之張匄欲殺多僚子皮曰司馬老矣登之謂甚。言登亡傷司馬心已甚吾又重之不如亡也五月丙申子皮將見司馬而行則遇多僚御司馬而朝張匄不勝其怒遂與子皮臼任鄭翩殺多僚任翩亦貙家臣○重直用反見賢遍反勝音升任音壬翩音篇劫司馬以叛而召亡人壬寅華向入樂大心豐愆華牼禦諸橫橫梁國。睢陽縣南有橫亭○愆起虔反本或作衍睢音雖華氏居盧門以南里叛盧門宋東城南門六月庚午宋城舊鄘及桑林之門而守之舊鄘故城也桑林城門名○鄘音容本或作墉○秋七月壬午朔日有食之公問於梓慎曰是何物也禍福何為物事也對曰二至二分二至冬至夏至二分春分秋分日有食之不為災日月之行也分同道也至相過也二分日夜等故言同道二至長短極故相過

疏。分同至過也○正義曰日月之行交則相食自然之理但日為君象月為臣象陰既侵陽如臣掩君聖人因之設教制為輕重以夏之四月純陽之月時陽極盛陰氣未作正當陽盛之時不宜為弱陰所侵以為大忌此月日食災最重也餘非陽盛之月為災稍輕至於分至之月日食即不為災又解不為災之意以二分晝夜等似其同一道二至長短極並行則相過以為理必相侵故言不為災劉炫云此皆假其事以為等差其實災之大小不如此也且詩云十月之交朔。月辛卯日有食之亦孔之醜先儒以為周之十月夏之八月秋分之月也而甚可醜惡七年四月甲辰朔日食春分之月也而云魯衛惡之衛大魯小安在乎二分之食不為災足明此是先賢寓言非實事也○注二分至相過○正義曰日之行天一日一周月之行天二十九日有餘已得一周日月異道互相交錯月之一周必半在日道裏從外而入內也半

在日道表從内而出外也或六入七出或七入六出凡十三出入而與日一會曆家謂之交道通而計之一百七十三日有餘而有一交交在望前朔則日食望則月食交在望後望則月食後月朔則日食此自然之常數也交數滿則相過非二至乃相過也傳之所言以二分日夜等者春分之時朔則日在婁望則月在角秋分之時朔則日在角望則月在婁婁角是天之中道日月俱從中道故晝夜等似有體敵之理月可敵日冬至之時朔則日在斗望則月在井夏至之時朔則日在井望則月在斗斗井南北晝夜長短之極似若月之極長可以掩日然故云至相過謂絶相縣殊也此至唯冬至耳言二至者全句以成文此皆假託以爲言也以日者天之大明人君之象不可虧損故於正陽之月。未。法爲重於分至之月其害爲輕於餘月之食其災爲水假之以垂訓非實事也

其他月則爲災陽不克也故常爲水陰侵陽是陽不勝陰 疏 其他至爲水○正義曰其他月非分至之月則爲災日食是陰侵陽是陽不勝也故日食常爲水災莊二十五年六月日食秋大水此二十四年五月日食梓愼曰將水昭子曰旱也其年八月大雩旱也則亦不是常爲水也又七年四月甲辰朔日食春分之月而云魯衞惡之常水也水之言既無其驗足知是賢聖假託日食以爲戒耳

於是叔輒哭日食意在於憂災昭子曰子叔將死非所哭也。八月叔輒卒○冬十月華登以吳師救華氏登前年奔吳齊烏枝鳴戍宋烏枝鳴齊大夫廚人濮曰濮宋廚邑大夫○濮音卜廚直誅反軍志有之先人有奪人之心後人有待其衰盍及其勞且未定也伐諸若入而固則華氏衆矣悔無及也從之丙寅齊師宋師敗吳師于鴻口梁國睢陽縣東有鴻口亭○先悉薦反後戶豆反盍戶臘反獲其二帥公子苦。雂。偃州員二帥與大夫○帥色類反注同雂古含反員音云又音圓華登帥其餘吳餘師以敗

宋師公欲出出奔廚人濮曰吾小人可藉死可借使死難○難乃旦反而不能送亡君請待之請君待復戰決勝負○而不能送亡君絶句復扶又反下文復卽之同【疏】。而不能送亡君○正義曰服虔以君上屬孫毓以君下屬杜注不明亦似上屬

乃徇。曰楊。徽者公徒也徽識也○徇似俊反徽許歸反說文作徽識本又作幟申志反又音昌志反一音式【疏】注徽識也○正義曰

禮記大傳云聖人南面而治天下必改正朔殊徽號鄭玄云徽號旌旗之名也周禮大司馬云中夏教茇舍辨號名之用帥以門名縣鄙各以其名家以號名鄉以州名野以邑名百官各象其事以辨軍之夜事鄭玄云號名者徽識所以相別也鄉遂之屬謂之名家之屬謂之號百官之屬謂之事在國以表朝位在軍又象其制而爲之被之以備死事帥謂軍將及師帥旅帥至五長也以門名者所被徽識如。其在門所樹者凡此言。以也象也皆謂其制同耳縣鄙謂縣正鄙師至鄰長也家謂食采地者之臣也鄉以州名亦謂州長至比長也野謂公邑大夫百官以其職從王者此六者皆書其官與名氏焉夜事戒夜守之事也草止者愼於夜於是主別其部職如鄭此言則徽識制如旌旗書其所任之官與姓名於上被之於背以備其死知是誰之尸也士喪禮云爲銘各以其物亡則以緇長半幅䞓末長終幅廣二寸書銘于末曰某氏某之柩今之銘旌旗。旛也此生之徽識如死之銘旌。其制之大小蓋亦如銘旌也書其官名郎今之軍記令其各自揚徽欲知其助公多少如漢書絳侯之令軍人云爲劉氏者左袒

衆從之公自揚。門見之。見國人皆。揚徽睢陽正東門名揚門下而巡之曰國士君死二三子之恥也豈專孤之罪也齊烏枝鳴曰用少莫如齊致死齊致死莫如去備備長兵也○去起呂反○彼多兵矣請皆用劍從之華氏北復卽之北敗走廚人濮以裳裹首而荷以走曰得華登矣遂敗華氏于新里新里華氏所取

邑○裹音果荷何可反又音何翟僂新居于新里既戰說甲于公而歸居華氏地而助公戰○僂音力主反說他活反下注同華姓居于公里亦如之姓華氏族故助華氏亦如僂新說甲歸傳言古之爲軍不皆小忿○姓他口反下注同皆本又作諧才斯反又音紫十一月癸未公子城以晉師至城以前年奔晉今還救宋曹翰胡曹大夫○翰音寒又戶旦反會晉荀吳中行穆子行戶郎反○齊苑何忌齊大夫衛公子朝前年出奔晉今還衛救宋丙戌與華氏戰于赭丘赭丘宋地○赭音者丘又作亞同鄭翩願爲鸛其御願爲鵞鄭翩華氏黨鸛鵞皆陳名○鸛古喚反鵞五多反陳直覲反子祿御公子城莊堇爲右子祿向宜○莊堇音謹本或作莊堇父干犨御呂封人華豹張匄爲右呂封人華豹華氏黨○犨尺由反【疏】呂封人華豹○正義曰呂邑封人官名豹即下文華豹是也本或豹上有華王肅董遇並云呂封人華豹釋例譜一人再見一名字不同皆兩載之宋雜人內有呂封人豹華豹爲一人知此本無華也今定本有華相遇城還華豹曰城也城怒而反之怒其呼己反還戰將注豹則關矣注傅矢關引弓○注之樹反關烏環反本又作彎同下同傅音附曰平公之靈尚輔相余平公公子城之父○相息亮反豹射出其間出子城子祿之間○射食亦反又音食夜反下及注皆同將注則又關矣曰不狎鄙狎更也更音庚○【疏】不狎鄙○正義曰服虔云狎更也子城謂華豹曰不更射爲鄙一曰城言我不狎習故鄙然則豹已關矣何慮不射公子城何當屬之云不更射爲鄙城方與豹相射此非謙讓之所又何須自言不習爲鄙服之二說皆非杜亦訓狎爲更言更遞也城謂豹女頻射我不使我得更遞是爲鄙也豹服此言故抽矢而止此豹亦不違軍之戰禮也抽矢豹止不射城射之殪豹死○殪一計反

張匄抽殳而下殳音殊長丈二在車邊○殳長直亮反又如字射之折股扶伏而擊之折軫折城車軫○折之設反下及注同扶伏並如字上又音蒲下又蒲北反本或作匍匐同又射之死匄死干犨請一矢求死城曰余言汝於君欲活之○女音汝對曰不死伍乘軍之大刑也同乘共伍當皆死○乘繩證反注及下同干刑而從子君焉用之子速諸乃射之殪犨又死○殪於虔反大敗華氏圍諸南里華亥搏膺而呼見華貙曰吾爲欒氏矣晉欒盈還入作亂而死事在襄二十三年○搏音博呼好故反貙曰子無我迋不幸而後亡迋恐也○迋求枉反恐丘勇反使華登如楚乞師華貙以車十五乘徒七十人犯師而出犯公師出送華登食於睢上哭而送之乃復入入南里○睢音雖復扶又反楚薳越帥師將逆華氏大宰犯諫曰諸侯唯宋事其君今又爭國釋君而臣是助無乃不可乎王曰而告我也後既許之矣爲明年華向出奔楚傳○薳于委反疏諸侯唯宋事其君○正義曰言諸侯之內逆者也俗本或無其。字若無其字則是唯宋事楚檢於時宋國不屬楚也○王曰而告我也後○正義曰謂大宰犯諫在華登出師之後○蔡侯朱出奔楚費無極取貨於東國東國隱大子之子平侯廬之弟朱叔父也而謂蔡人曰朱不用命於楚君王將立東國若不先從王欲楚必圍蔡蔡人懼出朱而立東國朱愬于楚楚子將討蔡無極曰平侯與楚有盟故封盟于鄧依陳蔡人以國○愬音素其子有二心故廢之

子謂朱也靈王殺隱大子其子與君同惡德君必甚【疏】○德君必甚○正義曰荷恩又謂之德言荷君恩必甚也

使立之不亦可乎且廢置在君蔡無他矣言權在楚則蔡無他心○公如晉及河鼓叛晉叛晉屬鮮虞晉將伐鮮虞故辭公將有軍事無暇於待賓且懼泄軍謀○泄息列反又以制反

經二十有二年春齊侯伐莒○宋華亥向寧華定自宋南里出奔楚言自南里別從國去○別彼列反○大蒐于昌間無傳○蒐所求反間如字○夏四月乙丑天王崩六月叔鞅如京師

葬景王叔鞅叔弓子三月而葬亂故速○鞅於丈反王室亂承叔鞅言而書之未知誰是故但曰亂【疏】○注承叔至曰亂○正義曰傳曰叔鞅至自京師言王室之亂是魯史承叔鞅之言而書之也閔馬父聞叔鞅之言乃遙度其事云子朝必不克是未知誰是誰非也故史但書曰亂不言某人某人爲亂魯史書事必待告乃書傳聞行言不書之此承叔鞅之言即書策者魯是周之宗國既聞王室之亂義當釋位救之魯聞周亂所憂在己承言即書見魯之憂王室也公羊傳曰何言乎王室亂言不及外也其意言兄弟爭位室內自亂其亂不及外國故指言王室也○劉子單子以王

猛居于皇河南鞏縣西南有黃亭辟子朝難出居皇王猛書名未即位○單音善鞏九勇反難乃旦反【疏】注辟子至即位○正義曰傳曰鞏簡公敗績于京甘平公亦敗焉單子欲告急於晉以王如平時遂如圃車次于皇是辟子朝之難出居皇也王人以在皇告故書皇也景王既葬猛當成君仍書名者王室大亂未得以禮即位故也如莒展弒君而立未會諸侯元年書莒展輿出奔吳鄭忽嗣父而立鄭人賤之不以爲君桓十一年書鄭忽出奔衞然則未成君者法當書名此王猛雖未即位異於諸侯故稱王而以名繫之劉炫云以王當國亦如莒展以名繫國也○秋劉子單子以王

猛入于王城王城郟鄏今河南縣晉助猛故得還王都○郟古洽反鄏音辱○冬十月王子猛卒未即位故不言崩疏注未即至言崩○正義曰未即位不成爲王故不言崩也書王子猛卒者未成爲君繫父言之故稱子猶魯之子般子野卒○十有二月癸酉朔日有食之無傳此月有庚戌又以長曆推校前後當爲癸卯朔書癸酉誤疏注此月云云○正義曰案傳十二月庚戌晉籍談云云庚戌上去癸酉三十七日若此月癸酉朔其不得有庚戌也又傳十二月下有閏月晉箕遺云云又云辛丑伐京辛丑是壬寅之前日也二十三年傳曰正月壬寅朔二師圍郊則辛丑是閏月之晦日也又計明年正月之朔與今年十二月朔中有一閏相去當爲五十九日此年十二月當爲癸卯朔經書癸酉明是誤也故言長曆推校十一月小甲戌朔傳有乙酉十二日也又有己丑十六日也十二月大癸卯朔傳有庚戌八日也閏月小癸酉朔傳有閏月辛丑二十九日也明年正月壬寅朔則上下符合矣

傳二十二年春王二月甲子齊北郭啓帥師伐莒啓齊大夫○北郭佐之後莒子將戰苑羊牧之諫牧之莒大夫○苑於元反牧之州牧之牧曰齊帥賤其求不多不如下之大國不可怒也弗聽敗齊師于壽餘莒地○帥所類反下之遐嫁反齊侯伐莒怒敗莒子行成司馬竈如莒涖盟竈齊大夫莒子如齊涖盟盟于稷門之外稷門齊城門也莒於是乎大惡其君爲明年莒子來奔傳○惡烏路反○楚薳越使告于宋曰寡君聞君有不令之臣爲君憂無寧以爲宗羞無寧寧也言華氏爲宋宗廟之羞恥寡君請受而戮之對曰孤不佞不能媚於父兄華向公族也故稱父兄以爲

君憂拜命之辱抑君臣日戰君曰余必臣是助亦唯命人有言曰唯亂門之無過君若惠保敝邑無亢不衷以奬亂人孤之望也唯君圖之楚人患之患宋以義距之○過音古禾反亢苦浪反衷音忠疏無亢至亂人○正義曰亢高也衷善也奬勸也無高貴不善之事以勸亂人爲惡也易曰亢龍有悔言其位高也

諸侯之戍謀曰若華氏知困而致死楚恥無功而疾戰非吾利也不如出之以爲楚功其亦能無爲也已言華氏不能復爲宋患○復扶又反下復欲同疏若華至也已○正義曰若華氏知困而致死戰或敗諸侯之師也楚恥無功而疾戰戰勝則楚獨有功二者並非吾諸侯之利也鬭楚師將至華氏即出亦是楚之功也不如出之以爲楚功其此華氏亦無所能爲也已言雖放令出亦不復能爲宋害言宋人慮更爲害決欲取殺之故諸侯之戍固請出之宋人乃從之救宋而除其害又何求乃固請出之宋人從之己巳宋華亥向寧華定華貙華登皇奄傷省臧士平出奔楚華貙已下五子不書非卿○省悉井反又所景反臧子郎反宋公使公孫忌爲大司馬代華費遂邊卬爲大司徒卬平公曾孫代華定○卬五郎反樂祁爲司馬祁子罕孫樂祁犂○犂力私反又力兮反仲幾爲左師幾仲左孫代向寧○幾音基樂大心爲右師代華亥樂輓爲大司寇輓子罕孫○輓音晚以靖國人終梓慎之言三年而後弭○弭彌氏反○王子朝賓起有寵於景王子朝景王之長庶子賓起子朝之傅○朝如字凡人名字皆張遙反或云朝錯是王子朝之後又音潮案錯姓亦有兩音長丁丈反王與賓孟說之欲立之孟即起也王語賓孟欲立子朝爲大子○說如字又音悅語魚

據反【疏】。王子至立之○正義曰賈逵云賓孟子朝之傳也王愛子朝因愛其傳故朝起並有寵於景王也。與賓孟並談說之欲立朝爲大子周語云景王。欲殺下門子乃云賓孟適郊見雄雞賈逵云下門子周大夫王猛之傳也景王欲立朝故先殺猛傳然則王與賓孟言說既欲立朝乃殺猛傳議久不決故賓孟假雄雞斷尾以勸之○注子朝至之傳○正義曰二十六年傳子朝使告于諸侯云單劉贊私立少知朝年長於猛也賓孟欲立子朝明是子朝之傳

劉獻公之庶子伯蚡事單穆公獻公劉摯伯蚡劉狄穆公單旗○蚡扶粉反一音扶云反摯音至下同惡賓孟之爲人也願殺之又惡王子朝之言以爲亂願去之子朝有欲。位之言故劉蚡惡之○惡烏路反去起呂反有欲位之言一本位作立【疏】劉獻至去之○正義曰伯蚡是果決有知謀者也願得殺賓孟去子朝所以。彊單子之心故。劉子亦與同志共立子猛也於賓孟云願殺之於子朝云願去之者朝是王之寵子王在不可專殺願逐去而已獻謚法知質有聖曰獻

賓孟適郊見雄雞自斷其尾問之侍者曰自憚其犧也畏其爲犧牲奉宗廟故自殘毀斷丁管反憚待旦反犧許宜反○遽歸告王且曰雞其憚爲人用乎人異於是雞犧雖見寵飾然卒當見殺若人見寵飾則當貴盛故言異於雞○遽其據反犧者實用人人犧實難己犧何害言設使寵人如寵犧則不宜假人以招禍難使犧在己則無患害己喻子朝欲使王早寵異之○難乃旦反【疏】賓孟至何害○正義曰說文云犧宗廟之牲也曲禮云天子以犧牛鄭玄云犧純毛也周禮牧人。掌牧六牲以共祭祀之牲牷鄭玄云六牲謂牛馬羊豕犬雞牷體完具也又曰祭祀共犧牲以授充人繫之鄭玄云犧牲毛羽完具也授充人者當殊養之然則祭祀之牲選其毛羽完具者養之以爲犧犧者寵養祭牲之名賓孟感雞以毛羽牲具恐其被養爲犧故自斷其尾殘毀其形賓孟怪而問之侍者曰自憚其犧言此雞難畏其被寵養也賓孟因此感悟疾歸以雞事

告王且又言曰雞其憚畏爲人用乎人則異於是雞矣雞被寵飾終當見殺人被寵飾則當貴盛此其所以異於雞也犧者寵牲之名因以犧喻寵子卽名寵子爲犧言寵愛爲犧者依法用牲今寵愛爲犧者乃實用人言犧當用純德之人猶如祭犧當用純色之牲也他人之有純德寵之如犧後實招禍難矣己子之有純德寵之如犧有何害也但人有親疎若疎人被寵愛爲犧實爲禍難若己家親屬寵愛如犧有何患害他人謂子猛親屬謂子朝也犧者實用人上人是對牲爲稱普據凡人也人犧實難此下人據疎外之人人字雖同上下人意異○注雞犧雖見寵飾○正義曰犧者繫養之名耳言寵飾者當養之時必爲之服飾以異之如今之繫五采也史記稱楚王欲以莊周爲國相謂使者曰郊祭之犧牛養之數歲衣以文繡牽入大廟是時欲爲狐豚豈可得乎是亦飾之事○注言設至異之○正義曰賓孟言人犧實難假疎人以爲說人爲疎姓之人寵養疎人擅權害主故言設使寵人如寵犧則不宜假人以招禍難假借他人以權或將反來害己子猛雖亦王子不得王寵與他人無異使犧在己家則無害己喻子朝子朝是己之子欲使王早寵異之如寵犧也

王弗應十五年大子壽卒王立子猛後復欲立子朝而未定賓孟感雞盛稱子朝王王心許之故不應○應應對之應注同

【疏】注十五至不應○正義曰賈逵以爲大子壽卒景王不立適子鄭衆以爲壽卒王命猛代之後欲廢猛立朝耳服虔以賈爲然杜今從鄭說者二十六年傳閔子馬云子朝干景之命則景有命矣若不命猛更命誰乎若子朝子猛並未有命俱是庶子朝年又長於次當立自求爲嗣宜矣劉蚠何以惡其爲亂而欲去之若俱未被立王意不偏羣臣無黨王命爲嗣則莫敢不從何須將殺單劉以立朝也杜以此知大子壽卒王立子猛爲適其後復欲立子朝而王意未定賓孟感雞自毁因此盛稱子朝之美王心許賓孟故不應慮其泄言也

夏四月王田北山使公卿皆從將殺單子劉子北山洛北芒也王知單劉不欲立子朝欲因田獵先殺之○從才用反芒音亡

王有心疾乙丑崩于榮錡氏四月十九日河南鞏縣西有榮錡澗○錡魚綺反澗古晏

反【疏】注四月十九日正義曰此於乙丑之下言四月十九日戊辰之下言二十二日顯言此二日者此年之傳其日最多經之與傳又時月多錯故此顯
言二日欲令自此以下依次推之易驗耳戊辰劉子摯卒二十二日無子單子立劉蚠蚠事單子故五月庚辰
見王見王猛○見賢遍反注同遂攻賓起殺之黨子朝故盟羣王子于單氏王子猛次正故單劉立之懼諸王子或黨
子朝故盟之【疏】注王子猛次正○正義曰猛朝俱是王子單劉必欲立猛明猛是次正當立故也公羊多有次正之語杜取爲說猛爲次正不知其本蓋
是大子壽之母弟或是穆后姪娣之子或母貴也○晉之取鼓也在十五年既獻而反鼓子焉獻於廟又叛於
鮮虞叛晉屬鮮虞六月荀吳略東陽略行也東陽晉之山東邑魏郡廣平以北○行下孟反使師僞糴者負甲
以息於昔陽之門外昔陽故肥子所都○糴音狄遂襲鼓滅之以鼓子鳶鞮歸使涉佗守之
守鼓之地涉佗晉大夫○鳶悅全反鞮丁兮反佗徒多反守手又反又如字○丁巳葬景王王子朝因舊官百工之
喪職秩者與靈景之族以作亂百工百官也靈王景王之子孫○喪息浪反下注羣喪同帥郊要餞之甲三邑
周地○要一遙反餞賤淺反以逐劉子逐伯蚠壬戌劉子奔揚揚。邑單子逆悼王于莊宮以歸。悼王
子猛也王子還夜取王以如莊宮王子還子朝黨也不欲使單子得王猛故取之癸亥單子出失王故出奔王
子還與召莊公謀莊公召伯奐子朝黨也○召上照反奐音喚曰不殺單旗不捷旗單子也○旗音其捷才接反與
之重盟必來背盟而克者多矣從之從還謀也○背音佩下注同樊頃子曰非言也必不克

頊子樊齊單劉黨○頊音頊本或作須字〔疏〕注頊子至劉黨○正義曰此下二十三年單子劉子樊齊以王如劉故知是單劉黨也遂奉王以追單子王子還率王及領大盟而復領周地欲重盟令單子劉子復歸○令力呈反殺摯荒。以說委罪於荒○說如字又音悅劉子如劉歸其采邑單子亡乙丑奔于平時。平時周地知王子還欲背盟故亡走○奔于平時一本作于平時音止又音市下同本或作平壽誤〔疏〕及領至平時○正義曰此上言子還夜取王以如莊宮遂與召莊謀殺單旗與之重盟必來來。而殺之王子還遂奉王追單子及領遂與重盟而還殺摯荒者爲前取王如莊宮令單子失王而出奔更殺摯荒以解說此事單子覺還欲背又奔平時羣王子追之單子殺還姑發弱鬷延定稠之八子靈景之族因戰而殺之○鬷子工反稠直由反〔疏〕注八子靈景之族○正義曰以上言王子還此八人還居其首還既稱王子明八子皆王子也故知靈景之族子朝奔京其黨死故丙寅伐之單子伐京京人奔山劉子入于王城子朝奔京故得入辛未鞏簡公敗績于京乙亥甘平公亦敗焉甘鞏二公周卿士皆爲子朝所敗○鞏九勇反〔疏〕簡公平公○正義曰謚法。一。意不。懈曰簡布綱持紀曰平○注皆爲子朝所敗○正義曰知爲子朝所敗者以傳云敗績于京故知是。敬王黨爲子朝所敗也叔鞅至自京師葬景王還言王室之亂也經所以書閔馬父曰子朝必不。克其所與者天所廢也閔馬父閔子馬魯大夫天所廢謂羣喪職秩者單子欲告急於晉秋七月戊寅以王如平時遂如圃車次于皇出次以示急戊寅七月三日經書六月誤。也○圃音補〔疏〕注戊寅至月誤○正義曰傳言七月戊寅杜以長曆推校之戊寅是七月。二日明傳是也經書王猛居皇乃在六月下知經六月誤也劉子如劉單子使王子處守于王城王子處子猛黨守王城距子朝盟百工于平宮平宮平王廟辛卯鄩肸伐皇鄩肸子朝黨○鄩音尋肸許乙反大敗獲鄩肸壬辰焚諸王城之市焚鄩肸八月辛酉司徒醜以王師敗績于前城醜悼王司徒前城子朝所得邑百工叛司徒醜敗故己巳伐單氏之宮敗焉百工伐單氏為單氏所敗疏注百工至所敗○正義曰知單氏所敗者以上云伐單氏下云反伐之是單氏反伐百工也若單氏被敗焉能反伐百工庚午反伐之單氏反伐百工辛未伐東圉百工所在洛陽東南有圉鄉○圉魚呂反冬十月丁巳晉籍談荀躒帥九州之戎九州戎陸渾戎十七年滅屬晉州鄉屬也五州為鄉○躒力狄反及焦瑕溫原之師焦瑕溫原晉四邑以納王于王城丁巳在十月經書秋誤疏注丁巳至秋誤○正義曰傳言冬十月丁巳杜以長曆推之丁巳是十月十四日經書此事在秋其下乃有冬知經誤庚申單子劉蚠以王師敗績于郊為子朝之黨所敗前城人敗陸渾于社前城。子朝衆社周地社市者反本或作杜下皆同十。一月乙酉王子猛卒乙酉在十一月經書十月誤雖未即位周人謚曰悼王疏注乙酉至悼王○正義曰傳言十一月乙酉杜以長曆推校之乙酉是十一月十二日知經書十月誤也上云單子逆悼王于莊宮悼王即猛也經書為卒傳言其謚故解之雖未即位周人謚曰悼王敬王猛之母弟敬王位定乃追謚之不成喪也釋所以不稱王崩己丑敬王即位敬王王子猛母弟王子匄○匄故害反疏注敬王至子匄○正義曰敬王名匄本紀文也本紀不言敬王是猛之母弟先儒相傳說耳謚法夙夜共事曰敬館于子旅氏子旅周大夫

○十二月庚戌晉籍談荀躒賈辛司馬督司馬烏督音篤○帥師軍于陰籍談所軍于侯氏

荀躒所軍于谿泉賈辛所軍鞏縣西南有明谿泉次于社司馬督所次王師軍于氾于解次于任人王師分在三邑洛陽西南有大解小解○氾音凡解音蟹任音壬閏月晉箕遺樂徵右行詭濟師取前城三子晉大夫濟師渡伊洛○行戶郎反詭九委反軍其東南王師軍于京楚辛丑伐京毀其西南京。楚子朝所在

經。二十有三年春王正月叔孫婼如晉謝取邾師○婼勑略反○癸丑叔鞅卒無傳○晉人執我行人叔孫婼稱行人譏晉執使人○使使吏反疏。注稱行至使人○正義曰傳說魯取邾師則是魯有罪矣而譏晉執者凡諸侯有罪盟主當以師討之不。宜執其使人故譏之○晉人圍郊討子朝也郊周邑圍郊在叔鞅卒前經書後從赴疏注討子至從赴○正義曰往年傳閏月辛丑晉師王師伐京毀其西南注云京子朝所在此年傳正月壬寅朔二師圍郊。計辛丑壬寅頓日耳蓋京城既毀郊是子朝之邑故二師圍之故云討子朝也郊不繫周者大都以名通也傳稱朔日圍郊至癸丑乃叔鞅卒癸丑正月十二日也是圍郊在叔鞅卒前也晉人來告圍郊不以圍郊日告之告在叔鞅卒後故經書在後是從赴也圍郊在朔或亦在叔孫婼如晉之前但行無日未必不以朔行據鞅卒有日而言之○夏六月蔡侯東國卒于楚無傳未同盟而赴以名○秋七月莒子庚輿來奔○戊辰吳敗頓胡沈蔡陳許之師于雞父不書楚楚不戰也雞父楚地安豐縣南有雞備亭○輿音餘父音甫疏吳敗至雞父○正義曰此戰獲胡沈之君是胡沈君自將也頓序於上頓亦君自將也獲陳大夫陳是大夫將則蔡許亦大夫將也故云頓胡沈蔡陳許君在臣上各自以大小序耳。桓十三年經書齊師宋師衛師燕師敗績此不每國書師而總云師者傳無其說杜不爲注是史略文非義例也賈逵云不國國書師惡其同役而不同心案隱十年宋人蔡人衛人伐戴

鄭伯伐取之傳曰宋衞既入鄭而以伐戴召蔡人蔡人怒故不和而敗亦是同役而不同心彼既不變其文此何當變文以見義乎賈之妄。○注不書敗楚楚不戰○正義曰杜知楚不戰者以傳云戰于雞父吳子以罪人先犯胡沈與陳三國敗舍胡沈之囚使奔許與蔡頓師譟而從之三國奔是戰於雞父之時先犯胡沈陳後破許蔡頓也六國既陳戰敗而奔下傳始云楚師大奔是六國敗後楚師怖懼不得成陳望風而奔故傳云不言戰楚未陳杜云不書楚楚不戰劉炫用服虔義云不書楚楚諱敗不告然則必其楚人來告容或諱敗若吳人來告豈代楚諱乎劉違背傳文而規杜非也

胡子髡沈子逞滅國雖存君死曰滅○髡苦門反逞勑逞反○疏注國雖至曰滅○正義曰公羊傳曰君死于位曰滅其意言本國雖存其君見殺與滅國相類據君身言之謂之滅

獲陳夏齧大夫死生通曰獲夏齧徵舒玄孫○夏戶雅反齧五結反疏注大夫至玄孫○正義曰宣二年鄭人獲華元生獲也哀十一年獲齊國書死獲也故云大夫死生通曰獲案世本宣公生子夏夏生御叔叔生徵舒舒生惠子晉晉生御寇寇生悼子齧齧是徵舒曾孫杜云玄孫未詳○

天王居于狄泉敬王辟子朝也狄泉今洛陽城內大倉西南池水也時在城外○大音泰疏注敬王至城外○正義曰此事傳無其文不言無傳者傳稱六月庚寅單子劉子樊齊以王如劉當從劉而居狄泉不是全無其事故不云無傳也狄泉今洛陽城內大倉西南池水是也若在城內宜云王居成周知此時在城外也今在城內者土地名云或曰定元年城成周乃遠之入城內也

尹氏立王子朝尹氏周世卿也書尹氏立子朝明非周人所欲立疏注尹氏至欲立○正義曰宣王之世有尹吉甫春秋以來數有尹子見經是其食采於尹世為周卿士也以其世為卿士宗族彊盛故能專意立朝不言尹子而言尹氏者見其氏族彊故能立之也敬王是單劉所立不書單子立者敬王猛之母弟兄死次正當立立之是。當朝不應立立庶以亂國書尹氏立朝所以惡尹氏也隱四年衞人立晉善其得衆書衞人言舉國共立之此書尹氏立朝明非周人所欲立獨尹氏立之耳

○八月乙

未地震○冬公如晉至河有疾乃復

傳二十三年春王正月壬寅朔二師圍郊二師王師晉師也王師不書不以告癸卯郊鄩潰河南鞏縣西南有地名鄩中郊鄩二邑皆子朝所得○鄩音尋潰戶內反丁未晉師在平陰王師在澤邑平陰今河陰縣王使告間子朝敗故○間音閑庚戌還晉師還○邾人城翼翼邾邑還將自離姑離姑邾邑從離姑則道徑魯之武城○徑音經疏注離姑至武城○正義曰邾魯接連竟界相錯邾人從翼邑還邾先經魯之武城然後始至離姑而後至邾故舉離姑爲道次公孫鉏曰魯將御我鉏邾大夫○鉏仕居反下同御魚呂反欲自武城還循山而南至武城而還依山南行不欲過武城○過古禾反下遂過同徐鉏丘弱茅地三子邾大夫○茅亡交反曰道下遇雨將不出是不歸也謂此山道下。濕遂自離姑遂過武城武城人塞其前以兵塞其前道疏注武城人塞其前○正義曰此所塞之處必有隘道當是已過武城之邑未出武城之竟故得塞其前斷其後而攻取之斷其後之木而弗殊邾師過之乃推而蹷之遂取邾師獲鉏弱地取邾師不書非公命○斷丁管反殊如字說文云死也一曰斷也蹷其月反又音厥又居衞反疏注取邾至公命○正義曰傳言武城人則是武城之大夫自專爲此謀也既取邾師邾始愬晉晉人來討乃令叔孫往謝叔孫以年初卽行則魯取邾師事在往年因叔孫婼如晉追言之邾人愬于晉晉人來討○愬息路反叔孫婼如晉晉人執之書曰晉人執我行人叔孫婼言使人也嫌。外。內異故重發傳○使所吏反重直用反下重發同晉人使與邾大夫坐坐訟曲直疏注坐訟曲直○正義曰周禮小司寇云命夫命婦不躬坐獄訟凡斷獄者皆令競者坐而受其辭故使並坐訟曲直叔孫曰列國之卿當小國之君固周制也在禮卿得會伯子男故曰當小國之君疏注在禮至之君○正義曰僖。二十九年傳曰在禮卿不會公侯會伯子男可也於禮得與相會故當小國之君邾又夷也邾雖有東夷之風寡君之命介子服回在子服回魯大夫爲叔孫之介副○介音界注同請使當之不敢廢周制故也乃不果坐韓宣子使邾人聚其衆將以叔孫與之與邾使執之叔孫聞之去衆與兵而朝示欲以身死○去起呂反士彌牟謂韓宣子彌牟士景伯○彌亡支反牟亡侯反曰子弗良圖而以叔孫與其讎叔孫必死之魯亡叔孫必亡邾邾君亡國將焉歸時邾君在晉若亡國無所歸將益晉憂○焉於虔反下同子雖悔之何及所謂盟主討違命也若皆相執焉用盟主聽邾衆取叔孫是爲諸侯皆得輒相執乃弗與使各居一館分別叔孫子服回○別彼列反疏注分別至服回○正義曰賈逵云使邾魯大夫各居一館鄭衆云使叔孫子服回各居一館邾魯大夫本不同館無爲復言使各居一館也欲分別叔孫與子服回不得相見各聽其辭耳服虔並載兩說仍云賈氏近之案傳。文各居一館之下即云士伯聽其辭而愬諸宣子乃皆執之則皆執各居一館者也若是邾魯別館豈執邾大夫乎且下云館叔孫於箕舍子服回於他邑明此各居一館是分別子服與叔孫恐其相教示士伯聽其辭而愬諸宣子乃皆執之二子辭不屈故士伯愬而執之疏注二子至執之○正義曰魯人實取邾師二子辭不屈者蓋以朝聘征伐過他國必假道乃行邾人不假魯道是邾亦合責不假道小過也取其師大罪也蹊田奪牛爲報已甚故士伯愬而執之久囚其使足以謝邾故晉以明年釋之士伯御叔孫從者四人過邾館以如吏[欲使邾人見叔孫之屈辱○使從才用反下同]疏[注士伯至如吏○正義曰御謂進引也引叔孫詣於獄也叔孫從者唯有四人先過於邾君之館然後以之如吏故杜云欲使邾人見叔孫之屈辱]先歸邾子士伯曰以芻蕘之難從者之病將館子於都[都別都謂箕也○芻初俱反蕘而昭反]叔孫旦而立期焉[立待命也從旦至旦爲期○期本又作朞同居其反]乃館諸箕舍子服昭伯於他邑[別囚之]范獻子求貨於叔孫使請冠焉[以求冠爲辭]取其冠法而與之兩冠曰盡矣[既送作冠模法又進二冠以與之僞若不解其意○模莫胡反字從木解音蟹]爲叔孫故申豐以貨如晉[欲行貨以免叔孫○爲于僞反]叔孫曰見我吾告女所行貨見而不出[留申豐不使得出欲以貨免○女音汝]吏人之與叔孫居於箕者請其吠狗弗與及將歸殺而與之食之[示不愛○吠扶廢反]疏[請其吠狗○正義曰狗有吠守者有主獵者主獵者貴吠守者賤吏人請叔孫乞其吠守之狗]叔孫所館者雖一日必葺其牆屋[葺補治也○葺七入反]○去之如始至[不以當去而有所毀壞○壞音怪]○

夏四月乙酉單子取訾劉子取牆人直人[三邑屬子朝者訾在河南鞏縣西南○訾子斯反]六月壬午王子朝入于尹[自京入尹氏之邑]疏[注自京至之邑○正義曰知自京入尹者以前年子朝在京王師雖毀其西南不言克京又今年二師圍郊不言子朝在郊故云自京入尹劉炫以爲前年王師已克。子朝從京入郊郊潰不知子朝所在而規杜非也]癸未尹圉誘劉佗殺之[尹圉尹文公也劉佗劉蚠族敬王黨○圉魚呂反佗徒河反]丙戌單子從阪道劉子從尹道伐尹單子先

至而敗劉子還單子敗故○阪音反又扶板反己丑召伯奐南宮極以成周人戍尹二子周卿士子朝黨

奐召莊公庚寅單子劉子樊齊以王如劉辟子朝出居劉子邑甲午王子朝入于王城次于左

巷近東城○近附近之近秋七月戊申鄩羅納諸莊宮鄩羅周大夫鄩肸之子尹辛敗劉師于唐尹辛

尹氏族唐周地丙辰又敗諸鄩甲子尹辛取西闈西闈周地○闈音韋一音暉丙寅攻蒯蒯潰河南縣西

南蒯鄉是也於是敬王居狄泉尹氏立子朝○蒯苦怪反○莒子庚輿虐而好劍苟鑄劍必試諸人國人患

之又將叛齊烏存帥國人以逐之烏存莒大夫○好呼報反鑄之樹反庚輿將出聞烏存執殳而

立於道左懼將止死殳長而無刃○殳音殊【疏】注殳長至無刃○正義曰詩毛傳文也考工記云殳長尋有四尺八尺曰尋是其長

丈二也又考工記戈戟皆有刃殳不言刃是無刃也苑羊牧之曰君過之牧之亦莒大夫烏存以力聞可矣何必

以弒君成名遂來奔齊人納郊公郊公著丘公之子十四年奔齊○著直除反又直慮反○吳人伐州來

楚薳越帥師令尹以疾從戎故薳越攝其事及諸侯之師奔命救州來吳人禦諸鍾離子瑕卒

楚師熸子瑕卽令尹不起所疾也吳楚之間謂火滅爲熸軍之重主喪亡故其軍人無復氣勢○熸子潛反字林子兼反復扶又反下王往復敗復增

修同吳公子光曰諸侯從於楚者衆而皆小國也畏楚而不獲已是以來吾聞之

曰作事威克其愛雖小必濟克勝也軍事尚威【疏】威克至必濟○正義曰尚書胤征云威克厥愛允濟愛克厥威允罔功是

古有此言胡沈之君幼而狂。性無常○狂求匡反陳大夫齧壯而頑頓與許蔡疾楚政楚令尹死其師熸帥賤多寵政令不壹帥賤薳越非正卿也軍多寵人政令不壹於越○帥所類反注及下帥賤同七國同役而不同心七國楚頓胡沈蔡陳許帥賤而不能整無大威命楚可敗也若分師先以犯胡沈與陳必先奔三國敗諸侯之師乃搖心矣諸侯乖亂楚必大奔請先者去備薄威示之以不整以誘之○去起呂反後者敦陳整旅敦厚也○陳直覲反下未陳并注同吳子從之戊辰晦戰于雞父七月二十九日違兵忌晦戰擊楚所不意疏注七月至不意○正義曰成十六年傳郤至曰陳不違晦以犯天忌我必克之注云晦月終陰之盡故兵家以為忌楚以兵之忌日不意吳來擊之必不設備吳人故違兵忌以晦出兵而戰擊楚所不意也僖二十二年泓之戰書己巳朔成十六年鄢陵之戰書甲午晦此書戊辰而不言晦者釋例曰經傳之見晦朔此時史。隨其日而存之無義例也賈氏云泓之戰譏宋襄故書朔鄢陵之戰譏楚子故書晦雞父之戰夷之故不書晦左氏既無此說案雞父之戰經傳備詳其例非夷之實晦戰而經不書晦明經不以晦示褒貶吳子以罪人三千先犯胡沈與陳因徒不習戰以示不整三國爭之吳為三軍以繫於後中軍從王從吳王光帥右掩餘帥左掩餘吳王壽夢子吳之罪人或奔或止三國亂吳師擊之三國敗獲胡沈之君及陳大夫舍胡沈之囚使奔許與蔡頓曰吾君死矣師譟而從之三國奔三國許蔡頓○譟素報反楚師大奔書曰胡子髡沈子逞滅獲陳夏齧君臣之辭也國君社稷之主與宗廟共其存亡者故稱滅大夫輕故曰獲獲得也【疏】注國君社稷之主與宗廟共其存亡者至獲得也○正義曰傳言舍胡沈之囚使曰吾君死矣是胡沈之君死稱滅也釋例曰國君者社稷之主百姓之望當與社稷宗廟共其存亡者也而見獲於敵國雖存若亡死之與生皆與滅同故曰胡子髡沈子逞滅諸以戰傷死雖敗績而不見擒故經皆不曰滅則杜意國君生見獲亦書爲滅也劉炫謂此胡沈之君戰死故言滅也春秋君戰則生見獲者皆言以歸不書滅何得言雖存若亡皆爲滅公羊傳曰其言滅獲何別君臣也君死于位曰滅生釋曰獲大夫生死皆曰獲以爲君死曰滅生曰以歸韓戰貶晉侯從大夫例故書獲以規杜失今知非者莊十年齊師滅譚譚子奔莒定六年鄭游速滅許以許男斯歸是君存稱滅劉炫以爲生獲於敵但言以歸不得稱滅規杜非也但君存國滅則滅文在上滅譚滅許是也國存君死則滅文在下胡子沈子是也

不言戰楚未陳也嫌與陳例相涉故重發之○

八月丁酉南宮極震經書乙未地動魯地也丁酉南宮極震周地亦震也爲屋所壓而死○壓本又作厭同於甲反【疏】注經書至而死○正義曰經書乙未地震謂魯國之地動也丁酉南宮極震則周地亦震周魯相去千里故震日不同以震而死明爲屋所壓萇弘謂劉文公曰君其勉之先君之力可濟也文公劉蚠也先君謂蚠之父獻公也獻公亦欲立子猛未及而卒周之亡也其三川震謂幽王時也三川涇渭洛水也地動川岸崩【疏】注謂幽至岸崩○正義曰周語云幽王二年西周三川皆震伯陽父曰周將亡矣陽伏而不能出陰迫而不能烝於是有地震今川實震是陽失其所而鎮陰也陽失而在陰原必塞原塞國必亡夫水土演而民用也土無所演民乏財用不亡何待昔伊洛竭而夏亡河竭而商亡今周德若二代之季矣其川原又塞塞必竭夫國必依山川山崩川竭亡之徵也川竭山必崩若亡不過十年數之紀也夫天之所棄不過其紀是歲也三川竭岐山崩十一年幽王乃滅注國語者亦云三川涇渭洛也西周在雍州之域周禮職方氏正西曰雍州其川涇汭其浸渭洛

鄭玄云浸可以爲灌漑者今西王之大臣亦震天棄之矣子朝在王城故謂西王東王必大克敬王居狄泉在王城之東故曰東王○楚大子建之母在郥。郥郥陽也平王娶秦女廢太子建故母歸其家○郥古闃反召吳人而啓之冬十月甲申吳大子諸樊入郥諸樊吳王僚之大子○吳大子諸樊案吳子過號諸樊王僚是過之弟子先儒又以爲過弟何容僚子乃取過號爲名恐傳寫誤耳未詳取楚夫人與其寶器以歸楚司馬薳越追之不及將死衆曰請遂伐吳以徼之徼要其勝負○徼右堯反要一遙反

疏。大子至追之○正義曰土地名郥是蔡地蔡在楚之東北故建母在郥得召吳人也於。時蔡常從楚且失夫人故薳越追之○注諸樊至大子○正義曰吳子諸樊吳王僚之伯父也僚子。又名諸樊乃與伯祖同名吳人雖是東夷理亦不應然也此久遠之書又字經篆隸或誤耳薳越曰再敗君師死且有罪此年秋敗於雞父設往復敗爲再敗亡君夫人不可以莫之死也乃縊於薳澨薳澨楚地○縊一賜反澨市制反○公爲叔孫故如晉及河有疾而復此年春晉爲鄭人執叔孫故公如晉謝之○爲于僞反注及下注鄭國爲之守相爲同○楚囊瓦爲令尹囊瓦子囊之孫子常也代陽匄○囊乃郎反城郢楚用子囊遺言已築郢城矣今畏吳復增修以自固○郢以井反又餘政反

疏。注楚用至自固○正義曰襄十四年子囊將死遺言謂子庚必城郢君子謂子囊忠將死不。忘衞社稷可不謂忠乎彼子囊城郢君子謂之爲忠此囊瓦城郢沈尹戌謂之必亡事不同者國而無城不可以治楚自文王都郢城郭未固子囊心欲城之其事未暇將死而令城郢故可謂之爲忠今郢既固矣足以爲治而囊瓦畏吳侵偪恐其寇入國都更復。增修其城以求自固不能遠撫邊竟唯欲近守城郭沈尹。謂之必亡爲其事異故也沈尹戌曰子常必亡郢苟

不能衛城無益也古者天子守在四夷德及遠○守手又反下文除守其交禮並同天子卑守在諸侯政卑損諸侯守在四鄰鄰國爲之守諸侯卑守在四竟裁自完○竟音境下及注同愼其四竟結其四援結四鄰之國爲援助○援于眷反民狎其野狎安習也狎戶甲反三務成功春夏秋三時之務民無內憂而又無外懼國焉用城今吳是懼而城於郢守已小矣卑之不獲能無亡乎不獲守四竟○焉於虔反昔梁伯溝其公宮而民潰在僖十八年疏注在僖十八年○正義曰事在十九年諸本皆然當是轉寫誤民棄其上不亡何待夫正其疆場脩其土田險其走集走集邊竟之壘辟○疆居良反場音亦壘力軌反辟音壁親其民人明其伍候使民有部伍相爲候望疏明其伍候○正義曰賈服王董皆作五候賈服云五候五方之候也敬授民時四方中央之候王云五候山候林候澤候川候平地候也董云五候候四方及國中之姦謀也杜作伍候故云使民有部伍相爲候望彼諸本蓋以上多云四故誤爲五也信其鄰國愼其官守守其交禮交接之禮不僭不貪不懦不耆懦弱也耆強也○僭子念反懦乃亂反又乃臥反耆巨支反一音直支反疏不僭至不耆○正義曰不僭守信也不貪廉正也不懦不受辱也不彊不陵人也此皆論守竟之事不僭不貪不貪不耆謂不往侵鄰國也不懦謂不使人侵己也完其守備以待不虞又何畏矣詩曰無念爾祖聿脩厥德詩大雅無念念也聿述也義取念祖考則述治其德以顯之疏詩曰至厥德○正義曰詩大雅文王篇也無念念也聿述也言王者念女先祖之法則還當述治其先祖之德以顯之無亦監乎若敖蚡冒至于武文四君皆楚先君之賢者○蚡扶粉反冒莫報反

疏注四君至賢者○正義曰楚世家云周成王始封熊繹於楚以子男之田居丹陽歷十四君至於熊儀是爲若敖若敖生霄敖霄敖生蚡冒蚡冒卒弟熊達立是爲武王武王生文王始都郢杜。文十六年云蚡冒楚武王父雖不從世家以蚡冒爲武王兄要沈尹以四君爲賢故特言之土不過同方百里爲一同言未滿一圻○圻音祈疏土不過同○正義曰言田雖至九百里猶止名同故云不過同非謂百里以下也知者以楚是子爵土方二百里明非百里也慎其四竟猶不城郢今土數圻方千里爲圻○數所主反疏猶不城郢○正義曰如楚世家云武王以上未都於郢據當時都郢故以郢言之謂不築其。其國都也而郢是城不亦難乎言守若是難以爲安也爲定四年吳入楚傳

附釋音春秋左傳注疏卷第五十

春秋左傳注疏卷五十校勘記

附釋音春秋左傳注疏卷第五十 昭二十一年盡二十三年　阮元撰盧宣旬摘錄

〔經二十一年〕

在於復歸 段玉裁校改作歸復

〔傳二十一年〕

無射鐘名 宋殘本淳熙本鐘作鍾

注周景至無射 宋本以下正義四節總入其能久乎注下

鑄大錢 監本毛本鑄上有將字與國語合

王不聽 監本毛本不作弗與國語合

如彼文 閩本監本文誤云

時鐘猶在 宋本時作其

無射高縣是也 此本高字實缺據宋本補閩本空闕監本毛本作在

時人悉共見之 此本共字實缺據宋本補閩本空闕監本毛本作得

泠州鳩曰 釋文云泠或作伶樂官也或作冷字非石經州字初刻誤洲後改正

而鐘音之器也 石經宋殘本鐘作鍾案鐘鼓之鐘石經左傳皆不作鍾此及下文今鍾槬矣獨異

風散俗煩 宋本散作僘

器以鐘之 石經宋本宋殘本纂圖本閩本監本毛本鐘作鍾是也

鐘聚也 此本正義亦作鐘宋本宋殘本纂圖本閩本監本毛本作鍾是也

承上語不倫者 宋本閩本監本毛本同山井鼎云倫作論恐非

大者不槬 諸本作槬漢書五行志引作摦下同案槬乃說文新附字五經文字作摦云見春秋傳

戶暗反 宋本此三字側注

窕則不咸 石經咸改作減釋文云本或作感案惠棟云唐石經初刻作咸後加三點按作咸是也

心是以感感實生疾 石經初刻感作憾後改作感顧炎武云石經誤作感指改刊而言也惠棟云一作咸一作減亦誤陳樹華云初刻憾後改感下心字年久磨滅案改感之說非是如改感磨去小旁足矣今感字重刻皆未將碑文細校也漢書五行志引傳作感不誤

今鐘槬矣 石經淳熙本纂圖本閩本監本毛本鐘作鍾

王心弗堪 惠棟云漢書作𢦟孟康云古堪字尚書西伯戡黎說文引作𢦟郭璞爾雅注又作堪黎古字𢦟堪通

注不在至幼齒宋本此節正義在注爲蔡侯朱出奔傳之下

鮑國至七牢宋本以下正義二節總入士鞅怒曰節注下

諸侯牢禮各依命數重修監本各誤名

亟言之宋本以下正義二節總入注文桑林城門名之下

言若愛大司馬岳本言作君非也

華貙雖杜宋本閩本監本毛本杜作杠

訊問也淳熙本也誤城

言登亡淳熙本言誤之

梁國睢陽縣南有橫亭毛本睢作睢亦非釋文作睢音雖是也

分同至過也宋本以下正義三節總入昭子曰節下

朔月辛卯監本毛本月誤日

未法爲重監本毛本未法作其災宋本作示法

非所哭也石經也字以下一行計九字

公子苦雒石經宋本宋殘本岳本雒作雒與釋文合又按說文雒鳥也从隹今聲引春秋傳公子苦雒又考玉篇苦作若

而不能送亡君下宋本以下正義六節總入注文爲明年華向出奔楚傳之

乃徇曰閩本監本徇作狥非

楊徽者石經宋本宋殘本淳熙本岳本纂圖本毛本楊作揚與釋文合

如其在門所樹者監本其作共非

凡此言以也象也閩本監本以誤似

今之銘旌旗幡也宋本幡作旛與說文合

其制之大小宋本其作某

公自楊門見之石經宋本宋殘本淳熙本岳本足利本楊作揚是也注同

睢陽正東門名揚門監本睢誤雎

不呰小忿淳熙本纂圖本呰作訾釋文同云本又作呰

干犨御呂封人華豹張匄爲右正義云本或豹上有華又云今定本有華臧琳云據正義知今本有華者從唐定本誤衍也傳文本云呂封人豹故杜云呂封人豹華氏黨明豹即華豹也今注作呂封人華豹華亦衍文王肅董遇並云呂封人華豹則王董本正文有華字可知

關引弓此下宋本有闕矣○正義曰關烏環本又作彎一十三字在呂封人華豹節下

扶伏而擊之諸本作扶伏釋文云本或作匍匐同

事在襄二十三年纂圖本二作三非也

俗本或無其字毛本字作事非也

德君必甚宋本此節正義在蔡無他矣注下

且懼泄軍謀宋本小字宋本宋殘本泄作洩

（經二十二年）

夏四月乙丑宋殘本缺三葉自四字起至子朝必不克必字止

亂故速宋本速下有也字

注承叔至曰亂宋本以下正義三節總入王子猛卒注下

冬十月王子猛卒十有二月石經自王字至有字改刊故此二行皆秖九字

故不言崩足利本言作書

其不得有庚戌也宋本其下有月字

〔傳二十二年〕

啓齊大夫○北郭佐之後 諸本無○纂圖本○作釋亦誤閩本遂以北郭佐之後五字改爲雙行小字尤非

以弉亂人 石經此處缺岳本纂圖本閩本監本毛本弉作獎

患宋以義距之 小字宋本無之字

無亢至亂人 宋本脫人字以下正義二節總入以靖國人注下

弉勸也 閩本監本毛本弉作獎

其亦能無爲也已 石經此處缺宋本淳熙本岳本纂圖本監本毛本能無作無能不誤

士平 顧炎武云石經士誤氏案石經此處缺所據乃王堯惠刻

邊卬 顧炎武云石經卬誤作印案石經此處缺所據亦謬刻也

王子至立之 宋本以下正義九節總入盟羣王子于單氏注下

與賓孟並談說之 宋本以上有王字

景王欲殺下門子 案國語周語欲作既

子朝有欲位之言 釋文云一本位作立岳本作立陸粲附注云作立是也

所以彊單子之心閩本監本毛本彊作強

故劉子亦與同志齊召南云以文義推之劉子應作單子言單穆公與劉蚠同志也

掌牧六牲監本掌作當誤也

則無害宋本無下有患字是也

魏郡廣平以北淳熙本北誤此

揚邑宋本淳熙本岳本纂圖本監本毛本揚下有周字是也

悼王子猛也監本悼字誤倬

頃子至劉黨宋本以下正義十節總入注文京楚子朝所在之下

殺摯荒以說石經荒字以下一行計九字

故亡走重修監本走誤是

來而殺之閩本監本而作必非

謚法一意不懈曰簡閩本懈誤𢗅宋本監本毛本作懈是也案逸周書謚法解一意作壹德

故知是敬王黨監本毛本敬作悼

子朝必不克 不字以下宋殘本起

經書六月誤也 宋本宋殘本淳熙本小字宋本足利本無也字

戊寅是七月二日明傳是也 閩本亦誤二宋本監本毛本作三

前城人敗陸渾于社十一月乙酉 諸本作社釋文云本或作杜下皆同石經人字以下一行計九字陸渾于社十五字改刊因初刊十下有有字後刊去也

前城子朝衆 陳樹華云案城下當有人字

毀其西南 石經南下有子朝奔郊四字非唐刻也案顧炎武九經誤字云四字監本脫當依石經惠棟云四字非初刻當是晁公武據蜀石經增入非杜本也案下傳云二師圍郊郊鄩潰杜氏云二邑皆子朝所得是杜本無奔郊之文善乎陳樹華之言曰四字書法與宣公卷相似疑朱梁時人所爲顧炎武說欠詳審惠棟指爲晁氏據蜀石經增入亦非子朝如果在郊則二師圍郊郊鄩潰子朝當奔別邑經傳何以無明文邪且廿三年王子朝入于尹杜氏云自京入尹氏之邑正義曰知自京入尹者以前年子朝在京王師雖毀其西南不言克京又今年二師圍郊不言子朝在郊故云自京入尹劉炫以爲前年王師已克京子朝從京入郊郊潰不知子朝所在而規杜非也由此推之子朝奔郊四字或因劉氏之言而妄增也

京楚子朝所在 段玉裁云楚字衍文次年晉人圍郊正義引此注云京子朝所在無楚字

〔經二十三年〕 宋本春秋正義卷第三十一石經春秋經傳集解昭六第廿五岳本襄字下增公字並盡二十六年

注稱行至使人　宋本以下正義八節總入冬公如晉至河有疾乃復句下

不宜執其使人　宋本監本毛本宜作得正德本閩本此處實缺

討辛丑壬寅　諸本作計此本誤討今改正

相十三年　諸本作桓此本作相修版仍作桓

賈之妄○　宋本○作也是也

立之是當　宋本當作常

（傳二十三年）

注離姑至武城　宋本以下正義九節總入去之如始至注下

先經魯之武城　閩本監本毛本經作徑

謂此山道下濕　纂圖本毛本濕作溼

斷其後　監本斷誤擁

嫌外內異　岳本外內誤倒

僖二十九年傳曰　監本毛本二作公非

案傳文閩本監本文作云非

從旦至旦爲期葉抄釋文亦作從旦至旦爲朞按古者年之而月之而日之而皆曰期而日之而僅見此監本下旦字作莫毛本作莫字皆非也

別因之閩本因作因形相近而誤毛本作叔九非

示不愛淳熙本示誤寸

葺補治也宋本淳熙本也作之

注自京至之邑宋本此節正義在丙寅節注下

王師已克宋本克下有京字是也

劉子從尹道伐尹石經劉字以下一行計九字

庚寅單子劉子樊齊以王如劉淳熙本樊誤焚

鄩肹之子宋本岳本肹作肸是也淳熙本誤將纂圖本監本毛本誤肹○今從宋本

莒子庚輿虐而好劍石經劍字以下一行計十一字

必試諸人石經試誤弑

殳長而無刃　宋本淳熙本岳本纂圖本監本毛本長下有丈二二字是也

注殳長至無刃　宋本此節正義在齊人納郊公注下

又考工記戈戟皆有刃　山井鼎云崇禎本闕皆有二字案毛本不闕考文所據者是脫字本也

牧之亦莒大夫　山井鼎云崇禎本缺亦莒二字案毛氏本不闕

威克至必濟　宋本以下正義三節總入不言戰節注下

狂無常　宋本淳熙本小字宋本狂作性不誤

帥賤而不能整　淳熙本而誤丙

陳不違晦　毛本違作逢非也

此時史隨其日而存之　毛本隨作兵非也

注國君社稷之主與宗廟共其存亡者至獲得也　宋本作注國君至得也

楚未陳也　石經陳字改刊初刻似作陣

注經書至而死　宋本以下正義二節總入東王必大克注下

地動川岸崩　纂圖本川下衍地字

今川實震宋本今下有三字是也

土無所演宋本同監本毛本作水土無演非

子朝在王城故謂西王足利本城下有西字

楚大子建之母在郥石經宋本岳本郥作郹是也注及下同與說文合

大子至追之宋本以下正義二節總入亡君夫人節注下

於時蔡常從楚宋本時作是

僚子文名諸樊閩本文作父亦非宋本監本毛本作又是也○今改作又

代陽匄淳熙本匄誤句

注楚用至自固宋本以下正義八節總入不亦難乎句注下

將死不忘衞社稷閩本監本毛本忘作亡

更復增脩其城宋本增作以

沈尹謂之必亡浦鏜正誤尹下有戌字

結四鄰之國爲助宋本淳熙本岳本爲下有援字

當是轉寫誤閩本監本毛本轉作傳非也

走集邊竟之壘辟釋文亦作辟下有也字宋本岳本作壁

明其伍候正義曰賈服王董皆作五候惠棟云周書程典云固其四援明其五候古伍字皆作五傳本文也杜氏依周書爲說故從人旁

賈服王董閩本監本賈誤晉

此皆論守竟之事毛本皆字實缺

不僭不貪不貪不者宋本監本毛本不貪二字不重是也

謂不往侵鄰國也監本國字實缺

杜文十六年云閩本監本毛本文誤又宋本文上有注字是也

謂不築其其國都也宋本閩本監本毛本其字不重是也

春秋左傳注疏卷五十校勘記

珍倣宋版印

附釋音春秋左傳注疏卷第五十一 昭二十四年盡二十五年

杜氏注　孔穎達疏

經二十四年春王三月丙戌仲孫貜卒無傳孟僖子也○貜俱縛反徐俱碧反○婼至自晉喜得赦歸故書至○夏五月乙未朔日有食之○秋八月大雩○丁酉杞伯郁釐卒無傳未同盟而赴以名丁酉九月五日有日無月○郁於六反釐本又作斄力之反又音來疏注丁酉至無月○正義曰此年五月乙未朔一大一小七月當甲午朔九月癸巳朔五日得丁酉文在八月之下是有日而無月也○冬吳滅巢楚邑也書滅用大師疏注楚邑至大師○正義曰大都以名通故不繫楚也襄十三年傳例曰用大師焉曰滅○葬杞平公無傳

傳二十四年春王正月辛丑召簡公南宮嚚以甘桓公見王子朝簡公召莊公之子召伯盈也嚚南宮極之子桓公甘平公之子○嚚魚巾反見賢遍反劉子謂萇弘曰甘氏又往矣對曰何害同德度義度謀也言唯同心同德則能謀義朝不能於我無害○度待洛反注同疏注度謀至無害○正義曰同德度義尚書泰誓文也劉炫云案孔安國云德鈞則秉義者彊萇弘此言取彼爲說必其與彼德同乃度義之勝負但使德勝不畏彼彊故即引泰誓而勸其務德杜爲不見古文故致有此謬今知非者彼尚書之文論兩敵對戰揆度有義者彊此論甘氏又往既不能同德何能度義屬意有異與書義不同且引詩斷章其類多矣劉以爲杜違尚書之文而規其過非也○大誓曰紂有億兆夷人亦有離德言紂衆億兆兼有四夷不能同德終敗亡○紂直九反億於力反疏注四

夷○正義曰孔安國云夷人謂平人杜為夷狄之人者案四年傳曰商紂為黎之蒐東夷叛之孔杜各自為義其意俱通劉炫以杜為過而規其短非也余有亂臣十人同心同德武王言我有治臣十人雖少同心也今大誓無此語○治直吏反此周所以興也君其務德無患無人戊午王子朝入于鄔緱氏西南有鄔聚言子朝稍強○鄔烏戶反緱古侯反又苦侯反聚才住反○晉士彌牟逆叔孫于箕將禮而歸之叔孫使梁其踁待于門內○踁叔孫家臣踁戶定反曰余左顧而欬乃殺之疑士伯來殺己故謀殺之○欬苦代反右顧而笑乃止叔孫見士伯士伯曰寡君以為盟主之故是以久子久執子以謝邾不腆敝邑之禮將致諸從者使彌牟逆吾子叔孫受禮而歸二月婼至自晉尊晉也貶婼族所以尊晉婼行人故不言罪己○腆他典反從才用反疏注貶婼至罪己○正義曰卿當備書名氏去氏則為貶責貶婼之族喜於得免所以尊晉而自屈也釋例曰意如至自晉傳言尊晉罪己婼至自晉傳復重發但言尊晉者意如以罪見執宜在罪己婼本使人不應見執故尊晉而已內大夫行還皆不書至異於公也今此二人執而見釋更以書至見義也杜言見義者見其喜得釋特告廟而書至也○三月庚戌晉侯使士景伯涖問周故涖臨也就問子朝敬王知誰曲直○涖音利疏晉侯至周故○正義曰晉助敬王久矣今使景伯如周問曲直者以子朝更彊久競未決晉人恐敬王不成更審其事故疑而使察之也晉人於此乃辭王子朝不納其使則以前猶與往來其心兩望至此始絕耳士伯立于乾祭而問於介衆乾祭王城北門介大也○乾音干祭側界反介音戒注同晉人乃辭王子朝不納其使衆言子朝曲故○使所吏反○夏五月乙未朔日有食

之梓慎曰將水[陰勝陽故曰將水]昭子曰旱也日過分而陽猶不克克必甚能無旱乎[陽過春分陽氣盛時而不勝陰陽將猥出故爲旱○猥烏罪反]陽不克莫將積聚也[陽氣莫然不動乃將積聚○陽不克莫絕句]○六月壬申王子朝之師攻瑕及杏皆潰[瑕杏敬王邑○瑕戶加反杏戶孟反潰戶內反]鄭伯如晉子大叔相見范獻子獻子曰若王室何對曰老夫其國家不能恤敢及王室抑人亦有言曰嫠不恤其緯[嫠寡婦也織者當苦緯少寡婦所宜憂○相息亮反嫠本又作釐力之反緯有貴反]而憂宗周之隕爲將及焉[恐禍及己○隕于敏反]○今王室實蠢蠢焉[蠢蠢動擾貌○蠢昌允反擾而小反本又作動攝]吾小國懼矣然大國之憂也吾儕何知焉吾子其早圖之詩曰缾之罄矣惟罍之恥[詩小雅罍大器瓶小器常稟於罍者而所受罄盡則罍爲無餘故恥之○儕仕皆反缾本又作瓶步丁反罍音雷]

疏注詩小至恥之○正義曰此詩小雅蓼莪刺幽王之詩也或曰缾是器罍大缾小實由罍所資缾是小器常稟於罍今缾罄盡罍更無物以共缾惟是罍之恥也缾喻周罍喻晉言周之微弱恒依恃於晉今王室亂矣晉無力以助之是晉之恥也詩注云缾小而盡罍大而盈刺王不使富分貧衆恤寡

王室之不寧晉之恥也獻子懼而與宣子圖之[宣子韓起]乃徵會於諸侯期以明年[爲明年會黃父傳○父音甫]秋八月大雩旱也[終如叔孫之言]○冬十月癸酉王子朝用成周之寶珪于河[禱河求福○珪于河本或作沈于河沈直蔭反又如字]甲戌津人得諸河上[珪自出水]陰不佞以溫人南侵[不佞敬王大夫晉以溫兵助敬王南侵子朝]

拘得玉者取其玉將賣之則爲石王定而獻之不佞獻玉〇拘音俱王定而獻之本或作王定之與之東訾喜得玉故與之邑鞏縣西南訾城是也〇訾子斯反〇楚子爲舟師以略吳疆略行也行吳界將侵之〇疆居良反行下孟反下同沈尹戌曰此行也楚必亡邑不撫民而勞之吳不動而速之速召也吳踵楚躡楚踵跡〇踵章勇反躡女輒反而疆埸無備邑能無亡乎越大夫胥犴勞王於豫章之汭汭水曲〇埸音亦犴音岸勞力報反汭如銳反越公子倉歸王乘舟歸遺也〇歸如字又其媿反乘繩證反又如字遺唯季反倉及壽夢帥師從王壽夢越大夫〇夢莫公反王及圉陽而還圉陽楚地〇圉魚呂反〇疏王及圉陽而還〇正義曰王歸行及圉陽倉與壽夢而還歸於越也吳人踵楚而邊人不備遂滅巢及鍾離而還鍾離不書告敗略沈尹戌曰亡郢之始於此在矣王壹動而亡二姓之帥二姓之帥守巢鍾離大夫〇帥所類反注同幾如是而不及郢詩曰誰生厲階至今爲梗詩大雅厲惡階道梗病也〇幾居豈反又音幾梗更猛反疏注詩大雅〇正義曰此詩大雅桑柔刺厲王之詩也其王之謂乎爲定四年吳入郢傳

經二十有五年春叔孫婼如宋〇夏叔詣會晉趙鞅宋樂大心衛北宮喜鄭游吉曹人邾人滕人薛人小邾人于黃父〇詣五計反〇有鸜鵒來巢此鳥穴居不在魯界故曰來巢非常故書〇鸜其俱反嵇康音權本又作鴝音劬公羊傳作鸛音權郭璞注山海經云鸜鵒鴝鵒也鵒音欲疏注此鳥至故書〇正義曰此鳥穴居今驗

猶然考工記云鸜鵒不。踰濟禹貢導沇水東流爲濟入于河溢爲滎東出于陶丘北又東至于荷又東北會于汶又北東入于海濟經齊魯之界魯在汶水之南鸜鵒北方之鳥南不踰濟舊不在魯界今來魯而不穴又巢居故曰來巢傳曰書所無也是非常故書也公羊傳曰何以書記異也何異爾非中國之禽也宜穴又巢穀梁亦然案今大河以北皆有鸜鵒不得云非。國之禽也宜穴又巢信然

○秋七月上辛大雩季辛又雩季辛下旬之辛也言又重上事○重直龍反又直用反○疏注季辛至上事○正義曰月有三辛上辛上旬之辛也季辛下旬之辛也長曆推校此年七月己丑朔上辛月三日。上辛二十三日也不書其日之辰空言辛者本見旱甚欲知二雩相去遠近耳無取於辰故空書辛也季辛又雩不言大者言又見其重上事上辛是大雩明季辛亦大雩也春秋旱則脩雩雩而得雨則書雩喜雩有益雩而不得雨則書旱以明災成此書二雩者上辛雩而得雨雨少尋即爲旱故季辛又雩傳曰秋書再雩旱甚也是言前雩少得雨旱甚而復雩故賈云上辛不注是也公羊傳曰又雩者何又雩者非雩。聚。以逐季氏也公以九月始孫豈七月已與季氏戰乎若使時實不旱亦不得託雩以聚衆矣

○九月己亥公孫于齊次于陽州諱奔故曰孫若自孫讓而去位者陽州齊魯竟上邑未敢直前故次于竟○孫音遜本亦作遜注及傳同竟音境下同

○齊侯唁公于野井濟南祝阿縣東有野井亭齊侯來唁公公不敢遠勞故逆之往至野井○唁音彥弔失國曰唁

○冬十月戊辰叔孫婼卒公不與小斂而書日者公在外非無恩○與音預斂力驗反

○十有一月己亥宋公佐卒于曲棘陳留外黃縣城中有曲棘里宋地未同盟而赴以名

十有二月齊侯取鄆取鄆以居公也○鄆音運

傳二十五年春叔孫婼聘于宋桐門右師見之右師樂大心居桐門語卑宋大夫而賤司

城氏司城樂氏之大宗也卑賤謂其才德薄○昭子告其人曰右師其亡乎君子貴其身而後能及人是以有禮唯禮可以貴身故尙禮○今夫子卑其大夫而賤其宗是賤其身也賤人人亦賤己能有禮乎無禮必亡爲定十年樂大心出奔傳

疏君子至必亡○正義曰楊子法言云何以動而見敬曰敬人何以動而見侮曰侮人然則貴人者人亦貴之卑人者人亦卑之此言凡人輕賤其身則不能以尊貴之道及於他人若君子能自貴其身者已先貴人欲其身之貴是以須有禮然後能以尊貴之道及於他人既尊貴他人是以有禮○

宋公享昭子賦新宮逸詩

疏賦新宮○正義曰燕禮記云升歌鹿鳴下管新宮鄭玄云新宮小雅逸篇也其詩既逸知是小雅篇者管即笙也以燕禮及鄉飲酒升歌笙歌同用小雅知新宮必是小雅但其詩辭義皆亡無以知其意也

昭子賦車轄詩小雅周人思得賢女以配君子昭子將爲季孫迎宋公女故賦之○轄本又作舝胡瞎反將爲于僞反

疏注詩小至賦之○正義曰周人思得賢女以配君子車舝詩序也杜以下云逆女故知將爲季孫迎宋公之女故賦之杜必知爲逆女而賦者以車舝之詩論逆女之事其詩云間關車之舝兮思變季女逝兮言間關然設此車舝思憶變然季女而往迎之又云辰彼碩女令德來教皆論逆女之事又昭子因聘逆女已共宋公平論故於享禮之時而賦車轄猶如季文子如宋致女還賦韓奕之詩與此正同又何不可而劉炫以爲昭子賦車轄不爲逆女又以新宮非昏姻之事而規杜過然新宮既亡焉知非是親好苟生異見於義非也○

明日宴飲酒樂宋公使昭子右坐坐宋公右以相近言改禮坐○樂音洛近附近之近禮坐如字又才臥反

疏注坐宋至禮坐○正義曰燕禮云司宮筵賓于戶西東上小臣設公席于阼階上西鄉是禮坐公西向賓南向也宋公使昭子右坐令在宋公之右蓋在宋公之北同西向以相近言其改禮坐也

語相泣也樂祁佐助宴禮○退而告人曰今茲

君與叔孫其皆死乎吾聞之哀樂可樂而哀○樂哀音洛注及下同○而樂哀可哀而樂皆喪心也心

之精爽是謂魂魄魂魄去之何以能久爲此冬叔孫宋公卒傳○喪息浪反下同○季公若之姊爲

小邾夫人平子庶姑與公若同母故曰公若姊疏○注平子至若姊○正義曰公若即平子之叔父也不言平子之姑而云公若之姊明公若是平子庶叔此姑與公若同母故曰公若姊也○生宋元夫人宋元夫人平子之外姊○生子以妻季平子昭子如宋

聘且逆之平子人臣而因卿逆季氏強橫○妻七計反橫華孟反○公若從從昭子○從才用反又如字注同○謂曹氏勿與

魯將逐之曹氏宋元夫人曹氏告公公告樂祁樂祁曰與之如是魯君必出政在季氏

三世矣文子武子平子疏注文子武子平子○正義曰武子生悼子悼子生平子政在季氏唯云三世不數悼子者悼子未爲卿而卒不執魯政故不數也十二年傳曰季悼子之卒也叔孫昭子以再命爲卿必再命乃得經書名氏七年三月經書叔孫婼如齊涖盟其年十一月季孫宿卒是悼子先武子而卒平子以孫繼祖也魯君喪政四公矣宣成襄昭無民而能逞其志者未之有也國君是以

鎮撫其民詩曰人之云亡心之憂矣詩大雅言無人則憂患至○逞勑景反○魯君失民矣焉得逞

其志靖以待命猶可動必憂爲下公孫傳○焉於虔反○夏會于黃父謀王室也王室有子朝亂謀定

之○趙簡子令諸侯之大夫簡子趙鞅輸王粟具戍人曰明年將納王納王於王城○子大叔

見趙簡子簡子問揖讓周旋之禮焉對曰是儀也非禮也疏○簡子至非禮○正義曰樂記云簠簋

俎豆制度文章禮之器也升降上下周旋裼襲禮之文也又曰鋪筵席陳尊俎列籩豆以升降爲禮者禮之末節也故有司掌之仲尼燕居云子張問禮子曰師爾以爲必鋪几筵升降酌獻酬酢然後謂之禮乎言而履之禮也又五年傳云公如晉自郊勞至于贈賄禮无違者晉侯以爲知禮女叔齊曰是儀也非禮也此問揖讓周旋之禮又云是儀也非禮也凡此諸文皆言禮與儀異禮之與儀非爲大異但所從言之有不同耳禮是儀之心儀是禮之貌本其心謂之禮察其貌謂之儀行禮必爲儀爲儀未是禮故云儀非禮也鄭玄禮序云禮者體也履也統之於心曰體踐而行之曰履此訓兩釋良有以也鄭謂體爲禮履爲儀是其所以禮儀別也

簡子曰敢問何謂禮對曰吉也聞諸先大夫子產曰夫禮天之經也經者道之常○地之義也義者利之宜○民之行也行者人所履。行之行下孟反注同○天地之經而民實則之則天之明日月星辰天之明也因地之性高下剛柔地之性也

【疏】夫禮至之性○正義曰自夫禮至因地之性言禮本法天地也自生其六氣至民失其性言天用氣味聲色以養人不得過其度也是故爲禮以下言聖。王制禮以奉天性不使過其度也經常也義宜也夫禮者天之常道地之宜利民之所行也天地之有常道人民實法則之法則天之明因循天地之恆性聖人所以制作此禮也此傳文於天言常則地亦常也於地言義則天亦義也覆言天地之經明天地皆有常也天有常明之義地有常利之義也覆云則天之明是天以明爲常因地之性則地以性爲義是天以光明爲常義地以剛柔爲常義義謂理性謂本性言天地性義有常可以爲法故民法之而爲禮也○注經者道之常義者利之宜○正義曰覆而無外高而在上運行不息日月星辰溫涼寒暑皆是天之道也訓經爲常故言道之常也載而無。弃物無不殖山川原隰剛柔高下皆是地之利也訓義爲宜故云利之宜也杜以今文孝經云用天之道。分地之利故天以道言之地以利言之天無形言其有道理也地有質言其有利益也民之所行法象天地象天而爲之者皆是天之常

也象地而爲之者皆是地之宜也故禮爲天之經地之義也孝經以孝爲天之經地之義者孝是禮之本禮爲孝之末本末别名理實不異故取法天地其事同也○注行者人所履○正義曰民謂人也人稟天地之性而生動作皆象天地其踐履謂之爲行但人有賢與不肖行有過與不及聖人制爲中法名之曰禮故禮是民之行也行者人之所履也易及爾雅並訓履爲禮是禮名由踐履而生也禮人之本性自然法象天地聖人還復法象天地而制禮教之是禮由天地而來故仲尼說孝子產論禮皆天地民三者並言之○注日月星辰天之明也地高下剛柔地之性也○正義曰則天之明杜以爲日月星辰者以下傳云爲父子兄弟昏媾姻亞以象天明若衆星之共北辰故知天明日月星也杜知高下剛柔地之性者以下傳云爲君臣上下以則地義則君高臣下臣柔君剛地義則地之性也傳文上下其理分明人法天地其事多種杜以天明地義舉要而言故不備顯刑罰威獄溫慈惠和劉炫責杜不具載其文而規其過非也此傳文天言則地言因者民見地有宜利因取而法效之亦則之義也既言天之經不可復言地之經故變文稱義既言則天之明不可復言則地之性故變文言因因之與則互相通也正是變文使相辟耳○生其六氣謂陰陽風雨晦明○用其五行金木水火土○氣爲五味酸鹹辛苦甘○發爲五色青黃赤白黑發見也○見賢遍反下解見同○章爲五聲宮商角徵羽○徵張里反淫則昏亂民失其性滋味聲色過則傷性疏生其至其性○正義曰此言天用氣味聲色以養人不得過其度也因上則天之下更復本之於天傳稱天有六氣此言生其六氣謂天生之也用其五行謂天用之也上天用此五行以養人五行之氣入人之口爲五味發見於目爲五色章徵於耳爲五聲味以養口色以養目聲以養耳此三者雖復用以養人人用不得過度過度則爲昏亂使人失其恆性故須爲禮以節之○注金木水火土○正義曰洪範云五行一曰水二曰火三曰木四曰金五曰土孔安國云皆其生數是其以生數爲次也大禹謨說六府云水火金木土穀五行之次與洪範異者以相剋爲次也此注言金木水火

土者隨便而言之不以義爲次也五物世所行用故謂之五行五者各有材能傳又謂之五材此傳所說禮意意在味色聲也但味色聲之本於五行而來五行又是六氣所生故先言六氣五行然後至於味色聲也釋名五氣於其方各施行白虎通云言爲天行氣故謂之五行○注酸鹹辛苦甘○正義曰洪範又演五行云水曰潤下火曰炎上木曰曲直金曰從革土爰稼穡潤下作鹹炎上作苦曲直作酸從革作辛稼穡作甘孔安國云鹹水鹵所生苦焦氣之味酸木實之性辛金之氣味甘味生於百穀是言五行之氣爲五味水味鹹火味苦木味酸金味辛土味甘也五行本性自有此氣氣至於人乃爲五味味之爲異入口乃知言氣。氣爲五味謂氣入。口與下章也發也者據人知爲文味爲性所有色是形之貌聲是質之響色可近視聲可遠聞自近以及遠故以口目耳所知味色聲爲次也○注青黃至見也○正義曰五色五行之色也木色青火色赤土色黃金色白水色黑也木生柯葉則青金被磨礪則白土黃火赤水黑則本質自然也發見也謂見於人目有此五色○注宮商角徵羽○正義曰聲之清濁差爲五等聖人因其有五分配五行其本。末由五行而來也但既配五行卽以五者爲五行之聲土爲宮金爲商木爲角火爲徵水爲羽聲之清濁入耳乃。知章徵於人爲五聲也此言章爲五聲元年傳云徵爲五聲章徵不同者據聲之至人是爲章徵據人之知聲則爲徵驗是彼此之異言耳○注滋味至傷性○正義曰老子云五味令人口爽五色令人目盲五音令人耳聾言其過耽者之則有此病是其過則傷本性也

是故爲禮以奉之

制禮以奉其性

爲六畜

馬牛羊雞犬豕○畜許又反又楮六反

五牲

麋鹿麏狼兔○麋亡悲反麏九倫反本亦作麕

三犧

祭天地宗廟三者謂之犧

以奉五味爲九文

謂山龍華蟲藻火粉米黼黻也華若草。華藻水草火畫火粉米若白米黼若斧黻若兩已相戾傳曰火龍黼黻昭其文也○黼音甫黻音弗

疏

是故至五味○正義曰口欲嘗味目欲視色耳欲聽聲人之自然之性也欲之不已則失其性聖人慮其失性是故爲禮以奉養其性使不失也牲犧祭祀所用非人所食而以牲犧奉五味者禮推人道以事神

神之所享皆是人食尊鬼神而異其名耳故亦爲奉五味○注馬牛羊雞犬豕○正義曰爾雅釋畜馬牛羊犬雞五者之名其豕在釋獸之篇畜養也家養謂之畜野生謂之獸豕有野豕故因記之於釋獸耳又釋畜之末別釋馬牛羊豕犬雞六者之名其下題曰六畜謂此是也周禮膳夫云膳用六牲是庖用六牲也庖人掌共六畜鄭玄云六牲馬牛羊豕犬雞六畜即六牲也始養之曰畜將用之曰牲是畜牲一也○注麇鹿麢狼兎○正義曰十一年傳曰五牲不相爲用注云五牲牛羊豕犬雞此異彼者以上文已言六畜則五牲非六畜故別解之周禮庖人掌共六獸鄭衆云六獸麇鹿熊麢野豕兎鄭玄云獸人冬獻狼夏獻麋又內則無熊則六畜當有狼而熊不屬今杜解五牲之名用鄭玄六獸之說去野豕而以其餘當之也傳稱牛卜日曰牲鄭玄云將用之曰牲此五者實獸也據其將用祭祀故名之曰牲服虔云。牲麢鹿熊狼野豕○注祭天至之犧○正義曰尚書泰誓武王數紂之罪云乃夷居弗事上帝神祇○遺厥先宗廟弗祀犧牲粢盛既于凶盜於神祇宗廟之下總言犧牲杜雖不見古文其言闇與之。會是祭天地宗廟之牲謂之犧也然則犧亦六畜而別言之者周禮牧人凡祭祀共其犧牲以授充人繫之鄭玄云犧牲毛羽完具也授充人者當殊養之然則六畜之內取其毛羽完具別養以共祭祀者乃名爲犧故與六畜異言之也服虔云三犧鴈鶩雉也○注謂山至文也○正義曰尚書益稷篇云帝曰予欲觀古人之象日月星辰山龍華蟲作會宗彝藻火粉米黼黻絺繡以五采彰施于五色作服汝明尚書之文如此其解者多有異說孔安國云日月星爲三辰華象草華蟲雉也畫三辰山龍華蟲於衣服旌旗會五采也以五采成此畫焉宗廟彝樽亦以山龍華蟲爲飾藻水草有文者火爲火字粉若粟冰米若聚米黼若斧形黻爲兩已相背葛之精者曰絺五色備曰繡如孔此言日也月也星辰也山也龍也華也蟲也七者畫於衣服旌旗山龍華蟲四者亦畫於宗廟彝器藻也火也粉也米也黼也黻也六者繡之於裳如此數之則十三章矣天之大數不過十二若爲十三無所法象或以爲孔幷華蟲爲一其言華象草華蟲雉者言象草華之蟲故爲雉也若華別似草安知蟲爲雉乎未知孔意必然以否鄭玄讀會爲繢謂畫也絺爲。繡謂刺也宗彝謂虎蜼也周禮宗廟彝器有虎彝蜼彝故以宗彝名虎蜼也周禮有衮冕鷩冕毳冕其衮鷩毳者各是其服

章首所畫舉其首章以名服耳衮是衮龍也衮冕九章以龍爲首鷩是華蟲也鷩冕七章以華蟲爲首毳是虎蜼也毳冕五章以虎蜼爲首虎毛淺蜼毛深故

以毳言之毳亂毛也如鄭此言則於尚書之文其章不次故於周禮之注具分辨之鄭於司服之注具引尚書之文乃云此古天子冕服十二章。絺或作。繡字

之誤也王者相變至周而以日月星辰畫於旌旗所謂三辰旂旗昭其明也而冕服九章登龍於山登火於宗彝尊其神明也九章初一曰龍次二曰山次三

曰華蟲次四曰火次五曰宗彝皆畫以爲繢次六曰藻次七曰粉米次八曰黼次九曰黻皆。絺以爲繡則衮之衣五章裳四章凡九也鷩畫以雉謂華蟲也其

衣三章裳四章凡七也毳畫虎蜼謂宗彝也其衣三章裳二章凡五也是鄭玄之說華蟲爲一粉米爲一也杜之此注亦以日月星辰畫於旌旗九文唯言衣

服之文謂山也龍也華也蟲也藻也。粉米也黼也黻也以此爲九杜言華若。草華。而不言蟲則華蟲各爲一也粉米若白米是粉米共爲一也詩云魚在在藻

。爲水草也孔安國云火爲火字考工記畫繢之事火以圜鄭衆云爲圜形似火鄭玄云形如。半環然則杜言火畫火蓋同安國爲火字也粉米色白故粉米若

白米也考工記曰白與黑謂之黼孔安國云黼若斧形謂刀白而身黑故若斧也黻爲兩已相戾今之刺。黻猶然也引桓二年傳曰火龍黼黻昭其文也者以

證此九文是山龍之屬也世本云胡曹作冕注云胡曹黃帝臣也繫辭云黃帝堯舜垂衣裳而天下治蓋取諸乾坤則冕服起於黃帝也加飾起自唐虞卽書

云予欲觀古人之象云云是也所以衣服畫日月星等者象王者之德服臨天下如三光之耀也山體鎮重象王者之德鎮重安靜四方又能潤益含靈如山

興雲致雨也龍者水物也象王者之德流通無壅如水利蒼生又龍舒卷變化無方象人君有無方之德也華蟲卽鷩雉雉有文章表王者有文章之德也宗

彝彝常也宗廟之常器有六彝今唯取虎蜼者虎取毛淺而有威蜼取毛深而有知以表王者有深淺之知威猛之德也藻者水草是鮮絜之物生於清水能

隨短長象王者之德冰清玉潔隨機應物隨民設教不肅而成也火者火姓炎上用表王者之德能使率土羣黎向歸上命也粉米者米能濟人之命表王者有濟養之德也黼白與黑形若斧斧能裁斷以象王者有裁斷之德也黻之言戾戾背也黑與青謂之黻作兩已字相背象王者能綏化兆民能使向己背惡以從善故爲黻也日之質赤月星之質白山作獐考工記云山以獐也龍爲騰躍之形似獮猴而大也章次如此者王者與天地合其德日月星天用昭明日最爲盛所以居先月星光劣其次之也上以象天下宜法地地之形勢莫大於山故次三光也龍爲水物水出於山故次之也華蟲象於禮樂文章以禮樂文章潤於萬物故以次龍也宗彝所以次華蟲者言王者既有禮樂須威知乃行無威則民不畏無知則教不成故以次也藻所以次宗彝者王者威知之德隨世而應故以次也火者言王者有德必向歸仰之如火向上故次之也米所以次火者民既歸王王須濟活濟活之理得米爲生故次之也黼所以次米者言王者能濟活兆民宜裁斷合理如斧之斷決故以次之黻所以次黼者王既裁斷得所善惡各有分宜人皆背惡從善故以次之○**六采**畫繢之事雜用天地四方之色青與白赤與黑玄與黃皆相次謂之六色○繢戶對反○疏注畫繢至六色○正義曰考工記云畫繢之事雜五色東方謂之青南方謂之赤西方謂之白北方謂之黑天謂之玄地謂之黃與青白相次赤與黑相次玄與黃相次鄭玄云此言畫繢六色所象及布采之第次此杜取彼記文省約而爲之辭也**五章以奉五色**青與赤謂之文赤與白謂之章白與黑謂之黼黑與青謂之黻五色備謂之繡集此五章以奉成五色之用疏注青與至之用○正義曰謂之繡以上皆考工記文也此刺繡之文以比方相次色亦采也六采謂繢畫五色謂刺繡故令色采之文異耳鄭注尚書性曰采施曰色味色聲三事色居其中故杜言集此五章以奉成五色之用明上下二文亦準此所陳以奉成五味五聲之用舉中以明上下也**爲九歌八風七音六律以奉五聲**解見二十年**爲君臣上下以則地義**君臣有尊卑法地有高下**爲夫婦外**

內以經二物夫治外婦治內各治其物疏為君至二物○正義曰此更覆上因地之義也為父子以下至生殖長育覆上則天之明也地有高下聖人制禮為君臣上下君在上臣在下以法則地之義也以地有剛柔為夫婦外內夫治外婦治內以經紀二物也物事也治理外內之二事也上云天之經也地之義也又云則天之明因地之性再重言之皆先天後地但法地事少則天事多故上先言法天後言法地此先云為君臣上下以則地義始云為父子兄弟以象天明者以其則地事少故先言之象天事多欲下就以從四時類其震曜殺戮及生殖長育皆是象天之事欲使文相連接故後言之也下云以象天明則此當云以象地性而云以則地義者義之與性一也因其先言故遠覆上文地之義也

為父子兄弟姑姊甥舅昬媾姻亞以象天明六親和睦以事嚴父若衆星之共辰極也妻父曰昬重昬曰媾壻父曰姻兩壻相謂曰亞○媾古豆反姻音因亞於嫁反本亦作婭同○重直龍反○疏注六親至曰亞○正義曰老子云六親不和焉有孝慈六親謂父子兄弟夫婦也孝經曰孝莫大於嚴父論語云北辰居其所而衆星共之六親父為尊嚴衆星北辰為長六親和睦以事嚴父若衆星之共北極是其象天明也妻父為昬壻父為姻兩壻相謂曰亞皆釋親文也重昬曰媾爾雅無文相傳說耳釋親。又曰男子先生為兄後生為弟男子謂女子先生為姊後生為妹父之姊妹為姑母之昆弟為舅謂我舅者吾謂之甥此皆世俗常言杜不解者為易知故也

為政事庸力行務以從四時在君為政在臣為事民功曰庸治功曰力行其德教務其時要禮之本也○治直吏反○疏注在君至本也○正義曰論語云冉子退朝子曰何晏對曰有政子曰其事也如有政雖不吾以吾其與聞之於時冉子仕於季氏稱季氏有政孔子謂之為事是在君為政在臣為事也此對文別耳論語稱孝友是亦為政明其政事通言也民功曰庸治功曰力周禮。司勳文也鄭玄以為庸謂。法施於民若后稷力謂制法成治若咎繇司勳又云王功曰勳國功曰功事功曰勞戰功曰多鄭注云王功者若周公國功者若伊尹事功者若禹戰功者若

韓信陳平行其德教務其時要使民春耕夏耘秋斂冬藏聖王之化先致力於民是爲禮之本也○爲刑罰威獄使民畏忌以類其震曜殺戮。雷震電曜天之威也聖人作刑戮以象類之○爲溫慈惠和以效天之生殖長育民有好惡喜怒哀樂生于六氣此六者皆稟陰陽風雨晦明之氣○效戶孝反長丁丈反好呼報反注及下於好皆同惡烏路反下注及下於惡皆同樂音洛下及注皆同○疏注此六至之氣○正義曰賈逵云好生於陽惡生於陰喜生於風怒生於雨哀生於晦樂生於明謂一氣生一志謬矣杜以元年傳云天有六氣降生五味謂六氣共生五味非一氣生一味此民之六志亦六氣共生之非一氣生一志故云此六者皆稟陰陽風雨晦明之氣言共稟六氣而生也○是故審則宜類以制六志爲禮以制好惡喜怒哀樂六志使不過節疏是故至六志○正義曰民有六志其志無限是故人君爲政審法時之所宜事之所類以至民之六志使之不過節也下云審行信令謂人君行之知此審則宜類亦是人君則之審者言其謹慎之意也此六志禮記謂之六情在己爲情情動爲志情志一也所從言之異耳哀有哭泣樂有歌舞喜有施舍怒有戰鬭喜生於好怒生於惡是故審行信令爲行禍賞罰以制死生生好物也死惡物也好物樂也惡物哀也哀樂不失乃能協于天地之性是以長久協和也○簡子曰甚哉禮之大也對曰禮上下之紀天地之經緯也經緯錯居以相成者疏天地之經緯○正義曰言禮之於天地猶織之有經緯得經緯相錯乃成文如天地得禮始成就○民之所以生也是以先王尚之故人之能自曲直以赴禮者謂之成人大不亦宜乎曲直以弼其性疏故人至宜乎○正義曰劉炫云禮有宜曲宜直不可信情而行故人之能自曲直以赴於禮者謂之爲成人不能赴禮則不成爲人謂之爲大不亦宜乎赴謂奔走言彌諧己性奔走以赴禮也恐劉義未當○注
曲直以彌其性○正義曰性曲者以禮直之性直者以禮曲之故云曲直以彌其性也○簡子曰鞅也請終身守此言也鞅能
守此言故終免於晉陽之難○以赴禮者赴或作從難乃旦反○宋樂大心曰我不輸粟我於周爲客二王後若爲賓客
之何使客晉士伯曰自踐土以來踐土在僖二十八年宋何役之不會而何盟之不同曰
同恤王室子焉得辟之子奉君命以會大事而宋背盟無乃不可乎右師不敢
對受牒而退右師樂大心○焉於虔反背音佩下同【疏】。受牒而退○正義曰說文云牒札也於時號令輸王粟具戍人宋之所出人
粟之數書之於牒受牒而退言服從也士伯告簡子曰宋右師必亡奉君命以使而欲背盟以干
盟主無不祥大焉言不善無大此者爲定十年宋樂大心出奔傳○使所吏反○有鸜鵒來巢書所無也師
己曰異哉吾聞文武之世童謠有之師己魯大夫○己音紀一音祀謠音遙○曰鸜之鵒之公出辱
之言鸜鵒來則公出辱也○【疏】。鸜之鵒之○正義曰此鳥以兩字爲名但謠辭必韻故分言之鸜鵒之羽公在外野往饋之
馬饋遺也○饋音求位反遺唯季反○鸜鵒跦跦。公在乾侯跦跦跳行貌○跦張于反又張留反跳直彫反徵褰。與襦。褰袴。
○褰起虔反字林已偃反又音愆襦本或作襦而朱反袴苦故反說文作絝○【疏】注褰袴○正義曰內則云童子不衣襦袴是衣有袴也以可褰行故以褰
爲袴鸜鵒之巢遠哉遙遙。稠父喪勞宋父。以驕稠父昭公死外故喪勞宋父定公代立故以驕○稠直留反父音甫

下同喪息浪反注同鸜鵒鸜鵒往歌來哭昭公生出歌死還哭童謠有是今鸜鵒來巢其將及乎將及
禍也○秋書再雩旱甚也疏秋書再雩旱甚○正義曰既言旱甚而經不書旱者傳言旱甚解經一月再雩再雩雖由旱甚然而後雩
得雨不。一至成災故不書旱○初季公鳥娶妻於齊鮑文子生甲。公鳥季公亥之兄平子庶叔父○娶七住反○公鳥
死季公亥與公思展與公鳥之臣申夜姑相其室公亥即公若也展季氏族相治也○夜本或作射音夜又
音亦相息亮反注同及季姒與饔人檀通季姒公鳥妻鮑文子女饔人食官○姒音似檀直丹反人名也或市戰反○而懼乃使
其妾抶己以示秦遄之妻秦遄魯大夫妻公鳥妹秦姬也○抶勑乙反遄市專反○曰公若欲使余余不可
而抶余又訴於公甫公甫平子弟○訴音素又作愬曰展與夜姑將要余要劫我以非禮○展與夜姑並如字公思
展及申夜姑也與及也讀或作餘音者非也要一遙反下同○秦姬以告公之公之亦平子弟公之與公甫告平子平
子拘展於卞而執夜姑將殺之公若泣而哀之曰殺是是殺余也將爲之請平
子使豎勿內日中不得請有司逆命執夜姑之有司欲迎受殺生之命○爲于僞反公之使速殺之故
公若怨平子季郈之雞鬬季平子郈昭伯二家相近故雞鬬○郈音后字林下遘反近附近之近又如字季氏介。其雞
擣芥子播其羽也或曰以膠沙播之爲介雞○介又作芥音界疏。注擣芥至介雞○正義曰杜此二解一讀介爲芥擣芥子爲末播其雞羽賈逵云擣芥子
爲末播其雞翼可以坌郈氏雞目是此說也鄭衆云介甲也爲雞著甲高誘注呂氏春秋云鎧著雞頭杜又云或曰不知誰說以膠沙播之亦不可解蓋以膠

塗雞之足爪然後以沙糝之令其澀得傷彼雞也以郈氏爲金距言之則著甲是也郈氏爲之金距平子怒○怒其不下己下遐嫁反

益宮於郈氏侵郈氏室以自益○且讓之讓責也○故郈昭伯亦怨平子臧昭伯之從弟會昭伯

臧爲子○從才用反後從者皆同○爲讒於臧氏而逃於季氏臧氏執旃平子怒拘臧氏老將禘

於襄公萬者二人。其衆萬於季氏禘祭也萬舞也於禮公當三十六人○禘大計反○疏將禘至季氏○正義曰季氏私

祭家廟與禘同日言將禘是豫部分也樂人少季氏先使自足故於公萬者唯有二人其衆萬於季氏輕公重己故大夫遂怨○注禘祭至六人○正義曰釋

例曰三年喪畢致新死之主以進於廟於是乃大祭於大廟以審定昭穆謂之禘禘於大廟禮之常也各於其宮時之爲也雖非三年大祭而書禘用禘禮也

釋天云禘大祭也執干戚而舞謂之萬舞也隱五年傳說舞佾之差云諸侯用六是於禮法當三十六人也此以正禮言耳亦不知當時魯君用六佾以否公

羊傳曰昭公告子家駒曰季氏僭公室吾欲弒之何如子家駒曰諸侯僭天子大夫僭諸侯久矣公曰吾何僭矣哉子家駒曰設兩觀乘大路朱干玉戚以舞

大夏八佾以舞大武此皆天子之禮也如彼傳文當時或僭八佾佾不必用六也○臧孫曰此之謂不能庸先君之廟不能

用禮也蓋襄公別立廟○疏注蓋襄公別立廟○正義曰杜以襄若以次遞毀則廟與先公同處禘於襄公亦應兼祭餘廟今特云禘於襄公似與先公異

處故云蓋襄公別立廟○大夫遂怨平子公若獻弓於公爲公爲昭公子務人○且與之出射於外而

謀去季氏公爲告公果公賁果賁皆公爲弟○去起呂反賁音奔又扶云反又彼義反公果公賁使侍人僚

柤告公公寢將以戈擊之乃走公曰執之亦無。命也獨言執之無敕命○侍人本亦作寺人相側加反○

懼而不出數月不見公不怒又使言公執戈以懼之乃走又使言公曰非小人之所及也謂僚相爲小人○數所主反下數世同見賢遍反○公果自言公以告臧孫臧孫以難言難逐○難如字注同○告郈孫郈孫以可勸告子家懿伯子家羈莊公之玄孫○郈孫以可絕句勸勸公逐季氏也懿伯曰讒人以君徼幸事若不克君受其名受惡名○徼古堯反不可爲也【疏】讒人至爲也○正義曰讒人謂公若郈孫之徒讒季氏者勸君使伐季氏以君徼天之幸幸而得勝則以爲己功不勝則推君爲惡不可從也舍民數世以求克事不可必也【疏】舍民至必也○正義曰克勝也言君從上以來舍民已經數代今以求勝此事不可必也且政在焉其難圖也公退之退使去○舍音捨辭曰臣與聞命矣言若洩臣不獲死乃館於公恐受洩命之罪故留公宮以自明○與音預洩息列反又以制反注同漏泄也叔孫昭子如闞闞魯邑○闞口暫反公居於長府長府官府名九月戊戌伐季氏殺公之于門遂入之平子登臺而請曰君不察臣之罪使有司討臣以干戈臣請待於沂上以察罪弗許魯城南自有沂水平子欲出城待罪也大沂水出蓋縣南至下邳入泗○沂魚依反【疏】注魯城至入泗○正義曰例土地名襄十八年沂水出東莞蓋縣艾山南經琅邪東海至下邳縣入泗此沂水出魯國魯縣西南入泗水是沂水有二也此注云魯城南自有沂水謂出魯縣者也又云大沂水出蓋縣南至下邳入泗謂襄十八年之沂水也以其有二故辯明之○請因于費弗許請以五乘亡弗許子家子曰君其許之政自之出久矣隱民多取食焉隱約窮困○乘繩證反

爲之徒者衆矣日入慝作弗可知也慝姦惡也日冥姦人將起叛君助季氏不可知○慝他得反冥亡定反○衆怒不可蓄也季氏衆○蓄勑六反本亦作畜下並同○蓄而弗治將薀。薀積也○薀本亦作蕴紆粉反薀蓄民將生心生心同求將合與季氏同求叛君者君必悔之弗聽郈孫曰必殺之公使郈孫逆孟懿子懿子仲孫何忌叔孫氏之司馬鬷戾言於其衆曰若之何莫對衆疑所助○鬷子公反戾力計反○又曰我家臣也不敢知國凡有季氏與無於我孰利皆曰無季氏是無叔孫氏也鬷戾曰然則救諸師徒以往陷西北隅。以。入陷公圍也○陷陷沒之陷隅本或作堣音同○公徒釋甲執冰而踞言無戰心也冰。櫝丸蓋或云櫝丸。是箭筩其蓋可以取飲○踞音據櫝音獨丸胡官反筩音童又音動一音勇【疏】公徒至而踞○正義曰二十七年傳說此事云豈其伐人而說甲執冰以游則此踞是游也曲禮云。遊。無倨倨是慢也謂傲慢而遊戲○注言無至取飲○正義曰賈逵云冰櫝丸蓋也則是相傳爲此言也方言曰弓藏謂之韇或謂之櫝丸如彼文則櫝丸是盛弓者也此或說櫝丸是箭筩其蓋何以取飲十三年傳云司鐸射奉壺飲冰謂執此也詩云抑釋掤忌抑鬯弓忌鬯藏弓則冰藏矢也毛傳云掤所以覆矢掤與冰字雖異音義同是一器也○遂逐之逐公徒○孟氏使登西北隅以望季氏見叔孫氏之旌以告孟氏執郈昭伯殺之于南門之西遂伐公徒子家子曰諸臣僞劫君者而負罪以出君止使若非君本意者君自可止不出○【疏】子家至君止○正義曰子家子以爲公本意自伐季氏非是諸臣所劫今子家意欲得令諸臣等僞作劫君以伐季氏者令負罪而出君自可止。往意如之事君也不敢不改意如季平子名公曰余不忍也與臧孫如墓謀辭先君且謀所奔○遂行己亥公孫于齊次于陽州齊侯將唁公于平陰公先至于野井齊侯曰寡人之罪也使有司待于平陰爲近故也齊侯自咎本不勑有司遠詣陽州而欲近會于平陰故令魯侯過共先至野井遠見迎逆自咎以謝公○爲于僞反咎其九反下同令力呈反書曰公孫于齊次于陽州齊侯唁公于野井禮也將求於人則先下之禮之善物也物事也謂先往至野井○下遐嫁反齊侯曰自莒疆以西請致千社二十五家爲社千社二萬五千家欲以給公○疆居良反疏注二十五家爲社○正義曰禮有里社故特牲稱唯爲社事單出里以二十五家爲里故知二十五家爲社也以待君命待君伐季氏之命寡人將帥敝賦以從執事唯命是聽君之憂寡人之憂也公喜子家子曰天祿不再天若胙君不過周公以魯足矣失魯而以千社爲臣誰與之立爲齊臣○胙才路反疏天祿至之立○正義曰天之福祿不可再謂得齊千社復得魯國也胙報也天若報君終不得過於周公周公止封魯以魯封君足矣若既得魯國又得千社則是過周公矣周公理不可過得齊千社失魯國也既失魯國而以千社爲臣於齊誰復與之立也言從君之人皆將棄君去矣且齊君無信不如早之晉弗從臧昭伯率從者將盟載書曰戮力壹心好惡同之信罪之有無信明也處者有罪從者罪○戮音六又力彫反無繾綣從公無通外內繾綣不離散○繾音遣綣起阮反以公命示子家子子家子曰如此吾不可以盟羈也不佞不能與

二三子同心而以爲皆有罪從者陷君留者逐君皆有罪也或欲通外內且欲去君去君僞負罪出奔不必繾綣從公二三子好亡而惡定焉可同也陷君於難罪孰大焉通外內而去君君將速入弗通何爲而何守焉乃不與盟何必守公○好呼報反惡烏路反焉可於虔反難乃旦反不與音預昭子自闞歸見平子平子稽顙曰子若我何昭子曰人誰不死子以逐君成名子孫不忘不亦傷乎將若子何平子曰苟使意如得改事君所謂生死而肉骨也昭子從公于齊與公言子家子命適公館者執之恐從者知叔孫謀稽音啓顙息黨反○公與昭子言於幄內曰將安衆而納公昭子請歸安衆○幄於角反公徒將殺昭子【疏】○公徒將殺昭子正義曰昭子謀歸安衆而後納公則獨公得入從公伐季氏者不得入故欲殺昭子也伏諸道伏兵左師展告公公使昭子自鑄歸辟伏兵○鑄之樹反平子有異志不欲復納公○復扶又反冬十月辛酉昭子齊於其寢使祝宗祈死戊辰卒恥爲平子所欺因祈而自殺○齊側皆反本又作齋左師展將以公乘馬而歸公徒執之展魯大夫欲與公俱輕歸○乘如字騎馬也輕遣政反【疏】左師至而歸○正義曰古者服牛乘馬馬以駕車不單騎也至六國之時始有單騎蘇秦所云車千乘騎萬匹是也曲禮云前有車騎者禮記漢世書耳經典無騎字也炫謂此左師展將以公乘馬而歸欲共公單騎而歸此騎馬之漸也○壬申尹文公涉于鞏焚東訾弗克文公子朝黨於鞏縣涉洛水也東訾敬王邑○十一月宋公元公將爲公故如

晉請納公○爲音于僞反夢大子欒卽位於廟己與平公服而相之○平公元公父相息亮反疏服而相之

○正義曰言己與父平公盛服飾而輔相之也旦召六卿公曰寡人不佞不能事父兄父兄謂華向以爲二

三子憂寡人之罪也若以羣子之靈獲保首領以殁。唯是楄柎所以藉幹者楄柎棺中笭牀也幹骸骨也○殁音沒楄蒲田反柎步口反又音附藉在夜反笭力丁反骸戶皆反疏注楄柎至骨也○正義曰說文云楄方木也幹脅也木以藉脅明是棺中笭牀也宋元所言藉幹者舉脅而言耳非獨爲脅故云幹骸骨也請無及先君欲自貶損仲幾對曰君若以

社稷之故私降昵。宴羣臣弗敢知昵近也降昵宴謂損親近聲樂飲食之事○昵女乙反若夫宋國之法

死生之度先君有命矣羣臣以死守之弗敢失隊。臣之失職常刑不赦臣不忍

其死君命祇辱。言君命必不行祇適也○隊直類反祇音支宋公遂行己亥卒于曲棘爲明年梁丘據語起本

○十二月庚辰齊侯圍鄆欲取以居公不書圍鄆人自服不成圍疏注欲取至成圍○正義曰經書取鄆而傳言圍鄆故云鄆人自服不成圍以傳云書取言易也故賈爲此解杜從之也劉炫以爲此時圍鄆而未得明年方始取之經卽因圍書取傳言實圍之日非自服也而規杜氏今知非者案二十六年公圍成亦是圍而不得而書圍此若圍鄆不得何以不書圍案元年伐莒取鄆書取不言伐此圍鄆取鄆亦書取不言圍其義正同何爲不可劉何知此年圍鄆未服鄆若未服經何得書取苟出胸臆而規杜氏非也○初臧昭伯如晉臧會竊其寶龜僂

句僂句龜所出地名○僂力主反又力具反句居具反疏注僂句至地名○正義曰釋魚云一曰神龜二曰靈龜三曰攝龜四曰寶龜五曰文龜六曰筮

龜七曰山龜八曰澤龜九曰水龜十曰火龜則龜名无僂句故云所出地之名臧氏有蔡又有此蓋所寶非一以卜爲信與僭僭吉僭不
信也○僭子念反注同臧氏老將如晉問問昭伯起居會請往代家老行昭伯問家故盡對故事也及
內子與母弟叔孫則不對內子昭伯妻對若有他故不再三問不對歸及郊會逆問又如初
又不對至次於外而察之皆無之執而戮之逸奔郈郈魴假使爲賈正焉郈在東平无鹽
縣東南魴假郈邑大夫賈正掌貨物使有常價若市吏○魴音房賈音嫁注同【疏】使爲賈正焉○正義曰賈正如周禮之賈師也賈師二十四則一人其職
云各掌其次之貨賄之治辨其物而均平之禁貴賣者使有恆賈此郈邑大夫使爲賈正使爲郈市之賈正也郈在後爲叔孫私邑此時尚爲公邑故使賈正
通計簿於季氏計於季氏送計簿於季氏○簿步戶反臧氏使五人以戈楯伏諸桐汝之閭桐汝里名○楯
食準反又音允會出逐之反奔執諸季氏中門之外平子怒曰何故以兵入吾門拘臧
氏老季臧有惡相怨惡及昭伯從公平子立臧會立以爲臧氏後會曰僂句不余欺也傳言
卜筮之驗善惡由人○楚子使薳射城州屈復茄人焉還復茄人於州屈○屈居勿反一音其勿反茄人音加城丘
皇遷訾人焉移訾人於丘皇使熊相禖郭巢季然郭卷使二大夫爲巢卷築郭也卷城在南陽葉縣南○相息亮反禖
音梅卷音權或眷勉反爲于僞反子大叔聞之曰楚王將死矣使民不安其土民必憂憂將及
王弗能久矣爲明年楚子居卒傳

附釋音春秋左傳注疏卷第五十一

春秋左傳注疏卷五十一校勘記　　阮元撰盧宣旬摘錄

附釋音春秋左傳注疏卷第五十一 昭二十四年盡二十五年

（經二十四年）

經二十四年 石經宋本淳熙本四上有有字是也

杞伯郁釐卒 諸本作釐北宋刻釋文作𧃒云本又作嫠

（傳二十四年）

注度謀至無害 宋本以下正義二節總入此周所以興也節注下

大誓曰 石經初刻大誤泰後改正

余有亂臣十人 石經初刻十誤臣後改正與襄廿八年傳合妄人於亂字旁復加臣字諸本遂仍其誤說見前

晉侯至周故 宋本此節正義在注衆言子朝曲故之下

今王室實蠢蠢焉 惠棟云說文引作惷惷三體石經作𢧐尚書蠢字說文引作𢧐古蠢字皆作𢧐俗作蠢

缾之罄矣 諸本作缾釋文作瓶云本又作缾

注詩小至恥之 宋本此節正義在期以明年注下

刺幽王之詩也監本毛本幽作厲非也

王子朝用成周之寶珪于河石經王字以下一行計九字周之寶珪四字改刻釋文云本或作沈沈於河陳樹華云史記周本紀引傳云子朝用成周之寶珪沈於河漢書五行志引作王子鼂以成周之寶圭湛于河古文沈作湛然則石經所刊去者乃沈字也

晉以溫兵助敬王南侵子朝岳本兵作人

王定而獻之釋文云本或作王定之小字宋本淳熙本王作玉非也

不佞獻玉宋本閩本監本毛本玉作王案六經正誤云注疏本作獻王臨川本作獻玉

吳踵楚惠棟云依說文當作歱歱相迹也

王及圉陽而還宋本以下正義二節總入其王之譚乎注下

鍾離不書告敗略淳熙本書誤重

爲定四年吳入郢傳監本四年二字模糊入誤人毛本同

（經二十五年）

叔詣明翻岳本詣誤諧

有鸜鵒來巢釋文云鸜本又作鴝陳樹華云高誘注淮南子原道訓作鴝

鸜鵒不踰濟此本不字下衍〇今刪

非國之禽也宋本監本毛本非下有中字是也

上辛二十三日也監本毛本上作季宋本作下

非雩聚以逐季氏也宋本雩下有也字聚下有衆字與公羊傳合

〔傳二十五年〕

唯禮可以貴身淳熙本貴誤賁

君子至必亡宋本以下正義四節總入皆喪心也節注下

還賦韓弈之詩監本毛本弈作奕

非昏姻之事監本昬作昏毛本作婚

今茲君與叔孫其皆死乎閩本監本毛本今誤令

注平子至若姊宋本以下正義二節總入注文爲下公孫傳之下

篇子至非禮宋本以下正義廿六節總入請終身守此言也注下

行者人所履行宋本淳熙本岳本足利本無行字是也

而民實則之惠棟云案古文孝經實作是是卽古寔字見尙書秦誓及詛楚文鄭氏詩箋云趙魏之東寔實同聲故此傳又作寔

言聖王制禮以奉天性閩本監本毛本王作人非也

載而無弃閩本監本弃作棄毛本作事非也

因地之利閩本監本毛本因作分

其踐履謂之爲行宋本其下有所字

爲父子兄弟昬媾姻亞毛本昬作婚亞作婭閩本監本亦作婭按婭俗字說文無

以相刻爲次也閩本監本毛本刻作剋

言氣氣爲五味宋本氣字不重

謂氣入口宋本入下有人字

其本末由五行而來也宋本毛本本末作不

入耳乃知章徹於人爲五聲也閩本監本知作是

華若草華閩本監本毛本下華字誤葉

服虔云牲宋本云下有五字是也

其言闇與之會監本毛本會作合

絺爲繡謂刺也宋本閩本監本毛本作繡段玉裁校本作黹

絺或作繡字之誤也毛本絺作絺段玉裁校本作希繡作絺說詳尚書撰異

皆絺以爲繡監本毛本絺作晝非也

粉米也宋本粉上有火也二字是也

杜言華若草華閩本下華字誤葉毛本草作蕈亦非

爲水草也宋本爲水上有是藻二字是也

形如半環毛本半誤米

今之刺黻猶然也監本毛本黻誤黼

王者與天地合其德毛本天誤大

以比方相次閩本監本毛本比作北

釋親又曰閩本監本又作文非也

稱季氏有政毛本季誤李

周禮司勳文也毛本司誤以

謂法施於民毛本法誤云

雷震雷曜後漢書馬融傳注引作靁霆震耀

聖人作刑戮以象類之宋本淳熙本戮作獄與漢書馬融傳注引同

故人之能自曲直以赴禮者釋文云赴或作從石經赴字改刊似初刻作從也

受牒而退宋本此節正義在無不祥大焉注下

吾聞文武之世石經宋本岳本武作成謂文公成公也陳樹華云史記漢書論衡異虛篇李善幽通賦注引並作文成按劉氏史通亦作文成

鸜之鵒之宋本以下正義二節在注將及禍也下

鸜鵒跦跦李善注文選魏都賦引作株株云株音誅

徵褰與襦淳熙本閩本襦誤繻釋文云本或作繻惠棟云方言曰袴齊魯之間謂之襱郭璞云傳云徵襱與襦音籠說文作褰

褰袴釋文袴下有也字說文作絝

遠哉遙遙案漢書五行志作遠哉搖搖師古曰搖搖不安之貌臧琳曰遙爲俗字當從漢志作搖五經文字序云逍遙之類說文漏略者今得之於字林說文新附逍遙字臣鉉等案詩只用消搖此二字字林所加可證今詩黍離中心搖搖不作遙遙白駒作於焉逍遙非古也

稠父喪勞　石經宋本小字宋本岳本足利本作裯父與漢書五行志引傳合

宋父以驕　監本父誤公

不一至成災　宋本無一字是也

生甲　淳熙本岳本纂圖本毛本甲誤申顧炎武云石經申誤作甲非也

季氏介其雞　釋文云介又作芥初學記引傳同案正文秖作介故有訓爲甲鎧者有訓爲芥子者正文不得作芥也

擣芥至介雞　宋本以下正義十四節總入公徒執之注下

萬者二人　惠棟云吳仁傑曰淮南書云禱於襄廟舞者二人案傳氏云四人爲列尚不成樂況二人乎人當作八傳文誤也沈彤亦云當作八字

亦無命也　石經無字起一行計九字

公使戈以懼之　石經宋本淳熙本岳本足利本使作執不誤○今依訂正

臧孫以難　石經難字起一行計九字字多殘缺

讒人以君徼幸　諸本作儌石經此處殘缺釋文作儌

讒人至爲也　宋本讒誤護

故留公宮以自明　淳熙本以誤必

長府官府名宋本淳熙本小字宋本岳本足利本無長府二字

正義曰例此脫釋字閩本監本同毛本遂刪例字宋本曰下有釋字是也

沂水出東莞蓋縣閩本監本脫水字

南經琅邪東海毛本邪作琊俗字

將蘊釋文亦作薀注同云本亦作蘊淳熙本小字宋本纂圖本同

陷西北隅以入釋文云隅本或作堣音同山井鼎云足利本以作而非也

冰櫝丸蓋宋本淳熙本小字宋本櫝作犢宋本正義同詩鄭風正義及六經正誤所引亦並從牛下同又按方言作犢丸郭音牛犢

是箭箙纂圖本是誤又

遊無倨毛本遊作游案曲禮無作毋

君自可止○宋本○作住是也閩本監本毛本脫住字○今訂正

謂先往至野井淳熙本往誤注

故特牲宋本故下有郊字是也

失魯國也宋本失上有必字是也

戮力壹心石經宋本淳熙本岳本戮作勠與釋文合

伏兵閩本監本兵作道非也

左師至而歸毛本師下增展將二字

宋元公將爲公故如晉閩本監本宋下衍公字

服而相之宋本以下正義二節總入宋公遂行節注下

且召六卿石經宋本且作旦毛詛父六經正誤云旦作且誤也

獲保首領以歿物石經宋本淳熙本小字宋本足利本作以沒是按依說文當作

私降昵宴淳熙本降作除非也說文暱字下引傳作私降暱燕案昵暱之或體

弗敢失隊石經隊作墜

君命祗辱正宋本岳本纂圖本毛本祗作祇注及釋文同石經作祇是也〇今訂

亦是圍而不得監本圍字模糊重修監本遂誤國

注僂句至地名宋本以下正義二節總入會曰僂句節注下

掌貨物使有常價監本毛本常價作長賈賈是也長非也

賈師二十四則一人宋本四作肆與周禮地官序官合

辨其物而均平之宋本閩本監本辨作辯

故使賈正通計簿於季氏浦鏜正誤通改送

以戈楯伏諸桐汝之閭淳熙本伏誤杖

春秋左傳注疏卷五十一校勘記

附釋音春秋左傳注疏卷第五十二 昭二十六年盡二十八年

杜氏注　孔穎達疏

經二十有六年春王正月葬宋元公三月而葬速○三月公至自齊居于鄆疏公至自齊○正義曰往年公孫于齊齊侯唁公于野井公未必往至齊都而云至自齊者得與齊侯相見雖從齊竟而來亦是。自齊也穀梁傳云公次于陽州其曰至自齊何也以齊侯之見公可以言至自齊是也公不得歸其國都而書至者賈云季氏示欲爲臣故以告廟○夏公圍成成孟氏邑不書齊師帥賤衆少重在公○帥所類反○秋公會齊侯莒子邾子杞伯盟于鄟陵鄟陵地闕○鄟音專又市轉反一音徒丸反公至自會居于鄆無傳○九月庚申楚子居卒未同盟而赴以名○冬十月天王入于成周傳言。王入在子朝奔後經在前者子朝來告晚疏天王入于成周○正義曰二十三年七月天王居于狄泉自爾以來單子劉子。來以東西雖不出王畿而居無定所此時始得入于成周遂以成周爲都來告故特書之案傳子朝奔楚及王入成周皆在十一月經書王入成周子朝奔楚皆在十月者從告也劉炫云杜以朝既奔楚王始得入入必在朝奔後經書王入在前傳有告于諸侯之語故以爲王告入在前朝告奔在後故先書王入炫謂子朝出亦王告下注與此自違尹氏召伯毛伯以王子朝奔楚召伯當言召氏經誤也尹召族奔非一人故言氏書奔在王入下者王入乃告諸侯疏注召伯至諸侯○正義曰傳言召伯盈逐王子朝朝及召氏之族奔楚召伯逆王于尸與王入于成周則召氏族出奔召伯身不奔也知召伯當爲召氏經誤也宣十年崔氏出奔書崔氏者非其罪也此尹氏召氏立庶纂適並爲有罪而亦書氏者彼實崔杼身奔非是舉族盡出但於例諸侯之卿出奔者有罪則名無罪則不名崔杼不合書名因其來告以族遂書崔氏示杼無罪也此尹氏召氏舉族悉奔據實而書與彼有異故注云尹召族奔非一人故言氏所謂文同而意異也子朝奔王乃得入書奔在王入下者王入乃告諸侯也劉炫云杜上注云子朝來告晚何為此注又云。王入乃告諸侯以二注不同將為杜失今知不然者杜意王入乃告謂王入之後子朝乃告杜以傳云癸酉王入于成周癸未王入于莊宮始云王子朝使告諸侯是王入之後子朝告諸侯也劉以為王入乃告據王告諸侯而規杜失非也

傳二十六年春王正月庚申齊侯取鄆前年已取鄆至是乃發傳者為公。處鄆起疏○注前年至鄆起正義曰杜謂往年已取鄆此又發傳言齊侯取鄆者為下三月公處鄆以發端也服虔以為往年齊侯取鄆實圍鄆耳經於圍書取傳實其事故於是言取劉以服言為是往年十二月庚辰圍鄆今年正月庚申取之凡三十一日例書取言易此圍乃取言易者齊侯取以居公臣無拒君之義若魯自與之然故書取以見其易穀梁曰以其為公取之故易言之是也○葬宋元公如先君禮也善宋人違命以合禮○三月公至自齊處于鄆言魯地也入魯竟故書至猶在外故書地○竟音境夏齊侯將納公命無受魯貨申豐從女賈豐賈二人皆季氏家臣○女音汝以幣錦二兩二丈為一端二端為一兩所謂匹也二兩二匹縛。一如瑱瑱充耳縛卷也急卷使如充耳易懷藏○縛直轉反瑱它殿反易以豉反疏。注瑱充耳○正義曰家語云水至清則無魚人至察則無徒故人君冕而前旒所以蔽明黈纊塞耳所以蔽聽又詩云玉之瑱也禮以一條五采橫冕上兩頭下垂繫黃緜緜下又。縣玉為瑱以塞耳適齊師謂子猶之人高齮齮子猶家臣子猶梁丘據齮魚綺反○能貨子猶為高氏後粟五千庾言若能為我行貨於子猶當為請使得為高氏後又當致粟五千庾

庾十六斗凡八千斛○庾羊主反爲于僞反下當爲下文爲魯君同【疏】能五千庾○正義曰聘禮記云十六斗曰籔十籔曰秉鄭玄云秉十六斛今江淮之間量名有爲籔者今文籔爲逾杜據儀禮今文故以庾爲十六斗五千庾凡八千斛考工記陶人爲庾實二觳厚半寸脣寸其下文旊人云豆實三而成觳則觳受斗二升庾實二觳則受二斗四升也彼陶人所作庾自瓦器今甕之類非量器也與此名同而實異

高齮以錦示子猶子猶欲之齮曰魯人買之百兩一布以道之不通先入幣財言魯人買此甚多布陳之以百兩爲數子猶受之言於齊侯曰羣臣不盡力于。魯君者非不能事君也欲行。其說故先示欲盡力納魯君○說如字又始銳反然據有異焉異猶怪也宋元公爲。魯君如晉卒於曲棘叔孫昭子求納其君無疾而死不知天之棄魯耶。抑魯君有罪於鬼神故及此也君若待于。曲棘使羣臣從魯君以卜焉卜知可伐否【疏】君若待于曲棘○正義曰宋公佐卒于曲棘者杜云曲棘宋地陳留外黃縣城中有曲棘里今齊侯欲納魯君當是從齊向魯必不遠涉宋地子猶令齊君待于曲棘必使止於竟內土地名齊地無曲棘十年傳桓子召子山而反棘焉杜云齊國西安縣東有戟里亭。此卽彼棘也本無曲字涉上卒于曲棘誤加曲耳若可師有濟也君而繼之茲無敵矣若其無成君無辱焉齊侯從之使公子鉏帥師從公鉏齊大夫○鉏仕居反成大夫公孫朝謂平子曰有都以衞國也請我受師許之以成邑禦齊師○朝如字請納質恐見疑質音致弗許曰信女足矣告於齊師曰孟氏魯之敝室也敝壞也女音汝○用成已甚弗能忍也請息肩于齊公孫朝來取成○詐齊師言欲降使降戶江反下同齊師圍成成人伐齊師之飲馬于淄者曰將以厭衆以厭衆心不欲使知己降也淄水出泰山梁父縣西北入汶○飲於鴆反淄測其反厭於冉反又於葉反汶音問魯成備而後告曰不勝衆告齊言衆不欲降己不能勝○勝音升注同又始證反師及齊師戰于炊鼻季氏師距公非公命則不書炊鼻魯地○炊昌垂反齊子淵捷從洩聲子聲子魯大夫○洩息列反射之中楯瓦瓦楯脊○射食亦反下及注皆同中丁仲反下中手同楯常允反又音允脊子亦反繇朐汏輈匕入者三寸入楯瓦也朐車軛輈車轅繇過也汏矢激匕矢鏃也○繇音由朐其俱反本又作輈同汏他達反輈陟留反匕必履反軛於革反激古狄反鏃子木反或七木反

疏射之至三寸○正義曰射之中楯瓦先言中之之處更說矢來之狀繇車軛矢激從車轅之上其矢之匕鏃入著楯瓦者猶深三寸言其弓力多而矢入深也○注入楯至鏃也○正義曰此覆說中楯之事故知入者入楯瓦也說文云朐軛下曲者襄十四年傳稱射兩軥而還此與彼同盖朐軥字通用耳繇即由也訓為從也從上而過故言繇過也宣四年傳云伯棼射王汏輈注云汏過也此云汏矢激謂矢激汏其上而過也傳言匕入則匕是入楯者也今人猶謂箭鏃薄而長闊者為匕是匕為矢鏃也

聲子射其馬斬鞅殪殪死也○鞅於丈反殪音於計反改駕人以為鬷戾也而助之人魯人也鬷戾叔孫氏司馬子車曰齊人也子車即淵捷將擊子車子車射之殪其御曰又之又欲使射餘人子車曰衆可懼也而不可怒也子囊帶從野洩叱之囊帶齊大夫野洩即聲子○叱昌實反洩曰軍無私怒報乃私也將亢子欲以公戰禦之不欲私報其叱○亢苦浪反下同又叱之子囊復叱之○復扶又反下復欲同亦叱之野洩亦叱也言

齊無戰心但相叱冉豎射陳武子中手冉豎季氏臣失弓而罵武子罵○罵馬嫁反以告平子曰有君

子白晳鬒鬚。眉甚口平子曰必子彊。也無乃亢諸子彊武子字○晳星歷反鬒之忍反黑也鬚本又作須脩

于反疏鬒鬚眉甚口○正義曰說文云鬒稠髮也鬒鬚眉者言鬚眉皆稠多也甚口者謂大口也對曰謂之君子何敢亢之偽言

不敢違季氏林雍羞為顏鳴右下皆魯人羞為右故下車戰苑何忌取其耳何忌齊大夫不欲殺雍但截其耳以辱之

○苑於阮反顏鳴去之其右見獲懼而去之苑子之御曰視下顧復欲使苑子擊其足苑子剕林雍斷其

足鑿。而乘於他車以歸鑿一足行○剕芳弗反說文云擊也又父勿反又忿勿反斷丁管反鑿遣政反又音磬又苦頂反字林丘貞反

疏剕林雍○正義曰說文云剕擊也字從刀謂以。擊也今江南猶謂刀擊為剕○注鑿一足行○正義曰既斷其足而云鑿知鑿是一足行也說文云鑿金

聲也蓋擊金為聲亦名鑿顏鳴三入齊師呼曰林雍乘言魯人皆致力於季氏不以私怨而相弃○呼火故反乘繩證反○

四月單子如晉告急五月戊午劉人敗王城之師于尸氏劉人劉蚠之屬王城子朝之徒尸。在鞏縣

西南偃師城戊辰王城人劉人戰于施谷劉師敗績施谷周地○秋盟于鄟陵謀納公也

齊侯謀○七月己巳劉子以王出師敗懼而出疏。劉子以王出○正義曰二十三年傳云六月庚寅單子劉子樊齊以王如

劉蓋從劉而居狄泉自狄泉又居於劉今為子朝所逐蓋自劉而出也服虔云出成周也案二十三年天王居于狄泉狄泉雖近成周成周不屬王也其傳云

召伯奐南宮極以成周人戍尹二十四年傳云王子朝用成周之寶。珪于河是周常屬子朝之驗也二十五年黃父之會趙鞅令諸侯之大夫云明年將納

王納王者欲納之於成周耳若敬王先在成周無爲更須納之知此出者從劉出耳王既棄劉而去故王城人焚劉庚午次于渠渠周地王
城人焚劉燒劉子邑丙子王宿于褚。氏洛陽縣南有褚氏亭○褚張呂反一音勑呂反丁丑王次于萑谷庚
辰王入于胥靡辛巳王次于滑萑谷胥靡滑皆周。地胥靡滑本鄭邑○萑音丸本又作雚古亂反疏注萑谷至鄭邑○正
義曰王雖未有安居終亦不出畿內知此皆周地也襄十八年楚人伐鄭傳稱公子格率銳師侵費滑胥靡是本爲鄭邑今爲周邑也晉知躒趙
鞅帥師納王使汝寬守關。塞。女寬晉大夫關塞洛陽西南伊闕口也守之備子朝○知音智躒音歷女音汝本亦作汝塞素代反
○九月楚平王卒令尹子常欲立子西子西平王之長庶長丁丈反下文同○曰大子壬弱其母
非適也。壬昭王也○適丁歷反下文同王子建實聘之子西長而好善立長則順建善則治王
順國治可不務乎子西怒曰是亂國而惡君王也言王子建聘之是章君王之惡○好呼報反治直吏反下
同國有外援不可瀆也外援秦也瀆。慢也○慢武諫反王有適嗣不可亂也敗親速讎不立壬秦將來
討是速讎也亂嗣不祥我受其名受惡名賂吾以天下吾滋不從也滋益也○賂音路疏。賂吾至從
也○正義曰賂吾以天下使吾爲天子吾益不從也楚國何爲必殺令尹令尹懼乃立昭王○冬十月丙
申王起師于滑起發也○滑于八反辛丑在郊郊子朝邑遂次于尸十一月辛酉晉師克鞏知躒
趙鞅之師召伯盈逐王子朝伯盈本黨子朝晉師克鞏知子朝不成更逐之而逆敬王王子朝及召氏之族毛伯

得尹氏固南宮嚚奉周之典籍以奔楚尹召二族皆奔故稱氏重見尹固名者爲後還見殺○重見上直用反下賢遍反爲于僞反下且爲同陰忌奔莒以叛陰忌子朝黨莒周邑召伯逆王于尸及劉子單子盟召伯新還故盟遂軍圉澤次于隄上圉澤隄上皆周地○圉魚呂反隄音低或音啼癸酉王入于成周成周今洛陽甲戌盟于襄宮襄王之廟晉師。成公般戍周而還般晉大夫○般音班十二月癸未王入于莊宮莊。宮在王城

王子朝使告于諸侯曰昔成。王克殷成王靖四方康王息民並建母弟以蕃。屏周亦曰吾無專享文武之功不敢專故建母弟○蕃方元反亦作藩【疏】昔。武王克殷○正義曰諸家本皆然服虔王肅並注云文王受命武王伐紂故云文武克殷下句云吾無專享文武之功則且合文武是也杜無注諸本悉作武王克殷疑誤也今定本亦作武王克殷發爲後人之迷敗傾覆而溺入于難則振救之至于夷王王愆于厥身夷王厲王父也愆惡疾也○覆芳服反溺乃歷反難乃旦反愆起虔反【疏】夷王○正義曰謚法安民好靜曰夷諸侯莫不並走其望以祈王身至于厲王王心戾虐萬民弗忍居王于彘不忍害王也厲王之末周人流王于彘○彘直例反【疏】注不忍至于彘○正義曰周語云厲王虐國人謗王召公告曰民不堪命也王怒得衛巫使監謗者以告則殺之國莫敢言道路以目三年乃流王于彘劉炫案周本紀民相與叛襲厲王厲王出奔于彘周語又曰彘之亂宣王在召公之宮國人圍之召公知之乃以其子代宣王言代王則國人謂是宣王國語雖不言殺必殺之矣國人相與襲王王既奔免得王子而殺之若得厲王亦應不舍而杜云不忍害王未必然也當謂不忍者不能忍王之虐也今知不然者下云居王于彘是以

理居處厲王于彘又云諸侯釋位以間王政是憂念王政則不忍者是不忍害王也若其厲王必欲殺王又應云王奔于彘劉以爲周語云周人欲殺王子召公以子

代之則周人欲殺王子何肯不忍害不以爲不忍者不堪忍王惡周語但云求王子不云求殺之是益橫周語之文而規杜過非也 案 諸侯釋位

以間王政 間猶與也去其位與治王之政事○間間側之間注同一音如字與音預下同 疏 注閒猶至政事○正義曰周本紀云彘之亂宣王在

召公之宮國人圍之召公以其子代大子大子竟得脫周召二公二相行政號曰共和元年是其釋位與治王政之事也 宣王有志而後效

官 宣王厲王子彘之亂宣王尚少召公子取而長之效授也○效戸教反少詩照反下文同長丁丈反下文同 疏 注宣王至授也○正義曰周語云召

公以其子代宣王宣王長而立之周本紀云共和十四年厲王死于彘大子靖長于召公家二相乃共立之爲王是爲宣王是召公長之也共和之年官之政

事皆決於二相宣王長而有志堪爲人主二相乃致其官政於王也效者致與之義故注云效授也 至于幽王天不弔周王昏不

若用愆厥位 幽王宣王子順也愆失也 若 攜王奸命諸侯替之而建王嗣用遷郟鄏 攜王幽王少子

伯服也王嗣宜臼也幽王后申姜生大子宜臼王幸褒姒生伯服欲立之而殺大子大子奔申申伯與鄫及西戎伐周戰于戲幽王死諸侯廢伯服而立宜臼

是爲平王東遷郟鄏○攜戸圭反奸音干下同替他計反郟古洽反鄏音辱鄫才陵反戲許宜反 疏 注攜王至郟鄏○正義曰鄭語稱夏之衰也褒人之

神化爲二龍以同於王庭而言曰余褒之二君也夏后卜殺之與去之與止之莫吉卜請其漦而藏之吉乃布幣焉而策告之龍亡而漦在櫝而藏之及歷殷

周莫之發也及厲王之末發而觀之漦流於庭不可除也王使婦人不幃而譟之化爲玄黿以入於王府府之童妾未既齓而遭之既笄而孕當宣王而生不

夫而育故懼而棄之時有童謠曰檿弧箕服實亡周國於是宣王聞之乃有夫婦鬻是器者王使執而戮之夫婦方戮逃在路哀其夜號也而取之以逸逃於

褒褒人有獄而以入於王王遂置之而嬖是女使至於后而生伯服。周語云幽王伐有褒褒人以褒姒女焉褒姒有寵生伯服於是乎與虢石父比逐大子宜臼而立伯服大子出奔申申人繒人召西戎以伐周周於是亡書傳多說其事此其本也詩序云幽王取申女以爲后後得褒姒而黜申后周本紀云幽王大子母申侯女也而爲后王廢后并去。大子用褒姒爲后以其子伯服爲大子申侯怒乃與繒西戎共殺幽王于驪山之下虜褒姒盡取周賂而去於是諸侯乃即申侯共立故幽王大子宜臼是爲平王東遷徙於洛邑辟戎寇也魯語云幽王滅于戲戲驪山之北水名也皇甫謐云今京兆新豐東二十里戲亭是也劉炫云如國語史記之文幽王止立伯服爲大子耳既虜褒姒必廢其子未立爲王而得呼爲攜王者或幽王死後褒姒之黨立之爲王也汲冢書紀年云平王奔西申而立伯盤。以爲大子與幽王俱死于戲先是申侯魯侯及許文公立平王於申以本大子故稱天王幽王既死而虢公翰又立王子余臣於攜周二王並立二十一年攜王爲晉文公所殺以本非適故稱攜王束晳云案左傳攜王奸命舊說攜王爲伯服伯服古文作伯。盤非攜王伯服立爲王積年諸侯始廢之而立平王其事或當然

則是兄弟之能用力於王室也至于惠王天不靖周生頹禍心施于叔帶惠襄辟。難越去王都惠王平王六世孫頹惠王庶叔也莊十九年作亂惠王適鄭襄王惠王子叔帶襄王弟僖二十四年叔帶作難襄王處汜○頹徒回反施以豉反難乃旦反注同汜音凡【疏】注惠王平王六世孫正義曰世本云平王生桓王林林生莊王佗佗生僖王胡齊齊生惠王涼是六代也惠王生襄王鄭鄭生。頃王壬臣壬臣生匡王班及定王瑜瑜生簡王夷夷生靈王泄心心生景王貴貴生悼王猛及敬王匄

則有晉鄭咸。黜不端黜去也晉文殺叔帶鄭厲殺子頹爲王室去不端直之人○去起呂反下同爲于僞反【疏】咸黜不端○正義曰諸本咸或作減王肅云咸皆也傳咸爲七經詩其。傳詩有此句王羲之寫亦作咸杜本當然

以綏定王家則是兄弟之能率先王之

命也在定王六年秦人降妖 定王襄王孫定王六年魯宣八年○妖本又作訞於驕反說文云衣服謌謠草木之怪謂之妖 曰

周其有頾王亦克能脩其職諸侯服享二世共職 二世謂靈景○頾子斯反共音恭 王室其有

間王位諸侯不圖而受其亂災 間王位謂子朝也今子朝以爲王猛受亂災謂楚也今子朝以爲晉○間間廁之間注及下以間先王幷注同 疏 在定至亂災○正義曰降者自上而下之言當時秦人有此妖語若似自上而下神馮之然故云降妖也然自受其亂災以上皆是妖語

至于靈王以下是子朝演說妖言謂子猛當間王位耳服享言諸侯服從獻國之所有 至于靈王生而有頾 靈王定王孫 王甚

神聖無惡於諸侯靈王景王克終其世 景王靈王子 今王室亂單旗劉狄剝亂天下

壹行不若 單旗穆公也劉狄劉蚠也壹專也○剝邦角反 謂先王何常之有 言先王無常法 唯余心所命其誰

敢請。之帥羣不弔之人 弔至也○弔如字舊丁歷反至也注同 以行亂于王室侵欲無厭。規求無

度。貫瀆鬼神 貫習也瀆易也○厭本又作猒於鹽反貫古患反易以豉反 疏 規求無度○正義曰。俗本作規服王孫皆注云玩貪也元年傳

曰翫歲而愒日杜云翫愒皆貪也則此言貪求無限度本或作規謬也 慢弃刑法倍奸齊盟傲很。威儀矯誣先王

晉爲不道是攝是贊 攝持也贊佐也。先王謂景王○傲五報反很戸懇反矯居表反 疏 倍奸齊盟○正義曰倍即背也違背奸犯齊同

之盟也案於時諸侯不有同盟許立子朝單劉未嘗與朝結盟而復背之言單劉倍奸齊盟誣之○注攝持至景王○正義曰是攝言執持之使不傾危也是

贊謂佐助之使得存立也故以攝爲持贊爲佐也杜以先王爲景王則矯誣先王者當謂矯景之命立猛耳知先王非先世之王者以言矯誣是矯詐誣罔據

其人有語矯誣之猶今矯稱詔勑若先世之王去此久遠不得有立猛之事子朝何得稱矯誣之乎又傳云干景之命故杜以先王謂景王劉炫以爲先世之王而規杜氏非也思肆其罔極肆放也茲不穀震盪播越竄在荊蠻茲此也此不穀子朝自謂○盪本又作蕩徒黨反竄七亂反字林七外反未有攸厎。厎至也攸所也○厎音旨若我一二兄弟甥舅獎。順天法無助狡猾。以從先王之命毋速天罰赦圖不穀赦其憂而圖其難○獎將丈反狡古卯反猾又作滑于八反毋音無難乃旦反

疏毋速天罰○正義曰速召也子朝以單劉爲亂從之必有天殃故勸諸侯無召天罰則所願也敢盡布其腹心及先王之經而諸侯實深圖之昔先王之命曰王后無適則擇立長年鈞。以德德鈞。以卜此所謂先王之經○適丁歷反

疏昔先至以卜○正義曰先王先世之王不斥一人蓋自古以來共如此也襄三十一年傳曰公薨立胡女敬歸之子子野子野卒立敬歸之娣齊歸之子裯穆叔曰大子死有母弟則立之無則立長年鈞擇賢義鈞則卜古之道也非適嗣何必娣之子彼言大子死立母弟則此言擇立長謂無母弟者也彼又云子野非適嗣何必娣之子然則適嗣立而死當立娣之子也姪與娣同蓋王后夫人無姪娣之子乃於諸子妾之子擇立長耳年鈞擇賢與此年鈞以德皆謂母之貴賤等者公羊傳曰立適以長不以賢立子以貴不以長明母貴則先立也此子朝之母必賤於猛母故專言立長之義不言母之貴賤何休難年鈞以德之言云人君所賢下必從之焉能使王不立愛也鄭玄荅云周禮小司寇掌外朝之政以致萬民而詢焉其三曰詢立君其位王南鄉三公及州長百姓北面羣臣西面羣吏東面小司寇以敘進而問焉如此則大衆之口非君所能掩是王不得立愛之法也王不立愛公卿無私古之制也穆后及大子壽早夭即世在十五年

疏公卿至制也○正義曰三公六卿無得私附王

之庶子而妄立之其意言單劉有私情違古制也何休難云大夫不世功而弃爲公卿通繼嗣左氏爲短鄭玄云公卿之世有大功德先王命所不絕者何難既非鄭荅亦謬單劉贊私立少以間先王間錯先王之制亦唯伯仲叔季圖之伯仲叔季總謂諸侯閔馬父聞子朝之辭曰文辭以行禮也子朝干景之命遠晉之大以專其志無禮甚矣文辭何爲傳終王室亂○遠于萬反○齊有彗星出齊之分野不書魯不見○彗似歲反又息遂反分扶問反疏注出齊至不見○正義曰傳言齊有此星而齊侯使禳之明出齊之分野出於玄枵之次也彗卽孛也文十四年有星孛入于北斗十七年有星孛于大辰彼皆書此不書者時魯不見或陰不見齊侯使禳之祭以禳除之○禳如羊反晏子曰無益也祇取誣焉誣欺也○祇音支天道不謟謟疑也○謟本又作慆他刀反不貳其命若之何禳之且天之有彗也以除穢也君無穢德又何禳焉若德之穢禳之何損詩曰惟此文王小心翼翼昭事上帝聿懷多福厥德不回以受方國詩大雅翼翼共也聿惟也回違也言文王德不違天人故四方之國歸往之○聿戸橘反疏詩曰至方國○正義曰詩大雅大明之篇也惟此文王愼小其心翼翼然共順也又能明事上天惟行上天之道思使自得多福其德不有回邪以受四方之國言四方皆歸之君無違德方國將至何患於彗詩曰我無所監夏后及商用亂之故民卒流亡逸詩也言追監夏商之亡皆以亂故○夏戸雅反注同若德回亂民將流亡祝史之爲無能補也公說乃止齊侯與晏子坐于路寢公歎曰美哉室其誰有此乎景公自知德不能久有國故歎也○

說音悅下注喜說同晏子曰敢問何謂也公曰吾以爲在德對曰如君之言其陳氏乎陳氏雖無大德而有施於民豆區釜鍾之數其取之公也薄謂以公量收○施式豉反下出者皆同區烏侯反量音亮下同其施之民也厚謂以私量貸○施如字又始豉反公厚斂焉陳氏厚施焉民歸之矣詩曰雖無德與女式歌且舞詩小雅義取雖無大德要有喜說之心○斂力驗反女音汝疏詩曰至且舞○正義曰詩小雅車舝刺幽王也陳氏之施民歌舞之矣後世若少惰陳氏而不亡則國其國也已公曰善哉是可若何對曰唯禮可以已之在禮家施不及國民不遷農不移工賈不變守常業○惰徒臥反本亦作憜同工賈音古本亦作商賈疏家施不及國○正義曰大夫稱家家之所施不得施及國人言國人是國君之所有大夫不得妄施遺之以樹己私惠陳氏施及國人是違禮也士不濫不失職官不滔滔慢也○滔吐刀反慢武諫反本又作漫武半反大夫不收公利不作福疏大夫不收公利○正義曰尚書洪範曰惟辟作福惟辟作威臣無有作福作威臣之有作福作威其害于而家凶于而國是言作福作威君之利也大夫不得聚收公利自作福也陳氏作福以招國人之心施民作福是收公利也公曰善哉我不能矣吾今而後知禮之可以爲國也對曰禮之可以爲國也久矣與天地並有天地則禮義興疏禮之至地並○正義曰天地人民莫知其始但人稟陰陽之氣生於天地之間天地既形人民必育易序卦曰有天地然後有萬物有萬物然後有男女有男女然後有夫婦有夫婦然後有父子有父子然後有君臣有君臣然後有上下有上下然後禮義有所錯是言有天地即有人民有

人民卽有父子君臣父子相愛君臣相敬敬愛爲禮之本是。與天地並與君令臣共。父慈子孝兄愛弟敬夫和妻柔姑慈婦聽禮也君令而不違臣共而不貳父慈而教。子孝而箴箴諫也○共音恭下同箴之林反兄愛而友弟敬而順夫和而義妻柔而正姑慈而從從不自專婦聽而婉婉順也○婉於阮反禮之善物也公曰善哉寡人今而後聞此禮之上也對曰先王所稟於天地以爲其民也是以先王上之也稟受

疏先王至上之○正義曰先古聖王所治理人民者爲受陰陽之氣生於天地之中以有上下之禮乃可治其天下又禮與天地同貴是以先王上之

經。二十有七年春公如齊自鄆行鄆音運○公至自齊居于鄆○夏四月吳弒其君僚僚亟戰民罷又伐楚喪故光乘間而動稱國以弒罪在僚○弒申志反注同僚力彫反亟欺冀反罷音皮

疏注僚亟至在僚○正義曰杜數僚之罪以示無道之驗僚以十六年卽位十七年與楚戰于長岸二十三年伐州來敗楚于雞父其年又使大子諸樊入。郹二十四年滅巢及鍾離此年又因楚喪而伐之是其亟戰民罷又伐楚喪故光得乘間而動稱國以弒罪在僚也言舉國皆欲弒之非獨光之罪故不書光弒○楚殺其大夫郤宛無極楚之讒人宛所明知而信近之以取敗亡故書名罪宛○殺始察反郤去逆反宛於阮反又於元反近附近之近

疏無極至罪宛○正義曰文七年宋殺其大夫傳曰不稱名非其罪也死者無罪則不稱其名是稱名者皆爲有罪矣此郤宛書名故杜跡其爲罪之狀書名所以罪宛也○秋晉士鞅宋樂祁犂衞北宮喜曹人邾人滕人會于扈○祁力今反又力之反扈音戶○冬十月曹伯午

卒無傳未同盟而赴以名○午音五○邾快來奔無傳快邾命卿也故書○快苦怪反疏注快邾至故書○正義曰邾是小國其臣見於經者甚少唯此與襄二十三年邾畀我來奔書者二人而已釋例曰魯之叔孫父兄再命而書於經晉之司空亞旅一命而經不書推此知諸侯大夫再命以上皆書於經自一命以下大夫及士經皆稱人名氏不得見此皆典策之正文也小國之卿或命而禮儀不備或未加命數故不書之邾畀我之等其奔亡亦多所書唯數人而已知其合制者少杜言數人謂此快與畀我及曹公孫會也是言快是邾之命卿備於禮成為卿故書也快不書氏蓋未賜族無可稱也

○公如齊自鄆行公至自齊居于鄆無傳

傳二十七年春公如齊公至自齊處于鄆言在外也在外邑故書地○吳子欲因楚喪而伐之前年楚平王卒使公子掩餘公子燭庸帥師圍潛二子皆王僚母弟潛楚邑在廬江六縣西南○掩於檢反疏注二子至母弟○正義曰賈逵云然當是相傳說耳未必有正文也三十年傳此二公子奔楚楚子大封而定其徙子西諫曰吳光新得國若好吾邊疆使柔服焉猶懼其至吾又彊其讎以重怒之無不可乎謂此二子為光之讎或當是僚母弟也乃使延州來季子聘于上國季子本封延陵後復封州來故曰延州來○復扶又反疏聘于上國○正義曰服虔云上國中國也蓋以吳辟在東南地勢卑下中國在其上流故謂中國為上國也下云遂聘于晉則上國之言不包晉矣當總謂宋衛陳鄭之徒為上國耳亦不知其時聘幾國也經不書未必不至魯檀弓云延陵季子適齊於其反也其長子死葬於嬴博之間鄭玄云魯昭二十七年吳公子札聘於上國是也如鄭之言此時或聘齊也○注季子至州來○正義曰襄三十一年注云延州來季札邑此又分坼之言本封延陵後復封州來故曰延州來成七年吳入州來注云楚邑淮南下蔡縣是也十三年吳滅州來二十三年傳云吳伐州來楚

還越救之則州來未爲吳有不可以封札也釋例土地名延州來闕則延陵州來並闕不知其處杜意當謂吳地別有州來非楚邑也鄭玄云季子讓國居延陵因號焉襄二十九年公羊傳曰季子去之延陵終身不入吳國然則季子雖則讓國猶尚仕爲吳卿非自竄於彼地吳世家云季札封于延陵故號曰延陵季子杜言封是也封謂賜之爲采邑耳

遂聘于晉以觀諸侯觀彊弱

楚蒍尹然工尹麇帥師救潛二尹楚官然麇其名○蒍由九反麇九倫反

疏注二尹楚官○正義曰楚官多以尹爲名知二尹是官名耳其蒍王之義不可知也服虔云王尹主宮內之政蒍不可解王未必然定本王作工

左司馬沈尹戌帥都君子與王馬之屬以濟師都君子在都邑之士有復除者王馬之屬王之養馬官屬校人也濟益也○戌音恤復音福校胡孝反

疏注都君至校人○正義曰都謂國都在都君子明是在都邑之士也都邑之士以君子爲號故知是有復除者謂優復其身除其徭役賈逵云然今之律令猶名放課役者爲復除是漢世以來有此言也此人或別有功勞或曲蒙恩澤平常免其徭役事急乃使之耳周禮校人掌養馬知王馬之屬是王之養馬之官屬也校人職云凡頒良馬而養乘之乘馬一師四圉三乘爲皁皁一趣馬三皁爲繫繫一馭夫六繫爲廏廏一僕夫六廏成校校有左右駑馬四良馬之數麗馬一圉八麗一師八師一趣馬八趣馬一馭夫諸侯六閑養馬之人多矣此唯養馬不給餘役今亦事急而徵使之

與吳師遇于窮令尹子常以舟師及沙汭而還沙水名○汭如銳反

疏遇于窮○正義曰土地名窮闕也本或窮下有谷字者爲定七年傳敗尹氏于窮谷涉彼而誤耳

左尹郤宛工尹壽帥師至于潛吳師不能退楚師彊故吳不得退去

吳公子光曰此時也弗可失也欲因其師徒在外國不堪役以弒王○弒申志反下文同

告鱄設諸曰上國有言曰不索何獲我王嗣也吾欲求之光吳王諸樊子

也故曰我王嗣○鱄音專上國賈云上國與中國同服云上古國也索所白反疏上國有言○正義曰賈逵云上國中國也服虔云上國謂上古之國賢士所言也此猶如上文聘于上國則賈言是也○注光吳至王嗣○正義曰吳世家云吳王壽夢有子四人長曰諸樊次曰餘祭次曰餘昧次曰季札季札賢而壽夢欲立之季札讓不可乃立諸樊諸樊卒有命授弟餘祭欲傳以次必致國於札兄弟皆欲致國令以漸至焉餘祭卒弟餘昧立餘昧卒欲授季札札讓逃去於是吳人曰先王有命必致季子今逃位則餘昧後立今卒其子當代乃立餘昧之子僚爲王公子光者王諸樊之子也常以爲吾父兄弟四人當傳至季子季子不受光父先立若既不傳季子光當立遂殺王僚光代立爲王是史記以光爲諸樊之子僚爲夷昧之子也襄二十九年公羊傳曰謁也餘祭也夷昧也與季子同母者四季子弱而才兄弟皆愛之同欲立之以爲君弟兄迭爲君而致國乎季子故謁也死餘祭也立餘祭也死夷昧也立夷昧也死則國宜之季子者也季子使而亡焉僚者長庶也即之闔閭曰將從先君之命與則國宜之季子季子者也如不從先君之命與則我宜立者也僚惡得爲君乎於是使專諸刺僚世本云夷昧及僚夷昧生光服虔云夷昧生光而廢之僚者夷昧之庶兄夷昧卒僚代立故光曰我王嗣也是用公羊爲說也杜言光吳王諸樊子用史記爲說也班固云司馬遷采世本爲史記而今之世本與遷言不同世本多誤不足依。馮故杜以史記爲正也光言王嗣者言己是世適之長孫也

事若克季子雖至不吾廢也至謂聘還鱄設諸曰王可弑也母老子弱是無若我何猶言我無若是何欲以老弱託光疏注猶言至託光○正義曰古人言有顛倒故杜以爲是無若我何猶言我無若是何恐己死之後不能存立欲以老弱託光也彭仲。傳云當言是無我若何我母無我當如何我字當在若上

光曰我爾身也言我身猶爾身夏四月。光伏甲於堀。室堀地爲室○堀本又作窟同苦忽反掘其勿反又其月反而享王王使甲坐於道及其門坐道邊至光門門階戶席

皆王親也夾之以鈹羞者獻體改服於門外羞進食也獻體解衣○夾古洽反又古協反下同鈹普皮反說文云劍也【疏】門階至親也○正義曰言從門至階從階至戶從戶至席皆是王之親兵也○鈹○正義曰說文云鈹劍也則鈹是劍之別名執羞者坐行而入坐行膝行執鈹者夾承之承執羞者及體以相授也鈹及進羞者體以所食授王【疏】及體以相授○正義曰鈹之鋒刃及進羞者體也王之左右必更有人受羞以進王故言相授也雖則相授進羞者得至王所光僞足疾入于堀室恐難作王黨殺己素辟之○難乃旦反鱄設諸寘劍於魚中以進全魚炙○寘之豉反炙章披反【疏】注全魚炙○正義曰吳世家云鱄諸置匕首於炙魚之中以進食手匕首刺王僚匕首者劍首如匕匙手匕首謂執匕首也○抽劍刺王鈹交於胷。交鱄諸胷○抽勑留反刺七亦反遂弒王闔廬以其子爲卿闔廬光也以鱄諸子爲卿○闔戶臘反季子至曰苟先君無廢祀民人無廢主社稷有奉國家無傾乃吾君也吾誰敢怨哀死事生以待天命非我生亂立者從之先人之道也吳自諸樊以下兄弟相傳而不立適是亂由先人起也季子自知力不能討光故云爾○傳直專反適丁歷反復命哭墓復使命於僚墓○使所吏反復位而待復本位待光命吳公子掩餘奔徐公子燭庸奔鍾吾鍾吾小國楚師聞吳亂而還言聞吳亂明郤宛不取賂而還○郤宛直而和國人說之以直事君以和接類○說音悅鄢將師爲右領右領官名○鄢於晚反又烏戶反與費無極比而惡之惡郤宛○費扶味反比毗志反惡爲路反注同令尹子常賄而信讒無極譖郤宛焉謂子常曰子惡欲飲子酒子惡郤宛○蒱予罪反譖側鴆反飲於鴆反又謂子惡令尹欲飲酒於子氏子惡曰我賤人也不足以辱令尹令尹將必來辱爲惠已甚吾無以酬之若何酬報獻○無極曰令尹好甲兵子出之吾擇焉擇取以進子常○擇好呼報反取五甲五兵曰寘諸門令尹至必觀之而從以酬之曰無極辭

疏取五甲五兵○正義曰周禮司右云凡國之勇力之士能用五兵者屬焉鄭引司馬法曰弓矢圍殳矛守戈戟助凡五兵長以衛短短以救長然則弓矢殳矛戈戟五者皆名爲兵此云五兵當是一種器耳不知取何兵也服虔云兵戟也

及饗曰帷諸門左張帷陳甲兵其中無極謂令尹曰吾幾禍子子惡將爲子不利甲在門矣子必無往且此役也此春救潛之役○幾音祈吳可以得志子惡取賂焉而還又誤羣帥使退其師曰乘亂不祥吳乘我喪我乘其亂不亦可乎令尹使視郤氏則有甲焉不往召鄢將師而告之告子惡門有甲兵將害己將師退遂令攻郤氏且爇之爇燒也○爇如悅反子惡聞之遂自殺也國人弗爇令曰不爇郤氏與之同罪或取一編菅焉或取一秉秆焉編菅苫也秉把也秆稾也○編必然反又必千反菅古顏反秆古但反說文云禾莖也或古旦反苫式占反李巡云編菅茅以覆屋曰苫把必馬反稾古老反

疏注編菅至稾也○正義曰釋草云白華野菅郭璞云菅茅屬釋器云白蓋謂之苫李巡曰編菅以覆屋曰苫郭璞曰白茅苫也是編菅爲苫也秉把詩毛傳文也說文云秆禾莖也是爲稾也或取一片苫或取一把稾言民不肯燒之

國人投之遂弗爇也令尹炮之燒燔郤宛○炮陟交反又彭交反燔音煩

疏國人至炮之○正義曰國人投之謂投菅秆於地故遂不燒也令尹炮之一句是鄢將師令衆之辭服虔云民不肯爇也鄢將師稱令尹使女燔炮之燔炮爇皆是燒也盡滅郤氏之族黨殺陽令終與其弟完及佗令終陽匄子○佗走何反匄古害反與晉陳及其子弟晉陳楚大夫皆郤氏之黨晉陳之族呼於國曰鄢氏費氏自以爲王專禍楚國弱寡王室蒙王與令尹以自利也蒙欺也○呼火故反令尹盡信之矣國將如何令尹病之爲下殺無極張本○秋會于扈令戍周且謀納公也宋衛皆利納公固請之范獻子取貨於季孫謂司城子梁與北宮貞子子梁宋樂祁也貞子衛北宮喜曰季孫未知其罪而君伐之請囚請亡於是乎不獲君又弗克而自出也夫豈無備而能出君乎季氏之復天救之也復猶安也休公徒之怒休息也○而啓叔孫氏之心不然豈其伐人而說甲執冰以游叔孫氏懼禍之濫而自同於季氏天之道也魯君守齊三年而無成季氏甚得其民淮夷與之淮夷魯東夷○說他活反疏懼禍至道也○正義曰言季氏無罪而公濫討之叔孫氏亦懼禍之濫及於己而自同心於季氏俱叛公此乃天之常道也有十年之備有齊楚之援公雖在齊言齊不致力○有天之贊有民之助有堅守之心有列國之權而弗敢宣也宣用也○守手又反事君如在國書公行告公至是也故鞅以爲難二子皆圖國者也而欲納魯君鞅之願也請從二子以圍魯無

成死之二子懼皆辭乃辭小國而以難復以難納白晉君孟懿子陽虎伐鄆陽虎季氏家臣伐鄆欲奪公。【疏】孟懿至伐鄆○正義曰伐鄆欲奪公鄆使公不得居也不書者伐公逆事不可以告廟國史無由得書鄆人將戰子家子曰天命不慆久矣慆疑也言弃君不疑○慆他刀反使君亡者必此衆也言君據鄆衆以與魯戰必敗亡天既禍之而自福也不亦難乎猶有鬼神此必敗也【疏】猶有至敗也○正義曰言尚有鬼神以助君此戰必當敗也況無鬼神乎。嗚呼爲無望也夫其死於此乎公使子家子如晉公徒敗于且知且知近鄆地也○夫音扶且子餘反近附近之近○楚郤宛之難國言未已進胙者莫不謗令尹進胙國中祭祀也謗詛也○難乃旦反年末同胙才故反詛側慮反沈尹戌言於子常曰夫左尹與中廄尹莫知其罪而子殺之以興謗讟至于今不已左尹郤宛也中廄尹陽令終○廄九又反讟音燭戌也惑之仁者殺人以掩謗猶弗爲也今吾子殺人以興謗而弗圖不亦異乎夫無極楚之讒人也民莫不知去朝吳在十五年○去起呂反朝如字下朝夕同出蔡侯宋在二十一年喪太子建殺連尹奢在二十年○喪息浪反屏王之耳目使不聰明不然平王之溫惠共儉有過成莊無不及焉所以不獲諸侯邇無及也邇近也○近附近之近今又殺三不辜以興大謗。三不辜郤氏陳氏晉陳氏幾及子矣子而不圖將焉用之夫鄢將師矯子之命以滅三族國之良也而不愆位在位無愆過○幾音祈又音機焉於虔反矯居表反愆起虔反疏○鄢將師矯子之命○正義曰令尹召鄢將師告之以郤宛門有甲耳不令攻郤宛也鄢將師退而令衆使攻之是矯令尹命也吳新有君光新立也疆埸日駭楚國若有大事子其危哉知者除讒以自安也今子愛讒以自危也甚矣其惑也子常曰是瓦之罪敢不良圖九月己未子常殺費無極與鄢將師盡滅其族以說于國謗言乃止○冬公如齊齊侯請饗之設饗禮○彊居良反埸音亦知音智子家子曰朝夕立於其朝又何饗焉其飲酒也乃飲酒使宰獻而請安比公於大夫也禮君不敵臣宴大夫使宰為主獻獻爵也請安齊侯請自安不在坐也○坐才臥反疏○朝夕至飲酒○正義曰禮為諸侯相為賓主國待之有享食。燕三禮享為大鄭玄云。享。謂。享大牢以飲賓是為禮之大者子家以公雖居鄆以齊為主此年已再如齊數相見不為賓客故言朝夕立於其朝又何須設饗禮焉其飲酒也勸其用宴禮而飲酒耳○注比公至坐也正義曰燕禮者公燕大夫之禮也公雖親在而別有主人鄭玄云主人宰夫也宰夫大宰之屬掌賓客之獻飲食者也君於其臣雖為賓不親獻以其尊莫敢伉禮也今齊侯與公飲酒而使宰獻是比公於大夫也獻獻爵者禮有三酌獻也酬也酢也獻酬是主人獻賓唯酢是賓荅主人耳禮君不敵臣宴大夫使宰為主即燕禮是其事也杜以宰獻而請安謂齊侯請自安於別室不在坐也劉炫云案燕禮司正洗角觶南面坐奠于中庭升東楹之東受命西階上北面命卿大夫君曰以我安卿大夫皆對曰諾敢不安彼是請。客使自安當如彼使宰請魯侯自安耳主人請安謂主人使司正請安于賓服虔亦然杜今云齊侯請自安非也今知不然者案鄉飲酒禮賓主相敵主人亦請安于賓然則齊侯與公敵禮安賓乃是常事何須傳載其文以見卑公之義明是齊侯請欲自安不在其坐明慢公之甚劉不審思此理用燕禮請安之義而規杜非也 子仲之子曰重爲齊侯夫人曰請使重見 子仲魯公子慭也十二年謀逐季氏不能而奔齊今行飲酒禮而欲使重見從宴姝也○曰重直勇反又直恭反見賢遍反注同慭魚覲反姝息列反 子家子乃以君出 辟齊夫人 十二月晉籍秦致諸侯之戍于周魯人辭以難 經所以不書戍周籍秦籍談子

經二十有八年春王三月葬曹悼公 無傳六月而葬緩○ ○公如晉次于乾侯 乾侯在魏郡斥丘縣晉竟內邑○斥音尺一音昌夜反竟音境傳同 ○夏四月丙戌鄭伯寧卒 無傳未同盟而赴以名 ○六月葬鄭定公 無傳三月而葬速 ○秋七月癸巳滕子寧卒 無傳未同盟而赴以名 冬葬滕悼公 無傳

傳二十八年春公如晉將如乾侯 齊侯卑公故適晉 子家子曰有求於人而即其安人孰矜之其造於竟 欲使次於竟以待命○造七報反 弗聽使請逆於晉晉人曰天禍魯國君淹恤在外君亦不使一个辱在寡人 一个單使○个古賀反注同單使所吏反 而即安於甥舅其亦使逆君 言自使齊逆君 使公復于竟而後逆之 逆者乾侯也言公不能用子家所以見辱○著中略反一音直略反 晉祁勝與鄔臧通室 二子祁盈家臣也通室易妻○祁巨支反字林云太原縣上尸反鄔舊音烏戶反又音偃案地名在周者烏戶反隱十一年王取鄔留是也在鄭者音偃成十六年戰于鄢陵是也在楚者於建反又音偃昭十三年王沿夏將入鄢是也在晉者於庶反字林乙祛反郭璞三倉解詁音厥於庶反鬬驅音厭飫之飫璽言之太原有鄔縣唯周地者從烏餘皆從焉字林亦作鄔音同傳云分祁氏之田以爲七縣司馬彌牟爲鄔大夫即太原縣也鄔臧宜

以邑爲氏於愛反舊音誤祁盈將執之盈祁午之子訪於司馬叔游叔游司馬叔侯之子叔游曰鄭書有之

惡直醜正實蕃有徒鄭書古書名也言害正直者實多徒衆○惡如字又烏路反蕃音煩疏○惡直至有徒○正義曰以直爲惡以正爲醜惡直事醜正道如此人者實蕃多有徒衆言時世慕善者多從惡者少無道立矣子懼不免言世亂讒勝詩曰民之多

辟無自立辟詩大雅○多辟本又作僻匹亦反立辟婢亦反疏詩曰至立辟○正義曰詩大雅板之篇刺厲王之詩辟邪也辟法也民之多邪辟○者於此之時無自謂所立者爲法是無道之世法不可爲古○辟辟字同音○異耳言姑已若何姑且也已止也盈曰祁氏私有

討國何有焉言討家臣無與國事○無與音預遂執之祁勝賂荀躒荀躒爲之言於晉侯晉侯

執祁盈以其專戮爲于僞反祁盈之臣曰鈞將皆死鈞同也疏鈞將皆死○正義曰鈞同也殺勝與臧盈亦死不殺盈亦死同將皆死不如殺之使盈聞而快意憖使吾君聞勝與臧之死也以爲快○憖發語之音憖魚覲反乃殺之夏

六月晉殺祁盈及楊食我○楊叔向邑食我叔向子伯石也○食音嗣向許丈反食我祁盈之黨也而助亂

故殺之遂滅祁氏羊舌氏初叔向欲娶於申公巫臣氏夏姬女也○娶七住反夏戶雅反注同其

母欲娶其黨叔向曰吾母多而庶鮮吾懲舅氏矣言父多妾媵而庶子鮮少嫌母氏性不曠○鮮息淺反注其母曰子

皆同懲直升反媵繩證反又時證反疏吾母多○正義曰言父多妾媵而謂之母多者意言庶弟少據庶弟而發言故謂父妾爲母耳

靈之妻殺三夫子靈巫臣妻夏姬也三夫陳御叔楚襄老及巫臣也時巫臣已死疏殺三夫○正義曰三夫皆自命盡而死其死不由夏

姬而云殺三夫者婦之配夫欲其偕老其夫數死是妻之薄相故以爲夏姬之咎一君陳靈公一子夏徵舒而亡一國陳也兩
卿矣孔寧儀行父○疏一君至兩卿○正義曰一君一子蒙上殺文兩卿亦蒙亡文也以兩卿棄位出奔身不死故爲亡也此事皆宣十年十一年傳
可無懲乎吾聞之甚美必有甚惡是鄭穆少妃姚子之子子貉之妹也子貉鄭靈公夷
○少詩照反貉亡白反疏甚美必有甚惡○正義曰物忌大盛害不可常暑往寒來晝明夜暗孰能爲此者天地天地尚不能常況人乎故甚美必有甚
惡也甚美謂夏姬之身甚惡當在其後言其種胤當惡故禁其子取之子貉早死無後而天鍾美於是是夏姬也鍾聚也子
貉。死在宣四年疏子貉至於是○正義曰此因鄭靈早夭而夏姬美推之爲此言耳不是兄早死而妹必美也猶今俗語云。云衰家女未必慧。慧。將必
以是大有敗也疏將必至敗也○正義曰夏姬淫。或喪國滅家叔向之母猶謂未。是大敗故言將必以是大有敗也十四年傳稱施邢侯者
或是夏姬之男此殺楊食我又是夏姬之外孫其種類蓋盡矣昔有仍。氏生女黰。黑有仍古諸侯也美髮爲黰○黰之忍反說文作㐱又
作鬒云稠髮也疏生女黰黑○正義曰黰即鬒也詩云鬒髮如。絲毛傳云鬒黑髮也如雲言美長也說文云鬒稠髮也然則鬒者髮。多長而黑美之。貌也此
傳黰下有黑則黰文不兼黑故賈杜皆云美髮爲黰而甚美光可以鑑髮膚光色可以照人○鑑古暫反鏡也疏注髮膚至照人
○正義曰傳於黰黑甚美之下乃云光可以鑑知髮與肌膚二者光色皆可以照人名曰玄妻。以。髮黑。故樂正后夔取之夔舜典樂
之君長○夔求龜反取如字又古住反疏注夔舜至君長○正義曰尚書舜典云帝曰夔命汝典樂教胄子是夔爲舜之典樂。官也正長也后君也故云
典樂之君長王朝公卿故以后言之猶謂。爲后稷生伯封實有豕心貪惏無饜忿纇無期謂之封豕纇戾

也封大也○長丁丈反惏力耽反方言云楚人謂貪爲惏饜亦作猒於鹽反纇又作類立對反服作類○【疏】生伯至封豕○正義曰豕心言其心似豬貪而

無恥也方言云晉魏河內之北謂惏爲殘楚謂之貪則惏亦貪也賈逵云惏者食也其人貪耆財利飲食無知饜足忿怒狠戾無有期度時人謂之大豬○注

類戾也封大也○正義曰以類忿共文則類亦似忿故以爲戾言狠戾也定四年傳封豕與長蛇相對知封爲大也服虔云忿怒其。類以饜其私無期度也

有窮后羿滅之夔是以不祀羿篡夏后者○音藝篡初患反羿且三代之亡共子之廢皆是物

也夏以。妹。喜殷以妲己周以褒姒三代所由亡也共子晉申生以。驪姬廢○共音恭本亦作恭妹喜本或作嬉音同國語云桀伐有施有施氏以妹喜女焉

韋昭注漢書云嬉姓也妲己丁達反下音紀國語云有蘇氏之女也韋昭云己姓也褒姒音似龍漦所生褒人所養者也毛詩云姒姓也鄭箋云姒字也驪姬

本又作麗同力知反獻公伐驪戎所得而以爲夫人穀梁傳云滅號所得莊子云艾封人之子【疏】注夏以至姬廢正義曰晉語云史蘇曰昔夏桀伐有施氏

有施氏以妹嬉女焉妹嬉有寵於是與伊尹比而亡夏殷辛伐有蘇有蘇氏。以妲己女焉妲己有寵於是與膠。鬲比而亡殷周幽王伐有褒褒人以褒姒女

焉褒姒有寵生伯服於是與虢石甫比逐大子宜咎而立伯服大子奔申申人鄫人召西戎以伐周周於是乎亡是三代所由亡之事也共子之事具見於傳

女何以爲哉夫有尤物足以移人苟非德義則必有禍尤異也○女音汝【疏】苟非至有禍○正義

曰苟誠也誠不以德義自持則必有禍叔向懼不敢取平公強。使取之生伯石伯石始生子容之

母走謁諸姑子容母叔向嫂伯華妻也姑叔向母○敢取七住反又如字強其丈反嫂素早反兄妻也依字宜如此曰長叔姒生

男兄弟之妻相謂姒○長丁丈反【疏】注兄弟至謂姒○正義曰相謂者幼者謂長。爲姒也子容是伯華之子其兄弟伯華最長叔向次之其餘諸弟皆小

於叔向也故謂叔向爲長叔叔向之妻其年長於子容母故稱長叔姒也釋親云女子同出謂先生爲姒後生爲娣孫炎曰同出俱嫁事一夫也公羊傳曰娣者何弟也此其義也是言共事一夫者長爲姒幼爲娣自以身之長幼生娣姒之名其娣姒之名不由夫之長幼也釋親又云長婦謂稚婦爲娣婦娣婦謂長婦爲姒婦自以身之長稚相謂也喪服小功章云娣姒婦報傳曰娣姒婦者弟長也傳言弟長者雙訓娣姒言娣是弟姒是長也鄭玄云娣姒者兄弟之妻相名也長婦謂穉婦爲娣婦娣婦謂長婦爲姒婦亦取爾雅之文以解弟長之義是以身之長幼明矣姑視之及堂聞其聲而還曰是豺狼之聲也狼子野心非是莫喪羊舌氏矣遂弗視○秋晉韓宣子卒魏獻子爲政獻子魏舒○豺本又作犲同仕皆反喪息浪反分祁氏之田以爲七縣七縣鄔祁平陵梗陽塗水馬首盂也○梗古杏反盂音于下文同分羊舌氏之田以爲三縣銅鞮平陽楊氏○鞮丁兮反司馬彌牟爲鄔大夫太原鄔縣賈辛爲祁大夫太原祁縣司馬烏爲平陵大夫魏戊爲梗陽大夫戊魏舒庶子梗陽在太原晉陽縣南○戊音茂知徐吾爲塗水大夫徐吾知盈孫塗水太原榆次縣○知音智次資利反又如字韓固爲馬首大夫固韓起孫孟丙爲盂大夫太原盂縣樂霄爲銅鞮大夫上黨銅鞮縣○霄音消趙朝爲平陽大夫朝趙勝曾孫平陽平陽縣○朝如字僚安爲楊氏大夫平陽楊氏縣○楊

疏分祁至氏大夫○正義曰此祁氏與羊舌氏之田舊是私家采邑二族既滅其田歸公分爲十縣爲公邑故選置大夫也傳文先祁後羊舌故依下文選置大夫之次上七縣爲祁氏之田下三縣爲羊舌氏之田且五年傳謂伯石爲楊石明楊氏是羊舌之田也家語與史記皆謂羊舌赤爲銅鞮伯華是銅鞮亦羊舌邑也平陽之次在銅鞮楊氏之間知亦羊舌邑也謂賈辛司

馬烏爲有力於王室二十二年辛烏帥師納敬王○僚力彫反疏注二十至敬王○正義曰二十二年傳曰晉籍談荀躒賈辛司馬督
帥師軍于陰于侯氏于谿泉次于社賈辛軍谿泉司馬督次于社督卽烏也此衆軍並爲伐子朝欲納敬王故舉之謂知徐吾趙朝
韓。固魏戊餘子之不失職能守業者也卿之庶子爲餘子○疏注卿之至餘子○正義曰宣二年傳云。官卿之適以
爲公族又。官其餘子亦爲餘子其庶子爲公行注云餘子適子之母弟也庶子妾子也彼適庶分爲三等故餘子與庶子爲異此無所對故總謂庶子爲餘子
也此四人之內當有妻生妾生者也知徐吳韓固是卿之孫也趙朝卿之曾孫也而並稱餘子者言其父祖是餘子就餘子子孫之內選其賢者而用之此四
人不失常職能守其父祖之業。者也其四人者皆受縣而後見於魏子以賢舉也四人司馬彌牟孟丙樂霄僚安
也受縣而後見言采衆而舉不以私也○見賢遍反注及下見魏子並同魏子謂成鱄鱄晉大夫○鱄音剸又市轉反又音附吾與戊
也縣人其以我爲黨乎對曰何也戊之爲人也遠不忘君遠疏遠也近不偪同不偪同位
○偪彼力反居利思義不苟得在約思純無濫心有守心而無淫行雖與之縣不亦可乎
疏對曰至可乎○正義曰遠不忘君言職雖疏遠而心在公室常忠敬也近不偪同言親近有寵不偪迫同位常謙共也居利思義臨財不苟得思義可取
乃取之也在約思純處貧匱而思純固無叨濫之心也有守善之心而無淫邪之行雖則親子而與之縣不亦可乎昔武王克商光有天
下光大也○行下孟反其兄弟之國者十有五人姬姓之國者四十人皆舉親也夫舉無
他唯善所在親疏一也疏昔武至親也○正義曰由武王克商得封建諸國歸功於武王耳此十五國或有在後封者非武王之時

盡得封也尙書康誥之篇周公營洛之年始封康叔于衛洛誥之篇周公致政之年始封伯禽于魯明知武王之時兄弟未盡封也僖二十四年傳稱周公弔二叔之不咸故封建親戚以藩屏周亦以周公爲制禮之主故歸功於周公耳非盡周公封也九年傳曰文武成康之封建母弟則康王之世尙有封國宜王方始封鄭非獨武王周公封諸國也僖二十四年傳數文之昭也有十六國此言武王兄弟之國十五人者人異故說異耳非武王封十五周公始加一也以魯衞。驗之知周公所加非唯一耳

詩曰。唯此文王。帝度其心莫其德音其德克明克明克類克長克君王此大國克順克比比于文王其德靡悔既受帝祉施于。孫子詩大雅美文王能王大國受天福施及子孫○唯此文王詩作唯此王季度待洛反下及注同莫亡白反又如字爾雅云貊莫安定也下及注同長丁丈反下及注同王此于況反注能王同祉音恥施以豉反注同○【疏】詩曰至孫子○正義曰詩大雅皇矣之篇美文王之德也唯此文王之身爲天帝所。佑天帝開度其心令其有德揆度之。惠所度前事莫不皆得其中也又使之莫然安靜其德教之善音施之於人則皆應和之也又能有監。昭在下之明又能有勤施無私之善又能教誨之不倦有爲人師長之德又能賞善刑惡有爲人君上之度既有人君之德故爲人君王此周之大邦也其施教令能使國人偏服而順之既爲國人順服又能擇人之善者比方其善乃從而用之以此文王之德比于上世有能經緯天地文德之王如堯舜之輩其此詩人稱比較于文王之九德其德皆是無爲人所悔吝者言文王之德堪比或以爲比于前世文德之王義亦通也以此之故既受天之祉福施及于後世之子孫得使長王天下也此章文次如此者德皆天之所授故先言帝度其心明以下皆蒙帝文也德由心起故先言心能度物也心既能度然後能施爲政教故次莫其德音言變政教清靜也爲君所以施政故先言政教清靜乃論身內之德故次能明能善其明與善還是德音之事施之於人有照臨之明勤。心之善耳心能施而無私乃可爲人君長故次克長克

君長卽師也學記曰能爲師然後能爲長能爲長然後能爲君故先長後君也既言堪爲人君卽說爲君之事故言王此大邦也既爲大邦之君能使國人順服故次克順也民既順服又須擇善用之故次克比也比于文王其德無所可恨故言受天之福澤流後世以結之此傳言唯此文王毛詩作維此王季經涉亂。稚師有異讀後人因而兩存不敢追改今王肅注毛詩及韓詩亦作唯此文王鄭注毛詩作維此王季故解比于文王言王季之德可以比于文王也劉炫云此作唯此文王不可以文王之德還自比文王故知比于文王可以比于上代文德之王也心能制義曰度帝度其心疏心能制義曰度○正義曰心能制斷時事使合於義是爲善揆度也言預度未來之事皆得中也德正應和曰莫莫然清靜○應應對之應下如字又胡臥反疏德正應和曰莫○正義曰毛詩莫作貊樂記引此詩亦作莫釋詁云貊嘆安定也郭璞云皆靜定毛傳云貊靜也其德既正爲政清靜故有所施爲民皆應和易繫辭曰君子居其室出其言善則千里之外應之卽此義也莫是清靜之意故杜云莫然清靜照臨四方曰明勤施無私曰類施而無私物得其所無失類也○施式豉反注及下同疏注施而。無。私至類也○正義曰勤行施惠情無偏私物皆得所是無失類也鄭玄云類善也無失類者不失善之類也教誨不倦曰長教誨長人之道賞慶刑威曰君作威作福君之職也疏賞慶刑威曰君○正義曰人君執賞罰之柄以賞慶人以刑威物是爲君之道慈和偏服曰順唯順故天下偏服○偏音遍注同疏慈和偏服曰順○正義曰人君執慈心以惠下用和善以接物則天下偏服而順從之故爲順也易繫辭云天之所助者順故杜云唯順故天下偏服擇善而從之曰比。比方善事使相從也經緯天地曰文經緯相錯故織成文疏經緯天地曰文○正義曰易稱聖人先天而天弗違後天而奉天時言德能順天隨天所爲如經緯相錯織成文章故爲文也九德不愆作事無悔九德上九曰也皆無愆過則動無悔吝○吝力仞反故襲天祿子孫賴之襲受也主之舉也近文德矣所及其遠哉舉魏戊等勤施無私也其四人者擇善而從故曰近文德所及遠也〇近附近之近【疏】注近文德所及遠〇正義曰成鱄引此詩者唯欲取克類克比二事同於文王故云近文德矣文王以有此德故得施于子孫魏子既近文德亦將所及遠也賈辛將適其縣見於魏子魏子曰辛來昔叔向適鄭鬷蔑惡惡貌醜〇鬷音子工反欲觀叔向從使之收器者從隨也隨使人應斂俎豆者【疏】〇從使之收器者正義曰下云叔向將飲酒將欲舉爵而飲此則飲猶未畢使者擬收器耳未即收也而往立於堂下一言而善叔向將飲酒聞之曰必鬷明也素聞其賢故聞其言而知之【疏】一言而善〇正義曰舊說云一言者謂設由上徹由下下執其手以上曰昔賈大夫惡賈國之大夫惡亦醜也〇上時掌反下并注同娶妻而美三年不言不笑御以如皐為妻御之皐澤〇娶七住反為于僞反【疏】御以如皐〇正義曰詩云鶴鳴于九皐是皐為澤也如往也為妻御車以往澤也射雉獲之其妻始笑而言賈大夫曰才之不可以已我不能射女遂不言不笑夫今子少不颺顏貌不揚顯〇射雉食亦反女音汝下同夫音扶颺音揚子若無言吾幾失子矣言不可以已也如是遂如故知今女有力於王室吾是以舉女因賈辛有功而後舉之言人不可無能〇幾音祈【疏】遂如故知〇正義曰遂如故舊相知行乎敬之哉毋墮乃力墮損也〇毋音無墮許規切仲尼聞魏子之舉也以為義曰近不失親謂舉魏戊遠不失舉以賢舉可謂義矣又聞其命賈辛也以為忠先賞王室之功故為忠

詩曰永言配命自求多福忠也詩大雅永長也言能長配天命致多福者唯忠【疏】詩曰至忠也○正義曰詩大雅文王之篇也言王者長自言我之所爲配上天之命而行之是自家衆多之福使歸己此詩之意言忠則然也言魏子能忠必有多福歸之魏子之舉也義其命也忠其長有後於晉國乎○冬梗陽人有獄魏戊不能斷以獄上上魏子○斷丁亂反其大宗賂以女樂訟者之大宗魏子將受之魏戊謂閻沒女寬二人魏子之屬大夫○閻以占反曰主以不賄聞於諸侯若受梗陽人賄莫甚焉吾子必諫皆許諾退朝待於庭魏子朝君退而待。於魏子之庭○聞如字又音問饋入召之召二大夫食○饋求位反比置三歎既食使坐更命之令坐○比必利反令力呈反魏子曰吾聞諸伯叔諺曰唯食忘憂吾子置食之閒三歎何也同辭而對曰或賜二小人酒不夕食或他人也言飢甚饋之始至恐其不足是以歎中置自咎曰豈將軍食之而有不足是以再歎魏子中軍帥故謂之將軍○咎其九反食之音嗣帥所類反本又作率同【疏】注魏子至將軍○正義曰晉使卿爲軍將謂之將中軍將上軍此以魏子將中軍故呼爲將軍及六國以來遂以將軍爲官名蓋其元起於此及饋之畢願以小人之腹爲君子之心屬厭而已屬足也言小人之腹飽猶知厭足君子之心亦宜然○屬之玉反注同厭於鹽反又於豔反注同獻子辭梗陽人傳言魏氏所以興。也

附釋音春秋左傳注疏卷第五十二

春秋左傳注疏卷五十二校勘記

阮元撰盧宣旬摘錄

附釋音春秋左傳注疏卷第五十二 昭二十六年盡二十八年

〔經二十六年〕

亦是自齊也 宋本是下有至字是也

傳言王入在子朝奔後 宋本作傳云天王入淳熙本小字宋本作傳天王入

單子劉子來以東西 宋本監本來作夾

王入乃告諸侯 諸本作王此本誤三今改正

〔傳二十六年〕

爲公處鄆起 淳熙本閩本處作取按正義云爲下三月公處鄆以發端也則作處爲是也

縛一如瑱 石經宋本淳熙本岳本閩本監本縛作縳與釋文合

注瑱充耳 宋本以下正義八節總入林雍乘注之下

緜下又縣玉爲瑱以塞耳 宋本縣作懸俗字

庚十六斗 淳熙本斗誤升

其下文瓬人云 宋本瓬作旊非也說文瓬从瓦方聲

羣臣不盡力于魯君者 石經于作於

欲行其說 諸本作其此本誤具今改正

宋元公爲魯君如晉 足利本公誤君

不知天之弃魯耶 石經宋本淳熙本小字宋本足利本耶作邪是也

君若待于曲棘 纂圖本毛本于改於

此卽彼棘也 宋本此上有蓋字

成人伐齊師之飲馬于淄者 石經毛本于作於釋文同

齊子淵捷從洩聲子 釋文洩作泄是也

瓦楯脊 毛本脊作沓非釋文下有也字

野洩亦叱也 淳熙本纂圖本也作之

鬒鬚眉 釋文鬚作須云本又作顯案作須正字也一變而爲顯再變而爲鬚

必子彊也 石經彊作疆

鑋而乘於他車以歸 惠棟云說文鑋金聲也从金輕聲讀若春秋傳踁而乘它車之踁則傳本作踁五經文字亦誤作鑋故杜訓爲一足行若從金輕聲與斷足無涉必傳寫之誤正義失考又按足部無踁字蓋卽脛字之異者

謂以擊也 宋本以下有刀字

尸在鞏縣西南偃師城 宋本淳熙本岳本纂圖本足利本尸下有氏字是也

劉子以王出 宋本以下正義二節總入使女寬守闕塞注下

王子朝用成周之寶珪于河 諸本作珪此本誤桂今改正

王宿于褚氏 石經宋本岳本監本褚作禇釋文同

皆周地 宋本淳熙本地作邑是也

使汝寬守闕塞 釋文云女本亦作汝纂圖本閩本監本毛本亦作守闕石經宋本淳熙本岳本足利本作守闕是也陳樹華云水經注云昔大禹疏伊門以通水兩山相對望之若闕伊水歷其間北流故謂之伊闕矣春秋之闕塞也

壬昭王也 陳樹華云哀六年云楚子軫卒則昭王名軫疑壬非昭王或者卽位後改名邪史記楚世家十二諸侯年表並作軫蓋傳寫異文伍子胥傳仍作軫

瀆僈也 宋本淳熙本岳本纂圖本足利本僈作慢釋文作嫚

賂吾至從也　宋本此節正義在乃立昭王之下

晉師戍公般戍周而還　石經宋本淳熙本岳本足利本師下有使字

莊宮在王城　毛本宮作公誤也

昔成王克殷　石經宋本淳熙本岳本纂圖本閩本監本毛本成作武定本亦作武

以蕃屏周　小字宋本蕃作藩釋文同云亦作蕃是也

昔武王克殷　宋本監本毛本作武此本誤成今改正宋本以下正義十五節總入文辭何爲注下

是以理居處厲王于彘　監本理作禮非也

何肯不忍害不　監本毛本下不字作王

與治王之政事　監本治字脫水旁

以同於王庭而言曰　韋注云褱人褱君共處曰同閩本監本毛本誤伺

周語云　案周當作晉

幷去大子　此本大誤天據宋本毛本改閩本監本作太非此節上下大字監本皆誤作太

伯服古文作伯盤　段玉裁校本盤作般按周禮司勳注引盤庚作般庚漢石經殘碑作股庚五經文字云石經變舟作月玉裁盤

作股亦從舟之變體也

生頹禍心 石經宋本小字宋本作穨是也

惠襄辟難 釋文辟作避陳樹華云傳寫之譌

鄭生頃王巨 毛本頃作傾非也

咸黜不端 正義曰諸本咸或作減案惠棟云呂覽仲冬紀水泉減竭今月令作咸竭是咸爲古文減字

其傳詩有此句 毛本傳作傅誤也盧文弨校本其下有左字

其誰敢請之 閩本亦誤請石經此處殘缺宋本淳熙本岳本纂圖本監本毛本作討是也

侵欲無厭 釋文厭作猒云本又作厭石經此處殘缺

規求無度 諸本作規石經此處缺段玉裁校本作玩正義云本或作規謬也

貫瀆鬼神 諸本作貫說文引傳作摜

俗本作規 段玉裁校本俗上有玩字是也

傲很威儀 纂圖本閩本監本毛本很作狠誤釋文作佷

先王謂景王 毛本先作宣非也

未有攸底石經宋本淳熙本岳本底作厎是也注同○今並訂正

奬順天法石經宋本淳熙本小字宋本奬作獎釋文同

無助狡猾釋文作狡滑云本又作狡猾

年鈞以德德鈞以卜後漢書盧植傳引傳鈞作均陳樹華云古字通也

亦唯伯仲叔季圖之閩本毛本伯仲誤倒

子朝干景之命毛本干誤于

注出齊至不見宋本以下正義二節在公說乃止之下

明出齊之分野監本明字模糊

祇取誣焉石經祇作祗是也○今訂正

天道不謟監本毛本謟作諂釋文云本又作慆陳樹華云論衡變虛篇引作不闇按依論衡則闇與謟媚字同韻或左傳古有作謟之本

惟此文王宋本惟作唯今詩大明作維

翼翼然共順也監本毛本順作慎按詩箋作翼翼恭慎貌

君無違德案惠棟云論衡引作回德回邪也與上文不回下文回亂合

豆區釜鍾之數　岳本鍾作鐘

詩曰至且舞　宋本以下正義五節總入是以先王上之注下

是與天地並與　盧文弨校本是下有禮字

君令臣共　閩本監本共作恭非也石經共字重刊葢初刻亦作恭也

父慈而教　毛本教誤敬

（經二十七年）　宋本春秋正義卷三十二石經春秋經傳集解昭七第廿六岳本昭下有公字並盡三十二年

敗楚于雞父　諸本作父此本誤文今改正

又使大子諸樊入郥　毛本郥作鄖亦非宋本作郥是也

（傳二十七年）

注二子至毋弟　宋本以下正義十六節總入令尹病之注下

其長子死葬於嬴愽之閒　宋本閩本監本毛本愽作博是也

此又分㡿之　宋本正德本閩本㡿作拆監本作折毛本作析

楚莠尹然工尹麇　釋文亦作工定本同纂圖本閩本監本毛本作王與正義本合孫志祖云下云別有工尹壽此當作王尹

除其徭役 監本徭作傜下同是也

驁馬四良馬之數 宋本監本毛本四作三不誤

與吳師遇于窮 纂圖本監本毛本于作於惠棟云水經注云水出安豐縣窮谷窮音戎唐石經窮下有谷字酈道元所引同正義以有谷字爲誤非也案石經谷字後人旁加

弗可失也 石經也字初刻誤已後改正

不足依馮 閩本監本毛本馮作憑

彭仲傳云 宋本毛本傳作博是也

夏四月光伏甲於堀室而享王 釋文亦作堀云本又作窟陳樹華云史記夏四月下有丙子二字堀作窟下同初學記引亦作窟按作窟卽釋文所謂又作之本也

入于堀室 顧炎武云石經堀誤作堀案石經不誤炎武非也

鈹交於胷 宋本淳熙本岳本胷作胷石經初刻作匈合於說文後改作胷俗字也此本作胷說文之或體也

無極譖郤宛焉 毛本極誤及

秆稾也 纂圖本稾作藁按稾正字也俗作稿作藁

白華野管　宋本管作菅非下同

民弗肯蓺也　宋本弗作不是也重脩監本蓺誤埶

與其弟完及佗　石經佗字改刊

皆郤氏之黨　宋本淳熙本足利本無之字

懼禍至道也　宋本此節正義在注以難納白晉君之下

孟懿至伐鄆　宋本以下正義二節總入注文且知近鄆地之下

嗚呼爲無望也夫　石經淳熙本嗚作烏是也古烏呼字不作嗚

平王之温惠共儉　石經初刻共字作恭後改刊

郤氏陳氏晉陳氏　宋本淳熙本岳本纂圖本監本毛本陳氏作陽氏是也

鄢將師矯子之命　毛本命誤令宋本此節正義在謗言乃止之下

疆埸日駭　諸本作疆此本誤彊今改正纂圖本監本毛本埸誤場

朝夕至飲酒　宋本以下正義二節總入注辟齊夫人注下

有享食燕三禮　宋本燕作宴

享謂享大牢以飲賓 宋本無享謂二字非也大上享字作亨與聘禮注合

掌賓客之獻飲食者也 諸本作客此本誤客今改正

彼是請客使自安 宋本閩本監本毛本客作賓是也

子仲魯公子慭也 宋本淳熙本岳本纂圖本毛本作慭釋文同此本及閩本誤慭今改正監本作慭亢非

經所以不書成周 宋本淳熙本岳本閩本成作戍是也纂圖本監本毛本誤戍

〔經二十八年〕

乾侯在魏郡斥丘縣 淳熙本魏作以非也

〔傳二十八年〕

逆者乾侯也 宋本淳熙本岳本纂圖本毛本者作著釋文同足利本逆作竟非也

晉祁勝與鄔臧通室 石經初刻作鄔改刻鄥字下司馬彌牟爲鄔大夫鄔字並同按依釋文則作鄔是改刻鄥非也

實蕃有徒 諸本作實詩周頌雝之篇正義引傳作寔

惡直至有徒 宋本以下正義十七節總入姑視之節之下

民之多有邪辟者 宋本無者字

古辟辟字同音異耳重脩監本異誤吳浦鏜云辟辟疑作僻辟字按孔本二字皆作辟故如此云猶前疏云乞與乞一字也

晉殺祁盈及楊食我石經楊字木旁模糊毛誼父六經正誤云揚作楊誤非也此本及誤又依諸本改正

而天鍾美於是毛本天作夭非也

子貉死在宣四年淳熙本死誤飛

今俗語云云褒家女未必慧慧宋監毛本云字不重次慧字下有家女未必褒五字是也

夏姬淫或宋本或作惑

猶謂未是大敗監本毛本是作得

昔有仍氏生女黰黑漢書古今人表仍作扔師古曰扔音仍釋文云黰之忍反美髮也說文作㐱又作鬒云稠髮也

詩云鬒髮如絲宋本監本毛本絲作雲是也

然則鬒者髮多長而黑美之貌也毛本多誤當貌字監本作須

以髮黑故毛本髮黑二字誤倒

是夔爲舜之典樂官也宋本樂下有之字

猶謂爲后稷宋本謂下有稷字是也

忿怒其纇 監本毛本類作纇是也

夏以妹喜 宋本淳熙本岳本纂圖本足利本妹作末是釋文云喜本或作嬉宋本正義同

以驪姬廢 釋文驪作孋云本或作麗穀梁亦作麗盧文弨云淮南說林訓王注楚詞思美人章皆作孋案驪與孋麗實一字耳

有蘇以妲己女焉 宋本蘇下有氏字與國語合

於是與膠華比而亡殷 宋本華作革監本毛本作鬲與國語合

平公強使取之 淳熙本強作彊非也

幼者謂長為姒也 宋本長下有者字是也

知盈縣 宋本淳熙本岳本纂圖本足利本縣作孫是也

孟丙為盂大夫 顧炎武云今本作孟丙者非漢書地理志云盂晉大夫盂丙邑以其為盂大夫而謂之盂丙猶魏大夫之為魏壽餘閻大夫之為閻嘉邯鄲大夫之為邯鄲午也

平陽平陽縣 閩本監本毛本下平字作巫非也

僚安為楊氏大夫 纂圖本監本毛本楊作陳非也

分祁至氏大夫 宋本以下正義十八節總入魏子之舉也義節下

謂伯石爲楊石 此本楊字模糊依監本毛本補正宋本作揚下同閩本誤作鴹

在銅鞮楊氏之閒 銅鞮閩本監本作銅鍉非是宋本楊作揚

韓固 毛本韓作魏非也

官卿之適以爲公族又官其餘子 宋本官並作宦是也

能守其祖父之業者也 閩本監本毛本脫者字

以魯衛驗之 毛本驗作言

詩曰唯此文王 釋文云詩作唯此王季陳樹華云傳文凡發語詞唯字俱從口其引詩書本句則從忄前後一例此唯字應從忄今詩作維

施于孫子 毛本于作於非也

爲天帝所佑 宋本佑作祐與詩皇矣正義同

令其有揆度之惠 監本毛本惠作慧按詩正義作惠

又能有監昭在下之明 宋本昭作照

勤心之善耳 宋本心作施是也

經涉亂罹 監本毛本罹作離按離正字罹俗字

注施而無私至類也　宋本監本毛本無無私二字

作威作福君之職也　詩大雅皇矣之篇正義引作作福作威君之道也

擇善而從之曰比　淳熙本比誤此注同

則飲猶未畢　監本毛本猶作酒非也

賈國之大夫惡亦醜也　纂圖本監本毛本亦作且非也

女遂不言不笑夫　石經初刻無夫字重刊補

今子少不颺　石經子字下旁加負字非也

言不可以已也如是　宋本淳熙本岳本足利本言下有之字與石經合

今女有力於王室　纂圖本監本毛本力作功非也

先賞王室之功故爲忠　毛本爲誤謂

其長有後於晉國乎　毛本於改于

而待於魏子之庭　毛本於改于

比置三歎　毛本置改至非也

魏子中軍帥　釋文亦作帥云本又作率同監本作將非是

注魏子至將軍　宋本此節正義在注文傳言魏氏所以興之下

傳言魏氏所以興也　宋本淳熙本足利本無也字

春秋左傳注疏卷五十二校勘記

附釋音春秋左傳注疏卷第五十三 昭二十九年盡三十二年

杜氏注 孔穎達疏

經二十有九年春公至自乾侯居于鄆以乾侯。至不得見晉侯故【疏】注以乾至。晉侯故○正義曰二十五年公孫于齊齊侯唁公于野井二十六年經書公至自齊公雖不至齊都既入齊竟得與齊侯相見故書公至自齊往年公如晉次于乾侯雖入晉竟不得與晉侯相見故書至自乾侯以乾侯致告於廟者爲不得見晉侯故

齊侯使高張來唁公唁公至晉不見受高張高偃子○唁音彥【疏】注唁公至晉不見受○正義曰詩毛傳曰弔失國曰唁二十五年公新失國齊侯唁公可矣於此復唁公者公以齊不憂己棄而適晉望得晉人矜之晉侯不肯見公齊侯必復恨公嫌公此舉故遣唁公所以嗤笑公也故云唁公至晉不見受又似更復失國故唁之

○公如晉次于乾侯復不見受往乾侯○復扶又反

○夏四月庚子叔詣卒無傳

○秋七月○冬十月鄆潰無傳民逃其上曰潰。潰散叛公○潰戶對反【疏】注民逃至叛公○正義曰民逃其上曰潰文三年傳例也公自二十六年以來常居于鄆此時公既如晉必留人守鄆鄆人潰散而叛公使公不得更來當。是季氏道之使然

傳二十九年春公至自乾侯處于鄆齊侯使高張來唁公稱主君比公於大夫【疏】注比公於大夫○正義曰傳稱范宣子撫荀偃云事吳敢不如事主醫和謂趙。文子曰主是謂矣如此之類大夫稱主傳文多矣今高張以齊侯之命稱公爲主君以晉不受公故輕侮之比公於大夫也

子家子曰齊卑君矣君祇。辱焉言往事齊適取辱○祇音支

公如乾侯

爲齊所卑故復適晉冀見恤○復扶又反 ○三月己卯京師殺召伯盈尹氏固及原伯魯之子皆子朝黨
也稱伯魯子終不說學○召上照反說音悅 尹固之復也二十八年尹固與子朝俱奔楚而道還【疏】○注二十至道還○正義曰尹固復還
之年傳雖不載以婦人尤之云其過三歲乎知以二十六年在道而還至此爲三歲也 有婦人遇之周郊尤之曰處則勸
人爲禍行則數日而反是夫也其過三歲乎夏五月庚寅王子趙車入于鄻以
叛陰不佞敗之趙車子朝之餘也見王殺伯盈等故叛鄻周邑○數所主反鄻列勉反 ○平子每歲賈馬賈買也○賈古
買反 具從者之衣屨而歸之于乾侯公執歸馬者賣之賣其馬 乃不歸馬衛侯來獻
其乘馬曰啓服啓服馬名○乘如字【疏】○注啓服馬名○正義曰釋畜云馬前右足白啓郭璞曰左傳曰啓服詩云兩服上襄鄭玄云兩服中
央夾來轅者此馬毛色名啓用以夾轅故以啓服爲名也公 塹而死隋塹死也○塹七豔反 ○公將爲之櫝爲作棺也○將爲如字一
音于僞反櫝徒木反爲作于僞反下同 子家子曰從者病矣請以食之乃以幃裹之禮曰敝幃不弃爲埋馬也
○食音似褁古火反【疏】注禮曰敝至馬也○正義曰檀弓文也禮有埋馬之法子家子請以馬肉食從者以公將爲之櫝所以深抑之公感子家子之言方
始依禮以帷裹之史記滑稽傳云楚莊王有所愛馬衣以文繡置之華屋之下席之以路牀啗之以棗脯馬病肥死欲以棺椁大夫禮葬之優孟者故楚之樂
人也多辨常以談笑風諫於是入門大笑王驚而問其故優孟曰馬者王之所愛也以楚國之大何求不得而以大夫禮葬之薄請以人君禮葬之王曰何如
對曰臣請以雕玉爲棺文梓爲椁發甲卒爲穿壙老弱負土廟食大牢奉以萬戶之邑諸侯聞之皆知大王賤人而貴馬也王曰寡人過一至於此爲之柰何

優孟曰請大王以六畜葬之以壠竈爲椁銅歷爲棺齎以薑桂薦以木蘭祭以粳稻衣以火光葬之人腸於是王乃使以馬屬大官無令天下聞之彼亦此之類也

公賜公衍羔裘使獻龍輔於齊侯（龍輔玉名）疏。注龍輔玉名○正義曰周禮使澤國用龍節皆金也以英蕩輔之杜子春云蕩謂以函器盛此節謂鑄金爲龍以玉爲函輔盛龍節謂之龍輔此獻函不獻節故直云獻龍輔玄御云盛龍節之玉函耳案說文云。龍禱旱玉也爲龍文又玉人云上公用龍今輔與龍連文故云龍輔玉名蓋用此意

遂入羔裘齊侯喜與之陽穀（陽穀齊邑）公衍公爲之生也其母偕出（出之產舍）疏注出之產舍○正義曰內則云妻將生子及月辰居側室夫使人日再問之作而自問之妻不敢見使姆衣服而對至于子生夫復使人日再問之夫齊則不入側室之門子生男子設弧於門左女子設帨於門右三日始負子男射女否然則產舍是側室也公衍先生公爲之母曰相與偕出請相與偕告。（留公衍母使待己共白公）三日公爲生其母先以告公爲爲兄公私喜於陽穀而思於魯曰務人爲此禍也。（務人公爲也始與公若謀逐季氏）且後生而爲兄其誣也久矣乃黜之而以公衍爲大子○秋龍見于絳郊（絳晉國都）（○見賢遍反下見龍朝夕見皆同）

魏獻子問於蔡墨（蔡墨晉太史）曰吾聞之蟲莫知於龍以其不生得也謂之知信乎對曰人實不知非龍實知（言龍無知乃人不知之耳○莫知音智下謂之知實知注無知同○）疏。人實至實知○正義曰人以龍不生得而謂之爲知者此是人實不知非是龍實能知言龍可生得非是不生得也故說古有養龍之事以證龍可生得也以人不知有此事故今說之

古者畜龍故國有豢龍氏有御龍氏（○豢御養也豢音患）疏注豢御養也○正義曰服

虔曰豢養也穀食曰豢御亦養也養馬曰圉禮養犬豕曰豢其以穀養蓋龍亦食穀也御與圉同言養龍猶養馬故稱御知獻子曰是二氏

者吾亦聞之而。知其故是何謂也對曰昔有飂叔安。飂古國也叔安其君名○飂力謬反有裔子

曰董父裔遠也玄孫之後爲裔○裔以制反實甚好龍能求其耆欲以飲食之龍多歸之乃擾畜

龍以服事帝舜帝賜之姓曰董擾順也○好呼報反耆時志反飲於鴆反下同食之音嗣下不能食飲食之食夏后同擾而小

反疏乃擾畜龍○正義曰擾順也順龍之所欲而畜養之氏曰豢龍豢龍官名官有世功則以官。名封諸鬷川鬷夷氏其

後也鬷水上夷皆董姓○鬷子工反疏注鬷水至董姓○正義曰鄭語云黎爲高辛氏火正命之曰祝融其後八姓董姓鬷夷豢龍則夏滅之矣是也

故帝舜氏世有畜龍及有夏孔甲擾于有帝孔甲少康之後九世君也其德能順於天○夏戶雅反下皆同少詩

照反下少皞同疏注孔甲至九世○正義曰帝王世紀云少康子帝杼杼子帝芬芬子帝芒芒子帝。世。世子帝不降不降弟帝扃扃子帝廣也至帝孔甲孔

甲不降子帝賜之乘龍河漢各二合爲四○乘繩證反河漢各二服云河漢各二乘疏注合爲四○正義曰服虔云四四頭爲乘四

乘十六頭也傳言賜之乘龍賜之一乘之龍也卽云河漢各二是河漢共一乘也又云各有雌雄是河漢之二皆一雌一雄也故杜以。爲合爲四各有

雌雄孔甲不能食而未獲豢龍氏有陶唐氏既衰其後有劉累陶唐堯所治。地○治直吏反

學擾龍于豢龍氏以事孔甲能飲食之夏后嘉之賜氏曰御龍夏后孔甲以更豕韋。

之後更代也以劉累代彭姓之豕韋累尋遷魯縣豕韋復國至商而滅累之後世復承其國爲豕韋氏在襄二十四年○更音庚注同復扶又反疏

注更代至四年○正義曰傳言以更豕韋之後則豕韋是舊國廢其君以劉累代之鄭語云祝融之後八姓大彭豕韋爲商伯矣又云彭姓彭祖豕韋則商滅之矣如彼文豕韋之國至商乃滅於夏王孔甲之時彭姓豕韋未全滅也○下文云劉累懼而遷于魯縣明是累遷之後豕韋復國至商乃滅耳襄二十四年傳范宣子自言其祖在夏爲御龍氏在商爲豕韋氏則劉累子孫復封豕韋杜跡其事知累之後世更復其國爲豕韋氏也舊無此解杜自爲證故云在襄二十七年

龍一雌死潛醢以食夏后潛藏也藏以爲醢明龍不知○醢音海知音智夏后饗之既而使求之求致龍也懼而遷于。魯縣不能致龍故懼遷魯縣自貶退也魯縣今魯陽也○范氏其後也晉范氏也獻子曰今何故無之對曰夫物物有其官官脩其方方法術朝夕思之一日失職則死及之失職有罪○朝如字下朝夕見同失官不食不食祿○官宿其業宿猶安也其物乃至設水官脩則龍至若泯。弃之物乃坻。伏。泯滅也坻止也○泯彌忍反坻音旨又丁禮反鬱湮不育鬱滯也湮塞也育生也○湮音因

疏夫物至不育○正義曰此論致龍之事物謂龍也夫物物各有其官當謂如龍之輩蓋言鳳皇麒麟白虎玄龜之屬每物各有其官主掌之也其人居此官者脩其爲官方術從朝至夕終日脩之若一日失其所掌之職令其官方不理則有死罪及之官者當死矣失其官方則不得食祿得死罪是不食祿也居官者安其爲官之居業使職事脩理則其所掌之物乃自生至水官脩則龍至其餘亦當然也若滅棄所掌之事令職事不脩則其物乃止息而潛伏沈滯壅塞不復生育以此故不可生而得也○注宿猶安也○正義曰夜宿所以安身故云宿猶安也謂安心思其職業服虔云宿思也今日當預思明日之事如家人宿火矣玄卿以服義大迂曲○注泯滅也坻止也○正義曰釋詁文也上言官宿其業其物乃至職業不脩則物不至物雖不至尚有物在若滅棄。所。掌。職事不理則其物止而潛伏不復生育

乃令無有此物非徒不至而已○注鬱滯也湮塞也○正義曰賈逵云然杜用之也鬱積是沈滯之義故為滯也傳謂塞井為堙井是堙為塞也言此物沈滯壅塞不復生也

故有五行之官是謂五官實列受氏姓封為上公爵上公

疏實列受氏姓○正義曰列謂行列言五官皆然也人臣有大功者天子封為國君賜之以姓諸侯以國為氏言其得封又得姓兼受之也

又祀為貴神社稷五祀是尊是奉五官之君長能脩其業者死皆配食於五行之神為王者所尊奉○長丁丈反下文同○

疏注五官至尊奉○正義曰五官之君長死則皆為貴神王者社稷五祀則尊奉之如祭配食於五行之神卽下重該脩熙犂是也王者祭木火土金水之神而以此人之神配之耳非專祭此人也分五行以配四時故五行之神句芒祝融之徒皆以時物之狀而為之名此五者本於五行之神作名耳非與重該之徒為名也晉語云虢公夢在廟有神人面白毛虎爪執鉞西河公懼而走神曰無走帝命曰使晉襲于爾門公拜稽首覺召史嚚占之對曰如君之言則蓐收也天之刑神也如彼文虢公所夢之狀必非該之貌自是金神之形耳由此言之知句芒祝融玄冥后土之徒皆是木火水土之神名非所配人之神名也雖本非配人之名而配者與之同食亦得取彼神名以為配者神名猶社本土神之名稷本穀神之名配者亦得稱社稷也此五行之官配食五行之神天子制禮使祀焉是為王者所尊奉也

木正曰句芒正官長也取木生句曲而有芒角也其祀重焉○句古侯反注及下皆同重直龍反下文同

疏注正官至重焉○正義曰正訓為長故為官長木官之最長也其火金水土正亦然賈逵云總言萬物句芒非專木生如句杜誤耳木正順春萬物始生句而有芒角杜獨言木者以木為其主故經云木正且木比萬物芒角為甚故舉木而言劉炫以杜不取賈義而獨舉於木而規杜非也

火正曰祝融祝融明貌其祀犂焉○犂力兮反

疏注祝融至犂焉○正義曰杜不解祝則謂祝融二字共為明貌也賈逵云夏陽氣明朗祝甚也融明也亦以夏氣為之名耳鄭語云黎為高辛氏火正以焞燿

孰大光。明四海故命之曰祝融如彼文又似由人生名者彼以其官掌夏德又稱之故以夏氣昭明命之耳金正曰蓐收秋物摧蓐而可收也

其祀該焉○蓐音辱本又作辱摧徂回反水正曰玄冥水陰而幽冥其祀脩及熙焉○冥亡丁反土正曰后土土爲羣物主故稱后

也其祀句龍焉在家則祀中霤在野則爲社○霤力救反疏注土爲至爲社○正義曰后者君也羣物皆土所載故土爲羣物之主以君言之故云后土也

賈逵云句芒祀於戶祝融祀於竈蓐收祀於門玄冥祀於井后土祀於中霤今杜云在家則祀中霤是同賈說也家謂宮室之內對野爲文故稱家非卿大夫

之家也言在野者對家爲文雖在庫門之內尚無宮室故稱野且卿大夫以下社在野田故周禮大司徒云辨其邦國都鄙之數制其畿疆而溝封之設其社

稷之壝而樹之田主各以其野之所宜木遂以名其社鄭玄云社稷后土及田正之神田主田神后土田正之所依也詩人謂之田祖所宜木謂若松柏栗也

是在野則祭爲社也此野田之社民所共祭即月令仲春之月擇元日命人社是也劉炫云天子以下俱荷地德皆當祭地但名位有高下祭之有等級天子

祭地祭大地之神也諸侯不得祭地使之祭社也家又不得祭社使祭中霤也霤亦地神所祭小故變其名賈逵以句芒祀於戶云云言雖天子之祭五神亦

如此耳杜以別祭五行神以五官配之非祀此五神於門戶井竈中霤也門戶井竈直祭門戶等神不祭句芒等也唯有祭后土者亦是土神故特辨之云在

家則祀中霤在野則爲社言彼與中霤亦是土神但祭有大小郊特牲云社所以神地之道也地載萬物取財於地教民美報焉家主中霤而國主社示本也

是在家則祀中霤也大司徒以下同此禮也龍水物也水官弃矣故龍不生得弃廢也疏龍水至生得○正義曰漢

氏先儒說左氏者皆以爲五靈配五方龍屬木鳳屬火麟屬土白虎屬金神龜屬水其五行之次木生火火生土土生金金生水水生木王者脩其母則致其

子水官脩則龍至木官脩則鳳至火官脩則麟至土官脩則白虎至金官脩則神龜至故爲其說云視明禮脩而麟至思睿信立而白虎擾言從文成而神龜

在沼聽聰知正而名川出龍貌共體仁則鳳皇來儀皆脩其母而致其子也解此龍水物者言龍爲東方之獸是。此方水官之物也水官廢矣故龍不生得言母不脩故子不至也杜氏既無其說未知與舊同否此下不注似與舊說異或當以爲龍是水內生長故爲水官之物水官廢矣故龍不生得言水官不脩故無水內之靈獸也若如此解則上云物有其官當謂五靈之物各。各自有其官官能脩理各自致物龍是水內之物可令水官致龍其鳳皇麟虎之輩共在天地之間不是𤛗金食火木生土出未知何官致鳳何官致虎未測杜旨不可。強言是用闕疑以俟來哲

不然周易有之言若不爾周易無緣有龍在乾☰乾下乾上。乾○乾其連反本亦作乹之姤☴巽下乾上姤乾初九變○姤古豆反曰潛龍勿用乾初九爻辭○爻戶交反其同人☲離下乾上同人乾九二變曰見龍在田乾九二爻辭其大有☰乾下離上大有乾九五變曰飛龍在天乾九五爻辭其夬☱乾下兌上夬乾上九變○夬古快反兌徒外反曰亢龍有悔乾上九爻辭○亢苦浪反其坤。☷坤下坤上坤乾六爻皆變○坤本又作巛空門反曰見羣龍無首吉乾用九爻辭坤之剝☶坤下艮上剝坤上六變○剝邦角反艮古恨反曰龍戰于野。上。爻辭

【疏】在乾至于野○正義曰傳例上下雖不用筮但指此卦某爻之義者即以某爻之變更別爲卦即云此卦之某卦則此乾之姤宣十二年師之臨是也劉炫云杜以之爲適炫謂易之爻變則成一卦遂以彼卦名爻乾之初九姤卦爻九二同人爻九五大有爻上九夬卦爻用九全變則成坤卦故謂用九爲坤蔡墨此意取易文耳非揲蓍求卦安有之適之義若以之爲適則其非之適之意何以言其同人其大有此本當言初九九二但以爻變成卦即以彼卦名爻其意不取於之適所言其同人其大有猶引詩言其二章其三章先引初九故言乾之姤爻初九言乾以下不復須云乾故言其同人其大有就乾卦而其之其此同人爻其此大有爻以下文勢悉皆若是也○同之姤○正義

曰巽下乾上姤乾之初九爻變而成姤卦也其象曰姤遇也柔遇剛也乾爲天爲剛巽爲風爲柔風行必有所遇猶女。行。而遇男故名此卦爲姤也○注乾初九爻辭○正義曰蔡墨此言取易有龍字而已無取於易之義理故杜注唯指其辭之所在不解其辭之意其說易者自具於此不復煩言也○同人○正義曰離下乾上同人乾之九二爻變而成同人之卦也其象曰天與火同人天體在上火性炎上同于天也猶君設政教而臣民從之和同之義故名此卦爲同人也服虔云天在上火炎上同于天天不可同故曰同人○大有○正義曰乾下離上大有乾之九五爻變而成大有之卦也其象曰大有柔得尊位大中而上下應之曰大有柔得尊位謂六五也五位尊而柔居之處尊以柔居中以大體無二陰以分其應上下應之無所不納大有之義故名此卦爲大有○夬○正義曰乾下兌上夬乾之上九爻變而成夬卦也其象曰夬決也剛決柔也此卦五陽而決一陰乾爲天爲剛爲健兌爲澤爲柔爲說以剛正決柔邪故名此卦爲夬○注乾用九爻辭○正義曰乾之六爻皆陽坤之六爻皆陰以二卦其爻既純故。別。總其用而爲之辭故乾有用九坤有用六餘卦其爻不純無總用也六爻皆變乃得總用乾之六爻皆變則成坤卦故謂用九之辭爲其坤也六爻既變而不用卦下之辭者周易用變變卦下之辭非變又無龍文史墨指說於龍故以用爲語○坤之剝○正義曰坤下艮上剝坤之上六爻變而成剝卦也其象曰剝剝也柔變剛也剝卦五陰而一陽陰漸長而滅上陽猶邪長而剝損正道故名此卦爲剝也若不朝夕見誰能物之物謂。上。六。卦所稱龍各不同也今說易者皆以龍喻陽氣如史墨之言則爲皆是真龍

疏若不至物之○正義曰蔡墨言古者龍可生得人皆見之故周易之辭以龍爲喻若使龍之不朝夕出見誰能知其動靜而得以物名之易言潛龍飛龍及龍戰之等明是見其飛潛見其戰鬭而得以物名之是知龍可生得古人見龍形也獻子曰社稷五祀誰氏之五官也問五官之長皆是誰對曰少皞氏有四叔少皞金天氏○皞戶老反疏少皞氏有四叔○正義曰少皞氏有四叔四叔是少皞之子孫非一

時也未知於少皞遠近也四叔出於少皞耳其使重爲句芒非少皞使之世族譜云少皞氏其官以鳥爲名然則此五官皆在高陽之世也楚語云少皞氏之衰也九黎亂德民神雜擾不可方物顓頊受之乃命木正重司天以屬神命火正黎司地以屬民是則重黎居官在高陽之世也又鄭語云黎爲高辛氏火正命之曰祝融則黎爲祝融又在高辛氏之世案世本及楚世家云高陽生稱稱生卷章卷章生黎如彼文黎是顓頊之曾孫也楚語云少皞之衰顓頊受之卽命重黎似是卽位之初不應卽得命曾孫爲火正也少皞世代不知長短顓頊初已命黎至高辛又加命不應一人之身縣歷兩代事旣久遠書復散亡如此參差難可考校世家云共工作亂帝嚳使黎誅之而不盡帝誅黎而以其弟吳回爲黎復居火正爲祝融卽如此言黎或是國名官號不是人之名字顓頊命黎高辛命黎未必共是一人傳言世不失職二者或是父子或是祖孫其事不可知也由此言之少皞四叔未必不有在高辛世者也此五祀者居官有功以功見祀不是一時之人脩熙相代爲水正卽非一時也且傳言世不失職便是積世能官其功一益大非是暫時有功遂得萬世承祀明是歷選上代取其中最有功者使之配食亦不知初以此人配食何代聖王爲之蓋在高辛唐虞之世耳

曰重曰該曰脩曰熙實能金木及水能治其官○重直龍反該古咳反使重爲句芒木正該爲蓐收金正脩及熙爲玄冥二子相代爲水正世不失職遂濟窮桑此其三祀也窮桑少皞之號也四子能治其官使不失職濟成少皞之功死皆爲民所祀窮桑地在魯北

疏注窮桑至魯北○正義曰窮桑少皞之號帝王世紀亦然賈逵云處窮桑以登爲帝故天下號之曰窮桑帝賈以濟爲渡也言四叔子孫世不失職遂渡少皞之世杜以少皞之世以鳥名官不得有木正火正故以濟爲成四子能治其官使不失職濟成少皞之功言少皞有王功子孫能成之故死皆爲民所祀也少皞居窮桑定四年傳稱封伯禽於少皞之虛故云窮桑地在魯北土地名窮桑闕言在魯北相傳云耳

顓頊氏有子曰犂爲祝融

黎爲火正○顓音專頊許玉反

共工氏有子曰句龍爲后土共工在大皡後神農前以水名官。其子句龍能平水土故死而見祀○共音恭疏注共工至見祀○正義曰十七年傳郯子言前世名官從下而上先言炎帝以火名次言共工以水名次言。大皡以龍名是共工在大皡後神農前以水名官者也。祭法曰共工氏之霸九州也其子曰后土能平九州故祀以爲社能平九州是能平水土也言共工有子謂後世子耳亦不知句龍之爲后土在於何代少皡氏既以鳥名官此當在顓頊以來耳

此其二祀也后土爲社方荅社稷故明言爲社疏注方荅至爲社○正義曰獻子問社稷五祀既荅五祀當更荅社稷但句龍既爲后土又以配社蔡墨既荅五祀方荅社稷故明言后土爲社也

稷田正也掌播殖也疏稷田正也○正義曰月令云孟春行冬令則首種不入鄭玄云首種謂稷也周語云宣王不。藉千畝號文公諫曰民之大事在農是故稷爲大官然則百。穀稷爲其長遂以稷名爲農官之長正長也稷是田官之長

有烈。山氏之子曰柱爲稷烈山氏神農世諸侯○烈如字禮記作厲山疏烈山至諸侯○正義曰魯語及祭法皆云烈山氏之有天下也其子能殖百。穀故祀以爲稷言有天下則是天子矣杜注不得爲諸侯也。賈逵鄭玄皆云烈山炎帝之號杜言神農世諸侯者案帝王世紀神農本起烈山然則初封烈山爲諸侯後爲天子猶帝堯初爲唐侯然也若然烈山卽神農而云神農世爲諸侯者案世紀神農爲君總有八世至榆罔而滅亦稱神農氏是總號神農也故烈山氏得於神農之世爲諸侯後爲。神。農也劉炫以爲烈山氏卽神農非諸侯而規杜非也此及魯語皆云其子曰柱祭法云農者劉炫云蓋柱是名其官曰農猶呼周棄爲稷

自夏以上祀之祀柱○上總掌反

周棄亦爲稷棄周之始祖能播百穀湯既勝夏廢柱而以棄代之疏注棄周至代之○正義曰棄爲周之始祖能播殖百穀經傳備有其事以其後世有天下號國曰周故以周冠棄棄時未稱周也書序云湯既勝夏欲遷其社不可作夏社孔安國云湯承堯舜禪代之後順天應人逆取順守而有慚

德。故革命創制改正易服變置社稷而後世無及句龍者故不可而止是言成湯變置社稷之由也湯於帝世年代猶近功之多少傳習可知故得量其優劣改易祀典意欲遷社而無及句龍棄功乃過於杜廢杜以棄爲稷也其五祀之神。重犂之輩若更有賢能亦應遷徙但其功莫之能先帝王不敢改易故得永流萬代常在祀典良由後世之臣弱後王之意謙故也自商以來祀之傳言蔡墨之博物○冬晉趙鞅荀寅帥師城汝濱趙鞅趙武孫也荀寅中行荀吳之子汝濱晉所取陸渾地○濱音賓行戶郎反遂賦晉國一鼓鐵以鑄刑鼎令晉國各出功力。共鼓石爲鐵計令一鼓而足因軍役而爲之故言遂○鑄之樹反令力呈反疏注令晉至言遂○正義曰服虔云鼓量名也曲禮曰獻米者操量鼓取晉國一鼓鐵以鑄之但禮之將命置重而執輕鼓可操之以將命即豆區之類非大器也唯用一鼓則不足以成鼎家賦一鼓而鐵又大多且金鐵之物當稱之以權衡數之以鈞石寧用量米之器量之哉故杜以爲賦晉國者令民各出功力均賦取其功也治石爲鐵用。橐扇火動橐謂之鼓今時俗語猶然令衆人鼓石爲鐵計令一鼓使足故云賦晉國一鼓鐵也遂者因上生下之辭因城汝濱遂鑄刑鼎故言遂也著范宣子所爲刑書焉

仲尼曰晉其亡乎失其度矣夫晉國將守唐叔之所受法度以經緯其民卿大夫以序守之序位次也疏著范至刑書○正義曰范宣子制作刑書施於晉國自使朝廷承用未嘗宣示下民今荀寅謂此等宣子之書可以長爲國法故鑄鼎而銘之以示百姓猶如鄭鑄刑鼎仲尼譏之其意亦與叔向譏子產同民是以能尊其貴貴是以能守其業貴賤不愆所謂度也疏民是至度也○正義曰守其舊法民不。豫知臨時制宜輕重難測民是以能尊其貴畏其威刑也官有正法民常畏威貴是以能守其業保祿位也貴者執其權柄賤者畏其威嚴貴賤尊卑不愆此乃所謂度也言所謂法度正如此是也文公是以作

執秩之官爲被廬之法僖二十七年文公蒐被廬脩唐叔之法○被皮義反廬力居反蒐本又作搜所求反以爲盟主今弃是度也而爲刑鼎民在鼎矣何以尊貴弃禮徵書故不尊貴貴何業之守民不奉上則上失業貴賤無序何以爲國【疏】今弃至爲國○正義曰今弃是貴賤常度而爲刑書之鼎民知罪之輕重在於鼎矣貴者斷獄不敢加增犯罪者取驗於書更復何以尊貴威權在鼎民不忌上貴復何業之守貴之所以爲貴只爲權勢在焉勢不足畏故業無可守貴無可守則賤不畏威貴賤既無次序何以得成爲國

且夫宣子之刑夷之蒐也晉國之亂制也范宣子所用刑乃夷蒐之法也夷蒐在文六年一蒐而三易中軍帥賈季箕鄭之徒遂作亂故曰亂制○帥所類反【疏】注范宣至亂制○正義曰於時晉侯將以士縠梁益耳將中軍先克曰狐趙之勳不可廢也以狐射姑將中軍趙盾佐之陽處父改蒐于董更以趙盾將中軍狐射姑佐之是一蒐而三易中軍帥三易者士縠梁益耳將中軍是易代前人是一易也狐射姑將中軍是二易也又趙盾將中軍是三易也致使賈季箕鄭之徒怨恨而作亂其事文公傳具矣因此蒐而有此亂故曰晉國之亂制若之何以爲法蔡史墨曰范氏中行氏其亡乎蔡史墨即蔡墨中行寅爲下卿而干上令擅作刑器以爲國法是法姦也又加范氏焉易之亡也范宣子刑書中既廢矣今復與之是成其咎○擅市戰反復扶又反咎其九反【疏】又加至亡也○正義曰宣子刑書久已廢矣今復變易與之以成其滅亡也劉炫云范氏取蒐之法以爲國制雖則爲非書已廢矣縱應有禍亡釁已歇今荀寅更述其事又加增范氏之惡焉范氏已欲免禍今復改易之而使亡其及趙氏趙孟與焉然不得已若德可以免鑄刑鼎本非趙鞅意不得已而從之若能脩德可以免禍爲定十三年荀寅士吉射入朝歌以叛○與音預朝如字

經三十年春王正月公在乾侯釋不朝正于廟夏六月庚辰晉侯去疾卒未同盟而赴以名○去起呂反○秋八月葬晉頃公三月而葬速○頃音傾疏頃公○正義曰謚法慈仁和民曰頃○冬十有二月吳滅徐徐子章羽奔楚徐子稱名以名告也

傳三十年春王正月公在乾侯不先書鄆與乾侯非公且徵過也徵明也二十七年二十八年公在鄆二十九年公在乾侯而經不釋朝正之禮者所以非責公之妄且明過謬猶可掩故不顯書其所在使若在國然自是鄆人潰叛齊晉卑公子家忠謀終不能用○內外并之非復過誤所當掩塞故每歲書公所在○徵直升反或本作徵誤復扶又反疏春王至過也○正義曰經書公在乾侯者季氏以此告廟釋公不得朝正故國史書之于策也釋例曰昭公之孫每正月必書者以孫告廟也公二十五年始出居鄆及乾侯累歲居外而仲尼不書于經故傳曰不先書鄆與乾侯非公且徵過也既以非責公之妄且明過謬之可掩故不顯書其在外使若在國然也自三十年至於終沒則皆顯書其所在之地傳皆隨年而互言其事明罪之在公非復過謬也三代封建自上及下降殺以兩君不亢高臣不極卑彊弱相參衆力相須賢愚相廁故雖有昏亂之君亦有忠賢之輔我周東遷晉鄭是依無知之亂實獲小白驪姬之妖重耳以興天下雖瓦解而不土崩海內雖鼎沸而不盆溢天生季氏以貳魯侯季氏未有篡奪之惡公雖失志亦無抽筋倒懸之急聽用隸豎僥倖之私既不能強又不能弱所以身死於外見貶於春秋也是言罪在公書公在之意也杜言見貶於春秋者公當在國治民每歲書公在外是其貶責公也劉炫云序云諸言不書皆仲尼新意然則前三年魯史皆書公在仲尼去之仲尼所以不於此先書公在鄆與乾侯者所以非公之妄妄伐季氏且明過謬猶可掩此年書者自是鄆人潰叛云云此年云非公且徵過三十一年云言不能外內三十二年云言不能外內又不

能用其人每歲發傳言公之罪也○注徵明至所在○正義曰不先書鄆與乾侯一事之中有兩種之意一者非責公之妄一者明公過謬猶可掩也非責公之妄者以君舉必書公在乾侯與鄆臣子當委曲詳錄今輕略不記似若不足可錄。然所以非責公之妄也明公過謬猶可掩者被臣所逐出居於外若顯然書之則恥惡尤甚故隱而不書猶若在國欲明公過謬之失尚可容掩也此以徵爲明明公過。可掩也襄二十八年傳云王人來告喪問崩日以甲寅告故書之以徵過徵亦爲明明告喪者之過也彼言徵審也審其事知無他故以明其過之失也服虔云非公且徵過昭公無道久在外季氏非公不肯釋言公在某地春秋之義亦以不書徵季氏之過此年書者公不得入晉外內有困辱季氏閔而釋之之所謂事君如在國案明年傳云言不能外內又明年傳云言不能外內又不能用其人皆是傳說經意非責昭公不是季氏非公也卽如服言往前季氏非公不肯釋公所在此年以後方始閔而釋之之所謂事君如在國則往。前未釋之時不如在國矣二十七年扈之會范獻子何以已言季氏事君如在國也季氏奪公鄆邑與公交戰行貨齊晉使不納公禱于煬宮求君不入及其死也猶欲絕其兆域加之惡謚閔公之事復安在乎○夏六月晉頃。公卒秋八月葬鄭游吉弔且送葬魏獻子使士景伯詰之曰悼公之喪子西弔子蟜送葬在襄十五年○詰起吉反蟜居表反今吾子無貳何故弔。喪共使使所吏反○對曰諸侯所以歸晉君禮也禮也者小事大大字小之謂事大在共其時命隨時共所求○共音恭注及下同字小在恤其所無以敝邑居大國之間共其職貢與其備御不虞之患豈忘共命。言不敢忘共命以所備御者多不辦之○御魚呂反注同辦皮莧反及先王之制諸侯之喪士弔大夫送葬唯嘉好聘享三軍之事於是乎使卿晉之喪

事敝邑之閒先君有所助執紼矣紼輓索也禮送葬必執紼○好呼報反閒音閑下同紼音弗輓本又作挽音晚索悉各反

疏注紼輓至執紼○正義曰紼禮或作綍禮記緇衣云王言如絲其出如綸王言如綸其出如綍綍是大繩也周禮天子葬用六綍喪大記君葬用四綍大夫葬用二綍紼爲葬之所用是輓索也案禮雜記諸侯執綍五百人大夫三百人鄭玄云天子蓋千人也天子諸侯之喪殯于西序而屬綍焉備火災而輓之也王制云喪三年不祭唯祭天地社稷爲越紼而行事謂喪在殯踰紼而行祭也周禮大司徒云大喪帥六鄉之衆庶屬其六引又遂人云大喪帥六遂之役屬六綍鄭玄喪大記注云在棺曰綍行道曰引至壙將窆又曰綍是綍引一物從所在而異名耳禮送葬必執紼曲禮文也鄭玄云葬喪之大事紼引車索也鄭之先君親送晉侯葬者傳無其文游吉今言之蓋亦嘗有矣

若其不閒雖士大夫有所不獲數矣不得如先王禮數大國之惠亦慶其加慶善也謂善其君自行而不討其乏明厎其情厎致也○厎音旨取備而已以爲禮也靈王之喪在襄二十九年

疏慶其至而已○正義曰善其有加不討其乏明知鄭國致其情實取充備而已

我先君簡公在楚我先大夫印段實往敝邑之少卿也少年少也○印一刃反少詩照反注同

疏我先君簡公在楚○正義曰由簡公在楚上卿守國故少卿行耳鄭玄以爲簡公若在君當自行其言非傳旨也

王吏不討恤所無也今大夫曰女盍從舊盍何不也○女音汝盍胡獵反下同舊有豐有省不知所從從其豐則寡君幼弱是以不共從其省則吉在此矣唯大夫圖之晉人不能詰傳言大叔之敏○省所景反下同

○吳子使徐人執掩餘使鍾吾人執燭庸二十七年奔故二公子奔楚楚子大封而定其徙

大封與土田定其所徙之居 使監馬尹大心逆吳公子使居養 二子奔楚楚使逆之於竟也養卽所封之邑○監古銜反 竟音境 蔿尹然左司馬沈尹戌城之 城養○蔿音誘 取於城父與胡田以與之 胡田胡子之地 將以害吳也子西諫曰吳光新得國而親其民視民如子辛苦同之將用之也若好吳邊疆使柔服焉猶懼其至 柔服謂不與吳搆怨○若好呼報反一本作吾好疆居良反 吾又疆其讎以重怒之無乃不可乎 讎謂二公子○重直用反 吳周之冑裔也而弃在海濱不與姬通今而始大比于諸華光又甚文將自同於先王 先王謂大王王季亦自西戎始不知比諸華○冑直又反大王音泰 天將以爲虐乎使翦喪吳國而封大異姓乎其抑亦將卒以祚吳乎其終不遠矣 言其事行可知不久○喪息浪反祚字故反 我盍姑億吾鬼神 億安也○億於力反 而寧吾族姓以待其歸 善惡之歸 將焉用自播揚焉 播揚猶勞動也○焉於虔反播被我反又波賀反注同 王弗聽吳子怒冬十二月吳子執鍾吳子遂伐徐防山以水之 防壅山水以灌徐○壅於勇反灌古亂反 己卯滅徐徐子章禹斷其髮 斷髮自刑示懼○斷丁管反注同 攜其夫人以逆吳子吳子唁而送之使其邇臣從之遂奔楚 邇近也 楚沈尹戌帥師救徐弗及遂城夷使徐子處之 夷城父也 吳子問於伍員曰初而言伐楚 在二十年○員音云 余知其可也而恐其使余往也又惡人之有余之

功也今余將自有之矣伐楚何如對曰楚執政衆而乖莫適任患若爲三師以肄焉（肄猶勞也○惡爲路反適丁歷反任音壬肄本又作肆以制反下同）一師至彼必皆出彼出則歸彼歸則出楚必道敝（罷敝於道○罷音皮下文同）亟肄以罷之（亟數也○亟欺冀反數所角反）多方以誤之既罷而後以三軍繼之必大克之闔廬從之楚於是乎始病（爲定四年吳入楚傳）

經三十有一年春王正月公在乾侯○季孫意如會晉荀躒于適歷（適歷晉地○躒力狄反適丁歷反）○夏四月丁巳薛伯穀卒（襄二十五年盟重丘○重直龍反）疏（注襄二十至重丘○正義曰傳言同盟故書此穀與魯必嘗同盟矣薛於重丘以前雖數與魯盟伯薛入春秋以來卒葬不見經傳未知此穀以何年即位故舉去今近者言之）○晉侯使荀躒唁公于乾侯（將使意如迎公故荀躒來唁）○秋葬薛獻公（無傳）○冬黑肱以濫來奔（黑肱邾大夫濫東海昌慮縣不書邾史闕文○濫力甘反或力蹔反慮音閭又如字）疏（注不書邾史闕文○正義曰公羊穀梁亦以濫爲邾邑而傳解其無邾之意言邾人以濫封此黑肱使爲別國故不繫於邾以非天子所封故無子男爵號其言不可通於左氏左氏無傳明是闕文二傳見其文闕而妄爲說耳）○十有二月辛亥朔日有食之

傳三十一年春王正月公在乾侯言不能外內也（公內不容於臣子外不容於齊晉所以久在乾侯）○晉侯將以師納公范獻子曰若召季孫而不來則信不臣矣然後伐之若何晉

人召季孫獻子使私焉曰子必來我受其無咎言我爲子受無咎之任○咎其九反下注放此爲于僞反 疏 我受其無咎○正義曰言我爲子受其重任其使子必無咎受其貨故保任之 季孫意如會晉荀躒于適歷荀躒曰寡君使躒謂吾子何故出君有君不事周有常刑子其圖之季孫練冠麻衣跣行示憂慼○出如字又勑律反跣素典反 疏 季孫至跣行○正義曰練冠蓋如喪服斬衰既練之後布冠也麻衣當是布深衣也問喪云親始死徒跣跣行不屨以其不得事君示己憂戚之深也 伏而對曰事君臣之所不得也敢逃刑命言願事君君不肯還不敢辟罪君若以臣爲有罪請囚于費以待君之察也亦唯君若以先臣之故不絕季氏而賜之死雖賜以死不絕其後○費音祕 疏 不絕至之死○正義曰此季孫探言罪己之意不絕季氏之祀或更立其子弟直賜其身死而已服虔云言賜不使死是爲以死賜之若賜死卽是不殺下句何須更言弗殺弗亡 若弗殺弗亡君之惠也死且不朽若得從君而歸則固臣之願也敢有異心君皆謂魯侯也蓋季孫探言罪己輕重以荅荀躒○探他南反 夏四月季孫從知伯如乾侯知伯荀躒○知音智 子家子曰君與之歸一慙之不忍而終身慙乎公曰諾衆曰在一言矣君必逐之言晉既憂君君一言使晉晉必逐之 荀躒以晉侯之命唁公且曰寡君使躒以君命討於意如意如不敢逃死君其入也公曰君惠顧先君之好施及亡人將使歸糞除宗祧以事君則不能見夫人己所能見夫人者有如河

○夫人謂季孫也言若見季孫己當受禍明如河以自誓好呼報反施以豉反逃他彫反夫音扶下及注同荀躒掩耳而走怪公所言示不忍聽曰寡君其罪之恐敢與知魯國之難言恐獲不納君之罪今納而不入何敢復知。耶○與音預難乃旦反復扶又反臣請復於寡君退。而謂季孫君怒未怠子姑歸祭歸攝君事子家子曰君以一乘入于魯師季孫必與君歸公欲從之衆從者脅公不得歸傳言君弱不得復自。在○乘繩證反衆從才用反○薛伯穀卒同盟故書謂書名也入春秋來薛始書名故發傳經在荀躒唁公上傳在下者欲魯事相次○秋吳人侵楚伐夷侵潛六邑皆楚邑楚沈尹戌帥師救潛吳師還楚師遷潛於南岡而還吳師圍弦左司馬戌右司馬稽帥師救弦及豫章左司馬沈尹戌○稽音啓又古兮反吳師還始用子胥之謀也謀在前年○冬邾黑肱以濫來奔賤而書名重地故也。黑肱非命卿故曰賤君子曰名之不可不慎也如是是黑肱也夫有所有名而不如其已有所謂有地也言雖有名不如無名已止也以地叛雖賤必書地以名其人終爲不義弗可滅已是故君子動則思禮行則思義不爲利回回正心也○不爲于僞反下不爲同不爲義疚疚病也見義則爲之○疚久又反或求名而不得或欲蓋而名章懲不義也齊豹爲衛司寇守嗣大夫守先人嗣言其尊○懲直升反下同作而不義其書爲盜求名而不得也二十年豹殺衛侯兄欲求不畏彊禦之名邾庶其在襄二十。二年莒牟夷在五年邾黑

肱以土地出求食而已不求其名賤而必書春秋叛者多唯取三人來適魯此者三人皆小國大夫故曰賤
二物者所以懲肆而去貪也物事也肆放也齊豹書盜懲肆也三叛人名去貪也○去起呂反若艱難其身身為
艱難以險危大人大人在位者而有名章徹謂得勇名攻難之士將奔走之攻猶作也奔走猶赴趣也○難
乃旦反若竊邑叛君以徼大利而無名謂不書其人名○徼古堯反貪冒之民將寘力焉盡力為之
不顧於見書○冒亡北反又亡報反寘之豉反是以春秋書齊豹曰盜三叛人名以懲不義數惡無禮
其善志也無禮惡逆皆數而不忘記事之善者也○數所主反注同故曰春秋之稱微而顯文微而義著○稱尺證反婉
而辨辭婉而旨別○婉於阮反別彼列反【疏】。婉而辨○正義曰此婉而辨則與微而顯其意一也故杜云辭婉而旨別辭婉則文微也旨別則義顯也
上句微而顯者據文雖微隱而義理顯著下句婉而辨者辭雖婉順相似而旨意有殊故重起其文也此與成十四年婉而成章其事異也彼謂諱君惡與此
不同也上之人能使昭明上之人謂在位者在位者能行其法非賤人所能善人勸焉淫人懼焉是以君
子貴之○十二月辛亥朔日有食之是夜也趙簡子夢童子臝。而轉以歌轉。婉轉也
○臝本又作臝力果反旦占諸史墨曰吾夢如是今而日食何也簡子夢適與日食會謂咎在己故問之對
曰六年及此月也吳其入郢乎終亦弗克史墨知夢非日食之應故釋日食之咎而不釋其夢○郢以井反又羊政
反應應對之應入郢必以庚辰庚。辰有變日在辰尾故曰以庚辰定四年十一月庚辰吳入郢【疏】。注庚日至入郢○正義曰於天文房心尾

爲大辰尾是辰後之星也日在辰尾自謂在辰星庚辰入郢乃謂日是辰日二辰不同而以日在辰尾配庚爲庚辰者二辰實雖不同而同。而。同名曰辰以其名同故取以爲占此則史墨能知非是人情所測定四年十一月庚辰吳入郢是其言之驗也此十二月日食彼十一月入郢則是未復其月一月而云及此月者長曆定四年閏十月庚辰吳入郢是十一月二十九日杜云昭三十一年傳曰六年十二月庚辰吳入郢今十一月者弁閏數也然則彼是新閏之後且十一月二十九日又其月盡故得爲及此月也

日月在辰尾辰尾龍尾也周十二月今之十月日月合朔於辰尾而食

疏注辰尾至而食○正義曰東方七宿角亢氐房心尾箕共爲蒼龍之體南首北尾角即龍角。尾即龍尾釋天云大辰房心尾也是房心與尾共爲大辰故言辰。尾龍尾也周十二月今之十月月令孟冬之月日在尾是此時日月合朔於辰尾而日食也

庚午之日日始有謫火勝金故弗克謫變氣也庚午十月十九日去辛亥朔四十一日雖食在辛亥更以始變爲占也午南方楚之位也午火庚金也日以庚午有變故災在楚楚之仇敵唯吳故知入郢必吳火勝金者金爲火妃食在辛亥亥水也水數六故六年。也○謫直革反

疏注謫變至年也○正義曰昏義云陽事不得適見於天日爲之食謫譴責也人有咎責氣。見於天故謫爲變氣也長曆此年十月壬子朔故庚午是十月十九日也從庚午下去十二月辛亥朔爲四十一日雖食在辛亥之日而更以庚午爲占舍近而取遠自是史墨所見其意不可知也午爲南方之辰楚是南方。之國故午爲楚之位也午是南方之辰火也庚是西方之日金也日以庚午有變午在南方必南方之國當其咎故災在楚楚之仇敵唯有吳耳故知入郢必是吳也其日庚午庚金午火五行相。刻火勝金金以畏火之故金爲火妃夫妻相得而彊是楚彊盛之。兆雖被吳入必不亡國故知吳入郢終亦弗克言其不能滅楚也食在辛亥亥之日亥在北方水位也北方水數六故曰六年吳入郢也

經三十有二年春王正月公在乾侯取闞無傳公別居乾侯遣人誘闞而取之不用師徒○闞口暫反

疏公別

至師徒○正義曰公羊傳曰闞者何邾婁之邑也案傳定元年將葬昭公季孫使役如闞公氏將溝焉則闞是魯公葬地非是邾邑公羊不可通於左氏也土地名東平須昌縣東南有闞城是也賈逵云昭公得闞季氏奪之不用師徒謂此取闞爲季氏取於公也案檢經傳公自出奔以來唯齊侯取鄆以居公耳未有公取闞之處安得取於公也且若是季氏奪公無由得告廟書經故杜以爲公取之也四年傳例曰凡克邑不用師徒曰取知公遣人誘而取之不用師徒也

夏吳伐越○秋七月○冬仲孫何忌會晉韓不信齊高張宋仲幾衛世叔申鄭國參曹人莒人薛人杞人小邾人城成周世叔申世叔儀孫也國參子產之子不書盟時公在外未及告公公已薨○參七南反

疏注世叔至已薨○正義曰傳稱晉魏舒合諸侯之大夫于狄泉尋盟令城成周則此時爲盟矣而不書盟者賈逵云魯有昭公難故會而不盟案傳文無魯人辭盟之事其城成周又魯人共城之矣何以言會而不盟也若以難辭當辭不會身既在會何故辭。豈以昭公在外而欲背盟乎故杜以爲不書盟者時公在外未及告公而公已薨既不得告公故不書於經。也案傳尋盟令城成周則盟在城前猶得書城而盟不書者晉合諸侯大夫本以城事召之孟懿子將從晉命即以告公雖會還乃書而已告公訖故得書之其尋盟之事晉不豫令諸侯大夫既集晉始發意尋盟之事未嘗告公故行還不得書也此云城成周者實未城也晉人始計功庸賦。丈數以令諸侯耳明年傳稱正月庚寅。裁三。旬而。畢是明年始城也此未城而已書城知本以城事召集因集而書城耳

十有二月己未公薨于乾侯十五日

疏注十五日○正義曰傳言十一月令城成周雖無其日明年乃始城之當在月之將末杜顯言此十五日者言盟去公薨日近以明未及告意也

傳三十二年春王正月公在乾侯言不能外內又不能用其人也其人謂子家羈也言公不

能用其人故。於今猶在乾侯

○夏吳伐越始用師於越也自此之前雖。疆事小爭未嘗用大兵○疆居良反爭爭鬬之爭

史墨曰不及四十年越其有吳乎存亡之數不過三紀歲星三周三十六歲故曰不及四十年哀二十二年越滅吳至此三十八歲

越得歲而吳伐之必受其凶此年歲在星紀星紀吳越之分也歲星所在其國有福吳先用兵故反受其殃○分扶問反殃於良反

【疏】注此年至其殃○正義曰十一年傳稱萇弘對景王云歲在豕韋言十一年歲星在豕韋也又曰歲在大梁蔡復楚凶謂十三年歲星在大梁也十三年距此十九年耳歲星歲行一次十二年而行天一周則。二十五年復在大梁從彼而歷數之則此年始至析木之津而此年。歲在星紀者歲行一次舉大數耳其實一歲之行有餘一次故劉歆三統之術以為歲星一百四十四年行天一百四十五次計一千七百二十八年為歲星歲數言數滿此年剩得行天一周三統之曆以庚戌為上元從上元至襄二十八年積十四萬二千六百八十六歲置此歲數以歲星歲一千七百二十八除之得積終八十二去之歲餘九百九十以一百四十五乘歲餘得十四萬三千五百五十以一百四十四除之得九百九十六為積次不盡一百二十六為次餘從襄二十八年至昭十五年合有一十八年歲星年行一次年有一餘以次加次得一千一十四以餘加餘得一百四十四餘數滿法又成一次以從積次得一千一十五也以十二去之餘。餘。次。一百四十四。周七个一百四十四年還得剩行天。一。周也餘七命起星紀算外得鶉火是昭十五年歲星在鶉火也計十三年在大梁十五年當在鶉首而在鶉火者由其餘分數滿剩得一次猶如閏餘滿而成月也以十五年歲在鶉火歷而數之則二十七年復在鶉火故此年在星紀也於十二次分野星紀是吳越之分也歲星是天之貴神所在之次其國有福今越得歲星故吳伐之則凶也吳越同分而。云越福吳凶者以吳先用兵故反受其殃賈逵云然杜從之也鄭玄云天文分野斗主吳牽牛主越此。年歲星在牽牛故吳伐之凶案史傳所云吳越同分不言於次之內更復分星姜氏任氏共守玄枵復

以何星主齊何星主薛也且據三統之術星紀之初斗十二度至於牽牛初度乃爲中耳十五年餘分始滿則此年之初歲星初入此次伐越在夏未得已至牽牛鄭之此說爲妄之甚也

○秋八月王使富辛與石張如晉請城成周子朝之亂其餘黨多在王城敬王畏之徙都成周成周狹小故請城之○狹音洽天子曰天降禍于周俾我兄弟並有亂心以爲伯父憂俾使也兄弟謂子朝也伯父謂晉侯○俾本又作卑同必爾反注同我一二親暱甥舅不皇啓處於今十年謂二十三年二師圍郊至于今○暱女乙反疏注謂二至于今○正義曰案二十七年十二月晉籍秦致諸侯之戍于周而此杜云二十八年者以十二月垂盡去在十二月至周則在二十八年故云五年也勤戍五年謂二十八年晉籍秦致諸侯之戍至于今余一人無日忘之念諸侯勞閔閔焉如農夫之望歲懼以待時閔閔憂貌王憂亂常閔閔冀望安定如農夫之憂飢冀望來歲之將熟伯父若肆大惠復二文之業弛周室之憂肆展放也二文謂文侯仇文公重耳弛猶解也○弛式氏反注同重直龍反徼文武之福以固盟主宣昭令名則余一人有大願矣昔成王合諸侯城成周以爲東都崇文德焉作成周遷殷民以爲京師之東都所以崇文王之德○徼古堯反下同疏注作成至之德○正義曰杜知作成周爲崇文王之德者以上傳云徼文武之福即云成王合諸侯城成周以崇文德故以爲崇文王之德劉炫以爲崇文德之教而規杜非也今我欲徼福假靈于成王脩成周之城俾戍人無勤諸侯用寧蝥賊遠屏晉之力也蝥賊謂災害○蝥亡侯反疏注蝥賊謂災害○正義曰蝥賊食苗之蟲釋蟲云食根蟊食節賊故以蝥賊喻災害也其委諸伯父使伯父實重

圖之俾我一人無徵怨于百姓徵召也○徵張升反而伯父有榮施先王庸之庸功也先王之靈以爲大功○施式豉反范獻子謂魏獻子曰與其戍周不如城之天子實云云欲戍而城雖有後事晉勿與知可也從王命以紓諸侯晉國無憂是之不務而又焉從事魏獻子曰善使伯音對伯音韓不信○勿與音預紓音舒焉於虔反曰天子有命敢不奉承以奔告於諸侯遲速衰序衰差也序次也○衰初危反注同於是焉在在周冬十一月晉魏舒韓不信如京師合諸侯之大夫于狄泉尋盟且令城成周尋平丘盟魏子南面居君位衛彪傒曰魏子必有大咎干位以令大事非其任也彪傒衛大夫○彪彼蚪反傒音兮咎其九反詩曰敬天之怒不敢戲豫敬天之渝不敢馳驅詩大雅戒王者言當敬畏天之譴怒不可遊戲逸豫馳驅自恣渝變也○渝羊朱反譴弃戰反疏注詩大至譴怒○正義曰此詩大雅板之篇刺厲王之詩也詩注以天謂厲王此據上天斷章取意況敢干位以作大事乎己丑士彌牟營成周計丈數計所當城之丈數也疏注計所至丈數○正義曰謂周迴遠近之丈數也知者下別云揣高卑度厚薄故也揣高卑度高曰揣○揣丁累反又初委反度待洛反下文及注同度厚薄仞溝洫度深曰仞○仞本又作刃而慎反洫況域反物土方物相也相取土之方面遠近之宜○相息亮反下同議遠邇量事期知事幾時畢○幾居豈反下皆同計徒庸知用幾人功慮財用知費幾財用○費芳貴反書餱糧知用幾糧食○餱音侯本亦作糇糧音良以令役於諸侯屬役賦丈

付所當城尺丈○屬之欲反疏屬役賦丈○正義曰屬役謂屬聚下役也賦丈謂課付尺丈上既號令丁役之事以告諸侯令諸國國各出若干之役築
若干之丈故云屬役賦丈書以授帥也書以授帥帥諸侯之大夫○帥所類反注同而效諸劉子效致也○效戶孝反韓簡
子臨之以爲成命臨履其事以命諸侯經所以不書魏舒○十二月公疾徧賜大夫從公者○徧音遍從才用
反下同大夫不受賜子家子雙琥琥玉器○琥音虎疏注琥玉器○正義曰周禮大宗伯云以玉作六器以禮天地四方白
琥禮西方鄭玄云虎猛象秋嚴禮經及記言琥多矣都不說其狀蓋刻玉爲虎形也一環一璧輕服細好之服疏一環一璧○正義曰釋器
云肉倍好謂之璧肉好若一謂之環李巡曰肉倍好璧邊肉大其孔小也肉好若一其孔及邊肉大小適等曰環也受之大夫皆受其賜
己未公薨子家子反賜於府人曰吾不敢逆君命也大夫皆反其賜書曰公薨
于乾侯言失其所也不薨路寢爲失所趙簡子問於史墨曰季氏出其君而民服焉諸
侯與之君死於外而莫之或罪也對曰物生有兩有三有五有陪貳故天有三
辰謂有三○陪薄回反地有五行謂有五體有左右謂有兩各有妃耦謂陪貳妃音配○王有公諸侯
有卿皆有貳也天生季氏以貳魯侯爲日久矣民之服焉不亦宜乎魯君世從
其失季氏世脩其勤民忘君矣雖死於外其誰矜之社稷無常奉奉之無常人言唯德也○
從才用反本亦作縱君臣無常位自古以然史墨跡古今以實言故詩曰高岸爲谷深谷爲陵詩小雅言

高下有變易疏故詩至爲陵○正義曰詩小雅十月之交大夫刺幽王也三后之姓於今爲庶王所知也三后虞夏商疏注三后虞夏商○正義曰從周而上故數此三代三代子孫自有爲國君者言其賤者爲庶人也在易卦雷乘乾曰大壯䷡乾下震上大壯震在乾上故曰雷乘乾疏雷乘乾曰大壯○正義曰乾爲天爲剛震爲雷爲動天以剛而動動則爲雷壯之大者故曰大壯天之道也乾爲天子震爲諸侯而在上君臣易位猶臣大強壯若天上有雷疏注乾爲至有雷○正義曰說卦乾爲天爲君君之極尊者是天子也震爲長子其卦云震驚百里聲達百里之內而有震曜之威是諸侯而在天子之上象如君臣易位是天之道也昔成季友桓之季也文姜之愛子也始震而卜卜人謁之曰生有嘉聞嘉名聞於世○始震如字一音身聞音問疏始震而卜○正義曰震動也懷妊始動知有震娠而卽卜也其名曰友爲公室輔及生如卜人之言有文在其手曰友遂以名之既而有大功於魯立僖公○名之音武政反受費以爲上卿至於文子武子文子行父武子宿○費音祕世增其業不費舊績魯文公薨而東門遂殺適立庶魯君於是乎失國失國權○適丁歷反政在季氏於此君也四公矣民不知君何以得國是以爲君慎器與名不可以假人器車服名爵號疏是以至假人○正義曰器謂車服也名謂爵號也借人名器則君失位矣故不可以假人也言魯君失民是借季氏以權柄故令昭公至此出外因以戒人君使懲創也

附釋音春秋左傳注疏卷第五十三

春秋左傳注疏卷五十三校勘記　　阮元撰盧宣旬摘錄

附釋音春秋左傳注疏卷第五十三　昭二十九年盡三十二年

〔經二十九年〕

以乾侯至也　宋本岳本足利本至作致按正義云以乾侯致告於廟者作致是

注以乾至晉侯至　宋本無晉字

潰散叛公　淳熙本潰作遺非也

當是季氏道之使然　毛本是誤時

注比公於大夫　宋本此節正義在公如乾侯注之下

〔傳二十九年〕

趙文子曰　毛本文誤武

齊卑君矣　毛本卑君誤倒

君祇辱焉　石經祇作祗是也

二十八年　宋本淳熙本岳本纂圖本足利本八作六是也

注二十至道還　宋本此節正義在注鄭周邑之下

以婦人尤之云　諸本作尤此本誤无今改正

平王每歲賈馬　纂圖本亦誤作王石經宋本淳熙本岳本閩本監本毛本作子是也○今訂正

注啓服馬名　宋本以下正義二節總入子家子曰節注下

中央夾來轅者　補案來字誤衍

隋塹死也　宋本隋作墮

乃以幃裹之　石經宋本岳本足利本幃作帷與釋文合注同

注禮曰敝至馬也　宋本無敝字

請以馬肉食從者　宋本重者字是也

多辨　宋本閩本監本毛本辨作辯

以壠竈爲椁　毛本壠作攏非也

注龍輔玉名　宋本以下正義二節總入且後生而爲兄節之下

龍禱旱玉也　段玉裁校本龍作瓏依說文改也

請相與偕告纂圖本毛本偕作皆非也

務人公爲也案王引之周秦名字解故云魯公子務人字爲務亦爲也禮記檀弓作公叔禺人假借字段玉校曰說文云爲母猴也禺母猴屬故公爲字禺人左傳作務人者務古音茂禺古音偶音相似也

人實至實知宋本自此節以下正義至注棄周至代之節止總入注文傳言蔡墨之博物之下

而知其故石經宋本淳熙本岳本纂圖本監本毛本而下有不字是也

叔安其君名諸本作君此本誤若今改正

則以官名宋本淳熙本岳本纂圖本監本毛本名作氏是也

芒子帝世世子帝不降宋本世並作泄是也

故杜以爲合爲四宋本無上爲字

陶唐堯所治地纂圖本毛本地作也非也

以更豕韋之後惠棟云史記夏本紀更作受周禮巾車云歲時受讀杜子春云受當爲更儀禮燕禮及大射儀注皆云古文更爲受是更與受古今字也

下文云閩本監本毛本下文作又下非也

懼而遷于魯縣岳本于作於

若泯弃之石經泯作泜避所諱

物乃坻伏纂圖本毛本伏誤服字按說文坻小渚也坻箸也箸直略切然則此傳當作坻伏石經宋本不誤

若滅弃所掌宋本所掌作其官是也

職事不理宋本職作百是也

乃令無有此物此本無字實缺據宋本監本毛本補

非徒不至而已此本非徒二字實缺閩本同據宋本監本毛本補

傳謂塞井爲堙井傳謂爲堙井五字此本實缺閩本同據宋本監本毛本補

是堙爲塞也此本堙爲二字實缺閩本塞字亦實缺據宋本監本毛本補

言此物沈滯壅塞物沈滯壅四字此本實缺閩本同據宋本監本毛本補監本沈作沉非也

列謂行列此本行列二字實缺閩本同據宋本監本毛本補

言五官皆然也此本言字實缺閩本同據宋本監本毛本補

又賜之以姓此本賜之以姓四字實缺閩本同據宋本監本毛本補

諸侯以國爲氏此本諸侯二字實缺閩本同據宋本監本毛本補

王者社稷五祀宋本王作主非也

行西河於西河宋本行下有在字監本毛本作立西阿陳樹華云當依外傳作立

自是金神之形耳毛本神作刑形作神並非

光明四海浦鏜正誤明作照依國語改也

在野則爲社淳熙本社誤一

各以其野之所宜木此本宜木二字模糊依宋本監本毛本改正閩本宜誤草

命人社是也監本毛本人作民

買逵以句芒祀於戶云云毛本戶作月非也考文祀作祭

言彼與中霤監本與作爲非宋本彼下有社字是也

是此方水官之物也宋本此作北

各各自有其官閩本監本毛本各字不重

不可強言是用宋本強作彊

乾下乾上乾　淳熙本脫末乾字

其坤　釋文坤作巛云本又作坤案說文無巛字卽☷之變耳

上爻辭　宋本淳熙本岳本纂圖本監本毛本作坤上六爻辭是也

猶女行而遇男　宋本行而作而行

故别總其用而爲之辭　毛本别作名非也

物謂上六卦所稱龍　上六卦三字此本實缺據宋本淳熙本岳本纂圖本補閩本誤作周易之三字監本毛本卦下有之字亦衍文

乃命木正重司天以屬神　監本毛本乃作則非也浦鏜云木國語作南

以水名官　宋本淳熙本岳本官下有者字

次言大皥以龍名　諸本作大此本誤人今改正

祭法曰　諸本作祭此本誤登今改正

宣王不藉千畝　閩本監本毛本藉誤籍

然則百穀　宋本毛本穀作官非也

烈山氏　釋文云禮記作厲山案禮記郊特牲正義引作列山氏國語補音云左傳作烈山是所據本各異也

其子能殖百穀　諸本作穀此本誤設今改正

買逵　諸本作賈此本誤賣今改正

後爲神農也　案神農疑當作農神

故革命創制　宋本故作政

重犂之輩　諸本作重此本誤不今改正

共鼓石爲鐵　淳熙本共誤其

注令晉至言遂　宋本以下正義六節總入其及趙氏節注下

用囊扇火　宋本監本毛本囊作橐下作囊古書祇用排步拜切　句同按橐非也囊者吹火韋囊也或

民不豫知　毛本豫作預案豫預古今字

其事文公傳具矣　宋本公下有之字

與之以成　重脩監本與誤其成誤戒

范氏取蒐之法　宋本取下有吏字是也

縱應有禍　毛本縱誤總

（經三十年）

徐子章羽奔楚岳本羽作禹從傳文也

（傳三十年）

內外弃之宋本淳熙本纂圖本足利本作外內案正義本亦作外內

且徵過也毛本徵誤懲

以二魯侯宋本監本毛本二作貳是也

亦無抽筋倒縣之急宋本閩本監本毛本縣作懸是俗字

然所以非責公之妄也宋本無然字

明公過可掩也宋本過下有不字是也

則往前未釋之時閩本監本毛本前誤年

晉頃公卒淳熙本頃誤須

弔喪共使宋本岳本足利本喪作葬是也

不及辦之宋本淳熙本辦作辨

注紼輓至執紼　宋本以下正義三節總入注文傳言大叔之敏下

帥六鄉之衆　閩本監本毛本鄉誤卿

禮送葬必執紼　毛本送誤遂宋本必下有而字按今曲禮上作助葬必執紼

明厎其情　石經此處殘缺宋本淳熙本岳本底作厎是也注同

厎致也　淳熙本也字下衍王禮數三字

胡田胡子之地　宋本淳熙本岳本纂圖本監本毛本田下有故字

若好吳邊疆　石經宋本岳本足利本吳作吾釋文作吾好云一本作若好吾

謂不與吳構怨　宋本纂圖本閩本監本毛本構作搆

吾又疆其讎以重怒之　石經宋本淳熙本岳本足利本疆作彊是也

不知天將以爲虐乎　淳熙本天作无非也

執鍾吳子　補　毛本吳作吾

徐子章禹斷其髮　閩本禹作羽係改刊初刻亦必作禹也石經此處缺

（經三十一年）

薛伯入春秋以來閩本監本毛本作薛伯此本誤倒宋本無伯字薛上有伯字

將使意如逆公宋本逆作迎

冬黑肱以濫來奔陳樹華云郡國志濫作藍按作藍非也而可爲釋文力甘反之一證

〔傳三十一年〕

我受其無咎宋本以下正義三節總入子家子曰節注下

請囚于費毛本于改於

以待君之察也石經君字以下一行計九字

君一言使晉淳熙本一字空缺

何敢復知耶宋本足利本耶作邪是也

退而謂季孫君怒未怠石經此行計九字

不得復自在諸本作自在足利本後人記云異本作自存非也

賤而書名石經而字以下一行計十一字而字似增入

在襄二十二年宋本淳熙本岳本纂圖本足利本二年作一年是也

婉而辨宋本此節正義在善人勸焉節之下

趙簡子夢童子羸而轉以歌諸本作羸北宋刻釋文云本又作羸風俗通義引作祼鄭氏周禮占夢注引作倮按說文作嬴从衣

𣎆聲祼嬴或从果

轉婉轉也岳本監本毛本婉作宛

庚辰有變宋本淳熙本岳本辰作日是也

注庚日至入郢閩本監本毛本日誤辰宋本以下正義三節總入庚午節注下

而同而同名曰辰補案而同字誤重

角卽龍角卽龍尾宋本監本毛本郎上有尾字是也

故言辰尾龍尾也宋本上尾字作星是也

故六年也宋本年字下有吳入郢三字與正義合

氣見於天宋本見作是非也

楚是南方之國宋本脫之字

五行相刻監本毛本刻作剋

是楚彊戚之兆諸本作兆此本誤非今改正

〔經三十二年〕

何故辭宋本辭下有盟字

故不書於經也毛本也誤之

賦丈數諸本作丈此本誤文今改正

裁三旬而畢宋本裁作栽字案定元年傳作城三旬而畢當依此作裁謂自庚寅裁歷三十日而畢工也

〔傳三十二年〕

故於今猶在乾侯纂圖本脫於字

雖疆事小爭閩本監本疆作彊非也

則二十五年復在大梁宋本二作三

而此年歲在星紀者監本毛本歲誤數

以十二去之餘餘次一百四十四周七个一百四十四年還得剩行天一周也閩本監本毛本用作周李銳云此文舛譌不可曉以意求之當云以十二去之餘七每次有一百四十四分周七个一百四十四年還得

剩行天七次也

而得越福吳凶者監本毛本得作云

此年歲星在牽牛閩本監本年作是

謂二十三年二師圍郊淳熙本師誤帥

注謂二至于今宋本以下正義六節總入以爲成命句注下

如農夫之憂飢纂圖本毛本飢作饑

伯父若肆大惠石經肆字改刊初刻誤賜

弛周室之憂淳熙本弛作弛非也

文公重耳宋本淳熙本耳下有也字

蝥賊遠屏毛本賊誤賤

蝥賊謂災害宋本岳本監本毛本謂作喻

衞彪傒曰淳熙本正德本閩本亦作傒傒注同石經岳本宋本纂圖本監本毛本作傒與釋文合案說文有傒無傒毛本衞誤魏

計所當城之丈數也宋本淳熙本足利本無也字

仞溝洫釋文云仞本又作刃而愼反按刃者古文假借字也

慮財用石經宋本淳熙本岳本財作材不誤注同

賦丈周禮大司馬職疏引作賦丈尺似以意增也

屬役謂屬聚下役也宋本下作丁是也

上旣號令丁役之事閩本監本毛本丁誤下重脩監本令作合非也

注琥玉器宋本以下正義八節總入不可以假人句注下

有陪貳石經此處模糊宋本纂圖本毛本陪作倍非也

大夫刺幽王也閩本監本毛本幽作厲非也

三后之姓於今爲庶王所知也石經宋本淳熙本岳本纂圖本監本足利本王作主是也

震爲諸侯而在上宋本淳熙本岳本在下有乾字是也

猶臣大強壯淳熙本臣誤巨宋本強作彊

是諸侯而在天子之上宋本侯下有之象諸侯四字

懷妊始動宋本妊作姙非也

知有震娠而卽卜也宋本毛本卜作動非也

立僖公淳熙本僖作喜非也

不費舊職補案費當作廢

春秋左傳注疏卷五十三校勘記

附釋音春秋左傳注疏卷第五十四 定元年盡四年

杜氏注　孔穎達疏

定公○陸曰定公名宋襄公之子昭公之弟諡法安民大慮曰定疏正義曰魯世家定公名宋襄公之子昭公之弟史傳不言其母不知誰所生也以敬王十一年即位諡法安民大慮曰定

經元年春王公之始年而不書正月公即位在六月故疏注公之至月故○正義曰凡新君初立必於歲首元日朝正於廟因即改元正位百官以序國史因書於策云元年春王正月公即位也其或國有事故不得行即位之禮國史亦書元年春王正月見此月公應即位而有故不得隱莊閔僖四公元年無事而空書春王正月其義也此年不書正月者公即位在六月故也傳稱昭公喪及壞隤公子宋先入則正月之時定公猶從昭公之喪在於乾侯未入魯竟國內無君不是即位闕禮故不須書正月也釋例曰癸亥公之喪至自乾侯戊辰公即位喪不在外踰年乃入故因五日改殯之節國史用元年即位之禮因以元年爲此年也然則正月之時未有公矣公未即位元必不改而於春夏即稱元年者公未即位必未改元未改之日必乘前君之年於時春夏當名此年爲昭公三十三年及六月既改之後方以元年紀事及史官定策須有一統不可半年從前半年從後雖則年初亦統此歲故入年即稱元年也漢魏以來雖於秋冬改元史於春夏即以元年冠之是有因於古也

三月晉人執宋仲幾于京師晉執人于天子之側而不以歸京師故但書其執不書所歸○幾音機疏注晉執至所歸○正義曰晉執仲幾傳無日月據經所書是三月始執案傳則不然也傳稱辛巳合諸侯之大夫于狄泉長曆辛巳是正月七日也既會而魏舒始卒庚寅栽是正月十六日也宋仲幾不受功當於栽時不肯役耳士彌牟云晉之從政者新是士鞅已代魏舒

矣乃執仲幾以歸三月歸諸京師必是既栽之後三月以前執以歸晉至三月乃歸於京師耳經書三月始執者晉人初執不告後知以歸不可至三月復歸於京師諱其以歸乃歸王故以三月初執告也縱晉執人諸侯不得相治事當使歸。決於天子況在天子之側不以歸於京師晉人自知不可不以歸晉告會故經但書其執不書所歸既不言歸王亦不言歸晉是不以所歸告也

○夏六月癸亥公之喪至自乾侯告於廟故書至

○戊辰公即位定公不得以正月即位失其時故詳而日之記事之宜無義例疏注定公至義例○正義曰公羊傳曰即位不日此何以日錄乎內也穀梁以爲公喪在外踰年六月乃得即位危故日之左氏無此義故杜顯而異之正月即位正也定公不得以正月即位爲失其時故詳而日之直記事之宜書日无義例

○秋七月癸巳葬我君昭公公在外薨故八月乃葬

○九月大雩無傳過也○雩音于

○立煬宮煬公伯禽子也其廟已毀季氏禱之而立其宮書以譏之○煬羊讓反禱丁老反疏注煬公至譏之○正義曰謚法好內怠政曰煬煬公伯禽子世本世家文諸侯之禮親廟有四計煬公玄孫既薨其廟。即已毀矣季氏禱于煬公以求昭公不入公死於外謂禱有益而更立其宮賽之於禮不合更立惡其改變國典故書以譏之公羊穀梁皆云立者不宜立立煬宮非禮也

冬十月隕霜殺菽。无傳周十月今八月隕霜殺菽非常之災○隕于敏反菽本又作叔音同疏注周十至之災○正義曰月令九月霜始降八月未應霜殺菽菽者大豆之苗又是耐霜之穀今以八月隕霜霜能殺菽是非常之災故書之僖三十三年隕霜不殺草此云殺菽彼言不殺草者穀梁傳曰未可以殺而殺舉重可殺而不殺舉輕其曰菽舉重也

傳元年春王正月辛巳晉魏舒合諸侯之大夫于狄。泉將以城成周魏子涖政涖臨也代天子大夫爲政○涖音利又音類衛彪傒衛大夫曰將建天子立天子之居而易位以令非義也

大事奸義必有大咎晉不失諸侯魏子其不免乎是行也魏獻子屬役於韓簡子及原壽過簡子韓起孫不信也原壽過周大夫○奸音干咎其九反屬之欲反過古禾反疏易位以令○正義曰往年傳魏子南面衛彪傒云干位以令此云魏子涖政彪傒云易位以令文不同者郊特牲云君之南鄉荅陽之義也臣之北面荅君也然則禮國君乃南面往年魏子亦南面是干君之位故云干位此時諸國爲天子築城但當爲君各致徒役而已宜使天子之臣自號令之而魏子涖政代天子大夫改易上下故爲易位所譏別故其文異

而田於大陸焚焉禹貢大陸在鉅鹿北嫌絶遠疑此田在汲郡吳澤荒蕪之地火田并見燒也爾雅廣平曰陸○蕪音無疏注禹貢至曰陸○正義曰禹貢云導河積石至于大伾北過降水至于大陸孔安國云大陸澤名釋地十藪云晉有大陸郭璞曰今鉅鹿北廣河澤孫炎曰廣河猶大陸以地名言之近爲是也計鉅鹿之城。與周相去千有餘里魏子不應往彼田獵故嫌絶遠疑此田當在汲郡吳澤吳澤在脩武縣北還卒於寧寧卽脩武城是也當。是荒蕪之地故亦以大陸名焉引爾雅以證平地皆名陸也案爾雅高平曰陸杜言廣平者以吳澤之地地下寬。平故以廣平言之非是不見爾雅劉君以爾雅高平曰陸而規杜氏非

還卒於寧寧今脩武縣近吳澤○近附近之近范獻子去其柏椁以其未復命而田也范獻子代魏子爲政去其柏椁示貶之○去起呂反注同椁音郭疏去其柏椁正義曰喪大記云君松椁大夫柏椁士雜木椁是卿葬於禮用柏椁也以其未復君命而爲田獵故獻子去其柏椁不使用也

孟懿子會城成周不書公未卽位疏注不書公未卽位○正義曰懿子往年唯受號令知所得丈尺人功而已今復將徒役城之計當更書之於策以公未卽位無君可告故不書

庚寅栽栽設板築○栽才代反又音再注同

宋仲幾不受功曰滕薛郳吾役也欲使三國代宋受功役也○郳五兮反小邾國薛宰曰宋爲無道絶

我小國於周以我適楚故我常從宋晉文公爲踐土之盟[在僖二十八年]曰凡我同盟各復舊職若從踐土若從宋亦唯命仲幾曰踐土固然[固曰從舊薛舊爲宋役]薛宰曰薛之皇祖奚仲居薛以爲夏車正。[皇大也奚仲爲夏禹掌車服大夫○夏戶雅反注同]奚仲遷于邳[邳下邳縣○邳皮悲反]仲虺居薛以爲湯左相[仲虺奚仲之後○虺許鬼反相息亮反]若復舊職將承王官何故以役諸侯[承奉也]仲幾曰三代各異物薛焉得有舊[言居周世不得以夏殷爲舊○焉於虔反]爲宋役亦其職也士彌牟曰晉之從政者新[言范獻子新爲政未習故事][疏]注言范至故事○正義曰魏舒以辛巳會諸國至庚寅相去唯十日耳魏舒始卒已得范鞅代者范鞅本是中軍之佐於次當代魏舒蓋晉人聞舒卒而馳使代之子姑受功歸吾視諸故府[求故事]仲幾曰縱子忘之山川鬼。神。其忘諸乎[山川鬼神盟所告]士伯怒謂韓簡子曰薛徵於人[典籍故事人所知也]宋徵於鬼[取證於鬼神]宋罪大矣且己無辭而抑我以神誣我也啓寵納侮其此之謂矣[開寵過分則納受侵侮○侮亡甫反分扶問反][疏]啓寵至謂矣○正義曰尚書說命。傅說進戒於王云無啓寵納侮古有此言故云其此之謂矣開彼寵人過其本分其人不知止足乃至侵侮在上據在上受之故云納侮必以仲幾爲戮乃執仲幾以歸三月歸諸京師[知以歸不可故復歸之京師○復扶又反]城三旬而畢乃歸諸侯之戍齊高張後不從諸侯[後則不及諸侯之役]晉女叔寬曰周萇弘齊高張皆將不免[叔寬女寬也○]

萇直良反萇叔違天高子違人天既厭周德萇弘欲遷都以延其祚故曰違天諸侯相帥以崇天子而高子後期故曰違人○厭於豔反祚才故反天之所壞不可支也衆之所爲不可奸也爲哀三年周人殺萇弘六年高張來奔起

○夏叔孫成子逆公之喪于乾侯成子叔孫婼之子季孫曰子家子亟言於我未嘗不中吾志也吾欲與之從政子必止之且聽命焉衆士皆諮問子家子○亟起冀反中丁仲反【疏】季孫至命焉○正義曰言子家子數於公處致言於我云意如事君不敢不改又言君以一乘入於魯師季孫必與君歸季孫之意實然故云未嘗不中吾志吾欲與之從政欲用爲大夫也公喪歸則從者散故令止之且聽命者一聽子家之所爲子家欲將歸者即與之歸子家子不見叔孫易幾而哭幾哭會也不欲見叔孫故朝夕哭不同會○朝如字叔孫請見子家子子家子辭曰羈未得見而從君以出出時成子未爲卿○羈居宜反子家子名見賢遍反下同從才用反注義從同又如字下從君從公放此君不命而薨羈不敢見言未受昭公之命託辭以距叔孫叔孫使告之曰公衍公爲實使羣臣不得事君二子始謀逐季氏【疏】注二子至季氏○正義曰謀逐季氏公爲爲之傳文不言公衍謀也但以公衍見復爲大子季氏欲俱廢之故言此也若公子宋主社稷則羣臣之願也宋昭公弟定公凡從君出而可以入者將唯子是聽子家氏未有後季孫願與子從政此皆季孫之願也使不敢以告不敢叔孫成子名對曰若立君則有卿士大夫與守龜在羈弗敢知若從君者則貌而出者入可也貌出謂以義從公與季氏無實怨○守手又反寇

而出者行可也與季氏為寇讎者自可去若羈也則君知其出也君昭公而未知其入也羈將逃也喪及壞隤公子宋先入從公者皆自壞隤反出奔○壞徐音懷又戶怪反隤徒回反六月癸亥公之喪至自乾侯戊辰公即位諸侯薨五日而殯殯則嗣子即位癸亥昭公喪至五日殯於宮定公乃即位【疏】諸侯至即位○正義曰王制云天子七日而殯諸侯五日而殯自癸亥至戊辰五日殯訖則嗣子即位故定公以此日即位也公羊穀梁皆云正棺於兩楹之間然後即位案正棺兩楹之間即禮所謂夷於堂者也喪大記君薨之禮云既小斂男女奉尸夷于堂鄭玄云諸侯之小斂於死者俱三日此戊辰去癸亥五日非正棺之日不得為正棺即位也雜記云諸侯行而死歸至於廟門遂入適所殯鄭玄云適所殯謂兩楹之間自外來者正棺於兩楹之間尸亦夷之於此因殯焉殯必於兩楹之間者以其死不於室而自外來留之於中不忍遠也鄭取季二傳之說言死從外來者殯在兩楹之間若謂殯為正棺則與杜言合矣

孫使役如闞公氏將溝焉闞魯羣公墓所在也季孫惡昭公欲溝絕其兆域不使與先君同○闞口暫反惡烏路反又如字【疏】闞公氏○正義曰闞是先公葬地春秋言氏猶如言家故謂公之墓地為公氏言是公死之家宅也玄卿以為闞屬上句公氏將溝焉猶言將溝公氏焉古人多倒語公氏則昭公榮駕鵞曰生不能事死又離之以自旌也駕鵞魯大夫榮成伯也旌章也○鵞音加鵝五何反旌音精縱子忍之後必或恥之乃止季孫問於榮駕鵞曰吾欲為君謚使子孫知之為惡謚【疏】注為惡謚○正義曰知者下云死又惡之所以知也對曰生弗能事死又惡之以自信也將焉用之乃止秋七月癸巳葬昭公於墓道南孔子之為司寇也溝而合諸墓明臣无貶

君之義○惡之如字又烏路反焉於虔反疏以自信也○正義曰信明也以自明己之不臣也○溝而。合○正義曰孔子之爲司寇在定公十年以後未知何年溝之

昭公出故季平子禱于煬公九月立煬宮平子逐君懼而請禱於煬公。昭公死於外自以爲獲福故立其宮

疏禱於煬公○正義曰既毀其廟而得禱者蓋就祧而禱之

○周鞏簡公棄其子弟而好用遠人簡公周卿士遠人異族也爲明年鞏氏賊簡公張本○鞏九勇反好呼報反

疏簡公○正義曰謚法平易不。從曰簡

經二年春王正月○夏五月壬辰雉門及兩觀災無傳雉門公宮之南門兩觀闕也天火曰災○觀古亂反注及下同

疏注雉門至曰災○正義曰明堂位云庫門天子臯門雉門天子應門是魯之雉門公宮南門之中門也釋宮云觀謂之闕郭璞曰宮門雙闕周禮大宰正月之吉縣治象之法于象魏使萬民觀治象鄭衆云象魏闕也劉熙釋名云闕在門兩旁中央闕然爲道也然則其上縣法象其狀魏魏然高大謂之象魏使人觀之謂之觀也是觀與象魏闕一物而三名也觀與雉門俱災則兩觀在雉門之兩旁矣公羊傳曰其言雉門及兩觀災何兩觀微也然則曷爲不言雉門災及兩觀主災者兩觀也主災者兩觀則曷爲後言之不以微及大也穀梁亦云災自兩觀始先言雉門尊尊也公羊稱子家駒云設兩觀諸侯僭天子其意以其奢僭故天災之左氏無此義案禮器云天子諸侯臺門此以高爲貴也郊特牲云臺門大夫之僭禮也唯言大夫異於諸侯不言諸侯異於天子兩觀爲僭禮無其文天之所災不可意卜言主災兩觀以門尊先門若災先從門起又將何以爲異丘明無文或是災起雉門而延及兩觀也天火曰災宣十六年傳例

○秋楚人伐吳囊瓦稱人見誘以敗軍○囊乃郎反○冬十月新作雉門及兩觀無傳

傳二年夏四月辛酉鞏氏之羣子弟賊簡公傳言棄親用疏所以敗也○桐叛楚桐小國廬江舒縣西

南有桐鄉吳子使舒鳩氏誘楚人舒鳩楚屬國曰以師臨我教舒鳩誘楚使以師臨吳我伐桐爲我使之無忌吳伐桐也僞若畏楚師之臨己而爲伐其叛國以取媚者也欲使楚不忌吳所謂多方以誤之○爲我于僞反注及下同疏。桐叛至無忌○正義曰桐是小國世屬於楚桐今叛楚楚有間隙故吳子因是而謀之舒鳩自是楚之屬國居吳楚之間亦兩取其意故。意吳得使之也吳子使舒鳩誘楚人又教舒鳩爲辭曰令楚以師臨我我吳自稱我令楚臨吳也我當僞若畏楚爲楚伐桐女舒鳩當爲我誘楚我軍楚師或曰囊瓦本出師伐吳見吳欲伐桐而不設備遂被吳敗之又擊楚巢邑潛師圍而克之獲其守邑大夫爲我使之無忌謂爲我之畏楚形狀使楚人無復防忌於我也若楚不忌吳則師不設備欲因其無備而掩襲取之耳下云吳人見舟于豫章僞欲伐桐也吳軍楚師于豫章掩其不備也潛師于巢吳人詐巢邑人云此師將伐桐也其實本擬取巢故。下遂圍巢克之言潛者對豫章之師稱潛○秋楚囊瓦伐吳師于豫章從舒鳩言吳人見舟于豫章僞將爲楚伐桐○見賢遍反而潛師于巢實欲以擊楚冬十月吳軍楚師于豫章敗之楚不忌故遂圍巢克之獲楚公子繁繁守巢大夫○邾莊公與夷射姑飲酒私出射姑邾大夫出辟酒○射音亦一音夜閽乞肉焉奪之杖以敲之。奪閽杖以敲閽頭也爲明年邾子卒傳○閽音昏守門人也敲苦孝反又苦學反說文作毃云擊頭也字林同又一曰擊聲也口交反又口卓反訓從敲云橫擿也又或作茅或作㨜口交反

經三年春王正月公如晉至河乃復無傳疏公如至乃復○正義曰三傳皆無其說不知何故乃復賈逵云刺緩朝見辭失所不諱罪己賈雖爲此解於傳無文不可從故杜不言劉炫謂公以六月卽位此年便卽往朝於事未爲緩也晉人何以辭之若以緩見。遣當。退謝罪何

由此後更無謝處空言罪己經無孫謝自罪之狀復安在乎晉若以緩致辭必當要有譴責何由明年會次復得依常班序乃復之意不可縣知○二月辛卯邾子穿卒再同盟穿音川○疏注再同盟○正義曰穿以昭二年即位十一年盟于祲祥二十六年于鄟陵皆魯邾俱在是再同盟也○夏四月○秋葬邾莊公六月乃葬緩○冬仲孫何忌及邾子盟于拔。拔地闕○拔皮八反

傳三年春二月辛卯邾子在門臺門上有臺臨廷閽以缾水沃廷邾子望見之怒閽曰夷射姑旋焉旋小便○廷音庭下並同缾步丁反本又作瓶命執之見其不潔執射姑弗得滋怒自投于牀。廢于鑪炭爛遂卒廢墮也○鑪力吳反炭他旦反墮徒火反先葬以車五乘殉五人欲藏中。之絜故先內車及殉別爲便房蓋其遺命○先悉薦反又如字乘繩證反殉辭俊反藏才浪反疏注欲藏至遺命○正義曰以人從葬謂之殉邾子好絜以人爲殉欲備地下埽除若令與柩同入恐其污履藏內欲其藏中之絜故先內車及殉別爲便房處之傳言此事意在非責邾子若是葬者自爲則非莊公之罪無爲輒說此事故云蓋其遺命也邾子隊鑪而卒不應得有遺命疑其是遺命者禮國君。位而爲。椑初立即營死事當是平素之時先有此命葬者奉行之莊公卞急而好潔。故及是卞躁疾也○卞皮彥反好呼報反下文及注同躁早報反秋九月鮮虞人敗晉師于平中平中晉地獲晉觀虎恃其勇也爲五年士鞅圍鮮虞張本○冬盟于郯郯即拔也○郯音談脩邾好也公即位故脩好○蔡昭侯爲兩佩與兩裘佩佩玉也以如楚獻一佩一裘於昭王昭王服之以享蔡

侯蔡侯亦服其一子常欲之弗與三年止之唐成公如楚有兩肅爽馬子常欲之成公唐惠侯之後肅爽駿馬名○肅如字又所六反爽音霜駿音俊【疏】注成公至馬名○正義曰宣十二年傳有唐惠侯故云唐惠侯之後也釋畜於馬无肅爽之名爽或作霜賈逵云色如霜紈馬融說肅爽鴈也其羽如練高首而脩頸馬似之天下稀有故子常欲之杜以馬名臨時所作本意不可得知故直云駿馬名弗與亦三年止之唐人或相與謀請代先從者許之飲先從者酒醉之竊馬而獻之子常子常歸唐侯自拘於司敗竊馬者自拘○從才用反下同飲於鴆反拘九于反【疏】請代至許之○正義曰請請楚楚許之也知非請唐侯者若唐侯許之自合養馬何須言飲先從者竊馬以獻乎曰君以弄馬之故隱君身隱憂約也○弄魯貢反棄國家羣臣請相夫人以償馬必如之相助也夫人謂養馬者○相息亮反夫音扶注同償市亮反唐侯曰寡人之過也二三子無辱皆賞之蔡人聞之固請而獻佩于子常子常朝見蔡侯之徒命有司曰蔡君之久也官不共也言楚所以禮遣蔡侯之物不共備故○共音恭注同明日禮不畢將死遺蔡侯之禮蔡侯歸及漢執玉而沈曰余所有濟漢而南者有若大川自誓言若復渡漢當受禍明如大川○沈音鴆復扶又反蔡侯如晉以其子元與其大夫之子爲質焉而請伐楚爲明年會召陵張本○質音致

經四年春王二月癸巳陳侯吳卒无傳未同盟而赴以名癸巳正月七日書二月從赴【疏】○注癸巳至從赴○正義曰杜以

長曆校之知癸巳是正月七日故云書二月從赴也知非日誤者以崩薨之事皆以赴爲文故平王崩赴以庚戌陳侯卒赴以甲戌己丑杜依大例而言故云從赴劉炫以爲諸侯五月而葬下云六月葬陳惠公則陳侯卒在二月以爲日誤而規杜氏今知非者但諸侯雖五月。可葬春秋之時或緩或速无復常準此陳侯之葬事。既。无傳何知必五月而葬妄以杜爲失其義非也○三月公會劉子晉侯宋公蔡侯衛侯陳子鄭伯許男曹伯莒子邾子頓子胡子滕子薛伯杞伯小邾子齊國夏于召陵侵楚於召陵先行會禮入楚竟故書侵○夏戶雅反召上照反竟音境疏注於召至書侵○正義曰先言于召陵後言侵楚是於召陵先行會禮也土地名召陵楚地也諸侯既入楚境先行會禮後乃侵之故經書先會後侵也○夏四月庚辰蔡公孫姓帥師滅沈以沈子嘉歸殺之五月公及諸侯盟于皐鼬召陵會劉子諸侯總言之也繁昌縣東南有城皐亭復稱公者會盟之異處故○公孫姓音生又作生鼬由又反復扶又反處昌慮反疏注召陵至處故○正義曰書經之例諸侯先會而後盟皆前目而後凡此共盟者還是前會之諸侯前已歷序故於此總言之也劉子雖是王朝之臣而亦有封爵故諸侯之文可以兼劉子也僖二十九年王子虎與諸侯盟于翟泉貶之稱人此劉子得與諸侯盟者楚僭號稱王不事天子諸侯會而侵楚將以尊崇王室傳言劉文公合諸侯是天子勅之使盟也下文書劉卷卒葬魯人弔會依同盟之禮知劉子亦與盟也復稱公者由其會盟異處故也劉炫規杜云會盟異處故復稱公案襄二十五年盟重丘亦是會盟異處何以不言公今刪。定知非者但會盟異處理合稱公重丘不書公史官自略耳以此規杜非也○杞伯成卒于會无傳○成音城疏杞伯成卒于會○正義曰成以昭二十五年即位二十六年盟于鄟陵三十二年于翟泉此年于皐鼬魯杞俱在計杜當云三同盟无注者漏脫耳諸侯薨于朝會加一等此既薨於會其禮亦當然○六月葬陳惠公傳无○許遷于容城傳无○秋七月公至自會傳无○劉卷卒无傳即劉蚠也劉子奉命出盟召陵死則天王爲告同盟故不具爵○卷音權一音眷免反蚠扶粉反爲于僞反下吳爲蔡同【疏】注即劉至具爵○正義曰昭二十二年傳曰單子立劉蚠即此是也世族譜伯蚠劉蚠劉文公劉狄劉卷劉子爲一人王朝公卿卒不赴魯魯不會葬文三年書王子虎卒傳曰來赴弔如同盟禮也彼爲同盟于翟泉故也此亦書卒明爲同盟故也畿內之國不得外交諸侯必非劉邑之臣來赴知是天子爲告也天子告臣略言名封而已不言劉子故書不具爵○葬杞悼公傳无○楚人圍蔡不服故也○晉士鞅衛孔圉帥師伐鮮虞无傳孔圉孔羈孫士鞅即范鞅○圉魚呂反○葬劉文公傳无○冬十有一月庚午蔡侯以吳子及楚人戰于柏舉楚師敗績師能左右之曰以皆陳曰戰大崩曰敗績吳爲蔡討楚從蔡。計謀故書蔡侯以吳子言能左右之也囊瓦稱人貪以致敗不能死難罪賤之柏舉楚地昭三十一年傳曰六年十二月庚辰吳。其入郢今以十一月者幷數閏○陳直覲反難乃旦反數所主反【疏】注師能至數閏○正義曰師能左右之曰以僖二十六年傳例也皆陳曰戰大崩曰敗績莊十一年傳例也吳大蔡小而蔡能以吳者吳子爲蔡討楚言蔡能左右之也釋例曰吳雖大國順蔡侯之請自將其衆唯蔡侯之命故亦言以吳子也囊瓦楚之上卿當稱名氏今稱人者貪以致敗又不能死難罪賤之也釋例曰楚之囊瓦貪。珮馬以致討稱人罪賤之也昭三十一年傳言六年十二月庚辰吳其入郢今以十一月與彼期有差殊者長曆推此年閏十月庚辰是十一月二十九日其月垂盡幷數閏得爲十二月也楚囊瓦出奔鄭書名惡之惡烏路反○【疏】注書名惡之○正義曰文八年宋司城來奔十四年宋子哀來奔傳皆云貴之也不稱名爲貴之是稱名爲惡之庚辰吳入郢弗地曰入吳不稱子史略文【疏】注弗地至略文○正義曰弗地曰入襄十三年傳例也上文戰稱吳子此言吳入楚不稱子猶成三年鄭伐許昭十二年晉伐鮮虞史略文無義例公羊穀梁以爲吳於戰稱子爲其憂中國故進而稱爵及其入郢君舍于君室大夫舍于大夫室反爲夷狄之行故貶而稱吳左氏無此義故杜異而顯之

傳四年春三月劉文公合諸侯于召陵謀伐楚也文公王官伯也晉人假王命以討楚之久留蔡侯故曰文公合諸侯疏注文公至諸侯○正義曰劉子是天子大臣故言王官伯也往年蔡侯如晉請晉耳不請天子今稱劉文公合諸侯知是晉人告王假王命以討楚王使劉子會之故言劉文公合諸侯以示稟於王命假王威也晉荀寅求貨於蔡侯弗得言於范獻子曰國家方危諸侯方貳將以襲敵不亦難乎水潦方降疾瘧方起中山不服中山鮮虞○潦音老瘧魚略反棄盟取怨無損於楚晉楚同盟伐之爲取怨而失中山不如辭蔡侯吾自方城以來楚未可以得志晉敗楚侵方城在襄十六年祇取勤焉乃辭蔡侯晉人假羽旄於鄭鄭人與之析羽爲旌王者遊車之所建鄭私有之因謂之羽旄借觀之○祇音支旄音毛析星歷反下放此疏注析羽至觀之○正義曰周禮司常掌九旗之名物全羽爲旞析羽爲旌道車載旞斿車載旌鄭玄云全羽析羽皆五采繫之於旞旌之上所謂注旄於干首也凡九旗之帛皆用絳道車象路也王以朝夕燕出入斿車木路也王以田以鄙是其析羽爲旌王者遊車之所建也釋天云注旄首曰旌李巡曰以旄牛尾著旌首者也孫炎曰析五采羽注旌上亦有旒縿據彼文言之則羽毛者有五色鳥羽又有旄牛尾也言全羽析羽者蓋有全取其翅或析取其翮故有全析二名也繫此鳥羽牛尾於干首猶自別有絳爲旒縿縣之於干今之旗旛猶然此傳直言羽耳注不引全羽而以析羽解之者以全羽尊於析羽鄭人所有未必尊貴故以析羽解之計羽旄所用其費

无多晉人自應有之而襄十四年范宣子假羽毛於齊此又假羽旄於鄭者或當制作巧異故聞而借觀之明日或旆以會或賤者也繼旐
曰旆令賤人施其旆執以從會示卑鄭〇旆步貝反旐音兆令力呈反下欲令蔡同【疏】注或賤至卑鄭〇正義曰鄭玄注論語云或云言有人不顯其名而
略稱爲或是或爲賤者也繼旐曰旆釋天文也郭璞曰帛續旐末爲燕尾者則旐謂旆身旆謂旐尾晉令賤人建此羽旄施其旐旆於下執之以從其會
謂其美而就鄭借觀之既得其物令賤人服用之是示其卑侮鄭也鄭是列國而晉卑侮之諸侯於是知晉輕蔑心皆怨恨故晉於是乎失諸侯晉於
是乎失諸侯傳言晉無所以遂弱禮將會衞子行敬子言於靈公子行敬子衞大夫曰會同難難得
宜嘖有煩言莫之治也嘖至也煩言忿爭〇嘖仕責反一音責爭爭鬬之爭【疏】注嘖至至忿爭〇正義曰嘖至賈逵云然是相傳訓
也易繫辭云聖人有以見天下之賾謂見其至深之處賾亦深之義也謂至於會時有煩亂忿爭之言無才辨者則莫之能治也其使祝佗從
祝佗大祝子魚〇佗徒何反從才用反下師從旅從同大音泰下大祝大卜大史大原同公曰善乃使子魚子魚辭曰臣展
四體以率舊職猶懼不給而煩刑書若又共二共二職〇共音恭注同徼大罪也且夫祝
社稷之常隸也隸賤臣也〇徼古堯反夫音扶社稷不動祝不出竟官之制也社稷動謂國遷〇竟音境下同
【疏】注社稷動謂國遷〇正義曰周禮大祝云大師宜于社造于祖設軍社及軍歸獻于社則前祝天子之祝如此則諸侯之祝官亦然也然則彼軍行唯有
社无稷今社稷俱動故知謂國遷也國遷唯在竟內得云祝不出竟者詩稱公劉遷豳大王來岐及春秋杞都陳留而遷緣陵及許遷于析之屬並是離棄本
國遠適它土故須出竟之事劉以社稷動謂軍行而規杜非也君以軍行祓社釁鼓師出先事祓禱於社謂之宜社於是殺牲以血塗鼓

鼙爲釁鼓○祓音弗徐音廢釁許靳反鼙步西反本又作鞞仝【疏】注師出至釁鼓○正義曰釋天云起大事動大衆必先有事乎社而後出謂之宜是軍師將出必有祭社之事也周禮女巫掌祓除釁浴則祓亦祭名故知祓社即宜社是也說文云釁血祭也是殺牲以血塗鼓鼙爲釁鼓此皆祝官掌之祝奉以從奉社主也○從如字又才用反【疏】祝奉以從○正義曰禮軍行必以廟主社主從軍而行尚書甘誓云用命賞于祖弗用命戮于社孔安國云天子親征必載遷廟之祖主及社主行有功則賞祖主前示不專也不用命奔北者則戮之於社主前社主陰陰主殺親祖嚴社之義也是軍行必載社主行故祝官奉主以從於是乎出竟若嘉好之事謂朝會○好呼報反君行師從二千五百人卿行旅從五百人臣無事焉公曰行也及皐鼬將盟【疏】若嘉至事焉○正義曰此會因而侵楚衞侯當以軍行而云臣無事者晉本以會召諸侯傳言將會是赴會之時未知將侵伐也但諸國既集師衆自多故因得行侵耳將長蔡於衞欲令蔡先衞歃○長丁丈反令力呈反先悉薦反下文先衞同歃所洽反又所甲反衞侯使祝佗私於萇弘曰聞諸道路不知信否若聞蔡將先衞信乎萇弘曰信蔡叔康叔之兄也蔡叔周公兄康叔周公弟【疏】注蔡叔至公弟○正義曰史記管蔡世家云武王同母兄弟十人母曰大姒文王正妃也其長子曰伯邑考次曰武王發次曰管叔鮮次曰周公旦次曰蔡叔度次曰曹叔振鐸次曰郕叔武次曰霍叔處次曰康叔封次曰聃季載如彼文則蔡叔周公弟也今以蔡叔爲周公兄者以僖二十四年傳富辰言文之昭十六國蔡在魯上明以長幼爲次賈逵等皆言蔡叔周公兄故杜從之馬遷之言多辟謬故不用史記爲說先衞不亦可乎子魚曰以先王觀之則尚德也昔武王克商成王定之選建明德以藩屏周故周公相王室以尹天下尹正也○藩方元反相息亮反

於周爲睦睦親厚也以戚德見親厚分魯公以大路。大旂魯公伯禽也此大路金路錫同姓諸侯車也交龍爲旂周禮同姓以封○分扶問反下並同路本亦作輅音路下皆同旂其依反錫星歷反【疏】注魯公至以封○正義曰周禮巾車云金路建大旂以賓同姓以封鄭玄云金路以金飾諸末大旂九旗之畫交龍者以賓以會賓客同姓以封謂王子母弟以功德出封若魯衛也交龍爲旂司常文也夏后氏之璜璜美玉名○夏戶雅反下皆同○璜音黃【疏】注璜美玉名○正義曰夏后氏所寶歷代傳之知美玉名也注哀十四年傳云向魋出於衛地公文氏攻之求夏后氏之璜焉則璜非一也尚書旅獒及魯語皆云古者分同姓以珍玉展親則先王不以玉賜向魋向魋自規求得之也鄭玄注周禮云半璧曰璜封父之繁。弱封父古諸侯也繁弱大弓名○父音甫下父武父同封父國名繁扶元反【疏】注封父至弓名○正義曰鄭玄云古者伐國遷其重器以與同姓此繁弱封父之國爲之不知何時滅其國而得之也孔叢云楚王張繁弱之弓載忘歸之矢以射蛟於雲夢是繁弱爲弓名也殷民。六族條氏徐氏蕭氏索氏長勺氏尾勺氏使帥其宗氏輯其分族將其類醜醜衆也○索素各反下同勺市灼反下同輯音集又七入反以法則周公用卽命于周卽就也使六族就周受周公之法制是使之職事于魯共魯公之職事○共恭下文以共王職同以昭周公之明德昭顯也【疏】使帥至明德○正義曰使六族之長各自帥其當宗同氏輯合也合其所分枝屬族屬也將其族類人衆以法則周公令其移家居魯用就受周公之命是以使之共職事于魯以昭周公之明德也下賜殷。民七族亦是使之法則康叔令共職事于衛也賜唐叔及懷姓九宗亦然分之土田倍。敦陪增也敦厚也○陪本亦作倍同步回反【疏】陪敦○正義曰陪是加增之義敦厚釋詁文也言既封爲大國。地方五百里又分以土田更增彼寬厚爲七百里也明堂位云封周公于曲阜地方七百里鄭玄云公之地方五百里加魯以四等之附庸方百里者二十四井五五二十五積四十九開方之得七百里鄭玄周禮大司徒注云凡諸侯爲牧正帥長及有德者乃有附庸公無附庸侯附庸九同伯附庸七同子附庸五同男附庸三同進則取焉退則歸焉魯於周法不得有附庸故言錫之也地方七百里者包附庸以大言之附庸二十四言德兼此四等矣是增厚魯國之事也

祝宗卜史大祝宗人大卜大史凡四官**備物典策。**典策春秋之制〇典策本又作冊亦作筴或作筞皆初革反**官司彝器**官司百官也彝器常用器〇彝羊之反

疏祝宗至彝器〇正義曰祝宗接神之官大卜主卜大史主書與此四等官人使之將歸於魯也服虔云備物國之職物之備也當謂國君威儀之物若今。繖扇之屬備賜魯也杜不解備物則與典策爲一也備物典策謂史官書策之典若傳之所云發凡之類賜之以法使依法書時事也官司彝器謂百官常用之器蓋罇罍俎豆之屬具賜魯也

因商奄之民商奄國名也與四國流言或迸散在魯皆令即屬魯懷柔之〇迸彼諍反令徐力呈反

疏注商奄至柔之〇正義曰書傳云武王殺。以繼公子祿父及管蔡流言奄君謂祿父曰武王死成王幼周公疑此百世之時請舉事然後祿父及三監叛是奄與四國流言也昭九年傳云蒲姑商奄吾東土也此復云因商奄之民則商奄是東方之國近魯之地也昭元年傳云周有徐奄杜以彼奄與此商奄爲一故土地名奄商奄。二名共爲一國此注言商奄國名以商奄二字爲國名也詩稱四國流言毛傳以四國爲管蔡商奄則商奄各自爲國奄則此奄是也商謂紂子祿父下云管蔡啓商是名祿父爲商也然則毛言商奄爲二杜言商奄爲一杜言四國流言亦謂管蔡祿父與商奄爲四也商奄即四國之一言與者據民與四國之君流言故言與也或者據奄君道三國爲亂故言與總稱四國非。爲商奄外別有四國也言封魯於少皞之墟則商奄非魯地也非魯地而言因其民是誅商奄之日民或迸散在魯皆命使即屬於魯令魯懷柔之玄鄭以爲三監與商爲四國奄在外故言與四國

命以伯禽伯禽周公世子時周公唯遣伯禽之國故皆以付伯禽

疏注伯禽至伯禽〇正義曰

詩魯頌說封魯之事云王曰叔父建爾元子俾侯于魯是伯禽爲周公世子也魯世家云周公相成王使其子伯禽代就封於魯文十三年公羊傳曰周公何以稱太廟于魯封魯公以爲周公也周公拜乎前魯公拜乎後曰生以養周公死以爲周公主然則周公之魯乎曰不之魯也封魯公以爲周公則周公曷爲不之魯欲天下之一乎周也其意言周公聖人若使之魯則恐天下迴心向之故不使之魯也以周公身不適魯唯遣伯禽之國故傳皆言分魯公不言分周公也傳言命以伯禽於體例命以康誥命以康誥則伯禽亦似策命篇名今杜云唯遣伯禽之國故皆以付伯禽則伯禽非是誥誓篇名若必是誥誓當云命以魯誥既爲國君不得與君牙伯冏同類也劉炫云伯禽猶下命以康誥是伯禽爲命書似書序穆王命君牙爲周大司徒作君牙即以君牙爲篇與此同也

而封於少皞之虛少皞虛曲阜也在魯城內○少詩照反注及下同皞胡老反虛起居反注及下皆同【疏】注少皞至城內○正義曰此注少皞之虛即曲阜是也曲阜在魯城內則魯之所都正在少皞虛矣昭二十九年注窮桑少皞之號窮桑地在魯北與此異者賈逵云少皞居窮桑登爲帝蓋未爲帝居魯北既爲帝乃居魯也

分康叔康叔衛之祖

以大路少帛綪茷旃旌少帛雜帛也綪茷大赤取染草名也通帛爲旃析羽爲旌○綪七見反茷步具反又音吠旃章然反【疏】注少帛至爲旌○正義曰周禮司常云通帛爲旜雜帛爲物鄭玄云通帛謂大赤從周正色無飾雜帛者以帛素飾其側白殷之正色大赤是通帛知少帛是雜帛也釋草云茹藘茅蒐郭璞曰今之蒨也可以染絳則綪是染赤之草茷即旆也爾雅繼旐曰旆旐是旂身旆是旂尾尾猶用赤則通身皆赤知綪茷是大赤大赤即今之紅旗取染赤之草爲名也蓋王以通帛雜帛並賜衞也然則大赤即是旃也於綪茷之下更言旃者茷言旂尾旃言旂身圓其文故具言耳若其不然旌是干之所建旗皆有旌少帛旃旆之後何須更復言旌明是圓其文故重言之

大呂鐘名【疏】鐘名○正義曰周鑄無射魯鑄林鐘皆以律名名鐘知此大呂沽洗皆鐘名也其聲與此律相應故以律名名焉

殷民七族陶氏

施氏繁氏錡氏樊氏饑氏終葵氏封畛土略自武父以南及圃田之北竟畛塗所徑也略界也武父衛北界圃田鄭數名○陶徒刀反繁步何反錡魚綺反畛之忍反一音真圃布五反本亦作甫同塗音徒徑音經數素口反【疏】注畛塗至數名○正義曰周禮遂人云夫間有遂遂廣深各二尺遂上有徑容車馬也十夫有溝廣深四尺溝上有畛容大車百夫有洫廣深八尺洫上有塗容乘車一軌千夫有澮廣二尋深二仞澮上有道容二軌萬夫有川川上有路容三軌畛是路故為塗所徑也桓十二年公會鄭伯盟于武父杜云陳留濟陽縣東北有武父城彼是鄭地與。此武父非一也土地名云傳曰封畛土略自武父以南則武父衛之北竟也非河南武父其地闕無。處故直云衛北界也釋地十數鄭有圃田郭璞曰今滎陽中牟縣西圃田澤是也衛之南竟至此澤畔取於有閻之土以共王職有閻衛所受朝宿邑蓋近京畿○近附近之近下戎同取於相土之東都以會王之東蒐為湯沐邑王東巡。守以助祭泰山○相息亮反蒐所求反守手又反【疏】取於至東蒐○正義曰土地名有閻之土與相土之東都其地皆闕無其處言共王職猶魯之許田蓋近京畿也會王東蒐則為從王巡守助祭泰山為湯沐之邑若鄭之祊田蓋近泰山也王巡守者諸侯為王守土天子以時出巡行之今言蒐則王之巡守亦因田獵以教習兵士聃季授土聃季周公弟司空○聃乃甘反【疏】注聃季至司空○正義曰富辰言文之昭聃季在魯下史記大姒十子聃季最少是周公弟也周禮司空主土司徒主民知聃季授土為司空也下陶叔為司徒也陶叔授民陶叔司徒命以康誥而封於殷虛康誥周書殷虛朝歌也皆啓以商政疆以周索皆魯衛也啓開也居殷故地因其風俗開用其政疆理土地以周法索法也○疆居良反注及下同【疏】注皆魯至法也○正義曰王制云凡居民材必因天地寒。煖燥。濕廣谷大川異制民生其間者異俗脩其教不易其俗齊其政不易其宜是言王者布政當順民俗而施之也此民習商之政爲日已久還因其風俗開。道以舊政也衛居殷虛開以商政可矣魯亦開以商政者王者所法不過二代夏在衛西魯在衛東夏政非魯所及與衛大同以殷之餘民有六族將其醜類以即事于魯故與衛皆啓以商政也疆理土地以周法則三代經界法皆有異其異未盡聞也索之爲法相傳訓耳考工記量器銘曰時文思索允臻其極鄭亦以索爲法

分唐叔唐叔晉之祖以大路密須之鼓密須國名闕鞏甲名○鞏九勇反沽。洗鍾名○沽音孤洗息典反懷姓九宗職官五正懷姓唐之餘民九宗一姓爲九族職官五正五官之長○長丁丈反下文乃長衛同

【疏】注懷姓至之長○正義曰懷姓一居在晉地而不言殷民知是唐之餘民也言懷姓九宗則皆姓懷矣知一姓而有九族也職官五正杜云五官之長則謂五官之長子孫耳曲禮云天子之五官曰司徒司馬司空司士司寇鄭玄云此殷時制也然則殷時五官居在唐地世爲貴族以賜唐叔使主領之所以榮寵唐叔也殷之五官不必皆在唐地但有三官四官亦得總五言之劉炫云職官五正職主也正長也主官事者有五長分九宗爲五官使主之此九宗蓋宗有一人數少者當宗不足立官幷之爲五使五官領此九宗或以爲於懷姓之內立五正使分主九宗未知誰是故備言之或以爲五官之長謂如昭二十九年蔡墨所云五行之官長也是天子之大臣非唐之遺民然姓而有五也幷賜唐叔豈天子得以五行官長賜諸侯哉

命以唐誥而封於夏虛。唐誥誥命篇名也夏虛大夏今大原晉陽也啓以夏政亦。因夏風俗開用其政疆以戎索大原近戎而寒不與中國同故自以戎法三者皆叔也而有令德故昭之以分物不然文武成康之伯猶多而不獲是分也唯不尚年也管蔡啓商惎間王室惎毒也周公攝政管叔蔡叔開道紂子祿父以毒亂王室○惎音忌間間廁之間道音導王於是乎殺管叔而蔡蔡叔周公稱王命以討二叔蔡放也○蔡蔡叔上素達反注同下蔡叔如字以

車七乘徒七十人與蔡叔車徒而放之○乘繩證反其子蔡仲改行帥德周公舉之以爲己卿士爲周公臣○行下孟反見諸王而命之以蔡命爲蔡侯○見賢遍反其命書云王曰胡無若爾考之違王命也胡蔡仲名【疏】文武至尚年○正義曰文武成康皆以處長而立未得更有兄伯封爲諸侯而云伯猶多者以叔年稚於伯仲處叔而得分多明其長者無所得伯是兄弟之長故舉伯以爲言所云猶多者甚言之耳歷檢書傳文武成康未有兄爲諸侯者幼者分物多長者無所得此唯爲不尚年故也○管蔡至命也○正義曰書序云蔡叔既沒王命蔡仲踐諸侯位作蔡仲之命其經云惟周公位冢宰正百工羣叔流言乃致辟管叔于商囚蔡叔于郭鄰以車七乘降霍叔于庶人三年不齒蔡仲克庸祗德周公以爲卿士叔卒乃命諸王邦之蔡王若曰小子胡惟爾率德改行克愼厥猷肆予命爾侯于東土往卽乃封敬哉爾尚蓋前人之愆惟忠惟孝率乃祖文王之彝訓無若爾考之違王命傳之此言皆述書意而爲之辭唯增言徒七十人耳孔安國云郭鄰中國之外地名亦不知何方地名也○注惎毒也○正義曰惎毒閒亂賈逵云然是相傳訓也道祿父作亂將以害周若毒螫然故云毒亂王室也○注周公至放也○正義曰蔡仲之命篇云周公乃致辟管叔于商因蔡叔于郭鄰則是周公誅之矣而此言王者周公稱王命以討之書序云成王既伐管叔蔡叔是稱王命之文也說文云𥼶散之也從米殺聲然則𥼶字殺下米也𥼶爲放散之義故訓爲放也隸書改作已失字體𥼶字不復可識寫者全類蔡字至有爲一蔡字重點以讀之者今定本作蔡非也○注爲周公臣○正義曰孔安國云明王之法誅父用子言至公周公圻內諸侯二卿治事是爲周公圻內采邑之卿也

若之何其使蔡先衞也武王之母弟八人周公爲太宰康叔爲司寇聃季爲司空五叔無官豈尚年哉五叔管叔鮮蔡叔度成叔武霍叔處毛叔。聃也【疏】母弟八人○正義曰上言十人而此云八者伯邑考已死不數武王故八人○康叔爲司寇○正義曰尚書蘇公爲司寇此言康叔者爲蘇公出封爲國康叔替之○注五叔○正義曰史記云冄季載杜云毛叔冄又不數叔振鐸者杜以振鐸非周公同母故不數之或杜別有所見不以管蔡世家爲說曹文之昭也文王子與周公異母○昭上饒反說文作紹晉武之穆也武王子曹爲伯甸非尚年也以伯爵居甸服言小○甸徒練反【疏】曹文至尚年○正義曰於昭穆曹是晉之叔父也晉爲大國多受分物曹爲伯爵而在甸服非是尊尚年長也桓二年傳云晉甸侯也晉亦在甸唯侯伯之爵異耳言爲伯甸連言之耳於甸無升降也鄭玄云曹今濟陰定陶也去王城八百里東都之畿方六百里半之三百里侯服五百里定陶在畿外故爲在甸服言其小也今將尚之是反先王也晉文公爲踐土之盟衞成公不在夷叔其母弟也猶先蔡踐土召陵二會經書蔡在衞上霸主以國大小之序也子魚所言盟歃之次其載書云王若曰晉重文公○重直龍反魯申僖公衞武叔武蔡甲午莊侯鄭捷文公○捷在接反齊潘昭公○潘普安反宋王臣成公○宋王臣如字本或作壬如林反莒期兹丕公也齊序鄭下周之宗盟異姓爲後○丕普悲反藏在周府可覆視也吾子欲復文武之略略道也○覆芳服反【疏】藏在周府○正義曰言周家府藏之內有此載書在也本或爲盟府由僖五年傳藏於盟府涉彼而誤耳而不正其德將如之何萇弘說告劉子與范獻子謀之乃長衞侯於盟反自召陵鄭子大叔未至而卒晉趙簡子爲之臨甚哀曰黃父之會在昭二十五年○說音悅爲于僞反下楚爲沈同臨力鴆反父音甫【疏】不正其德○正義曰正長也謂不長其有德者也○乃長衞侯○正義曰釋例曰周之宗盟異姓爲後故踐土之盟載書齊宋雖大降於鄭衞匡周而言

指謂王官之宰臨盟者也其餘雜盟未必皆然踐土召陵二會皆蔡在衞上時國次也至盟乃正其高下者敬共明神本其始也是言會以國之大小爲次至盟乃先同姓盟之先同姓者唯謂王官之宰臨盟時耳踐土則王子虎盟諸侯于王庭此盟則劉子在焉故二者先同姓其餘雜盟亦以國之大小爲次故襄二十七年宋之盟晉楚爭先若其皆先同姓則楚不得競也以此知餘盟不然 夫子語我九言曰無始亂無怙富無恃寵無違同無敖禮無驕能 以能驕人○語魚據反怙音戶敖五報反 疏 九言○正義曰古者一字與二字並爲一言易云伏羲作十言之教曰乾坤震巽坎離艮兌消息乾坤雖是一字亦一出口乃得言之故謂之一言今則一字爲一言三字以上爲一句 無復怒 ○復重也○復扶又反注同 無謀非德 非所謀也 無犯非義 傳言簡子能用善言所以遂與 ○沈人不會于召陵晉人使蔡伐之夏蔡滅沈秋楚爲沈故圍蔡伍員爲吳行人以謀楚楚之殺郤宛也 在昭二十七年○員音云 伯氏之族出 郤宛黨 伯州犁之孫嚭爲吳大宰以謀楚楚自昭王即位無歲不有吳師蔡侯因之以其子乾與其大夫之子爲質於吳冬蔡侯吳子唐侯伐楚 唐侯不書兵屬於吳。蔡○犁力兮反嚭普鄙反乾其連反質音致 舍舟于淮汭 吳乘舟從淮來過蔡而舍之○舍音赦置也又音捨棄也注同汭人銳反 自豫章與楚夾漢 豫章漢東江北地名○夾古洽反 疏 。注豫章至地名○正義曰漢書地理志豫章郡名。在江南。此在江北者土地名云定二年楚人伐吳師于豫章吳人見舟于豫章而潛師于巢共軍楚師于豫章又。伯。舉之役吳人舍舟于淮汭而自豫章與楚師夾漢此皆在江北淮南蓋後徙在江南之豫章 左司馬戌謂子常曰子沿。漢而與之上下 沿。緣也緣漢上下遮使勿。渡○

沿悦全反上時掌反遮正奢反我悉方城外以毀其舟以方城外人毀。吳所舍舟還塞大隧直轅冥阨三者漢東
之隘道○隧音遂冥亡丁反本或作寘之豉反阨於懈反本或作隘音同子濟漢而伐之我自後擊之必大敗之既
謀而行武城黑謂子常黑楚武城大夫曰吳用木也我用革也用軍器不可久也不如速
戰史皇謂子常楚人惡子而好司馬史皇楚大夫司馬沈尹戌○惡烏路反好呼報反若司馬毀吳舟
于淮塞城口而入城口三隘道之總名是獨克吳也子必速戰不然不免乃濟漢而陳自
小別至于大別禹貢漢水至大別南入江然則此二別在江夏界○陳直覲反下文及注同夏戶雅反【疏】注禹貢至夏界○正義曰禹貢
云嶓冢導漾東流爲漢又東爲滄浪之水過三澨至于大別南入于江孔安國云三澨水名入漢大別山名觸山迴南入江如彼文大別在江北小別當近之
小別當在大別之東也何則子常從小別與吳戰退而至大別明其自東而漸西也土地名小別大別皆闕不知所在或曰大別在安豐縣西南傳曰吳既與
楚夾漢然後楚乃濟漢而陳自小別至于大別然則二別近漢之名無緣反在安豐也三戰子常知不可欲奔知吳不可勝史
皇曰安求其事求知政事難而逃之將何所入子必死之初罪必盡說言致死以克吳可以免貪
賄致寇之罪○難乃旦反十一月庚午二師陳于柏舉經所以書戰二師吳楚師闔廬之弟夫槩王晨請
於闔廬曰楚瓦不仁瓦子常名其臣莫有死志先伐之其卒必奔而後大師繼之必
克弗許夫槩王曰所謂臣義而行不待命者其此之謂也今日我死楚可入也

以其屬五千先擊子常之卒子常之卒奔楚師亂吳師大敗之子常奔鄭史皇以其乘廣死以戰死○卒子忽反下同乘繩證反廣古曠反疏所謂至入也○正義曰臣見義則行不待君命古有此言故云其此之謂也今日我致死而戰楚可入也吳從楚師及清發清發水名將擊之夫槩王曰困獸猶鬬況人乎若知不免而致死必敗我若使先濟者知免後者慕之蔑有鬬心矣半濟而後可擊也從之又敗之楚人爲食吳人及之奔食而從之敗諸雍澨五戰及郢奔食食者走不陳故不在戰數○澨市制反疏注奔食至戰數○正義曰五戰謂濟漢而陳自小別至于大別三戰也柏舉也清發也此已五矣若復數雍澨則爲六也傳例皆陳曰戰奔食而從之則食者走不暇爲陳故不數也己卯楚子取其妹季芈畀我以出涉睢睢水出新城昌魏縣東南至枝江縣入江是楚王西走○芈面爾反楚姓畀必利反世族譜季芈畀我皆平王女也服云畀我季芈之字睢音七餘反下同疏季芈畀我○正義曰世族譜季芈與畀我二人皆平王女也服虔云季芈許嫁而字畀我季芈弟也禮婦人許嫁笄而稱字季。芈稱字是許嫁也蓋遭亂夫死而改適鍾建耳○注睢水至西走○正義曰。土地名睢水出新城昌魏縣南發河山東南經襄陽至南郡枝江縣入江此水在郢都之西楚王辟吳而西走鍼尹固與王同舟王使執燧象以奔吳師燒火燧繫象尾使赴吳師驚却之○鍼之林反燧音遂疏注燒火至却之○正義曰賈逵云燧火燧也象象獸也以火繫其。尾使奔吳師驚却其衆使王得脫杜用其說也禮有金燧木燧皆取火之物故以燧名火也說文云象長牙鼻南越之大獸也南州異物志云象身倍數牛而目則如豕。其鼻長七八尺其所食物皆鼻取之性馴良爲人所養夷人服乘之史記大宛傳曰身毒國其民皆乘象以戰是象可調馴楚近南邊故有此象王將涉睢吳師來偪故使以火繫象尾令突吳師使。驚却之。言執燧象者既繫火於尾執而。率向吳師乃放之庚
辰吳入郢以班處宮以尊卑班次處楚王宮室子山處令尹之宮子山吳王子夫槩王欲攻之懼
而去之夫槩王入之入令尹宮也言吳無禮所以不能遂克左司馬戌及息而還息汝南新息也聞楚敗故還
敗吳師于雍澨傷司馬。先。敗吳師而身被創○創初良反初司馬臣闔廬故恥爲禽焉司馬嘗在吳爲闔廬
臣是以今恥於見禽謂其臣曰誰能免吾首吳句卑曰臣賤可乎司馬曰我實失子可哉
失不知子賢○句古侯反疏我實失子可哉○正義曰言我比來失子不知子有賢行臨難能免吾首女今可守此言哉三戰皆傷曰吾
不。用也已句卑布裳剄而裹之司馬已死剄取其首○剄古頂反裹音果疏注司馬已死○正義曰言布裳剄之是司馬傷
而自殺故云已死藏其身而以其首免傳言司馬之忠壯疏注忠壯○正義曰謀毀舟敗吳楚是忠也雖傷猶戰不止是壯也
子涉睢濟江入于雲中入雲夢澤中所謂江南之夢○夢如字又音蒙疏注入雲至之夢○正義曰土地名云南郡枝江縣西有雲
夢城江夏安陸縣東南亦有夢城或曰南郡華容縣東南有巴丘。湖江南之夢也郢都在江北睢東王走西涉睢又南濟江乃入于雲中知此在江南昭三年
王與鄭伯田於江南之夢謂此也言江南之夢則江北亦有夢矣司馬相如子虛賦云雲夢者方九百里則此澤跨江南北王寢盜攻之以
戈擊王王孫由于以背受之中肩王奔鄖鍾建負季芈以從鍾建楚大夫○中丁仲反鄖音云從
才用反下同一音如字由于徐蘇而從以背受戈故當時悶絕鄖公辛之弟懷將弒王曰平王殺吾

父我殺其子不亦可乎辛蔓成然之子鬬辛也昭十四年楚平王殺成然○殺如字又申志反下我殺同蔓音萬辛曰君討臣誰敢讎之君命天也若死天命將誰讎詩曰柔亦不茹剛亦不吐不侮矜寡不畏彊禦唯仁者能之詩大雅言仲山甫不辟彊陵弱○茹音汝矜古頑反疏柔亦至彊禦○正義曰詩大雅烝民美宣王之詩其章內言仲山甫不茹柔不吐剛也釋言云啜茹也舍人曰啜茹食也檀弓云啜菽飲水啜菽謂食藜。藿也然則茹者噉食之名違彊陵弱非勇也乘人之約非仁也滅宗廢祀非孝也弑君罪應滅宗。動無令名非知也必犯是余將殺女鬬辛與其弟巢以王奔隨吳人從之謂隨人曰周之子孫在漢川者楚實盡之天誘其衷致罰於楚而君又竄之竄匿也○知音智女音汝衷音忠竄七亂反匿女力反疏以王奔隨○正義曰桓六年傳曰漢東之國隨為大土地名隨義陽隨縣其國在楚之東也土地名鄖。江夏雲杜縣則是楚之西南吳師猶尚在楚更東來奔隨國者蓋為楚與隨有恩謂可保守故也周室何罪君若顧報周室施及寡人以獎。天衷。獎成也○施以豉反○君之惠也漢陽之田君實有之楚子在公宮之北隨公宮也吳人在其南子期似王子期昭王兄公子結也逃王而己為王曰以我與之王必免隨人卜與之不吉乃辭吳曰以隨之辟小而密邇於楚楚實存之世有盟誓至于今未改若難而棄之何以事君執事之患不唯一人一人楚王○辟四亦反難乃旦反若鳩楚竟敢不聽命吳人乃退鳩安集也○竟音境鑪。金初官。於子期氏實與隨人要言要言無以楚王與吳并欲脫子期○鑪本又作鑢金名音慮是也王使見王喜其意欲引見之以比王臣且欲使盟隨人○見賢遍反下注敢見皆同辭曰不敢以約爲利此約謂要言也此一時之事非爲德舉故辭不敢見亦不肯爲盟主○約如字又於妙反王割子期之心以與隨人盟當心前割取血以盟示其至心初伍員與申包胥友包胥楚大夫○包必交反其亡也謂申包胥曰我必復楚國復報也申包胥曰勉之子能復之我必能與之及昭王在隨申包胥如秦乞師曰吳爲封豕長蛇以荐食上國荐數也言吳貪害如。蛇豕○荐在薦反數所角反【疏】注荐數也○正義曰釋言云荐再也再亦數之義也虐始於楚寡君失守社稷越在草莽使下臣告急曰夷德無厭若鄰於君疆埸之患也。吳有楚則與秦鄰○草莽舊作茅亡交反今本多作莽莫蕩反下同厭於鹽反疆居良反埸音亦逮吳之未定君其取分焉與吳共分。其地○逮音代分扶問反若楚之遂亡君之土也若以君靈撫之世以事君撫存恤也秦伯使辭焉曰寡人聞命矣子姑就館將圖而告對曰寡君越在草莽未獲所伏伏猶處也下臣何敢卽安立依於庭牆而哭日夜不絕聲勺飲不入口七日秦哀公爲之賦無衣詩秦風取其王于興師脩我戈矛與子同仇與子偕作與子偕行○勺市灼反又音灼爲于僞反仇音求【疏】無衣○正義曰無衣刺用兵也秦人刺其君好攻戰亟用兵而不與民同欲焉其詩云豈曰無衣與子同袍王于興師脩我戈矛與子同仇鄭注云此責康公之言也君豈嘗曰女無衣我與女同袍乎言不與民同欲也下注云君不與我同欲而於王與師則云脩我戈矛與子同仇往伐之刺其好攻戰又云豈曰無衣與子同澤王于興師脩我矛戟與子偕作又云豈曰無衣與子同裳王于興師脩我甲兵與子偕行九頓首而坐無衣三章章三頓首秦師乃出爲明年包胥以秦師至張

附釋音春秋左傳注疏卷第五十四

春秋左傳注疏卷五十四校勘記　阮元撰盧宣旬摘錄

附釋音春秋左傳注疏卷第五十四　定元年盡四年宋本春秋正義卷三十三石經春秋經傳集解定十第廿七淳熙本岳本定下有公字並盡七年

〔定公〕

〔經元年〕

其義也　宋本其上有是字是也

因以此年爲元年也　閩本監本毛本此字元字誤倒

雖則年初亦統此歲　案隱元年正義則作非

長曆辛巳　齊召南云辛上當有推字

事當使歸伏於天子　宋本毛本伏作決不誤閩本監本作决俗字

其廟卽已毁矣　監本毛本卽作既非

〔傳元年〕

隕霜殺菽　釋文菽作叔云本或作菽石經初刻作叔廿頭後加說文作尗今字多作菽

晉魏舒合諸侯之大夫于狄泉 諸本作狄陳樹華云漢書五行志作翟案水經注穀水篇引同僖廿九年亦作翟翟狄二字古多通用

非義也大事奸義 陳樹華云漢書義並作誼

易位以令 宋本以下正義六節總入天之所壞注下

若之南鄉 宋本監本毛本若作君是也○今依訂正

與周相去千有餘里 宋本監本毛本興作與是也

當是荒蕪之地 閩本監本毛本是作時

地下寬率 宋本率作平是也○今依訂正

欲使三國代宋受功役也 宋本淳熙本也下有郳小邾三字

以爲夏車正 石經正字改刊

山川鬼神 鄭氏注儀禮覲禮引作山川神祇

尙書說命傳說進戒於王云 宋本傳作傅不誤王作主非也

萇叔違天 毛本叔作宏與諸本不合

諸侯相帥以崇天子　宋本閩本監本毛本帥作率

衆士皆詣問子家子　宋本淳熙本岳本纂圖本閩本監本毛本士作事

季孫至命焉　宋本以下正義七節總入對曰生弗能事節注下

凡從君出而可以入者　閩本監本毛本君作公非也

不敢叔孫成子名　纂圖本毛本成誤臣

諸侯至卽位　宋本諸上有注字

榮鴐鵞曰　石經淳熙本岳本鴐作駕與葉抄釋文合下同案說文無鴐字錢大昕云依正文當用鴚假借同音則鴐亦通也

知者下云死又惡之　閩本監本毛本云作文

溝而反　閩本監本毛本反作合宋本作溝而二字是也

則公死於外　宋本淳熙本岳本纂圖本監本毛本則作昭是也

平易不從曰簡　案逸周書謚法解從作訾

〔經二年〕

〔傳二年〕

桐叛至無忌　宋本此節正義在注文巢大夫之下

故意吳得使之也　宋本無意字是也

故不遂圍巢克之　宋本監本毛本不作下是也

奪之杖以敲之　葉抄釋文敲作毃又或作茅或作剃案說文殳部有毃云擊頭也

〔經三年〕

若以緩見退　閩本監本毛本退作譴是譴字之誤

當遣謝罪　閩本監本毛本遣作退

冬仲孫何忌及邾子盟于拔　顧炎武云石經拔誤枝案石經此處殘缺炎武所據乃補刻本

〔傳三年〕

自投于牀　淳熙本牀誤狀

欲藏中之絜　纂圖本之誤三

注欲藏至遺命　宋本此節正義在注卞躁疾也之下

禮國君位而爲邾　宋本監本毛本君下有即字邾作椑是也

莊公卞急而好潔石經潔作絜是也

秋九月毛本九誤七

注成公至馬名宋本以下正義二節總入蔡侯如晉節注下

肅爽鴈也毛本鴈作雁

謂請楚楚許之也宋本許上有人字

自誓言若復度漢宋本岳本纂圖本監本毛本度作渡閩本初刻作度後加水旁

〔經四年〕

但諸侯雖五月可葬宋本可作而是也

事既無傳毛本既誤作今諸本作無此本作无今改正

今刪是知非者宋本監本毛本是作定是也

從蔡計謀纂圖本計誤討

吳其入郢監本毛本脫其字正義同

貪珮馬以致討宋本珮作佩是也

猶成三年 宋本閩本監本毛本三作二非也

故敗而稱吳 宋本閩本監本毛本敗作貶不誤

（傳四年）

注文公至諸侯 宋本自此節以下正義至不正其德止總入乃長衛侯於盟句下

晉荀寅求貨於蔡侯弗得言於范獻子曰 石經及諸本作於毛本作于非

祇取勤焉 石經此處殘缺當是祇字宋本以下作秖取亦非

晉人假羽旄於鄭 監本毛本晉上衍注字

掌九旗之名物 案周禮作物名

旃車載旌 閩本監本旃作游毛本作遊

旃車木路也 閩本監本毛本旃作遊非

聖人有以見天下之賾 宋本賾作賾是也

有頻亂忿爭之言 宋本頻作煩是也

其使祝佗從 諸本作佗詩下泉正義書舜典正義論語疏引傳並作鮀

則諸侯之祝官亦然也　閩本官作宮亦非浦鏜正誤作宜

先事祓禱於社　宋本淳熙本岳本纂圖本閩本監本毛本先下有有字

不用命奔此者　宋本監本毛本此作北

欲令蔡先衛歃　釋文歃下有也字

選建明德以藩屏周　石經宋本藩作蕃

分魯公以大路大旂　釋文路作輅云本亦作路案經傳多作路無作輅者輅俗路字

封父之繁弱　惠棟云鄭康成曰封父國名荀卿子曰繁弱鉅黍古之良弓也繁亦作蕃上林賦云彎蕃弱文類曰蕃弱夏后氏良弓之名李善曰蕃與繁古字通

注封父至弓名　毛本弓作國非也

載忌歸之矢　宋本監本毛本忌作忘是也

殷氏六族　宋本岳本纂圖本閩本監本毛本氏作民是也石經民字缺末筆

下賜殷氏七族　宋本氏作民是也

分之土田陪敦　諸本作陪釋文作倍云本亦作陪陳樹華云說文培字注云培敦土田山川也从土咅聲則培乃陪本字作倍非也

地方五百里宋本地作巳非

備物典策石經策作筞釋文作筴云本又作册亦作策或作篇說見序

若今繖扇之屬宋本閩本監本毛本繖作繖是也

武王殺以宋本監本以作紂

二名共爲一國閩本二字空缺監本毛本作一非也

非爲商奄外別有四國也浦鏜云爲當謂字誤

則恐天下迴心尙之諸本尙作向不誤

命以康誥則伯禽亦似策命篇宋本康作唐是也毛本似誤以

綪茷旆旌鄭氏禮記雜記注引作蒨旆詩小雅白旆央央正義云茷與旆古今字也故左傳云蒨茷旆旌茷亦旆也石經綪字似改刻疑初刻作蒨字按說文云綪赤繒也是綪爲正字

則綪是染赤之草毛本綪作蒨

鐘名淳熙本纂圖本閩本監本毛本鐘作鍾閩監毛正義同

殷氏七族石經宋本岳本監本毛本氏作民是也

洫上有塗宋本塗作涂

與北武父非一也宋本閩本監本毛本北作此是也

其地闕無處宋本無下有其字是也

王東巡守宋本守作狩

寒煖燥溼毛本煖作暖溼作溼

開道以舊政也閩本監本毛本道作導案道導古今字

沽洗閩本沽改姑

命以康誥宋本淳熙本岳本纂圖本毛本康作唐是也注同石經唐字改刻初刻亦誤康

亦因夏風俗監本因字模糊重脩監本誤國

蔡放也淳熙本也誤安段玉裁云傳文蔡蔡叔說者謂上蔡字卽𣏟字也古音蔡同殺減殺字亦讀入聲

無若爾考之違王命也淳熙本考誤孝

未聞更有兄伯閩本監本毛本聞作得

惟周公位冢宰宋本亦作惟閩本監本毛本作唯

蔡仲克庸祗德 宋本監本毛本祗作祇按作祗是也祗乃地祇字

毛叔聃也 陸粲附注云逸周書及史記皆云毛叔名鄭此作聃誤也且聃季是毛叔之弟何容乃取兄名爲封國之號斯必不然矣陶淵明集聖賢羣輔錄作毛叔聃

於佃無升降也 宋本閩本監本毛本佃作甸是也

晉趙簡子爲之臨 石經之字以下一行計十一字

○乃長衞侯 宋本以下正義二節總入無犯非義注下

匡周而言 閩本監本匡作匩宋本作斥

兵屬於吳蔡 毛本蔡作楚非也

注豫章至地名 宋本以下正義十四節總入秦師乃出注下

在江南此在江北者 閩本監本毛本作此在江南在江北大誤

又伯舉之役 宋本閩本監本毛本伯作柏案穆天子傳注古伯字多從木公羊經又作伯莒

子泝漢而與之上下 岳本泝作沿注同

遮使勿渡 宋本渡作度

毀吾所舍舟　宋本岳本纂圖本監本毛本吾作吳是也

還塞大隧直轅冥阨　釋文云冥阨本或作寘隘石經宋本作冥與釋文合惠棟云冥阨九塞之一在楚史記蘇秦傳云塞鄳阨徐廣曰鄳江夏鄳縣棟謂鄳阨即冥阨也墨子非攻篇曰吳闔閭次注林出於冥隘之徑隘即阨阨傳亦作隘戰于柏舉中楚國而朝當子常不從司馬之計濟漢轉戰至於柏舉其時吳已隘而西楚事不可爲矣

季芊稱字　宋本芊作芈

正義曰壬地名　閩本監本毛本壬作雎亦誤宋本作土是也

以火繫其巳　宋本監本毛本巳作尾是也

目鼻長七八尺　監本毛本目作其閩本初刻作目後改其是也

使焉却之　正德本閩本焉作馬監本毛本同馬上有驚字宋本作使驚却之是也

言執燧象者　監本毛本執上無言字

執而率向吳師乃放之　宋本率作牽是也

司馬先敗吳師而身被創　淳熙本先敗作嘗征非也

吾不用也已　宋本淳熙本岳本監本毛本不下有可字是也石經此處殘缺

有巴邱胡 宋本監本毛本胡作湖是也

啜菽謂食藜藿也 宋本藜作豆是也

殺君罪應滅宗 淳熙本宗誤字

鄖江夏雲杜縣 閩本監本江誤汪

以奬天衷 淳熙本奬作獎注同

鑪金初官於子期氏 石經宋本鑪作鑢是也與釋文合案漢書古今人表亦作鑢字宋本岳本足利本官作宧淳熙本作宧石經初刻同後改宧是也

初伍員與申包胥友 石經伍字人旁後加非也

言吳貪害如蛇豕 宋本蛇作虵

疆埸之患也 纂圖本閩本監本毛本埸作場非

與吳共分其地 宋本淳熙本岳本纂圖本監本毛本其作楚是也

春秋左傳注疏卷五十四校勘記

附釋音春秋左傳注疏卷第五十五 定五年盡九年

杜氏注　孔穎達疏

經五年春王三月辛亥朔日有食之無傳○夏歸粟于蔡蔡為楚所圍飢乏故魯歸之粟疏注蔡為至之粟○正義曰公羊傳曰孰歸之諸侯歸之曷為不言諸侯歸之離至不可得而序故言我也穀梁傳亦然賈逵取彼為說云不書所會後也杜以傳文唯言周亟矜無資自解魯歸粟之意不言諸侯歸之諸侯或亦歸之要此經所書其意不及諸侯故顯而異之言魯歸之粟○於越入吳於發聲也疏注於發聲也○正義曰公羊傳云於越者何越者何於越者未能以其名通也越者能以其名通也其意言越與於越立文不同事有褒貶左氏無此義越是南夷夷言有此發聲史官或正其名或從其俗越與於越史異辭無義例六月丙申季孫意如卒○秋七月壬子叔孫不敢卒無傳○冬晉士鞅帥師圍鮮虞

傳五年春王人殺子朝于楚因楚亂也終閔馬父之言夏歸粟於蔡以周亟。矜無資。亟急也○亟紀力反注同越入吳吳在楚也○六月季平子行東野東野季氏邑○行下孟反下桓子行同還未至丙申卒于房。陽虎將以璵璠斂璵璠美玉君所佩○璵本又作與音餘璠音煩又方煩反斂力驗反疏注璵璠至所佩○正義曰案說文云璵璠魯之寶玉璵璠是一玉名說文又云瑜美玉與璵璠異也昭公出奔之後平子攝行君事入宗廟佩此玉陽虎以平子嘗佩此玉故將以斂之仲梁懷不與明此玉是君所佩也君之所佩故為美玉也玉藻云公侯佩山玄玉此當時所佩未必是山玄也玉藻又云古之君子必佩玉右徵角左宮羽鄭玄云徵角在右事也民也可以勞宮羽在左君也物也宜逸仲梁懷弗與懷亦季氏家臣曰改步改玉昭公之出季孫行君事佩璵璠祭宗廟今定公立復臣位改君步則亦當。去。璵璠○去起呂反疏改步改玉○正義曰步謂行也玉藻云君與尸行接武大夫繼武士中武鄭玄云尊者尙徐接武蹈半迹繼武迹相及也中武迹間容迹是君臣步不同也玉藻又云公侯佩山玄玉大夫佩水蒼玉是君臣玉不同也昭公之出季氏行君事爲君行佩君玉及定公立季氏復臣位故步玉皆改矣陽虎欲逐之告公山不狃不狃曰彼爲君也子何怨焉不狃季氏臣費宰子洩也爲君不欲使僭○狃女九反爲于僞反注同洩息列反僭子念反疏彼爲君○正義曰家臣謂季氏爲君故注云不欲使僭旣葬桓子行東野桓子意如子季孫斯及費子洩爲費宰逆勞於郊桓子敬之勞仲梁懷仲梁懷弗敬懷時從桓子行輕慢子洩○勞力報反下同從才用反下從父昆弟皆從王並同子洩怒謂陽虎子行。之。乎行逐懷也爲下陽虎囚。桓子起○申包胥以秦師至秦子蒲子虎帥車五百乘以救楚五百乘三萬七千五百人○乘繩證反注同子蒲曰吾未知吳道道猶法術使楚人先與吳人戰而自稷會之大敗夫槩王于沂稷沂皆楚地○沂魚依反吳人獲薳射於柏舉薳射楚大夫○射食亦反又食夜反其子帥奔徒奔徒楚散卒○卒子忽反以從子西敗吳師于軍祥楚地秋七月子期子蒲滅唐從吳伐楚故九月夫槩王歸自立也以與王戰而敗自立爲。吳王號夫槩奔楚爲堂谿氏傳終言之。○谿芳兮反下同吳師敗楚師于雍澨秦師又敗吳師吳師居麇麇地名○麇九倫反下同子期將焚之子西曰父兄親暴骨焉不能收又焚之不可前年楚人與吳戰多死麇中言不可并焚○暴步卜反子期曰國亡矣死者若有知也可以歆舊祀言焚吳復楚則祭祀不廢○歆許金反豈憚焚之焚之而又戰吳師敗又戰于公壻之谿楚地名吳師大敗吳子乃歸因闉輿罷闉輿罷請先遂逃歸闉輿罷楚大夫請先至吳而逃歸言吳唯得楚一大夫復失之所以不克○闉音因輿音餘又作與羊汝反罷音皮復扶又反葉公諸梁之弟后臧從其母於吳不待而歸諸梁司馬沈尹戌之子葉公子高也吳入楚獲后臧之母楚定臧棄母而歸○葉舒涉反從如字又才用反葉公終不正視不義之○乙亥陽虎囚季桓子及公父文伯文伯季桓子從父昆弟也陽虎欲為亂恐二子不從故囚之○公父音甫而逐仲梁懷冬十月丁亥殺公何藐藐季氏族○藐亡角反一音彌小反己丑盟桓子于稷門之內魯南城門庚寅大詛逐公父歜及秦遄皆奔齊歜即文伯也秦遄平子姑壻也傳言季氏之亂○詛莊慮反歜昌欲反遄市專反○楚子入于郢吳師已歸初鬭辛聞吳人之爭宮也曰吾聞之不讓則不和不和不可以遠征吳爭於楚必有亂有亂則必歸焉能定楚王之奔隨也將涉於成臼江夏竟陵縣有白水出聊屈山西南入漢○焉於虔反臼其九反屈其勿反又君勿反藍尹亹涉其帑亹楚大夫○藍力甘反亹亡匪反帑音奴不與王舟及寧王欲殺之寧安定也子西曰子常唯思舊怨以敗君何效焉王曰善使復其所吾以志前惡惡過也王賞鬭

辛王孫由于王孫圉鍾建鬬巢申包胥王孫賈宋木鬬懷九子皆從王有大功者子西曰
請舍懷也以初謀弒王也○舍音捨又音赦弒申志反王曰大德滅小怨道也終從其兄免王大難是大德○難乃旦反
申包胥曰吾爲君也非爲身也君既定矣又何求且吾尤子旗其又爲諸子旗蔓成
然也以有德於平王求欲無厭平王殺之在昭十四年○爲君于僞反下爲身同厭於鹽反遂逃賞王將嫁季羋季羋辭曰
所以爲女子遠丈夫也鍾建負我矣以妻鍾建以爲樂尹司樂大夫○遠于萬反妻七計反王
之在隨也子西爲王輿服以保路國于脾洩脾洩楚邑也失王恐國人潰散故僞爲王車服立國脾洩以保安道
路人○脾婢支反洩息列反疏○王之至脾洩○正義曰王之在隨也國內無王子西以民無所依恐其潰散故僞爲王之車服以安道路之人國于脾洩
之地於時子西蓋假稱王矣聞王所在而後從王王使由于城麇於麇築城復命子西問高厚焉
弗知子西曰不能如辭言自知不能當辭勿行疏問高厚焉弗知○正義曰子西問由于所築麇城高厚幾何由于不知董遇云
問城高厚丈尺也本或有。小。大者涉下文而誤耳○不能如辭○正義曰敢爲不敢如爲不如古人之語然也僖二十二年傳云若愛重傷則如勿傷愛其二
毛則如服焉經之文此類多矣傳城不知高厚小大何知對曰固辭不能子使余也人各有能
有不能王遇盜於雲中余受其戈其所猶在袒而視之背曰此余所能也脾洩
之事余亦弗能也傳言昭王所以復國有賢臣也○袒音但疏城不至何知○正義曰王肅斷小大何知爲句注云如是小大何所知也

張。奐古今人論云子西問城之高厚小大而弗知也子西怒曰不能則如晉士辭。能之而不知又何知乎張。奐引。傳爲文小大。上屬。杜雖無注蓋與張同

鞅圍鮮虞報觀虎之役也。三年鮮虞獲晉觀虎

經六年春王正月癸亥鄭游速帥師滅許以許男斯歸游速大叔子○二月公侵鄭

公至自侵鄭無傳○夏季孫斯仲孫何忌如晉○秋晉人執宋行人樂祁犂稱行人言非其罪○犂力兮反又力之反○冬城中城無傳公爲晉侵鄭故懼而城之○爲于僞反○季孫斯仲孫忌帥師圍

鄆無傳何忌不言何。闕文鄆貳於齊故圍之○鄆音運【疏】季孫至圍鄆○正義曰鄆是魯邑輒曰圍之必是鄆邑叛也三傳並無其事不知何爲而叛明年齊人歸鄆是叛屬齊也

傳六年春鄭滅許因楚敗也○二月公侵鄭取匡爲晉討鄭之伐胥靡也胥靡周地也周儋翩因鄭人以作亂鄭爲之伐胥靡故晉使魯討之匡鄭地取匡不書歸之晉○爲于僞反注同儋丁甘反翩音篇【疏】討鄭之伐胥靡○正義曰下注云鄭伐周六邑在魯伐鄭取匡前而此獨云胥靡者此時須顯侵鄭之意故言討鄭之伐胥靡略言之也但鄭伐周事須從下文戌周發之故傳文乃逆指下事爲次也往不假道於衞及還陽虎使季孟自南門入出自東門陽虎將逐三桓欲使得罪於鄰國

舍於豚澤衞侯怒使彌子瑕追之彌子瑕衞嬖大夫○豚杜孫反嬖必計反○公叔文子老矣文子公叔發

輦而如公曰尤人而效之非禮也昭公之難君將以文之舒鼎衞文公之鼎○難乃旦反成

之昭兆寶龜【疏】尤人至非禮○正義曰入其國門非也追伐其師亦非也尤其罪而復效之爲非禮也下云效小人以棄之卽云天將多陽虎之罪則公叔文子知此出入衛門是陽虎之計非魯公使然尤人謂尤陽虎也○文之至昭兆○正義曰賈逵云舒鼎鼎名昭兆寶龜杜依用之蓋衛文公鑄此鼎也其名曰舒不知其故成之昭兆成公新得此龜蓋以灼之出兆兆文分明故名爲昭兆定之鞶鑑鞶帶而以鏡爲飾也今西方羌胡猶然古之遺服○鞶又作盤步丹反又蒲官反鑑古暫反苟可以。納之擇用一焉公子與二三臣之子諸侯苟憂之將以爲之質爲質求納魯昭公○質音致注同此羣臣之所聞也今將以小忿蒙舊德蒙覆也無乃不可乎大姒之子大姒文王妃○大音泰姒音似唯周公康叔爲相睦也而效小人以棄之不亦誣乎天將多陽虎之罪以斃之君姑待之若何乃止止不伐魯師○夏季桓子如晉獻鄭俘也獻此春取匡之俘○俘芳夫反陽虎強使孟懿子往報夫人之幣虎欲困辱三桓幷求媚於晉故強使正卿報晉夫人之聘○強其丈反注同下皆放此【疏】陽虎至之幣○正義曰聘禮者諸侯使卿聘鄰國之禮也執圭以致君命執璧以致享幣其於夫人則聘用璋享用琮聘君與夫人一使兼致之夫人不別使也傳言報夫人之幣則晉之夫人嘗有聘魯者矣禮法夫人不別遣使則晉之夫人聘者亦爲晉君來聘也經無其事蓋遣大夫來聘名氏不合見經故略之也不言報晉君唯言報夫人者桓子如晉獻鄭俘卽亦報聘晉也桓子報聘卽亦得報夫人也但陽虎欲困辱三桓又欲求媚於晉既使桓子報聘晉君又別遣正卿報晉夫人所以困辱三桓而重晉禮也晉人兼享之賤魯故不復兩設禮明經所以不備書○復扶又反【疏】注賤魯至備書○正義曰若桓子特爲獻俘懿子專爲報聘則經當兩書如晉不合共文晉人亦當兩設享禮各待一客今乃桓子聘晉君懿子報夫人則似共爲一使若賓與介然故晉人兼享之賤魯故不復兩爲設禮傳言此者明經所以不備書也不備書謂不各自立文兩書如晉也若然文十八年公子遂叔孫得臣如齊亦是經不備書而怪此不備者彼傳言惠公立故且拜葬也則是魯並命二卿今行兩事雖各有所主而受命俱行故宜共文書之此則桓子獻俘弁亦報聘一卿足以兼之懿子不須行矣陽虎強使之行乃是從後而去去時不同受命宜當別書如晉止爲晉人所賤故經不復備書正以傳言強使懿子報夫人之幣知桓子報晉君矣傳言兼享之知其不應兼矣以此明二人不同受命宜應別書略而不備書耳

孟孫立于房外謂范獻子曰陽虎若不能居魯而息肩於晉所不以爲中軍司馬者有如先君稱先君以徵其言欲使晉必厚待之若疏孟孫至先君○正義曰懿子之意不爲陽虎求官欲使晉人知陽虎專權爲國所患言若不得居魯而息肩於晉示已知陽虎必將作亂而出奔也中軍司馬晉國大夫之最貴者爲求此官似若欲使晉厚待之然令晉知其情耳諸言有如皆是誓辭稱先君以徵其言似若欲晉必從之獻子曰寡君有官將使其人擇得其人鞅何知焉獻子謂簡子曰魯人患陽虎矣孟孫知其釁以爲必適晉故強爲之請以取入焉欲令晉人聞虎當逃走故強設請託之辭因此言以入晉令晉素知之○釁許靳反爲之于僞反令力呈反疏注欲令至知之○正義曰本意不爲陽虎請官欲令晉人知陽虎終必逃走強設託請之辭因此言辭以取入晉之意欲令晉人素知陽虎之必逃○四月己丑吳大子終纍敗楚舟師終纍闔廬子夫差兄舟師水戰○纍力追反又力軌反夫音扶差初佳反獲潘子臣小惟子二子楚舟師之帥○惟位悲反本又作帷亦如字帥所類反及大夫七人楚國大惕懼亡子期又以陵師敗于繁揚陵師陸軍○惕

他歷反【疏】注陵師陸軍○正義曰上云舟師水戰此言陵師陸軍南人謂陸爲陵此時猶然釋地云高平曰陸大陸曰阜大阜曰陵是陵陸大小之異名耳

令尹子西喜曰乃今可爲矣言知懼而後可治於是乎遷郢於鄀而改紀其政以定楚國傳言楚賴子西以安○鄀音若○周儋翩率王子朝之徒因鄭人將以作亂于周儋。翩子朝餘黨鄭於是乎伐馮滑胥靡負黍狐人闕外鄭伐周六邑在魯伐鄭取匡前於此見者爲。戍周起也陽城縣西南有負黍亭○見賢遍反下文見溷并注同爲于僞反下同六月晉閻沒戍周且城胥靡爲下天王出居姑蕕起○秋八月宋樂祁言於景公曰諸侯唯我事晉今使不往晉其憾矣樂祁告其宰陳寅以與公言告之○使所吏反憾戶暗反陳寅曰必使子往他日公謂樂祁曰唯寡人說子之言子必往陳寅曰子立後而行吾室亦不亡寅知晉多門往必有難。難故使樂祁立後而行○說音悅難乃旦反下文同唯君亦以我爲知難而行也見溷而行溷樂祁子也見於君立以爲後○溷侯溫反又侯困反◎趙簡子逆而飲之酒於緜上獻楊楯六十於簡子楊木名○飲於鴆反楯食允反又音允陳寅曰昔吾主范氏今子主趙氏又有納焉以楊楯賈禍弗可爲也已知范氏必怨將得禍○賈音古然子死晉國子孫必得志於宋以其爲國死○爲于僞反下同范獻子言於晉侯曰以君命越疆而使未致使而私飲酒不敬二君不可不討也乃執樂祁獻子怒祁比趙氏經所以稱行人。○疆居良反使所吏反下同比毗志反○陽虎又盟公及三桓於周社盟國人于亳社詛于五父之衢傳言三桓微陪臣專政爲八年陽虎作亂起○亳步各反詛側慮反父音甫衢其俱反○冬十二月天王處于姑蕕姑蕕周地○蕕音由一音由舊反

辟儋翩之亂也爲明年單劉逆王起○單音善

經七年春王正月○夏四月○秋齊侯鄭伯盟于鹹衛地○鹹音咸○齊人執衛行人北宮結以侵衛稱行人非使人之罪○使所吏反齊侯衛侯盟于沙結叛晉也陽平元城縣東南有沙亭○沙如字又星和反○大雩無傳過也○齊國夏帥師伐我西鄙夏國佐孫○九月大雩無傳過也疏注過也○正義曰案賈逵云旱也杜言過者杜以春秋旱雩傳皆發之言旱以此傳無旱文故謂之過如賈之所言前既有雩後又有雩旱可知不須發傳若然昭二十五年上辛大雩季辛又雩一月兩雩旱亦可知何須發傳言旱甚也劉以賈言規杜非也蓋時有小旱故傳不言旱未應合雩故杜云過也冬十月

傳七年春二月周儋翩入于儀栗以叛儀栗周邑○齊人歸鄆陽關陽虎居之以爲政鄆陽關皆魯邑中貳於齊齊今歸之不書虎專之○中丁仲反○夏四月單武公穆公子劉桓公文公子敗尹氏于窮谷尹氏復黨儋翩共爲亂也○復扶又反○秋齊侯鄭伯盟于鹹徵會于衛徵召也衛侯欲叛晉屬齊鄭也諸大夫不可使北宮結如齊而私於齊侯曰執結以侵我欲以齊師懼諸大夫齊侯從之乃盟于瑣瑣即沙也爲明年涉佗捘衛侯手起○瑣素果反佗徒何反捘子對反齊國夏伐我齊叛晉故陽虎

御季桓子公斂處父御孟懿子處父孟氏家臣成宰公斂陽斂力檢反又音廉或音慮點反○將宵軍齊師齊師聞之墮伏而待之墮毀其軍以誘敵而設伏兵○墮許規反處父曰虎不圖禍而必死而女也○女音汝下文同疏○處父至必死○正義曰齊人設伏待魯若入其伏內是爲禍也虎不謀此禍而欲夜掩齊師女必死處父欲自殺之苫夷曰虎陷二子於難苫夷季氏家臣二子季孟○苫始占反難乃旦反不待有司余必殺女虎懼乃還不敗傳言陪臣強能自相制季孟不敢有心疏不待有司○正義曰言不待掌刑戮之有司余必自殺女也虎見二子以此此言懼之乃還不敗○冬十一月戊午單子劉子逆王于慶氏慶氏守姑蕕大夫晉籍秦送王己巳王入于王城己巳十二月五日有日無月疏○注己巳至無月○正義曰此年經傳日少上下無可考驗杜自以長曆校之己巳爲十二月五日館于公族黨氏黨氏周大夫○黨音掌而後朝于莊宮莊王廟也

○經八年春王正月公侵齊報前年伐我西鄙公至自侵齊無傳○二月公侵齊未得志故三月公至自侵齊無傳○曹伯露卒無傳四年盟臯鼬○鼬由又反疏注四年盟臯鼬○正義曰露以昭二十八年即位三十二年諸侯之大夫盟于狄泉魯曹俱在時以未告公而公薨故不書於經杜蓋以此故不數之四年盟臯鼬四年二月陳侯吳卒其年盟于臯鼬自爾以來唯有此盟耳○夏齊國夏帥師伐我西鄙○公會晉師于瓦瓦衞地將來救魯公逆會之東郡燕縣東北有瓦亭○國夏戶雅反年末注同瓦顏寡反燕音煙公至自瓦無傳○秋七月戊辰陳侯柳卒無傳四年盟臯鼬○柳力久反本或

作抑○晉士鞅帥師侵鄭遂侵衞兩事故曰遂○葬曹靖公無傳疏靖公○正義曰謚法共以解曰靖○九月葬陳懷公無傳三月而速葬疏懷公○正義曰謚法慈仁短折曰懷○季孫斯仲孫何忌帥師侵衞

○冬衞侯鄭伯盟于曲濮無傳結叛晉曲濮衞地○濮音卜○從祀先公從順也先公閔公僖公也將正二公之位次所順非一親盡故通言先公疏注從順至先公○正義曰傳言順祀是從為順也文二年大事于太廟躋僖公升僖於閔上閔先為君退在僖下是逆也今升閔在僖上依其先後是順也廟主失次唯此二公故知從祀先公唯閔僖耳躋僖公指僖言之此不指言升閔者彼所升者上升僖公之一神不得不指言僖公也今從祀之時閔僖俱得正位且以親盡故通言先公此言從祀躋僖公不言逆祀者此從祀因躋僖公之文故得略言從祀至於躋僖公文無所繫不知逆祀何公且見是親廟不可言先公故指僖言之而言躋也然則此以親盡故通言先公下桓宮僖宮災彼亦親盡言桓僖者彼據災之所在須指言其處與此體例不同

○盜竊寶玉大弓盜謂陽虎也家臣賤名氏不見故曰盜寶玉夏后氏之璜大弓封父之繁弱○不見賢遍反璜音黃父音甫疏注盜謂至繁弱○正義曰傳言陽虎取寶玉大弓以出是盜謂陽虎也公羊傳曰盜者孰謂謂陽虎也陽虎者曷為者也季氏之宰也季氏之宰則微者也惡乎得國寶而竊之陽虎專季氏季氏專魯國其說將殺季氏亦與左傳大同春秋之例再命之卿始得名氏書經陽虎季氏家臣以賤名氏不見故書曰盜盜者賤人之稱也此寶玉大弓必是國之重寶歷世掌之故自劉歆以來說左氏者皆以為夏后氏之璜封父之繁弱成王所以分魯公也公羊傳曰寶者何璋判白弓繡質龜青純彼不知魯有先王分器謬為言耳且所盜無龜知其並是妄也

傳八年春王正月公侵齊門于陽州攻其門士皆坐列言無鬭志曰顏高之弓六鈞顏高

魯人三十斤爲鈞六鈞百八十斤古稱重故以爲異。強○鈞音均稱尺證反強其丈反疏注顏高至異強○正義曰漢書律曆志云量者龠合升斗斛也本起黃。鍾之龠以子穀秬黍中者千有二百實其龠合龠爲合十合爲升十升爲斗十斗爲斛而五量嘉矣權者銖兩斤鈞石也本起黃鍾之重。一龠容千二百黍重十二銖兩之爲兩十六兩爲斤三十斤爲鈞四鈞爲石而五權謹矣由此而言龠之所容重十二銖合龠爲合兩之爲兩則合重一兩。升重十兩斗重百兩斛重千兩計六鈞有一百八十斤合爲二千八百八十兩於量爲重兩斛八斗八升計今人用弓此亦未爲彊矣而魯人傳而觀之故杜以爲古稱重故以爲異強計古稱亦準黃鍾之重爲之而得重於。今者權量之起本自黃鍾而世俗不同每有改易傳稱齊舊四量陳氏皆加一焉是其不必常依古也近世以來或輕或重魏齊斗稱於古二而爲一周。隨斗稱於古三而爲一則皆取而古時亦當然杜言古者謂此顏高之時爲古耳非言自古稱皆重也

傳觀之陽州人出顏高奪人弱弓籍丘子鉏擊之與一人俱斃子鉏齊人斃仆也○傳直專反鉏仕居反與一人俱斃婢世反顏高與一人俱爲子鉏所擊而仆仆音赴又蒲北反孫炎云前覆曰仆偃且射子鉏中頰殪子鉏死○鉏且如字射食亦反下同中丁仲反下同頰古協反殪於計反死也言顏高雖爲子鉏所擊偃仆且射子鉏中頰而死言其善射也一讀且音子餘反云偃且人姓名也檢世族譜無此人一讀者非也

疏俱斃至頰殪○正義曰釋言云斃仆也孫炎曰前覆曰仆吳越春秋稱要離謂吳王夫差曰臣迎風則偃背風則仆然則仆是前覆偃是卻倒此顏高被擊而仆乃轉而仰且射子鉏猶死言其善射之功然也

顏息射人中眉顏息魯人退曰我無勇吾志其目也以自矜師退冉猛僞傷足而先猛魯人欲先歸其兄會乃呼曰猛也殿會見師退而猛不在列乃大呼詐言猛在後爲殿傳言魯無軍政○呼火故反注同殿丁電反注同○二月己丑單子伐穀城劉

子伐儀栗討儋翩之黨穀城在河南縣西○單音善儋丁甘反翩音篇辛卯單子伐簡城劉子伐盂以定王室傳終王室之亂○盂音于○趙鞅言於晉侯曰諸侯唯宋事晉好逆其使猶懼不至今又執之是絕諸侯也將歸樂祁士鞅曰三年止之無故而歸之宋必叛晉執樂祁在六年○好呼報反使所吏反獻子私謂子梁獻子范鞅子梁樂祁曰寡君懼不得事宋君是以止子子姑使溷代子溷樂祁子○溷侯溫反又侯困反子梁以告陳寅陳寅曰宋將叛晉是棄溷也不如待之留待勿以子自代樂祁歸卒于大行大行晉東南山○大音泰行戶郎反一音衡士鞅曰宋必叛不如止其尸以求成焉乃止諸州州晉地爲明年宋公使樂大心如晉張本○公侵齊攻廩丘之郛郛郭也○廩力甚反郛芳夫反主人焚衝衝戰車○衝昌容反說文作幢云陷陣車也或濡馬褐以救之馬褐馬衣○濡人于反褐戶葛反遂毀之毀郛主人出師奔攻郛人少故遣後師走往助之

疏○主人出師奔○正義曰賈逵以爲主人出魯師奔走而卻退言魯无戰備也劉炫云杜亦不勝舊今杜必異於賈以爲後師奔走往助之者若如賈言魯師奔走則是被敗而還下傳陽虎何得云猛在此必敗明其於時不敗故猛得逐廩丘之人是賈言非也

陽虎僞不見冉猛者曰猛在此必敗陽州之役猛先歸之言若在此必復敗○復扶又反猛逐之顧而無繼僞顛逐廩丘人虎曰盡客氣也言皆客氣非勇○客苦百反○苦越生子將待事而名之苦越苦夷○苫戎占反○陽州之役獲焉名之曰陽州欲自比僑如○僑其驕反○夏齊國夏

高張伐我西鄙報上二侵晉士鞅趙鞅荀寅救我救不書齊師已去未入竟○竟音境【疏】注救不至入竟○正義曰春秋諸侯相救皆書於經此救亦當書之不書者齊師聞晉來救已去魯地晉師未入魯竟不成爲救故不書也公會晉師于瓦瓦是衛地公往衛地會晉師是其未入竟也

公會晉師于瓦范獻子執羔趙簡子中行文子皆執鴈魯於是始尚羔獻子士鞅也簡子趙鞅也中行文子荀寅也禮卿執羔大夫執鴈魯則同之今始知執羔之尊也卿不書禮不敵公史略之○行戶郎反【疏】注禮卿至略之○正義曰禮卿執羔大夫執鴈周禮大宗伯文也魯則同之蓋命卿與大夫俱執鴈今見士鞅執羔始知執羔之尊於是方始尚羔令卿執之記禮廢之久也傳言於是始尚羔必往前不執羔矣但往前所執難知先儒各以意說賈逵云周禮公之孤四命執皮帛卿三命執羔大夫再命執鴈魯廢其禮三命之卿皆執皮帛至是乃始復禮尚羔案周禮禮記皆言卿執羔大夫執鴈並以爵斷不依命數賈何以討命高下妄稱禮乎傳言始尚羔者當謂舊賤羔而今尊之耳若本僭孤禮皆執皮帛當云始復用羔不得云尚也若改僭從禮得名爲尚則初獻六羽何以不言始尚六佾也以尚言之足知魯卿舊執非皮帛矣鄭衆云天子之卿執羔大夫執鴈諸侯之卿當天子之大夫故傳曰唯卿爲大夫當執鴈而執羔僭天子之卿也魯人效之而始尚羔記禮所從壞案禮傳及記天子之臣與諸侯之臣所執無異文也周禮掌客凡諸侯之禮上公及侯伯之下皆云卿相見以羔是諸侯之卿執羔不執鴈又士相見者諸侯之臣相見之禮也經曰下大夫相見以鴈上大夫相見以羔是諸侯之卿必執羔矣安在於諸侯之卿當天子之大夫乎是則背明文而用肺腸也天子諸侯之臣所異者士相見之禮羔鴈皆云飾之以布而曲禮云飾羔鴈者以繢鄭玄云此爲諸侯之臣與天子之臣異也然則天子之臣衣之以布而又畫之諸侯之臣則用布不畫所異唯此而已其執不爲異也傳文之乖於禮者爵是卿也皆當執羔趙鞅荀寅不應執鴈此是當時之失失於偪下以晉卿失於偪下魯卿不應僭上益明

賈言魯卿舊執皮帛非其義矣魯人於是始知執羔爲尊或亦效晉唯上卿一人獨執羔耳未必卽能如禮諸卿皆執羔也此經言公會晉師不言公會士鞅僖二十九年傳曰在禮卿不會公侯會伯子男可也故杜云卿不書禮不敵公史略之劉炫云案宣元年會晉師于棐林伐鄭杜云趙盾稱師取於師會故稱師何知此非亦以師會故稱師而云禮不敵公略稱師乎今知不然者以宣元年諸侯俱在又文連伐鄭故言師會此則公之獨會晉師又無征伐之事故以爲卿不書禮不敵公史略之劉以此與宣元年並取於師會以規杜氏非也○晉師將盟衛侯于鄟澤。自瓦還就衛地盟○鄟音專又市轉反本亦作剸音同趙簡子曰羣臣誰敢盟衛君者前年衛叛晉屬齊簡子意欲摧辱之涉佗成何曰我能盟之二子晉。大夫○佗徒何反衛人請執牛耳盟禮尊者涖牛耳。主次盟者衛侯與晉大夫盟自以當涖牛耳故請。[疏]注。盟禮至。故請。○正義曰盟用牛耳卑者執之尊者涖之請執牛耳請使晉大夫執牛耳周禮戎右云盟則贊牛耳鄭玄云謂尸盟者割牛耳取血助爲之尸盟者執之襄二十七年傳曰諸侯盟小國固必有尸盟者是小國主備辦盟具宜執牛耳哀十七年傳曰公會齊侯盟于蒙孟武伯問於高柴曰諸侯盟誰執牛耳季羔曰鄫。衍之役吳公子姑曹發陽之役衛石魋武伯曰然則彘也鄫衍吳爲盟主不知盟禮當。今小國執牛耳而自使其臣執之濮陽宋魯衛三國衛爲小蒙則齊魯。三國魯爲小皆是以小國執牛耳而尊者涖之以主次同盟者今衛侯與晉大夫盟自以當爲盟主。宜。涖牛耳故請晉大夫使執之成何曰衛吾溫原也焉得視諸侯言衛小可比晉縣不得從諸侯禮○焉於虔反將歃涉佗捘衛侯之手及捥。捘擠也血至捥○歃所洽反捘子對反捥烏喚反擠多計反一音子禮反說文云排也[疏]注捘擠也○正義曰說文云推排也排擠也捘是推排之意故爲擠也昭。十三年傳言擠于溝壑謂被推入坑也衛侯怒王孫賈趨。進賈衛大夫曰盟以信禮也信猶明也有如衛君其敢不唯禮是事而受此盟也言晉無禮不欲受其盟衛侯欲叛晉而患諸大夫王孫賈使次于郊大夫問故問不入故公以晉詬語之詬恥也○詬呼豆反語魚據反且曰寡人辱社稷其改卜嗣寡人從焉使改卜他公子以嗣先君我從大夫所立大夫曰是衛之禍豈君之過也公曰又有患焉謂寡人必以而子與大夫之子為質為質於晉○質音致注及下同大夫曰苟有益也公子則往羣臣之子敢不皆負羈絏以從將行王孫賈曰苟衛國有難工商未嘗不為患使皆行而後可欲以激怒國人○絏息列反從才用反下說從弟下從者同難乃旦反激古狄反公以告大夫乃皆將行之行有日有期日公朝國人使賈問焉曰若衛叛晉晉五伐我病何如矣皆曰五伐我猶可以能戰賈曰然則如叛之病而後質焉何遲之有乃叛晉晉人請改盟弗許○秋晉士鞅會成桓公侵鄭圍蟲牢報伊闕也桓公周卿士不書監帥不親侵也六年鄭伐周闕外晉為周報之○監古銜反為于偽反下同遂侵衛討叛○九月師侵衛晉故也魯為晉討衛○季寤季桓子之弟○寤五故反公鉏極公彌曾孫桓子族子公山不狃費宰○狃女九反皆不得志於季氏叔孫輒無寵於叔孫氏輒叔孫氏之庶子叔仲志不得志於魯志叔孫帶之孫皆為國人所薄故五人因陽虎陽虎欲去三桓以季寤更季氏代桓子○去起呂反更音庚舊古孟反下皆同以叔孫輒

更叔孫氏代武叔己更孟氏陽虎自代懿子冬十月順祀先公而祈焉將作大事欲以順祀取媚辛卯禘于僖公辛卯十月二日不於太廟者順祀之義當退僖公懼於僖神故於僖廟行順祀○禘大計反【疏】禘于僖公○正義曰釋例曰大祭于太廟以審定昭穆謂之禘禘于太廟禮之常也各於其宮時之爲也雖非三年大祭而書禘用禘禮也然則禘者審定昭穆之祭也今爲順祀而禘于僖公則是幷取先公之主盡入僖廟而以昭穆祭之是爲周禘禮也計禘禮當于太廟今就僖廟爲禘者順祀之義退僖升閔懼於僖公之神故於僖廟行禘禮使先公之神徧知之禮祭尊可以及卑後世之主宜上從太廟而食今從上世之主下入僖廟祀之當時所爲非正禮也昭二十五年禘于襄公義亦然也壬辰將享季氏于蒲圃而殺之戒都車曰癸巳至都邑之兵車也陽虎欲以壬辰夜殺季孫明日癸巳以都車攻二家○圃布五反成宰公斂處父告孟孫曰季氏戒都車何故孟孫曰吾弗聞處父曰然則亂也必及於子先備諸與孟孫以壬辰爲期處父期以兵救孟氏壬辰先癸巳一日○先癸悉薦反陽虎前驅林楚御桓子虞人以鈹盾夾之陽越殿越陽虎從弟○鈹普皮反盾食允反又音允夾古洽反殿丁見反將如蒲圃桓子咋咋暫也○咋仕詐反謂林楚曰而先皆季氏之良也爾以是繼之欲使林楚免己於難以繼其先人之良○難乃旦反下同【疏】而先至繼之○正義曰而女也言女先祖以來皆爲季氏忠良之臣女今不良反以是殺我之事繼續之對曰臣聞命後後猶晚○陽虎爲政魯國服焉違之徵死死無益於主桓子曰何後之有而能以我適孟氏乎對曰不敢愛死懼不免主桓子曰往也言必往孟

氏選圉人之壯者三百人以爲公期築室於門外實欲以備難不欲使人知故僞築室於門外因得聚衆公期孟氏支子○圉魚呂反爲于僞反林楚怒馬及衢而騁騁馳也○騁勑領反陽越射之不中築者闔門季孫既得入乃閉門○射食亦反下同中丁仲反闔戶臘反有自門閒射陽越殺之陽虎劫公與武叔武叔叔孫不敢之子州仇也○劫居業反仇音求以伐孟氏公斂處父帥成人自上東門入魯東。城之北門與陽氏戰于南門之內弗勝又戰于棘下城內地名陽氏敗陽虎說甲如公宮取寶玉大弓以出舍于五父之衢寢而爲食其徒曰追其將至虎曰魯人聞余出喜於徵死何暇追余。徵召也陽虎召季氏於蒲圃將。殺之今得脫必喜故言喜於召死○說本又作稅同他活反得脫徒活反又他活反疏注徵召至召死○正義曰徵召也釋言文陽虎召季孫欲殺之今既得脫魯人歡喜季孫免於召死之事何暇追我劉炫云。陽虎召。季孫欲殺之則召季孫爲召死季孫得脫必大喜魯人聞我出喜於召死言人人皆喜於季孫從者曰嘻速駕公斂陽在嘻歎聲○嘻許其反公斂陽請追之孟孫弗許畏陽虎陽欲殺桓子欲因亂討季氏以強孟氏孟孫懼而歸之不敢殺子言辨舍爵於季氏之廟而出子言季寤辨猶周徧也徧告廟飲酒示無懼○言辨音遍注徧同舍如字陽虎入于讙陽關以叛叛不書略家臣○讙音歡

○鄭駟歂嗣子大叔爲政歂駟乞子子然也爲明年殺鄧析張本○歂市專反析星歷反

經九年春王正月○夏四月戊申鄭伯蠆卒無傳四年盟皐鼬○蠆勑邁反疏注四年盟皐鼬○正義曰蠆以

昭二十九年即位三十二年大夫盟于狄泉以未告公而公薨故不數○得寶玉大弓弓。玉國之分器得之足以為榮失之足以為辱故重而書之○分扶問反○六月葬鄭獻公無傳三月而葬速【疏】獻公○正義曰諡法博聞多能曰獻○秋齊侯衛侯次于五氏五氏晉地不書伐者諱伐盟主以次告【疏】注五氏至次告○正義曰傳言齊侯伐晉夷儀乃與衛侯次于五氏次既告則伐亦應告故杜以為諱伐盟主直以次告知非不告伐故不書者若全不告魯容可不以伐告今既以次告魯何意告次不告伐明以衛新叛晉又魯與晉親故恥以伐告唯告次耳劉炫以為不告伐故不書而規杜氏非也○秦伯卒無傳不書名未同盟○冬葬秦哀公無傳

傳九年春宋公使樂大心盟于晉且逆樂祁之尸辭僞有疾乃使向巢如晉盟且逆子梁之尸樂向戌曾孫○向舒亮反子明謂桐門右師出子明樂祁之子溷也右師樂大心子明族父也右師往到子明舍子明逐使出門去曰吾猶衰絰而子擊鍾。何也怒其不逆父喪因責其無同族之恩○衰七雷反絰田結反下同右師曰喪不在此故也既而告人曰己衰絰而生子余何故舍鍾。己子明也○舍音捨子明聞之怒言於公曰右師將不利戴氏樂氏戴公族不肯適晉將作亂也不然無疾乃逐桐門右師逐之在明年終叔孫昭子之言○鄭駟歂殺鄧析而用其竹刑鄧析鄭大夫欲改鄭所鑄舊制不受君命而私造刑法書之於竹簡故。云竹刑【疏】注鄧析至竹刑○正義曰昭六年子產鑄刑書於鼎。今鄧析別造竹刑明是改鄭所鑄舊制若。用君命遣造則是國家法制鄧析不得獨專其名知其不受君命而私造刑書書之於竹謂之竹刑駟歂用其刑書則其法可取殺之不為作此書也下云棄其邪可也則鄧

析不當私作刑書而殺蓋別有當死之罪駟歂不矜免之耳

君子謂子然於是不忠苟有可以加於國家者棄其邪可也

加猶益也棄不責其惡也○邪似嗟反注同【疏】君子至可也正義曰周禮小司寇以八辟麗邦法附刑罰三曰議賢之辟四曰議能之辟鄭玄云賢謂有德行者能謂有道藝者春秋傳曰夫謀而鮮過能訓不倦者叔向有焉社稷之固也猶將十世宥之以勸能者今壹不免其身以棄社稷不亦惑乎是賢能之人當明其罪狀可赦則赦之今鄧析制刑有益於國卽是有能者殺有能之人是不忠之臣君子謂子然於是爲不忠也國之臣民誠有可以加益於國家者取其善處棄其邪惡可也雖知其邪當棄而不責所以勸勉人使學爲善能也

靜女之三章取彤管焉

詩邶風也言靜女三章之詩雖說美女義在彤管彤管赤管筆女史記事規誨之所執○彤徒冬反邶音佩說音悅【疏】詩邶至所執○正義曰邶風靜女之篇也於時衛君無道夫人無德衛人欲得貞靜之女以配國君易去無德之夫人也詩有三章其一章云靜女其姝俟我於城隅其二章云靜女其孌貽我彤管彤管者筆赤管也必用赤者示其以赤心正人也古者后夫人必有女史執赤管之筆記妃妾善惡彤管之法所以規誨人君也靜女三章之詩雖說美女之事事之常耳無可特善彤管記事乃是婦人之大法本錄靜女詩者止爲彤管之言可取故全篇取之不棄上下之二章也其女史所書之事毛傳有其略也毛傳云古者后夫人必有女史彤管之法史不記過其罪殺之后妃羣妾以禮御於君所女史書其日月授之以環以進退之生子月辰則以金環退之當御者以銀環進之著於左手既御著於右手事無大小記以成法

竿旄何以告之取其忠也

詩鄘風也錄竿旄詩者取其中心願告人以善道也言此二詩皆以一善見采而鄧析不以一善存身○竿旄音干下音毛鄘音容【疏】注詩鄘至存身○正義曰詩鄘風干旄之篇也於是衛文公之臣子多好善賢者樂告以善道也其詩言大夫之好善者乘駟馬建干旄就賢者諮國事焉云孑孑干旄在浚之郊素絲紕之良馬四之彼姝者子何以畀之

子孑干。旄在浚之都素絲組之良馬五之彼姝者子何以予之子孑干旄在浚之城素絲祝之良馬六之其末句云彼姝者子何以告之姝順貌也賢者見其好善美其共順言己寡知復何以告之自恨無可告。之明其無所吝惜本錄。干旄。之詩者取其中心願告人以善道彼二詩皆以一善見采而鄧析不以一善存身故君子引二詩以譏子然也故用其道不棄其人詩云蔽芾甘棠勿翦勿伐召伯所茇詩召南也召伯決訟於蔽芾小棠之下詩人思之不伐其樹茇草舍也○芾方味反召音邵注同茇畔末反【疏】詩云至所茇○正義曰詩召南甘棠之篇也蔽芾小貌甘棠杜也茇草舍也召伯之聽獄訟不重煩勞百姓止舍小棠之下而聽斷焉國人被其德說其化故愛其樹彼蔽芾然小者甘棠之樹也勿得翦削之勿得斫伐之此乃是召伯舍息之處思其人猶愛其樹況用其道而不恤其人乎子然無以勸能矣傳言子然嗣大叔為政鄭所以衰弱○夏陽虎歸寶玉大弓無益近用而。祇為名故歸之○祇音支書曰得。器用也凡獲器用曰得器用者謂物之成器可為人用者也得用焉曰獲謂用器物以有獲若麟為田獲俘為戰獲○麟本又作麟呂辛反俘芳夫反【疏】凡獲至曰獲○正義曰器用者謂器物可為人用凡獲此器物之用者謂之為得也得用者謂將此器用以得於物焉謂之為獲劉炫以為得用焉田獲謂得此可用為器之物謂之為獲若麟之皮角之屬以杜解為非今知不然者案春秋書獲唯有因俘因俘不可以為器物除因俘之外唯有獲麟麟為靈獸帝王所重不可以鳳羽麟皮以飾器物劉以麟皮亦堪為器而規杜氏非也六月伐陽關討陽虎也陽虎使焚萊門陽關邑門○萊音來師驚犯之而出奔齊請師以伐魯曰三加必取之三加兵於魯齊侯將許之鮑文子諫曰臣嘗為隸於施氏矣施氏魯大夫文子鮑國也成十七年齊人召而立之至今七十四歲

於是文子蓋九十餘矣魯未可取也上下猶和衆庶猶睦能事大國大國晉也而無天菑若之
何取之陽虎欲勤齊師也齊師罷大臣必多死亡己於是乎奮其詐謀夫陽虎
有寵於季氏而將殺季孫以不利魯國而求容焉求自容○菑音災罷音皮親富不親仁君
焉用之君富於季氏而大於魯國茲陽虎所欲傾覆也魯免其疾而君又收之
無乃害乎齊侯執陽虎將東之陽虎願東陽虎欲西奔晉知齊必反己故詐以東爲願○焉於虔反傾本又作頃音
傾覆芳服反乃囚諸西鄙盡借邑人之車鍥其軸麻約而歸之鍥刻也欲絕追者○鍥苦結反軸音逐
載葱靈寢於其中而逃葱靈輜車名○葱初江反或音忩輜側其反說文云衣車也疏注葱靈輜車名○正義曰說文云輜軿衣
車也前後有蔽賈逵云葱靈衣車也有葱有靈然則此車前後有蔽兩旁開葱可以觀望葱中豎木謂之靈今人猶名葱木爲靈子其內容人臥故得寢於其
中而逃追而得之囚於齊又以葱靈逃奔晉適趙氏仲尼曰趙氏其世有亂乎受亂
人故疏其世有亂乎○正義曰言其當世將有亂也○秋齊侯伐晉夷儀爲衛討也○爲于僞反下同疏注爲衛討也○正義
曰往年衛侯叛晉叛晉必當事齊下文衛侯會之知是爲衛討也敝無存之父將室之辭以與其弟無存齊人也室之爲
取婦曰此役也不死反必娶於高國高氏國氏齊貴族也無存欲必有功還取卿相之女○娶七住反相息亮反先登
求自門出死於霤下既入城夷儀人不服故鬬死於門屋霤下也○霤力又反東郭書讓登登城非人所樂故讓衆使後而

己先登○樂如字又五孝反犂彌從之曰子讓而左我讓而右使登者絕而後下恐書先下故又諂以讓之下入城也○犂力兮反諂古穴反【疏】使登者絕而後下○正義曰言使登城人絕皆上訖然後與書下遂自下亦讓書而先下書左彌先下書從彌言左行彌遂自先下亦讓也書與王猛息戰訖共止息猛曰我先登書斂甲曰曩者之難今又難焉斂甲起欲擊猛○曩乃黨反嚮難乃旦反猛笑曰吾從子如驂之靳。靳車中馬也猛不敢與書爭言己從書如驂馬之隨靳也傳言齊師和所以能克○驂七南反騑馬也靳居覲反本或作如驂之有靳非也爭爭鬭之爭又如字【疏】如驂之靳○正義曰詩云兩服齊首兩驂鴈行鄭云兩服中央夾轅者然則古人車。駕四馬夾轅二馬謂之服兩首齊其外二馬謂之驂首差退說文云靳當。膺也則靳是當胸之皮也驂馬之首當服馬之胸胸上有靳故云我之從子如驂馬當服馬之靳杜言靳車中馬也言靳是中馬之駕具故以靳表中馬詩云騏騮是中騧驪是驂是名服馬爲中馬也晉車千乘在中牟救夷儀也今滎陽有中牟縣迴遠疑非也○乘繩證反【疏】此注今滎至非也○正義曰此中牟在晉竟內也趙世家云獻侯即位治中牟漢書地理志云河南郡有中牟縣趙獻侯自耿徙此又云三家分晉河南之中牟魏分也杜言今滎陽有中牟縣謂此河南之中牟也晉世分河南爲滎陽郡中牟屬焉此地乃在河南計非晉竟所及故云迴遠疑非也又三家分晉中牟屬魏則非趙得都之趙獻侯治中牟亦非河南之中牟也此言晉車在中牟哀五年趙鞅伐衞圍中牟論語佛肸爲中牟宰與趙獻侯所都中牟或當是一必非河南中牟當於河北別有中牟但不復知其處耳有臣。費者不知其姓或云姓傅作漢書音義云臣瓚案河南中牟春秋之時在鄭之。疆內及三卿分晉則爲魏之邦土趙界自漳水以。北不及此也春秋衞侯如晉過中牟案此之中牟非衞適晉之次也汲郡古文曰齊師伐趙東鄙圍中牟此中牟不在趙之東也案中牟當在温水之上瓚言河南中牟非此中牟誠如

其語謂此中牟當在温水之上不知其所案據也衛侯將如五氏齊侯在五氏將往助之卜過之龜。焦衛至五氏道過中牟
畏晉故。卜龜焦兆不成不可以行事也衛侯曰可也衛車當其半寡人當其半敵矣衛侯怒晉甚不復顧卜欲
以身當五百乘○復扶又反乃過中牟中牟人欲伐之衛褚師圃亡在中牟曰衛雖小其君
在焉未可勝也齊師克城而驕其帥又賤城謂夷儀也帥謂東郭書○褚中呂反帥所類反注同疏注城謂至城
郭書○正義曰杜見傳言帥賤則云是東郭書劉炫云案上伐夷儀乃齊侯親兵所陳東郭書之事非是將帥杜何知帥謂東郭書若東郭書爲帥則人無不
識何故云。晳幘而衣貍。製齊侯使視之乃知夫子也且書若爲帥被晉之敗何故君以爲功而更受賞乎今知劉難非者以此云克城而驕其帥又賤文既相
連止是一事克城謂克夷儀其帥則克城之帥上克城之事郭書先登故知郭書爲帥身先士卒也僖二十三年晉侯親自敗狄而郤缺。將將成十六年楚子
親戰鄢陵而子反爲主今齊侯雖伐夷儀郭書何妨別爲元帥戎事上。下同服故逢。丑父得與齊侯易位郭書雖爲元帥軍衆之內。齊侯容或不。辨齊侯賞其
先登之功不責其後敗之罪故以爲帥謂東郭書劉據此諸事以爲更有別帥而規杜非也遇必敗之不如從齊乃伐齊師
敗之獲齊車五百乘事見哀十五年○見賢遍反齊侯致禚媚杏於衛三邑皆齊西界以荅謝衛意○禚諸若反媚武冀反杏戶
猛反齊侯賞犂彌犂。彌。辭曰有先登者臣從之晳。幘而衣貍製晳白也。齒上下相值製裘也○晳星
歷反幘音策又音責說文作䰖音義同衣於既反貍力之反製音置疏注晳白至裘也○正義曰詩君子偕老之篇說夫人之美云揚且之晳晳是面白之
名故爲白也說文云䰖齒相值也言齒長而白上下之齒相當也說文云製裁也衣貍製謂著貍皮也裁皮著之明是裘矣故以製爲裘也月令孟冬天子始

裘傳言秋齊侯伐夷儀周之秋末寒而衣裘者哀二十七年傳言陳成子衣製
杖戈文在秋上製亦裘也然則在軍之服或臨時所須不可以寒暑常節約之

公使視東郭書曰乃夫子也吾貺子貺賜也貺音況○公賞東郭書辭曰彼賓旅也言彼

與我若賓主相讓旅俱進退乃賞犂彌齊師之在夷儀也齊侯謂夷儀人曰得敝無存者以五家免給其五家令常不共役事○令力呈反共音恭疏注給其至役事○正義曰一人得之則以五家給所得者令常不共國家役事服虔云是時齊克夷儀而有之既爲齊有故齊得優其傜役也然夷儀故邢都也邢滅入衛後乃屬晉自齊而伐夷儀其入晉竟深矣不必永爲齊有當時暫得之耳

乃得其尸公三襚之襚衣也比殯三加襚深禮厚之○襚音遂比必利反疏注襚衣至厚之○正義曰送死之禮衣服曰襚故以襚爲衣也公三襚之則明三時與衣自死至殯有襲與小斂大斂比殯三加衣也無存舊是賤人蓋初以士服次大夫服次卿服也襲下與之犀軒犀軒是卿車明三襚終卿服以與之犀軒與直蓋犀軒卿車直蓋高蓋疏注犀軒至高蓋○正義曰說文云軒曲輈也謂軒車有蕃蔽也下云齊侯斂諸大夫之軒邴意茲乘軒意茲非卿也傳稱曹朝乘軒者三百人詩毛傳云大夫以上赤芾乘軒大夫以乘軒矣指言卿車者言以貴者賞之也魚軒以魚皮爲飾犀軒當以犀皮爲飾也考工記車人爲蓋不言有曲此云直蓋或時有曲直故云直蓋高蓋亦謂車蓋也而先歸之坐引者以師哭之停喪車以盡哀也君方爲位而哭故挽喪者不敢立○挽音晚親推之三齊侯自推喪車輪三轉○推如字又他回反

附釋音春秋左傳注疏卷第五十五

春秋左傳注疏卷五十五校勘記　阮元撰盧宣旬摘錄

附釋音春秋左傳注疏卷第五十五　定五年盡九年

〔經五年〕

飢之　閩本監本飢作饑

〔傳五年〕

夏歸粟于蔡以周亟矜無資　石經資字下後人旁增也字書武成正義引作歸粟於蔡以賙急矜無資也似一本有也字

卒于房　顧炎武云房疑卽防字古阝字作𨸏脫其下而爲防字漢仙人唐公防碑可證也漢書汝南郡吳房孟康曰本房子國而史記項羽紀封楊武爲吳防侯字亦作防漢書武帝紀濟川王明廢遷防陵常山王教廢徙房陵一卷之中字體不同又防房二字相通之一證陳樹華云漢書溝洫志宣防塞兮萬福來後云自塞宣房後一篇之中防房互見又後漢書光武紀南擊新市真定元氏防子注云房子屬常山郡防與房古字通用文選月賦徘徊房露李善注防露蓋古曲也文賦曰寤防露與桑間據此則房之爲防審矣

注璵璠至所佩　宋本以下正義三節總入子行之乎注下

則亦當法與璠也　宋本淳熙本岳本纂圖本閩本監本毛本法作去與作璵是

子行之乎　石經子字起一行計九字子行之三字改刊

爲下陽虎囚桓子起　淳熙本桓作相避所諱

吳人獲薳射於柏舉　監本柏作栢

自立爲吳王號夫槩　諸本作吳此本誤作異今改正按廣韻唐韻引作夫溉又未韻既字下姓也吳王夫既之後是本又作既也

多死麇申　宋本淳熙本岳本纂圖本監本毛本申作中是也

囚闉輿罷　石經初刻作與後改輿釋文云本又作與

楚王之奔隨也　石經楚字旁增非唐刻也

江夏竟陵縣有臼水　宋本淳熙本纂圖本有上有西字

出聊屈山　淳熙本屈誤出

且吾尤子旗　淳熙本吾誤吳

王之至脾洩　宋本以下正義四節總入余亦弗能也注下

國內無王　宋本王作主

子西問高厚焉也　石經高厚下後人旁增大小二字陳樹華云據正義不當有是

本或有小大者　閩本監本毛本作大小非也

祖而視之背宋本岳本纂圖本監本毛本視作示石經此處缺案示古皆作視淳熙本祖誤祖

張兔古今人論云宋本監本毛本兔作奐

能之而不知宋本監本毛本能作城閩本同

張奐引辭爲文此本奐字模糊閩本空缺據宋本監本毛本補辭字宋監毛三本作傳

小大上屬此本上字模糊閩本同據宋本監本毛本補

杜雖無注此本杜字模糊閩本空缺據宋本監本毛本補

報觀虎之役也石經宋本淳熙本足利本役作敗是也

（經六年）

何忌不言何闕文山井鼎云闕文上異本有史字非也

（傳六年）

討鄭之伐胥靡宋本以下正義三節總入若何乃止注下

尤其罪而復效之宋本閩本監本毛本罪作非是也

下云效小人以弃之此本效字實缺據宋本閩本監本毛本補

門是陽虎之計　宋本門作明是也

蓋衛文公鑄此鼎也　宋本蓋作鑿非也

苟可以納之　宋本無以字非也

陽虎至之幣　宋本以下正義四節總入請以取入焉注下

後晉人兼享之　宋本監本毛本後作故是也

旦拜葬也　宋本監本毛本旦作且是也

令行兩事　宋本令作今是也

上為晉人所賤　宋本監本毛本上作止是也

獲潘子臣小惟子　北宋刻釋文惟作帷云本又作帷石經此處缺呂覽作小帷子與釋文合

子期又以陵師敗于繁揚　石經揚字殘缺宋本作楊亦非案襄四年傳作繁陽

注陵師陸軍　宋本此節正義在於是乎節注下

因鄭人將以作亂于周　岳本脫以字

儋翻子朝餘黨　宋本淳熙本岳本纂圖本閩本監本毛本翻作翩是也

爲戍周起也宋本戍誤戍

寅知晉多門往必有難難〔補〕各本晉下有政字無下難字

經所以稱行人淳熙本人誤行

〔經七年〕

陽平元城縣東南有少亭宋本淳熙本岳本纂圖本監本毛本少作沙不誤宋本縣作在非也

夏國佐孫淳熙本孫作縣非也

九月大雩大雩二字此本實缺據石經宋本淳熙本岳本纂圖本閩本監本毛本補

無傳過也此本無過二字實缺據宋本淳熙本岳本纂圖本閩本監本毛本補

注過也宋本此節正義在經文冬十月之下

杜以春秋旱雩此本秋誤欲雩字實缺閩本同據宋本監本毛本補改

傳皆發之言旱此本傳皆發之四字實缺閩本同據宋本監本毛本補

前既有雩後又有雩此本前既有雩後又六字實缺閩本同據宋本監本毛本補

上辛大雩季辛又雩此本上辛大雩季辛又七字實缺據宋本閩本監本毛本補

劉以賈言規杜非也此本劉以賈言規杜六字實缺閩本同監本空缺劉以二字毛本亦脫依宋本補正

蓋時有雩旱宋本監本毛本雩作小是也

冬十月纂圖本閩本監本毛本亦脫此三字據石經宋本淳熙本岳本補

（傳七年）

中二於齊宋本淳熙本岳本纂圖本監本毛本二作貳是也

共爲亂也淳熙本共誤其

處父至必死宋本以下正義二節總入不待有司節注下

苫夷釋文夷作𢈔

注己巳至無月宋本此節正義在而後朝于莊宫注下

此年經傳日少此本日誤曰閩本同據宋本監本毛本改

（經八年）宋本春秋正義卷三十四石經春秋經傳集解定下第廿八岳本定下有公字並盡十五年

陳侯柳卒釋文云柳本或作抑

家臣賤名氏不見淳熙本臣誤目

共以解曰靖宋本監本毛本解下有信字浦鏜正誤作共己鮮言曰靖依今本逸周書謚法解改

璋制白宋本監本毛本制作判與公羊傳文合

〔傳八年〕

古稱重故以爲異強宋本強作彊

顔高至異強之下宋本強作彊下同以下正義二節總入注文傳言魯無軍政

一龠容千二百黍此本一字空缺據宋本閩本監本毛本補

本起黄鐘之龠閩本監本毛本鐘作鍾下同

斗重十兩宋本監本毛本斗作升是也

而得重於令者宋本閩本監本毛本令作今是也

周隨斗稱閩本監本毛本隨作隋非

子姑使溷代子顧炎武云石經代誤伐是也

主人出師奔宋本此節正義在注欲自比僑如之下

楊州之役宋本淳熙本岳本纂圖本閩本監本毛本楊作陽是也

注救不至入竟　宋本以下正義二節總入注文史略之之下

齊師聞晉來殺　宋本監本毛本殺作救是也

實何以討命高下妄稱禮乎　宋本監本毛本討作計

是則皆明文而用肺腸也　宋本毛本皆作背是也

晉師將盟衛侯于鄟澤　淳熙本鄟作剸與北宋刻釋文合

二子晉大夫　宋本大作人非也

王次盟者　宋本淳熙本岳本纂圖本監本毛本王作主是也正義同

故請　宋本淳熙本足利本請下有之字是也

注盟禮至故請下　宋本無故字請下有之字以下正義二節總入遂侵衛注

鄟行之役　宋本毛本行作衍不誤

當今小國執牛耳　宋本監本毛本今作令是也

蒙則齊魯三國　宋本三作二不誤

官位牛耳　宋本閩本監本毛本官位作宣涖是也

涉佗捘衞侯之手及捥 石經初刻作腕後改捥諸本同惠棟云史記樊於期偏袒搤捥索隱曰捥古腕字史記多古文今人知者鮮矣

說詳左傳補注

昭中三年 宋本閩本監本毛本中作十是也

王孫賈趨進 淳熙本趨作趍俗字

其改卜嗣 淳熙本改誤攺

必以而子與大夫之子爲質 淳熙本與上衍厚字

有期日 纂圖本期誤其

秋晉士鞅會成桓公侵鄭 淳熙本桓誤栢

監帥不親侵也 足利本帥作師

禘于僖公 宋本以下正義三節總入注文叛不書略家臣之下

禮之當也 宋本監本毛本當作常是也

各於其宮 閩本監本毛本於作以非也

計禘傳當于大廟 宋本監本毛本傳作禮是也

放於僖廟行禘禮　宋本閩本監本毛本放作故不誤

桓子咋謂林楚　諸本作咋石經初刻作乍後加口旁案錢大昕云咋暫也孟子今人乍見孺子趙岐訓乍爲暫乍暫聲相近疑經注皆無口旁後人妄增梁履繩云咋字經典罕見左傳果有此字五經文字何以不收也

後猶晚　宋本淳熙本岳本足利本晚下有也字

魯東階之北門　補各本階作城

將殺之　宋本足利本將下有欲字是也

故言喜於召死　宋本於誤放

陽虎召孫欲殺之　監本毛本脫陽字孫上有季字宋本作陽虎召季孫欲殺之是也

〔經九年〕

弓玉國之分器　諸本作玉此本誤王今改正

〔傳九年〕

而子擊鍾何也　石經宋本岳本纂圖本毛本鍾作鐘下同葉抄釋文亦作鐘

故云竹刑　宋本淳熙本岳本云作言

注鄧析至竹刑 宋本以下正義五節總入思其人節注下

令鄧析別造竹刑 宋本令作今是也

則鄧析不當私作刑書 補各本當作爲

若用君命遣造 宋本用作其非也

周禮大司寇 宋本大作小是也

四曰議能之法 宋本法作辟是也

夫謀而不過 宋本監本毛本不作解不誤

以賢能者 宋本賢作勸不誤

亦不惑子 宋本閩本監本毛本子作乎是也

當明其罪狀 宋本明作議是也

役有能之人 宋本監本毛本役作殺是也

明之臣民 宋本監本毛本明作國是也

女史記事規誨之所執 此本女字模糊史誤反據宋本淳熙本岳本纂圖本閩本監本毛本補正

易非無德之夫人也宋本監本毛本非作去

篇有三章此本篇字實缺據宋本補閩本監本毛本作詩非也

靜女其變此本靜字實缺女誤詩變誤變據宋本閩本監本毛本補正

進御之法此本進御二字實缺據宋本補閩本監本毛本改作彤管按作進御與毛傳合

事之常耳此本事字實缺閩本同據宋本監本毛本補

本錄靜女詩者此本女誤之詩字實缺據宋本補正閩本監本毛本詩作云

止爲彤管之言可取此本止字實缺據宋本補閩本監本毛本作特

其女史所書之事此本其女二字實缺據宋本閩本監本毛本補

古者后夫人必有女史此本史字實缺據宋本閩本監本毛本補

以禮御於君所此本所字實缺據宋本閩本監本毛本補

女史書其日月諸本作女此本誤其今改正

則以金環進之宋本閩本進作退是也

錄竿於詩者宋本淳熙本岳本纂圖本監本毛本於作旌是也又按詩作干旌左傳作竿旌詩用正字左傳用假借字也

注詩鄘至存身　諸本作存此本誤有今改正

詩鄘風干旄之篇也　宋本閩本監本作干此本誤于今改正毛本作竿亦非

孑孑干旄　宋本閩本監本毛本旄作旟是也

一明其無所吝惜　宋本監本毛本一作之屬上讀

本錄干旄之詩者　閩本監本作干此本誤于今改正毛本作竿亦非宋本無之字

而祇爲名故歸之　宋本纂圖本監本毛本祇作祗足利本作秖亦非淳熙本作祇與葉抄釋文合

書曰得器用也　石經得字重段玉裁曰此得字不當重石經非也傳言以其爲器用故謂之得細玩下文則器用上不宜有得字

凡獲至曰獲　宋本以下正義三節總入注文受亂人故之下

載葱靈　毛本葱作蔥注及下同惠棟云尙書大傳云未命爲士不得有飛軨鄭康成注云如今窻車也軨與靈古字通

今人猶名葱木爲靈子　毛本葱誤二字按傳之葱字卽說文之囪字在牆曰牖在屋曰囪或作窗此假蔥爲之

其內容人師　宋本監本毛本師作臥是也

又以葱靈逃奔晉　石經宋本淳熙本岳本纂圖本監本毛本奔下有宋遂奔三字

仲尼曰　毛本尼誤氏

注爲衞討也 宋本以下正義九節總入親推之三注下

如驂之靳 釋文云本或作如驂之有靳非也詩小戎釋文說文繫傳引並作如驂之有靳

然則古人車馬四馬 監本毛本上馬字作用淳熙本作駕是也

說文云靳當膺也 段玉裁校本膺作胸

有臣費者 宋本閩本監本毛本費作瓚是也

在鄭之彊內 宋本閩本監本毛本彊作疆不誤

趙界自漳水以此 宋本閩本監本毛本此作北是也

卜過之龜焦 說文焦作𪓐按九經字樣收𪓐焦二字云上說文下省今傳作焦蓋省文也

畏晉故于 宋本岳宋纂圖本監本毛本于作卜是也淳熙本卜字模糊

晢幘而衣貍製 閩本亦誤晢宋本監本毛本作晳是也諸本作製此本誤裂今改正

而郤缺將將 宋本閩本監本毛本上將字作爲

戎事上衣同服 宋本衣作下是也

故逢五父得與齊侯易位 宋本毛本五作丑是也

齊侯容或不辨　此本齊字模糊依宋本閩本監本毛本補閩監辨作辯

齊侯賞犂彌犂彌辭曰　淳熙本脫下犂彌二字

皙幘　皙宋本从白是也幘說文引作齰齒相值也按齰正字幘假借字

白也齒上下相值　補各本齒上應有幘字

故齊得優其僞役也　監本毛本僞作爲亦非宋本作傜案作傜是也

軒曲旃也　宋本旃作斾是也

春秋左傳注疏卷五十五校勘記

珍倣宋版印

附釋音春秋左傳注疏卷第五十六（定公十年盡十五年）

杜氏注　孔穎達疏

經十年春王三月及齊平（平前八年再侵齊之怨）○夏公會齊侯于夾谷（平故○夾古洽反又古協反二傳作頰谷古木反）公至自夾谷（無傳）○晉趙鞅帥師圍衛○齊人來歸鄆讙龜陰田（三邑皆汶陽田也泰山博縣北有龜山陰田在其北也會夾谷孔子相齊人服義而歸魯田○鄆音運讙火官反汶音問相息亮反）疏○注三邑至魯田○正義曰傳言孔丘使茲無還揖對齊要令反汶陽之田乃與之盟齊人為是歸此三邑知三邑皆汶陽田也土地名汶水出泰山萊蕪縣西南經濟北至東平須昌縣入濟則汶水發源東北而西南流也水北曰陽此三邑皆在汶水北近齊齊因陽虎出奔取為己有今服義而歸魯也僖元年公賜季友汶陽之田季氏世脩其德不應失其采邑則此汶陽之田當為季氏采地今復有此三邑者汶水之北皆名汶陽其地多矣蓋季氏私邑之外別有此田也龜山名也山北曰陰田在龜山北其邑即以龜陰為名故云三邑○叔孫州仇仲孫何忌帥師圍郈（郈叔孫氏邑○郈音后字林下溝反）○秋叔孫州仇仲孫何忌帥師圍郈○宋樂大心出奔曹（傳在前年春書名罪其稱疾不適晉）宋公子地出奔陳（貪弄馬以。距君命書名罪之也○弄魯貢反）○冬齊侯衛侯鄭游速會于安甫（無傳安甫地闕）○叔孫州仇如齊○宋公之弟辰暨仲佗石彄出奔陳（暨與也宋公寵向魋不聽辰請辰怨而將大臣出奔。虛。請自怨稱弟示首惡也仲佗石彄皆為國卿不能匡君靜難而為辰所牽帥出奔稱名亦罪之也○暨其器反佗徒何反彄苦侯反魋大回反難乃旦反）疏注暨與至之也○正義曰暨與也釋詁文凡大夫出奔書名皆是罪惡故杜迹其爲罪之狀解其書名之由佗既出奔辰爲之請請而不許是虛其請也公唯不許而已未嘗責其妄請不被迫遂自忿出奔是辰之罪也釋例曰宋辰率羣卿以背宗國披大邑以成叛逆故以首惡稱弟是言稱弟示首惡也杜知是首惡者以其特云宋公之弟辰暨仲佗石彄是辰率仲佗石彄故云首惡也若不爲首惡當如昭二十二年宋華亥向寧華定出奔楚不須暨字以間之

傳十年春及齊平○夏公會齊侯于祝其實夾谷夾谷即祝其也孔丘相相會儀也○相息亮反注同犁彌言於齊侯曰孔丘知禮而無勇若使萊人以兵劫魯侯必得志焉萊人齊所滅萊夷也○劫居業反疏。注萊人至夷也○正義曰襄六年齊侯滅萊萊東萊黃縣是也地在東邊去京師大遠孔丘謂之裔夷之俘言是遠夷因俘知是滅萊所獲此人是其遺種也齊不自使齊人而令萊人劫魯侯者若使齊人執兵則魯亦陳兵當之無由得劫公矣使此萊。夷望魯人不覺出其不意得伺閒執之齊侯從之孔丘以公退曰士兵之以兵擊萊人兩君合好而裔夷之俘以兵亂之裔遠也○好呼報反下同裔以制反俘芳夫反非齊君所以命諸侯也裔不謀夏夷不亂華俘不干盟兵不偪好於神爲不祥盟將告神犯之爲不善○夏戶雅反偪彼力反疏裔不至亂華○正義曰夏。也中國有禮儀之大故稱夏有服章之美謂之華華夏一也萊是東夷其地又遠裔不謀夏言諸夏近而萊地遠夷不亂華言萊是夷而魯是華二句其旨大同各令文相對耳於德爲愆義於人爲失禮君必不然齊侯聞之遽辟之辟去萊兵也○愆去連反遽其據反辟婢亦反又音避注同去起呂反將盟齊人加於載書曰齊師出竟而不以甲車三百乘從我者有如

此盟如此盟詛之禍○竟音境乘繩證反詛側據反孔丘使茲無還揖對無還魯大夫○還音旋曰而不反我汶
陽之田吾以共命者亦如之須齊歸汶陽田乃當共齊命於是孔子以公退賤者終其事要盟不絜故略不書○共音恭注同要
一遙反【疏】注須齊至不書○正義曰齊魯既平當兩相從意齊人既令魯以三百乘從魯不可即拒故須齊歸汶陽之田乃當共齊三百乘之命則得汶
陽之田足當三百乘也賈逵云不書盟諱以三百乘從齊師其意以宣七年盟于黑壤而不書經傳言晉侯之立也公不朝又不使大夫聘晉人止公于會公盟
不與盟不書盟諱之也緣彼有諱謂此亦諱案此會孔丘相反汶陽之田以共齊命孔丘意也得其三邑而以三百乘從之爲相當矣於魯不爲負何以諱其
盟即以三邑田少不足以當三百乘孔丘不應唯令反此而已令令反此共命必其足以相當何以諱其從齊也若三百乘從齊必是可諱孔丘爲相義不能
拒則孔丘爲有罪矣何貴乎聖人也故杜以爲於是孔子以公退賤者終其事要盟不絜故略不書釋例曰夾谷之會齊侯劫公孔丘以義叱之以兵威之將
盟又使茲無還責侵田拒齊之享屈。彊國正典儀此聖人之大。司也徒以二君雖會而兵刃相要二國微臣共終盟事故賤而不書非所諱也舊說同於黑壤
之辱爲負仲尼也齊侯將享公孔丘謂梁丘據曰齊魯之故吾。子何不聞焉故舊典事既
成矣會事成而又享之是勤執事也且犧象不出門嘉樂不野合犧象酒器犧尊象尊也嘉樂鍾
磬也○犧許宜反又息河反注同【疏】注犧象至磬也○正義曰周禮司尊彝云春祠夏禴祼用雞彝鳥彝其朝踐用兩獻尊其再獻用。兩象尊鄭衆云獻
讀爲犧犧尊飾以翡翠象尊以象鳳皇阮諶三禮圖犧尊畫牛以飾象尊畫象以飾當尊腹上畫牛象之形王。肅以爲犧尊象尊爲牛象之形背上負尊魏大
和中青州掘得齊大夫子尾送女器爲牛形而背上負尊古器或當然也周禮大司樂云雲門之舞冬。日。至於地上之圜丘奏之若樂六變則天神皆降可得

而禮矣咸池之舞夏日至於澤中之方丘奏之若樂八變則地祇皆出可得而禮矣圜丘方丘皆是野澤二者並是大祭必當備設尊俎而云嘉樂不野合犧象不出門者彼是禮之大者自可依禮而行尊得出門樂得野合此言不出門不野合者謂享燕正禮當設於宮內不得違禮而行妄作於野耳非謂祭祀之大禮也諸侯相見之禮享在廟燕在寢不得行於野僖二十八年晉侯朝王于踐土王享醴命之宥襄十年宋公享晉侯於楚丘請以桑林十九年公享晉六卿于蒲圃二十七年鄭伯享趙孟于垂隴如此之類春秋多矣或特賞殊功或是敬大國皆權時之事非正禮也此時齊魯敵國釋怨和平未有殊異之歡無假非常之事孔子知齊懷詐慮其掩襲託正禮以拒之故言不野合

饗而既具是棄禮也若其不具用秕稗也秕穀不成者稗草之似穀者言享不具禮穢薄若秕稗○秕音鄙字林音比又必履反稗皮賣反用秕稗君辱棄禮名惡子盍圖之夫享所以昭德也不昭不如其已也乃不果享孔子知齊侯懷詐故以禮距之○盍戶獵反下同

齊人來歸鄆讙龜陰之田陽虎九年以此奔齊經文倒者次魯事

【疏】注陽虎至魯事○正義曰八年陽虎入于讙陽關以叛九年伐陽關陽虎奔齊其時虎以讙去鄆與龜陰亦從之皆為齊所取至今始歸之歸田之經在趙鞅圍衛之後與傳文倒者傳次魯事進此歸田於上令與盟事相次故也

○晉趙鞅圍衛報夷儀也前年齊為衛伐晉夷儀故伐衛以為報○為衛于偽反

初衛侯伐邯鄲午於寒氏邯鄲廣平縣也午晉邯鄲大夫寒氏即五氏也前年衛人助齊伐五氏○邯音寒鄲音丹城其西北而守之宵熸午衆宵散○城其西北而守之一本或作城其西北隅熸子潛反

【疏】城其西北而守之○正義曰築城於其西北之地而守之也本或北下有隅昭二十五年傳陷西北隅以入又云登西北隅以望涉彼而誤耳今定本有隅誤

及晉圍衛午以徒七十人門於衛西門殺人

於門中曰請報寒氏之役衛開門與午鬭涉佗。曰夫子則勇矣然我往必不敢啓門亦以徒七十人旦門焉步左右皆至而立如植至其門下步行門左右然後立待如立木不動以示整○佗徒何反植市力反一音值疏以徒至如植○正義曰涉佗以徒七十人旦往門焉涉佗先至步行門之左右然後其徒皆至而立如植木然日中不啓門乃退反役晉人討衛之叛故曰由涉佗成何捘衛侯手故於是執涉佗以求成於衛衛人不許晉人遂殺涉佗成何奔燕君子曰此之謂棄禮必不鈞言必見殺不得與人等詩曰人而無禮胡不遄死涉佗亦遄矣哉詩鄘風遄速也○遄市專反○初叔孫成子欲立武叔公若藐固諫曰不可藐叔孫氏之族藐音邈又亡小反○成子立之而卒公南使賊射之不能殺公南叔孫家臣武叔之黨○射食亦反下及注同公南爲馬正使公若爲郈宰武叔既定使郈馬正侯犯殺公若不能其圉人曰武叔之圉人吾以劍過朝公若必曰誰之劍也吾稱子以告必觀之吾僞固而授之末則可殺也僞爲固陋不知禮者以劍鋒末授之○鋒芳逢反疏注。僞爲至授之○正義曰少儀說以器物授人之禮云刀卻刃授穎削授拊凡有刺刃者以授人則辟刃鄭玄云穎鐶也拊謂把辟刃不以正鄉人也是禮授刀劍當以鋒刃自鄉而授其鐶今圉人僞爲固陋不知禮者以劍鋒末授之欲因推而殺之使如之公若曰爾欲吳王我乎見劍向己逆呵之鱄諸殺吳王亦用劍刺之○向許亮反亦作嚮呵呼多反刺七亦反疏使如之○正義曰言使爲如此之計而欲殺之遂殺公若侯犯以郈叛犯以不能副武叔之命故叛叛而以圍告廟故書圍疏注犯以至書圍○正義曰昭十三年南蒯以費叛注云不書不告廟八年陽虎叛注云叛不書略家臣此侯犯以郈叛不書者亦爲不告廟略家臣也不書叛而書圍與動大衆以圍告廟故書圍也然則九年伐陽關討陽虎亦應書而不書者蓋師少不告廟故不書武叔懿子圍郈弗克秋二子及齊師復圍郈弗克叔孫謂郈工師駟赤工師掌工匠之官○復扶又反曰郈非唯叔孫氏之憂社稷之患也將若之何對曰臣之業在揚水卒章之四言矣揚水詩唐風卒章四言曰我聞有命○在揚水卒章本或作揚之水卒章疏注揚水至有命○正義曰唐詩揚之水刺晉昭公也昭公分國以封沃沃彊盛昭公微弱國人將叛而歸沃焉其三章云揚之水白石粼粼我聞有命不敢以告人注云聞曲沃有善政命不敢以告人鄭箋云不敢以告人而去者畏昭公謂己動民心叔孫稽首謝其受己命駟赤謂侯犯曰居齊魯之際而無事必不可矣无所服事子盍求事於齊以臨民不然將叛侯犯從之齊使至駟赤與郈人爲之宣言於郈中詐爲齊使言也○使所吏反注同爲之于僞反下注爲齊同曰侯犯將以郈易于齊齊人將遷郈民謂易其民人衆兇懼不欲遷○兇音凶一音凶勇反駟赤謂侯犯曰衆言異矣不與始同子不如易於齊與其死也猶是郈也而得紓焉何必此言以郈民易取齊人與郈无異勝於守郈爲叛人所殺○紓音舒齊人欲以此偪魯必倍與子地言非徒得民又將得齊地○偪彼力反倍步罪反且盍多舍甲於子之門以備不虞侯犯曰諾乃多舍甲焉侯犯請易於齊齊

有司觀郈將至駟赤使周走呼曰齊師至矣郈人大駭介侯犯之門甲以圍侯犯駟赤將射之僞爲侯犯射郈人○呼火故反介音界侯犯止之曰謀免我侯犯請行許之郈人許之駟赤先如宿宿東平無鹽縣故宿國侯犯殿每出一門郈人閉之閉其後門○殿丁見反及郭門止之曰子以叔孫氏之甲出有司若誅之誅責也羣臣懼死駟赤曰叔孫氏之甲有物吾未敢以出物識也赤還救侯犯也○識申志反又如字犯謂駟赤曰子止而與之數數甲以相付○數色主反注同駟赤止而納魯人侯犯奔齊齊人乃致郈致其名簿也爲下武叔如齊傳○簿步古反○宋公子地嬖蘧富獵地宋景公弟辰之兄也○嬖必計反蘧其居反獵力輒反十一分其室而以其五與之與富獵也公子地有白馬四。公嬖向魋魋欲之向魋司馬桓魋也公取而朱其尾鬣以與之與魋也○鬣力輒反爾雅舍人注云馬鬉也鬉子工反疏注朱其尾鬣○正義曰爾雅舍人注云鬣鬉也地怒使其徒扶魋而奪之魋懼將走公閉門而泣之目盡腫母弟辰曰子分室以與獵也而獨卑魋亦有頗焉子爲君禮禮辟君也○扶勑乙反腫章勇反頗普多反不過出竟君必止子公子地出奔陳公弗止辰爲之請弗聽辰曰是我迋吾兄也迋欺也○竟音境辰爲于僞反下猶爲同迋求往反又古況反吾以國人出君誰與處冬母弟辰暨仲佗石彄出奔陳佗仲幾子彄褚師段子皆宋卿衆之所望故言國人○褚張呂反○武叔聘于齊謝致郈也經書辰奔在聘後者從告齊侯享之曰子叔孫若使郈在君之他竟寡人何知焉屬與敝邑際故敢助君憂之以致郈德叔孫○屬音燭對曰非寡君之望也所以事君封疆社稷是以以猶爲也○疆居良反敢以家隸勤君之執事夫不令之臣天下之所惡也君豈以爲寡君賜言義在討惡非所以賜寡君○惡烏路反十一年傳注皆同一音如字

經十有一年春宋公之弟辰及仲佗石彄公子地自陳入于蕭以叛蕭宋邑稱弟例在前年

疏注蕭宋邑○正義曰莊十二年宋萬弒閔公蕭叔大心者宋蕭邑大夫也平宋亂立桓公宋人嘉之以蕭邑封叔爲附庸宣十二年楚子滅之復爲宋邑故辰等今入之以叛也

○夏四月○秋宋樂大心自曹入于蕭入蕭從叛人叛可知故不書叛○冬及鄭平平六年侵鄭取匡之怨叔還如鄭涖盟還叔詣曾孫○還音旋還叔詣曾孫案世族譜叔還是叔弓曾孫此云叔詣曾孫誤也

疏注還叔詣曾孫○正義曰世族譜云叔還叔弓曾孫也又世本云叔弓生定伯閱閱生西巷敬叔叔生成子還還爲叔弓曾孫杜云叔詣曾孫轉寫誤耳

傳十一年春宋公母弟辰暨仲佗石彄公子地入于蕭以叛秋樂大心從之大爲宋患寵向魋故也惡宋公寵不義以致國患○冬及鄭平始叛晉也魯自僖公以來世服於晉至今而叛故曰始

經十有二年春薛伯定卒無傳四年盟皋鼬

疏注四年盟皋鼬○正義曰定以昭三十二年卽位其年大夫盟于狄泉以未告

公而公爇經無明文故不數○夏葬薛襄公無傳○叔孫州仇帥師墮郈墮毀也患其險固故毀壞其城○墮許規反注及下傳同壞音怪又戶怪反

疏注墮毀至其城○正義曰昭十三年南蒯以費叛連年伐而不克十年侯犯以郈叛一年再圍而不克良由其城險固家臣數以背叛仲由為季氏宰進計季孫防其後患令墮三都以是故毀壞其城慮其拒之故帥師而往公羊傳曰孔子行乎季孫三月不違曰家。無藏甲邑無百雉之城於是帥師墮郈帥師墮費左氏不言孔子之計當是仲由自立此謀但。傳稱費人襲魯而仲尼在焉是仲尼知其事謂墮之為是故不禁也釋例曰三都彊盛以奪三家之權陪臣執政下陵上替故仲由墮之而仲尼不禁師師登臺僅。不皆克直隨事而書以示三家之彊無義例也○衛公孟彄帥師伐曹彄孟縶子○彄苦侯反縶涉立反

疏注彄孟縶子○正義曰世族譜云孟縶無子靈公以其子彄為之後也為後則為其子故云孟縶子此實公孫而不稱公孫者縶字公孟故卽以公孟為氏劉炫謂公孟生得賜族故彄卽以族告○季孫斯仲孫何忌帥師墮費○費音祕○秋大雩無傳書過○雩音于○冬十月癸亥公會齊侯盟于黃無傳結叛晉○十有一月丙寅朔日有食之無傳○公至自黃無傳○十有二月公圍成公至自圍成無傳國內而書至者成彊若列國與動大衆故出入皆告廟

疏注國內至告廟○正義曰成魯邑國內用兵計不應書而出入皆書者為與動大衆皆告廟也釋例曰陪臣執命大都耦國仲由建墮三都之計而成人不從故公親圍之雖不越竟動衆興兵大其事故出入皆告於廟

傳十二年夏衛公孟彄伐曹克郊郊曹邑還滑羅殿羅衛大夫○滑于八反殿丁見反下同未出不退於列未出曹竟。羅不退在行列之後○竟音境行戶郎反其御曰殿而在列其為無勇乎羅曰與其素

厲寧爲無勇素空也厲猛也言伐小國當如畏者以誘致之疏與其至無勇○正義曰羅以曹國小弱不敢來追衛師而在後爲殿是空設嚴猛等與其空爲嚴猛寧爲無勇示弱誘之使曹人不憚以爲後圖○仲由爲季氏宰仲由子路將墮三都三都費郈成也彊盛將爲國害故仲由欲毀之於是叔孫氏墮郈季氏將墮費公山不狃叔孫輒帥費人以襲魯不狃費宰也輒不得志於叔孫氏公與三子入于季氏之宮登武子之臺費人攻之弗克入及公側至臺下仲尼命申句須樂頎下伐之二子魯大夫仲尼時爲司寇○句音劬頎音祈疏注仲尼時爲司寇○正義曰史記孔子世家云定公以孔子爲中都宰一年四方皆則之由中都宰爲司空由司空爲大司寇十年會于夾谷時已爲司寇矣十四年孔子由大司寇攝行相事是此時仲尼爲司寇費人北國人追之敗諸姑蔑二子奔齊二子不狃叔孫輒遂墮費將墮成公斂處父謂孟孫墮成齊人必至于北門成在魯北竟故且成孟氏之保障也無成是無孟氏也子僞不知。佯不知。○障之尚反又音章子僞不知並如字一本僞作爲佯本亦作陽音同我將不墮。冬十二月公圍成弗克。

經十有三年春齊侯衛侯次于垂葭二君將使師伐晉次垂葭以爲之援○葭音加○夏築蛇淵囿無傳書不時也○囿音又○大蒐于比蒲無傳夏蒐非時○蒐所求反比音毗○衛公孟彄帥師伐曹無傳○晉趙鞅入于晉陽以叛書叛惡可知○冬晉荀寅士吉射入于朝歌以叛吉射士鞅子○射食亦反又食

夜反朝如字晉趙鞅歸于晉韓魏請而復之故曰歸言韓魏之強猶列國疏注韓魏至列國○正義曰成十八年傳例曰凡去其國諸侯納之曰歸此傳稱韓魏以趙氏爲請故趙鞅得稱歸韓魏非諸侯亦從諸侯納之例者韓魏之彊猶列國也釋例曰韓魏有稱國之彊陳蔡有復國之端故晉趙鞅楚公子比皆稱歸從諸侯納之例言非晉楚之所能制也

○薛弒其君比無傳稱君。無道

傳十三年春齊侯衛侯次于垂葭實郹。氏垂葭改名郹氏高平鉅野縣西南有郹亭○郹古闃反疏注垂葭至郹亭○正義曰釋例曰經書所改之名則傳以實明之許遷于夷實城父齊侯衛侯次于垂葭實郹氏之比是也則是先名郹氏後名垂葭而此云垂葭改名郹氏者杜意以爲垂葭是新改之名本是郹氏也故以結之與釋例不違劉炫以杜注自違釋例以爲地無新舊之異止是一地二名若如劉言案許遷于夷實城父經書夷齊侯衛侯次于垂葭實郹氏經書垂葭許遷于析實白羽以此準之經應書析不應書白羽公會齊侯于祝其實夾谷經應書祝其不應書夾谷杜以文同事異故以新舊明之劉不細尋經傳以規杜過非也使師伐晉將濟河諸大夫皆曰不可邴意茲曰可意茲齊大夫○邴彼命反又音丙銳師伐河內今河內汲郡傳必數日而後及絳傳告晉○傳張戀反又直專反注同數所主反絳不三月不能出河則我既濟水矣乃伐河內齊侯皆斂諸大夫之軒唯邴意茲乘軒以其言當○當丁浪反○齊侯欲與衛侯乘共載○乘繩證反下同與之宴而駕乘廣載甲焉使告曰晉師至矣齊侯曰比君之駕也寡人請攝以己車攝代衛車○廣古曠反比必利反乃介而與之乘驅之或告曰無晉師乃止傳言齊侯輕所以不能成功○介音界輕遣政反疏齊侯至乃止○正義曰齊侯輕脫欲得與衛侯同乘先與之宴飲而先駕乘廣於門外豫於廣車之上而載甲焉飲未終而使人告曰晉師至矣齊侯謂衛侯曰比及君之駕至以來君既未有兵車寡人請以己車攝代衛車與君同乘齊侯乃著甲而與衛侯共乘驅之而行或告無晉師乃止傳載此者言齊侯之輕所以不能成功

○晉趙鞅謂邯鄲午曰歸我衛貢五百家吾舍諸晉陽午許諾十年趙鞅圍衛衛人懼貢五百家鞅置之邯鄲今欲徙著晉陽晉陽趙鞅邑○著丁略反歸告其父兄父兄皆曰不可衛是以爲邯鄲言衛以五百家在邯鄲常爲是故與邯鄲親○爲于僞反注同一音如字而寘諸晉陽絕衛之道也不如侵齊而謀之侵齊則齊當來報欲因懼齊而徙則衛與邯鄲好不絕○寘之豉反好呼報反乃如之而歸之于晉陽欲如是謀而後歸衛貢趙孟怒召午而囚諸晉陽趙鞅不察其謀謂午不用命故因之使其從者說劍而入涉賓不可涉賓午家臣不肯說劍入欲謀叛○從才用反說他活反注同乃使告邯鄲人曰吾私有討於午也二三子唯所欲立午趙鞅同族別封邯鄲故使邯鄲人更立午宗親

疏○注午趙至宗親○正義曰世族譜趙衰趙夙之弟也衰生盾盾生朔朔生武武生成成生鞅其家爲趙氏夙孫穿穿生旃旃生勝勝生午其家爲耿氏計衰至鞅夙至午皆六代今俗所謂五從兄弟是同族也別封邯鄲世不絕祀故使邯鄲人更立午之宗親

遂殺午趙稷涉賓以邯鄲叛稷趙午子夏六月上軍司馬籍秦圍邯鄲邯鄲午荀寅之甥也荀寅范吉射之姻也壻父曰姻荀寅子娶吉射女

疏注壻父至射女○正義曰釋親云女子子之夫爲壻壻之父爲姻知荀寅子娶吉射女也

而相與睦故不與圍邯鄲將作亂作亂攻趙鞅○不與音預又如字董安于聞

之安于趙氏臣疏董安于○正義曰史記云安于性緩常佩弦以自急者卽此是也告趙孟曰先備諸趙孟曰晉國
有命始禍者死爲後可也安于曰與其害於民寧我獨死懼見攻必傷害民請以我說
趙孟不可晉國若討可殺我以自解說秋七月范氏中行氏伐趙氏之宮趙鞅奔晉陽晉人
圍之范皐夷無寵於范吉射而欲爲亂於范氏皐夷范氏側室子○行戶郎反梁嬰父嬖於知
文子文子荀躒○知音智文子欲以爲卿韓簡子與中行文子相惡簡子韓起孫不信也中行文子荀寅也○
惡如字又烏路反下同疏文子欲以爲卿○正義曰既欲以爲卿則當去范中行二氏乃始得立言此者明文子欲爲亂以去之魏襄子亦
與范昭子相惡襄子魏舒孫曼多也昭子士吉射○曼音萬故五子謀。五子范皐夷梁嬰父知文子韓簡子魏襄子將逐
荀寅而以梁嬰父代之逐范吉射而以范皐夷代之荀躒言於晉侯曰君命大
臣始禍者死載書在河爲盟書沈之河○躒力狄反沈如字又音鴆今。三臣始禍而獨逐鞅刑已不
鈞矣請皆逐之冬十一月荀躒韓不信魏曼多奉公以伐范氏中行氏弗克二
子將伐公齊高彊。曰三折肱知爲良醫高。彊齊子尾之子昭十年奔魯遂適晉○三如字又息暫反折之設反肱古弘反
唯伐君爲不可民弗與也我以伐君在此矣三家未睦三家知韓魏可盡克也克
之君將誰與若先伐君是使睦也弗聽遂伐公國人助公二子敗從而伐之丁

末荀寅士吉射奔朝歌韓魏以趙氏爲請經所以書趙鞅歸十二月辛未趙鞅入于絳盟于公宮。傳錄晉衰亂○初衛公叔文子朝而請享靈公欲令公臨其家○令力呈反退見史鰌而告之○史鰌史魚。鰌音秋史鰌曰子必禍矣子富而君貪其及子乎文子曰然吾不先告子是吾罪也君旣許我矣其若之何史鰌曰無害子臣可以免言能執臣禮富而能臣必免於難上下同之言尊卑皆然○難乃旦反下注同戍。也驕其亡乎戍文子之子富而不驕者鮮吾唯子之見驕而不亡者未之有也戍必與焉與禍難○鮮息淺反與音預注同及文子卒衛侯始惡於公叔戍以其富也公叔戍又將去夫人之黨靈公夫人南子黨宋朝之徒○惡烏路反去起呂反朝如字【疏】注靈公至之徒○正義曰傳於明年始云衛侯爲夫人南子召宋朝此年言夫人之黨杜已云宋朝之徒者靈公之召宋朝又在前矣明年爲宋人歌而發端非明年始召之夫人愬之曰戍將爲亂爲明年戍來奔傳○愬音素

經十有四年春衛公叔戍來奔衛趙陽出奔宋陽趙黶孫書名者親富不親仁○黶於減反【疏】注陽趙黶孫○正義曰案世本懿子兼生昭子舉舉生趙陽兼卽黶也○二月辛巳楚公子結陳公孫佗人帥師滅頓以頓子牂歸○夏衛北宮結來奔。亦黨公叔戍皆惡之○佗吐何反又徒河反牂子歸反惡烏路反○五月於越敗吳于檇李於越越國也使罪人詐吳亂陳故從未陳之例書敗也檇李吳郡嘉興縣南。醉李城○檇音醉依說文從木陳直覲反下同

疏注於越至書敗○正義曰於越即越也夷言發聲謂之於越。從。彼俗而名之也傳稱陳于檇李則是皆陳而從未陳之例云敗吳者越使罪人詐吳亂吳之陳使不得用力故從未陳之例書敗也釋例云長勺之役雖俱陳而鼓音不齊檇李之役勾踐患吳之整以死士亂吳雖皆已陳猶以。獨。克。為。文。舉其權詐也

○吳子光卒未同盟而赴以名

○公會齊侯衛侯于牽魏郡黎陽縣東北有牽城○牽力兮反

公至自會無傳

○秋齊侯宋公會于洮洮曹地○洮吐刀反

○天王使石尚來歸脤。無傳石尚天子之。士石氏尚名脤祭社之肉盛以。脤器以賜同姓諸侯親兄弟之國與之共福○脤市軫反盛音成

疏注石尚至共福○正義曰杜以天子上士中士俱稱名氏石尚必是士矣但不知為是上士為是中士故注直云士耳必非下士釋例曰王之公卿皆書爵大夫書字元士中士稱名劉夏石尚是也下士稱人公會王人于洮是也杜知然者周禮典命云王之三公八命其卿六命大夫四命大夫既四命則士三命也故鄭玄云王之上士三命中士再命下士一命曲禮云列國之大夫入天子之國曰某士得不以命數當天子之士故稱士也襄二十六年晉韓起聘于周自稱曰晉士起是諸侯之卿與天子之士命數同也以諸侯之卿三命再命皆書名氏大夫一命則稱人知天子上士中士稱名氏下士則稱人也成十三年傳曰國之大事在祀與戎祀有執。膰戎有受脤先儒及杜緣彼傳文知是定例故解此云祭社之肉盛以。脤器以賜同姓諸侯周禮大宗伯云以脤膰之禮親兄弟之國大行人云歸脤以交諸侯之福是以祭肉賜諸侯與之共福也

○衛世子蒯聵出奔宋蒯古怪反聵五怪反

○衛公孟彄出奔鄭彄書名與蒯聵黨罪之

○宋公之弟辰。○自蕭來奔無傳稱宋公之弟例在十年

○大蒐于比蒲○比音毗

○邾子來會公無傳會公于比蒲來而不用朝禮故曰會

疏注會公至曰會○正義曰莊二十三年公及齊侯遇于穀蕭叔朝公就遇處行朝禮故曰朝此就蒐處行會禮而不

用朝禮故曰會也言不用朝禮辨其與蕭叔文異○城莒父及霄無傳公叛晉助范氏故懼而城二邑也此年無冬史闕○父音甫疏注公叛至闕文○正義曰城邑之由傳無其說以傳稱公會齊侯衛侯謀救范中行氏知爲叛晉之故懼而城此二邑也無冬闕文自是常事特辯此者說公羊者以此城在冬故去冬字何休云是歲孔子由大司寇攝相事齊人饋女樂孔子去言去冬者貶之也或說無冬者坐受女樂令聖人去冬陰臣之象言去冬見無臣也杜以此爲妄說且明城實在秋是非時而城故特辯冬闕

傳十四年春衛侯逐公叔戌與其黨故趙陽奔宋戌來奔終史魚之言○梁嬰父惡董安于謂知文子曰不殺安于使終爲政於趙氏趙氏必得晉國盍以其先發難也討於趙氏文子使告於趙孟曰范中行氏雖信爲亂安于則發之是安于與謀亂也晉國有命始禍者死二子既伏其罪矣敢以告告使討安于○惡烏路反知文音智盍戶臘反難乃旦反與音預趙孟患之安于曰我死而晉國寧趙氏定將焉用生人誰不死吾死莫矣乃縊而死趙孟尸諸市而告於知氏曰主命戮罪人安于既伏其罪矣敢以告知伯從趙孟盟知伯荀躒○焉於虔反莫音暮縊一四反疏安于則至而死○正義曰安于請趙孟先備趙孟不從其言則安于其無罪矣但安于之謀國人聞之梁嬰父懼其知謀恐趙氏彊盛假此事而罪之趙鞅叛而得還不敢違命故安于自縊死耳而後趙氏定祀安于於廟趙氏廟疏祀安于於廟○正義曰禮臣有大功配食於廟周禮司勳云凡有功名者銘書於王之大常祭于大烝司勳詔之尚

書盤庚告其卿大夫云兹予大享于先王爾祖其從與享之孔安國云古者天子錄功臣配食於廟大享烝嘗也天子既有此禮諸侯或亦有之今趙氏祀安于於趙。安氏之廟其意亦如此也○頓子牂欲事晉背楚而絕陳好二月楚滅頓傳言小不事大所以亡○背音佩好呼報反○夏衛北宮結來奔公叔戍之故也○吳伐越報五年越入吳越子勾踐禦之陳于檇李句踐越王允常子○句古侯反陳直覲反句踐患吳之整也使死士再禽焉不動使敢死之士往輒爲吳所禽欲使吳師爲取之而吳不動使罪人三行屬劍於頸以劍注頸○行戶郎反下同屬之欲反下同又之住反而辭曰二君有治治軍旅臣奸旗鼓犯軍令不敏於君之行前不敢逃刑敢歸死遂自剄也師屬之目越子因而伐之大敗之靈姑浮以戈擊闔廬姑浮越大夫○剄古頂反本又作刎闔戶臘反闔廬傷將指取其一屨其足大指見斬遂失屨姑浮取之○將子匠反屨九具反還卒於陘去檇李七里釋經所以不書滅○陘音刑夫差使人立於庭夫差闔廬嗣子○夫音扶庭本又作廷苟出入必謂己曰夫差而忘越王之殺而父乎則對曰唯不敢忘。三年乃報越後三年哀元年○唯惟癸反舊以求反○晉人圍朝歌公會齊侯衛侯于脾上梁之間脾。上梁間卽牽○脾婢支反謀救范中行氏齊魯叛晉故助范中行也析成鮒小王桃甲率狄師以襲晉二子晉大夫范中行氏之黨○鮒音附桃如字本又作姚戰于絳中不克而還士鮒奔周小王桃甲入于朝歌秋齊侯宋公會于洮范氏故也謀殺范氏衛侯爲夫人南子召宋朝南子宋女也朝宋公子舊通于南子在宋呼之○爲于僞反會于洮大子蒯聵獻盂于齊過宋野蒯聵衛靈公大子盂邑名也就會獻之故自衛行而過宋野○盂音于野人歌之曰既定爾婁豬盍歸吾艾豭婁豬求子豬以喻南子艾豭喻宋朝艾老也○婁力侯反字林作𧱏力付反豬張魚反盍戶臘反艾五蓋反老也字林作豭音艾三毛聚居者豭音加牡豕也【疏】會于至艾豭○正義曰此會于洮還是上文會于洮也傳爲野人之歌張本故追言衛爲夫人南子召宋朝召在遠年非今始召欲說過宋野已隔此語故又本之云齊宋會于洮時大子蒯聵獻盂于齊過宋野而被譏也服虔以會于洮上屬爲義言衛侯爲夫人南子召宋朝故與宋公會于洮言爲召宋朝爲此會也然則宋朝是宋之公子衛侯欲召則召何須與宋爲會方始召之直言會于洮會上無國名知與何國會而言宋衛乎服不達此勢愚之甚也○注婁豬至老也○正義曰釋獸云豕子豬牝豝牝者謂之豝則豭是豬之牡故以喻宋朝也以婁豬爲求子之豬相傳爲說耳曲禮人年五十曰艾是艾爲老也大子羞之謂戲陽速曰從我而朝少君速太子家臣○戲許宜反少詩照反本亦作小君【疏】少君○正義曰少君猶小君也君爲大君夫人爲小君少君見我我顧乃殺之速曰諾乃朝夫人夫人見大子大子三顧速不進夫人見其色啼而走見大子色變知其欲殺己曰蒯聵將殺余公執其手以登臺大子奔宋盡逐其黨故公孟彄出奔鄭自鄭奔齊大子告人曰戲陽速禍余戲陽速告人曰大子則禍余大子無道使余殺其母余不許將戕於余戕殘也○戕在良反若殺夫人將以余說余是故許而弗爲以紓余死諺

曰民保於信吾以信義也（使義可信不必信言○紓音舒諺音彥）○冬十二月晉人敗范中行氏之師於潞獲籍秦高彊（二子黨范氏者終景王言籍父無後○潞音路父音甫）又敗鄭師及范氏之師于百泉（鄭助范氏故幷敗）

經十有五年春王正月邾子來朝○鼷鼠食郊牛牛死改卜牛（無傳不言所食處舉死重也改卜禮也○鼷音兮處昌慮反）

【疏】鼷鼠食郊牛○正義曰爾雅云色黑而小有毒公羊以爲不言其所食漫也謂所食非一處穀梁注意亦然非杜意也

○二月辛丑楚子滅胡以胡子豹歸○夏五月辛亥郊（無傳書過）○壬申公薨于高寢（高寢宮名不於路寢失其所）○鄭罕達帥師伐宋○齊侯衞侯次于渠蒢（不果救故書次○蒢直居反）○邾子來奔喪（無傳諸侯奔喪非禮）

【疏】注諸侯奔喪非禮○正義曰昭三十年傳曰諸侯之喪士弔大夫送葬諸侯親自奔喪會葬皆非禮公羊亦云奔喪非禮也

○秋七月壬申姒氏卒（定公夫人）○八月庚辰朔日有食之（無傳）○九月滕子來會葬（無傳諸侯會葬非禮也）○丁巳葬我君定公雨不克葬戊午日下昃乃克葬辛巳葬定姒（辛巳十月三日有日無月○昃音側）

【疏】雨不克葬○正義曰穀梁以爲葬不爲雨止禮也雨不克葬喪不以制也非左氏意○辛巳葬定姒○正義曰公羊傳云定姒何以書葬未踰年之君也有子則廟廟則書葬公羊此意以爲定姒是妾哀公之母以哀公爲君未踰年故書其卒葬耳左氏以定姒實是夫人但禮不備不成喪是哀母以否傳無明說○注辛巳至無月○正義曰此年八月庚辰朔二日則辛巳九月不得有辛巳也更盈一周

則六十二日月有一大一小十月己卯朔三日得辛巳是有日無月也○冬城漆○邾庶其邑漆音七疏注邾庶其邑○正義曰襄二十一年邾庶其以漆閭丘來奔莊二十八年傳曰凡邑有宗廟先君之主曰都無曰邑邑曰築都曰城此稱城漆漆本邾邑不得有先君宗廟而稱城者釋例曰若邑有先君宗廟則雖小曰都尊其所居以大之也然則都而無廟固宜稱城城漆是也而。穎氏唯繫於先君之廟患漆本非魯邑因說曰漆有邾之舊廟是使魯人尊邾之廢廟與先君同非經傳意也是言漆是大都自應稱城言庶其邑者意在排舊說

傳十五年春邾隱公來朝邾子益子貢觀焉。邾子執玉高其容公受玉卑其容俯玉朝者之贄○贄音至疏。注玉朝者之贄○正義曰曲禮云凡摯天子鬯天子尊無與敵者故執其鬯酒以對神諸侯珪是謂玉爲贄也周禮典瑞云公執桓圭侯執信圭伯執躬圭子執穀璧男執蒲璧以朝覲宗遇會同于王諸侯相見亦如之是朝必執玉也子貢曰以禮觀之二君者皆有死亡焉夫禮死生存亡之體也。將左右周旋進退俯仰於是乎取之朝祀喪戎於是乎觀之今正月相朝而皆不度不合法度心已亡矣嘉事不體何以能久嘉事朝禮高仰驕也卑俯替也驕近亂替近疾君爲主其先亡乎。爲此年公薨哀七年以邾子益歸傳○替他計反近附近之近下音同○吳之入楚也在四年胡子盡俘楚邑之近胡者俘取也楚既定胡子豹又不事楚曰存亡有命事楚何爲多取費焉二月楚滅胡傳言小不事大所以亡○費芳味反○夏五月壬申公薨仲尼曰賜不幸言而中是使賜多言者也以微知著

知之難者子貢言語之士今言而中仲尼懼其易言故抑之○中丁仲反注同徵知著知之難並如字又音智易以豉反○鄭罕達敗宋師于老丘罕達子齹之子老丘宋也宋公子地奔鄭鄭人為之伐宋欲取地以處之事見哀十二年○齹才何反爲于僞反見賢遍反○齊侯衞侯次于蘧挐謀救宋也○蘧音渠挐女居反又女加反○秋七月壬申姒氏卒不稱夫人不赴且不祔也赴同祔姑夫人之禮二者皆闕故不曰夫人○祔音附【疏】注赴同至夫人○正義曰夫人初薨赴於同盟之國其辭當云夫人某氏薨是赴則成夫人也禮適妻祔於適祖姑妾祔於妾祖姑若得祔祖姑則亦成夫人矣此赴同祔姑皆是夫人之禮二者皆闕故不曰夫人薨二者。謀行一事則得稱夫人故此以不赴兼又不祔。解不稱夫人也葬定公雨不克襄事禮也襄成也雨。而成事。若汲汲於欲葬○葬息羊反葬定姒不稱小君不成喪也公未葬而夫人薨煩於喪禮不赴不祔故不稱小君臣子怠慢也反哭於寢故書葬【疏】公未至書葬○正義曰傳直言不成喪也不知闕少何事但小君者夫人之號不稱小君與不稱夫人其事同矣故知不成喪者即不赴不祔是也由不赴不祔夫人之喪禮不成故不稱小君也此定姒實是夫人臣子怠慢不成其禮故書卒不稱薨書葬而不稱小君所以罪臣子也哀十二年孟子卒傳曰不反哭故不言葬小君是由反哭於寢故書葬也○冬城漆書不時告也實以秋城冬乃告廟魯知其不時故緩告從而書之以示譏【疏】冬城至告也○正義曰書城漆者書其城不以時所書在冬依其文則得時矣故傳辨之云不時告也城實非時知其不可而以時告廟

附釋音春秋左傳注疏卷第五十六

春秋左傳注疏卷五十六校勘記　阮元撰盧宣旬摘錄

附釋音春秋左傳注疏卷第五十六 定公十年盡十五年

（經十年）

以距君命 纂圖本距作拒閩本作踞

虛請自怨 諸本作虛請此本誤靈諸今改正

（傳十年）

注萊人至夷也 宋本以下正義五節總入注文次魯事之下

使此萊夷 宋本監本毛本萊作夷是也

正義曰夏也 宋本監本毛本夏下有大字是也

屈疆國 宋本疆作彊是也

此聖人之大司也 補案大司當作大勇各本皆誤

吾子何不聞焉 纂圖本毛本吾作君非也

其再獻用兩象尊 此本兩誤內閩本同據宋本監本毛本改

王肅以爲犧尊象尊 諸本作繡此本誤肖今改正

冬日至 閩本監本日至誤倒

謂亨燕正禮 宋本閩本監本毛本亨作享

用秕稗也 諸本作秕釋文云字林音匕或作粃段玉裁曰當作粃即說文粊字惡米也今說文譌作粊

齊人來歸鄆讙龜陰之田 陳樹華云漢書五行志引來作倈地理志引讙作鄻案說文亦作鄻

經其倒者次魯事 宋本淳熙本岳本纂圖本毛本其作文是也

城其西北而守之 釋文云一本或作城其西北隅案正義云今定本有隅誤

城其西北而守之 宋本以下正義二節總入詩曰人而無禮節注下

昭二十五年傳 宋本傳下有云字

涉佗而誤耳 毛本涉佗作季氏亦非宋本作涉彼是也

涉佗曰 諸本作佗釋文此處作沱與前不合

注僞爲至授之 宋本以下正義四節總入駟赤止節之下

討陽虎 宋本閩本監本毛本作陽虎此本二字誤倒今乙正

在揚水卒章之四言矣諸本作揚石經初刻作楊是也後改揚釋文云本或作揚之水卒章

唐詩揚之水宋本監本毛本揚作楊

楊之水宋本閩本監本毛本楊作揚

白石粼粼監本毛本粼並作鄰宋本作粼是也重修監本白誤曰

駟赤謂侯犯曰顧炎武云石經赤誤作亦案石經此處及下文皆作赤不誤炎武非也

侯犯將以郈易于齊石經宋本于作於

犯謂駟赤曰石經犯上有侯字

公子地有白馬四諸本作四陳樹華云漢書五行志引作駟師古曰四馬曰駟淳熙本四誤四

朱其尾鬣宋本此節正義在注文故言國人之下

目盡腫淳熙本目誤月

公子地出奔陳淳熙本地誤也

（經十一年）

稱地例在前年宋本岳本足利本地作弟是也

轉寫誤耳　閩本監本毛本轉作傳

（傳十一年）

（經十二年）

家無藏甲　按公羊傳無作不

但轉稱費人襲魯　宋本閩本監本毛本轉作傳是也

僅不皆克　監本毛本不作而字按作不是也謂郈費已克成不克故曰不皆克

（傳十二年）

羅不退在行列之後　淳熙本羅誤公

仲尼時爲司寇　宋本此節正義在冬十二月節下

子僞不知　諸本作僞釋文作爲云一本作僞陳樹華云成九年爲將改立君者釋文曰本或作僞將也昭廿五年傳臧昭伯之從弟會爲讒於臧氏而逃於季氏史記作僞讒臧氏匿季氏是皆爲讀僞之證定八年以爲公期築室於門外杜注云不欲使人知故僞築室於門外陸氏雖音于僞反依注似應讀爲僞也此處傳文作爲故杜注云佯不知若本作僞則無煩再注矣案陳說是也

佯不知　釋文佯作陽知下有也字按佯陽古多通用

我將不墜石經宋本淳熙本岳本閩本監本毛本墜作隳

公圍成弗克監本克下衍注字

〔經十三年〕

夏築蛇淵囿石經初刻蛇作虵後改正

秋晉趙鞅入于晉陽以叛纂圖本閩本監本毛本脫秋字

稱君無道宋本岳本重君字是也

〔傳十三年〕

寶郥氏石經宋本岳本足利本郥作鄍與釋文合宋本注及正義並同是也

注垂葭至郥亭宋本以下正義二節總入注文傳言齊侯輕所以不能成功之下

今欲徙著晉陽淳熙本岳本纂圖本監本毛本著作置

注午趙至宗親宋本以下正義四節總入十二月節注下

知文子諸本作文此本誤丈今改正

今三臣始禍諸本作今此本誤令今改正

齊高彊曰正德本閩本監本彊作疆非注同

傳錄晉襄亂宋本淳熙本岳本纂圖本閩本監本毛本本襄作衰是也

史鰌史魚足利本魚下有也字

戍也驕岳本纂圖本監本毛本戍作戌誤下及注並同按凡人名多用戌亥字惟此用戍守字

注靈公至之徒宋本此節正義在夫人愬之曰節注下

亦黨公叔戍皆惡之監本此節注文誤入二月辛巳節下脫之字

〔經十四年〕

吳郡嘉與縣南醉李城陳樹華云史記越世家正義引注南下多有字醉作檇

彼從俗而名之也宋本彼從作從彼是也

檇李之役此本役字實缺依宋本閩本監本毛本補

勾踐患吳之整宋本勾踐作越人

猶以獨克爲文舉其權詐也此本克爲文舉四字實缺正德本閩本亦磨滅據宋本補監本毛本誤作未陳例者獨字作從亦非

天王使石尚來歸脤　諸本作脤說文作祳鄭注周禮地官掌蜃引作蜃

石尚天子之士　諸本作士此本誤土今改正

盛以脤器　閩本監本脤作蜃段玉裁校本亦作蜃

祀有執燔　宋本閩本監本毛本燔作膰案傳作膰

盛以脤器　閩本監本脤作蜃是也

○自蕭來奔　諸本無○此本誤衍

此年無冬史闕文　宋本脫文字

（傳十四年）

而告於知氏曰　石經氏字下增范氏二字非唐刻也

安于則至而死　宋本以下正義二節總入注文趙氏廟之下

故安于自縊死耳　閩本監本毛本脫耳字

凡有功名者　宋本無名字是也

今趙氏祀安于於趙安氏之廟　宋本閩本監本毛本無下安字是也

越子勾踐禦之 纂圖本閩本監本毛本勾作句釋文同下放此

二年乃報越 石經宋本淳熙本纂圖本閩本監本毛本二作三是也

脾上梁間郎牽 閩本監本毛本脫上字

謀救范中行氏 石經氏下有也字

舊通于南子 此本脫子字閩本同依宋本淳熙本岳本纂圖本毛本補監本于字模糊子字擠刊

艾豭喻宋朝 諸本作豭此本誤豬

會于至艾豭 宋本以下正義三節總入諺曰節注之下

此會于侁 宋本閩本監本毛本侁作洮是也今改正

故追言衞 宋本衞下有侯字是也

非今始召 諸本作今此本誤令今改正

服虔以會于洮主屬爲義 宋本閩本監本毛本主作上是也

爲此令也 宋本監本毛本令作會不誤

逐子豬牝豝 閩本監本亦誤逐宋本毛本作豕是也

從我而朝少君 釋文云少君本亦作小君

戕殘殺也 岳本戕誤戕纂圖本殺作賊亦非

〔經十五年〕

爾雅云 浦鏜正誤云雅下當脫注字是也

不於露寢失其所 宋本岳本足利本露作路是也

戊午日下昗 纂圖本監本毛本昗作昃閩本誤旲淳熙本誤昊

雨不克葬 宋本此節正義在乃克葬句下

○辛巳葬定姒 宋本○作疏字以下正義二節總入辛巳葬定姒注下

以爲定姒是妾 毛本姒作姚非

而穎氏唯繫於先君之廟 宋本穎作頴是也

〔傳十五年〕

子貢觀焉 漢書五行志載古文左傳作子贛臧琳云案說文貝部貢獻功也从貝工聲贛賜也从貝贑省聲是貢贛不同依說文當爲贛贛卽贛之譌體子貢名賜故字子贛作貢者字之省借耳

注玉朝者之贄宋本此節正義在高仰驕也注下

夫禮死生存亡之體也石經之字起一行計十一字

君爲王石經宋本淳熙本岳本纂圖本監本毛本王作主是也

齊侯衛侯次于蘧挐石經于字改刻初刻作於

二者課行一事按課猶試也閩本監本毛本作果非

辭不稱夫人也宋本辭作解是也

兩不成事若汲汲於欲葬誤君宋本淳熙本岳本纂圖本不作而是也纂圖本若

春秋左傳注疏卷五十六校勘記

附釋音春秋左傳注疏卷第五十七 哀元年盡五年

杜氏注　孔穎達疏

哀公 ○陸曰哀公名蔣定公之子蓋夫人定姒所生敬王二十八年即位謚法恭仁短折曰哀 疏 同上

經元年春王正月公即位 無傳 ○楚子陳侯隨侯許男圍蔡 隨世服於楚不通中國吳之入楚昭王奔隨隨人免之卒復楚國楚人德之使列於諸侯故得見經定六年鄭滅許此復見者蓋楚封之○見賢遍反下同此復扶又反 疏 注隨世至封之○正義曰僖二十年楚人伐隨自爾以來隨不復見以隨世服於楚爲楚私屬不通於諸侯征伐盟會不齒於列故史不得書之猶如邾滕爲人私屬不序於宋盟也定四年保護昭王楚得復國楚人感其恩德使隨列於諸侯今楚師諸侯圍蔡今隨在其班次以之告魯故得見經定六年鄭滅許以許男斯歸殺之此時許復見者以許屬楚故疑蓋楚封之當如蔡侯廬陳侯吳受封於楚也世族譜許男斯之後有元公成悼公孫則是楚封元公爲許男也○鼷鼠食郊牛改卜牛○夏四月辛巳郊 無傳書過也不言所食非一處○處昌慮反 疏 注書過至一處○正義曰桓五年傳例云凡祀啓蟄而郊過則書今以四月始郊已入春分之氣故書過也宣三年郊牛之口傷成七年鼷鼠食郊牛角言其傷食之處此不言所食處者所食非一處也

○秋齊侯衛侯伐晉○冬仲孫何忌帥師伐邾 無傳

傳元年春楚子圍蔡報柏舉也 在定四年 里而栽 栽設板築爲圍壘周匝去蔡城一里○栽才代反又音再注同說文云築牆長板壘力軌反匝子合反 疏 注栽設至一里○正義曰築牆立板謂之栽栽者豎木以約版也楚慮外人救蔡則於表裏受敵故築圍壘周匝去

蔡城一里以圍之欲置兵其內以攻蔡使外人不得救之廣丈高倍壘厚一丈高二丈○廣古曠反高倍並如字高又古報反注同厚戶豆反夫屯晝夜九日夫猶兵也壘未成故令人在壘裏屯守蔡○屯徒門反夫兵也屯守也令力呈反疏注夫猶至守蔡○正義曰劉炫云杜言夫猶兵也以壘未成故令人在壘裏屯守蔡然則未築壘前兵豈遠城乎壘成之後兵復出壘乎以圍人夜守常事○何言晝夜九日以後兵豈散乎炫以夫屯謂夫役屯聚晝夜不止九日而築壘成耳夫者別有城夫非戰士劉炫以為丁夫築城晝夜九日杜必以夫為兵屯守九日者以屯是戍守之名故詩序云屯戍於母家又案傳晉有輒車皆是兵之屯守經籍未有作役之人而為屯守之號者故杜為此解劉妄規其失非也如子西之素子西本計為壘當用九日而成蔡人男女以辨辨別也男女各別係纍而出降○辨扶免反又方免反別彼列反下同纍力維反降戶江反使疆于江汝之間而還楚欲使蔡徙國在江水之北汝水之南求田以自安也蔡權聽命故楚師還○疆居良反疏注楚欲至師還○正義曰服虔云蔡使楚進疆於故江國與汝水之間其意言蔡割地以賂楚也杜不然者以昭七年傳申無宇云先君文王作僕區之法所以封汝哀十七年傳曰彭仲爽申俘也文王以為令尹實縣申息朝陳蔡封畛於汝則楚於文王之時其竟已至汝水寧於此役蔡始令楚進疆于江汝之間也且汝水江國不可共文故杜以為楚使蔡徙其國都於江北汝水之南自擇疆宇欲令遷都近楚為楚屬國蔡人冀令楚去心雖不肯權宜許之楚還之後蔡更自議已與楚惡不如事吳故請遷于吳以吳為援蔡於是乎請遷于吳楚既還蔡人更叛楚就吳為明年蔡遷州來傳○吳王夫差敗越于夫椒。報檇李也檇李在定十四年夫椒吳郡吳縣西南大湖中椒山○夫音扶椒又作楸子消反檇音醉大音泰疏注夫椒至椒山○正義曰杜於此注以椒為山名土地名以夫椒為地名以。戰必在山旁以山表地耳遂入越越子以甲楯五千保于會稽上會稽山也在會稽山陰縣南○楯食允反又音允會古外反稽古兮反上時掌反使大夫種因吳大宰嚭以行成吳子將許之伍員曰不可臣聞之樹德莫如滋去疾莫如盡昔有過澆殺斟灌以伐斟鄩澆寒浞子封於過者二斟夏同姓諸侯襄四年傳曰澆用師滅斟灌○嚭普鄙反員音云去疾起呂反本又作去惡過古禾反國名注及下同澆五叫反一音五報反下同斟諸林反灌古亂反鄩音尋浞仕捉反夏戶雅反下注皆同

疏注澆寒至斟灌○正義曰襄四年傳稱夏之衰也有窮后羿因夏民以代夏政而用寒浞寒浞殺羿因其室而生澆處澆于過是言澆是寒浞之子封於過也二斟夏同姓諸侯夏本紀文也又襄四年傳云澆用師滅斟灌此言殺斟灌者王肅云滅殺也古者滅殺尊卑同名其意言殺其君而滅其國故二文各言其一也賈逵云夏后相依斟灌而國故。曰殺夏后相也案下句別言滅夏后相王解是也滅夏后相夏后相啓孫。也后相失國依於二斟復爲澆所滅○相息亮反注及下注同復扶又反

疏注夏后至所滅○正曰夏本紀云禹生啓啓生大康大康崩弟仲康立仲康崩子相立是相爲仲康之子啓之孫也書序云大康失邦作五子之歌其經云大康尸位以逸豫乃畋于有洛之表十旬弗反有窮后羿因民弗忍距于河則大康之時羿已權盛能廢大康矣胤征云唯仲康肇位四海孔安國云羿廢大康而立其弟仲康爲天子仲康羿之所立也仲康崩子相立蓋亦羿立之矣傳言羿因夏民以代夏政蓋於相時羿始自立爲天子相於是失國依於二斟及澆滅斟灌相復爲澆所滅后緡方娠。逃出自竇后緡相妻娠懷身也○緡亡巾反娠音震又音身竇音豆歸于有仍后緡有仍氏女生少康焉爲仍牧正牧官之長○少詩照反長丁丈反惎澆能戒之惎毒也戒備也○惎音忌澆使椒求之椒澆臣逃奔有虞爲之庖正以除其害虞舜後諸侯也梁國有虞縣庖正掌膳羞之官賴此以得除己害○庖步交反

疏注虞舜至己害

○正義曰尚書堯典云有鰥在下曰虞舜又曰釐降二女于嬀汭嬪于虞皇甫謐云嬪于虞因以虞爲氏虞今河東大陽縣西山上虞城是也然則舜有天下其代號虞因本河東大陽之虞及周之興封仲雍之後爲虞國卽彼地是也但舜既禪禹禹封舜後爲諸侯雖取虞爲國名未必封於河東虞地而梁國有虞縣其地以虞爲名疑是夏時虞國杜以地名言有者皆是疑辭言有以示不審也庖正當周禮之庖人。用之爲正當。當是食官之長故爲掌膳羞之官也賴此以得除己害得在浞之世不被殺也虞思於是妻之以二姚思有虞君也慮思自以二女妻少康姚虞姓○妻七計反姚羊昭反而。邑諸綸綸虞邑綸音倫○有田一成有衆一旅方十里爲成五百人爲旅疏注方十至爲旅○正義曰方十里爲成司馬法文也五百人爲旅夏官序文也田一成衆一旅言食此一成之地其內有爲兵者五百人周禮小司徒云乃井牧其田野鄭衆云井牧者春秋傳所謂井衍沃牧隰臯者也鄭玄云隰臯之地九夫爲牧二牧而當一井今造都鄙授民田有不易有一易有再易通率二而當一是之謂井牧昔夏少康在虞思有田一成有衆一旅一旅之衆而田一成則井牧之法先古然矣杜解一牧隰臯雖與鄭異其授民田二而當一理亦宜然計方十里爲方一里者百方一里有九夫之田則十里容九百夫也其一百夫授上地不易者其四百夫授一易二而當一百則得爲五百夫矣能布其德而兆其謀兆始以收夏衆撫其官職襄四年傳曰靡自有鬲氏收二國之燼以滅浞而立少康○鬲音革燼徐刃反又秦刃反疏注襄四至少康者○正義曰引此傳者言少康能布恩惠以收夏衆以德撫靡故得用靡遺民滅浞而立之使女艾諜澆女艾少康臣諜候也○女如字又音汝艾五蓋反諜音僕使季杼誘豷豷澆弟也季杼少康子后杼也○杼直呂反豷許器反遂滅過戈復禹之績過澆國戈豷國○過戈並古禾反之續一本作迹祀夏配天不失舊物物事也今吳不如過而越大於少康或將豐之不亦難乎（言與越成是使越豐大必爲吳難○難乃旦反）句踐能親而務施施不失人（所加惠賜皆得其人○施始豉反下同）親不棄勞（推親愛之誠則不遺小勞）與我同壤而世爲仇讎於是乎克而弗取將又存之違天而長寇讎（猶言天與不取○長丁丈反下同）

疏（注猶言天與不取○正義曰吳語云越滅吳吳王請行成越王曰昔天以越賜吳而吳不取是也）

後雖悔之不可食已（食消也已止也）

疏（後雖至食已○正義曰言悔恨之深結於心腹不可如食之消止）

姬之衰也日可俟也（姬吳姓言可計日而待○俟本又作竢音仕）介在蠻夷而長寇讎以是求伯必不行矣弗聽退而告人曰越十年生聚而十年教訓（生民聚財富而後教之○介音界伯如字又音霸聚才喻反又如字）

疏（注生民至教之○正義曰服虔云令少者無娶老婦老者無娶少婦女十七不嫁男二十不娶父母有罪也將生子以告與之醫饋之餼也死者釋其征必哭泣葬埋如其子也孺子遊者必餔歠之也非手所種夫人所織不用十年不收於國）

二十年之外吳其爲沼乎（謂吳宮室廢壞當爲汚池爲二十二年越入吳起本○沼之兆反汚音烏）三月越及吳平吳入越不書吳不告慶越不告敗也（嫌夷狄不與華同故復發傳○復扶又反）○夏四月齊侯衛侯救邯鄲圍五鹿（趙稷以邯鄲叛范中行氏之黨也五鹿晉邑○邯音寒鄲音丹）○吳之入楚也（在定四年）使召陳懷公懷公朝國人而問焉曰欲與楚者右欲與吳者左陳人從田無田從黨（都邑之人無田者隨黨而立不知所與故直從所居田在西者居右田在東者居左）逢滑當公而進（當公不左不右○滑于八反）曰臣聞國之興也以福其亡也以禍今吳未

有福楚未有禍楚未可棄吳未可從而晉盟主也若以晉辭吳若何公曰國勝
君亡非禍而何楚爲吳所勝對曰國之有是多矣何必不復小國猶復況大國乎臣
聞國之興也視民如傷是其福也如傷恐驚動其亡也以民爲土芥是其禍也芥草也○
芥古邁反楚雖無德亦不艾殺其民吳日敝於兵暴骨如莽○草之生於廣野莽莽然故曰草莽○艾魚廢反
暴步卜反莽亡黨反而未見德焉天其或者正訓楚也使懼改過而禍之適吳其何日之有言今
至陳侯從之及夫差克越乃脩先君之怨秋八月吳侵陳脩舊怨也傳言吳不脩德而脩
怨所以亡○齊侯衛侯會于乾侯救范氏也師及齊師衛孔圉鮮虞人伐晉取棘蒲
魯師不書非公命也孔圉孔烝鉏曾孫鮮虞狄師賤故不書○圉魚呂反烝之承反鉏仕居反【疏】注魯師至不書○正義曰杜以經書齊衛伐晉傳言四國
伐晉故唯解魯與鮮虞不書意也劉炫以齊衛會乾侯救范氏者師相會因而行伐二君親行告伐不告會也行伐之後魯與鮮虞會之齊衛更遣師與同伐
也但齊將卑師衆故稱師衛將尊師少故云孔圉後伐四國並皆不書非獨魯與鮮虞不書也當謂魯師不書非公命餘者不書皆不告義出百塗並得通也
今知劉非者杜以傳齊侯衛侯止云會乾侯不言伐晉即云師及齊師衛孔圉鮮虞人伐晉與經齊侯衛侯伐晉文相次當以爲一鮮虞狄師賤故略而不書
猶郯之戰唐侯從楚而不書平丘之會狄人從晉而不書之類是也劉以爲孔圉等更別伐晉魯師不書非公命餘者不告故不書而規杜過非也○吳
師在陳楚大夫皆懼曰闔廬惟能用其民以敗我於柏舉今聞其嗣又甚焉將

若之何子西曰二三子恤不相睦無患吳矣昔闔廬食不二味居不重席室不崇壇平地作室不起壇也○重直龍反壇徒丹反【疏】食不二味○正義曰謂與在下同其好惡不别二爲美味也器不彤鏤彤丹也鏤刻也○彤徒冬反鏤魯豆反宮室不觀觀臺榭○觀古亂反注同榭音謝舟車不飾衣服財用擇不取費選取堅厚不尙細靡○費芳味反在國天有菑癘癘疾疫也○菑音災癘本或作天無菑癘非疫音役【疏】在國天有菑癘○正義曰在國與在軍相對天有菑癘與下句相連言有菑癘之時親自巡孤寡共其乏困也本或。天。作無誤耳親巡其。孤寡而共其乏困在軍熟食者分而後敢食必須軍士皆分熟食不敢先食分猶偏也○共音恭熟食者分如字一讀以分字連下句偏音遍【疏】注必須至偏也○正義曰孫武兵。書云軍井未達將不言渴軍竈未炊將不言飢故闔閭在軍如良將之法必須軍士皆分。熟食然後敢食王不先自食也服虔云以其半分軍士而後自食其餘若。單醪注流也杜以分王半食不。得偏及軍人且所嘗珍異乃得卒乘與焉王所自食不得分軍士也故顯而異之分猶偏也待偏。熟食王乃自食也其所嘗者卒乘與焉所嘗甘珍非常食○卒子忽反乘繩證反與音預勤恤其民而與之勞逸是以民不罷勞死不。知。曠知身死不見曠棄○罷音皮吾先大夫子常易之所以敗我也易猶反也今聞夫差次有臺榭陂池焉積土爲高曰臺有木曰榭過再。宿曰次○陂彼宜反【疏】注積土至曰次○正義曰釋宮云闍謂之臺郭璞云積土四方也又云有木者謂之榭李巡云臺上有屋謂之榭又曰無室曰榭四方而高曰臺莊三年傳例曰凡師一宿爲舍再宿爲信過信爲次孔安國尙書傳云澤。彰曰陂停水曰池言夫差所停三日則役民爲此也宿有妃嬙。嬪御焉妃嬙貴者嬪御賤者皆內官○嬙本又作廧或作牆在羊反嬪毗人反疏注妃嬙至內官○正義曰曲禮云天子之妃曰后則妃上下通名也釋詁云妃合會對也妃媲也是匹對於夫婦官之最貴者也嬙在妃下次於妃也周禮有九嬪女御以有四名分為三等故言妃嬙貴者嬪御賤者皆婦官之名周禮無嬙蓋後世為之名漢有掖庭王嬙是因於古也一日之行所欲必成玩好必從珍異是聚觀樂是務視民如讎而用之日新夫先自敗也已安能敗我為二十二年越滅吳起。本○好呼報反夫先自敗也已夫音扶本或作夫差先自敗者非○冬十一。月晉趙鞅伐朝歌討范中行氏

經二年春王二月季孫斯叔孫州仇仲孫何忌帥師伐邾取漷東田及沂西田邾人以賂取之易也○漷火虢反又音郭沂魚依反易以豉反癸巳叔孫州仇仲孫何忌及邾子盟于句繹句繹邾地取邑盟以要之○句古侯反繹音亦要以遙反疏注句繹至要之正義曰既取其田慮後悔競故共盟以要之伐則三卿盟唯二卿者服虔云季孫尊卿敵服先歸使二子與之盟穀梁傳曰三人伐而二人盟何各盟其得也其意言季孫不得田故不與盟也案卜四年小邾射以句繹來奔則句繹小邾地也注言邾地者以傳云伐邾邾人愛其土賂以漷沂之田而受盟被伐受盟則盟在邾地猶若成二年楚人伐我師于蜀公及楚公子嬰齊盟于蜀之類是也邾與小邾國竟相近句繹所屬亦無定準猶齊魯汶陽之田莒魯爭鄆之事一彼一此豈有常乎而劉炫以句繹為小邾地而規杜非也○夏四月丙子衛侯元卒定四年盟皋鼬疏注定四年盟皋鼬○正義曰元以昭八年即位三十二年大夫盟于狄泉以未告公而公薨故不數○滕子來朝無傳○晉趙鞅帥師納衛世子蒯聵。于戚疏衛世子○正義曰世子者父在之名蒯聵父既死矣

而稱世子者晉人納之以世子告言是正世子以示宜爲君也春秋以其本是世子未得衛國無可褒貶故因而書世子耳○秋八月甲戌晉趙鞅帥師及鄭罕達帥師戰于鐵鄭師敗績皆陳曰戰大崩曰敗績鐵在戚城南罕達子皮孫○鐵天結反陳直覲反○冬十月葬衛靈公無傳七月而葬緩○十有一月蔡遷于州來畏楚而請遷故以自遷爲文蔡殺其大夫公子駟懷土而欺大國故罪而書名

傳二年春伐邾將伐絞絞邾邑○絞古卯反邾人愛其土故賂以漷沂之田而受盟○初衛侯遊于郊子南僕子南靈公子郢也僕御也○郢以井反公曰余無子將立女蒯聵奔無大子○女音汝對他日又謂之對曰郢不足以辱社稷君其改圖君夫人在堂三揖在下三揖卿大夫士○揖一入反【疏】注三揖卿大夫士○正義曰周禮司士云孤卿特揖大夫以其等旅揖士旁三揖鄭玄云特揖一一揖之旅衆也大夫爵同者衆揖之三揖者士有上中下鄭衆云卿大夫士皆君之所揖禮春秋傳所謂三揖在下服虔云三揖卿大夫士○士揖庶姓時揖異姓天揖同姓君命祇辱言立適當以禮與內外同之今君私命事必不從適爲辱○祇音支適丁歷反下適孫同夏衛靈公卒夫人曰命公子郢爲大子君命也對曰郢異於他子言用意不同且君沒於吾手若有之郢必聞之言當以臨沒爲正且亡人之子輒在輒蒯聵之子出公也靈公適孫乃立輒六月乙酉晉趙鞅納衛大子于戚宵迷陽虎曰右河而南必至焉是時河北流過元城界戚在河外晉軍已渡河故欲出河右而南【疏】注是時至而南

〇正義曰土地名云河經河内之南界東北經汲郡魏郡頓丘陽平平原樂陵之東南入海是言晉時河所經也春秋之時河未必然故云是時河北流過元城界與晉時河道異也土地名又云戚頓丘衛縣西戚城在枯河東是春秋時戚在河東也從晉而言河西爲内東爲外故云戚在河外也是時晉軍已渡河矣師人皆迷不知戚處陽虎憶其渡處在戚之北河既北流據水所向則東爲右故欲出河右而南行也

使大子絻絻者始發喪之服〇絻音問喪之音桑

疏注絻者始發喪之服〇正義曰士喪禮既小斂主人括髮袒衆主人免于房鄭玄云括髮者去笄纚而紒也衆主人免者齊衰將袒以免代冠服之尤尊不以袒也又奔喪云禮至於家入門哭盡哀括髮袒自齊衰以下入門哭盡哀免麻于序東如彼禮文則主人當括髮齊衰以下乃免此大子絻者禮不至喪所不括髮故以絻代之耳靈公以四月卒今以六月而大子絻故云絻始發喪之服也遠道不臨喪者不得括髮故始發喪服絻也鄭玄注士喪禮云免之制未聞舊說以爲如冠狀廣一寸喪服小記曰斬衰括髮以麻免而以布此用麻布爲之狀如今之著幓頭矣自項中而前交於額上卻繞紒也

八人衰絰僞自衛逆者欲爲衛人逆故衰絰成服〇衰七雷反絰田結反告於門哭而入遂居之〇秋八月齊人輸范氏粟鄭子姚子般送之子姚罕達子般駟弘〇般音班士吉射逆之趙鞅禦之遇於戚陽虎曰吾車少以兵車之旆與罕駟兵車先陳旆先驅車也以先驅車益以兵車以示衆〇陳直覲反下注同罕駟自後隨而從之彼見吾貌必有懼心晉人先陳鄭人隨之不知其虛實見車多必懼於是乎會之會合戰必大敗之從之卜戰龜焦兆不成樂丁曰詩曰爰始爰謀爰契我龜樂丁晉大夫詩大雅言先人事後卜筮〇契苦計反又苦結反

疏詩曰至我龜〇正義曰詩大雅緜之篇美太王遷岐之事爰於也既見周原之地肥美可居於

是始集蠡人從己者於是與謀議人謀既從於是契灼我龜而卜之言先人謀後卜筮也謀協以故兆詢可也詢諮詢也故兆始納衛大子卜得吉兆言今既謀同可不須更卜○謀協以故兆絕句詢可也思道反簡子誓曰范氏中行氏反易天明不事君也

疏反易天明○正義曰天有尊卑人有上下下事上臣事君法則天之明道臣不事君是反易天之明道也斬艾百姓欲擅晉國而滅其君寡君恃鄭而保焉今鄭爲不道棄君助臣二三子順天明從君命經德義除詬恥在此行也克敵者上大夫受縣下大夫受郡周書作雒篇千里百縣縣有四郡○艾魚廢反擅市戰反而滅其君滅或作戕音殘詬呼豆反又音苟雒音洛○千里百縣縣方百里縣有四郡郡方五十里

疏經德義○正義曰此經德義與傳經國家詩序經夫婦皆意同也經謂經紀營理之不除君惡則德義廢矣宜經紀德義使不壞也○克敵至受郡○正義曰上大夫下大夫謂於大夫之內分爲上下其上大夫非卿也此言先無田祿者若能克敵得此賞也○注周書至四郡○正義曰周禮小司徒云九夫爲井四井爲邑四邑爲丘四丘爲甸四甸爲縣四縣爲都鄭玄云邑方二里丘方四里甸方八里旁加一里則方十里爲一成縣方二十里都方四十里四都方八十里旁加十里乃得一方百里爲一同也如彼文則縣方二十里耳周禮又無郡不可用以解此故引周書解之或曰周書者孔子刪尙書之餘今案其存者其文非尙書之類其作雒篇有此言方千里者爲方百里者百千里百縣則縣方百里計成方十里出車一乘縣方百里則出車百乘也昭五年傳云晉有四十縣遺守四千乘是縣別有百乘與作雒之言合也上大夫受縣縣則爲百乘之家言得進爲卿也縣有四郡則郡方五十里下大夫得此方五十里之采邑士田十萬十萬畝也

疏注十萬畝○正義曰王制云方一里者爲田九百畝方十里者爲方一里者百爲田九萬畝則士田十萬爲方十里有餘庶人工商遂得遂進仕人臣

隸圉免去。廝役〇廝役如字字又作斯音同何休注公羊云艾草爲防者曰廝汲水爨者曰役蘇林注漢書云廝取薪者韋昭云析薪曰廝志父無罪君實圖之志父趙簡子之。一名也言己事濟君當圖其賞〇志父音甫服云趙鞅入晉陽以畔後得歸改名志父春秋仍舊猶書趙鞅

疏注志父至其賞〇正義曰牧誓武王誓衆尚自稱名況以人臣誓衆固當自稱名矣知志父是簡子名也簡子名鞅又名志父者服虔云趙鞅入于晉陽以叛諸侯之策書曰晉趙鞅以叛既復更名志父或當然也楚公子圍弒君取國改名曰虔經即書虔公子棄疾弒君取國改名曰居經即書居今趙鞅改名志父經書猶云趙鞅者彼楚子既爲國君臣下以所改之名告於鄰國故得書所改之名趙鞅人臣。家。國不爲之諱仍以趙鞅名告故書鞅也鞅言君實圖之言己事濟君當謀其賞也簡子言此君當謀其賞者言君當賞其在下副上所誓之言欲使在下信之非欲自求賞也

若其有罪絞縊以戮絞縊所以縊人物〇縊一賜反戮音六桐棺三寸不設屬辟。屬辟棺之重數王棺四重君再重大夫一重〇桐棺三寸禮記云夫子制於中都四寸之棺五寸之椁以斯知不欲速朽也鄭康成注云此庶人之制也案禮上大夫棺八寸屬六寸下大夫棺六寸屬四寸無三寸棺制也棺用難朽之木桐木易壞不堪爲棺故以爲罰墨子尚儉有桐棺三寸不設屬音燭注同次大棺也辟步歷反注同親身棺也禮大夫無辟重直龍反下同王棺四重禮記云水兕革棺被之其厚三寸杝棺一梓棺二杝棺辟也梓棺二屬與大棺也被水牛及兕之革爲一重辟爲二重屬爲三重大棺爲四重君再重君謂侯伯子男侯伯已下無革棺屬與辟爲一重大棺爲再重上公則唯無水革耳兕革與辟爲一重屬爲再重大棺爲三重大夫一重大夫唯屬與大棺爲一重今云不設辟者時僭耳非正禮也

疏注屬辟至一重〇正義曰禮喪大記云君大棺八寸屬六寸椁四寸上大夫大棺八寸屬六寸下大夫大棺六寸屬四寸是屬辟爲棺之重數也大記之文從外向內大棺之內有屬屬之內有椑椑親身之棺鄭玄云椑堅著之意也如記文大夫無椑今簡子自言有罪始不設辟者

鄭玄云趙簡子云不設屬椑時僭也爲時僭日久自言無罪則僭設有罪乃不設耳記言士棺六寸檀弓又云夫子爲中都宰制四寸之棺五寸之椁鄭玄云爲民作制民猶四寸簡子言三寸者亦示其罰之重令制度卑於民也記有。杝棺梓棺。杝謂椵也不以桐爲棺簡子言桐棺者鄭玄云凡棺用能涇之物梓椵能涇故禮法尚之桐易腐壞亦以桐爲罰也檀弓又云天子之棺四重鄭玄云尚深邃也諸公三重諸侯再重大夫一重士不重又云水兕革棺被之其厚三寸杝棺一梓棺二四者皆周鄭玄云以水牛兕牛之革以爲棺被革各厚三寸合六寸也此爲一重杝棺一所謂椑棺也梓棺二所謂屬與大棺也檀弓之文自內向外水牛之革一也兕牛之革二也二者相襲乃得爲重故以此二者爲一重也又有椑也屬也大棺也此是天子四重爲數五棺爲四重也喪大記之文君有大棺也椑也屬也大夫有大棺也屬也鄭玄注檀弓天子之棺四重以是差之上公革棺不被三重也諸侯無革棺再重也大夫無椑一重也士無屬不重也是上公數四棺爲三重諸侯數三棺爲再重大夫數二棺爲一重士以一棺爲一重也杜之此注惟無上公士耳其言重數與鄭同也若然禮器云天子葬五重諸侯葬三重大夫葬再重以多爲貴也彼重亦當謂棺而其數皆較一者鄭玄云天子葬五重者謂。杭木與茵也葬者。杭木在上茵在下然則茵以藉棺杭爲負土天子及諸侯大夫皆數彼以增棺數故皆多較一也杜言此棺之重數者以明不設屬辟爲罰也

素車樸馬以載柩○樸普卜反柩其又反

疏素車樸馬○正義曰素車無飾謂不以翣柳飾車也曲禮云大夫去國爲位而哭乘髦馬鄭玄云髦馬不鬄落也則此樸馬亦謂不鬄落用此以載柩也雜記稱士喪有與天子同者三其終夜燎及乘人專道而行然則柩皆人挽。此。用車馬載者禮言乘人設法許之耳道遠者當用牛馬且此言亦爲罰也

無入于。兆兆葬域

疏無入于兆○正義曰周禮冢人云凡死於兵者不入兆域鄭玄云戰敗無勇投諸塋外以罰之此言不入兆域亦罰也

下卿之罰也爲衆設賞自設罰所以能克敵○爲于僞反

甲戌將戰郵無恤御簡子衛太子爲右

郵無恤王良也○郵音尤疏注郵無恤王良也○正義曰下云子良授綏是也服虔云王良也孟子說王良善御之事古者車駕四馬御之爲難故爲六藝之一王良之善御最有名於書傳多稱之楚辭云當世豈無騏驥。令誠無王良之善御見執轡者非其人令故。駒跳而遠去登鐵上。鐵丘名望見鄭師衆大子懼自投于車下子良授大子綏而乘之曰婦人也言其怯怯去業反○疏授大子綏○正義曰曲禮云凡僕人之禮必授人綏論語稱孔子上車必正立執綏而升綏者挽以上車之索故授之使之升也少儀云僕者右帶劍負良綏申之面。拕諸轙鄭玄云面前也轙覆苓也良綏君綏也負之由左肩上入右腋下申之於前覆苓上也簡子巡列曰畢萬匹夫也七戰皆獲有馬百乘死於牖下畢萬晉獻公卿也皆獲有功死於牖下言得壽終○乘繩證反牖羊九反疏有馬至牖下○正義曰襄二十七年傳曰唯卿備百邑注云一乘之邑也坊記云家富不過百乘百乘卿之極制也檀弓云飯於牖下小斂於戶內大斂於阼殯於客位祖於庭葬於墓所以即遠也則禮之正法死於牖下羣子勉之死不在寇言有命繁羽御趙羅宋勇爲右三子晉大夫羅無勇麇之。麇束縛也○麇丘隕反注同吏詰之御對曰痁作而伏痁瘧疾也○詰起吉反痁詩占反瘧魚略反衛大子禱曰曾孫蒯聵敢昭告皇祖文王周文王皇大也○禱丁老反一音丁報反疏衛大至襄公○正義曰禮於曾祖以上皆稱曾孫此雖並告三祖對文王康叔稱曾孫也晉語說此事於襄公之下又有昭考靈公國語與傳異者多矣此下云無作三祖羞是無昭考也烈祖康叔烈顯也文祖襄公繼業守文故曰文祖蒯聵襄公之孫鄭勝亂從。勝鄭聲公名釋君助臣爲從於亂晉午在難午晉定公名○難乃旦反下注爲難同不能治亂使鞅討之。鞅。簡子名蒯聵不敢自佚備持矛焉戎右持矛○佚音逸矛亡侯反敢告無絕筋無折骨無面傷以集大事無作三祖羞也集成○筋居銀反大命不敢請佩玉不敢愛不敢愛故以祈禱疏大命至敢愛○正義曰上言無絕筋無折骨謂軍之士衆無令損傷以成大事此云大命不敢請者謂己之身命不敢私請苟以求生佩玉不敢愛尚書金縢稱周公植璧秉珪以告大王王季文王是禱請用玉也在軍無珪璧故以佩玉鄭人擊簡子中肩斃于車中斃踣也○中肩丁仲反斃婢世反本亦作斃踣蒲北反獲其蠭旗蠭旗旗名○蠭芳恭反大子救之以戈鄭師北獲溫大夫趙羅羅無勇故鄭師雖北猶獲羅大子復伐之鄭師大敗獲齊粟千車趙孟喜曰可矣趙孟簡子也喜大子前怯今更勇○復扶又反傅傻曰雖克鄭猶有知在憂未艾也傅傻簡子屬也言知氏將為難後竟有晉陽之患傻素口反又作叟有知音智艾魚廢反又五蓋反○初周人與范氏田公孫尨稅焉尨范氏臣為范氏收周人所與田之稅○尨武江反稅始銳反為于僞反下文為其注同趙氏得而獻之得尨以獻簡子吏請殺之趙孟曰為其主也何罪止而與之田還其所稅及鐵之戰以徒五百人宵攻鄭師取蠭旗於子姚之幕下獻曰請報主德追鄭師姚般公孫林殿而射前列多死晉前列○幕音莫姚般子姚子般殿丁電反射食亦反趙孟曰國無小言雖小國猶有善射者既戰簡子曰吾伏弢嘔血弢弓衣嘔吐也○弢吐刀反嘔本又作嗂烏口反吐他路反鼓音不衰今日我上也我功為上大子曰吾救主於車退敵於下我右之上也郵良曰我兩靷將絕吾能

止之靷止使不絕靷以刃反○我御之上也駕而乘材兩靷皆絕材橫木明細小也傳言節子不讓下自伐疏兩靷至皆絕○正義曰古之駕四馬者服馬夾轅其頸負軛兩驂在旁挽靷助之詩所謂陰靷鋈續是也說文云靷引軸也僖二十八年注云在胸曰靷然則此皮約馬胸而引車軸也兩靷將絕而能制焉言其御之和也駕而乘材材謂橫地細小之木也乘小木而靷絕示其將絕之驗也○吳洩庸如蔡納聘而稍納師師畢入衆知之元年蔡請遷于吳中悔故因聘襲之○洩息列反一音息引反未詳中丁仲反○蔡侯告大夫殺公子駟以說殺駟以說吳言不時遷駟之爲哭而遷墓將遷與先君辭故哭冬。蔡遷于州來

經三年春齊國夏衛石曼姑帥師圍戚曼姑爲子圍父知其不義故推齊。使爲兵首戚不稱衛非叛人○曼音萬爲子于僞反

疏注曼姑至叛人正義曰春秋行兵征伐自非霸。王之命諸國共行皆以主兵爲首此圍戚實出衛意引齊使之助己計應曼姑爲首而序在齊下者曼姑爲子圍父知其不義推齊使爲兵首故先書齊也穀梁傳曰此衛事也其先國夏何也子。圍父也是先儒及杜皆同穀梁之說也宋魚石去而復入據宋之彭城襄元年經書圍宋彭城傳曰非宋地追書也於是爲宋討魚石故稱宋且不登叛人也此蒯聵在戚齊衛圍之與圍宋彭城事類同矣彭城稱宋此不稱衛者蒯聵據戚與輒爭國非是叛人故不須繫之衛也公羊傳曰齊國夏曷爲與衛石曼姑帥師圍戚伯討也此其爲伯討奈何曼姑受命乎靈公而立輒以曼姑之義爲固可以距之也輒者曷爲者也蒯聵之子也然則曷爲不立蒯聵而立輒蒯聵爲無道靈公逐蒯聵而立輒然則輒之義可以立乎曰可其可奈何不以父命辭王父命以王父命辭父命是父之行乎子也不以家事辭王事以王事辭家事是上之行乎下也其意言靈公廢蒯聵不用使之得國輒不以國與蒯聵是靈公之命行於蒯聵也立爲國君是王事也以國與父是私事也不以國與父是天子之命行於諸侯也如公羊之言則輒義可以距父

圍戚不爲不義而杜言曼姑知其不義則輒不合距父意與公羊異者據左傳以公子郢讓國不受然後立輒然則輒之立也以周禮無適子則立適孫緣是得立耳非有靈公之命使立之也爲輒之義自可讓而不受以己是適孫緣有可立之勢。貪國以距父耳非有靈公之命天子之勑使之距蒯聵也論語說此事云冉有曰夫子爲衛君乎子貢曰諾吾將問之入曰伯夷叔齊何人也曰古之賢人也曰怨乎曰求仁而得仁又何怨乎出曰夫子不爲也孔子意不助輒明是輒爲不義故曼姑自知不義推齊爲主

○夏四月甲午地震無傳○五月辛卯桓宮僖宮災天火曰災○季孫斯叔孫州仇帥師城啓陽無傳魯黨范氏故懼晉比年四城啓陽今琅。邪開陽縣○宋樂髡帥師伐曹無傳○髡苦孫反○秋七月丙子季孫斯卒○蔡人放其大夫公孫獵于吳無傳公子駟之黨○冬十月癸卯秦伯卒無傳不書名未同盟○叔孫州仇仲孫何忌帥師圍邾無傳

傳三年春齊衛圍戚求援于中山中山鮮虞○夏五月辛卯司鐸火司鐸宮名○鐸待洛反【疏】注司鐸宮名。○正義曰傳二十年西宮災書之此不書者西宮公之西宮親近偪君忽被天火故重而書之此司鐸雖。是公小宮在公宮之後非君來往之急又是人火所以輕而不書或可舉廟重以略之火踰公宮桓僖災桓公僖公廟【疏】桓僖災○正義曰傳言火而經書災者司鐸初被人火火越宮而至廟以火踰宮故以災言之救火者皆曰顧府言常人愛財南宮敬叔至命周人出御書俟於宮敬叔孔子弟子南宮閱周人司周書典籍之官御書進於君者也使待命於宮○閱音悅曰庀女而不在死。庀具也○庀匹婢反女音汝子服景伯至命宰人出禮書景伯子服何也宰人。冢宰之屬以待命命不共有常刑待求之命

○共音恭校人乘馬巾車脂轄校人掌馬巾車掌車乘馬使四匹相從爲駕之易○校戶教反注及下同乘繩證反注及下皆同轄戶瞎反本又作鎋同爲于僞反易以豉反百官官備府庫愼守官人肅給國有火災恐有變難故愼爲備○難乃旦反濟濡帷幕鬱攸從之鬱攸火氣也濡物於水出用爲濟○濟子細反又子禮反注同帷位悲反幕音莫攸音由蒙葺公屋以濡物冒覆公屋○葺七入反一音子入反自大廟始外內以悛悛次也先尊後卑以次救之○悛大全反助所不給有不用命則有常刑無赦公父文伯至命校人駕乘車乘車公車季桓子至御公立于象魏之外象魏門闕命救火者傷人則止財可爲也命藏象魏周禮正月縣教令之法于象魏使萬民觀之故謂其書爲象魏○縣音玄

疏注周禮至象魏正義曰周禮大宰云正月之吉始和布治于邦國都鄙乃縣治象之法于象魏使萬民觀治象浹日而斂之鄭玄云正月周之正月吉謂朔日大宰以正月朔日布王治之事於天下至正歲又書而縣于象魏使萬民觀焉凡治有故言始和者若改造云爾鄭衆云從甲至甲謂之浹日凡十日其地官夏官秋官皆有此言地官云布教縣教象夏官云布政縣政象秋官云布刑縣刑象各縣所掌之事爲異其文悉同唯春官不縣者以禮法一頒百事皆足不可又縣故不縣之杜總彼意言縣教令之法彼所縣者皆是教令之事故也由其縣于象魏故謂其書爲象魏命藏其書也彼言朔日縣之十日即斂之則救火之時其書久已藏矣而此立象魏之外方始命藏此書者象魏是縣書之處見其處而念及其書非始就縣處斂藏之曰舊章不可亡也富父槐至曰無備而官辦者猶拾瀋也槐富父終生之後瀋汁也言不備而責辦不可得○父音甫槐音懷官辦辦具之辦注並同拾音十瀋尺審反北土呼汁爲瀋於是乎去表之槀表表火道風所向者去其槀積○去起呂反注同槀

古老反注同向許亮反積子賜反道還公宮間除道周匝公宮使火無相連○還本又作環戶關反又音患注同○孔子在陳聞火曰其桓僖乎言桓僖親盡而廟不毀宜爲天所災【疏】注言桓至所災○正義曰禮諸侯親廟四焉高祖之父即當毀其廟計桓之於哀八世祖也僖六世祖也親盡而廟不毀言其宜爲天所災也所以不毀者服虔云季氏出桓公又爲僖公所立故不毀其廟其意或然公羊傳曰此皆毀廟也其言災何復立也曷爲不言其復立春秋見者不復見也何以不言及敵也其意言哀公更立之不可通於左氏故以爲元不毀耳服虔又云俱在迭毀故不言及杜無說或當同時災無先後故不言及○劉氏范氏世爲婚姻劉氏周卿士范氏晉大夫萇弘事劉文公爲之屬大夫故周與范氏趙鞅以爲討責周與范氏六月癸卯周人殺萇弘終違天之禍【疏】萇弘至萇弘○正義曰文公以定四年卒也爲之屬大夫謂當昭公之世也此時文公已卒萇弘知政以己先事劉子劉氏又與范氏親既握國權遂與范氏故周人殺之以說於晉○秋季孫有疾命正常曰無死正常桓子之寵臣欲付以後事故勑令勿從己死○令力呈反南孺子之子男也則以告而立之南孺子季桓子之妻言若生男告公而立之○孺如住反女也則肥也可肥康子也季孫卒康子即位既葬康子在朝在公朝也南氏生男正常載以如朝告曰夫子有遺言命其圉臣曰南氏生男則以告於君與大夫而立之今生矣男也敢告遂奔衛康子請退退辟位也公使共劉視之共劉魯大夫○共音恭則或殺之矣乃討之討殺者召正常正常不反畏康子也傳備言季氏家事【疏】召正常正常不反○正義曰服虔云召而問兒死意然則兒於正常去後始死死非正常得知召之復何

所問也當欲問不立康子之意故正常畏康子不反○冬十月晉趙鞅圍朝歌師于其南范中行所在荀寅伐其郭伐其北郭圍○郭芳夫反使其徒自北門入己犯師而出荀寅使在外救己之徒擊趙氏圍之北門因外內攻得出

疏○荀寅至而出○正義曰荀寅從內伐其北郭之郭又使其救己之徒自外伐圍郭之北門而入因外內攻故得出也

癸丑奔邯鄲十一月趙鞅殺士皐夷惡范氏也惡范氏而殺其族言還怒○惡烏路反注同

經四年春王二月庚戌盜殺蔡侯申賤者故稱盜不言弒其君賤盜也○盜殺申志反蔡侯申今本皆如此案宣十七年蔡侯申卒是文侯也今昭侯是其玄孫不容與高祖同名未詳何者誤也

疏蔡侯申○正義曰宣十七年蔡侯申卒是文侯也蔡世家云文侯申生景侯固固生靈侯般般生隱大子今昭侯申是隱大子之子杜世族譜亦然計昭侯是文侯玄孫乃與高祖同名周人以諱事神二申必有誤者俱是經文未知孰誤○注賤者至盜也○正義曰公孫辰公孫姓公孫霍雖並是弒君之黨而非弒君之首首是公孫翩翩賤故稱盜不言弒其君者賤此盜也盜賤不得有其君故以盜為文不得言弒其君

蔡公孫辰出奔吳弒君賊之黨故書名○葬秦惠公無傳○宋人執小邾子無傳邾子無道於其民故稱人以執○夏蔡殺其大夫公孫姓公孫霍皆弒君黨○姓音生又作生或一音性○晉人執戎蠻子赤歸于楚晉恥為楚執諸侯故稱人以告若蠻子不道於其民也赤本屬楚故言歸○恥為于僞反○城西郭無傳魯西郭備晉也○六月辛丑亳社災無傳天火也亳社殷社諸侯有之所以戒亡國○亳步各反

疏注天火至亡國○正義曰傳例曰天火曰災知天火也殷有天下作都于亳故知亳社殷社也蓋武王伐紂以其社班賜諸侯使各各立之所以戒亡國也其社有屋故火得焚之公羊

傳曰蒲社者何亡國之社也社者封也其言災何亡國之社蓋揜之揜其上而柴其下穀梁傳曰亳社者亳之社也亳亡國也亡國之社以爲廟屏戒也其屋亡國之社不得達上也說者以爲立亳社於廟門之外以爲屏蔽使人君視之而致戒也左傳稱閒于兩社事當爲然郊特牲亦云喪國之社屋之不受天陽故災其屋也

○秋八月甲寅滕子結卒無傳同盟於皐鼬

○冬十有二月葬蔡昭公無傳亂故是以緩

○葬滕。頃公無傳

傳四年春蔡。昭侯將如吴諸大夫恐其又遷也承音徵蓋楚言○徵直升反

疏注承音徵蓋楚言○正義曰徵創往年之遷恐其更復遷徙承徵音相近蓋是楚人之言聲轉而字異耳

公孫翩逐而射之入於家人而卒翩蔡大夫○翩音篇射食亦反下同

疏入於家人而卒○正義曰言將如吴已適吴矣翩在路逐而殺之遂入于凡人之家言此者說其非理之意

以兩矢門之衆莫敢進翩以矢自守其門文之鍇後至鍇蔡大夫○鍇音楷又音皆又客駭反曰如牆而進多而殺二人併行如牆俱進○併步頂反鍇執弓而先翩射之中肘鍇遂殺之故逐公孫辰而殺公孫姓公孫盱。盱即霍也○中丁仲反肘竹九反盱況于反

○夏楚人既克夷虎夷虎蠻夷叛楚者乃謀北方左司馬眅申公壽餘葉公諸梁致蔡於負函三子楚大夫也此蔡之故地人民楚因以爲邑致之者會其衆也○眅普版反字林匹姦反葉始涉反函音咸致方城之外於繒關負函繒關皆楚地○繒才陵反曰吴將泝江入郢逆流曰泝○泝音素郢以井反又以政反將奔命焉爲一昔。之期襲梁及霍僞辭當備吴夜結期明日便襲梁霍使不

知之梁河南梁縣西南故城也梁南有霍陽山皆蠻子之邑也單浮餘圍蠻氏蠻氏潰浮餘楚大夫○單音善潰戶內反蠻子
赤奔晉陰地陰地河南山北自上雒以東至陸渾○渾戶門反司馬起豐析與狄戎楚司馬眅也析縣屬南鄉郡析南有
豐鄉皆楚邑發此二邑人及戎狄○析星歷反注同以臨上雒左師軍于菟和菟和山在上雒東也○菟音徒右師軍于
倉野。蒼野在上雒縣。使謂陰地之命大夫士蔑命大夫別縣監尹○監古銜反【疏】注命大至監尹○正義曰陰地者河南山
北東西橫長其間非一邑也若是典邑大夫則當以邑冠之乃言陰地之命大夫則是特命大夫使總監陰地故以爲別縣監尹也以其去國遙遠別爲置監
楚官稱尹故以尹言之曰晉楚有盟好惡同之若將不廢寡君之願也不然將通於少習
以聽命少習商縣。武關也將大開武關道以伐晉○少詩照反又如字士蔑請諸趙孟趙孟曰晉國未寧安能
惡於楚必速與之未寧時有范中行之難○難乃旦反士蔑乃致九州之戎九州戎在晉陰地陸渾者將裂田
以與蠻子而城之以詐蠻子且將爲之卜卜城○爲于僞反下注同蠻子聽卜遂執之與其五大。
夫以畀楚師于三戶今丹水縣北三戶亭○畀必利反與也司馬致邑立宗焉以誘其遺民楚復詐爲
蠻子作邑立其宗主○復扶又反而盡俘以歸○秋七月齊陳乞弦施衛甯跪救范氏陳乞僖子弦施
弦多○跪其委反庚午圍五鹿五鹿晉邑九月趙鞅圍邯鄲冬十一月邯鄲降荀寅奔鮮虞
趙稷奔臨臨晉邑○降戶江反十二月弦施逆之遂墮臨國夏伐晉取邢任欒鄗逆時。陰

人于壺口入邑晉也欒在趙國平棘縣西北鄗即高邑縣也路縣東有壺口關○墮許規反邢音刑任音壬欒力官反鄗呼洛反郭璞王蒼解詁音臛字林火沃反韋昭呼告反闞駰云讀磽确同時音止盂音于【疏】遂墮臨○正義曰稷初奔臨欲據臨距國今弦施逆稷故納之他邑以臨險固故毀之

會鮮虞納荀寅于柏人晉邑也今趙國柏人縣也弦施與鮮虞會也

經五年春城毗無傳備晉也○毗頻夷反○夏齊侯伐宋無傳○晉趙鞅帥師伐衛○秋九月癸酉齊侯杵臼卒再同盟也○杵昌呂反臼求又反【疏】注再同盟○正義曰襄二十五年崔杼弒莊公而立杵臼昭二十八年盟于鄟陵定四年于皐鼬是再同盟也昭三十二年大夫盟于狄泉未告公而公薨故不數也○冬叔還如齊○閏月葬齊景公無傳

傳五年春晉圍柏人荀寅士吉射奔齊初范氏之臣王生惡張柳朔言諸昭子使爲柏人。爲柏人宰也昭子范吉射。也○惡烏路反下同柳良久反昭子曰夫非而讎乎對曰私讎不及公公家之事也○夫音扶好不廢過惡不去善義之經也臣敢違之及范氏出出柏人奔齊○好呼報反去起呂反張柳朔謂其子爾從主。勉之我將止死主生授我矣授我死節吾不可以僭之遂死於柏人爲吉射距晉戰死○僭子念反後同爲于僞反○夏趙鞅伐衛范氏之故也遂圍中牟衛助范氏故也○齊燕姬生子不成而死燕姬景公夫人不成未冠也○燕於賢反冠古喚反諸子鬻姒之子荼嬖諸子庶公子也鬻姒景公妾荼安孺子○鬻音育姒音似荼音舒又音徒又丈加反嬖必計反諸大夫恐其爲大子也言於公曰君之齒長矣未有大子若之何公曰二三子間於憂虞則有疾疢亦姑謀樂何憂於無君景公意欲立荼而未發故以此言塞大夫請○長丁丈反閒音閑又音閒廁之閒又如字疢勑覲反本或作疹乃結反樂音洛

疏閒於至無君○正義曰公謂羣臣云若閒暇於憂虞謂國無憂虞事得閒暇則恐有疾疢不得飲樂今既無憂虞又無疾疢亦且謀樂何憂乎無君

公疾使國惠子高昭子立荼惠子國夏昭子高張寘羣公子於萊萊齊東鄙邑○寘之豉反羣或作諸萊音來秋齊景公卒冬十月公子嘉公子駒公子黔奔衛公子鉏公子陽生來奔皆景公子在萊者○黔巨廉反又音琴鉏仕居反○萊人歌之曰景公死乎不與埋三軍之事乎不與謀師乎師乎何黨之乎師衆也黨所也之往也稱謚蓋葬後而爲此歌哀羣公子失所○與音預下同埋亡皆反

疏注師衆也黨所也之往也至公子失所○正義曰師衆之往釋詁文也周禮五百家爲黨言其共居一所故以黨爲名是黨爲所也經書閏月葬齊景公長曆閏十一月禮葬乃有謚此歌稱謚明是葬後傳言冬十月者記公子出奔之月其萊人之歌在公子出奔之後杜以文承十月之下故云蓋耳公羊以爲喪以閏數謂通數閏月穀梁云不正其閏也謂喪事不數左氏無傳未知所從

○鄭駟秦富而侈嬖大夫也而常陳卿之車服於其庭鄭人惡而殺之子思曰詩曰不解于位民之攸塈子思子產子國參也詩大雅攸所也塈息也○侈昌氏反又尺氏反惡烏路反解佳賣反塈音許器反

疏詩曰至攸塈○正義曰詩大雅嘉樂之篇也言在上者不解惰于其位民之所以得安息駟秦棄位僭上是惰于位也

不守其位而能久者鮮矣商頌曰不僭不濫不敢怠皇命以多福僭差也濫溢也皇暇也言駟秦違詩商頌故受福○鮮息淺反濫力暫反溢音逸

[疏]商頌至多福○正義曰商頌殷武之篇歌成湯之德不僭差不濫溢不敢怠惰而自暇以此之故上天命以多福也詩於怠皇之下更云命于下國封建厥福傳言命以多福不復具引詩文取其意而言之也杜云違詩商頌上言詩下言頌以駟秦於此二詩皆違故言違詩與商頌

附釋音春秋左傳注疏卷第五十七

春秋左傳注疏卷五十七校勘記　　阮元撰盧宣旬摘錄

附釋音春秋左傳注疏卷第五十七哀元年盡五年宋本春秋正義卷第三十五石經春秋經傳集解哀上第廿九淳熙本岳本哀下有公字並盡十三年

〔哀公〕

同上宋本作正義曰魯世家云哀公名蔣定公之子蓋是夫人定姒所生以敬王二十六年卽位諡法共仁短折曰哀按此古本之最善處坊刻改爲同上以省字

〔經元年〕

隨人免之閩本監本人作侯非也

不序於宋盟也諸本作宋此本誤朱今改正

則是楚封近公爲許男也宋本近作元是也

不言所食非一處宋本淳熙本岳本足利本重所食二字與正義合

〔傳元年〕

報柏擧也監本柏作栢

栽設板築爲圍壘周匝　宋本纂圖本毛本足利本板作版周匝宋本岳本足利本作周帀與釋文合

注栽設至一里　宋本以下正義三節總入下注爲明年蔡遷州來傳之下

脣言晝夜九日　宋本監本毛本脣作何是也

彭神爽　宋本監本毛本神作仲是也

吳王夫差敗越于夫椒　諸本作椒釋文云又作梂陳樹華云案史記伍子胥傳說苑並作夫湫古字通

注夫椒至椒山　宋本以下正義九節總入三月節注下

以椒必在山旁　宋本椒作戰是也

故曰殺夏后相也　宋本曰作因

夏后相啟孫也　閩本監本毛本脫也字

后緡方娠　詩生民正義引昭元年傳邑姜方震大叔及此后緡方震皆謂有身爲震爾雅釋詁邢昺疏引同是所據本不同也

用之爲正當當是食官之長　宋本監本毛本用作謂○補案此本當字疑誤重

而邑諸綸　閩本監本脫而字

猶言天與不取　淳熙本言誤上

結其心腹宋本其作於是也

曰可俟也釋文俟作竢云本又作俟字按竢正字也俟假借字也

言可計日而待岳本日誤月

與之毉宋本毉作醫

非年所種宋本閩本監本毛本年作手是也

陳人從田無田從黨陳樹華曰禮記檀弓正義引傳陳人下多有田二字案二字似以意增也

不知所與淳熙本與作爲非也

逢滑當公而進釋文亦作逄滑石經此處殘缺閩本逄誤逢足利本滑作猾

暴骨如莽足利本後人記云莽上有草字案注云草之生於廣野莽莽然故曰草莽此必因注文而誤衍也

食不二味宋本以下正義五節總入一日之行節注下

器不形鏤陸粲附注後錄云彤當作彫文相近而譌也惠棟云彤古彫字

本或天作無誤耳監本天作作作天是也

親巡其孤寡而共其乏困石經宋本淳熙本岳本足利本無上其字

孫武兵書云　毛本書作法

將不言飢　閩本監本飢作饑案饑謂穀不熟也與飢餓字有別

必須軍士皆分熟食　宋本熟作孰下同

若單醪注流也　閩本監本毛本單作簞

不足徧及軍人　閩本監本毛本足誤得

死知不曠　石經此處殘缺閩本監本知不字誤倒

過再至曰次　宋本淳熙本岳本纂圖本毛本至作宿不誤

澤彰曰陂　宋本監本毛本彰作鄣是也

宿有妃嬙嬪御焉　釋文云嬙本又作廧或作牆石經初刻作牆後改嬙案錢大昕云說文無嬙字陸氏云云漢隸爿旁字或變从广廧與牆實一字也

爲二十年越滅吳起本　宋本淳熙本足利本脫本字

冬十一月　石經宋本淳熙本岳本足利本無一字

〔經二年〕

納衛世子蒯聵于戚 諸本作聵閩本毛本誤瞶後同

〔傳二年〕

注三揖卿大夫士 宋本以下正義廿節總入兩[illegible]皆絕注下

土揖庶姓 監本閩本毛本土作士非也

與外內同之 纂圖本閩本監本毛本外內誤倒

宵迷 石經初刻作霄後改宵諸本同淳熙本迷誤述

又奔喪之祖 宋本祖作禮不誤

免麻于宇東 宋本監本毛本宇作序是也

狀如今之著幓頭矣 宋本幓作幧是也

肥美呼居 宋本監本毛本呼作可是也

反易天明 石經初刻易誤亦後改正

十里百縣 宋本淳熙本岳本纂圖本毛本十作千不誤

去廝役 釋文廝作斯云字又作廝也按說文無廝字作斯乃古本也

志父趙簡子之一名也北宋刻本釋文亦作一監本毛本誤改閩本一字本刻

家國不爲之諱宋本毛本作國家監本二字改刊非原刻也

不設屬辟鄭注禮記喪大記賈公彥疏儀禮士喪禮引並作屬椑

記有杝棺梓棺杝謂椵也閩本監本毛本杝作柂非也下同

謂杭木與茵也監本杭作抗下同按說文抗字或从木作杭儀禮抗木亦作杭此作抗作杭皆可若今人杭州餘杭之字則字本作斻而譌改耳

此用車馬載者閩本監本此用誤倒

無入于兆石經宋本于作於

當世豈無騏驥乎宋本乎作兮是也

故駒跳而遠去監本駒誤跔

登鐵上案酈道元注水經河水篇李善注文選長笛賦引上作丘

施諸脾宋本毛本施作杝是也

羅無勇麇之段玉裁案廣韻十八吻麇邱粉切引左傳無勇麇之束縛也蓋傳本作麇字所謂本無其字依聲託事也麇則後人所製俗字十七

準又有縻字邱引切則更俗矣

釋君助臣 此本助誤時閩本同據宋本淳熙本岳本纂圖本監本毛本改正

鞅簡子名 毛本簡子誤節公

無折骨無面傷 惠棟云鄭司農注周禮大祝云無破骨無面夷案外傳晉惠公韓之誓曰將止無面夷死此求勝之辭故云無面夷

大命至敢愛 宋本至下有不字

在軍無珪璧故以佩玉 諸本脫玉字據宋本補監本珪作圭

傳傻曰 諸本作傻石經此本殘缺釋文云又作叟

公孫尨稅焉 閩本監本尨作龍非也

爲范氏收周人所與田之稅 淳熙本收作取

我功爲上 宋本淳熙本岳本纂圖本足利本無我字

冬蔡遷于州來 毛本脫冬字監本空闕

〈經三年〉

故推齊使爲兵首 淳熙本使作師案正義本作使

自非霸王之命 閩本亦作王宋本監本毛本作主是也

子圍父也 宋本子下有不字與穀梁合

貪國以距父耳 重修監本貪誤食

今琅邪開陽縣 纂圖本毛本邪作琊案邪琊古今字

〔傳三年〕

注司鐸宮名 宋本以下正義四節總入孔子在陳節注下

雖易公小宮 宋本監本毛本易作是是也

庀具也 諸本作庀具此本誤宅其今改正

宰人冢宰之屬 宋本冢作家

官人肅給 惠棟云石經似作宜人

猶拾瀋也 淳熙本拾誤袷

於是乎去表之槀 葉抄釋文亦作槀石經宋本岳本作稾从禾是也釋文云古老反

周匝公宮 宋本足利本匝作帀

社諸侯親廟四焉宋本監本毛本社作禮是也

劉氏范氏世爲婚姻淳熙本岳本婚作婚宋本作昏與石經合

至握國權宋本至作旣是也

欲付以從事宋本岳本纂圖本監本毛本從作後是也

女也則肥也可監本女改汝

當欲問不立康子之意宋本立作位非也

荀寅至而出宋本此節正義在癸丑奔節注下

又使其救己之徒諸本作徒此本誤徙今改正

（經四年）

葬滕頃公淳熙本滕誤蔡

（傳四年）

蔡昭侯將如吳顧炎武云石經蔡誤作葬案石經此處缺所據乃補刊本

承音懲蓋楚言岳本言下有也字惠棟云承讀爲懲經傳無文詩魯頌曰戎狄是膺荆舒是懲則莫我敢承毛傳曰承止也傳言承者謂

諸大夫皆欲止之也

注承音徽蓋楚言 宋本以下正義二節總入注文盱卽霍也之下

公孫盱 纂圖本閩本監本毛本盱作旴非也注同

爲一昔之期 監本昔誤備

右師軍於倉野 郡國志倉作蒼

蒼野在上雒縣 宋本淳熙本岳本纂圖本閩本監本毛本蒼作倉郡國志引注縣下南字

注命大至監尹 宋本至字作夫別縣三字此節正義在而盡俘以歸之下

少習商縣武關也 郡國志引注縣下有東字

與其五大夫 石經大字起以下兩行皆九字

弦施弦多 諸本作施此本誤弛今改正

逆時 案水經灊水注引作曲逆漢封陳平爲侯卽是地也今諸本作逆時

遂墮臨 宋本此節正義在注弦施與鮮虞會也之下

〔經五年〕

〔傳五年〕

使爲柏人　監本凡柏字皆作栢與石經不合下同

　昭子范吉射也　岳本脫也字

爾從主　此本主誤王閩本同據石經宋本淳熙本岳本纂圖本監本毛本改正

諸大夫恐其爲大子也言於公曰君之齒長矣未有大子若之何　案惠棟云服虔曰爲子爲大子也荼少故恐立之言君長未有大子一旦不諱當若之何欲齊侯早立也案今本爲子作爲大子疑後人所增杜無注或杜所增也

　閟於至無君　宋本以下正義二節總入何黨之乎注下

不得飲樂　浦鏜正誤飲作歡

景公死乎不與埋　淳熙本埋誤理

　哀羣公子失所　閩本子字空闕

　注師衆也黨所也之往也至公子失所　宋本作師衆至失所

嬖大夫也　閩本監本毛本脫也字

　詩曰至攸塈　宋本以下正義二節總入不守其位節注下

民之攸塈石經宋本淳熙本岳本暨作塈注同是也

春秋左傳注疏卷五十七校勘記

附釋音春秋左傳注疏卷第五十八 哀公六年盡十一年

杜氏注　孔穎達疏

經六年春城邾瑕無傳備晉也任城亢父縣北有瑕婁城○瑕音遐任音壬亢苦浪反又音剛父音甫○晉趙鞅帥師伐鮮虞○吳伐陳○夏齊國夏及高張來奔二子阿君廢長立少既受命又不能全書名罪之也○長丁丈反少詩照反○叔還會吳于柤無傳○柤莊加反○秋七月庚寅楚子軫卒未同盟而赴以名○軫之忍反史記作珍字○齊陽生入于齊為陳乞所逆故書入【疏】注為陳乞所逆故書入○正義曰成十八年傳例曰凡去國國逆而立之曰入此為陳乞私逆既入而立之故依例書入也齊陳乞弒其君荼弒荼者朱毛與陽生也而書陳乞所以明乞立陽生而荼見弒則禍由乞始也楚比劫立陳乞流涕子家憚老皆疑於免罪故春秋明而書之以為弒主○弒荼音試下皆同【疏】注弒荼至弒主○正義曰實非陳乞弒荼而書乞弒其君者以荼死由乞故書乞弒也此與楚公子比鄭公子歸生俱非弒君之首春秋顯而書之以為弒君之主所以惡此三人釋例曰諸懷賊亂以為心者故不容於誅也若鄭之歸生齊之陳乞楚公子比雖本無其心春秋之義亦同大罪是以君子慎所以立也是說罪之之意○冬仲孫何忌帥師伐邾無傳○宋向巢帥師伐曹無傳

傳六年春晉伐鮮虞治范氏之亂也四年鮮虞納荀寅于柏人○吳伐陳復脩舊怨也元年未得志故也○復扶又反楚子曰吾先君與陳有盟不可以不救乃救陳師于城父陳盟在昭十三年○

父音甫【疏】注陳盟在昭十三年○正義曰昭十三年無楚與陳盟之事於時楚既滅蔡使棄疾爲蔡公子于子晳之入也傳稱朝吳奉蔡公召二子而盟于鄧依陳蔡人以國是與陳人盟更許復其國其年平王即位更封陳是與盟也○齊陳乞僞事高國者高張國夏受命立荼陳乞欲害之故先僞事焉每朝必驂乘焉所從必言諸大夫言其罪過乘繩證反○曰彼皆偃蹇將棄子之命偃蹇驕敖○偃約免反蹇紀晚反敖五報反皆曰高國得君得君寵也必偪我盍去諸固將謀子子早圖之圖之莫如盡滅之需事之下也需疑也○偪音逼盍戶臘反去起呂反下同需音須一音懦弱持疑也【疏】需事之下也○正義曰需是懦弱之意懦弱持疑不能決斷是爲事之下者勸其決斷而盡殺之及朝則曰彼虎狼也見我在子之側殺我無日矣請就之位欲與諸大夫謀高國故求就之又謂諸大夫曰二子者禍矣恃得君而欲謀二三子曰國之多難貴寵之由盡去之而後君定既成謀矣盍及其未作也先諸作而後悔亦無及也大夫從之夏六月戊辰陳乞鮑牧牧鮑圉孫○難乃旦反鮑牧州牧之牧及諸大夫以甲入于公宮昭子聞之與惠子乘如公戰于莊敗高國敗也莊六軌之道○乘繩證反國人追之國夏奔莒遂及高張晏圉弦施來奔晏。圉嬰之子圉施不書非卿○圉魚呂反○秋七月楚子在城父將救陳卜戰不吉卜退不吉王曰然則死也再敗楚師不如死前已敗於柏舉今若退還亦是敗【疏】注前已至是敗○正義曰劉炫言卜不吉謂戰當敗再敗當謂今伐更敗也杜言退還亦

珍倣宋版印

是敗非也以規杜氏今知劉非者杜言退還亦是敗者以傳卜退不吉是不得好退是雖欲退還亦必敗也故云退還亦是敗但文不委悉劉以爲退還謂是好退而還以規杜非也棄盟逃讎亦不如死死一也其死讎乎命公子申爲王不可則命公子結亦不可則命公子啓申子西結子期啓子閭皆昭王兄五辭而後許將戰王有疾庚寅昭王攻大冥卒于城父大冥陳地吳師所在〇辭本又作辤說文云辤不受也受辛宜辤也辭籀文冥亡丁反子閭退曰君王舍其子而讓羣臣敢忘君乎從君之命順也從命許立〇舍音捨立君之子亦順也二順不可失也與子西子期謀潛師閉塗逆越女之子章立之而後還潛師密發也閉塗不通外使也越女昭王妾章惠王是歲也有雲如衆赤鳥夾日以飛三日楚子使問諸周大史周大史曰其當王身乎日爲人君妖氣守之故以爲當王身雲在楚上唯楚見之故禍不及他國〇夾古洽反大音泰下同疏問諸周大史〇正義曰服虔云諸侯皆有大史主周所賜典籍故曰周大史一曰是時往問周大史杜以問周大史於文自明故不煩釋若禜之可移於令尹司馬禜禳祭〇禜音詠禳如羊反王曰除腹心之疾而寘諸股肱何益不穀不有大過天其夭諸有罪受罰又焉移之遂弗禜初昭王有疾卜曰河爲祟王弗祭大夫請祭諸郊王曰三代命祀祭不越望諸侯望祀竟內山川星辰〇寘之豉反夭於表反焉於虔反祟息遂反竟音境江漢雎章楚之望也四水

疏不穀至移之〇正義曰言己若無大罪天其妄夭之乎必是身有大罪天乃下罪有罪受罰又焉移之

在楚界○睢七餘反漳音章【疏】注四水在楚界○正義曰。土地名江經南郡江夏弋陽安豐漢經襄陽至夏江安陸縣入江睢經襄陽至南郡枝江縣入江漳經襄陽至南郡當陽入江是四水皆在楚界也禍福之至不是過也不穀雖不德河非所獲罪也遂弗祭孔子曰楚昭王知大道矣其不失國也宜哉夏書曰惟彼陶唐帥彼天常逸書言堯循天之常道○楚昭王知大道矣本或作天道非夏戶雅反下注同此語在尚書五子之歌書無帥彼天常一句下亦微異有此冀方今失其行亂其紀綱乃滅而亡滅亡謂夏桀也唐虞及夏同都冀州不易地而亡由於不知大道故○行如字又下孟反尚書作厥道乃滅而亡尚書作乃底滅亡【疏】夏書至而亡○正義曰此夏書五子之歌第三章也彼云惟彼陶唐有此冀方今失厥道亂其紀綱乃底滅亡此多帥彼天常一句又字小異者文經篆隸師讀不同故兩存之賈服孫杜皆不見古文。以爲逸書解爲夏桀之時唯王肅云太康時也案王肅注尚書其言多是孔傳疑肅見古文匿之而不言也堯治平陽舜治蒲坂禹治安邑三都相去各二百餘里俱在冀州統天下四方故云有此冀方也又曰允出茲在茲由己率常可矣又逸書言信出己則福亦在己○八月齊邴意茲來奔高國黨陳僖子使召公子陽生召在七月今在八月下記事之次【疏】注召在至之次正義曰經書陽生入齊文在七月之下知其召在七月也今傳在八月下者欲令下接十月立之是記事之次也邴意茲來奔者自以高國之黨八月來奔耳僖子使召陽生自以七月之時別使人召之非遺意茲召也賈逵以傳文相連謂遺意。來召又怪其日月錯誤云其說未聞杜以此故爲注云高國黨以隔之陽生駕而見南郭且于且于齊公子鉏在魯南郭○且子餘反曰嘗獻馬於季孫不入於上乘故又獻此請與子乘之畏在家人聞其言故欲二人共載以

試馬爲辭○上乘繩證反出萊門而告之故魯郭門也闞止知之先待諸外闞止陽生家臣子我也待外欲俱去○闞
苦暫反公子曰事未可知反與壬也處壬陽生子簡公○壬而林反戒之遂行戒使無洩言○洩息列反逮
夜至於齊國人知之故以昬至不欲令人知也國人知而不言言陳氏得衆○令力呈反下同僖子使子士之母養
之隱於僖子家內子士母僖子妾與饋者皆入陳僖子又令陽生隨饋食之人入處公宮○饋其位反冬十月丁卯立之
將盟盟諸大夫鮑子醉而往其臣差車鮑點點鮑牧臣也差車。主車之官差所宜反點之廉反又如字○曰此誰
之命也陳子曰受命于鮑子遂誣鮑子曰子之命也見其醉故誣之鮑子曰女忘君之
爲孺子牛而折其齒乎而背之也孺子荼也景公嘗銜繩爲牛使荼牽之荼頓地故折其齒○女音汝折之舌反又市列反
注同背音佩後年皆同悼公稽首悼公陽生曰吾子奉義而行者也若我可不必亡一大夫言己
可爲君必不怨鮑子若我不可不必亡一公子公子自謂也恐鮑子殺己故要之○要一遙反義則進否則退敢
不唯子是從廢興無以亂則所願也鮑子曰誰非君之子乃受盟言陽生亦君之子固可立
使胡姬以安。孺子如賴胡姬景公妾也賴齊邑安號也去鬻姒荼之母○去起呂反殺王甲拘江說囚王
豹于句竇之丘三子景公嬖臣荼之黨也○拘音俱說音悅句音鉤竇音豆公使朱毛告於陳子朱毛齊大夫曰
微子則不及此然君異於器不可以二器二不匱君二多難敢布諸大夫僖子

不對而泣曰君舉不信羣臣乎舉皆也○匱其位反難乃旦反以齊國之困困又有憂內有飢°荒之困又有兵革之憂少君不可以訪是以求長君庶亦能容羣臣乎不然夫孺子何罪毛復命公悔之悔失言○少詩照反長丁丈反夫音扶孺或作孺同毛曰君大訪於陳子而圖其小可也大謂國政小謂殺荼使毛遷孺子於駘不至殺諸野幕之下葬諸殳冒淳恐駘人不從故毛駐於野張帳而殺之駘齊邑殳冒淳地名實以冬殺經書秋者史書秋記始事遂連其死通以冬告魯○駘他才反又徒來反幕音莫殳音殊冒亡報反淳音純駐中住反【疏】注實以至告魯正義曰傳言十月立陽生陽生既立之後方遣朱毛殺荼則荼死在冬經書爲秋殺者記陽生初事入齊之始遂連荼死二事通以冬始來告言陽生秋入荼以秋死故並書於秋也

經七年春宋皇瑗帥師侵鄭○晉魏曼多帥師侵衛○夏公會吳于鄫。鄫今琅邪鄫縣○瑗于眷反鄫本又作繒才陵反○秋公伐邾八月己酉入邾以邾子益來他國言歸於魯言來。內。外之辭○宋人圍曹○冬鄭駟弘帥師救曹

傳七年春宋師侵鄭鄭叛晉故也定八年鄭始叛晉師侵衛衛不服也五年晉伐衛至今未服○夏公會吳于鄫吳欲霸中國吳來徵百牢子服景伯對曰先王未之有也吳人曰宋百牢我是時吳過宋得百牢牢力刀反過古禾反○魯不可以後宋且魯牢晉大夫過十晉大夫范鞅也在昭

二十一年○後如字又戶豆反吳王百牢不亦可乎景伯曰晉范鞅貪而棄禮以大國懼敝邑故敝邑十一牢之君若以禮命於諸侯則有數矣有常數疏。吳王百牢○正義曰王制云君十卿祿魯牢晉大夫過十故吳王自謂合得百牢○注有常數○正義曰周禮大行人云上公九牢侯伯七牢子男五牢是常數也若亦棄禮則有淫者矣淫過也周之王也制禮上物不過十二上物天子之牢○上如字一音時掌反注同疏注上物天子之牢○正義曰周禮掌客云王合諸侯而饗禮則具十有二牢鄭玄云饗諸侯而用王禮之數者以公侯伯子男盡在是兼饗之莫。適用也以莫適用故用王禮是天子之禮十二牢也郊特牲云天子適諸侯諸侯膳用犢諸侯適天子天子賜之禮大牢貴誠之義也如彼記文諸侯共天子之膳唯一犢耳而得有十二牢者若是天子大禮必以十二爲數其餘共王之膳食自用犢爲食耳非謂獻大禮者唯一犢也以爲天之大數也天有十二次故制禮象之今棄周禮而曰必百牢亦唯執事吳人弗聽景伯曰吳將亡矣棄天而背本違周爲背本疏棄天而背本○正義曰棄十二之數爲棄天違周禮是背本不與必棄疾於我。放棄凶疾來伐擊我乃與之太宰嚭召季康子嚭吳大夫康子使子貢辭大宰嚭曰國君道長。蓋言君長大於道路○長丁丈反注及下注同而大夫不出門此何禮也對曰豈以爲禮畏大國也畏大國不敢虛國盡行大國不以禮命於諸侯苟不以禮豈可量也寡君既共命焉其老豈敢棄其國大伯端委以治周禮仲雍嗣之斷髮文身臝。以爲飾豈禮也哉有由然也大伯周大王之長子仲雍大伯弟也大伯仲雍讓其弟季歷俱適荊蠻遂有民衆大伯卒無子仲雍嗣立不能行禮致化故效吳俗言其權時制宜以辟災害非以爲禮也端委禮衣也○共音恭大伯音泰注同斷丁管反效戶孝反贏本又作倮力果反【疏】注大伯至衣也○正義曰吳世家云大伯及仲雍皆周大王之子而王季歷之兄也季歷賢而有聖子昌大王欲立季歷以及昌於是大伯仲雍二人乃奔荊蠻文身斷髮示不可用大伯之奔荊蠻自號句吳荊蠻義之從而歸之千餘家立爲吳大伯大伯卒無子弟仲雍立是說大伯仲雍適吳之由也魯人不堪吳責故舉吳之上祖以許之二人同時適吳而大伯端委仲雍斷髮者大伯初往未爲彼君故服其本服自治周禮及仲雍民歸稍多既爲彼君宜從彼俗曲禮云君子行禮不求變俗仲雍爲彼人主不能用周人之禮致中國之化故文身斷髮放效吳俗言其權時制宜以辟災害非以爲禮也漢書地理志云越人文身斷髮以辟蛟龍之害應劭曰常在水中故斷其髮文其身以象龍子故不見傷害杜言辟害辟此蛟龍之害大伯之時未有周禮言治周禮者謂治其本國岐周之禮非周公所制禮也贏以爲飾者贏其身體以文身爲飾也端委禮衣者王肅云委貌之冠玄端之衣也此傳言大伯端委仲雍斷髮史記云二人皆文身斷髮然則文身斷髮自辟害耳史記以爲示不可用二人亡去遠適荊蠻則周人不知其處何以須示不可用也皆馬遷繆耳反自鄫以吳爲無能爲也棄禮知其不能霸也○季康子欲伐邾乃饗大夫以謀之子服景伯曰小所以事大信也大所以保小仁也背大國不信大國吳也伐小國不仁民保於城城保於德失二德者危將焉保二德信與仁也○焉於虔反孟孫曰二三子以爲何如怪諸大夫不言故指問之惡賢而逆之孟孫賢景伯欲使大夫不逆其言惡猶安也○惡音烏注同對曰禹合諸侯於塗山執玉帛者萬國諸大夫對也諸侯執玉附庸執帛塗山在壽春東北【疏】注諸侯至執帛

〇正義曰周禮大宗伯云以玉作六瑞以等邦國公執桓圭侯執信圭伯執躬圭子執穀璧男執蒲璧是諸侯執玉也典命云諸侯之適子未誓於天子以皮帛繼子男是世子執帛也知附庸執帛者以世子既繼子男附庸君亦繼子男公之孤四命以皮帛視小國之君附庸無爵雖不得同於子男其位不卑於世子與公之孤也諸侯出子各稱朝附庸君亦稱朝是與世子相似故知執帛也且附庸是國此言執玉帛者萬國國而執帛唯附庸耳知附庸執帛也案尚書有三帛公之孤諸侯世子附庸君此唯言附庸者以傳云禹合諸侯又云執玉皆據君身言之故不數世子及孤也下云萬國故唯據附庸言之王制云不能五十里者不合於天子附於諸侯曰附庸鄭玄云不合謂不朝會也小城曰附庸附庸者以國事附於大國未能以其名通也如彼云附庸不得朝會而禹會萬國有附庸者附庸不得特達天子耳禹會諸侯諸國盡至附庸從其所附之國共見天子故有執帛者言萬國者舉盈數耳鄭玄注尚書以爲數正滿萬國案益稷州十有二師鄭以爲每一師領百國州十有二師則每州千二百國畿外八州總九千六百國其餘四百國在畿內州得有千二百國者以唐虞土方萬里九州之內地方七千里七七四十九爲方千里者四十九其一爲畿內餘四十八八州分之州各有千里之方六以千里之方二爲方百里之國二百又以千里之方二爲七十里之國四百又以千里之方二爲五十里之國八百總爲一千四百國去其方五十里之國二百是州別千二百國也鄭玄云畿內四百國者皆謂五十里國也杜云諸侯執玉附庸執帛是與鄭異也尚書傳云百里之方三爲國七有奇以百里之方。二爲百里之國一又以百里之方一爲七十里之國。二有奇知者但方百里者爲方十里者百若方七十里之國唯有七七四十九是爲七十里之國二仍有十里之方二在又以百里之方一爲五十里之國四是百里之方三爲國七有奇則千里之方三爲國七百有奇有百里之方二在

今其存者無數十焉唯大不字小小不事大也言諸侯相伐古來以然〇數所主反知必危何故不言知伐邾必危自當言今不言者不危故也大夫以荅孟孫

所怪且阿附季孫魯德如邾而以衆加之可乎孟孫忿荅大夫今魯德無以勝邾但欲恃衆可乎言不可【疏】注孟孫至不可○正義曰傳於異人之言更應加曰今無曰者作傳略之論語之文此類多矣雖魯上無曰要言與大夫對反不得爲大夫之辭故以爲孟孫忿荅大夫也服虔以上二句亦爲孟孫之言謂諸大夫誠知伐邾必危何故不早言也杜以上屬爲便唯以此句爲孟孫言耳不樂而出季孟意異使直不同故罷

饗○樂音岳一音洛秋伐邾及范門邾郭門也猶聞鍾聲邾不禦寇禦魚呂反○大夫諫不聽茅成子請告於吳成子邾大夫茅夷鴻不許曰魯擊柝聞於邾言以近○柝音託以兩木相擊以行夜也字又作欜同聞音問又如字【疏】魯擊柝聞於邾○正義曰易繫辭云重門擊柝以待暴客鄭玄云手持兩木以相敲是爲擊柝守備警戒也吳二千里不三月不至何及於我且國內豈不足言足以距魯成子以茅叛高平西南有茅鄉亭師遂入邾處其公宮衆師晝掠虜掠取財物也○晝音中救反掠音亮邾衆保于繹繹邾山也在鄒縣北○繹音亦鄒側留反師宵掠以邾子益來益邾隱公也晝夜掠傳言康子無法獻于亳社以其亡國與殷同囚諸負瑕負瑕故有繹負瑕魯邑高平南平陽縣西北有瑕丘城前者魯得邾之繹民使在負瑕故使相就以辱之邾茅夷鴻以束帛乘韋自請救於吳無君命故言自○乘繩證反下及注同曰魯弱晉而遠吳馮恃其衆馮依○馮皮冰反注同而背君之盟辟君之執事辟陋○辟匹亦反注同以陵我小國邾非敢自愛也懼君威之不立君威之不立小國之憂也若夏盟於鄫衍鄫衍即鄫也鄫盟不書吳行夷禮禮儀不典非所以結信義故不錄秋而背之成

求而不違言魯成其所求無違逆也四方諸侯其何以事君且魯賦八百乘君之貳也貳敵也魯以八百乘之賦貢於吳言其國大邾賦六百乘君之私也為私屬以私奉貳唯君圖之吳子從之為明年吳伐我傳

○宋人圍曹鄭桓子思曰宋人有曹鄭之患也不可以不救桓諡冬鄭師救曹侵宋初曹人或夢衆君子立于社宮社宮社也疏○或夢衆君子○正義曰曹人夢見多人不識姓名故唯云衆君子也服虔云衆君子諸國君。妄耳而謀亡曹曹叔振鐸請待公孫彊許之振鐸曹始祖○鐸待洛反注同彊其良反旦而求之曹無之戒其子曰我死爾聞公孫彊為政必去之及曹伯陽即位好田弋曹鄙人公孫彊好弋獲白鴈獻之且言田弋之說說之因訪政事大說之有寵使為司城以聽政夢者之子乃行彊言霸說於曹伯曹伯從之乃背晉而奸宋宋人伐之晉人不救築五邑於其郊曰黍丘揖丘大城鍾邘為明年入曹傳也梁國下邑縣西南有黍丘亭○好呼報反下同弋以職反繳射也之說如字說之音悅下大說同霸說如字一音始銳反奸音干揖音集一音於入反邘音于疏好田弋○正義曰周禮司弓矢云矰矢用諸弋射鄭玄云結繳於矢謂之矰矰高也可以弋飛鳥說文云繳生絲也謂用生絲為繩繫矢以射鳥也

經八年春王正月宋公入曹以曹伯陽歸曹人背晉而奸宋是以致討宋。公既還而不忍褚師之詬怒而反兵一舉滅曹滅非本志故以入告○褚中呂反詬呼豆反疏注曹人至入告○正義曰傳例曰不有其地曰入案傳宋實滅曹而有之經書為入故杜原其事而

解之○吳伐我○夏齊人取讙。及闡不書伐兵未加而魯與之邑闡在東平。剛縣北○讙音歡闡尺善反疏取讙及闡○正義曰公羊穀梁以爲賂齊謂前年魯伐邾取邾子益益是齊甥畏齊故賂之非左氏意也○歸邾子益于邾○秋七月○冬十有二月癸亥杞伯過卒無傳。未同盟而赴以名○過古禾反疏杞伯過卒○正義曰世族譜云僖公過悼公曾孫案悼公祖文公以昭六年卒父平公以昭二十四年卒悼公以定四年卒未應有曾孫可以授之國也杞世家僖公過是悼公之子疑譜誤○齊人歸讙及闡不言來命歸之無。官使也○使所吏反疏注不言至使也○正義曰定。齊人來歸鄆讙龜陰田此不言來故解之

傳八年春宋公伐曹將還褚師子肥殿子肥宋大夫○殿子練反下注同曹人詬。之不行詬詈辱也不行殿兵止也○詬本又作詢呼豆反詈力智反師待之公聞之怒命反之遂滅曹執曹伯及司城彊以歸殺之終曹人之夢○吳爲邾故將伐魯問於叔孫輒問可伐。否輒故魯人○爲于僞反下注爲之同疏問於叔孫輒○正義曰定十二年叔孫輒與公山不狃帥費人以襲魯兵敗奔。于齊後自齊奔吳吳子令問之叔孫輒對曰魯有名而無情有大國名無情實伐之必得志焉退而告公山不狃不狃亦故魯人○狃女九反公山不狃曰非禮也君子違不適讎國違奔亡也疏君子。至讎國○正義曰謂有故而去者也本國於己無大讎怨己無報怨之心則違而不適讎國武王數紂之罪以告衆云撫我則后虐我則讎若父本無罪而枉被誅殺如伍員之徒志在復讎適國亦可矣不得以此言格之也若父以罪而受誅者如。鬬辛之徒本自不合怨君故辛亦不敢怨也未臣而有伐之奔命焉死之可也未臣所適之國。若有伐本國者則可

還奔命死其難○難乃旦反 疏注未臣至其難○正義曰既臣之後則身是新君之臣性命非復己有故不復得為舊君死節也若未有臣服則舊君之恩未絕故可還奔舊君之命死其難也言奔命則有命乃奔之若命不及亦不當還所託也則隱隱會所因託則為之惡○會在增反且夫人之行也不以所惡廢鄉不以其私怨惡廢棄其鄉黨之好○夫音符行下孟反又如字惡烏路反又如字注同好呼報反下文好焉同今子以小惡而欲覆宗國不亦難乎輒魯公族故謂之宗國○覆芳服反若使子率子必辭王將使我子張疾之子張輒也 疏若使子率○正義曰率謂在軍前引道率領先行非為軍之將帥也故不狃云子辭王將使我以其知魯道者唯此二人故也王問於子洩子洩不狃○洩息列反又作泄對曰魯雖無與立緩時若無能自立必有與斃急則人人知懼皆將同死戰○斃婢世反諸侯將救之未可以得志焉晉與齊楚輔之是四讎也。與魯而四夫魯齊晉之脣脣亡齒寒君所知也不救何為三月吳伐我子洩率故道險從武城故由險道欲使魯成備○子洩率絕句故道險絕句初武城人或有因於吳竟田焉僑田吳界○竟音境僑其驕反拘鄫人之漚菅者曰何故使吾水滋。鄫人亦僑田吳滋濁也○拘音俱下同漚烏豆反菅古顏反滋音玄本亦作茲子絲反字林云黑也及吳師至拘者道之以伐武城克之鄫人教吳必可克○道音導王犯嘗為之宰澹臺子羽之父好焉國人懼王犯吳大夫故嘗奔魯為武城宰澹臺子羽武城人孔子弟子也其父與王犯相善國人懼其為內應○澹待甘反應應對之應 疏及吳至人懼○正義曰杜意拘者道之以伐武城克之謂語吳人云若伐武城必可克之吳人王犯嘗為武城之宰與澹臺子羽之父相善國人懼者謂武城邑。懼子羽爲吳內應劉炫以爲實克武城今知非者以下傳始云王犯嘗爲之宰國人懼是未得武城故知此克之是鄫人教吳之語劉以爲伐武城克之者實克武城國人懼者懼其害魯若然吳師既來伐魯是顯然行兵不須云王犯與子羽之父相善魯已受害何須云國人始懼傳既云王犯嘗爲之宰文繼武城之下是爲武城之宰澹臺子羽又是武城之人皆據武城而言故知恐爲武城內應傳載滬嘗事者說來伐武城之由劉妄生異見而規杜非也懿子謂景伯若之何對曰吳師來斯與之戰何患焉且召之而至又何求焉言犯盟伐邾所以召吳吳師克東陽而進舍於五梧明日舍於蠶室三邑魯地公賓庚公甲叔子與戰于夷獲叔子與析朱鉏。公賓庚公甲叔子析朱鉏爲三人皆同車傳互言之○析星歷反注及下同獻於王王曰此同車必使能國未可望也同車能俱死是國能使人故不可望得。明日舍于庚宗遂次於泗上微虎欲宵攻王舍微虎魯大夫○泗音四私屬徒七百人三踊於幕庭於帳前設格令士試躍之○屬音燭幕亡博反格更百反令力呈反躍羊灼反卒三百人有若與焉卒終也終得三百人任行有若孔子弟子與在三百人中○與音預注同任音壬及稷門之內三百人行至稷門。一或謂季孫曰不足以害吳而多殺國士不如已也乃止之吳子聞之一夕三遷畏微虎。○三息暫反吳人行成求與魯成將盟景伯曰楚人圍宋易子而食析骸而爨在宣十五年○骸戶皆反本又作骨爨七亂反猶無城下之盟我未及虧而有城下之盟是棄國也吳輕而遠不能久將歸矣請少待之弗從景伯負載。造於萊門以言不見從故負載書將欲出盟○虧去危反輕遣政反載如字或音戴造七報反萊音來疏注以言至出盟○正義曰劉炫云載書盟主所制自當吳人爲之何由復出魯國又載書數簡之文耳何須負之且諸言載書未有單稱載者以爲負載器物欲往質於吳以規杜今杜知負載是負載書者以周禮司盟掌盟載之事故傳云士莊子爲載書此上有將盟之文下即云負載之事故知是載書也劉以負載謂背負器物然則景伯魯之大夫親自負物不近人情而規杜過非也乃請釋子服何於吳吳人許之以王子姑曹當之而後止釋舍也魯人不以盟爲。了欲因留景伯爲質於吳既得吳之許復求吳王之子以交質吳人不欲留王子故遂兩止○質音致下同復扶又反吳人盟而還不書盟恥吳夷○齊悼公之來也在五年季康子以其妹妻之即位而逆之季魴侯通焉魴侯康子叔父○妻七計反魴音房女言其情弗敢與也齊侯怒夏五月齊鮑牧帥師伐我取讙及闡或譖胡姬於齊侯胡姬景公妾○曰安孺子之黨也六月齊侯殺胡姬傳言齊侯無道所以不終齊侯使如吳請師將以伐我乃歸邾子齊未得季姬故請師也吳前爲邾討魯懼二國同心故歸邾子爲于僞反○邾子又無道吳子使大宰子餘討之子餘大宰嚭○因諸樓臺栫。之以棘栫。雍也○栫本又作荐在薦反雍於勇反使諸大夫奉大子革以爲政革邾大子桓公也爲十年邾子來奔傳○秋及齊平九月臧賓如如齊涖盟賓如臧會子。齊閭丘明來涖盟明閭丘嬰之子也盟不書諱略之疏注明閭至略之○正義曰魯以淫女見伐喪邑又屈服求盟是可恥之事二盟皆不書者諱其惡而略之且逆季姬以歸嬖季姬魴侯所通者○

鮑牧又謂羣公子曰使女有馬千乘乎（有馬千乘使為君也鮑牧本不欲立陽生故諷動羣公子○女音汝乘繩證反注及下同諷方鳳反）公子愬之公謂鮑子或譖子子姑居於潞以察之（潞齊邑○愬音素潞音路）若有之則分室以行若無之則反子之所出門使以三分之一行半道使以二乘及潞麇。之以入遂殺之（麇亦束縛○麇丘隕反）○冬十二月齊人歸讙及闡季姬嬖故也

經九年春王二月葬杞僖公（無傳三月而葬速）○宋皇瑗帥師取鄭師于雍丘（書取覆而敗之雍丘縣屬陳留○雍於勇反）

疏注書取覆而敗之○正義曰莊十一年傳例曰覆而敗之曰取某師釋例曰覆者謂威力兼備若羅網之所掩覆一軍皆見禽制故以取為文專制之辭也案傳鄭師圍宋雍丘宋皇瑗復於鄭師之外築壘使合表裏受敵無處可逃子姚救之又大敗而宋師乃號令使有能者無死是其合軍盡禽敵人制其死命是於例正合書取也

○夏楚人伐陳○秋宋公伐鄭○冬十月

傳九年春齊侯使公孟綽辭師于吳（齊與魯。平故辭吳師○綽昌灼反本又作卓同）吳子曰昔歲寡人聞命今又革之不知所從將進受命於君（為十年吳伐齊傳）○鄭武子賸之嬖許瑕求邑無以與之（賸罕達也瑕武子之屬○賸以證反）請外取許之（瑕請取於他國）故圍宋雍丘宋皇瑗圍鄭師（許瑕師）每日遷舍（作壘塹成輒徙舍合其圍○壘力軌反塹七豔反）壘合鄭師哭子姚救之大敗（子姚武子賸也）二月甲戌宋取鄭師于雍丘使有能者無死（惜其能也）以郟張與鄭羅歸（鄭之有能者○

郟古洽反又音甲○夏楚人伐陳陳即吳故也○宋公伐鄭報雍丘疏宋公伐鄭○正義曰虛舉經文者爲
下趙鞅救鄭起并以終上取鄭師之事也○秋吳城邗溝通江淮於邗江築城穿溝東北通射陽湖西北至。末口入淮通糧道也今廣
陵。韓江是○邗音寒射食亦反又音亦○晉趙鞅卜救鄭遇水適火水火之兆疏遇水適火○正義曰服虔云兆南行適火
卜法橫者爲土立者爲木邪向經者爲金背經者爲火因兆而細曲者爲水占諸史趙史墨史龜皆晉史史龜曰是謂
沈陽火陽得水故沈可以興兵兵陰類也故可以興兵利以伐姜不利子商姜齊姓子商謂宋伐齊則可
敵宋不吉史墨曰盈水名也子水位也趙鞅姓盈宋姓子水盈坎乃行子姓又得北方水位疏注趙鞅至水位○正
義曰秦本紀秦伯翳之後爲嬴姓也趙世家云趙氏之先與秦同祖其伯翳後世爲盈泄蜚廉有子二人一曰惡來其後爲秦一曰季勝其後爲趙今卜趙鞅
伐宋故以嬴二姓爲占也子名位敵不可干也二水俱盛故言不可干炎帝爲火師神農有火瑞以火名官姜姓
其後也水勝火伐姜則可史趙曰是謂如川之滿不可游也既盈而得水位故爲如川之滿不可
馮游言其波流盛游音由馮皮冰反○鄭方有罪不可救也鄭以嬖寵伐故以爲有罪人救鄭則不吉不知其
他救鄭則當伐宋故不吉也陽虎以周易筮之遇泰䷊乾下坤上泰之需䷄乾下坎上需泰六五變○需音
須疏遇泰之需○正義曰乾下坤上泰乾爲天坤爲地地在上天在下象曰天地交泰泰者大也天地交合萬物大通故名此卦爲泰乾下坎上需象曰
需須也言雲在天上須散而爲雨故名此卦爲需曰宋方吉不可與也不可與戰泰六五曰帝乙歸妹以祉元吉帝乙紂父。五爲天子

故稱帝乙陰而得中有似王者嫁妹得如其願受福祿而大吉○祉音恥疏注不可至大吉○正義曰泰六五曰帝乙歸妹以祉元吉易之文也既引其文又解其意帝乙紂父殷本紀文也易之爻位五爲天子故於六五之爻稱帝乙也其象曰以祉元吉中以行願六是陰爻也五是上體之中居天子之位陰而得中有似王者嫁妹得如其願受福祿而大吉王弼云婦人謂嫁曰歸泰者陰陽交通之時也女處尊位履中居順降身應二感以相與用中行願不失其禮帝乙歸妹誠合斯義履順居中行願以祉盡夫陰陽交配之宜故元吉也杜說與彼同案易稱高宗伐鬼方者實伐之帝乙婦妹者實嫁之其女有賢德名聞昭著故得載之易象但書典散亡不知嫁與何人爲誰之妻微子啓帝乙之元子也宋鄭甥舅也宋鄭爲昏姻甥舅之國宋爲微子之後今卜得帝乙卦故以爲宋吉疏宋鄭甥舅○正義曰宋鄭異姓必嫁娶往來或可時實有親故爲甥舅輒言甥舅者言其昏姻勢敵敵則無以相傾宋有福鄭必衰言鄭不可助也祉祿也若帝乙之元子歸妹而有吉祿我安得吉焉乃止吉在彼則我伐之爲不吉○冬吳子使來儆師伐齊前年齊與吳謀伐魯齊既與魯成而止故吳恨之反與魯伐齊○儆音景

經十年春王二月邾子益來奔疏邾子益來奔○正義曰八年歸邾子益于邾傳云邾子又無道吳子使大宰子餘討之囚諸樓臺榛之以棘蓋將歸吳而因之今言來奔當是自吳逃而來適魯傳稱齊甥也遂奔齊經不復書其奔齊者凡諸來奔既至魯而更復奔他國者已去其位略賤之不復書齊慶封亦是也○公會吳伐齊書會從不與謀○與音預疏注書會至與謀○正義曰往年吳來儆師是與我謀也而從不與謀者與謀者謂彼此和同計謀然後共伐則是我爲伐主故言及某同行不與謀者謂彼心自定遣來召我則彼爲伐主我往會之故言會某伐某今吳伐齊之意已定儆師者來召魯耳於例止當言會故從不與謀之文○三月戊戌齊侯陽生卒以疾赴故不書弑○弑申志反

【疏】注以疾至書弑○正義曰傳稱齊人弑悼公赴于師則陽生被弑矣而經書卒是以疾死赴也襄七年鄭伯髡頑卒于鄭傳稱子駟使賊夜弑僖公而以瘧疾赴于諸侯知此亦以疾死赴故不書弑也八年臧賓如如齊涖盟齊閭丘明來涖盟是再同盟故赴以名杜不言略之

○夏宋人伐鄭無傳○晉趙鞅帥師侵齊○五月公至自伐齊無傳○葬齊悼公無傳○衛公孟彄自齊歸于衛無傳書歸齊納之○彄苦侯反

【疏】注書歸齊納之○正義曰定十四年衛公孟彄出奔鄭自鄭奔齊故今自齊歸衛也成十八年傳例曰凡去其國諸侯納之曰歸此書自齊歸知是齊納之

○薛伯夷卒無傳赴以名故書

【疏】注赴以名故書○正義曰定十三年薛弑其君比此夷當代爲君爾。來未同盟而赴以名故書

○秋葬薛惠公無傳○冬楚公子結帥師伐陳○吳救陳季子不書陳人來告不以名

【疏】注季子至以名○正義曰傳稱延州來季子救陳即是季札也札以襄二十九年來聘書名則此亦宜書名今不書者陳人來告不以名也

傳十年春邾隱公來奔齊甥也故遂奔齊終子貢之言公會吳子邾子郯子伐齊南鄙師于鄎鄎齊地邾郯不書兵并屬吳不列於諸侯○郯音談鄎音息并必政反○齊人弑悼公赴于師以說吳○弑申志反吳子三日哭于軍門之外徐承帥舟師將自海入齊齊人敗之吳師乃還承吳大夫○夏趙鞅帥師伐齊經書侵以侵告大夫請卜之趙孟曰吾卜於此起兵謂往歲卜伐宋不吉利以伐姜故。令興兵事不再令。再令瀆也卜不襲吉襲重也○重直龍反又直用反行也於是乎取犁及轅犁一

名隔濟南有隔陰縣祝阿縣西有轅城○犂力兮反又力之反轅音袁一音于眷反隔音習本或作隔音同【疏】注犂一名隔○正義曰犂即犂丘也二十三年傳稱齊晉戰于犂丘知伯親禽顏庚庚即涿聚也二十七年○陳成子召顏涿聚之子晉曰濕之役而父死焉是犂一名隔毀高唐之郭侵及賴而還○秋吳子使來復儆師伐齊未得去故為明年吳伐齊傳○復扶又反○冬楚子期伐陳陳即吳故吳延州來季子救陳謂子期曰二君不務德二君吳楚而力爭諸侯民何罪焉我請退以為子名務德而安民乃還季子吳王壽夢少子也壽夢以襄十二年卒至今七十七歲壽夢卒季子已能讓國年當十五六至今蓋九十餘○夢音蒙少詩照反【疏】注季子至十餘○正義曰襄昭之傳稱延州來季子者皆是季札也此說務德安民是大賢之事亦當是札故計跡其年言雖老猶能將兵也孫毓以為季子食邑於州來世稱延州來季子猶趙氏世稱知伯延州來季子或是札之子與孫也

經十有一年春齊國書帥師伐我○夏陳轅頗出奔鄭書名貪也○頗破可反又普多反○五月公會吳伐齊○甲戌齊國書帥師及吳戰于艾陵齊師敗績獲齊國書公與伐而不與戰艾陵齊地○艾五蓋反與伐音預下同○秋七月辛酉滕子虞母卒無傳赴以名故書之【疏】注赴以名故書之正義曰四年滕子結卒虞母代結為君爾來未同盟來赴故書也○冬十有一月葬滕隱公無傳○衛世叔齊出奔宋書名淫也

傳十一年春齊為郎故郎在前年為于偽反○國書高無丕帥師伐我及清清齊地濟北盧縣東有清

亭○平音普悲反季孫謂其宰冉求冉求魯人孔子弟子曰齊師在清必魯故也若之何求曰一子守二子從公禦諸竟季孫曰不能自度力不能使二子禦諸竟○守手又反從才用反禦魚呂反亦作御竟音境度待洛反求曰居封疆之間封疆竟內近郊地○疆居良反季孫告二子二子叔孫孟孫也二子不可求曰若不可則君無出一子帥師背城而戰不屬者非魯人也屬臣屬也言不戰爲不臣魯之羣室衆於齊之兵車羣室都邑居家一室敵車優矣子何患焉二子之不欲戰也宜政在季氏言二子恨季氏專政故不盡力○二子之不欲戰也宜絕句當子之身齊人伐魯而不能戰子之恥也大不列於諸侯矣季孫使從於朝使冉求隨己之公朝俟於黨氏之溝黨氏溝朝中地名○黨音掌武叔呼而問戰焉問冉求對曰君子有遠慮小人何知懿子強問之對曰小人慮材而言量力而共者也言子所問非己材力所及故不能言○強其丈反共音恭武叔曰是謂我不成丈夫也知冉求非己不欲戰故不對○不成丈夫也本或作大夫非是退而蒐乘蒐閱○蒐所求反乘繩證反閱音悅孟孺子洩帥右師孺子孟懿子之子武伯彘○孺而住反彘直利反○顏羽御邴洩爲右二子孟氏臣○邴音丙又彼命反冉求帥左師管周父御樊遲爲右樊遲魯人孔子弟子樊須○父音甫季孫曰須也弱有子曰就用命焉雖年少能用命有子冉求也○少詩照反季氏之甲七千冉有以武城人三百爲己徒卒步卒精兵○卒子忽反注同○老幼

守官次于雩門之外 南城門也○雩音于 五日右師從之 五日乃從言不欲戰 公叔務人 務人公為昭公子 見保者而泣 保守城者 曰事充 繇役煩○繇本或作傜同音遙 政重 賦稅多 上不能謀士不能死何以治民吾既言之矣敢不勉乎 既言人不能死己不敢不死 師及齊師戰于郊齊師自稷曲 稷曲郊地名 師不踰溝樊遲曰非不能也不信子也請三刻而踰之 與眾三刻約信 如之眾從之 如樊遲言乃踰溝 師入齊軍 冉求之師 右師奔齊人從之 逐右師 陳瓘陳莊涉泗 二陳齊大夫○瓘古奐反泗音四 孟之側後入以為殿 之側孟氏族也字反○殿丁練反 抽矢策其馬曰馬不進也 不欲伐善○抽勑留反策初革反本或作筞 林不狃之伍曰走乎 不狃魯士五人為伍敗而欲走 不狃曰誰不如 我不如誰而欲走○誰不如如字一音而庶反注同 曰然則止乎不狃曰惡賢 言止戰惡足為賢皆无戰志○惡音烏注同 徐步而死 徐行而死言魯非无壯士但季孫不能使 師獲甲首八十 冉求所得 齊人不能師 不能整其師 宵諜曰齊人遁 諜間也○諜音牒遁徒困反間間廁之間 冉有請從之三季孫弗許孟孺子語人曰我不如顏羽而賢於邴洩 二子與孟孺子同車○語魚據反 子羽銳敏 子羽顏羽銳請也敏疾也言欲戰 我不欲戰而能默 心雖不欲口不言奔○默本亦作嘿亡北反 洩曰驅之 言驅馬欲奔 公為與其嬖僮汪錡乘皆死皆殯 皆俱也○嬖必計反僮本亦作童音同汪烏黃反錡魚綺反乘繩證反 孔子曰能執干戈以衛社稷可無殤也 時人疑童子當

殤〇殤音商八歲至十九歲爲殤疏。注時人。至當殤〇正義曰喪服大功章云子女子子之長殤中殤傳曰何以大功未成人也年十九至十六爲長殤十五至十二爲中殤十一至八歲爲下殤不滿八歲以下皆爲無服之殤其於服也長殤中殤降成人一等下殤降二等此汪錡蓋長殤也時人疑其當降服又葬殤之禮亦異成人檀弓云周人以殷人之棺槨葬長殤以夏后氏之。塈周葬中殤下殤以有虞氏之瓦棺葬無服之殤是其異於成人也冉有用矛於齊師故能入其軍孔子曰義也言能以義勇不書戰不皆陳也不書敗勝負不殊〇矛亡侯反陳直覲反〇夏陳轅頗出奔鄭初轅頗爲司徒賦封田以嫁公女封內之田悉賦稅之有餘以爲己大器。長器。鍾鼎之屬國人逐之故出道渴其族轅咺進稻醴粱糗腶脯焉糗乾飯也〇咺況阮反稻醴音禮以稻米爲醴酒粱糗起九反以粱米爲之一音昌紹反腶脯丁亂反字亦作鍛加薑桂曰脯也疏。稻醴粱糗腶脯〇正義曰周禮酒正辨五齊之名二曰醴齊鄭玄云醴猶體也成而汁滓相將如今之恬酒矣則醴是濁酒也月令命作。酒云秫稻必齊是以稻爲醴也釋草云虋赤苗芑白苗郭璞曰今之赤粱粟。白粱粟皆好穀也內則鄭玄注云腶脩捶脯施薑桂也喜曰何其給也對曰器成而具具此醴糗曰何不吾諫對曰懼先行恐言不從先見逐〇爲郊戰故公會吳子伐齊欲以報也爲于僞反〇五月克博壬申至于嬴博嬴齊邑也二縣皆屬泰山〇嬴音盈中軍從王吳中軍胥門巢將上軍王子姑曹將下軍展。如將右軍三將吳大夫齊國書將中軍高無丕將上軍宗樓將下軍陳僖子謂其弟書爾死我必得志書子占也欲獲死事之功宗子陽與閭丘明相厲也相勸厲致死子陽宗樓也桑掩。

胥御國子國子國書公孫夏曰二子必死亦勸勉也夏戶雅反○將戰公孫夏命其徒歌虞殯虞殯送葬歌曲示必死○殯必刃反疏○歌虞殯○正義曰賈逵云虞殯遣殯歌詩杜云送葬歌曲並不解虞殯之名禮啓殯而葬葬。即下棺反日中而虞蓋以啓殯將虞之歌謂之虞殯歌者樂也喪者哀也送葬得有歌者蓋挽引之人為歌聲以助哀今之挽歌是也舊說挽歌漢初田橫之臣為之據此挽歌之有久矣晉初荀顗制禮以吉凶不雜送葬不宜有歌去之。摯虞駁之云詩云君子作歌惟以告哀葬之有歌不為害也復存之陳子行命其徒具含。玉子行陳逆也具含玉亦示必死○行如字又戶郎反含戶暗反本又作唅公孫揮命其徒曰人尋約吳髮短約繩也八尺為尋吳髮短欲以繩貫其首○揮許韋反東郭書曰三戰必死於此三矣三戰夷儀五氏與今使問弦多以琴弦多齊人也六年奔魯問遺也○遺唯季反疏注使問弦多以琴○正義曰禮以物遺人謂之問二十六年衛出公使以弓問子贛論語云問人於他邦皆是也曰吾不復見子矣言將死戰陳書曰此行也吾聞鼓而已不聞金矣鼓以進軍金以退軍不聞金言將死也○傳言吳師彊齊人皆自知將敗○疏注鼓以至退軍○正義曰周禮大司馬教大閱之禮云中軍以鼙令鼓鼓人皆三鼓車徒皆作鼓行鳴鐲車徒皆行及表乃止鳴鐃且卻鄭注云凡進軍退軍鼓鐸同其所異者廢鐲而鳴鐃耳如鄭此言則進退皆有金鼓而杜云鼓以進軍金以退軍者周禮是教戰之法其臨敵之時欲戰則先擊鼓以動之欲退則先擊金以靜之故長勺之役公將鼓之是欲戰擊鼓也此傳云吾聞鼓而已不聞金矣是欲退擊金也○甲戌戰于艾陵展如敗高子齊上軍敗國子敗胥門巢吳上軍亦敗○王卒助之大敗齊師獲國書公孫夏閭丘明陳書東郭書革車八百乘甲首三千以獻于公

公以兵從故以勞公○卒子忽反乘繩證反從才用反又如字勞力報反將戰吳子呼叔孫叔孫武叔州仇曰而事何也問何
職對曰從司馬從吳司馬所命王賜之甲劍鈹曰奉爾君事敬無廢命叔孫未能對衛
賜進賜子貢孔子弟子○鈹普悲反【疏】衛賜○正義曰子貢衛人故稱衛賜曰州仇奉甲從君而拜之拜受公使大
史固歸國子之元歸於齊也元首也吳以獻魯寘之新篋褽之以玄纁褽薦也○寘之豉反篋苦協反褽音尉別
本作褽以玄纁許云反本亦作動加組帶焉寘書于其上曰天若不識不衷何以使下國言天識不
善故殺國子○組音祖衷音忠○吳將伐齊越子率其衆以朝焉王及列士皆有饋賂吳人皆
喜唯子胥懼曰是豢吳也夫豢養也若人養犧牲非愛之將殺之○饋其位反或作餽賂音路豢音患夫音扶諫曰越
在我心腹之疾也壤地同而有欲於我欲得吳夫其柔服求濟其欲也不如早從
事焉從事擊之得志於齊猶獲石田也無所用之石田不可耕越不爲沼吳其泯。矣使醫
除疾而曰必遺類焉者未之有也盤庚之誥曰其有顛越不共則劓殄無遺育
無俾易種于茲邑盤庚商書也顛越不共從橫不承命者也劓割也殄絕也育長也俾使也易種轉生種類○沼之兆反泯亡軫反盤步干
反誥古報反共音恭注同劓魚器反殄大典反俾必耳反種章勇反注同從子容反長丁丈反【疏】注盤庚至種類○正義曰彼文云顛越不恭暫遇姦。宄我
乃劓殄滅之無遺育無俾易種于茲新邑此傳字少於彼引之略也孔安國云顛隕越隊也不恭不奉上命孔言隕隊謂受上命而隊失之杜言從橫不承命

謂其人性自顛越從橫不肯承命意小異也刑名以截鼻爲劓劓是割也殄絶育長俾使皆釋詁文也易謂轉易無使轉生種類不令更有惡子孫也是商所以興也今君易之將以求大不亦難乎弗聽使於齊屬其子於鮑氏爲王孫氏私使人至齊屬其子改姓爲王孫欲以辟吳禍○使所吏反屬音燭注及下同反役王聞之使賜之屬鏤以死艾陵役也屬鏤劍名○鏤力俱反又力侯反將死曰樹吾墓檟檟可材也吳其亡乎三年其始弱矣盈必毀天之道也越人朝之伐齊勝之盈之極也爲十三年越伐吳起○檟古雅反木名疏將死○正義曰吳語云子胥將死曰而縣吾目於東門以見越人之入吳國之亡也遂自殺王慍曰孤不使大夫得有見也乃使取申胥之尸盛之鴟夷而投之於江賈逵云鴟夷革囊也○秋季孫命脩守備曰小勝大禍也齊至無日矣善有備○守手又反○冬衛大叔疾出奔宋疾即齊也初疾娶于宋子朝子朝宋人仕衛爲大夫○朝如字其娣嬖娣所娶女之娣子朝出出奔孔文子使疾出其妻而妻之疾使侍人誘其初妻之娣寘於犂犂衞邑○妻之七計反犂力兮反而爲之一宮如二妻文子怒欲攻之仲尼止之遂奪其妻或淫于外州外州人奪之軒以獻外州衞邑軒車也以獻於君恥是二者故出衞人立遺使室孔姞遺疾之弟孔姞孔文子之女疾之妻○姞其乙反又其吉反疾臣向魋爲宋向魋臣○魋徒回反納美珠焉與之城鉏城鉏宋邑宋公求珠魋不與由是得罪及桓氏出出在十四年城鉏人攻大叔疾衞莊公復之聽使還使處巢死焉殯

於鄖葬於少禘終言疾之失所也巢鄖少禘皆衛地○鄖音云少詩照反禘大計反初晉悼公子慭亡在衛使其女僕而田僕御田獵○慭魚覲反一作整征領反大叔懿子止而飲之酒懿子大叔儀之孫○飲於鴆反遂聘之生悼子悼子大叔疾○聘匹政反悼子即位故夏戊爲大夫夏戊悼子之甥○夏戶雅反下同戊音茂悼子亡衛人翦夏戊翦削其爵邑孔文子之將攻大叔也訪於仲尼仲尼曰胡簋之事則嘗學之矣胡簋禮器名夏曰胡周曰簋○簋音軌疏注胡簋至曰簋○正義曰胡簋行禮所用之器故以胡簋言禮事論語衛靈公問曰俎豆之事意亦同也明堂位說四代之器云有虞氏之兩敦夏后氏之四璉殷之六瑚周之八簋如記文則夏器名璉殷器名瑚而包咸鄭玄等注論語賈服等注此傳皆云夏曰胡杜亦同之或別有所據或相從而誤甲兵之事未之聞也退命駕而行曰鳥則擇木木豈能擇鳥以鳥自喻疏注甲兵至聞也○正義曰對靈公軍旅之事未之學也其意亦與此同軍旅甲兵亦治國之具也此以文子非禮欲國內用兵靈公空問軍陳故並不荅非輕甲兵也文子遽止之曰圉豈敢度其私訪衛國之難也圉文子名度謀也○遽其據反度待洛反注及下同難乃旦反將止止仲尼魯人以幣召之乃歸於是自衛反魯樂正雅頌各得其所疏注魯人至乃歸○正義曰孔子世家云季康子使公華公賓公林以幣迎孔子孔子歸是也○季孫欲以田賦丘賦之法因其田財通出馬一疋牛三頭今欲別其田及家財各爲一賦故言田賦○別如字一音彼列反疏注丘賦至田賦○正義曰司馬法方里爲井四井爲邑四邑爲丘丘出馬一匹牛三頭四丘爲甸甸乃有馬四匹牛十二頭是爲革車一乘今用田賦必改其舊但不知若爲用之賈逵以爲欲令一井之閒出一丘之稅井別出馬一匹牛三頭若其如此

中華書局聚

則一丘之內有一十六井其出馬牛乃多於常一十六倍且直云用田賦何知使井爲丘也杜以如此則賦稅大多非民所能給故改之舊制丘賦之法田之所收及家內資財井共一馬三牛今欲別其田及家資各爲一賦計一丘民之家資令出一馬三牛又計田之所收更出一馬三牛是爲所出倍於常也舊田與家資官賦今欲別賦其田故言欲以田賦也

使冉有訪諸仲尼仲尼曰丘不識也三發三發問卒曰卒終也子爲國老待子而行若之何子之不言也仲尼不對不公荅而私於冉有曰君子之行也行政事度於禮施取其厚事舉其中斂從其薄如是則以丘亦足矣丘十六井出戎馬一疋牛三頭是賦之常法〇施尸豉反斂力豔反若不度於禮而貪冒無厭則雖以田賦將又不足且子季孫若欲行而法則周公之典在若欲苟而行又何訪焉弗聽爲明年用田賦傳〇冒亡北反一音莫報反厭於鹽反

附釋音春秋左傳注疏卷第五十八

春秋左傳注疏卷五十八校勘記

阮元撰盧宣旬摘錄

附釋音春秋左傳注疏卷第五十八 哀公六年盡十一年

〔經六年〕

任城亢元父縣北有郲婁城 郡國志引注郲作瑕是也

叔還會吳于柤 石經此處殘缺吳字以下一行計十一字

楚子軫卒 釋文云軫史記作珍

注爲陳乞所逆故書入 宋本作注爲陳至書入

所以明乞立陽生而荼見弒 諸本作荼此本誤荼正義同今改正

楚比劫立 淳熙本比誤此

故不容於誅也 監本毛本作固非也

〔傳六年〕

師于城父 閩本監本于誤干

陳盟在昭十一年 宋本淳熙本岳本纂圖本閩本監本毛本一作三是也今正

需事之下也 宋本此節正義在國人追之節注下

晏圉嬰之子 宋本淳熙本岳本足利本晏圉作圉晏是也

前已敗於柏舉 纂圖本監本毛本舉誤人

注前已至是敗 宋本以下正義五節總入又曰節注下

江漢雎漳 北宋刻釋文亦作雎石經誤睢家語水經注並引作沮李善注文選登樓賦云雎與沮同

正義曰土地名 宋本土作此

楚昭王知大道矣 諸本作大道釋文云本或作天道非

以爲逸書 宋本以上有故字是也

注召在至之次 宋本以下正義二節總入葬諸殳冒淳注之下

謂遣意來召 宋本意下有茲字

嘗獻馬於季孫 纂圖本閩本監本毛本於作于非

戒使無曳言 宋本淳熙本岳本纂圖本閩本監本毛本曳作洩釋文同按當作泄

差車王車之官 宋本淳熙本岳本纂圖本監本毛本王作主不誤今依改

使胡姬以安孺子如賴史記齊世家田完世家十二諸侯年表漢書古今人表並作晏孺子陳樹華云安與晏古字通也

內有飢荒之困毛本飢作饑

(經七年)

夏公會吳于鄫釋文鄫作繒云一本作鄫陳樹華云穀梁史記吳世家魯世家孔子世家並作繒是所據本有異也

鄫今琅邪鄫縣纂圖本閩本監本毛本邪作琊

內外之辭岳本纂圖本監本毛本內外作外內

(傳七年)

君若以禮命於諸侯石經禮字改刻初刻誤體

吳王百牢宋本以下正義五節總入注文棄禮知其不能霸也之下

莫適用也宋本毛本適作敵字按此適音的主也作敵者誤

棄天而背本石經棄字起一行計十一字

放棄凶疾宋本放作其非也

蓋言君長大於道路宋本淳熙本足利本無蓋字

臝以爲飾 釋文云臝本又作倮與王符潛夫論引合按當作臝爲正

謂治其本國歧周之禮 宋本閩本監本歧作岐是也今依改

注諸侯至執帛 宋本以下正義三節總入注文爲明年吳伐我傳之下

以玉作六瑞 宋本監本毛本六作五誤也

去其方五十里之國二百 宋本百下有里字

以百里之方一 宋本一作二是也今改

又以百里之方一爲七十里之國二 浦鏜正誤二下依王制正義補又以百里之方一爲五十里之國四十四字

猶聞鍾聲 石經宋本岳本纂圖本閩本監本毛本鍾作鐘

魯擊柝聞於邾 釋文云柝字又作㯑同案說文作㯑

手持兩木以相敵 案周禮正義引鄭注敵作敲是也今依改

平陽縣西北有瑕邱城 監本城誤縣

或夢衆君子 宋本以下正義二節總入注文有黍邱亭之下

衆君子諸國君妾耳 閩本妾字模糊宋本監本作妄是也

（經八年）

宋公既還 纂圖本閩本監本毛本公作人非也

夏齊人取讙及闡 諸本作讙漢書地里志引作鄿說文亦作鄿

闡在東平剛縣北 宋本淳熙本岳本足利本剛作剛是也閩本空缺纂圖本監本毛本誤劉案顧景范方輿紀要云應劭曰剛城故闡邑也戰國時為齊之剛邑秦昭王卅六年取齊剛壽卽此漢置剛縣屬泰山郡後漢屬濟北國晉曰剛平水經注云又西南過岡縣北是也後訛剛為堽今有堽城鄉此本作剛亦形相近而誤陳樹華云東平當作茌平不知茌平別是一縣非郡名也晉志東平郡有剛平

未同盟而赴以名 宋本未誤來

無官使也 宋本淳熙本岳本纂圖本足利本官作旨葉抄釋文同文十五年正義引作指使

正義曰定十年 十年二字此本脫閩本同據宋本毛本補監本初刻亦脫後擠刊

（傳八年）

曹人詬之 釋文云詬本又作詢案說文作詬从言后聲詢詬下云詬或从句

執曹伯 石經伯下有陽字與李善注運命論同

問可伐否　宋本淳熙本岳本足利本否作不是也案古書之不後人多改爲否

問於叔孫輒　宋本以下正義六節總入吳人盟而還注下

兵敗奔齊於後自齊奔吳　此本實缺齊於二字據宋本補閩本監本毛本二字誤倒於作于

君子至讎國　宋本至字作違不適

如鬬辛之徒　宋本閩本監本毛本鬬作鬭重脩監本作國非也

告有伐本國者　宋本岳本纂圖本閩本監本毛本告作若是也今依改

與晉而四　宋本淳熙本岳本纂圖本監本毛本晉作魯是也

拘鄫人之漚菅者　惠棟云鄭康成注考工記引作渥菅釋文云渥烏豆反與漚同

何故使吾水滋　說文引作水茲葉抄釋文同云本亦作滋字按依說文則滋乃水名左傳字不从水

謂武城邑懼子羽爲吳内應　宋本邑下有人字

令知非者　宋本閩本監本毛本令作今是也今依改

獲叔子與析朱鉏　釋文亦作鉏纂圖本閩本監本毛本誤組

故不可望得　足利本記云得下異本有魯國二字非也

三百人行至稷門一監本毛本一作內盧文弨校本云疑作下亦非案一字乃衍宋本淳熙本纂圖本足利本並無一字

長微虎淳熙本岳本足利本虎下有也字

弗從景伯負載造於萊門惠棟曰鄭詩箋云載猶戴也謂負戴器物劉光伯說是也

魯人不以盟爲了毛本了作子非也

梈之以棘釋文梈作荐注同云本又作梈惠棟云說文云以柴木壁也从木存聲本又作洊釋文作荐音在薦反

梈雍也釋文亦作雍岳本監本毛本擁非也

賓如臧會子〇淳熙本〇作也亦衍文宋本岳本纂圖本閩本監本毛本作臧會子無〇是也

注明閭至略之宋本此節正義總入冬十二月節之下

麇之以入諸本作麇此本作麋今改正

〔經九年〕

〔傳九年〕

齊與魯平重脩監本平誤乎

宋公伐鄭宋本以下正義六節總入乃止句注下

西北至宋口入淮 宋本宋作末是也案毛誼父六經正誤云西北至末口末作末誤然則毛氏所見南宋監本已不作末口矣

今廣陵韓江是 監本毛本韓作邗

炎帝爲火師 淳熙本炎上衍故字

立爲天子 宋本淳熙本立作五案正義亦作五山井鼎云足利本云立字異本作五所謂異本多不可信此云作五不誤

今卜得帝乙卦 宋本乙下有之字

言其昏姻勢敵 閩本監本毛本昏作婚

反與魯謀伐齊 此本無謀字閩本同據諸本補閩本毛本與作爲非也

〔經十年〕

邾子益來奔 宋本以下正義二節總入注又書會從不與謀之下

邾子又無道 宋本又作人非也

注書會至與謀 宋本至作從不二字

〔傳十年〕

來未同盟而赴以名 閩本監本毛本來作夷

故令興兵宋本淳熙本岳本足利本令作今

再令瀆也淳熙本瀆誤竇

注犂一名隰宋本此節正義在毀高唐之郭節之下

犂卽犂丘也宋本犂丘作黎丘下同

知伯親禽顏庚宋本毛本同與廿三年傳合閩本監本禽作擒

二十七年宋本年下有傳字

世稱知伯宋本世字上有世稱趙孟知氏六字

（經十一年）

滕子虞母卒淳熙本岳本閩本母作毋案六經正誤云作母誤與國本作毋

（傳十一年）

齊北盧縣宋本淳熙本岳本足利本齊作濟是也

竟內近郊之地纂圖本閩本監本毛本脫之字

一室敵車此本一字空闕據石經宋本淳熙本岳本纂圖本閩本監本毛本補

二子之不欲戰也宜石經宜字下後人旁增哉字非也

言子所問纂圖本于上衍君字

有子曰就用命焉劉原父春秋權衡云案有子當作子有子有者冉求字也仲尼門人字多云子某者不得云有子也

公叔務人正德本閩本監本叔誤孫毛本作務亦非

銳請也宋本淳熙本岳本纂圖本監本毛本請作精是也

公爲與其嬖僮汪錡乘釋文僮作童云本亦作僮案說文童子字作僮禮記作與鄭重汪踦鄭注云重當爲童春秋傳曰童汪踦

可無殤也石經殤字改刊初刻誤傷

注時人至當殤宋本至作疑童子三字此節正義在冉有用矛節注下

以夏后氏之堲周葬中殤毛本堲誤塈

封內之田悉賦稅之纂圖本監本毛本悉誤悪

長器鍾鼎之屬宋本岳本長作大鍾作鐘淳熙本足利本亦作大是也今依改

稻醴粱糗腶脯宋本此節正義在曰何不吾諫節注下

月令命作酒云浦鏜正誤云作酒二字疑大酋之誤

白粱粟宋本白作好非也

展如將右軍纂圖本監本毛本展誤辰

桑掩胥御國子石經掩字起一行計九字

歌虞殯宋本以下正義六節總入齊至無日矣注下

葬郎下棺監本毛本郎作則非也

擊虞駿之云宋本監本毛本擊作摯駿作駮是也

陳子行命其徒具含玉釋文云含本又作唅初學記引同

吳其泯矣石經宋本泯作汦避所諱

暫遇姦宄重脩監本宄誤寃

屬其子改姓爲王孫欲以辟吳禍岳本以字在其字上

而縣吾自於吳門宋本閩本監本毛本自作目不誤案國語吳語吳作東

麽之鴟夷監本毛本之作以與今國語同

注胡簋至曰簋宋本以下正義三節總入魯人以幣召之注下

以治國之具也宋本以作亦是也今改正

季康子使公華公賓公林宋本亦作華是也閩本監本毛本誤葉

注邱賦至田賦宋本此節正義在若不度於禮節注下

但不知若爲用之監本毛本爲作何

井共一馬三牛宋本井作丼

舊田與家資官賦宋本監本毛本官作同是也今改正

使冉有訪諸仲尼岳本諸作於

度於禮石經度字起一行計九字

施取於厚石經宋本淳熙本岳本纂圖本監本毛本於作其是也

邱十六井淳熙本六誤大

附釋音春秋左傳注疏卷第五十九 哀十二年盡十五年

杜氏注　孔穎達疏

經十有二年春用田賦直書之者以示改法重賦疏注直書至重賦正義曰用田賦者用田之所收以為賦令之出牛馬也依實直書之以示改常法重賦斂成元年作丘甲甲是造作之物故言作馬牛賦稅以充之非造作之物且譏其賦不譏其作故書用言舊不用而今用之○夏五月甲辰孟子卒魯人諱娶同姓謂之孟子春秋不改所以順時○娶本或作取七喻反又如字疏注魯人至順時○正義曰論語云君取於吳為同姓謂之吳孟子是魯人常言稱孟子也坊記云魯春秋去夫人之姓曰吳其死曰孟子卒是舊史書為孟子卒及仲尼修春秋以魯人已知其非諱而不稱姬氏諱國惡禮也因而不改所以順時世也魯春秋去夫人之姓曰吳春秋無此文坊記云然者禮夫人初至必書於策若娶齊女則云夫人姜氏至自齊此孟子初至之時亦當書曰夫人姬氏至自吳同姓不得稱姬舊史所書蓋直云夫人至自吳是去夫人之姓直書曰吳而已仲尼修春秋以犯禮明著全去其文故今經無其事○公會吳于橐皋橐皋在淮南。逡遒縣東南○橐章夜反一音託逡音峻又七倫反遒音囚又音巡○秋公會衛侯宋皇瑗于鄖鄖發陽也廣陵海陵縣東南有發繇亭。○繇音遙疏注鄖發陽也○正義曰十七年傳云孟武伯問於高柴曰諸侯盟誰執牛耳季羔曰發陽之役衛石魋指此會也知鄖即發陽一地二名也○宋向巢帥師伐鄭○冬十有二月螽周十二月今十月是歲。置閏而失不置雖書十二月實今之九月司曆誤。一月九月之初尚溫故得有螽○螽音終

傳十二年春王正月用田賦終前年事○夏五月昭夫人孟子卒昭公娶于吳故不

書姓諱娶同姓故謂之孟子若宋女【疏】注諱娶至宋女○正義曰諱娶同姓不得謂之吳女宋是子姓長女字孟故惠公元妃謂之孟子今亦稱孟子者全改其本若言此夫人是宋國之長女也釋例曰經書孟子卒傳言昭公娶于吳故不書姓此爲昭公加諱不復繫吳改其姓號傳因而弗革也論語謂之吳孟子蓋時人常言非經傳正文也而賈氏以爲言孟子若言吳之長女也稱吳長女既不異於同姓且娶同姓長之與少未聞其異無所爲別也

死不赴故不稱夫人不稱夫人故不言薨不反哭故不言葬小君反哭者夫人禮也以同姓故不成其夫人喪【疏】注反哭至人喪○正義曰禮既葬日中自墓反虞於正寢所謂反哭於寢反哭者是夫人之正禮也季氏以同姓之故不成其夫人之喪不爲反哭故不書葬所以懲臣子之過也釋例曰若昭之孟子者以同姓爲闕生革其姓過而知悔也然吳之大伯下及魯昭於親遠矣所諱在於名義而已居夫人之位籍小君之尊已三世矣季氏當國而不爲之服至令仲尼釋己之經國朝不成其喪以世適夫人不書於策此季氏之咎也杜言不書於策謂不以夫人之禮書於經也

孔子與弔適季氏季氏不絻放經而拜孔子始老故與弔也絻喪冠也孔子以小君禮往弔季孫不服喪故去經從主節制○與弔音預注同絻音問經大結反去其呂反【疏】注孔子至節制○正義曰杜以孔子與弔明其已去臣位若在臣位則服小君之喪不得云與弔而已故云孔子始老始老者謂始致事也劉炫云按十六年仲尼卒哀公誄之子貢譏云生不能用則是哀公不用仲尼爲臣也又世家及諸書無云仲尼仕於哀公杜焉得云孔子始老乎今知不然者以上十一年傳稱仲尼在衞魯人以幣召之是召之而來當以任用故冉有云子爲國老待子而行後乃致事故孟子之喪而來與弔若哀公全不能用何須以幣召之但哀公不用其言故云生不能用於傳文上下理甚符同劉以爲不仕哀朝以規杜過非也喪服齊衰三月章曰爲舊君君之母妻傳曰爲舊君者孰謂也仕焉而已者也何以服齊衰三月言與民同也君之母妻則不名也鄭玄云仕焉而已者謂老苦有廢疾而

致仕者也爲小君服者恩深於民也是其服與民同不服臣爲小君之服故與常弔也禮齊衰之喪始死而絻以至於成服絻以代吉冠故以絻爲喪冠也孔子以季孫當服臣爲小君之禮故以小君禮往弔季氏傳言適季氏謂適季氏哭位故杜言往弔謂就其哭位也季孫既不服喪孔子不得。服弔服故去經從主節制也大夫之弔服。弁經鄭玄云弁經者如爵弁而素而加環經大如緦之經纏而不。糾也曲禮云凡非弔喪非見國君無不荅拜者鄭玄云喪賓不荅拜不自賓客也禮弔無拜法而此言孔子放經而拜者記言喪賓不荅拜謂喪主既拜賓賓不荅拜耳其初見主人。或弔者先拜據此傳文必有拜法記無其事記不具耳 ○公會吳于橐皐吳子使大宰嚭請尋盟尋鄫盟公不欲使子貢對曰盟所以周信也周固故心以制之制其義玉帛以奉之奉贄明神○贄音至言以結之結其信明神以要之要以禍福○要一遙反注同寡君以爲苟有盟焉弗可改也已若猶可改日盟何益今吾子曰必尋盟若可尋。也亦可寒也尋重也寒歇也○重直龍反歇許謁反【疏】。注尋重也寒歇也○正義曰少牢有司徹云乃尋尸俎鄭玄云尋溫也引此若可尋也亦可寒也則諸言尋盟者皆以前盟已寒更溫之使熱溫舊即是重義故以尋爲重傳意言若可重溫使熱亦可歇之使寒故言寒歇不訓寒爲歇也乃不尋盟○吳徵會于衛初衛人殺吳行人且姚而懼謀於行人子羽子羽衞大夫。○且子餘反子羽曰吳方無道無乃辱吾君不如止也子木曰吳方無道子木衞大夫國無道必棄疾於人吳雖無道猶足以患衞爲衞患也往也長木之斃無不摽也摽擊○斃婢世反摽敷蕭反又普交反國狗之瘈無不噬也瘈狂也噬齧也○狗音苟瘈吉世反噬市制反

齧五結反本或作嚙疏長木至噬也○正義曰長木喻吳國大也狗瘈喻吳失道也國狗猶家狗言家畜狂狗必齧人也而況大國乎秋

衛侯會吳于鄖公及衛侯宋皇瑗盟盟不書畏吳竊盟疏注盟不至竊盟○正義曰畏吳竊盟恐吳知之故不敢書於策也成二年公及楚人秦人云云盟於蜀傳曰卿不書匱盟也於是乎畏晉而竊與楚盟故曰匱盟彼以畏晉竊盟故諸侯之卿皆貶而稱人此亦畏吳竊盟宜應貶此三國經遂沒而不書者彼以晉是盟主諸侯不應背晉故貶諸侯之卿以成晉為霸主此吳以夷禮自處不合主諸侯之盟故與吳盟者悉皆不書是不與吳為盟主也既不與吳則三國私盟於義可許不合貶責但魯自不書仲尼亦從而不書之耳釋例曰諸侯畏晉而竊與楚盟而貶其卿所以成晉為盟主也吳之彊大始於會鄫終於黃池凡三會三伐三盟唯書會伐而不書盟者吳以盟主自居而行其夷禮禮儀不典則盟神不蠲非所以結信義昭明德故不錄其盟不與其成為盟主也既不與吳之為盟主則宋魯衛三國私盟可許故無貶文是其說也杜言三會三伐三盟者七年會于鄫十二年會于槖皐十三年會于黃池是三會也八年吳伐我十年公會吳伐齊十一年齊國書及吳戰于艾陵是三伐也七年傳云夏盟于鄫衍八年傳云吳人盟而還十三年傳云秋七月辛丑盟吳晉爭先是三盟也而卒辭吳盟吳人藩衛侯之舍藩籬○藩方元反注及下同籬力知反子服景伯謂子貢曰夫諸侯之會事既畢矣侯伯致禮地主歸餼侯伯致禮以禮賓也地主所會主人也餼生物○餼許氣反疏注侯伯至生物○正義曰侯伯諸侯之長謂盟主也侯伯為主則諸侯之從己者皆為賓致禮禮賓當謂有以禮之或設飲食與之宴也地主所會之地主人也當歸生物於賓禮牲生曰餼服虔云致賓禮於地主傳言吳不行禮於衛衛非地主以相辭也各以禮相辭讓今吳不行禮於衛而藩其君舍以難之難苦困也難乃旦反○子貢見大宰。乃請束錦以行以賂吳○盍音戶獵反語及衛故若本不為衛請者○為于僞反大宰嚭曰寡君願事衛君衛君之來也緩寡君懼故將止之止執子貢曰衛君之來必謀於其衆其衆或欲或不是以緩來其欲來者子之黨也其不欲來者子之讎也若執衛君是墮黨而崇讎也墮毀也○墮許規反注及下皆同夫墮子者得其志矣且合諸侯而執衛君誰敢不懼墮黨崇讎而懼諸侯或者難以霸乎大宰嚭說乃舍衛侯衛侯歸效夷言子之尚幼子之公孫彌牟○說音悅下同舍音捨釋也又音赦效戶教反曰君必不免其死於夷乎執焉而又說其言從之固矣出公輒後卒死於越○冬十二月螽季孫問諸仲尼仲尼曰丘聞之火伏而後蟄者畢火心星也火伏在今十月○蟄直力反今火猶西流司曆過也猶西流言未盡沒知是九月曆官失一閏釋例論之備

疏注猶西至之備○正義曰月令季夏之月昏火星中詩云七月流火毛傳云流下也謂昏而見於西南漸下流也周禮司爟云季秋內火是九月之昏火始入十月之昏則伏。矣猶西流者言其未盡沒是夏九月也經書十二月則是夏。十月曆官失一閏故以九月為十月釋例長曆言諸儒皆以為。時實周之九月而書十二月謂之再失閏若如其言乃成三失非但再也今以長曆推春秋此十二月乃夏之九月實周之十一月也此年當有閏而今不置閏此為失一閏月耳十二月不應螽故季孫怪之仲尼以斗建在戌火星尚未盡沒據今猶見故言猶西流明夏之九月尚可有螽也季孫雖聞仲尼此言猶不即改明年十二月復螽於是始悟十四年春乃置閏欲以補正時曆也傳於十五年書閏月蓋置閏正之欲明十四年之閏於法當在十二年也○宋鄭之閒有隙地焉隙地。閒田○隙去逆反閒音閑又一本作閒地一音如字曰彌作頃丘玉暢嵒戈錫凡六邑○彌亡支反○又亡爾反頃苦穎反又音傾暢勑亮反一本作王暢嵒五咸反戈古禾反錫音羊一音星歷反子產與宋人為成曰勿有是俱棄之及宋平元之族自蕭奔鄭在定十五年鄭人為之城嵒戈錫城以處平元之族○為之于僞反九月宋向巢伐鄭取錫殺元公之孫遂圍嵒十二月鄭罕達救嵒丙申圍宋師此事經在十二月螽上今倒在下更。具列其月以為別者丘明本不以為義例故不皆齊同○倒丁老反別如字又彼列反疏注此事至齊同○正義曰杜以此與經別故言丘明不以為義例故使文不齊同劉炫以為傳說當時事耳更倒本隙地之事載其日月使與明年相接今知不然者案宣二年壬申朝于武宮是十月五日下乃云冬趙盾為旌車之族彼注云壬申是十月五日也既有日而無月冬又在壬申下明傳文無。較例彼既無倒本其事與後年相接足知此亦不為倒本其事使九月在十二月之下明傳因舊文或日月前後不以為例若以倒敘其事為後年張本案傳之上下凡倒敘事為後年張本者唯道事之所由不具載其日月劉以此而規杜過非也

經十有三年春鄭罕達帥師取宋師于嵒書取覆而敗之○夏許男成卒無傳○成音城本或作戊

○公會晉侯及吳子于黃池陳留封丘縣南有黃亭近濟水夫差欲霸中國尊天子自去其僭號而稱子以告令諸侯故史承而書之○近附近之近去起呂反僭子念反疏注夫差至書之○正義曰七年會吳于鄫十二年會吳于橐皋皆不稱子此稱吳子故解之夫差欲霸中國尊天子而自號為王則諸侯不服故去僭號自稱吳子以告令諸侯故諸侯之策承而書曰吳子吳語說此事云晉侯命董褐告吳王曰今君奄王東海以淫名

聞于天下君有短垣而自踰之況蠻荊則何有於周室夫命圭有命固曰吳伯不曰吳王諸侯是以敢辭夫諸侯無二君而周無二王君若無卑天子而曰吳公孤敢不順從君命吳王許諾是其去僭號也於此會去王號耳其於吳國猶稱王不改也○楚公子申帥師伐陳無傳○於越入吳○秋公至自會無傳○晉魏曼多帥師侵衞無傳○葬許元公無傳○九月螽無傳書災○冬十有一月有星孛于東方無傳平旦衆星皆沒而孛乃見故不言所在之次○孛步內反見賢遍反【疏】注平旦至之次○正義曰公羊傳曰孛者何彗星也其言于東方何見。于旦也杜用彼說衆星皆沒故不言所在之次○盜殺陳夏區夫無傳稱盜非大夫○夏戶雅反區烏侯反○十有二月螽無傳前年季孫雖聞仲尼之言而不正曆失閏至此年故復十二月螽實十一月○復扶又反

傳十三年春宋向魋救其師救前年圍嵒師鄭子賸使徇曰得桓魋者有賞魋也逃歸遂取宋師于嵒獲成讙郜延二子宋大夫○徇似俊反讙火官反郜古報反又古毒反以六邑爲虛。空虛之名不有○爲虛並如字或音墟非○夏公會單平公晉定公吳夫差于黃池平公周卿士也不書尊之不與會○單音善不與音預○六月丙子越子伐吳爲二隧。隧道也○隧音遂注同疇無餘謳陽自南方二子越大夫○謳烏侯反先及郊吳大子友王子地王孫彌庸壽於姚自泓上觀之觀越師泓水名○泓烏宏反彌庸見姑蔑之旗姑蔑越地今東陽大末縣○蔑亡結反旗音其大音泰孟康云大音闥曰吾父之旗也彌庸父爲越所

獲故姑蔑人得其旌旗不可以見讎而弗殺也。大子曰戰而不克將亡國請待之彌庸不可屬徒五千屬會也○屬音燭注同王子地助之乙酉戰彌庸獲疇無餘地獲謳陽越子至王子地守丙戌復戰大敗吳師獲大子友王孫彌庸壽於姚地守故不獲○守手又反下注同復扶又反丁亥入吳吳人告敗于王王惡其聞也惡諸侯聞之○惡烏路反注同自剄七人於幕。下以絕口○剄古頂反○秋七月辛丑盟吳晉爭先爭歃血先後○歃所洽反又所甲反吳人曰於周室我爲長吳。爲大伯後故爲長○長丁丈反注並同大大音泰晉人曰於姬姓我爲伯爲侯伯趙鞅呼司馬寅寅晉大夫曰日旰矣旰晚也○旰古旦反○大事未成二臣之罪也大事盟也二臣鞅與寅建鼓整列二臣死之長幼必可知也疏。趙鞅至知也○正義曰如此傳文則趙鞅先欲與吳戰也吳語云吳晉爭長未成邊遽乃至以越亂告吳王懼乃合大夫而謀曰無會而歸與會而先晉孰利王孫雄先對曰二者莫利必會而先之乃爲吳王設計布陳雞鳴乃定去晉軍一里昧明王乃秉枹鳴鼓三軍皆譁聲動天地於是晉軍大駭乃令。董褐請事賈逵等皆云董褐司馬寅也如彼文則吳請先戰國語各記其國之事言有彼此故其文不同○注二臣鞅與寅○正義曰杜以鞅呼寅與語明其同憂國事故以二臣爲鞅與寅也劉炫以爲吳晉二臣今知不然者以趙鞅呼司馬寅自相與語云建鼓整列二臣死之皆是鞅寅自謂故知二臣鞅與寅也鞅既不共吳臣對論曲直何得以二臣爲吳晉之臣劉以爲吳晉之臣而規杜氏非也○建鼓○正義曰建立也立鼓擊之與戰也大射禮云建鼓在阼階西鄭玄云建猶樹也以木貫而載之樹之跗也彼謂立之於地所謂殷人楹鼓與此別也對曰請姑視之反曰肉食者無墨墨氣色下今吳王有墨國勝乎國爲敵所勝大子死乎且夷德輕不忍久請少待之少待無與爭○輕遣政反疏反曰至死乎正義曰吳語說此事云董褐既致命乃告趙鞅曰臣觀吳王之色類有大憂小則嬖妾適子死不然則國有難大則越入吳將毒不可與戰主其許之說與此傳小異乃先晉人盟不書諸侯恥之故不錄疏乃先晉人正義曰吳語說此事云吳公先歃晉侯亞之與此異者經書公會晉侯及吳子傳稱公會單平公晉定公吳夫差吳皆在下晉實先矣經據魯史策書傳采魯之簡牘魯之所書必是依實國語之書當國所記或可曲筆直己辭有抑揚故與左傳異者多矣鄭玄云不可以國語亂周公所定法傳玄云國語非丘明所作凡有共說一事而二文不同必國語虛而左傳實其言相反不可強合也

吳人將以公見晉侯子服景伯對使者曰王合諸侯則伯帥侯牧以見于王伯王官伯侯牧方伯○見晉如字又賢遍反使所吏反以見賢遍反伯合諸侯則侯帥子男以見于伯伯諸侯長疏王合至於伯○正義曰曲禮云五官之長曰伯是職方也九州之長入天子之國曰牧於外曰侯職方者二伯各主一方州長者州牧各主一州周禮所謂八命作牧九命作伯是也王合諸侯則伯帥侯牧當如康王之誥太保帥西方諸侯畢公帥東方諸侯以見於王也計當盡帥諸侯獨言帥侯牧者舉尊而言其實盡帥之也伯合諸侯則侯帥子男侯謂牧也牧帥諸國之君見於伯也亦當盡帥在會諸侯獨云子男舉小爲言其實亦見在會者盡帥以見伯也自王以下朝聘玉帛不同故敝邑之職貢於吳有豐於晉無不及焉以爲伯也今諸侯會而君將以寡君見晉君則晉成爲伯矣。敝邑將改職貢魯賦於吳八百乘若爲子男則將半邾以屬於吳半邾三百乘○豐芳中反乘繩證反下及注同而如邾以事晉如邾六百乘疏故敝至伯也○正義曰言共職貢於吳有豐於晉○無有不及晉時以吳爲伯故也○魯賦至事晉○正義曰七年傳茅夷鴻請救於吳云魯賦八百乘君之貳也邾賦六百乘君之私也今魯賦八百乘以貢於吳以吳爲伯故也吳今帥魯以見於晉則吳爲州牧魯爲子男晉成伯矣邾是子爵以六百乘貢吳邾以吳爲伯故也魯既以晉爲伯吳爲牧牧卑於伯則將半邾三百乘以屬於吳而如邾六百乘以事於晉也

且執事以伯召諸侯而以侯終之何利之有焉吳人乃止既而悔之謂景伯欺之將囚景伯景伯曰何也立後於魯矣何景伯名將以二乘與六人從遲速唯命遂囚以還及戶牖戶牖陳留外黃縣西北東昏城是○從才用反牖音酉謂太宰曰魯將以十月上辛有事於上帝先王季辛而畢何世有職焉有職於祭事疏魯將至而畢○正義曰七月辛丑盟因景伯以還今景伯稱十月當謂周之十月周之十月非祭上帝先公之時且祭禮終朝而畢無上辛盡於季辛之事景伯以吳信鬼皆虛言以恐吳耳自襄以來未之改也魯襄公若不會祝宗將曰吳實然言魯祝宗將告神云景伯不會坐爲吳所囚吳人信鬼故以是恐之○坐才臥反恐丘勇反

且謂魯不共而執其賤者七人何損焉大宰嚭言於王曰無損於魯而祇爲名適爲惡名○共音恭祇音支不如歸之乃歸景伯吳申叔儀乞糧於公孫有山氏申叔儀吳大夫公孫有山魯大夫舊相識曰佩玉蘂兮余無所繫之蘂然服飾備也己獨無以繫佩言吳王不恤下○蘂而捶反又而水反旨酒一盛兮余與褐之父睨之一盛一器也睨視也褐寒賤之人言但得視不得飲○盛音成又市政反注同褐戶葛反父如字又

音甫晲五計反【疏】注一盛至得飲〇正義曰酒盛於器故謂一器爲一盛說文云晲邪視也詩云無衣無褐何以卒歲鄭玄云褐毛布也人之貴者無衣賤者無褐是褐者寒賤人之衣服也言我與彼褐之父但得共邪視之不得飲之告己之乏飲也對曰粱則無矣麤則有之若登首山以呼曰庚癸乎則諾軍中不得出糧故爲私隱庚西方主穀癸北方主水傳言吳子不與士共飢渴所以亡〇麤本又作麄七奴反呼火故反【疏】對曰至則諾〇正義曰食以稻粱爲貴故以粱表精若求粱米之飯則無矣麤者則有之若我登首山以叫呼庚癸乎女則諾軍中不得出糧與人故作隱語爲私期也庚在西方穀以秋熟故以庚主穀癸在北方居水之位故以癸主水言欲致餅弁致飲也土地名首山闕不知其處當在吳所營軍之旁王欲伐宋殺其丈夫而因其婦人以宋不會黃池故言吳子悖惑〇殺其丈夫直兩反又作大夫誤悖補內反大宰嚭曰可勝也而弗能居也乃歸冬吳及越平終伍員之言【疏】吳及越平正義曰言吳不能報越求與之平終伍員所謂三年始弱也

經十有四年春西狩獲麟麟者仁獸聖王之嘉瑞也時無明王出而遇獲仲尼傷周道之不興感嘉瑞之無應故因魯春秋而脩中興之教絕筆於獲麟之一句所感而作固所以爲終也冬獵曰狩蓋虞人脩常職故不書狩者大野在魯西故言西狩得用曰獲〇狩手又反麟呂辛反又力珍反瑞獸也解見詩音瑞常恚反應應對之應中丁仲反【疏】注麟者至曰獲〇正義曰公羊傳曰麟者仁獸也何休云一角而戴肉設武備而不爲害所以爲仁也鄭玄詩箋云麟角之末有肉示有武而不用釋獸云麕麕身牛尾一角李巡曰麟瑞應獸名孫炎曰靈獸也京房易傳曰麟麕身牛尾狼額馬蹄有五采腹下黃高丈二廣雅云麒麟狼頭肉角含仁懷義音中鐘呂行步中規折旋中矩遊必擇土翔必有處不履生蟲不折生草不羣不旅不入陷穽不入羅網

文章斌斌說文云麒仁獸從鹿其聲麟大牝鹿也從鹿粦聲公羊傳曰麟有王者則至無王者則不至孝經援神契云德至鳥獸則麒麟臻是言麟爲聖王之嘉瑞也此時無明王麟出無所應也出而遇獲失其所以歸也夫以靈瑞之物轗軻若是聖人見此能無感乎所以感者以聖人之生非其時道無所施言無所用與麟相類故爲感也仲尼見此獲麟於是傷周道之不興感嘉瑞之無應故因魯春秋文加褒貶而脩中興之教若能用此道則周室中興故謂春秋爲中興之教也春秋編年之書不待年終而絕筆於獲麟之一句者本以所感而作故所以用此爲終也釋天云冬獵爲狩周之春夏之冬故一稱狩也桓四年公狩于郎莊四年公及齊人狩于禚禚郎二者公親行皆書公狩此狩不書公卿者蓋是虞人賤官自修常職公卿不行故不書狩者名氏此狩常事本不合書書之爲獲麟故也傳稱狩于大野大野之澤在魯國之西故言西狩得用曰獲定九年傳例也杜以獲麟之義唯此而已先儒穿鑿妄生異端公羊傳曰有以告者曰有麕而角者孔子曰孰爲來哉孰爲來哉反袂拭面涕沾袍曰吾道窮矣說者公羊者云麟是漢將受命之瑞周亡天下之異夫子知其將有六國爭彊秦項交戰然後劉氏乃立夫子深閔民之離害故爲之隕泣麟者太平之符聖人之類又云麟得而死此亦天告夫子將沒之徵也案此時去漢。二百七十有餘年矣漢氏起於匹夫先無王迹前期三百許歲天已豫見徵兆其爲靈命何大遠乎言既不經事無所據苟佞時世妄爲虛誕故杜氏序云至於反袂拭面稱吾道窮亦無取焉蓋賤其虛誣鄙其妖妄故無所取之也說左氏者云麟生於火而遊於土中央軒轅大角之獸孔子作春秋春秋者禮也脩火德以致其子故麟來而爲孔子瑞也奉德侯陳欽說麟西方毛蟲金精也孔子作春秋有立言西方兌爲口故麟來許慎稱劉向尹更始等皆以爲吉凶不並瑞災不兼今麟爲周異不得復爲漢瑞知麟應孔子而至鄭玄以爲脩母致子不如立言之說密也賈逵服虔。潁容等皆以爲孔子自衛反魯考正禮樂脩春秋約以周禮三年文成致麟麟感而至取龍爲水物故以爲脩母致子之應若然龍爲水物以其育於水耳麟生於火豈其產於火乎孔子之作春秋門徒盡知之矣丘明親承聖旨目見獲麟丘明何以不言弟子何以不說子思孟軻去聖尤近荀卿著書尊崇孔德麟若應孔子而來著書無容不述何乃經傳羣籍了爾不言以其既妖且妄故杜悉無所取○小邾射以句繹來奔射小邾大夫句繹地名春秋止於獲麟故射不在三叛人之數自此以下至十六年皆魯史記之文弟子欲存孔子卒故幷錄以續孔子所脩之經○射音亦句古侯反繹音亦[疏]注射小至之經○正義曰此文與邾庶其黑肱莒牟夷文同知射是小邾大夫以句繹之地來奔魯也其事既同其罪亦等傳稱庶其等爲三叛人不通數此爲四叛人者以春秋之經止於獲麟獲麟以上褒貶是仲尼之意此雖文與彼同而事非孔意故不數也若然魯史書此舊與彼同則竊地顯名史先然矣而昭三十一年傳盛論書三叛人名懲不義也其善志也杜言書曰故書皆是仲尼新意案此類彼則彼是舊文言新意者仲尼所脩有因有革因者雖是仲尼因舊舊合仲尼之心因而不改即是新意所以彼傳歸功脩者謂之善志爲傳所以脩之既定乃成爲善也故釋例終篇杜自問而釋之云丘明之爲傳所以釋仲尼春秋仲尼春秋皆因舊史策書義之所在則時加增損或仍舊史之無或改舊史之有雖因舊文固是仲尼之書也丘明所發固是仲尼之意也是其說也公羊穀梁之經皆至獲麟而盡左氏之經更有此下事者自此以下至十六年皆是魯史記事之正文也仲尼所脩脩此記也此上仲尼脩記此下是其本文弟子欲存孔子卒故因經之末幷錄魯之舊史以續孔子所脩之經記仲尼卒之月日示後人使知之耳賈逵亦云此下弟子所記但不言是魯之舊史耳○夏四月齊陳恆執其君寘于舒州。○寘之豉反[疏]陳恆執其君○正義曰成十七年晉欒書執晉厲公亦先執後弒與此事同彼不書者或此告彼不告且此非孔子所脩不可以爲例也○庚戌叔還卒無傳○五月庚申朔日有食之無傳○陳宗豎出奔楚無傳○豎上主反○宋向魋入于曹以叛曹宋邑○向舒文反魋徒回反○莒子狂卒。無傳○狂其廷反○六月宋向魋自曹出奔衛宋向巢來奔○齊人弒其君壬于舒州疏齊人弒其君壬○正義曰宣四年傳例曰凡弒君稱君君無道也稱臣臣之罪也發凡言例是周公舊典此魯史不書陳恆之名蓋依凡例以齊君無道故○○秋晉趙鞅帥師伐衛無傳○鞅於丈反○八月辛丑仲孫何忌卒○冬陳宗豎自楚復入于陳陳人殺之無傳○復扶又反○陳轅買出奔楚無傳○有星孛無傳不言所在史失之○孛步內反○饑無傳

傳十四年春西狩於大野叔孫氏之車子鉏商獲麟大野在高平鉅野縣東北大澤是也車子微者鉏商名○鉏仕居反疏注大野至商名○正義曰。巨訓大也由其旁有大澤故縣以鉅野爲名其澤在曲阜之西故稱西狩不書地者得常不書也賈逵云周在西明夫子道繫周服虔云言西者有意於西明夫子有立言立言之位在西方故著於西也按此澤實在魯西舊史因書西耳仲尼不改舊史何以得示己意若其本實東狩仲尼不得輒改爲西以己意之所示妄改魯之狩處雖則下愚知其不可豈有斯人而爲斯事以此立說何妄之甚杜以車子連文爲將車之子故爲微者鉏商是其名也家語說此事云叔孫氏之車士曰子鉏商王肅云車士將車者也子姓鉏商名今傳無士字服虔云車車士微者也子姓鉏商名以子爲姓與杜異○以爲不祥以賜虞人時所未嘗見故怪之虞人掌山澤之官疏以爲至虞人○正義曰家語云子鉏商采薪於大野獲麟焉折其前左足載而歸叔孫以爲不祥棄之於郭外使人告於孔子孔子曰麟也然後取之王肅云傳曰狩此曰采薪時實狩獵鉏商非狩者采薪而獲麟也傳曰以賜虞人此云棄之於郭外棄之於郭外所以賜虞人也然肅意欲成彼家語令與經傳符同故強爲之辭龔合其說要其文正乖不可合也今傳言狩而獲麟非采薪者也鉏商不是狩者麟非狩之所獲何以書爲狩乎以賜虞人虞人當受之矣棄。郭外非賜人之辭不得棄之以爲賜人也公羊傳曰西狩獲麟何以書記異也何異爾非中國之獸也然則孰狩之薪采者也薪采者則微者也曷為以狩言之大之也曷為大之為獲麟大之也則公羊之意當時實無狩者為大麟而稱狩也家語雖出孔家乃是後世所錄取公羊之說。飾之以成文耳不可與左氏合也○仲尼觀之曰麟也然後取之言魯史所以得書獲麟○疏注言魯至獲麟○正義曰若舉國不識則無由得書傳說仲尼觀之言魯史所以得書獲麟由仲尼辨之故也服虔云仲尼名之曰麟明麟為仲尼至也然則麟非常見魯人所疑仲尼聖者所言必信故魯從而取之此則愚民之信聖也服虔以仲尼名之即云為仲尼至然則防風之骨肅慎之矢季氏之。墳羊楚王之萍實皆問仲尼而後知豈為仲尼至也○小邾射以句繹來奔曰使季路要我吾無盟矣子路信誠故欲得與相要誓而不須盟孔子弟子既續書魯策以繫於經丘明亦隨而傳之終於哀公以卒前事其異事則皆略而不傳故此經無傳者多○要於妙反又一遙反注同使子路子路辭季康子使冉有謂之曰千乘之國不信其盟而信子之言子何辱焉對曰魯有事于小邾不敢問故死其城下可也彼不臣而濟其言是義之也由弗能濟成也○乘繩證反年內同○疏使子至弗能○正義曰季孫之意以小邾射不信千乘之國而信子路之言是其重子路過於一國子路當以為榮不宜恥與言約子路之意魯伐小邾非己能禁將令己言不信不可與射約也又射是竊地叛臣臣之罪惡者也而子路與之相要便是以射為義恥與不義交好故辭而不能也○齊簡公之在魯也闞止有寵焉簡公悼公陽生子壬也闞止子我也事在六年○闞苦暫反○及即位使為政陳成子憚之驟顧諸朝成子陳常心不安故數顧之○憚大旦反驟仕救反數所角反諸御鞅言於公鞅齊大夫曰陳闞不可並也君其擇焉擇用

一人弗聽子我夕夕視事陳逆殺人逢之陳逆子行陳氏宗也子我逢之遂執以入執逆至朝陳氏方睦
欲謀齊國故宗族和使疾而遺之潘沐備酒肉焉使詐病因內潘沐幷得內酒肉潘米汁可以沐頭○遺唯季反潘芳袁反注皆
同沐音木汁之十反饗守囚者醉而殺之而逃子我盟諸陳於陳宗失陳逆懼其反爲患故盟之疏盟諸
陳於陳宗○正義曰陳宗陳氏宗主謂陳成子也盡集陳氏宗族就成子家盟也初陳豹欲爲子我臣豹亦陳氏族使公孫
言己言己介達之○介音界媒介也亦因也己有喪而止既而言之既終喪也曰有陳豹者長而上僂
肩背僂○長如字又丁丈反僂力主反望視目望陽事君子必得志得君子意欲爲子臣吾憚其爲人也
恐多詐故緩以告子我曰何害是其在我也使爲臣。他。日與之言政說遂有寵謂
之曰我盡逐陳氏而立女若何對曰我遠於陳氏矣言己疏遠○說音悅女音汝遠如字又于萬反且
其違者不過數人違不從也○數所主反何盡逐焉遂告陳氏子行曰彼得君弗先必禍
子子行舍於公宮子行逃而隱於陳氏今又隱於公宮夏五月壬申成子兄弟四乘如公成子之兄弟昭
子莊簡子齒宣子夷穆子安。廩丘子意茲。芒。子盈惠子得凡八人二人共一乘○廩力甚反芒音亡疏注成子至一乘○正義曰案世本僖子生昭子莊簡
子齒宣子其夷穆子安廩丘子鑿茲芒子盈惠子得子我在幄幄帳也聽政之處○幄於角反處昌慮反出逆之遂入閉門成子
入反閉門不納子我侍人禦之子我侍人○禦本亦作御魚呂反子行殺侍人素。在內故得殺人公與婦人飲酒

于檀臺成子遷諸寢徙公使居正寢○檀大丹反公執戈將擊之疑其欲作亂大史子餘曰非不利也將除害也言將爲公除害○大音泰爲于僞反下文逆爲余請下注爲公同成子出舍于庫以公怒故聞公猶怒將出曰何所無君子行抽劍曰需事之賊也言需疑則害事○需音須誰非陳宗言陳氏宗族衆多

【疏】誰非陳宗○正義曰子行稱國內之人誰非陳宗言陳氏宗族衆多力足成事何爲畏子我欲出奔

所不殺子者有如陳宗言子若欲出我必殺子明如陳宗

【疏】所不至陳宗○正義曰子行慮其必出故以殺子懼之陳宗謂陳之先人此稱有如陳宗由定六年孟懿子謂范獻子曰所不以陽虎爲中軍司馬者有如先君彼注云稱先君以徵其言此亦然也服虔云陳宗先祖鬼神也

乃止子我歸屬徒攻闈與大門闈宮中小門大門公門也○闈之欲反闈音韋

【疏】注闈宮至門也○正義曰釋宮云宮中之門謂之闈孫炎曰宮中相通小門也成子在公宮內知大門公門也計闈在宮內必是得入大門乃得至闈今言攻闈與大門皆不勝者公宮非止一門蓋從別門而入兵得至闈故與大門並攻也

皆不勝乃出陳氏追之失道於弇中適豐丘弇中狹路豐丘陳氏邑○弇於檢反又音淹狹音洽豐丘人執之以告殺諸郭關齊關名成子將殺大陸子方子方子我臣陳逆請而免之以公命取車於道子方取道中行人車及耏衆知而東之知其矯命奪車逐使東○耏音而矯本又作橋居表反出雍門齊城門也○雍於用反陳豹與之車弗受曰逆爲余請豹與余車余有私焉事子我而有私於其讎何以見魯衛之士傳言陳氏務施○施式豉反東郭賈奔衛賈卽子方庚辰陳恆執公于舒

州公曰吾早從鞅之言不及此悔不誅陳氏○宋桓魋之寵害於公特寵驕盈公使夫人驟請享焉而將討之夫人景公母也數請享欲因請討之○數所角反未及魋先謀公請以鞌易薄鞌向魋邑薄公邑欲因易邑爲公享宴而作亂○鞌音安公曰不可薄宗邑也宗廟所在乃益鞌七邑而請享公焉僞喜於受賜以日中爲期家備盡往甲兵之備公知之告皇野曰余長魋也少長育之皇野司馬子仲○長丁丈反注同少詩照反今將禍余請卽救司馬子仲曰有臣不順神之所惡也而況人乎敢不承命不得左師不可左師向魋兄向巢也○惡烏路反請以君命召之左師每食擊鍾○聞鍾聲公曰夫子將食既食又奏奏樂公曰可矣以乘車往曰迹人來告主迹禽獸者○迹子亦反疏注主迹禽獸者○正義曰周禮夏官迹人掌邦田之政凡田獵者受令焉鄭玄云迹之言跡知禽獸之處也曰逢。澤有介麋○焉地理志言逢澤在滎。陽開封縣東北遠疑非介大也○介音界麋九倫反獐也本又作麇亡悲反疏注地理至大也○正義曰漢書地理志云開封縣逢。澤在東北或曰宋之逢澤也臣瓚案汲郡古文梁惠王。發逢忌之藪以賜民今浚儀縣有逢。忌。陂是也土地名宋都睢陽計去開封四百餘里非輕行可到故杜以遠疑非也蓋於宋都之旁別有近地名逢澤也介大也釋詁文案方言畜無耦曰介杜云大者逢澤大處不應唯有一麋若迹人止告一麋不應公喚左師俱獵故以介爲大劉炫以爲一麋而規杜氏非也公曰雖魋未來得左師吾與之田若何皇野稱公命君憚告子難以遊戲煩大臣○難乃旦反下文及注同野曰嘗私焉嘗試也君欲速故以乘車逆子與之

乘至公告之故拜不能起司馬曰君與之言使公與要誓公曰所難子者上有天下

有先君言雖誅魋要不負言使禍難及子對曰魋之不共宋之禍也敢不唯命是聽司馬請瑞

焉瑞符節以發兵【疏】注瑞符節以發兵○正義曰周禮典瑞云牙璋以起軍旅以治兵守鄭衆云牙璋瑑以爲牙牙齒兵象故以牙璋發兵若今時以銅虎符發兵也彼用牙璋天子之法諸侯於其封內亦自以瑞發兵其物無文以言之以命其徒攻桓氏桓氏向魋其父兄故臣

曰不可司馬故臣與桓魋無怨者其新臣曰從吾君之命遂攻之子頎騁而告桓司馬子頎桓魋弟桓司馬卽魋也○頎音祈騁勑領反司馬欲入入攻君子車止之車亦魋弟曰不能事君而又伐國民

不與也祇取死焉向魋遂入于曹以叛哀八年宋滅曹以爲邑○祇音支六月使左師巢伐之

欲質大夫以入焉巢不能克魋恐公怒欲得國內大夫爲質還入國○質音致注及下同不能亦入于曹取質不能得大夫故入曹劫曹人子弟而質之欲以自固魋曰不可既不能事君又得罪于民將若之何乃舍之

舍曹子弟○舍音赦又音捨注同民遂叛之向魋奔衛向巢來奔宋公使止之曰寡人與子有

言矣不可以絕向氏之祀辭曰臣之罪大盡滅桓氏可也若以先臣之故而使

有後君之惠也若臣則不可以入矣司馬牛致其邑與珪焉而適齊牛桓魋弟也珪守邑符信向魋出於衛地公文氏攻之公文氏衛大夫求夏后氏之璜焉與之他玉而奔齊陳

成子使爲次卿司馬牛又致其邑焉而適吳示不與魋同○夏戶雅反璜音黃吳人惡之而反趙簡子召之陳成子亦召之卒於魯郭門之外阬氏葬諸丘輿阬氏魯人也泰山南城縣西北有輿城。錄其卒葬所在愍賢者失所○惡烏路反阬苦庚反或音岡輿音余○甲午齊陳恆弒其君壬于舒州壬簡公也孔丘三日齊而請伐齊三公曰魯爲齊弱久矣子之伐之將若之何對曰陳恆弒其君民之不與者半以魯之衆加齊之半可克也公曰子告季孫孔子辭辭不告○三日齊側皆反本又作齋伐齊三如字又息皆反退而告人曰吾以從大夫之後也故不敢不言嘗爲大夫而去故言後

疏孔丘至告人○正義曰論語錄此事與此小異彼云沐浴而朝此云齊而請彼云公曰告夫三子此云公曰子告季孫禮齊必沐浴三子季孫爲長各記其一故不同耳彼於退而告人之下又云之三子告此無文者傳是史官所錄記其與君言耳退後別告三子唯弟子知之史官不見其告故傳無文也

○初孟孺子洩將圉馬於成洩孟懿子之子孟武伯也圉畜養也成孟氏邑○洩息列反圉魚呂反成宰公孫宿不受曰孟孫爲成之病不圉馬焉病謂民貧困○爲于僞反孺子怒襲成從者不得入乃反成有司使孺子鞭之恨恚故鞭成有司之使人○從者才用反使所吏反注同恚一瑞反秋八月辛丑孟懿子卒成人奔喪弗內袒免哭于衢聽共弗許請聽命共使○內如字又音納袒音怛免音問衢其俱反共音恭注同懼不歸不敢歸成爲明年成叛傳

經十有五年春王正月成叛○夏五月齊高無㔻出奔北燕無傳○㔻普悲反○鄭伯伐宋無傳○秋八月大雩無傳○雩音于○晉趙鞅帥師伐衛○冬晉侯伐鄭無傳○及齊平魯與齊平○衛公孟彄出奔齊無傳○彄苦侯反

傳十五年春成叛于齊武伯伐成不克遂城輸以偪成○夏楚子西子期伐吳及桐汭宣城。廣德縣西南有桐水出白石山西北入丹陽湖○汭如銳反陳侯使公孫貞子弔焉弔爲楚所伐及良而卒良吳地將以尸入聘禮若賓死未將命則既斂于棺造於朝介將命○斂力驗反下同造七報反下文同介音界下文注皆倣此

疏注聘禮至將命○正義曰聘禮文也服虔云在牀曰尸在棺曰柩禮稱既斂於棺傳言將以尸入者記言對文耳散則可以通隱元年傳曰贈死不及尸注云尸未葬之通稱也案聘禮賓入竟而死遂也主人爲之具而殯介攝其命君弔介爲主人主人歸禮幣必以用介受賓禮無辭也不饗食此謂入竟未至國都賓死其禮如此聘禮又云若賓死未將命則既斂于棺造於朝介將命鄭注云未將命謂俟間之後也此謂賓已至朝主人將欲行禮賓請間之後賓死以柩造朝以尸將事今公孫貞子卒於竟內依禮唯可以尸而入殯於賓館不合以柩造朝以尸將事今上介芋尹云以尸將事者以吳人不納故芋尹引禮深以辯之杜以傳有以尸將事故引聘禮斂于棺造于朝介將命以釋之其實貞子當殯於館不得以尸將事也

吳子使大宰嚭勞且辭曰以水潦之不時無乃廩然隕大夫之尸廩然傾動貌○勞力報反潦音老廩力甚反隕于敏反下同以重寡君之憂寡君敢辭上介芋尹蓋對蓋陳大夫貞子上介○重直用反下注同寡君敢辭上介絕句芋音于付反曰寡君

聞楚爲不道荐伐吳國。荐重也○荐在徧反滅厥民人寡君使蓋備使弔君之下吏備猶副也○備使所吏反蓋芋尹蓋辭同無祿使人逢天之慼大命隕隊。絶世于良絶世猶言棄世廢日共積廢行道之日以共具。殯斂所積聚之用○共音恭注同積子賜反又如字注同殯必刃反聚才喻反又如字一日遷次一日使遷次不敢留君命今君命逆使人曰無以尸造于門是我寡君之命委于草莽也且臣聞之曰事死如事生。禮也於是乎有朝聘而終以尸將事之禮朝聘。道。死。以尸行事○莽亡黨反疏於是至之禮○正義曰上注所引者是聘禮賓終以尸將事之禮聘禮又云聘遭喪入竟則遂也不郊勞不筵几主人畢歸禮賓唯饔餼之受是聘而遭喪之禮也其朝禮雖亡賓終及主遭喪必亦有禮文六年季文子聘於晉求遭喪之禮是也又有朝聘而遭喪之禮遭所聘之喪若不以尸將命是遭喪而還也無乃不可乎以禮防民猶或踰之今大夫曰死而棄之是棄禮也其何以爲諸侯主謂主盟也先民有言曰無穢虐士。虐士死者備使奉尸將命苟我寡君之命達于君所雖隕于深淵則天命也非君與涉人之過也吳人內之傳言芋尹蓋知禮○內如字又音納○秋齊陳瓘如楚瓘陳恆之兄子玉也○瓘古喚反過衛仲由見之仲由子路○過古禾反曰天或者以陳氏爲斧斤既斲喪公室而他人有之不可知也其使終饗之亦不可知也饗受也○斲陟角反喪息浪反下并注皆同若善魯以待時不亦可乎何必惡焉仲由事孔子故爲魯言○故爲子偽反下爲衛爲請並同子玉曰然吾受命矣子使告我弟弟成子也○冬及齊平子服景伯如齊子贛爲介見公孫成公孫成成宰公孫宿也曰人皆臣人而有背人之心況齊人雖爲子役其有不貳乎言子叛魯齊人亦將叛子○背音佩疏○曰人至貳乎○正義曰人皆臣人謂凡人皆臣事於人當一心事上。今公孫成而有背人之心謂背魯適齊況他國齊人雖爲子役豈有不學子而爲叛貳乎言必效子而爲叛貳故杜云言子叛魯齊人亦將叛子也子周公之孫也多饗大利猶思不義利不可得而喪宗國將焉用之喪宗國謂以邑入齊使魯有危亡之禍○焉於虔反成曰善哉吾不早聞命傳言仲尼之徒皆忠於魯國陳成子館客使景伯子贛就館曰寡君使恆告曰寡君願事君如事衛君言衛與齊同好而魯未肯○好呼報反景伯揖子贛而進之對曰寡君之願也昔晉人伐衛在定八年齊爲衛故伐晉冠氏喪車五百在定九年冠氏陽平館陶縣○冠如字又古喚反因與衛地自濟以西禚媚杏以南書社五百二十五家爲一社籍書而致之○濟子禮反禚諸若反吳人加敝邑以亂在八年齊因其病取讙與闡亦在八年寡君是以寒心若得視衛君之事君也則固所願也成子病之乃歸成病其言也公孫宿以其兵甲入于嬴嬴齊邑○嬴音盈○衛孔圉取大子蒯聵之姊生悝孔圉孔文子也蒯聵姊孔伯姬○圉魚呂反蒯苦怪反聵魚怪反悝苦回反孔氏之豎渾良夫長而美孔文子卒通於內通伯姬○渾戶門反長丁丈反又如

字大子在戚孔姬使之焉使良夫詣大子所〇使之所吏反又如字大子與之言曰苟使我入獲國

服冕乘軒三死無與冕大夫服軒大夫車三死死罪三〇無與音預與之盟爲請於伯姬良夫爲大子請閏月

良夫與大子入舍於孔氏之外圃圃園〇圃布五反昏二人蒙衣而乘二人大子與良夫蒙衣爲婦人服也〇乘繩證反下及注同寺人羅御如孔氏孔氏之老欒寧問之稱姻妾以告自稱昏姻家妾〇欒力丸反姻音因遂入適伯姬氏既食孔伯姬杖戈而先大子與五人介輿豭從之介被甲輿豭豚欲以盟〇杖直亮反又音丈豭音加被皮寄反疏。輿豭〇正義曰豭是豕之牡者傳稱諸侯盟誰執牛耳則盟當用牛此用豕者鄭玄云人君用牛伯姬迫孔悝以豭下人君耳然則蒯聵自謀取國寧復降下人君於時迫促。難得牲耳牲不備牛如孟任割臂以盟莊公楚昭王割子期之心以盟隨人此及明年大子疾輿豭爲盟皆臨時偪切難以禮論也迫孔悝於廁強盟之孔氏專政故劫孔悝欲令逐輒〇迫孔悝本又作叔悝廁初吏反強其丈反劫居業反令力呈反遂劫以登臺欒寧將飲酒炙未熟聞亂使告季子季子子路也爲孔氏邑宰〇炙章夜反下同疏注季子至邑宰〇正義曰論語稱子路爲季路則字季故呼爲季子也使告季子則季子在外下云食焉不辟其難是食孔氏之祿故知爲孔氏邑宰召獲駕乘車召獲衞大夫駕乘車言不欲戰〇召上照反注同行爵食炙奉衞侯輒來奔季子將入遇子羔將出子羔衞大夫高柴孔子弟子將出奔疏召獲至食炙〇正義曰丘明爲傳雖詳於當時而此太煩碎計欒寧飲酒無可記錄又此句顛倒辭義不允若倒此。一句則上下各自相連當是後來誤耳曰門已閉矣季子曰吾姑至焉且欲至門子羔曰弗及不踐其難言政不及己可不須踐其難○難乃旦反注及下皆同季子曰食焉不辟其難謂食孔氏祿疏子羔至。辟其難○正義曰子羔謂季子將欲救君故言政不及己不當踐其難季子欲救孔悝故言食其祿焉不辟其難子羔遂出子路入及門公孫敢門焉守門曰無入爲也。言輒已出無爲復入○復扶又反季子曰是公孫。求利焉而逃其難由不然利其祿必救其患有使者出乃入因門開而入○使所吏反曰大子焉用孔悝雖殺之必或繼之言己必繼孔悝爲難攻大子○焉於虔反且曰大子無勇若燔臺半必舍孔叔大子聞之懼下石乞盂黶敵子路二子蒯聵黨敵當也○燔音煩舍音捨又如字盂音于黶於減反以戈擊之斷纓子路曰君子死冠不免不使冠在地○斷丁管反結纓而死孔子聞衛亂曰柴也其來由也死矣孔悝立莊公。莊公蒯聵也莊公害故政欲盡去之故政輒之臣○去起呂反先謂司徒瞞成曰寡人離病於外久矣子請亦嘗之歸告褚師比欲與之伐公不果比褚師聲子爲明年瞞成奔起○瞞莫干反褚申呂反

附釋音春秋左傳注疏卷第五十九

春秋左傳注疏卷五十九校勘記

阮元撰盧宣旬摘錄

附釋音春秋左傳注疏卷第五十九 哀十二年盡十五年宋本春秋左傳正義卷第三十六

（經十二年）

橐皋在淮南逡遒縣東南 郡國志逡作浚

廣陵海陵縣東南有發繇亭 宋本岳本足利本亭作口淳熙本亭字改刊初刻似亦作口也

是歲置閏 宋本淳熙本岳本纂圖本閩本監本毛本歲下有應字是也

司曆誤一月 宋本一作十非也

（傳十二年）

注諱娶至宋女 宋本以下正義三節總入孔子與弔節注下

宋是子姓長女字孟 重脩監本字孟誤音盡

籍小君之尊 浦鏜正誤籍作藉

故與弔也 纂圖本監本毛本與作爲非也

季孫不服喪 纂圖本閩本監本毛本孫誤氏

又世家又諸書 監本毛本下又字作及宋本同是也宋本諸作語非

君之母妻則不名也 宋本不名作小君與儀禮喪服傳合

謂老苦有廢疾而致仕者也 宋本苦作若案廢疾之廢當作癈

孔子不得服弔服 宋本上服字誤成

大夫之弔服弁經 諸本作弁此本誤牟今改正

纚而不糾也 宋本糾作以非

或弔者先拜 此本或字模糊依宋本改閩本監本毛本誤成

若可尋也 諸本作尋儀禮有司徹篇鄭注引作燖俗字

注尋重也寒歇也 宋本以下正義四節總入從之固矣注下

子羽衛大夫 岳本夫下有也字

則三國私盟 考文三作二誤

而藩其君舍以難之 諸本作藩此本誤籓今改

子盍見大宰 石經宰下有嚭字

十月之昏則伏矣　此本矣字模糊據宋本改閩本監本毛本作火誤也

則是夏九月　宋本九作十是也

言諸儒皆以爲時　此本時字模糊據宋本補閩本監本毛本作冬

隙地閒田　宋本岳本閒作閑釋文云閑田一本作閑地

錫　石經宋本岳本纂圖本閩本監本毛本錫作鍚是也下同監本鄭取錫誤鄭取錫

十二月鄭罕達救嵒丙申圍宋師也　石經二字以下十字皆改刻因初刻脫月字

更具列其月以爲別者　淳熙本具作其非也

明傳文無較例　重脩監本較誤較

〔經十三年〕

七年會吳于鄫　重脩監本鄫誤鄭

見于旦也　宋本同與公羊傳合閩本監本毛本于作乎

〔傳十三年〕

空虛之名不有　岳本足利本名字作各按各是也各不有者宋鄭皆不有之如子產所約也

越子伐吳爲二隧顧炎武云隧卽古隊字按傳文隊多訓爲道隊乃古之墜字絕不相涉今俗語謂衆若干爲一隊則非古人語言

不可以見雠而弗殺也石經弗字改刻初刻誤不

自剄七人於幕下淳熙本幕誤募

吳爲大伯後淳熙本爲誤後

趙鞅至知也宋本以下正義十二節總入注文終伍員之言之下

乃令董褐請事宋本閩本監本毛本作董此本誤蓳下同今改正

則晉成爲伯矣石經矣字以下至卷末皆殘缺

七年傳宋本傳作使

有事於上帝先王正義曰周之十月非祭上帝先公之時則先王似當作先公惜石經殘缺無以正之

言吳士不恤下毛本士作主亦誤宋本淳熙本岳本足利本士作王是也

軍中不得出粮與人閩本監本毛本粮作糧案糧粮古今字

穀以秋孰閩本監本毛本孰作熟

言欲致餅并致飲也宋本餅作飯案盧文弨校云餅乃餅之訛見桓二年釋文餅飰皆同飯

吳所營軍之房 宋本房作旁是也監本毛本誤方

〔經十四年〕石經春秋經傳集解哀下第卅岳本哀下有公字並盡廿七年

音中鐘呂 閩本監本毛本鐘作鍾

案此時去漢二百七十有餘年矣 監本毛本二作三非也續漢志云獲麟至漢二百七十五歲李銳云下三百許歲亦二百之誤

頳容等 宋本監本毛本頳作赬非

子爾不言 宋本監本毛本子作了是也今依改

齊陳恆執其君寘于舒州 惠棟云史記齊世家云田常執簡公于徐州司馬貞曰徐字从人說文作䣄並音舒戰國策齊一篇曰楚成王戰勝于徐州高誘曰徐州或作舒州是時徐屬齊案徐舒古字通

陳宗豎出奔楚 諸本作豎此本誤登今改正

莒子狂卒 石經宋本淳熙本岳本狂作狅與葉抄釋文合案錢大昕云考古字書無狅字

〔傳十四年〕

注大野至商名 宋本以下正義三節總入仲尼觀之曰節注下

鉅訓大也閩本監本毛本作鉅此本誤臣今改正宋本作巨案作巨者是

棄郭外宋本郭上有之字

取公羊之說飾之宋本飾作節是也

季氏之墳羊監本毛本墳作羵

盟諸陳於陳宗宋本以下正義五節總入注文悔不誅陳氏之下

使爲臣他日石經臣他二字改刊因初刻誤倒也

廩邱子意茲宋本岳本纂圖本閩本監本毛本廩作廪

芒子盈宋本岳本纂圖本毛本作芒子盈山井鼎云或作子芒盈非

素在內淳熙本在誤任

子我歸屬徒攻闈與大門石經歸下有帥字衍文也屬之欲反屬則不必更言帥矣

子方取道中行人車監本毛本人誤入

知其矯命釋文矯作撟云本又作矯詳釋文校勘記

左師每食擊鍾聞鍾聲石經宋本岳本纂圖本毛本鍾作鐘

注主迹禽獸者 宋本以下正義三節總入吳人惡之節注下

逢澤有介麇焉 釋文亦作麇云本又作麇石經宋本淳熙本作麇案王應麟困學紀聞昭十四年正義引並作麇逢作逢非

言逢澤在滎陽 纂圖本監本毛本滎誤作榮齊召南云滎陽二字似衍文案漢志本文開封逢池在東北或曰宋之逢澤也漢時開封屬河南郡晉始屬滎陽郡似不得以晉時郡名混入漢志也

開封縣逢澤在東北 案漢書地理志澤作池

梁惠王廢逢忌之藪 案漢志廢作發

今浚儀縣有逢忌陂是也 案漢志逢忌陂作逢陂忌澤

牙璋琢以爲牙 宋本琢作瑑是也

臣之罪大 淳熙本臣誤氏

司馬牛致其邑與珪焉 此本與珪二字實缺據石經及諸刻本補

公文氏攻之 此本文氏二字實缺依石經及諸刻本補

錄其卒葬所在 此本錄字實缺據諸本補

祖免哭于衢 淳熙本祖誤祖

（經十五年）

齊高無平出奔北燕監本平誤平下同

（傳十五年）

遂城輸此本城字實缺據石經及諸刻本補

宣城廣德縣諸本作廣此本實缺今補正

聘禮至將命宋本以下正義二節總入注文傳言芊尹蓋知禮之下

聘禮文也此本文字實闕閩本同據宋本監本毛本補

深以折之此本折字實缺據宋本補閩本監本毛本作擀

荐伐吳國毛本荐作薦非注同

大命隕隊石經纂圖本閩本監本毛本隊作墜俗字

絕世猶言棄世纂圖本閩本監本毛本下世字誤也

以共具殯斂所積聚之用淳熙本殯誤隮

事死如事生禮也宋本岳本無下事字石經初刻有後刊去

朝聘道死以尸行事岳本道上有而字死下有則字纂圖本閩本監本毛本死作使非也

又云聘遭喪入竟則遂也監本毛本遭作禮非也

無穢虐士淳熙本虐作虐大謬

而有背人之心石經而下旁有子字非唐刻也本或作人皆臣人子有背人之心

曰人至貳乎宋本至下有不字此節正義在公孫宿以其節注下

令公孫成而有背人之心宋本閩本監本毛本令作今是也

自稱昏姻家妾纂圖本閩本監本毛本昏作婚

輿猳宋本以下正義四節總入先謂司徒節注下

課得牲耳監本毛本課作難

若倒此一句宋本一作二

子羔至辟其難宋本無辟字

曰無入爲也淳熙本也誤出

是公孫也宋本淳熙本岳本纂圖本毛本孫下有也字石經此行雖殘缺然自無入爲也也字起至求利焉利字止計十字亦必有也字也

莊公蒯聵也諸本作瞶此本誤晧今改正

春秋左傳注疏卷五十九校勘記

杜氏注　孔穎達疏

經十有六年春王正月己卯衞世子蒯聵自戚入于衞衞侯輒來奔書此春皆從告○

二月衞子還成出奔宋即瞞成○還音旋○夏四月己丑孔丘卒仲尼既告老去位猶書卒者魯之君臣宗其聖德殊而異之魯襄二十。二年生至今七十。三也四月十八日乙丑無己丑己丑五月十二日日月必有誤○孔子卒孔子作春秋終於獲麟之一句公羊穀梁經是也弟子欲記聖師之卒故採魯史記以續夫子之經而終於此丘明因隨而作傳終於哀公從此已下無復經矣魯襄二十二年生至今七十三也本或作魯襄二十三年生至今七十二則與史記孔子世家異此本非也【疏】注仲尼至有誤○正義曰魯臣見爲卿乃書其卒致事而卒猶尚不書仲尼書卒者魯之君臣宗其聖德殊而異之故特命史官使書其卒耳孔子世家云魯襄公二十二年而孔子生孔子年七十三以魯哀公十六年四月己丑卒杜自以長曆校之四月十八日有乙丑無己丑己丑乃是五月十二日也日月必有誤者劉炫云春秋之例卿乃書卒縱令仲尼不告老例不合書而杜云告老去位猶書卒非也今知不然者案周禮典命云公侯伯之卿三命大夫再命仲尼爲魯大夫夾谷之會攝相事十一年傳云子爲國老是大夫尊者則二命以上準例合書故杜爲此注或可杜爲抑揚之辭以爲仲尼縱未去位例不合書告老去位猶書卒者欲明魯之君臣宗其聖德之甚劉不尋杜旨以爲例不合書而規杜過非也

傳十六年春瞞成褚師比出奔宋欲伐莊公不果而奔衞侯使鄢武子告于周武子衞大夫肸也○

鄖於虔反肸許乙反曰蒯聵得罪于君父君母逋竄于晉晉。以王室之故不棄兄弟寘諸
河上河上戚也○逋布吳反竄七亂反寘之豉反天誘其衷獲嗣守封焉使下臣肸敢告執事王使
單平公對曰肸以嘉命來告余一人往謂叔父余嘉乃成世復爾祿次敬之哉
繼父之世還居君之祿次○衷音忠單音善余嘉乃成世絕句方天之休言天方。授爾以休○休音許虯反注及下同美也弗敬弗休
悔其可追傳終蒯聵之事○夏四月己丑孔丘卒公誄之曰旻天不弔不憖遺一老俾
屏余一人以在位仁覆閔下故稱旻天弔至也憖且也俾使也屏蔽也○誄力軌反說文云謚也旻亡巾反弔如字又音的憖魚覲反俾必
爾反屏。必領反煢煢。余在疚嗚。呼哀哉尼父無自律疚病也律法也言喪尼父無以自為法○煢求營反疚久又反父音
甫喪息浪反疏。公誄至自律○正義曰周禮大祝掌作六辭以通上下親疏遠近六曰誄鄭衆曰誄謂積累生時德行以賜之命主為其辭鄭引此傳是
為賜命之辭也鄭玄禮記注云誄累也累列生時行迹讀之以作謚此傳唯說誄辭不言作謚傳記羣書皆不載孔子之謚蓋唯累其美行示己傷悼之情而
賜之命耳不為之謚故書傳無稱焉至漢王莽輔政尊尚儒術封孔子後為褒成侯追謚孔子為褒成宣尼君明是舊無謚也鄭玄禮注云尼父因。且字以為
之謚謂謚孔子為尼父鄭玄錯讀左傳云以字為謚遂復妄為此解子贛曰君其不沒於魯乎夫子之言曰禮失
則昏名失則愆失志為昏失所為愆生不能用死而誄之非禮也稱一人非名
也天子稱一人非諸侯之名○愆起虔反君兩失之。○六月衞侯飲孔悝酒於平陽東郡燕縣東北有平陽亭

○飲於鴆反重酬之大夫皆有納焉納財賄也醉而送之夜半而遣之夜遣者慚負孔悝不欲令人見○令力呈反載伯姬於平陽而行載其母俱去及西門平陽門使貳車反祏於西圃。使副車還取廟主西圃孔氏廟所在祏藏主石函○祏音石圃布五反函音咸疏。注使副至石函○正義曰少牢饋食大夫之祭禮其祭無主鄭玄祭法注云惟天子諸侯有主禘祫大夫不禘祫無主耳今孔悝得有主者當特僭為之非禮也鄭玄駁異義云大夫無主孔悝之反祏所出公之主耳案孔氏姑姓春秋時國唯南燕為姑姓耳孔氏仕於衛朝已歷多世不知本出何國安得有所出公之主也知是僭為之耳子伯季子初為孔氏臣新登于公升為大夫請追之遇載祏者殺而乘其車子伯殺載祏者許公為反。祏孔悝怪載祏者久不來使公為反逆之○許公為如字人姓名反本亦作返音同遇之曰與不仁人爭明無不勝不仁人謂子伯季子也明無不勝言必勝○爭爭鬭之爭必使先射射三發皆遠許為許為射之殪傳言子伯不仁所以死也○射食亦反下同發如字一音廢遠於萬反殪於計反或以其車從從公為○從才用反又如字注同得祏於橐中。孔悝出奔宋○橐音託楚大子建之遇讒也自城父奔宋在昭十九年○城父音甫又辟華氏之亂於鄭在昭二十年○華戶化反鄭人甚善之又適晉與晉人謀襲鄭乃求復焉鄭人復之如初晉人使諜於子木請行而期焉請行襲鄭之期子木即建也○諜徒協反子木暴虐於其私邑邑人訴之鄭人省之得晉諜焉遂殺子木其子曰勝在吳子西欲召之葉公曰吾聞勝也詐而亂無乃害乎葉公子高沈諸梁也○葉始涉反子西曰吾聞勝也信而勇不爲不利舍諸邊竟使衛藩焉使爲藩屏之衛○竟音境下同藩方元反注同葉公曰周仁之謂信周親也率義之謂勇率行也吾聞勝也好復言言之所許必欲復行之不顧道理○好呼報反而求死士殆有私乎私謀復讎復言非信也期死非勇也期必也子必悔之弗從召之使處吳竟爲白公白楚邑也汝陰褒信縣西南有白亭請伐鄭子西曰楚未節也言楚國新復政令猶未得節制不然吾不忘也他日又請許之未起師晉人伐鄭楚救之與之盟勝怒曰鄭人在此讎不遠矣比子西於鄭人勝自厲劒子期之子平見之曰王孫何自厲也曰勝以直聞不告女庸爲直乎將以殺爾父平以告子西子西曰勝如卵余翼而長之以鳥爲喻○女音汝卵來管反長丁丈反楚國第用士之次第○第大細反我死令尹司馬非勝而誰勝聞之曰令尹之狂也得死乃非我言我必殺之若得自死我乃不復成人○復扶又反子西不悛勝謂石乞石乞勝之徒○悛七全反曰王與二卿士二卿士子西子期皆五百人當之則可矣乞曰不可得也五百人不可得曰市南有熊宜僚者若得之可以當五百人矣乃從白公而見之與之言說告之故辭告欲作亂宜僚辭距之○熊音雄宜僚者本或作熊相宜僚相息亮反說音悅承之以劒不動拔劒指其喉○喉音侯勝曰不爲利諂不爲威惕不洩人言以求媚者

去之吳人伐慎白公敗之汝陰慎縣也○不爲于僞反下同詔勑檢反惕他歷反洩息列反又以制反疏勝曰至去之○正義曰白公告之知必許其爵位而宜僚辭是不爲利而詔也承之以劍欲刺殺之而宜僚不動是不爲威而懼也如此之人必不是漏泄人言以求媚者也言其必不泄己謀故舍而去之請以戰備獻與吳戰之所得鎧杖兵器皆備而獻之欲因以爲亂○鎧苦代反杖直亮反疏與吳至爲亂○正義曰服虔云欲陳士卒甲兵如與吳戰時所入獻捷杜以陳列甲兵士卒以入王宮人情所不許豈當時肯聽之故以爲戰時所得鎧杖兵器皆備具獻之所得既多欲因獻用之以作亂許之遂作亂秋七月殺子西子期于朝而劫惠王子西以袂掩面而死慚於葉公○劫居業反袂彌世反子期曰昔者吾以力事君不可以弗終抉豫章以殺人○而後死以效其多力豫章大木○抉烏穴反石乞曰焚庫弑王不然不濟白公曰不可殺王不祥焚庫無聚將何以守矣乞曰有楚國而治其民以敬事神可以得祥且有聚矣何患弗從葉公在蔡蔡遷州來楚并其地○聚才住反下同方城之外皆曰可以入矣子高曰吾聞之以險徼幸者其求無饜偏重必離險猶惡也所求無饜則不安譬如物偏重則離敗欲須其釁而討之○徼古堯反饜於豔反聞其殺齊管脩也而後入管修楚賢大夫故齊管仲之後聞其殺賢知其可討白公欲以子閭爲王子閭平王子啓五辭王者子閭不可遂劫以兵子閭曰王孫若安靖楚國匡正王室而後庇焉啓之願也敢不聽從若將專利以傾王室不顧楚國有死不能不能從○庇必利反

又音秘遂殺之而以王如高府高府楚別府石乞尹門爲門尹圉公陽穴宮負王以如昭

夫人之宮公陽楚大夫昭夫人王母越女○圉魚呂反葉公亦至及北門或遇之曰君胡不胄國人

望君如望慈父母焉盜賊之矢若傷君是絕民望也若之何不胄乃胄而進又

遇一人曰君胡胄國人望君如望歲焉歲年穀也○胄直又反日日以幾。冀君來○幾音冀本或作冀

若見君面是得艾也艾安也○艾魚廢反一音五蓋反民知不死其亦夫有奮心猶將旌君以

徇於國旌表也○夫方于反或音扶奮方問反旌音精徇似俊反而又掩面以絕民望不亦甚乎乃免胄而

進言葉。公得民心遇箴尹固帥其屬將與白公欲與白公○箴之林反子高曰微二子者楚不國

矣二子子西子期也柏舉之敗二子功多棄德從賊其可保乎乃從葉公使與國人以攻白公白

公奔山而縊其徒微之微匿也○使與國人與羊汝反一本作使與國人如字與謂與廢也縊一賜反微如字匿也爾雅云匿微也匿女力反疏注微匿也○正義曰釋詁云匿微也舍人曰匿藏之微也郭璞曰微謂逃藏也左傳曰其微之是也生拘石乞而問白公

之死焉對曰余知其死所而長者使余勿言長者謂白公也○拘音俱長丁丈反注同曰不言將烹

乞曰此事。克則爲卿不克則烹固其所也何害乃烹石乞王孫燕奔頯黃氏燕勝

弟。頯黃吳地○烹普庚反燕烏賢反又烏練反頯求龜反舊求悲反諸梁兼二事二事令尹司馬國寧寧安也乃使寧爲令

尹子西之子子國也使寬爲司馬子期之子而老於葉傳終言之葉始涉反○○衞侯占夢嬖人以能占夢見愛○嬖必計反求酒於大叔僖子僖子大叔遺○大叔音泰不得與卜人比而告公曰君有大臣在西南隅弗去懼害託占卜夢而言○比毗志反去起呂反乃逐大叔遺遺奔晉○衞侯謂渾良夫曰吾繼先君而不得其器若之何國之寶器輒皆將去良夫代執火者而言將密謀屏左右曰疾與亡君皆君之子也召之而擇材焉可也召輒若不材器可得也輒若不材可廢其身因得其器暨告大子大子疾大子使五人輿豭從己劫公而強盟之盟求必立己○豭音加強其丈反且請殺良夫公曰其盟免三死盟在十五年曰請三之後有罪殺之公曰諾哉

傳十七年春衞侯爲虎幄於藉圃。於藉田之圃新造幄幕皆以虎獸爲飾○幄於角反幕武博反成求令名者而與之始食焉大子請使良夫以良夫應爲令名○成絕句求令名者絕句應應對之應良夫乘衷甸兩牡。衷甸一轅卿車○乘衷甸時證反說文作佃云中也春秋乘中佃一轅車也牡茂后反疏。注中甸一轅卿車○正義曰甸卽乘也四丘爲甸出車一乘故以甸爲名是古者乘甸同也衞侯本許良夫服冕乘軒則衞侯既入良夫爲大夫矣傳特言乘衷甸兩牡則良夫不合乘之故知爲卿車也兵車一轅而二馬夾之其外更有二驂是爲四馬今止乘兩牡而謂之衷乘者衷中也蓋以四馬爲上乘兩馬爲中乘大事駕四小事駕二爲等差故也知大事駕四者異義古毛詩說天子之大夫皆駕四故詩云四牡騑騑周道倭遲是也如今乘輿有大駕中駕小駕爲行之等差也其諸侯大夫士唯駕二無四二十七年陳成子以乘車兩馬賜顏涿聚之子士喪禮云賵以兩馬是唯得駕兩無上乘也下文大子數之三罪衷甸不在其數而傳言之者積其奢僭多也紫衣狐裘紫衣君服【疏】注紫衣君服○正義曰賈逵云然杜從之紫衣爲君服禮無明文要此云紫衣言良夫不合服之玉藻云玄冠紫緌自魯桓公始也鄭玄云蓋僭宋王者之後服也管子稱齊桓好服紫衣齊人尚之五素而易一紫孔子云惡紫之奪朱蓋當時人主好服紫衣君既服紫則臣不得僭今傳言紫衣爲良夫之罪明紫是君服良夫僭之故言紫衣君服也大夫狐裘非僭言之者爲袒裘張本至袒裘不釋劍而食食而熱故偏袒亦不敬○袒音但【疏】注食而至不敬○正義曰禮裘上有衣謂之裼玉藻云君衣狐白裘錦衣以裼之如此之類皆是裘上之裼衣也裼衣之上乃有朝祭正服裘上有兩衣也如此兩衣襲則二衣皆重之裼則袒正服露裼衣玉藻云裘之裼也見美也君在則裼盡飾也服之襲也充美也然則在君之所於法唯有露裼衣耳無露裘之時今良夫爲食熱之故偏袒其裘則并裘亦袒是不敬也劍是害物之器不得近至尊故近君則解劍良夫與君食而不釋劍亦不敬也大子使牽以退數之以三罪而殺之三罪紫衣袒裘帶劍【疏】三罪至帶劍○正義曰三者皆偪僭於君故以此爲三罪衷甸僭卿耳比此爲輕知衷甸非也○三月越子伐吳吳子禦之笠澤夾水而陳越子爲左右句卒句卒鉤伍相著別爲左右屯○禦魚呂反下同笠音立夾居恰反陳直覲反句古侯反注同卒子忽反注及下注同著直略反使夜或左或右鼓譟而進吳師分以禦之越子以三軍潛涉當吳中軍而鼓之吳師大亂遂敗之左右句卒爲聲勢以分吳軍而三軍精卒幷力擊其中軍故得勝也○譟素報反幷如字又必政反○晉趙鞅使告于衛曰君之在晉也志父爲主請君若大子來以免志父不然寡君其曰志父之爲也恐晉

君。爲志父教使不。來衛侯辭以難大子又使椓之椓。訴父欲速得其處○難乃旦反椓中角反處昌慮反夏六月趙鞅圍衛齊國觀陳瓘救衛國觀國書之子○觀工喚反下陳瓘音同得晉人之致師者子玉使服而見之釋因服服其本服曰國子實執齊柄而命瓘曰無辟晉師豈敢廢命欲必敵晉○柄彼命反子又何辱言不須來致師自將往戰簡子曰我卜伐衛未卜與齊戰乃還畏子玉○楚白公之亂陳人恃其聚而侵楚聚積聚也○聚才住反注及下注邑聚同積子賜反楚既寧將取陳麥楚子問帥於大師子穀與葉公諸梁子穀曰右領差車與左史老皆相令尹司馬以伐陳其可使也言此二人皆嘗輔相子西子期伐陳今復可使○帥所類反相息亮反注及下而相國并注同復扶又反子高曰率賤民慢之懼不用命焉右領左史皆。楚賤官○率所類反本作帥師下同子穀曰觀丁父鄀俘也武王以爲軍率楚武王○鄀音若俘芳夫反是以克州蓼服隨唐大啓羣蠻彭仲爽申俘也文王以爲令尹實縣申息楚文王滅申息以爲縣○蓼本又作鄝音了朝陳蔡封畛於汝開封畛比至汝水○畛之忍反一音貞唯其任也何賤之有子高曰天命不諂。諂。疑也○諂本又作謟佗刀反令尹有憾。於陳十五年子西伐吳陳使貞子弔吳以此爲恨○憾本又作感戶暗反天若亡之其必令尹之子是與君盍舍焉舍右領與左史○盍戶獵反舍音捨又音赦注同臣懼右領與左史有二俘之賤而無其令德也王卜之武城尹吉武城尹子西子公孫朝○朝如字使帥師取陳麥陳人御之敗遂圍陳秋七月己卯楚公孫朝帥師滅陳終鄭禆竈言五及鶉火陳卒亡○鶉音純王與葉公枚卜子良以爲令尹枚卜不斥言所卜以令龜子良惠王弟○枚亡杯反沈尹朱曰吉過於其志志望也葉公曰王子而相國過將何爲過相將爲王也他日改卜子國而使爲令尹子國寧也○衛侯夢于北宮見人登昆吾之觀衛有觀在古昆吾氏之虛今濮陽城中○觀音工喚反注同虛去魚反下文同濮音卜被髮北面而譟曰登此昆吾之虛緜緜生之瓜緜緜瓜初生也良夫善已有以小成大之功若瓜之初生謂使衛侯得國○被皮義反瓜古華反【疏】衛侯至而譟○正義曰北宮衛侯之別宮於是衛侯在南宮夢裏身在北宮見人登昆吾之觀被髮北面而譟北宮在昆吾觀北故此人北面向君而叫譟也余爲渾良夫叫天無辜本盟當免三死而并數一時之事爲三罪殺之故自謂無辜○并必政反數所主反公親筮之胥彌赦占之赦衛筮史曰不害與之邑寘之而逃奔宋言衛侯無道卜人不敢以實對懼難而逃也○難乃旦反下文而難作同衛侯貞卜正卜夢之吉凶其繇曰如魚竀尾竀赤色魚勞則尾赤○繇直又反竀勑呈反衡流而方羊裔焉橫流方羊不能自安裔水邊言衛侯將若此魚○衡華盲反又如字方蒲郎反注同裔以制反大國滅之將亡闔門塞竇乃自後踰此皆繇辭○闔戶臘反竇音豆【疏】其繇至後踰○正義曰杜以魚勞則尾赤方羊不能自安裔焉謂魚至水邊以喻衛侯將如此是賈逵之說杜用之也鄭衆以爲魚勞則尾赤方羊遊戲喻衛侯淫縱杜不然者以此魚喻衛侯詩云魴魚赬尾王室如燬魚勞則尾赤以勞苦之魚比喻衛侯則方羊爲勞苦之狀若其方羊是縱恣

之狀何得比勞苦之魚也劉炫以爲卜繇之辭文句相韻以。齊焉二字宜向下讀之知不然者詩之爲體文皆韻句其語助之辭皆在韻句之下即齊詩云俟
我於著乎而充耳以素乎而其王詩云君子陽陽左執簧其樂只且之類是也此之方羊與下句將亡自相爲韻。齊焉二字爲助句之辭。且繇辭之例未必皆
韻此云闔門塞竇乃自後踰不與將亡爲韻又一薰一蕕十年尚猶有臭不與攘公之。瑜爲韻是或韻或不韻理無定準劉以爲齊焉大國謂土地遠焉之大
國近不辭矣又以方羊爲縱恣之狀而規杜過非也 冬十月晉復伐衞春伐未得志故○復扶又反入其郛將入城簡
子曰止叔向有言曰怙亂滅國者無後不欲乘人之衰○向許丈反怙音戶衞人出莊公而與晉
平。晉。立襄公之孫般。師而還十一月衞侯自鄄入般師出辟蒯聵也○般音班下同鄄音絹初
公登城以望見戎州戎州戎邑問之以告公曰我姬姓也何戎之有焉言姬姓國何故有戎邑
翦之。削壞其邑聚公使匠久久不休息公欲逐石圃石圃衞卿石惡從子○從才用反未及而難作辛巳
石圃因匠氏攻公公闔。門而請弗許踰于北方而隊折股終如卜言乃自後踰○隊直類反折之設
反股音古戎州人攻之大子疾公子青踰從公青疾弟戎州人殺之公入于戎州己氏
己氏戎人姓○己音紀又音杞初公自城上見己氏之妻髮美使髡之以爲呂姜髢呂姜莊公夫人髢髲
也○髡苦存反髢大計反又庭計反髲皮義反既入焉而示之璧曰活我吾與女璧己氏曰殺女璧其
焉往遂殺之而取其璧衞人復公孫般師而立之十二月齊人伐衞衞人請平

立公子起起靈公子○女音汝下同其焉於虔反執般師以歸舍諸潞潞齊邑○潞音路○公會齊侯盟于蒙齊侯簡公弟平公。敖也蒙在東莞蒙陰縣西故蒙陰城也○平公敖如字一本作驁五報反又五刀反莞音官孟武伯相齊侯稽首公拜齊人怒武伯曰非天子寡君無所稽首武伯問於高柴曰諸侯盟誰執牛耳執牛耳尸盟者○相息亮反季羔曰鄫衍之役吳公子姑曹季羔高柴也鄫衍在七年○衍以善反發陽之役衛石魋發陽鄖也在十二年石魋石曼姑之子○魋徒回反鄖音云曼音萬武伯曰然則彘也彘武伯名也鄫衍則大國執發陽則小國執據時執者無常故武伯自以爲可執○彘直例反【疏】注彘武至可執○正義曰依禮小國執牛耳武伯得季羔之言以鄫衍則大國執發陽則小國執小國執之既合古典武伯自以魯是小國故云然則彘也杜以傳有小國大國之執故云據時執者無常劉炫以爲小國恆執牛耳何得云執者無常若如劉意季羔直舉發陽何須云鄫衍之役吳公子姑曹橫規杜過非也○宋皇瑗之子麇瑗宋右師○瑗于眷反麇九師反有友曰田丙而奪其兄劖般邑以與之劖般慍而行告桓司馬之臣子儀克克在下邑不與魋。劖故在○劖仕咸反慍紆問反怒也不與音預子儀克適宋告夫人曰麇將納桓氏公問諸子仲子仲皇野初子仲將以杞姒之子非我爲子爲適子杞姒子仲妻姒音似適子丁歷反○麇曰必立伯也伯非我兄是良材子仲怒弗從故對曰右師則老矣不識麇也言右師老不能爲公亂麇則不可知執之執麇皇瑗。奔晉召之召令還○令力呈反傳十八年春宋殺皇瑗公聞其情復皇氏之族使皇緩爲右師 言宋景公無常也緩瑗從子○緩戸管反從才用反 疏 注言宋至從子○正義曰世族譜瑗皇父充石八世孫緩充石十世孫則爲從孫非從子二者必有一誤 ○巴人伐楚圍鄾 鄾楚邑鄾音憂 ○初右司馬子國之卜也觀瞻曰如志 子國未爲令尹時卜爲右司馬得吉兆如其志觀瞻楚開卜大夫觀從之後 故命之 命以爲右司馬 及巴師至將卜帥王曰寧如志何卜焉 寧子國也○帥所類反 使帥師而行請承 承佐 王曰寢尹工尹勤先君者也 柏舉之役寢尹吳由于以背受戈工尹固執燧象奔吳師皆爲先君勤勞○燧音遂爲于僞反 三月楚公孫寧吳由于薳固敗巴師于鄾故封子國於析君子曰惠王知志 知用其意○薳于委反析星歷反 夏書曰官占唯能蔽志昆命于元龜 逸書也官占卜筮之官蔽斷也昆後也言當先斷意後用龜也○蔽必世反斷也注同尚書能作克克亦能也昆命于元龜本依尚書○斷丁亂反下同 疏 夏書至元龜○正義曰夏書大禹謨之篇也唯彼能作先耳唯先蔽志昆命于元龜孔安國云帝王立卜占之官故曰官占蔽斷昆後也官占之法先斷人志後命於元龜言志定然後卜也杜雖不見古文其解亦與孔合周禮謂斷獄爲蔽獄是蔽爲斷也昆後也釋言文 其是之謂乎志曰聖人不煩卜筮惠王其有焉 不疑故不卜也 ○夏衛石圃逐其君起起奔齊 齊所立故衛侯輒自齊復歸逐石圃而復石魋與大叔遺 皆蒯聵所逐

傳十九年春越人侵楚以誤吳也 誤吳使不爲備 ○夏楚公子慶公孫寬追越師至冥

不及乃還冥冥越地冥亡丁反○ ○秋楚沈諸梁伐東夷報越三夷男女及楚師盟于敖從越之夷三種敖東夷地○敖五刀反種章勇反 ○冬叔青如京師敬王崩故也言敬王能終其世終萇弘言東王必大克叔青叔還子○敬王崩故也案傳敬王崩在此年世本亦爾世族譜云敬王四十二年崩敬王子元王十年春秋之傳終矣據此則敬王崩當在哀公十七年史記周本紀及十二諸侯年表敬王四十二年崩子元王仁立則敬王是魯哀十八年崩也六國年表起自元王乃本紀皆云元王八年崩子定王介立定王元年是魯哀公之二十七年與杜預世族譜爲異又世本云魯哀公二十年是定王介崩子元王赤立則定王之崩年是魯哀二十七年也衆說不同未詳其正也

疏注言敬至大克○正義曰自十六年以來經文已終傳無所解當時之事亦不書記所記者爲終竟前事叔青如周計不應錄爲終萇弘之言故錄之耳萇弘言在昭二十三年此叔青如京師自爲敬王崩未知敬王何年崩也史記十二諸侯年表敬王四十一年孔子卒四十三年敬王崩則敬王崩在他年也周本紀云敬王崩子元王立八年崩子定王立六國年表定王元年左傳盡此則傳以定王元年終矣杜世族譜云敬王三十九年魯哀公十四年獲麟之歲也四十二年而敬王崩敬王子元王十年春秋之傳終矣與史記不同者但史記世代年月事多舛錯故班固以文多牴牾謂此類也案世本敬王崩貞王介立貞王崩元王赤立宋忠注引太史公書云元王仁生貞王介與世本不相應不知誰是則宋忠不能定也又帝王世紀敬王三十九年春秋經終四十四年敬王崩子貞定王立貞定王崩子元王立是世本與史記參差不同良以書籍久遠事多紕繆故杜違史記亦何怪焉劉炫以杜與史記不同而規其過未知劉意能定與否

傳二十年春齊人來徵會夏會于廩丘爲鄭故謀伐晉十五年晉伐鄭○廩力甚反爲于僞反下爲降

同鄭人辭諸侯秋師還（終叔向言晉公室卑）○吳公子慶忌驟諫吳子曰不改必亡弗聽（吳子弗聽）出居于艾（艾吳邑豫章有艾縣○艾五蓋反）遂適楚聞越將伐吳冬請歸平越遂歸欲除不忠者以說于越吳人殺之（言其不量力○說如字又音悅）○十一月越圍吳趙孟降於喪食（趙孟襄子無恤時有父簡子之喪）楚隆曰三年之喪親暱之極也主又降之無乃有故乎（楚隆襄子家臣○暱女乙反）趙孟曰黃池之役先主與吳王有質（黃池在十三年先主簡子質盟信也○質如字）曰好惡同之今越圍吳嗣子不廢舊業而敵之（嗣子襄子自謂欲敵越救吳）非晉之所能及也吾是以爲降楚隆曰若使吳王知之若何趙孟曰可乎隆曰請嘗之（嘗試也）乃往先造于越軍曰吳犯間上國多矣聞君親討焉諸夏之人莫不欣喜唯恐君志之不從請入視之許之告于吳王曰寡君之老無恤使陪臣隆敢展謝其不共（展陳也○造之到反間間廁之間夏戶雅反共音恭）黃池之役君之先臣志父得承齊盟曰好惡同之今君在難無恤不敢憚勞非晉國之所能及也使陪臣敢展布之王拜稽首曰寡人不佞不能事越以爲大夫憂拜命之辱與之一簞珠（簞小笥○難乃旦反簞音丹笥終嗣反）

【疏】注簞小笥○正義曰鄭玄曲禮注云簞笥盛飯食者圓曰簞方曰笥宣二年趙盾見餓人爲之簞食注云簞笥也不言小此言小笥者以盛珠之器不宜與盛飯器同故

云小耳使問趙孟問遺也○遺唯季反曰勾踐將生憂寡人寡人死之不得矣王曰溺人必
笑吾將有問也以自喻所問不急猶溺人不知所為而反笑○勾古侯反溺乃歷反史黯何以得為君子晉史黯云不及
四十年吳當亡吳王感問此也○黯於減反對曰黯也進不見惡時行則行退無謗言時止則止○謗博浪反疏對曰
至謗言○正義曰為時所用進在朝廷言行無愆不見怨惡言人無惡之者時所不用退歸私室則無誹謗之言故得君子之名也杜解進退之由由時可行
則行故有進時可止則止故有退時易艮彖曰艮止也時止則止時行則行動靜不失其時其道光明言史黯行如此也王曰宜哉
傳二十一年夏五月越人始來越既勝吳欲霸中國始遣使適魯○使所吏反○秋八月公及齊侯邾
子盟于顧齊人責稽首。責十七年齊侯為公稽首不見荅齊地○為于僞反年末及注同因歌之曰魯人之皋
數年不覺使我高蹈皋緩也高蹈猶遠行也言魯人皋緩數年不知荅齊稽首故使我高蹈來為此會○皋古刀反數所主反注同覺音
角又古孝反蹈徒報反疏。注皋緩至此會○正義曰士喪禮始死復魂之辭云皋某復鄭玄云皋長聲也皋者緩聲而長引之是皋為緩也高蹈高舉足
而蹈地故言猶遠行也此盟于顧顧是齊地行不出竟而言遠者止為魯不稽首而為此會雖近猶恨故以遠言之耳唯其儒書以為二
國憂二國齊邾也言魯據用禮不肯荅稽首令齊邾遠至○令力呈反是行也公先至于陽穀先期至也○先悉薦反齊
閭丘息曰君辱舉玉趾以在寡君之軍息閭丘明之後羣臣將傳遽以告寡君比其復
也君無乃勤為僕人之未次次舍也○傳中戀反遽其據反比必利反請除館於舟道舟道齊地辭曰敢

勤僕人不敢勤齊僕爲魯除館

傳二十二年夏四月邾隱公自齊奔越曰吳爲無道執父立子越人歸之大子革奔越邾隱公八年爲吳所囚十年奔齊疏太子革奔越○正義曰革爲邾君十餘年矣仍稱爲太子者承其父歸之下故繫父言之○冬十一月丁卯越滅吳請使吳王居甬東甬東越地會稽句章縣東海中洲也○甬音勇會古外反稽古兮反句九具反如淳音拘韋昭亦音怐洲音州水中可居曰洲辭曰孤老矣焉能事君乃縊越人以歸以其尸歸終史墨子胥之言也○焉於虔反縊一賜反疏越滅至以歸○正義曰吳語說此事云越師入吳國圍王宮吳王懼使人行成越王曰昔天以越賜吳而吳不受今天以吳賜越孤敢不聽天之命而聽君之命乎乃不許成因使告吳王曰以民生之不長王其無死寡人其達王於甬句東夫婦三百唯王所安以沒王年夫差辭曰孤之身實失宗廟社稷凡吳土地人民越既有之孤何以視於天下夫差將死使人告於子胥曰使死者無知則已矣若有知也吾其何面目以見員也遂自殺

傳二十三年春宋景曹卒景曹宋元公夫人小邾女季桓子外祖母疏注景曹至祖母○正義曰宋景曹者宋景公之母姓曹氏也昭二十五年傳云季公若之姊爲小邾夫人生宋元夫人生子以妻季平子此曹是平子之妻母故爲桓子外祖母也今康子是桓子之子父之外祖母卒故使冉有弔且送葬婦人多以姓繫夫此以景公見在遣弔景公故繫其子小邾曹姓故稱景曹季康子使冉有弔且送葬曰敝邑有社稷之事使肥與有職競焉肥康子名競遽也○與音預是以不得助執紼使求從輿人求冉有名輿衆也○紼音弗輿音餘曰以肥之得備彌甥也彌遠也康子父之舅氏故稱彌甥疏注彌遠至彌甥○正

義曰彌者增益之義故爲遠也釋親云母之昆弟爲舅謂我舅者吾謂之甥季桓子爲景公之甥景公爲康子父之舅氏也桓子於景公爲親甥故康子致辭於景公自以爲彌遠之甥有不腆先人之產馬。使求薦諸夫人之宰薦進也○薦進典反其可以稱旌繁乎稱舉也繁馬飾繁纓也終樂祈之言政在季氏○繁步干反注同○夏六月晉荀瑤伐齊荀瑤荀櫟之孫知伯襄子○知音智高無丕帥師御之知伯視齊師馬駭遂驅之曰齊人知余旗其謂余畏而反也及壘而還將戰長武子請卜武子晉大夫○御魚呂反壘力軌反知伯曰君告於天子而卜之以守龜於宗祧吉矣吾又何卜焉且齊人取我英丘君命瑤。非敢耀。武也治英丘也治齊取英丘○守手又反祧他彫反以辭伐罪足矣何必卜壬辰戰于犂丘。犂丘。隰也○隰音習本亦作濕齊師敗績知伯親禽顏庚顏庚齊大夫顏涿聚○庚涿丁角反○秋八月叔青如越始使越也越諸鞅來聘報叔青也○始使所吏反

傳二十四年夏四月晉侯將伐齊使來乞師曰昔臧文仲以楚師伐齊取穀在僖二十六年宣叔以晉師伐齊取汶陽在成二年○汶音問寡君欲徼福於周公願乞靈於臧氏以臧氏世勝齊故欲乞其威靈○徼古堯反臧石帥師會之取廩丘石臧賓如之子軍吏令繕。將進晉軍吏也繕治戰備○繕市戰反萊章曰君卑政暴萊章齊大夫○萊音來往歲克敵禽顏庚。也今又勝都取廩丘天奉

多矣又焉能。進是蘧。言也蘧過也○奉扶用反焉於虔反蘧戶快反謂過謬之言服云僞不信言也字林作蘧云夢言意不慧也音于例反疏。注蘧過也○正義曰服虔云蘧僞不信也注云蘧過謬言也俱是不實之義各自以意訓耳役將班。矣晉師乃還餼臧石牛生曰餼○餼許器反大史謝之晉大史○大音泰注同曰以寡君之在行在。車行。間牢禮不度不如禮度敢展謝之終臧氏有後於魯○邾子又無道越人執之以歸終子贛之言而立公子何何亦無道何大子革弟○公子荊之母嬖荊哀公庶子○嬖必計反將以爲夫人使宗人釁夏獻其禮宗人禮官也○釁許靳反夏戶雅反對曰無之公怒曰女爲宗司立夫人國之大禮也何故無之對曰周公及武公娶於薛武公敖也○女音汝娶七住反下同孝惠娶於商孝公稱惠公弗皇商宋也○孝惠娶於商定公名宋是哀公之父故釁夏爲諱而稱商也○稱尺證反又如字自桓以下娶於齊桓公始娶文姜此禮也則。有若以妾爲夫人則固無其禮也公卒立之而。以荊爲大子國人始惡之惡公○惡烏路反注同○閏月公如越得大子適郢適郢越王大子得相親說也○郢以井反適郢越王勾踐大子名說音悅將妻公而多與之地公孫有山使告于季孫季孫懼使因大宰嚭而納賂焉乃止嚭故吳臣也季孫恐公因越討己故懼○妻七計反嚭普美反賂音路

傳二十五年夏五月庚辰衛侯出奔宋衛侯輒也疏。衛侯出奔宋○正義曰服虔云此下但有適城鉏以。鉤越無奔

宋之事其說未聞今杜云城鉏近宋邑蓋衞侯出近宋境似欲奔宋衞人以奔宋告也衞侯爲靈臺于藉圃與諸大夫飲酒焉褚師聲子韤而登席古者見君解韤○圃布五反褚張呂反韤亡伐反足衣也見賢偏反公怒辭曰臣有疾異於人足有創疾創初羊反○若見之君將㱿之㱿嘔吐也○㱿許角反又許各反嘔於口反吐他故反是以不敢不敢解韤公愈怒大夫辭之不可共辭謝公公不可解褚師出公戟其手。抵徒手屈肘如戟形○抵音紙肘女九反曰必斷而足聞之褚師與司寇亥乘曰今日幸而後亡恐死以得亡爲幸○公斷丁管反乘時證反之入也奪南氏邑南氏子南之子公孫彌牟而奪司寇亥政公使侍人納公文懿子之車于池。懿子公文要公有忿使人投其車于池水中○要一遙反初衞人翦夏丁氏。在十一年夏戶雅反○以其帑賜彭封彌子彭封彌子彌子瑕○帑音奴彌子飲公酒納夏戊之女嬖以爲夫人其弟期大叔疾之從孫甥也期夏戊之子姊妹之孫爲從孫甥與孫同列○飲於鴆反大音泰從如字又才用反注同疏注期夏至同列○正義曰期是夏戊之子戊是大叔。疾之甥期爲大叔疾姊妹之孫也姊妹之子爲甥姊妹之孫與己之孫尊卑同列男子謂兄弟之孫爲從孫故謂姊妹之孫爲從孫甥少畜。於公。以爲司徒夫人寵衰期得罪公使三匠久公使優狡盟拳彌優狡俳優也拳彌衞大夫使俳優盟之欲。恥辱也○少詩照反優音憂狡古卯反拳音權俳皮皆反而甚近信之故褚師比。韤登席者○近附近之近下注皆同公孫彌牟奪邑者○喪息浪反公文要失車者司寇亥奪政者司徒期因三匠與拳彌以作亂

皆執利兵無者執斤斤工匠所執使拳彌入于公宮信近之故得入而自大子疾之宮譟以
攻公鄄子士請禦之鄄子士衞大夫○譟素報反鄄音絹禦魚呂反後倣此彌援其手曰子則勇矣將若
君何言不可救○援音袁不見先君乎君何所不逞欲先君蒯聵也亂不速奔故爲戎州所殺欲令早去○令力呈反且
君嘗在外矣豈必不反當今不可衆怒難犯休而易間也乃出將適蒲蒲近晉邑○易
以豉反間間廁之間下注內間爲君間皆同彌曰晉無信不可將適鄄鄄齊晉界上邑彌詐不知謀故公信之彌曰齊
晉爭我不可將適泠泠近魯邑○泠力丁反彌曰魯不足與請適城鉏城鉏近宋邑○鉏仕居反以鉤
越越有君宋南近越轉相鉤牽○鉤古侯反本或作拘同注同乃適城鉏彌曰衞盜不可知也請速自我
始乃載寶以歸欺衞君言君以寶自隨將致衞盜請速行已爲先發而。因載寶歸衞也公爲支離之卒支離陳名○卒又忽
反陳直覲反因祝史揮以侵衞揮衞祝史○揮音暉衞人病之懿子知之知揮爲內間見子之子之公孫
彌牟文子也請逐揮文子曰無罪懿子曰彼好專利而妄妄不法○好呼報反夫見君之入也
將先道焉若見君入勢必道助之○道音導注下同若逐之必出於南門而適君所雖知其爲君間不審察私
共。評之○評音平又音病夫越新得諸侯將必請師焉揮在朝使吏遣諸其室難而逐之先逐其家○難
乃旦反揮出信弗內再宿爲信○內如字又音納五日乃館諸外里外里公所在遂有寵使如越請

師請師伐衛求入○六月公至自越前年行今還季康子孟武伯逆於五梧魯南鄙也○梧音吾郭重僕爲公僕○重直龍反又直用反見二子曰惡言多矣君請盡之二子不臣之言甚多欲使公盡極以觀之公宴於五梧。武伯爲祝祝上壽酒○祝之六反又之又反注同上時掌反壽音授又音受惡郭重曰何肥也呰毀其貌○惡烏路反呰音紫季孫曰請飲彘也飲罰。也○飲於鴆反注同以魯國之密邇仇讎臣是以不獲從君克免於大行又謂重也肥言重隨君遠行劬勞不宜稱肥○從才用反又如字劬其俱反公曰是食言多矣能無肥乎以激三桓之數食言激古歷反數所角反○飲酒不樂公與大夫始有惡爲二十七年公孫邾起○樂音洛孫音遜本又作遜

傳二十六年夏五月叔孫舒帥師會越皋如后庸宋樂茷納衛侯舒武叔之子文子也皋如后庸越大夫樂茷宋司城子納衛侯輒也○茷扶廢反文子欲納之懿子曰君愎而虐少待之必毒於民愎。狠也○愎皮逼反狠胡懇反乃睦於子矣民睦。師侵外州大獲越納輒之師出禦之大敗衛師敗掘褚師定子之墓焚之于平莊之上定子。褚。師。比之。父也平莊陵名也○掘卒勿反又其月反本或作搰胡忽反文子使王孫齊私於皋如齊衛大夫王孫賈之子昭子也曰子將大滅衛乎抑納君而已乎皋如曰寡君之命無他納衛君而已文子致。衆。而問焉曰君以蠻夷伐國國幾亡矣請納

之衆曰勿納曰彌牟亡而有益請自北門出欲以觀衆心○幾音譏又音機衆曰勿出重賂越人申開守陴而納公申重也開重門而嚴設守備欲以恐公使不敢入○陴婢支反重直龍反下同守手又反恐立勇反公不敢入師還立悼公悼公蒯聵庶弟公子黚也○黚低廉反疏注悼公至黚也○正義曰衛世家謂輒爲出公季父黚殺出公子而自立是爲悼公南氏相之以城鉏與越人公曰期則爲此司徒期也○相息亮反疏注以城至爲此○正義曰衛侯先居城鉏以兵侵衛衛人申開守陴衛侯不敢入退還城鉏衛人得以城鉏與越者衛人賂遺於越雖公所在亦以與之報之夫人期姊也怒期而不得加戮故勑宮女令苦困期姊○令力呈反注同司徒期聘於越爲悼公聘○爲于僞反公攻而奪之幣期告王越王也王命取之期以衆取之公怒殺期之甥之爲大子者忿期而及其姊爲夫人者遂及夫人之子○復扶又反遂卒于越終言之也終夷言死于夷效○宋景公無子取公孫周之子得與啓畜諸公宮周元公孫子高也得昭公也啓得弟畜養也疏注周元至養也○正義曰宋世家云景公卒公子得殺大子而自立是爲昭公昭公者元公之曾孫也昭公父元公孫糾糾父公子褍秦褍秦卽元公小子也景公殺昭公父糾故昭公怨賊殺大子而自立其說殺昭公得立之所由與此不合亦以得爲昭公也末有立焉於是皇緩爲右師皇非我爲大司馬皇懷爲司徒皇懷非我從昆弟○俾才用反靈不緩爲左師不緩子靈圍龜之後樂茷爲司城茷樂溷之子○溷戶門反又戶困反樂朱鉏爲大司寇朱鉏樂輓之子○鉏仕居反輓音晚六卿三族降聽政三族皇靈樂也降和同也因大尹以達

大尹近官有寵者六卿因之以自通達於君大尹常不告而以其欲稱君命以令不告君也國人惡之司
城欲去大尹左師曰縱之使盈其罪盈滿也○惡烏路反下注惡其同去起呂反重而無基能無敝
乎言勢重而無德以爲基必叛也冬十月公游于空澤空澤宋邑辛巳卒于連中連中館名○連如字又音輦大
尹與空澤之士千甲甲士千人○與如字與廢也或作輿字非奉公自空桐入如沃宮奉公尸也梁國虞縣東南
有地名空桐沃宮宋都內宮名○沃烏毒反使召六子曰聞下有師君請六子畫畫計策○畫音獲六子至
以甲劫之曰君有疾病請二三子盟乃盟于少寢之庭曰無爲公室不利大尹
立啓奉喪殯于大宮三日而後國人知之司城茷使宣言于國曰大尹惑蠱其
君而專其利令君無疾而死死又匿之是無他矣大尹之罪也言大尹所弒○劫居業反少詩
照反下注同大宮音泰蠱音古匿女力反弒音申志反得夢啓北首而寢於盧門之外盧門宋東門北首死象○盧門外失國
也○首手又反注同疏注北首死象○正義曰禮運云死者北首生者南鄉故以北首爲死象已爲烏而集於其上咮加於
南門尾加於桐門曰余夢美必立桐門北門○咮張又反烏口大尹謀曰我不在盟少寢庭但以君
命盟六卿大尹不盟無乃逐我復盟之乎使祝爲載書六子在唐盂地名○復扶又反盂音于將盟之
祝襄以載書告皇非我襄祝名皇非我因子潞子潞樂茷○潞音路門尹得樂得左師謀曰民

與我逐之乎皆歸授甲使徇于國曰大尹惑蠱其君以陵虐公室與我者救君者也衆曰與之大尹徇曰戴氏皇氏將不利公室戴氏卽樂氏〇徇似俊反與我者無憂不富衆曰無別惡其號令與君無別〇別彼列反注同戴氏皇氏欲伐公公謂啓樂得曰不可彼以陵公有罪我伐公則甚焉使國人施于大尹施罪於大尹大尹奉啓以奔楚乃立得司。城爲上卿盟曰三族共政無相害也〇衞出公自城鉏使以弓問子贛且曰吾其入乎子贛稽首受弓對曰臣不識也私於使者曰昔成公孫。於陳僖二十八年衞成公奔楚遂適陳〇使者所吏反孫音遜本亦作遜下注除孫字皆同甯武子孫莊子爲宛濮之盟而君入。在。魯僖二十八年〇甯乃定反宛於阮反濮音卜獻公孫於衞。齊在襄十四年子鮮子展爲夷儀之盟而君入在。襄二十六年今君。再在孫矣謂十五年孫魯今又孫宋內不聞獻之親外不聞成之卿則賜不識所由入也詩曰無競惟人。四方其順。之詩周頌言無強惟得人也疏詩曰至。順之〇正義曰詩周頌烈文之篇。也。競。彊也無彊乎唯得賢人也若得賢人四方諸國皆順從之矣若得其人四方以。爲主。爲主四方而國於何有

傳二十七年春越子使后庸來聘且言邾田封于駘上然使魯還邾田封竟至駘上〇駘他來反又音臺竟音境二月盟于平陽西平陽疏注。西平陽〇正義曰宣八年城平陽。此。云盟于平陽土地名云宣八年平陽。東。平。陽。也。泰山有平陽

縣此年平陽西平陽也高平南有平陽縣）三子皆從（季康子叔孫文子孟武伯皆從后庸盟○從如字注同從才用反非也）康子病之（恥從蠻夷盟）言及子贛（子贛思子貢）曰若在此吾不及此夫（不及與越盟○夫音扶）武伯曰然何不召曰固將召之文子曰他日請念（言季孫不能用子贛臨難而思之○難乃旦反）○夏四月己亥季康子卒公弔焉降禮（禮不備也言公之多妄○妄亡亮反本又作忘下文放此）○晉荀瑤帥師伐鄭次于桐丘鄭駟弘請救于齊（弘駟歂子○歂市專反）齊師將興陳成子屬孤子三日朝（屬會死事者之子使朝三日以禮之○屬音燭注同）設乘車兩馬繫五邑焉（乘車兩馬大夫服又加之五邑○乘繩證反注文下皆同）召顏涿聚之子晉曰隰之役而父死焉（隰役在二十三年○涿中角反隰音習）以國之多難未女恤也今君命女以是邑也服車而朝毋廢前勞乃救鄭及留舒違穀七里穀人不知（言其整也留舒齊地違去也○難乃旦反女音汝下同毋音無）及濮雨不涉（濮水自陳留酸棗縣傍河東北經濟陰至高平入濟○傍蒲浪反濟子禮反下同）子思曰大國在敝邑之宇下是以告急今師不行恐無及也（子思國參參七南反）○成子衣製杖戈（製雨衣也○子衣於既反製音制杖直亮反又音丈）立於阪上馬不出者助之鞭之知伯聞之乃還（畏其得衆心○阪音反一音扶版反）曰我卜伐鄭不卜敵齊使謂成子曰大夫陳子陳之自出陳之不祀鄭之罪也（十七年楚滅陳非鄭之罪蓋知伯誣陳子故陳子怒謂其多陵人）故寡君使瑤察陳衷焉

衷善也○衷音中謂大夫其恤陳乎若利本之顛瑤何有焉言陳滅於己無傷成子怒曰多陵人者皆不在。知伯其能久乎中行文子告成子文子荀寅此時奔在齊○行戶郎反曰有自晉師告寅者將爲輕車千乘以厭。齊師之門則可盡也成子曰寡君命恆曰無及寡無畏衆雖過千乘敢辟。之乎將以子之命告寡君成子疑其有爲晉之心也○輕遣政反厭於甲反又音於輒反有爲于僞反下爲鄭同疏無及寡○正義曰無陵少而橫及之也文子曰吾乃今知所以亡自恨己無知君子之謀也始衷終皆舉之而後入焉謀一事則當慮此三變然後入而行之所謂君子三思○三思息暫反又如字疏君子至入焉○正義曰君子之爲謀也思其始思其中思其終三者盡無猜嫌皆可舉而行之然後設言以入前人焉今我三不知而入之不亦難乎悔其言不可復公患三桓之侈也欲以諸侯去之欲求諸侯師以逐三桓○侈昌氏反又呂氏反去起呂反下而去同三桓亦患公之妄也故君臣多間間隙也公游于陵阪遇孟武伯於孟氏。之衢。曰請有問於子余及死乎問可得壽死否。對曰臣無由知之三問卒辭不對公欲以越。伐魯而去三桓。秋八月甲戌公如公孫有陘氏有陘氏。即有山氏因孫於。邾乃遂如越國人施公孫有山氏以公從其家出故也終子贛之言君不沒於魯○因孫於邾音遜○悼之四年晉荀瑤帥師圍鄭。悼公。哀公。公之子寧也哀公出孫魯人立悼公疏注悼公至悼公○正義曰魯世家云哀公奔越國人迎哀公復歸卒於有山氏子寧立是爲悼公傳稱國人施罪於有山氏不得復歸而卒於其家也馬遷妄耳未至鄭駟弘曰知伯愎而好勝早下之則可行也行去也○好呼報反早一本作蚤下戶嫁反乃先保南里以待之保守也南里在城外知伯入南里門于桔柣之門鄭人俘酅魁壘酅魁壘晉士○桔戶佶反柣大結反俘芳夫反酅尸女反魁苦回反壘力軌反賂之以知政欲使反爲鄭閉其口而死將門將攻鄭門知伯謂趙孟入之對曰主在此主謂知伯也言主在此何不自入知伯曰惡而無勇何以爲子惡貌醜也簡子奔廢敵而立襄子故知伯言其醜且無勇何以立爲子○敵丁歷反

疏注簡子至爲子○正義曰趙世家云孤布子卿見簡子簡子徧召諸子相之子卿曰無爲將軍者簡子召子毋恤毋恤至子卿起曰此真將軍矣簡子曰此其母賤翟婢也奚道貴哉子卿曰天之所授雖賤必貴自是之後簡子盡召諸子與語毋恤最賢乃廢太子伯魯而以毋恤爲太子

對曰以能忍恥庶無害趙宗乎知伯不悛趙襄子由是惎知伯惎毒也○惎其冀反其安反遂喪之知伯貪而愎故韓魏反而喪之史記晉懿公之四年魯悼公之十四年知伯帥韓魏圍趙襄子於晉陽韓魏反與趙氏謀殺知伯於晉陽之下在春秋後二十七年○喪息浪反

疏注史記至七年○正義曰晉世家云定公三十三年孔子卒三十七年定公卒則晉定公以魯哀公二十年卒也又云定公卒子出公鑿立十七年出公奔齊則出公之奔在魯悼公之十年也又云出公既奔知伯立昭公曾孫驕爲晉君是爲哀公哀公之四年趙襄子韓康子魏桓子共殺知伯是殺知伯當魯悼公之十四年也又六國年表亦云晉哀公四年魯悼公十四年韓魏趙敗知伯於晉陽戰國策說此事云知伯帥韓康子魏桓子攻趙襄子於晉陽引汾水以灌之城不沒者三版知伯行水魏桓子御車韓康子爲右知伯曰吾今乃知水可以亡人之國汾

水可以灌安邑絳水可以灌平陽安邑魏也平陽韓也魏桓子肘韓康子韓康子躡魏桓子之足其夜趙襄子使張孟談私於韓魏韓魏反與趙合遂殺知伯於晉陽之下而三分其地事在春秋獲麟之後二十七年

附釋音春秋左傳注疏卷第六十

君兩失之册府元龜七百九十六引此篇稱余一人非名也君兩失之亡國之風較多五字又引服虔注天子自謂一人非諸侯所當名也然則其所據乃服本也

使副車還取廟主宋本使誤貳

注使副至石函閩本監本毛本副下有車還二字此節正義宋本在孔悝出奔宋句下

許公爲反祏諸本作反釋文作返云本亦作反字按說文返字下出彸篆云春秋傳返从彳今左傳不見有彸字蓋班固所謂多古字古言許愼所謂用古文者盡爲轉寫改易矣

得祏於槖中纂圖本閩本監本毛本槖誤橐

與晉人謀襲鄭案石經此處殘缺顧炎武云晉誤作爲所據非唐刻也

言楚國新復政令監本毛本新誤雖

市南有熊宜僚者石經熊字下後人旁增相字釋文云本或作熊相宜僚案後漢書崔駰傳孔融傳注引傳並有相字因宣十二年傳楚有熊相宜僚爲蕭人所因當涉彼文而誤衍漢書古今人表無相字

救劍指其喉宋本監本毛本救作按亦非宋本岳本纂圖本足利本作拔是也

勝曰至去之宋本以下正義三節總入注文傳終言之之下

抉豫章以殺人而後死淳熙本人誤之

殺王不祥石經宋本淳熙本岳本殺作弒

盜賊之矢若傷君纂圖本矢誤夫

日日以幾纂圖本下日字作月案毛詛父六經正誤云日日作日月誤釋文幾本或作冀

而又掩面以絕民望毛本又作父非也

言葉公得民心毛本公誤先

不言將烹宋本烹作亨石經初刊同後人妄增四點非是下同

乞曰此事岳本事下有也字與石經合錢大昕云諸本多無也字蜀大字本興國本建大字本有今從之

王孫燕奔頯黃氏淳熙本纂圖本閩本監本毛本頯作顈亦非石經宋本岳本作頯不誤注同

諸梁兼二事石經宋本淳熙本岳本纂圖本足利本諸梁上有沈字是也

〈傳十七年〉

衛侯爲虎幄於藉圃石經藉字改刊初刻誤籍

良夫乘衷甸兩牡釋文云說文甸作佃云春秋乘中佃一轅車也玉篇引傳與說文合

注衷甸一轅卿車 宋本以下正義四節總入大子使牽以退注下

服之襲也充美也 毛本襲誤褐

三罪至帶劍 宋本至字作紫衣袒裘四字

吳師分以御之 岳本足利本御作禦與上文合一處兩見不應有異釋文上文禦字作御云下同是也

恐晉君爲志父教使不一 宋本纂圖本亦誤爲淳熙本作請亦非岳本足利本作謂是也宋本淳熙岳纂圖足利五本一字作來不誤

椓許父欲速得其處 宋本淳熙本岳本許作訴是也足利本作詐

國子實執齊柄 陳樹華云史記蔡澤傳索隱引柄作秉又引服虔云秉權柄也是服本作秉

皆楚賤官 宋本楚作是也

是以克州蓼 諸本作蓼石經此處殘缺釋文云本又作鄝

天命不諂 釋文亦作諂云本又作謟案石經此處缺張衡西京賦云天命不謟李善注云謟與諂音義同岳本作諂誤注同

令尹有憾於陳 石經憾字左半殘缺釋文云本又作感是也

言過於其志 石經宋本淳熙本岳本足利本言作吉是也

在古昆吾氏之虛此本古字模糊依宋本淳熙本岳本纂圖本足利本補閩本監本毛本誤於

良夫善已宋本岳本足利本善作言

有以小成大之功纂圖本閩本監本毛本小誤卜淳熙本大作太亦非

若瓜之初生此本瓜字模糊據諸本改宋本足利本無初字

衛侯至而譟宋本以下正義二節總入注文此皆繇辭之下

而弃數一時之事宋本數誤救

懼難而逃也宋本足利本無也字

如魚竀尾衡流而方羊裔焉大國滅之將亡錢大昕云杜氏以裔焉連上為句劉炫謂當以方羊為句其說當矣而孔氏曲護杜義辨之甚力然毛詩正義亦出孔氏之手而汝墳正義引傳如魚頳尾橫流而彷徉正與劉氏合

竀赤色宋本岳本足利本色作也

以裔焉二字宜向下讀之宋本裔作褻下同

上繇辭之例宋本上作且不誤

不與攘公之揄為韻閩本監本揄作揄非也

衛人出莊公而與晉平晉立襄公之孫石經平晉二字改刻初刻晉誤人

般師而還石經此處殘缺陳樹華云史記衛世家作班師注引傳文同

削壞其邑聚岳本削作翦案陳樹華云十一年傳衛人翦夏戊注翦削其爵邑此注句法正相似

公閭門而請纂圖本閩本監本毛本亦作閭石經此處殘缺宋本淳熙本岳本作閉

平公赦也釋文赦作敬云一本作驁案史記作驁司馬貞曰世本及譙周皆作敬宋本淳熙本足利本同

宋皇瑗之子麇閩本毛本子誤于釋文同

而奪其兄酁般邑以與之宋本閩本監本毛本酁作鄽此本下酁字誤作鄽字按說文曰酁宋地也从邑毚聲

不與魋亂宋本淳熙本魋下有之字

皇緩奔晉召之石經宋本淳熙本岳本纂圖本緩作瑗是也

（傳十八年）

知用其意足利本意作兵

夏書至元龜宋本此節正義在注文不疑故不卜也之下

唯彼能作先耳唯先蔽志段玉裁校本先皆作克

〔傳十九年〕

爲終萇宏之言 諸本作萇此本誤長今改正下同

未知敬王有年崩也 宋本監本毛本有作何是也

故班固以文多牴牾字爲之 宋本牴牾作抵捂字按當作抵牾牾从午亦或假梧

春秋元終 宋本元作經是也

子貞定王立 宋本貞作真下同

未知劉意能定以否 監本毛本以作與

〔傳二十年〕

講歸平越 石經宋本淳熙本岳本纂圖本監本毛本講作請是也

親暱之極也 石經宋本淳熙本岳本纂圖本暱作曙是也釋文同

先主與吳王有質 閩本監本毛本先主誤先王

黄池春十二年 宋本淳熙本岳本纂圖本足利本春作在不誤十二年淳熙本岳本作十三年是也

先王簡子 宋本淳熙本岳本纂圖本王作主

欲敵越救吳此本敵越救三字空闕據宋本淳熙本岳本纂圖本足利本補閩本監本毛本越作魯非也

請嘗之乃往先造于越軍也石經初刻脫于字之乃往先造五字重刻因增于字

唯恐君之志不從石經宋本淳熙本岳本足利本之志作志之不誤

使倍臣隆石經此處殘缺宋本淳熙本岳本倍作陪是也

注簞小笥宋本以下正義二節總入王曰宜哉之下無注字

（傳二十一年）

不見莕齊地補案齊上當有顧字

注皋緩至此會宋本此節正義在辭曰敢勤僕人注下

言魯據用禮宋本淳熙本岳本足利本用作周是也

（傳二十二年）

爲吳所因淳熙本因作因非也

故繫故言之宋本下故字作父是也

終史墨子胥之言也淳熙本史誤夫無也字宋本足利本亦無也字

以役王年　宋本閩本監本毛本役作沒不誤

〔傳二十三年〕

注景曹至祖母　宋本以下正義二節總入注文政在季氏之下

季公若之姊　監本毛本姊誤娣

有不腆先人之產馬也　顧炎武云石經馬誤焉案石經此處缺炎武所據非唐刻

君命瑤　石經瑤字下旁增瑤字非唐刻也

非敢耀武也　石經宋本岳本足利本耀作燿

犂邱隰也　閩本隰作濕釋文同音習云本又作隰陳樹華云後漢書左原傳注引杜注犂作黎

〔傳二十四年〕

軍吏令繕　石經繕下旁有甲字

禽顏庚　閩本監本毛本庚下衍也字

又焉能進　石經能字改刻初刻似誤可

是躗言也　陳樹華云說文引春秋傳曰噧言疑卽此躗言案錢大昕云杜云躗過也釋文云躗戶快反與噧音河介切相近古文从口从言之字多

相通說文兼收嗃謞二字嗃訓高氣多言謞訓謞謞又訓誇誇謞義較過尤長然則嗃言卽𧦅言亦可作謞言也

注𧦅過也 宋本此節正義在敢展謝之注下

役將班矣 惠棟云郭璞曰班一作般

在車行 宋本淳熙本岳本纂圖本毛本足利本車作軍閩本監本亦誤車行下衍閒字纂圖本毛本同

此禮也則有 石經有字下後人旁增之字

而以荊爲大子 足利本無而字

〔傳二十五年〕

衞侯出奔宋 宋本以下正義二節總入注文請師伐衞求入之下

此下但有適城鉏以鈎越 宋本毛本鈎作鉤是也

蓋衞侯出近宋境 宋本境作竟是正字

衞侯爲靈臺于藉圃 石經藉字頭改刊初刻誤从竹

君將殻之 石經本殻作㱿釋文作㕢案說文㕢字注云歐皃从口殸聲春秋傳曰君將㕢之六經正誤云㕢作殻誤

不敢解讙 此本讙字實缺據宋本淳熙本岳本纂圖本足利本補閩本監本毛本亦脫

抵徙手屈肘如戟形釋文亦作抵是也說詳釋文校勘記宋本淳熙本纂圖本閩本監本毛本足利本誤抵纂圖閩監毛本徙作徒不誤

懿子公文要淳熙本懿誤談

初衛人翦夏丁氏毛本翦作剪俗翦字

戊是大叔妾之甥宋本監本毛本妾作疾是也

少畜於公石經畜於公三字改刊因初刻公下衍宮字也

欲恥辱也此本恥字實缺閩本同據宋本淳熙本岳本纂圖本監本毛本補正

韤登席者宋本岳本韤作韈是也

己爲先發而同載寶歸衛也宋本足利本同作因是也

雖知其爲君閼此本雖作評知字實缺閩本監本毛本作評品誤據宋本淳熙本岳本纂圖本足利本改正

私共評之此本共字實缺評誤知閩本監本毛本作故知亦非據宋本淳熙本岳本纂圖本足利本改正

將必請師焉諸本作師此本實缺今補正

公宴於五梧石經梧字改刊

飲罰也宋本淳熙本岳本足利本也作之

后庸石經作舌宋本后作舌廿七年越子使舌庸來聘舌字同段玉裁云當依國語

〔傳二十六年〕

宋司城子納宋本淳熙本岳本纂圖本足利本納作潞是也

愎狠也宋本淳熙本岳本狠作很與釋文合

民睦二字左傳文師侵外州之上此本實缺據閩本監本毛本誤作衞字又誤為傳正文宋本淳熙本岳本纂圖本補

掘褚師定子之墓釋文云掘本或作搰案玉篇搰字注引作掘褚師定子之墓焚之云本亦作掘師字此本實缺據諸本補石經褚字起一行計十一字

定子褚師比之父也此本師字實缺比誤此父誤又據諸本補改岳本褚作楚非也

文子使之而問焉石經宋本淳熙本岳本纂圖本毛本使之作致衆是也

欲以觀衆心觀衆二字此本實缺閩本同據宋本淳熙本岳本纂圖本監本毛本補

公子黚也宋本黚誤期

悼公至黚也宋本以下正義二節總入遂卒于越注下

季父黚殺出公子而自立此本季字實缺閩本同據宋本監本毛本補閩本子字亦缺

以城至爲此宋本至爲此三字作鉏與越人

雖公所在此本雖字實缺閩本同監本毛本空缺據宋本補

注周元至養也宋本以下正義二節總入無相害也句下

糾父公子⿰糸耑秦⿰糸耑秦卽元公小子也⿰糸耑秦⿰糸耑三字此本實缺閩本同據宋本監本毛本補宋本⿰糸耑作端非也

六卿三族降聽政石經初刻降下有以字後改刊

三族皇靈樂也此本也字實缺據宋本淳熙本岳本纂圖本足利本補閩本監本誤者

言勢重而無德以爲基此本勢字實缺據宋本淳熙本岳本纂圖本閩本監本毛本足利本補德毛本誤得

必叛也監本毛本叛作敝宋本淳熙本岳本足利本作敗是也

大尹或蠱其君而專其利監本毛本專作惠非也

令君無疾而死宋本淳熙本岳本纂圖本足利本令作今與石經合

是無他矣纂圖本矣誤也

盧門外失國也宋本淳熙本岳本纂圖本足利本盧作在是也

已爲鳥而集於其上此處石經殘缺宋本淳熙本岳本足利本鳥作烏

無乃逐我諸本作逐此本誤遂今改正

司城爲上卿諸本作司此本誤可今改正

昔成公孫於陳石經此孫字及下孫於齊再在孫皆重加辶旁此後人據釋文亦作之字妄改也

盟在僖二十八年此本盟字實缺據宋本淳熙本岳本纂圖本足利本補閩本監本毛本盟在誤在魯

獻公孫於衛齊宋本岳本足利本無衛字與石經合

在僖二十六年宋本淳熙本足利本傳作襄是也

今君再在孫矣諸本有君字此本實缺今據補

外不聞成之卿石經初刻成誤城後磨去土旁

無競惟人諸本作人此本誤民今改正

四方其順之閩本監本毛本順誤訓顧炎武云石經訓誤作順非也錢大昕云左傳古本作順

詩曰至順之宋本此節正義在而國於何有之下毛本順作訓

詩周頌烈文之篇也此本也字實缺據宋本補閩本監本毛本誤作戒

競彊也此本競字實闕彊誤言據宋本補改閩本監本作飭言也毛本作飾言也並非

四方以爲主石經初刻以誤之後改正此本主誤王注同

爲主主四方此本上主字空闕據宋本淳熙本岳本纂圖本足利本補閩本監本毛本皆脫下主字

〔傳二十七年〕

后庸石經宋本后作舌是也

注西平陽宋本此節正義在夏四月注下

此云盟于平陽此云二字此本實闕據宋本補閩本毛本云作年

宣八年平陽東平陽也此本東平陽也四字實缺據宋本補閩本監本毛本誤作彼注云今

泰山有平陽縣此本泰字空缺據宋本閩本監本毛本補

此年平陽西平陽也此本西平二字空缺據宋本閩本監本毛本補

叔孫文子諸本作文此本空缺今補正

皆從后庸盟諸本作后庸此本空缺今補正據石經經傳后當作舌

思子贛此三字宋本淳熙本岳本纂圖本皆在言及子贛句下係注文此本空缺閩本監本毛本遂脫

言季孫不能用子贛此本季孫不三字實缺能用誤作武伯據宋本淳熙本岳本纂圖本閩本監本毛本補正

臨難而思之諸本作思此本誤逃今改正

又加之五邑此本又加誤作文如五邑二字空缺據宋本淳熙本岳本足利本補監本毛本之下衍以字閩本初刻亦無後擠刊

而父死焉諸本作死此本空缺今補正

今君命女以是邑也宋本作今此本空缺今補正

乃救鄭諸本作救此本空缺今補正

濮水自陳留酸棗縣諸本作水此本誤卜今改正岳本自作在

傍河諸本作傍此本空缺今補正

至高平入濟此本入濟二字空缺閩本同據宋本淳熙本岳本纂圖本監本毛本補

蓋知伯誣陳子諸本作誣此本誤註今改正

多陵人者皆不在石經在下後人妄增矣字

以厭齊師之門諸本作厭石經初刻同後加土字於厭下作壓非是

敢辟之乎石經初刻辟作避後刊去之

無及寡宋本以下正義二節總入不亦難乎注下

欲求諸侯師以逐三桓諸本作逐此本誤遂閩本同今改正

遇孟武伯於孟氏之衢此本衢字實缺據諸本補氏誤作武依宋本淳熙本岳本纂圖本足利本改正

問可得壽死否岳本纂圖本足利本問下有已字得下有以字宋本亦有以字已作所宋本否作不淳熙本岳本亦作不

公欲以越伐魯諸本作越石經此處殘缺此本誤趙今改正

而去三桓淳熙本桓作相避所諱

有陘氏即有山氏此注文七字在公如公孫有陘氏之下此本實缺依宋本淳熙本岳本纂圖本監本毛本補閩本初刻亦空缺後擠刻陘作陘即作郎非也

因孫於邾宋本淳熙本岳本於作于與石經合諸本作孫石經初刻同後加辶非也

悼公哀公之子寧也哀公出孫魯人立悼公此注文十七字在晉荀瑤帥師圍鄭下此本實缺依宋本淳熙本岳本纂圖本監本毛本補閩本脫寧也二字魯人立悼公作魯人立之

注悼公至悼公此本下悼公二字空缺依宋本監本毛本補閩本作立之宋本以下正義三節總入遂喪之節注下

正義曰魯世家云此本世誤出家云二字實缺閩本同依宋本監本毛本補正

哀公奔越 此本越誤趁閩本同依宋本監本毛本改正

卒於有山氏 此本卒誤立於有山氏四字實缺宋本同依宋本監本毛本補

子寧立 此本寧字實缺閩本同依宋本監本毛本補

傳稱國人施罪於有山氏 此本施字山氏字實缺閩本同依宋本監本毛本補

不得復歸 此本歸誤謂閩本同依宋本監本毛本補

馬還妄耳 此本妄字實缺閩本同依宋本監本毛本補監毛耳作爾非

行去也 此本也誤聲依宋本淳熙本岳本纂圖本改正閩本監本毛本亦誤作聲行字上妄加〇遂與音義誤合爲一條

酅魁壘晉士 此本魁字誤作正文酅字脫閩本監本魁作注字亦非依宋本淳熙本岳本纂圖本毛本改正

欲使反爲鄭 此本欲使反三字實缺爲鄭二字作魁壘今據宋本淳熙本岳本纂圖本監本毛本補正閩本作致賂魁壘

將攻鄭門 宋本淳熙本岳本纂圖本足利本無將字

對曰主在此 諸本作主此本誤王今改正注同

簡子奔敵子而立襄子 宋本淳熙本岳本足利本奔敵作廢嫡而上有伯魯二字纂圖本亦作廢嫡

何以立爲子 宋本淳熙本岳本纂圖本足利本作何故立以爲子

趙世家云孤布子卿見簡子 此本世家云孤布五字實缺卿誤作欲據宋本監本毛本補正

簡子偏召諸子相之 此本偏字實缺相作伯閩本同據宋本監本毛本補正

無爲將軍者 此本無誤師者字實缺閩本同據宋本監本毛本補正

簡子召子毋恤毋恤至 此本簡子召子四字及下毋字實缺閩本同據宋本監本毛本補正

子卿起曰此真將軍矣 此本子卿起曰此真將軍八字實缺閩本同據宋本監本補正毛本矣作突非也

此其母賤翟婢也奚道貴哉子卿曰天之所授雖賤必貴自是之後簡子盡召諸子與語 此本自召字以上實缺閩本同據宋本監本毛本補正

召諸子與語毋恤最賢乃廢大子伯魯而以毋恤爲大子 此本自語字以下實缺閩本同據宋本監本毛本補

史記晉懿公之四年 此本注文自晉字以下閩本全缺

與趙氏謀殺知伯於晉陽之下 此本自謀字以下實缺據宋本岳本纂圖本監本毛本補淳熙本下字亦缺

注史記至七年 此本七年二字實缺閩本同據宋本監本毛本補

定公三十三年 此本定公二字實缺閩本同據宋本閩本毛本補

三十七年定公卒則晉定公以魯哀公二十年卒也又云此本自卒字以下寶缺閩本同據宋本監本毛本補子出公鑿立十七年出公奔齊則出公之奔在魯悼公之十年也此本自鑿字以下寶缺閩本同據宋本監本毛本補又云出公既奔知伯立昭公曾孫驕爲晉君是爲哀公此本自出公出字起至是爲爲字止寶缺閩本同據宋本監本毛本補哀公之四年趙襄子韓康子魏桓子共殺知伯此本自趙字起至殺字止寶缺閩本同據宋本監本毛本補監毛桓子作桓公非也是殺知伯當魯悼公之十四年也又六國年表亦云晉哀公四年此本殺知伯三字悼字也又六國年表亦云晉哀十字寶缺據宋本監本毛本補閩本當上衍用字魯悼公十四年韓魏趙敗知伯於晉陽戰國策說此事云此本悼字及自韓至事十五字寶缺閩本同云誤去據宋本監本毛本補正知伯帥韓康子魏桓子攻趙襄子於晉陽引汾水以灌之城不沒者三版

知伯行水魏桓子御車韓康子爲右知伯曰此本自知伯帥字康子字之城之字不沒不字知伯曰字外皆實缺閩本同據宋本監本毛本補吾今乃知水可以亡人之國汾水可以灌安邑絳水可以灌平陽安邑魏也平陽韓也魏桓子肘韓康子韓康子蹑魏桓子之足其夜趙襄子使張孟談私於韓魏韓魏反與趙合遂殺知伯於晉陽之下而三分其地事在春秋獲麟之後二十七年此本自亡人亡字以下實缺閩本同知水水字誤作之據宋本監本毛本補正考文韓康子蹑無韓字是也

春秋左傳注疏卷六十校勘記

後序宋本正義淳熙經注本明萬曆監本注疏並載此序十行本閩本失刊毛本仍之

大康元年三月吳寇始平余自江陵還襄陽解甲休兵乃申杼段玉裁校本作抒是也舊意脩成春秋釋例及經傳集解始訖會汲郡汲縣有發其界內舊冢者大得古書皆簡編科斗文字發冢者不以爲意往往散亂科斗書久廢推尋不能盡通始者藏在祕監本誤祕府余晚得見之所記大凡七十五卷多雜碎怪淳熙本作恠俗字妄不可訓知周易及紀年最爲分了周易上下篇與今正同別有陰陽說而無彖象文言繫辭疑于時仲尼造之於魯尚未播之於遠國也其紀年篇起自夏殷周皆三代王事無諸國別也唯特記晉國起自殤叔次文侯昭侯以至曲沃莊伯莊伯之十一年十一月魯隱公之元年正月也皆用夏正建寅之月爲歲首編年相次晉國滅獨記魏事下至魏哀王之二十石經二十作廿下同年蓋魏國之史記也推挍淳熙本監本挍作校哀王二十年大監本誤太歲在壬戌淳熙本戌作戍非是周赧石經赧字右半重刊王之十六年秦昭王之八年韓襄王之十三年趙武靈王之二十七年楚懷王之三十石經三十作卅下同年燕昭王之十三年齊湣釋文

作湣石經作㬅王之二十五年也上去孔丘卒百八十一歲下去今大康三年五百八十一歲哀王於史記襄王之子惠王之孫也惠王三十六年卒而襄王立立十六年卒而哀王立古書紀年篇惠王三十六年改元從一年始至十六年而稱惠成王卒即惠王也疑史記誤分惠成之世以爲後王年也哀王二十石經二十作廿似改刊三年乃卒故特不稱謚石經淳熙本監本作謚是也謂之今王其著書文意大似春秋經推此足見古者國史策石經作筞書之常也文淳熙本文誤大稱魯隱公及邾莊公盟于姑蔑即春秋所書邾儀父未王命故不書爵曰儀父貴之也又稱晉獻公會虞師伐虢滅下陽即春秋所書虞師晉師滅下陽先書虞賄故也又稱周襄王會諸侯于河陽即春秋所書天王狩釋文作守本亦作狩云于河陽以臣召君不可以訓也諸若此輩甚多略舉數條以明國史皆承告據實而書時事仲尼脩春秋以義而制異文也又稱衞懿公及赤翟戰于洞澤疑洞當爲泂即左傳所謂熒澤也齊國佐來獻玉磬紀公之甗即左傳所謂賓媚人也諸所記多與左傳符同異於公羊穀梁知此二書近世穿鑿非春秋本

意審矣雖不皆與史記尚書同然參而求之可以端正學者又別有一卷純集疏左氏傳卜筮事上下次第及其文（淳熙本文誤丈）義皆與左傳同名曰師春師春似是抄集者人名也紀年又稱殷仲壬卽位居亳其卿士伊尹仲壬崩伊尹放大甲于桐乃自立也伊尹卽位於（石經淳熙本作放是也）大甲七（石經淳熙本同宋本作十）年大甲潛出自桐殺伊尹乃立其子伊陟伊奮命復其父之田宅而中分之左氏傳伊尹放大甲而相之卒無怨色然則大甲雖見放還殺伊尹而猶以其子爲相也此爲大與尚書敘說大甲事乖異不知老叟之伏生或致昏（釋文作昬）忘將此古（石經將此古三字重刻初刻似脫一字）書亦當時雜記未足以取審也爲其粗有益於左氏故略記之附集解之末焉（正義曰王隱晉書武帝紀大（監本作太非）康元年諸軍伐吳三月至江陵縣而孫皓面縛詣王濬降杜預先爲荊州刺史鎮襄陽督諸軍伐吳將兵向江陵因東下伐吳吳平又自江陵還襄陽束哲（監本作晳非）傳云大康元年汲郡民盜發魏安釐王塚（宋本監本塚作冢下同）得竹書漆字科斗之文科（宋本監本有斗字是也）文者周時古文也其字頭麤尾細似科斗之蟲故俗名之焉大凡七十五卷晉書有其目錄其六十八卷皆有名題其七卷折簡碎雜不可名題有周易上下經二卷紀年十二卷瑣語十一卷周王遊行五卷說周穆王遊行天下之事今謂之穆天子傳此四部差爲整頓汲郡初得此書表藏祕府詔荀勗和嶠以隸字寫之勗等於時卽已不能盡識其書今復闕落又

轉寫益誤穆天子傳世閒偏多史記魏世家云哀王二十三年卒子昭王立十九年卒子安釐王立哀王是安釐王之祖故安釐王之冢藏哀王時之書哀王二十一年是赧王之十七年幷下秦韓趙楚燕齊之年皆史記六國年表文也竹書說伊尹傳宋本監本傳作傳非之事與書序大乖杜不見古文唯以書序考工閩本亦衍工字宋本監本作考正是也疑伏生昏忘虛傳此事又疑竹簡雜記未足取審今據古文尚書說伊尹之事與左傳宋本監本此作氏是也符同明是竹書不可盡信杜以紀年紀事大似春秋之經知古之史官記事如此爲其有益於左氏令人知左氏不妄故略記之以附集解之末此段十行本閩本誤接前卷正義之末毛本裁之不載

經傳正義都計壹伯肆萬壹阡伍伯叁拾字

經傳叁拾陸萬字

正義陸拾捌萬壹阡伍伯叁拾字

承奉郎守光祿寺丞臣趙安仁書

以上五行明監本分作四行

勘官承奉郎守國子禮記博士賜緋魚袋臣李覺

勘官承奉郎守國子春秋博士賜緋魚袋臣袁逢吉

都勘官朝請大夫守國子司業柱國賜紫金魚袋臣孔　維

詳勘官登仕郎守高郵軍高郵縣令臣劉若納

詳勘官登仕郎守將作監丞臣潘　憲

詳勘官朝請大夫太子右贊善大夫臣陳　雅

詳勘官朝奉郎守大理正臣王　炳

登仕郎守大理評事臣王　煥再校

文林郎守大理寺丞臣邵世隆再校

中散大夫守國子祭酒兼尚書工部侍郎柱國會稽縣開國男食邑三百戶賜紫金魚袋臣孔　維都校

淳化元年庚寅十月　日

推忠佐理功臣金紫光祿大夫行尚書戶部侍郎參知政事上柱國大原郡開國侯食邑一千二百戶食實封二百戶臣　沔　等進

推忠佐理功臣金紫光祿大夫行尚書戶部侍郎參知政事上柱國隴西

郡開國侯食邑一千二百戶食實封二百戶臣辛仲甫

起復推忠協謀佐理功臣光祿大夫中書侍郎兼戶部尚書同中書門下

平章事兼修國史上柱國東平郡開國公食邑二千三百戶食實封六百戶臣呂蒙正

自李覺以下至呂蒙正名銜計一十三人乃淳化單疏本舊式慶元庚申吳興沈中賓彙刻經傳正義時附刊於後者也玉海云端拱元年三月司業孔維等奉勑校勘孔穎達五經正義一百八十二卷詔國子監鏤版行之易則維等四人校勘李說等六人詳勘又再校十月版成以獻書亦如之二年十月以獻春秋則維等二人校王炳等三人詳校邵世隆再校淳化元年十月版成詩則李覺等五人再校畢道昇等五人詳勘孔維等五人校勘淳化三年四月以獻禮記則胡迪等五人校勘紀自成等七人再校李至等詳定淳化五年五月以獻按王炳孔維邵世隆等銜與玉海合卷末載沈中賓自跋云左氏傳杜氏集解孔氏義疏發揮聖經功亦不細萃爲一書則得失盛衰之跡與夫諸儒之說是非異同昭然具見又云諸經正義既刻於倉臺而此書復刊於郡治合五爲六炳乎相輝是經傳集解義疏萃見一書始於中賓他經如易書周禮則三山黃唐合經注疏三者刻於紹興以前毛詩禮記刻於紹興辛亥間前此所行各經正義惟有單疏元和惠棟校禮記七十卷本而以爲北宋刻者未核其實黃唐云春秋一書顧力未暇然則至中賓才補其未備跋云合五爲六似即指黃唐所刻而言後之附釋音本兼義本皆權輿於此又云聞給事中汪公之爲帥也嘗取國子監春秋經傳集解正義以閩蜀諸本俾其屬及里居之彥相與校讎毋敢不恪又自取而觀之小有訛謬無不訂正所謂閩蜀諸本蓋即岳氏九經三傳沿革例中所據蜀大字舊本蜀學重刻大字本建大字本俗謂無比九經

者是也惜注未詳其名其於此書可謂勤摯中實分閩浙左適𦈢其後以承其至刊刻之使宋代善本流傳至今其功亦大矣